Carlo Goldoni
Geschichte meines Lebens und meines Theaters

Christian
Maturo
Mai 1990

SERIE PIPER
Band 676

Zu diesem Buch

Goldonis Memoiren gehören zu den amüsantesten Büchern des 18. Jahrhunderts. Nicht nur, daß hier eines der größten Genies auf dem Gebiet des Lustspiels sein reiches, bewegtes Leben erzählt: von der Kindheit in Venedig, den tolldreisten Jugendstreichen, dem Philosophiestudium, den Wanderjahren mit einer Schauspieltruppe, von Lese- und anderen Abenteuern, vom Schreiben und den ersten Theatererfolgen, von der Rückkehr nach Venedig bis hin zu den darauffolgenden Jahren in Paris, wo es Voltaire, Diderot und Rousseau begegnet und eintaucht in die prunkvolle Welt des französischen Hofes ...

In diesen Lebenserinnerungen spiegelt sich zudem das Wesen des Rokoko in seiner ganzen Vielfalt und Widersprüchlichkeit – Goldonis Ton selbst ist getragen von jener Heiterkeit des Rokoko, die der Ausdruck von Trauer und Lebensfreude ist.

Seine Memoiren sind von ebenso hohem Rang wie diejenigen Casanovas, und sie sind darüber hinaus ein unerläßliches Dokument für den, der sich mit der Persönlichkeit und dem Werk Goldonis auseinandersetzen will, sie sind ein gleichermaßen wichtiges Buch für den Theaterhistoriker, Dramaturgen und Schaupieler.

Carlo Goldoni, geboren 1707 in Venedig, gestorben 1793 in Paris. Kurze Advokatentätigkeit, seit frühester Jugend dem Theater verbunden; schrieb Komödien für italienische Theater und leitete zwischen 1762 und 1764 das »Théâtre des Italiens« in Paris. Goldoni verfaßte mehr als zweihundert Bühnenwerke, er reformierte die italienische Komödie, wandte sich ab vom Masken- und Stehgreifspiel und setzte der Comedia dell'arte eine lebensnähere, an Molière geschulte Rokokokomödie entgegen.

Carlo Goldoni

Geschichte meines Lebens und meines Theaters

Mit einem Nachwort von
Heinz Dietrich Kenter

Aus dem Französischen
von G. Schaz

Piper
München Zürich

Die Originalausgabe erschien 1787 unter dem Titel
»Mémoires pour servir à l'histoire
de sa vie et celle de son théâtre« in Paris.
Die vorliegende Übertragung erschien erstmals 1788
unter dem Titel »Goldoni über sich selbst und die Geschichte
seines Theaters« in Leipzig.

ISBN 3-492-10676-5
Februar 1988
R. Piper GmbH & Co. KG, München
Lizenzausgabe mit Genehmigung des Winkler-Verlags, München

Umschlag: Federico Luci,
unter Verwendung eines Goldoni-Porträts
von Alessandro Longhi (Venedig, Museo Correr)
Satz: Friedrich Pustet, Regensburg
Druck und Bindung: Clausen & Bosse, Leck
Printed in Germany

ERSTES BUCH

1. Kapitel

Ich bin geboren zu Venedig, im Jahre 1707, in einem großen und schönen Hause, gelegen zwischen der Brücke de Nomboli und Donna Onesta, an der Ecke der Straße Là Cent'Anni, im Kirchspiele San Tommaso.

Giulio Goldoni, mein Vater, war in derselben Stadt geboren, seine ganze Familie aber stammte aus Modena. Carlo Goldoni, mein Großvater, studierte an der berühmten Universität zu Parma. Er lernte hier zwei edle Venezianer kennen und wurde ihr vertrauter Freund. Sie beredeten ihn, zu ihnen nach Venedig zu kommen. Sein Vater war tot, sein Onkel, Oberst und Kommandant von Finale, gab seine Einwilligung dazu. Er folgte also seinen Freunden in ihr Vaterland, ließ sich da nieder, erhielt eine ansehnliche und einträgliche Stelle bei der Handelskammer und wählte zu seiner ersten Gattin eine Signorina Barilli, die von Modena gebürtig und die Schwester von zwei Staatsräten des Herzogs von Parma war. Sie wurde meine Großmutter väterlicherseits.

Sie starb, und mein Großvater machte die Bekanntschaft einer angesehenen Witwe, die nur zwei Töchter hatte. Er nahm die Mutter und gab die älteste Tochter seinem Sohn. Sie gehörten zur Familie Salvioni und hatten, ohne reich zu sein, ein anständiges und gutes Auskommen. Meine Mutter war eine artige Brünette, sie hinkte ein wenig, hatte aber sonst viel Anziehendes. Ihr ganzes Vermögen kam in die Hände meines Großvaters.

Dieser war ein rechtschaffener Mann, aber ein schlechter Haushalter. Er liebte das Vergnügen und stimmte sehr gut zu der venezianischen Munterkeit. Er hatte ein schönes Landhaus, nah am Flusse Sile, in der Tarviser Mark, drei Meilen von Venedig, das dem Herzog von Massa-Carrara gehörte, gemietet und lebte da unter beständigen Lustbarkeiten. Die benachbarten Gutsbesitzer waren sehr unzufrieden damit, daß Goldoni die Leute vom Lande und die Fremden alle an sich lockte. Einer seiner Nachbarn gab sich Mühe, ihm das Haus zu entreißen; mein Großvater aber ging geradewegs nach Carrara und pachtete alle Güter, die der Herzog in den Staaten der Republik besaß. Stolz auf seinen Sieg kam er zurück und vergrößerte seinen Aufwand. Er gab Opern und Komödien in seinem Hause: die besten Schauspieler, die berühmtesten Virtuosen standen in seinem Sold. Von allen Seiten strömten ihm Besuche zu. In diesem Geräusch, in diesem Überfluß bin ich geboren. Konnte ich da die Schauspiele verachten und ein Feind der Fröhlichkeit werden?

Meine Mutter brachte mich fast ohne Schmerzen zur Welt und liebte mich deshalb nur desto mehr. Als ich das Licht zum erstenmal erblickte, kündigte ich mich nicht durch Schreien an. Dieses sanfte Wesen verriet gleich anfangs meinen friedfertigen Charakter, der sich in der Folge auch niemals verleugnet hat.

Ich war der Liebling des Hauses. Meine Wärterin rühmte meinen Verstand, meine Mutter sorgte für meine Erziehung, mein Vater für mein Vergnügen. Er ließ ein Marionettentheater bauen, das er selbst mit drei oder vier von seinen Freunden in Bewegung setzte, und ich fand in einem Alter von vier Jahren diesen Zeitvertreib ganz köstlich.

Im Jahr 1712 starb mein Großvater. Eine Lustpartie zog ihm einen Fluß auf der Brust zu, der ihn nach sechs Tagen in das Grab brachte. Meine Großmutter folgte ihm bald nach. Dies ist der Zeitpunkt einer schrecklichen Veränderung in unserer Familie, die auf einmal aus dem besten Wohlstand in die unbehaglichste Mittelmäßigkeit herabsank.

Mein Vater hatte nicht die Erziehung erhalten, die er hätte erhalten sollen. Es fehlte ihm nicht an Verstand, der aber gänzlich vernachlässigt worden war. Er war nicht imstande, das Amt seines Vaters zu behalten, das ein schlauer Betrüger ihm mit guter Manier zu entreißen wußte. Die freien Güter in Modena waren längst verkauft, die substituierten verpfändet. Nichts blieb übrig als die venezianischen Güter, die das Heiratsgut meiner Mutter und das Leibgedinge meiner Tante ausmachten.

Zum Übermaß des Unglücks brachte meine Mutter ein zweites Kind zur Welt, meinen Bruder Giovanni Goldoni. Mein Vater geriet hierüber in nicht geringe Verlegenheit; da es ihm aber nicht lag, unter der drückenden Last trauriger Betrachtungen zu schmachten, so war sein Entschluß bald gefaßt. Er tat, um sich zu zerstreuen, eine Reise nach Rom.

Meine Mutter blieb allein mit ihrer Schwester und ihren beiden Kindern an der Spitze des Hauses. Den jüngeren Sohn gab sie in Pension und beschäftigte sich einzig mit mir. Ihr Wille war, mich unter ihren Augen zu erziehen. Ich war sanft, still und gehorsam: in meinem vierten Jahr konnte ich lesen, schreiben, wußte meinen Katechismus auswendig und bekam einen Hauslehrer.

Ich liebte die Bücher sehr, lernte mit Leichtigkeit die Grammatik und die Anfangsgründe der Geometrie und Rechenkunst; allein meine Lieblingslektüre waren komische Schriftsteller. Die kleine Bibliothek meines Vaters war ziemlich damit versehen; ich verwendete jeden Augenblick, der mir verblieb, auf sie und schrieb sogar die Stücke, die mir das meiste Vergnügen machten, ab. Meine Mutter war zufrieden, daß ich mich nicht mit kindlichen Spielen beschäftigte, und bekümmerte sich nicht weiter um die Wahl meiner Lektüre.

Unter allen komischen Schriftstellern, die ich las und wieder las, gab ich dem Cicognini den Vorzug. Dieser florentinische Autor, der in der Gelehrtenrepublik nur wenig bekannt geworden ist, hat verschiedene Intrigenstücke verfertigt, die eine seltsame Mischung von weinerlichem Pathos und trivialer, komischer Laune sind. Er verstand die Kunst, die Erwartung hinzuhalten, und war besonders glücklich in den Entwicklungen der Handlung. Ich gewann ihn sehr lieb, studierte ihn fleißig und hatte die Verwegenheit, im achten Jahre meines Lebens selbst eine Komödie zu entwerfen.

Meine Wartfrau war die erste Person, der ich mich hierüber anvertraute. Sie fand meine Komödie vortrefflich. Meine Tante lachte mich aus, meine Mutter gab mir einen Verweis und umarmte mich zu gleicher Zeit; mein Lehrer behauptete, es wäre mehr Witz und Verstand darin, als sich mit meinem Alter vertrüge. Das sonderbarste bei der Sache war, daß mein Pate, ein Rechtsgelehrter, der mehr Geld als Einsicht hatte, sich niemals bereden ließ, sie als meine eigene Arbeit anzuerkennen. Er behauptete, mein Lehrer habe sie durchgesehen und verbessert. Dieser fand das Urteil unanständig und beleidigend. Der Streit wurde heftiger; zum Glück kam eine dritte Person dazu und brachte sie auseinander.

Herr Valle war es, in der Folge Abt Valle, aus Bergamo. Als Freund vom Hause hatte er mich an diesem Stück arbeiten sehen und war Zeuge meiner Kindereien und meiner Einfälle gewesen. Ich hatte ihn gebeten, zu niemandem etwas davon zu sagen. Er hatte mein Geheimnis bewahrt; bei dieser Gelegenheit aber brachte er den Ungläubigen zum Schweigen und ließ meiner glücklichen Anlage Gerechtigkeit widerfahren.

Der Leser frage mich nicht nach dem Titel meines Stücks, denn ich kann seine Neugierde nicht befriedigen. Das ist eine Kleinigkeit, an die ich selbst bei seiner Verfertigung nicht einmal gedacht hatte. Jetzt würde es nur an mir liegen, ihm einen Namen zu geben, wenn ich Lust hätte, die Sachen zu verschönern und nicht vielmehr sie so zu erzählen, wie sie sind. Mit einem Worte, dieses Lustspiel, oder besser zu sagen, diese kindliche Posse lief in allen Gesellschaften meiner Mutter um. Auch mein Vater erhielt eine Abschrift davon, und – nun ist es Zeit, auf ihn zurückzukommen.

2. Kapitel

Mein Vater wollte nur ein paar Monate in Rom bleiben und blieb vier Jahre dort. Er hatte in dieser großen Hauptstadt der christlichen Welt einen vertrauten Freund, den Herrn Alexander Bonicelli, einen geborenen Venezianer, der eine reiche Römerin geheiratet hatte und sich in den glänzendsten Umständen befand.

Herr Bonicelli empfing seinen Freund Goldoni auf das zärtlichste, gab ihm eine Wohnung in seinem Hause, stellte ihn seinen sämtlichen Bekannten vor und empfahl ihn auf das beste an Herrn Lancisi, ersten Leibarzt und Geheimen Kämmerer Clemens' XI. Dieser berühmte Doktor, der die Republik der Gelehrten und vorzüglich seine Wissenschaft mit vortrefflichen Werken bereichert hat, nahm außerordentlichen Anteil an meinem Vater, der Verstand besaß und Beschäftigung suchte.

Lancisi gab ihm den Rat, sich auf die Arzneiwissenschaft zu legen, und versprach ihm zugleich seine Gunst, seinen Beistand und seine Fürsprache. Mein Vater nahm den Vorschlag an, studierte im Collegio della Sapienza und bekam den ersten praktischen Unterricht im Heiligen-Geist-Hospital. Nach Verlauf von vier Jahren erhielt er die Doktorwürde, sein Mäzen schickte ihn nach Perugia, wo er sich erst einige Erfahrung sammeln sollte.

Der Anfang meines Vaters war sehr glücklich. Er gebrauchte die Vorsicht, alle Krankheiten, die er nicht kannte, zu vermeiden: seine Patienten wurden gesund, und der venezianische Doktor war nun weit und breit der Modedoktor.

Vielleicht war mein Vater auch ein guter Arzt; wenigstens war sein Umgang der angenehmste von der Welt. Er verband mit der natürlichen Anmut seines Landes den Ton der guten Gesellschaft, in welcher er gelebt hatte. So erwarb er sich die Hochachtung und Freundschaft der Baglioni und Antinori, der beiden edelsten und reichsten Familien in Perugia.

In diesem Lande nun und in dieser glücklichen Lage erhielt er das erste Probestück von den Talenten seines ältesten Sohnes. Jene Komödie, so roh sie der Natur der Sache nach sein mußte, schmeichelte ihm unendlich, denn er berechnete nach den ersten Grundsätzen der Arithmetik, daß, wenn neun Jahre vier Quentchen Witz gäben, achtzehn Jahre zwölf Quentchen geben könnten und daß man es, nach aufsteigender Progression, endlich wohl bis zum Grad der Vollkommenheit bringen könnte.

Und so entschloß er sich, mich zu sich zu nehmen. Das war ein Donnerschlag für meine Mutter. Sie widersetzte sich anfangs, schwankte in der Folge und gab endlich nach. Die beste Gelegenheit von der Welt bot sich an. Unsere Familie war eng mit der Familie des Grafen Rinalducci de Rimini verbunden, der damals mit seiner Gemahlin und Tochter zu Venedig lebte. Der Pater Abbé Rinalducci, ein Benediktiner und Bruder des Grafen, hatte eine Reise nach Rom vor. Er erbot sich, über Perugia zu gehen und mich hinzubringen.

Mein Reisebündel war gemacht, der Zeitpunkt der Abreise und Trennung nahte. Ich sage nichts von den Tränen meiner zärtlichen Mutter. Wer Kinder gehabt hat, kennt diese grausamen Augenblicke. Ich war ihr herzlich zugetan, ihr, die mich unter ihrem Herzen getragen, die mich erzogen und geliebkost hatte. Doch die Vorstellung einer Reise ist eine zu reizende Zerstreuung für einen jungen Menschen.

Wir, Pater Rinalducci und ich, schifften uns im Hafen von Venedig in einer Art von Feluke ein, die den Namen »Peota zuechina« führt, und segelten nach Rimini. Die See machte mir keine Unbequemlichkeit, im Gegenteil hatte ich vortrefflichen Appetit. An der Mündung des Flusses Marecchia landeten wir, wo wir die Pferde, die uns erwarten sollten, in Bereitschaft fanden.

Man hieß mich zu Pferde steigen, allein, wer sich in der größten Verlegenheit befand, das war ich. In Venedig sieht man keine Pferde auf den Straßen; es gibt zwar zwei Reitbahnen, ich war aber zum Unterricht auf denselben noch zu jung gewesen. Ich hatte in meiner Kindheit Pferde auf dem Felde gesehen, allein ich scheute sie und hatte nie gewagt, mich ihnen zu nähern.

Die Wege, die man durch Umbrien zu machen hat, sind steil und bergig. Pferde sind für die Reisenden die bequemste Manier fortzukommen, und so mußte ich mich wohl entschließen. Man faßte mich quer über den Leib und warf mich auf den Sattel – Barmherzigkeit! da gab es Stiefel, Steigbügel, Zaum, Peitsche. Ich wußte in meinem Leben keinen Rat, das alles unterzubringen. Ich wurde wie ein Sack hin und her geworfen. Der ehrwürdige Pater lachte von Herzen, die Bedienten machten sich über mich lustig: ich lachte endlich selbst. Nach und nach wurde ich mit meinem Klepper bekannter; ich lenkte ihn mit Brot und Früchten. So wurden wir gute Freunde und kamen nach sechs Tagereisen in Perugia an.

Mein Vater war erfreut, mich zu sehen, und noch mehr, mich so gesund und frisch zu sehen. Ich erzählte ihm mit einer wichtigen Miene, daß ich den Weg zu Pferde gemacht habe. Er wünschte mir lächelnd Glück und umarmte mich zärtlich.

Ich fand unsere Wohnung sehr unangenehm, in einer steilen und häßlichen Gasse, und bat meinen Vater auszuziehen. Diese Bitte aber konnte er mir nicht gewähren. Das Haus stieß an den Palast Antinori; er bezahlte keinen Mietzins und war so in der Nähe der Nonnen von Santa Caterina, die ihn zum Arzt gewählt hatten.

Ich besah die Stadt, und mein Vater führte mich selbst allenthalben herum. Der Anfang wurde mit der prächtigen Kirche des heiligen Lorenzo gemacht, welche die Kathedralkirche des Landes ist. Auch in die Zitadelle führte mich mein Vater, die Paul III. zu einer Zeit, wo Perugia der republikanischen Freiheit genoß, unter dem Vorwand, die Perugianer mit einem Hospital für Kranke und Pilger zu beschenken, anlegen ließ. Auf Wagen, die mit Stroh beladen waren, wurden Kanonen hineingeschafft, und dann rief man: »Wer soll leben?« Die armen Leute mußten wohl antworten: »Paul III.«

Ich sah schöne Häuser, schöne Kirchen, artige Spazierwege. Endlich fragte ich: »Gibt es nicht auch ein Schauspielhaus hier?« Man sagte mir: »Nein«. – »So bleibe ich«, war meine Antwort, »so bleibe ich für alle Reichtümer der Welt nicht hier.«

Nach Verlauf einiger Tage entschloß sich mein Vater, mich meine Studien fortsetzen zu lassen. Das war billig und mein ganzer Wunsch. Die Jesuiten hatten den besten Ruf; mein Vater bot mich ihnen an, und ich wurde ohne Schwierigkeiten angenommen.

Der Unterricht in den sogenannten freien Künsten und Wissenschaften wird in Italien nicht in so viel Klassen gegeben wie in Frankreich. Man kennt dort nur drei: untere Grammatik, obere Grammatik oder eigentlich Humaniora und Rhetorik. Wer seine Zeit gut anwendet, kann binnen drei Jahren den ganzen Kursus vollenden.

Ich hatte zu Venedig das erste Jahr des Unterrichts genossen und hätte nun in die obere Klasse kommen sollen; aber die Zeit, die ich verloren, die Zerstreuung der Reise, die neuen Lehrer, an die ich mich gewöhnen mußte, alles das bewog meinen Vater, mich den Unterricht wieder von vorne anfangen zu lassen; woran er sehr wohl tat. Denn du sollst gleich hören, lieber Leser, wie der venezianische Grammatiker, der sich nicht wenig darauf zugute tat, ein Theaterstück verfertigt zu haben, auf einmal von seiner stolzen Höhe herabstürzte.

Das Schuljahr war schon weit vorgerückt; man nahm mich also als einen sehr gebildeten und für die obere Klasse hinlänglich unterrichteten Schüler in die untere Klasse auf. Man fragte mich, ich antwortete schlecht; man ließ mich übersetzen, ich stotterte; ich sollte ins Lateinische übertragen, die Menge Barbarismen und Solözismen! Man höhnte mich aus; ich ward der Gegenstand des Spottes unter meinen Kameraden; sie forderten mich zu Wettstreiten auf, und alle meine Kämpfe waren Niederlagen. Mein Vater geriet ganz außer sich. Auch ich war erstaunt und an der empfindlichsten Seite angegriffen. Ich konnte mir's nicht anders erklären, ich mußte behext sein.

Die Ferien kamen nun heran, und man mußte das Spezimen einliefern, das man in Italien Il Larino del Passagio nennt. Denn diese kleine Arbeit entscheidet über das Verdienst der Schüler, ob sie in eine obere Klasse versetzt werden oder in der vorigen noch länger bleiben sollen. Das letztere war das Schicksal, das mir, wenn es noch so gut ging, bevorstand.

Der Tag kam, der Lehrer diktierte, die Schüler schrieben, jeder tat sein möglichstes. Ich nahm alle meine Kräfte zusammen, ich stellte mir meine Ehre, meinen Ehrgeiz, meinen Vater, meine Mutter vor; ich blickte auf meine Nachbarn, die mich über die Achsel ansahen und lachten. Facit indignatio versum! Wut und Scham begeisterten mich. Ich las mein Thema, ich fühlte meinen Kopf frei, meine Hand leicht, mein Gedächtnis offen und voll. Ich werde eher fertig als die andern, siegle mein Papier zu, überreiche es dem Lehrer und gehe zufrieden mit mir selbst davon.

Acht Tage darauf wurden die Schüler zusammengerufen und

die Entscheidung des Kollegiums bekanntgemacht. Erster Aufruf: »Goldoni, in die obere Klasse!« Auf einmal schreit die ganze Klasse laut auf und erlaubt sich die unanständigsten Einfälle. Meine Übersetzung wurde laut vorgelesen. Kein Fehler in der Rechtschreibung! Der Lehrer forderte mich aufs Katheder. Ich stand auf und wollte hingehen, als – ich meinen Vater an der Tür erblickte und mich in seine Arme warf.

3. Kapitel

Der Pater Regens hatte eine besondere Unterredung mit mir. Er wünschte mir Glück und sagte, daß er, ohnerachtet der groben Fehler, die ich mir von Zeit zu Zeit in meinen gewöhnlichen Lektionen zuschulden kommen ließe, aus einigen glücklichen Zügen, die er hier und da in meinen Aufsätzen und Übersetzungen entdeckt, geschlossen habe, daß es mir nicht an Kopf fehlen könne. Er setzte hinzu, der letzte Versuch habe ihn überzeugt, daß ich mich bisher nur aus Bosheit versteckt habe, und scherzte viel über die Verschlagenheit der Venezianer.

»Sie erweisen mir zuviel Ehre, ehrwürdiger Vater«, antwortete ich ihm, »ich habe die drei Monate zuviel gelitten, als daß es mir hätte einfallen können, mich auf meine eigenen Unkosten lustig zu machen. Nein, ich stellte mich nicht bloß unwissend, ich war es wirklich; und der letzte Vorfall ist ein Phänomen, das ich mir selbst nicht zu erklären weiß.«

Der Pater ermahnte mich, in meinem Fleiße nicht nachzulassen, und da er selbst die obere Klasse bekommen sollte, in die man mich aufnehmen wollte, versicherte er mich zugleich seiner besonderen Gewogenheit.

Mein Vater, der nun von neuem wieder mit mir zufrieden war, dachte darauf, wie er mich belohnen und die Ferien über belustigen wollte. Er wußte, daß ich ein Liebhaber von Schauspielen war, und er selbst war es nicht weniger. Er brachte also eine Gesellschaft junger Leute zusammen: man gab ihm einen Saal im Palast Antinori, er ließ ein kleines Theater aufbauen, unterrichtete die Akteure selbst, und so spielten wir Komödie.

In dem päpstlichen Gebiet, ausgenommen Bologna, Urbino, Ravenna, Ferrara und Avignon, werden keine Frauenspersonen auf der Bühne geduldet. Ich war jung und nicht häßlich, man teilte mir also eine Weiberrolle, und zwar die Hauptrolle, zu und ließ mich den Prolog hersagen.

Dieser Prolog war ein so einziges Ding in seiner Art, daß er mir nie aus dem Gedächtnis entfallen ist und ich also meinen Lesern wenigstens eine Probe davon mitteilen kann. In dem verflossenen Jahrhundert war die italienische Literatur in große Verderbnis geraten. Prosa und Poesie gingen beide auf Stelzen. Metaphern, Hyperbeln, Antithesen mußten die Stelle des gesunden Menschenverstandes vertreten. Dieser verwilderte Geschmack war im Jahre 1720 noch nicht ganz ausgerottet, und mein Vater war selbst ziemlich davon angesteckt. Hier ist der Anfang des schönen Stückchens, das ich hersagen mußte.

»Benignissimo Cielo!« – ich redete die Zuschauer an – »ai rai del vostro splendidissimo sole, eccoci qual farfalle, che spiegando le debole ale de' nostri concetti, portiamo a si bel lume il volo usw.« Welches auf gut deutsch ungefähr so lauten würde: »Gütigster Himmel, sieh uns hier gleich Schmetterlingen in den Strahlen deiner glänzenden Sonne schweben und auf den schwachen Flügeln unserer Ausdrücke unsern Flug gegen dein schönes Licht erheben usw.«

Dieser Prolog brachte mir einen ganzen Scheffel Biskuit und Zuckerwerk ein, das man auf das Theater warf und worunter ich fast erstickte. Dies ist in dem Kirchenstaat die gewöhnliche Manier, seinen Beifall zu bezeigen.

Das Stück, worin ich gespielt hatte, hieß »La Sorellina di Don Pilone«. Ich wurde sehr applaudiert, denn an Orten, wo Schauspiele selten sind, lassen sich die Zuschauer leicht befriedigen.

Mein Vater bemerkte, daß ich alles richtig aufgefaßt hatte, was ich sagte, und demohngeachtet niemals ein guter Schauspieler werden würde. Er täuschte sich nicht.

Unsere Vorstellungen dauerten ununterbrochen bis ans Ende der Ferien fort. Beim Beginn der Schulübungen nahm ich meinen bestimmten Platz ein; zu Ende des Jahres kam ich in die obere Klasse und vollendete meinen Kursus auf eine Art, die mir die Zufriedenheit der Jesuiten erwarb. Sie erzeigten mir die Ehre, mir eine Stelle in ihrem Orden anzubieten, die ich aber ablehnte.

Während der Zeit trugen sich viele Veränderungen in unserer Familie zu. Meine Mutter konnte die Entfernung von ihrem ältesten Sohn nicht länger ertragen, sie bat ihren Mann, entweder nach Venedig zurückzukommen oder zu erlauben, daß sie zu ihm käme.

Nach vielen Briefen und Debatten wurde beschlossen, Madame Goldoni, ihre Schwester und ihr jüngerer Sohn sollten kommen und sich wieder mit der übrigen Familie vereinigen. Und das geschah denn auch.

Meine Mutter konnte sich in Perugia nicht eines einzigen gesunden Tages erfreuen. Die Luft des Landes war ihr zuwider. Geboren in dem sanften Klima von Venedig, hatte sie sich so daran gewöhnt, daß sie der rauhen Witterung eines gebirgigen Landes nicht widerstehen konnte.

Sie litt viel, sah sich mehr als einmal an dem Rand des Grabes und ertrug dennoch alle Mühseligkeiten und Gefahren so lange, als sie meinen Aufenthalt in dieser Stadt für nötig hielt; denn sie fürchtete mehr als alles, daß meine Studien, in denen ich so weit fortgerückt war, unterbrochen werden möchten.

Mein Kursus war nun mit der Rhetorik beendigt, sie lag also meinem Vater immer mehr an, ihre Wünsche zu erfüllen, und er ließ sich bereit und willig finden. Der Tod seines Beschützers Antinori hatte ihm manche Unbequemlichkeit zugezogen; die Ärzte in Perugia sahen mit neidischen Augen auf ihn; er faßte also den Entschluß, diese Stadt zu verlassen und sich wiederum den Sümpfen des Adriatischen Meeres zu nähern.

4. Kapitel

Dieser Plan war in wenigen Tagen ausgeführt. Wir kauften einen viersitzigen Wagen; mein jüngerer Bruder wurde mit untergesteckt. Wir wählten den Weg über Spoleto als den bequemsten und kamen zu Rimini an, wo die ganze Familie des Grafen Rinalducci versammelt war, die uns auf das freundschaftlichste empfing.

Nichts mußte mir angelegener sein, als nicht zum zweitenmal eine Lücke in meinen literarischen Beschäftigungen einreißen zu lassen. Mein Vater bestimmte mich seiner Wissenschaft, und ich sollte nun vorerst Philosophie studieren.

Die Dominikaner von Rimini hatten in der Logik einen großen Ruf. Diese Wissenschaft ist das Tor, durch welches man zu allen übrigen physischen und spekulativen Doktrinen eingeht. Der Graf Rinalducci verschaffte uns die Bekanntschaft des Professors Candini, dessen Aufsicht ich übergeben wurde.

Der Graf konnte mich nicht bei sich behalten, man tat mich also zu dem Herrn Battaglini, Handelsmann und Bankier und Freund und Landsmann meines Vaters, in Pension. Ohnerachtet aller Vorstellungen und Tränen meiner Mutter, die sich gern niemals wieder von mir getrennt hätte, setzte die ganze Familie ihren Weg weiter nach Venedig fort, wo ich sie nicht eher wiedersehen sollte, als sie es für gut finden würde, mich zurückzurufen.

Sie schifften sich nach Chioggia auf ein Fahrzeug nach Landesart ein. Der Wind war günstig; sie kamen in kurzer Zeit an. Meine Mutter aber hatte sich sehr ermüdet, und sie mußten hier einige Rasttage halten.

Chioggia ist eine Stadt, vier Meilen von Venedig und ebenso wie dieses auf eingerammten Pfählen gebaut. Man schätzt sie auf 40000 Einwohner, lauter gemeine Leute, Fischer, Matrosen, Weibspersonen, die grobe Spitzen verfertigen, mit denen man einen beträchtlichen Handel treibt; und nur sehr wenige Personen erheben sich über den Pöbel. Alle Einwohner werden hierzulande in zwei Klassen geteilt, in Arme und Reiche. Wer eine Perücke und Mantel trägt, gehört in die Klasse der Reichen, dahingegen alle übrigen, die bloß eine Mütze und Überschlag tragen, unter die Armen gezählt werden. Mit dieser Einteilung verträgt es sich nun freilich recht gut, daß bisweilen die Armen viermal mehr Geld haben als die Reichen.

Meine Mutter befand sich sehr wohl in dieser Gegend. Die Luft von Chioggia war fast die gleiche wie an ihrem Geburtsort; ihre Wohnung war schön, sie genoß eine angenehme Aussicht und eine reizende Freiheit. Ihre Schwester war die Gefälligkeit selbst, mein Bruder ein kleines Kind, das kaum sprechen konnte. Mein Vater hatte einen Plan entworfen; er teilte ihn seiner Gattin mit, die ihn sehr billigte.

»Ich mag«, sagte er, »nicht eher wieder nach Venedig zurückkehren, als bis ich dort niemandem zur Last zu sein brauche. Ich will also erst nach Modena gehen und dort unsere Familienangelegenheiten in Ordnung bringen.« Dieses tat er auch wirklich, und so befand sich mein Vater zu Modena, meine Mutter zu Chioggia und ich mich zu Rimini.

Ich wurde krank, und die Blattern zeigten sich; zum Glück waren sie gutartig. Herr Battaglini ließ meine Eltern nicht eher etwas davon wissen, als bis ich außer aller Gefahr war. Man kann unmöglich besser gewartet und gepflegt werden, als ich's in diesem Hause wurde. Ich konnte kaum wieder ausgehen, als mein aufmerksamer und für mein Bestes besorgter Wirt in mich drang, meine Lektionen bei dem Professor Candini fortzusetzen.

Ich ging wider meinen Willen hin. Dieser Professor, dieser

weitberühmte Mann, flößte mir mit aller seiner Klugheit, Sanftmut und Gelehrsamkeit tödliche Langeweile ein. Er hatte in der Tat nicht geringe Verdienste, hing aber mit Leib und Seele der Lehre des Thomas von Aquino an und wagte sich kein Haarbreit von seiner hergebrachten Methode zu entfernen. Ich schrieb nach, was er diktierte, aber anstatt zu Hause meine Hefte zu repetieren, nährte ich meinen Geist mit einer nützlicheren und anmutigeren Philosophie: ich studierte den Plautus, Terenz, Aristophanes und die Fragmente des Menander.

Es ist wahr, ich glänzte eben nicht in dem Zirkel meiner Bekannten, doch besaß ich Geschicklichkeit genug, sie fühlen zu lassen, daß es weder dumme Faulheit noch plumpe Unwissenheit sei, die mich gegen den langweiligen und ermüdenden Unterricht unseres Lehrers so gleichgültig mache. Zum Glück fand ich mehrere, die ebenso dachten wie ich.

Die moderne Philosophie hatte damals die beträchtlichen Fortschritte noch nicht gemacht, die ihr in der Folge geglückt sind. Damals mußte man sich noch – und vorzüglich mußten es die Geistlichen tun – entweder zu der Philosophie des Heiligen Thomas oder der Philosophie des Duns Scotus oder zur peripathetischen oder zur vermischten Philosophie bekennen, die aber sämtlich ohne Ausnahme sich gleich weit von der Philosophie des gesunden Menschenverstandes entfernten.

Der Langenweile, die mich drückte, zu entgehen, war ich bedacht, mir irgendeine angenehme Zerstreuung zu verschaffen. Bald bot sich auch eine Gelegenheit dar, die ich benutzte, und man wird hoffentlich nicht unzufrieden sein, mich aus dem Zirkel der Philosophie unter eine Truppe Komödianten zu begleiten.

Es hielt sich damals eben eine zu Rimini auf, die mir unvergleichlich vorkam. Hier sah ich zum erstenmal Frauenzimmer auf dem Theater und fand, daß das die Szene auf eine ganz vorzügliche Art zierte und belebte. Rimini gehört zur Legation von Ravenna; die Frauenspersonen werden hier auf dem Theater zugelassen, und man sieht nicht wie zu Rom Mannspersonen ohne oder mit halbem, keimendem Bart.

Die ersten Tage über, als ich das Schauspiel besuchte, trat ich ganz bescheiden ins Parterre, als ich aber junge Leute meinesgleichen in den Kulissen gewahr wurde, so wagte ich einen Versuch, auch hinzukommen, und fand nicht die geringste Schwierigkeit. Ich betrachtete die Demoisellen mit halben verschämten Blicken, sie aber sahen mir steif ins Auge. Nach und nach wurde ich zahmer, ein Wort gab das andere, eine Frage die andere. Sie erfuhren, daß ich ein Venezianer sei. Sie waren alle Landsleute von mir und überhäuften mich mit Höflichkeiten und Liebkosungen. Selbst der Directeur wußte sich nicht verbindlich genug gegen mich zu benehmen: er bat mich zum Mittagessen. Ich ging hin und dachte nun nicht weiter an den ehrwürdigen Professor Candini.

Das Engagement der Komödianten ging zu Ende, sie waren im Begriff abzureisen. Diese Trennung ging mir sehr nah. An einem Freitag, wo in ganz Italien – die Staaten von Venedig ausgenommen – nicht gespielt wird, hatten wir eine Lustpartie angestellt. Die ganze Gesellschaft war beisammen, und der Directeur setzte die Abreise auf künftige Woche fest. Er erzählte, daß er das Fahrzeug schon gemietet habe, worin sie nach Chioggia ... »Nach Chioggia?« rief ich voller Erstaunen aus. – »Ja, mein Herr! Eigentlich gehen wir nach Venedig, wir werden uns aber ein vierzehn Tage bis drei Wochen zu Chioggia aufhalten und da im Vorbeigehn ein paar Vorstellungen geben.« – »Ach, Himmel, meine Mutter ist in Chioggia, und ich möchte sie wohl einmal wiedersehen.« – »So gehen Sie mit uns.« – »Ja, ja«, riefen sie alle, einer nach dem andern, »mit uns, mit uns, in unserm Fahrzeug. Sie sind da recht gut aufgehoben. Es soll Sie nichts kosten. Wir spielen, lachen, singen, machen uns lustig, usw.« – Wie hätte ich einer so lockenden Versuchung widerstehen, eine so schöne Gelegenheit ungenutzt vorbeilassen können? Ich nahm den Vorschlag an, engagierte mich und machte meine Anstalten zur Reise.

Mein Wirt war die erste Person, der ich meinen Plan mitteilte, ich fand aber in ihm einen heftigen Widersacher. Ich bestand darauf, er benachrichtigte den Grafen Rinalducci davon: jeder war dagegen. Ich stellte mich also, als ob ich nachgäbe, und verhielt mich ganz ruhig. An dem zur Abreise bestimmten Tag aber steckte ich zwei Hemden und eine Nachtmütze in meine Taschen, ging an den Hafen, trat zuerst in das Fahrzeug und versteckte mich im Vorderraum. Ich hatte ein Schreibzeug bei mir, schrieb an Herrn Battaglini und entschuldigte mich bestens. Es wäre, sagte ich, das lebhafteste Verlangen, meine Mutter zu sehen, dem ich nicht widerstehen könne. Ich bat ihn, meine Habseligkeiten der guten Frau zu schenken, die mich in meiner Krankheit gewartet; ich erklärte geradezu, daß ich im Begriff wäre abzureisen. Das war ein großer Fehler, den ich machte, ich gestehe es: allein ich habe ihrer noch mehr begangen und werde sie ebenso gestehen.

Endlich kamen die Schauspieler. »Wo ist Herr Goldoni?« Herr Goldoni kam aus seiner Ecke hervor. Man lachte überlaut. Man bemühte sich um die Wette, mir Artigkeiten und Schmeicheleien zu sagen. Die Segel wurden aufgespannt, und so lebe denn wohl, Rimini!

5. Kapitel

Zwölf Personen machten sie, Schauspieler und Schauspielerinnen, aus, dazu ein Souffleur, ein Theatermeister, ein Garderobenaufseher, acht Bediente, vier Kammermädchen, zwei Ammen, Kinder jeden Alters, Hunde, Katzen, Affen, Papageien, Vögel, Tauben, ein Lamm, mit einem Wort, eine vollständige Arche Noah!

Das Fahrzeug war sehr geräumig und hatte viele kleine Abteilungen. Jedes Frauenzimmer bekam eine eigene Nische mit Vorhängen. Für mich hatte man zur Seite des Directeurs ein gutes Bett zurechtgemacht, und jedermann war zufrieden.

Der Oberaufseher der Reise, der zu gleicher Zeit das Amt eines Kochs und Kellners verwaltete, läutete mit einer kleinen Glocke, die das Zeichen zum Frühstück gab, und alsbald versammelte sich die ganze Gesellschaft in einer Art von Saal, den man mitten im Fahrzeug über den Kasten, Ballen und Bündeln frei gehalten hatte. Auf einer länglich runden Tafel waren Kaffee, Tee, Milch, Braten, Wein und Wasser aufgesetzt.

Die erste Liebhaberin verlangte Fleischbrühe; es war keine vorhanden, und sie geriet in Wut hierüber. Man hatte alle Mühe von der Welt, sie mit einer Tasse Schokolade zu besänftigen. Sie war die häßlichste von allen Schauspielerinnen und zugleich die eigensinnigste.

Nach dem Frühstück schlug man in Erwartung des Mittagessens ein Spiel vor. Doch war es hierbei mehr auf das Vergnügen als auf den Gewinn abgesehen. Hierauf hielt der Directeur sehr. Man spielte, lachte, scherzte, neckte sich, bis die Zeit zum Mittagessen herbeikam.

Nudeln! Jedermann fiel begierig darüber her; im Nu waren drei Suppennäpfe ausgeleert. Roastbeef, kaltes Geflügel, ein Kalbsrücken, ein Nachtisch mit köstlichem Wein – die herrliche Mahlzeit! Es gibt doch kein gutes Gericht ohne Appetit.

Wir blieben vier ganze Stunden bei Tisch. Man spielte auf verschiedenen Instrumenten und sang viel. Die Soubrette sang vorzüglich, zum Bezaubern. Ich betrachtete sie aufmerksam. Sie machte einen sonderbaren Eindruck auf mich. Aber ach! ein unglücklicher Zufall störte die Fröhlichkeit der ganzen Gesellschaft. Eine Katze, der Liebling der Primadonna, war aus ihrem Käfig entwischt: diese rief die ganze Welt zu Hilfe. Man gab sich alle Mühe, ihrer habhaft zu werden, allein die Katze, wild und eigensinnig wie ihre Gebieterin, ging durch, sprang wie der Blitz hierhin, dorthin, entschlüpfte, versteckte sich und erstieg endlich in der Angst den Mast. Ein Matrose stieg hinauf, sie herabzuholen, allein die Katze sprang ins Meer und ertrank. Man denke sich die Verzweiflung der Primadonna. Kein Tier, das ihr in den Weg kam, war seines Lebens sicher. Ihr Kammermädchen selbst sollte ihren Liebling in das Grab begleiten. Jedermann nahm die Partei des armen Mädchens, der Streit wurde allgemein. Endlich kam der Directeur dazu. Er lachte darüber und suchte die betrübte Dame zu besänftigen. Sie fing nun selbst an zu lachen, und die arme Katze war vergessen. – Doch genug hiervon.

Der Wind war uns nicht günstig, und wir mußten drei Tage auf der See bleiben. Unsere Belustigungen, unser Zeitvertreib, unser Appetit blieben sich immer gleich. Am vierten Tag erreichten wir Chioggia.

Ich hatte keine Adresse meiner Mutter, doch brauchte ich nicht lange zu suchen. Madam Goldoni und ihre Schwester trugen ein Kopfzeug, sie gehörten also in die Klasse der Reichen, und jedermann kannte sie.

Ich bat den Directeur, mich zu begleiten; er war gleich bereit und willig. Wir gingen hin, er ließ sich melden; ich blieb im Vorzimmer. »Madame«, sagte er, »ich komme von Rimini und bringe Ihnen Nachricht von Ihrem Herrn Sohn.« – »Wie geht's meinem Sohne?« – »Sehr wohl, Madame.« – »Ist er mit seiner Lage zufrieden?« – »Nicht ganz, Madame. Er leidet viel.« – » Und weswegen?« – »Über die Entfernung von seiner Mutter.« – »Das arme Kind! Ach, ich hätt ihn gern bei mir.« (Ich hörte das alles mit an, und das Herz schlug mir hoch.) »Madame«, fuhr der Schauspieler fort, »ich hatte mich erboten, ihn mit mir zu nehmen.« – »Und warum taten Sie es nicht, mein Herr?« – »Würden Sie damit zufrieden gewesen sein?« – »Ganz gewiß.« – »Aber sein Studieren?« – »Sein Studieren? Konnte er nicht wieder zurückkehren? Und überdies gibt's ja allenthalben Lehrmeister.« – »Sie würden ihn also gern sehen?« – »Mit der größten Freude.« – »Madame, hier ist er!« Mit diesen Worten öffnete er die Tür. Ich trat herein, warf mich meiner Mutter zu Füßen, sie umarmte mich. Tränen erstickten unsere Worte. Der Schauspieler, der an ähnliche Auftritte gewöhnt war, sagte uns viel Schönes über diese Situation, nahm Abschied von meiner Mutter und entfernte sich. Ich blieb allein bei ihr und gestand meinen Fehltritt freimütig. Sie gab mir einen zärtlichen Verweis und umarmte mich. So waren wir beide zufrieden. Meine Tante war ausgegangen. Als sie nach Hause kam, gab es eine neue Überraschung und neue Umarmungen. Mein jüngerer Bruder war in Pension.

Den Tag nach meiner Ankunft erhielt meine Mutter einen Brief vom Herrn Battaglini aus Rimini. Er gab ihr Nachricht von meiner Unbesonnenheit, beklagte sich bitterlich und schrieb, sie würde unverzüglich einen Mantelsack mit Büchern, Leinenzeug und Kleidern, die seine Haushälterin zu nichts zu brauchen wüßte, erhalten.

Meine Mutter erinnerte sich bei dieser Gelegenheit, einen sehr interessanten Brief von meinem Vater erhalten zu haben. Sie suchte ihn und teilte mir ihn mit. Hier ist der wesentliche Inhalt davon.

Pavia, am 17. März, 1721

Liebe Frau,
ich habe dir eine gute Neuigkeit zu erzählen, die unsern Sohn betrifft und dir gewiß viel Vergnügen machen wird. Ich bin, wie du weißt, von Modena nach Piacenza gereist, um dort mit Herrn Bavilli, meinem Vetter, der mir noch einen Teil von der Mitgift meiner Mutter schuldig ist, unsere Geschäfte in Ordnung zu bringen. Glückt es mir, diese Summe zu den ausstehenden Schulden, die ich in Modena einkassiert habe, zu schlagen, so können wir uns nach aller Bequemlichkeit einrichten.

Mein Vetter war nicht in Piacenza, sondern nach Pavia gegangen, der Vermählung eines Neffen von seiner Frau beizuwohnen. Da die Entfernung nicht groß ist, so beschloß ich, ihm nachzureisen und ihn in Pavia aufzusuchen. Ich fand ihn, ich sprach mit ihm, er gestand die Schuld ein, und wir wurden einig. Er hat versprochen, mich binnen jetzt und sechs Jahren zu befriedigen. Doch, nunmehr muß ich dir auch erzählen, was mir in dieser Stadt begegnet ist.

Ich kehrte bei meiner Ankunft im Gasthof »Zum roten Kreuze« ein. Man fragte nach meinem Namen, zur Nachricht für die Polizei. Den folgenden Tag führte der Wirt einen Bedienten des Gouverneurs auf mein Zimmer, der mich sehr höflich ersuchte, mich nach meinem Belieben in dem Palast des Gouverneurs einzustellen. Ohnerachtet des Zusatzes »nach Ihrem Belieben« war mir bei dieser Einladung doch nicht ganz wohl zumute; ich konnte nicht erraten, was man von mir haben wollte.

Ich ging auf der Stelle zu meinem Vetter, und nachdem wir unsere Sachen in Richtigkeit gebracht hatten, sagte ich ihm etwas von dieser Art von Einladung, die mich wirklich ein wenig beunruhigte. Ich fragte ihn, ob er etwa den Gouverneur von Pavia persönlich kenne. Seine Antwort war: Ja, er kenne ihn seit langer Zeit. Es wäre der Marchese Goldoni-Vidoni, aus einer der besten Familien von Cremona, und Senator von Mailand.

Bei dem Namen Goldoni verließ mich alle Furcht, an deren Stelle traten angenehme Hoffnungen, und meine Erwartung betrog mich nicht. Ich ging den Nachmittag zum Gouverneur, der mich auf die höflichste und schmeichelhafteste Art von der Welt empfing. Mein Name hatte ihm Lust gemacht, mich kennenzulernen. Wir sprachen viel miteinander. Ich sagte ihm, daß ich ursprünglich aus Modena herstammte, worüber er mir die Ehre erwies, zu bemerken, daß Cremona nicht sehr weit von Modena entfernt sei. Unterdessen kam anderer Besuch, und er bat mich auf den folgenden Tag zum Mittagessen zu sich.

Du kannst denken, daß ich nicht versäumte, mich einzufinden. Es waren nur unser vier zu Tische. Wir speisten gut. Die beiden andern Gäste entfernten sich nach dem Kaffee. Wir blieben allein, der Herr Senator und ich.

Wir sprachen von mancherlei, vorzüglich von meiner Familie, von meiner Verfassung und gegenwärtigen Lage, endlich, um es kurz zu machen, versprach er mir, daß er sich Mühe geben würde, etwas für meinen ältesten Sohn zu tun.

Die Universität zu Pavia ist so berühmt wie die zu Padua, und es gibt verschiedene Collegia hier, in die neue Stipendiaten aufgenommen werden. Der Herr Marchese machte sich anheischig, eine Stelle für mich in dem päpstlichen Collegio auszumachen. Führt Carlo sich gut auf, so wird er gewiß für ihn sorgen.

Schreibe unserm Sohn von alledem nichts. Wenn ich zurückkomme, lasse ich ihn holen; ich behalte mir selbst das Vergnügen vor, ihn davon zu unterrichten. Ich eile soviel als möglich usw.

Der Inhalt dieses ganzen Briefes war so beschaffen, daß er mir schmeicheln und mich zu den größten Erwartungen berechtigen mußte.

Nun ging mir mit einemmal ein Licht über die Unbesonnenheit meines Verfahrens auf; ich fürchtete den Zorn meines Vaters – und daß er ein gerechtes Mißtrauen in meine Aufführung in einer noch entfernteren Stadt setzen möchte, wo ich natürlich noch mehr Freiheit haben müßte.

Meine Mutter sprach mir Trost zu und versicherte mir, mich gegen die Vorwürfe meines Vaters zu schützen. Sie wollte gern alles auf sich nehmen, da ihr meine Reue aufrichtig schiene.

6. Kapitel

Meine Mutter wollte mich produzieren und ihren Bekannten vorstellen, allein meine ganze Garderobe bestand in einem alten Oberrock, den ich auf See als Kleid, Schlafrock und Fußdecke gebraucht hatte.

Sie ließ einen Schneider holen, der mich bald in den Stand setzte, daß ich mich öffentlich sehen lassen konnte.

Mein erster Ausgang führte mich zu meinen Reisegefährten, die sich sehr freuten, mich wiederzusehen. Sie hatten sich zu zwanzig Vorstellungen verbindlich gemacht: ich erhielt freien Eintritt, den ich mit der Bewilligung meiner gütigen Mutter zu benutzen hoffte.

Sie stand in genauer Verbindung mit dem Abt Genari, Kanonikus an der Kathedralkirche. Dieser rechtschaffene Geistliche hatte ein wenig strenge Grundsätze. Die Schauspiele sind in Italien von der römischen Kirche nicht verboten und die Schauspieler nicht exkommuniziert; demohngeachtet behauptete der Abt Genari, die Stücke, die man damals spielte, wären der Jugend schädlich. Er hatte vielleicht nicht ganz unrecht, wenigstens verbot mir meine Mutter, das Schauspielhaus zu besuchen.

Ich mußte wohl gehorchen, und wirklich ging ich auch nicht in die Komödie, dafür aber besuchte ich desto häufiger die Komödianten und vorzüglich die Soubrette. Dieser entschiedene Geschmack für die Soubretten hat sich seitdem beständig bei mir erhalten.

Nach Verlauf von sechs Tagen kam mein Vater zurück. Ich zitterte; meine Mutter versteckte mich in ihrem Toilettenzimmer und nahm das übrige auf sich. Er kommt die Treppe herauf, meine Mutter und Tante empfangen ihn. Man umarmt sich wie gewöhnlich. Mein Vater hat nicht seine gewöhnliche Heiterkeit, er runzelt die Stirn, sieht sehr verdrießlich aus; man glaubt ihn von der Reise ermüdet, sie treten ins Zimmer. Die ersten Worte meines Vaters sind: »Wo ist mein Sohn?« Meine Mutter antwortet ganz treuherzig: »Unser Jüngster ist in seiner Pension.« – »Nein, nein«, fällt mein Vater hitzig ein, »ich frage, wo der Älteste ist; er muß hier sein. Du versteckst ihn vor mir, du tust sehr unrecht daran. Er ist ein ungezogener Bube, der Züchtigung verdient.« – Meine Mutter war betreten, wußte nicht, was sie sagen sollte, brachte ein paar unbestimmte Worte vor: »aber – wie?« – Mein Vater unterbricht sie und stampft vor Verdruß auf die Erde: »Ja, Herr Battaglini hat mich von allem unterrichtet; er hat mir nach Modena geschrieben; ich habe den Brief bei meiner Durchreise gefunden.« Meine Mutter bittet ihn mit einer traurigen Miene, mich wenigstens erst anzuhören, ehe er mich verdamme. Mein Vater will sich nicht zufriedengeben, er dringt in sie, zu sagen, wo ich wäre. Nun konnte ich mich nicht länger halten, ich öffnete die Glastür, aber ich wagte es nicht, näher zu treten. »Geht hinaus«, sagte mein Vater zu seiner Frau und ihrer Schwester, »laßt mich allein mit dem saubern Bürschchen da.« Sie entfernten sich, ich nähere mich zitternd: »Mein Vater –« – »Wie, mein Herr! Durch welchen Zufall treffe ich Sie hier an?« – »Vater, man wird Ihnen erzählt haben –« – »Ja, man hat mir erzählt, daß du, trotz aller Vorstellungen, allen guten Rats, der ganzen Welt zum Possen, die Unverschämtheit gehabt hast, heimlich aus Rimini davonzugehen.« – »Was hätte ich in Rimini machen sollen, lieber Vater? Es war verlorene Zeit für mich.« – »Wie? Verlorne Zeit? Das Studium der Philosophie verlorne Zeit?« – »Ja, Philosophie – – aber scholastische Philosophie, syllogismi, enthymemata, sophismata, die nego, probo, concedo! Erinnern Sie sich noch, Vater?« Hier konnte er sich nicht enthalten, eine kleine Bewegung mit den Lippen zu machen, die nur gar zu deutlich die Lust verriet, die er hatte, laut aufzulachen. Ich war schlau genug, dies zu bemerken, und schöpfte neuen Mut. »Ach, mein Vater«, fuhr ich fort, »lassen Sie mich die Philosophie des Menschen lernen, brauchbare Moral, Experimentalphysik –« »Still, still! Wie bist du hierhergekommen?« – »Zur See.« – »Mit wem?« – »Mit einer Truppe Komödianten.« – »Komödianten?« – »Ja, Vater, aber es sind rechtschaffene, honette Leute.« – »Wie heißt der Directeur?« – »Auf der Bühne macht er den Florindo, und im gemeinen Leben heißt er Florindo de Maccheroni.« – »Ha, ha, den kenn ich. Ein braver Mann. Er spielte den Don Juan im ›Festin de Pierre‹*. Er kriegte einmal den Einfall, die Nudeln zu verzehren, die dem Harlekin gehörten, und daher rührt der Beiname.« – »Ich versichere Ihnen, Vater, die Truppe ...« – »Wo ist sie hingegangen?« – »Sie ist hier.« – »Ist hier?« – »Ja.« – »Ich muß sie doch sehn.« – »Und ich, Vater?« – »Du? Spitzbube. Wie heißt die Primadonna?« – »Clarisse.« – »Ah, ah, Clarisse! Herrlich häßlich, aber viel Verstand.« – »Vater!« – »So muß ich wohl hingehen und mich bei ihnen bedanken.« – »Und ich?« – »Gottloser Bube!« – »Bitt um Verzeihung.« – »Nu geh nur, für diesmal – aber ...«

Meine Mutter trat herein. Sie hatte alles gehört und war sehr vergnügt, mich mit meinem Vater wieder ausgesöhnt zu wissen.

Sie sprach mit ihm von dem Abt Genari, nicht um ihn abzuhalten, die Komödie zu besuchen, denn er war wenigstens ein ebenso großer Liebhaber davon wie ich; sondern um ihm zu sagen, daß dieser Kanonikus, der mit verschiedenen Krankheiten auf einmal zu kämpfen hatte, ihn schmerzlich erwarte; daß er der ganzen Stadt viel von dem bewährten venezianischen Doktor, dem Schüler des berühmten Lancisi, gesagt habe, den man eben erwarte, und daß er sich nur zeigen dürfe, um mehr Kranke zu bekommen, als er kurieren könne.

Dies geschah auch wirklich. Jedermann wollte den Doktor Goldoni haben. Er hatte die Reichen und die Armen, und die Armen bezahlten besser als die Reichen.

Er mietete nunmehr eine bequemere Wohnung und ließ sich förmlich in Chioggia nieder, mit dem Vorsatz, so lange hier zu bleiben, als das Schicksal ihm günstig sein und bis ein anderer Modedoktor kommen und ihm seine Kunden abwendig machen würde.

Ich war müßig, und da es in der Stadt keine guten Lehrer gab, bei denen ich etwas hätte profitieren können, so geriet mein Vater auf den Einfall, selbst sein Heil an mir zu versuchen.

Er bestimmte mich für die Arzneigelehrtheit und befahl mir, in Erwartung eines Briefes, der mich in das Collegium zu Pavia abrufen würde, ihn bei seinen täglichen Visiten zu begleiten. Er glaubte, ein wenig Praxis vor dem Studium der Theorie

* Ein abenteuerliches Stück von Molière, nach dem »Cambidado di Pietra« des Tirso de Molina, eines spanischen Dichters.

würde mir eine oberflächliche Kenntnis der Arzneiwissenschaft verschaffen und zugleich zum Verständnis der Kunstwörter und der ersten Grundsätze der Kunst beförderlich sein.

Sowenig ich nun auch Geschmack hieran fand, so durfte ich mich doch nicht widersetzen. Man hätte mir vorgeworfen, ich wolle gar nichts tun.

Ich folgte also meinem Vater, ich besuchte den größten Teil seiner Kranken mit ihm, befühlte den Puls, betrachtete den Urin, untersuchte den Auswurf und noch andere dergleichen Dinge, die mich anekelten. Und doch faßte ich mich in Geduld. Solange die Truppe ihre Vorstellungen, deren am Ende sechsunddreißig wurden, noch fortsetzte, hielt ich mich für hinlänglich entschädigt.

Mein Vater war sehr zufrieden mit mir und noch mehr meine Mutter. Allein einer von den drei Feinden des Menschen, und vielleicht zwei oder gar alle drei, machten einen Anschlag auf mich und störten meine Ruhe.

Mein Vater wurde zu einer sehr jungen, schönen Kranken gerufen und nahm mich, da er nichts von der Art der Krankheit ahnte, mit sich. Als er aber sah, daß man nähere Lokaluntersuchungen und Besichtigungen anstellen müsse, hieß er mich aus dem Zimmer gehen, und von dieser Stunde an war ich verdammt, solange als er im Zimmer des kranken Frauenzimmers zubrachte, ihn in einem kleinen und engen Saale zu erwarten.

Die Mutter der Demoiselle, eine höfliche, artige Frau, ließ mich niemals allein. Sie leistete mir Gesellschaft und erzählte mir immer von ihrer Tochter.

Dank der Kunst und Sorgfalt meines Vaters war ihr Kind endlich außer Gefahr und bald ganz wiederhergestellt. Der heutige Besuch sollte der letzte sein. Ich stattete ihr deshalb meinen Glückwunsch ab, ich dankte ihr für ihre Gefälligkeit und endigte mein Kompliment mit den Worten: »Wenn ich nicht wieder die Ehre haben sollte ...« – »Wie«, sagte sie, »wir sollen uns nicht wiedersehen?« – »Wenn mein Vater nicht wieder herkommt...« – »So können Sie doch wiederkommen?« – »Und weshalb?« – »Weshalb? Hören Sie mich an. Meine Tochter ist gesund, sie braucht den Herrn Doktor nicht weiter; aber ich würde es gerne sehen, wenn sie von Zeit zu Zeit einen freundschaftlichen Besuch bekäme, damit man doch sähe – wie die Sachen stünden – ob sie nicht etwas nötig hätte; wenn Sie nichts Besseres zu tun wissen, kommen Sie immer bisweilen einmal her; ich bitte Sie recht sehr.« – »Aber, sollte die Demoiselle verlangen können ...« – »Oh, mein lieber Freund, davon lassen Sie uns stille schweigen. Meine Tochter hat Sie gesehen, ihr ganzer Wunsch ist, Sie näher kennenzulernen.« – »Madame, Sie erzeigen mir viel Ehre, allein wenn mein Vater erführe?« – »Er soll nichts erfahren; übrigens ist meine Tochter seine Kranke, wie kann er es übel finden, wenn sein Sohn sie besucht?« – »Aber warum hat er mich nicht in die Stube hineingehen lassen?« – »Weil – die Stube zu enge und die Luft so schwül ist.« – »Ich höre ein Geräusch; ich glaube, mein Vater kommt heraus.« – »Nu, nu, Sie besuchen uns also.« – »Und wann?« – »Diesen Abend noch, wenn Sie wollen.« – »Wenn ich kann.« – »Meine Tochter wird sich sehr freuen.« – »Ich nicht weniger.«

Mein Vater kommt heraus, wir gehen fort; ich denke den ganzen Tag über diesen Auftritt nach, stelle Betrachtungen an, ändere jeden Augenblick meine Meinung. Der Abend kommt, mein Vater geht in Geschäften aus, und ich mache mich bei einbrechender Nacht auf den Weg nach dem Hause der gesunden – Kranken.

Ich trete hinein; man empfängt mich auf das höflichste, das freundschaftlichste; man bietet mir Erfrischungen an, ich nehme es an; man sucht in der Speisekammer; der Wein ist ausgegangen, man muß welchen holen lassen; ich greife nach der Tasche. – Man pocht, die Türe geht auf, und herein tritt der Bediente meiner Mutter. Er hatte mich in das Haus gehen sehen und kannte das Geschmeiß. Ein guter Engel schickte mir ihn zu. Er sagte mir ein Wort ins Ohr, ich kam zu mir selbst und verließ auf der Stelle das Zimmer.

7. Kapitel

Zurückgekommen aus der Verblendung, in die wildes Jugendfeuer mich zu stürzen drohte, betrachtete ich mit Abscheu die Gefahr, die mir so nahe gewesen war.

Ich war von Natur munter und hatte dabei doch von Jugend auf hypochondrische oder melancholische Launen, die mitunter düstre Nebel über meinen Geist verbreiteten.

In einem neuen und heftigen Anfall dieser alle Federn des Geistes abspannenden Krankheit suchte ich vergeblich nach Mitteln, mich zu zerstreuen. Meine Komödianten waren abgereist, Chioggia hatte keine Belustigung mehr nach meinem Geschmack. Die Arzneiwissenschaft war mir zuwider, ich wurde traurig, tiefsinnig und nahm sichtbarlich ab.

Meine Eltern wurden das bald gewahr. Meine Mutter fragte mich zuerst, und ich vertraute ihr meinen Kummer.

Eines Tages, als wir, ohne fremde Gäste und ohne Bediente um uns zu haben, bei Tische saßen, lenkte meine Mutter das Gespräch auf mich. Es entstand ein Streit, der über zwei Stunden dauerte. Mein Vater bestand darauf, daß ich mich auf Medizin legen sollte. Ich mochte mich auf meinem Stuhl bewegen, räuspern, Gesichter schneiden, schmollen, wie ich wollte: er ließ sich nicht umstimmen. Endlich aber bewies ihm meine Mutter, daß er unrecht habe. Man höre, wie.

»Der Marchese Goldoni«, sagte sie, »will für unser Kind sorgen. Wird Carlo ein guter Arzt, so ist es wahr, sein Gönner kann ihm immer beförderlich sein; aber kann er ihm auch Kranke geben? Kann er die Welt vermögen, ihn so vielen andern vorzuziehen? Vielleicht steht es in seiner Macht, ihm eine Professorstelle auf der Universität zu Pavia zu verschaffen; allein wieviel Zeit und Arbeit wird nicht erfordert, eh er es so weit bringt. Studiert er hingegen die Rechte, wird er ein Advokat, so kann ein Senator von Mailand ohne die geringste Mühe, ohne die geringste Schwierigkeit sein Glück machen.«

Mein Vater antwortete nichts, sondern schwieg ein paar Augenblicke stille. Dann wendete er sich gegen mich und sagte in scherzhaftem Tone: »Würdest du dich aber auch mit dem Codex und den Digesten des Justinian vertragen?« – »O ja, Vater«, antwortete ich, »viel besser als mit den Aphorismen des Hippokrates.« – »Deine Mutter«, versetzte er, »ist ein Frauenzimmer, sie hat mir gute Gründe entgegengesetzt, und ich könnte mich wohl ergeben. Indes aber kannst du doch nicht müßig gehen, und du wirst dir also wohl gefallen lassen müssen, daß die Sache einstweilen beim alten bleibt.« So wäre für mich nichts gebessert gewesen, hätte meine Mutter nunmehr nicht lebhaft meine Partei ergriffen. Sie riet meinem Vater, mich nach Venedig zu schicken und zu meinem Onkel Indric, einem der besten Gerichtsprokuratoren der Hauptstadt, zu tun. Sie erbot sich, mich selbst zu begleiten und so lange dort zu bleiben, bis ich nach Pavia abgehen könnte. Meine Tante unterstützte den Vorschlag ihrer Schwester. Ich streckte die Hände in die Höhe und weinte vor Freude. Mein Vater gab seine Einwilligung; ich sollte unverzüglich nach Venedig abgehen.

Nun war ich zufrieden, und meine böse Laune war im Nu verschwunden. Vier Tage darauf reiste ich mit meiner Mutter ab. Der ganze Weg beträgt kaum vier Meilen; gegen Mittag kamen wir in Venedig an, traten bei Herrn Bertani, dem Onkel meiner Mutter, ein und verfügten uns den folgenden Tag zu Herrn Indric, von dem wir auf das freundlichste empfangen wurden.

Herr Paolo Indric hatte meines Vaters Schwester geheiratet. Man sah sein Vergnügen an dieser Familie: ein guter Mann und guter Vater, eine gute Frau und gute Mutter und sehr wohlerzogene Kinder. Man wies mir meine Geschäfte an: ich war der vierte Schreiber, aber ich genoß alle Vorzüge und Auszeichnung, wozu Verwandtschaft nur berechtigen kann.

Diese Beschäftigung kam mir weit angenehmer vor als jene, die mir mein Vater in Chioggia gab, und doch wurde sie mir am Ende ebenso unnütz. Vorausgesetzt, daß ich einmal die Geschäfte eines mailändischen Advokaten verrichten sollte, hätte mir die gerichtliche Praxis von Venedig, die in dem ganzen übrigen Italien unbekannt ist, nicht die geringsten Dienste geleistet. Wer hätte erraten sollen, daß ich nach manchem seltsamen und gewaltsamen Abenteuer noch vor den Schranken desselben Gerichtshofes, wo ich mich damals als einen Fremden betrachtete, prozessieren würde.

So genau ich meine Schuldigkeit tat und den Beifall meines Onkels verdiente, so versäumte ich doch dabei nicht, den angenehmen Aufenthalt von Venedig zu genießen und meinem Vergnügen nachzugehn. Venedig war mein Geburtsort, allein ich hatte ihn so frühzeitig verlassen, daß er mir ganz fremd geworden war.

Venedig ist eine so außerordentliche Stadt, daß es ganz unmöglich ist, sich eine richtige Idee davon zu machen, ohne sie gesehen zu haben. Mit Karten, Plänen, Modellen, Beschreibungen reicht man nicht aus; man muß sie selbst sehen. Alle Städte in der Welt gleichen sich mehr oder weniger, diese gleicht keiner andern. Sooft ich sie nach langen Zwischenräumen wiedersah, wurde ich aufs neue überrascht. Je älter ich wurde, je mehr meine Kenntnisse zunahmen, je mehr Vergleiche ich anstellen konnte, desto mehr neue und sonderbare Seiten, desto mehr Schönheiten entdeckte ich an ihr.

Dieses Mal sah ich sie mit den Augen eines fünfzehnjährigen Knaben, der bei den merkwürdigsten Gegenständen nur an der Oberfläche hängenblieb und sie nur mit den kleinen Städten, in denen er gewohnt hatte, vergleichen konnte. Was mir am meisten auffiel, war die beim ersten Anblick überraschende, ausgedehnte Perspektive und die beträchtliche Anzahl kleiner Inseln, die so nahe aneinander liegen und durch Brücken miteinander verbunden sind, daß man ein festes, über einer Ebene erhabenes Land zu sehen glaubt, das von allen Seiten von einem unermeßlichen Meere bespült wird. Nicht das Meer, sondern ein großer, mehr oder weniger mit Wasser bedeckter Sumpf, an der Mündung mehrerer Häfen mit tiefen Kanälen, bringt die großen und kleinen Schiffe in die Stadt und die umliegende Gegend.

Kommt man von der Seite des St.-Markus-Platzes zwischen einer ungeheuern Menge Schiffe aller Art, Kriegs- und Kauffahrteischiffen, Fregatten, Galeeren, Barken, Nachen, Kähnen und Gondeln, herein, so landet man an einem Ufer, »La Piazzetta«, der kleine Platz, genannt, wo man von einer Seite den Palast erblickt und die Kirche des Dogen, die gleich die Pracht der Republik ankündigen, und von der andern den St.-Markus-Platz, der mit Säulengängen umgeben ist, die nach den Rissen eines Palladio und Sansovino aufgeführt sind.

Durch die Kramerstraße bis zur Brücke Rialto geht man auf lauter viereckigen Platten von istrischem Marmor, die mit dem Meißel aufgerissen sind, damit die Fußgänger nicht darauf ausgleiten; man durchwandert einen großen Raum, der einen beständigen Jahrmarkt vorstellt, und kommt endlich an die Brücke, die mit einem einzigen, neunzig Fuß breiten Bogen über den großen Kanal reicht, durch ihre Höhe den Schiffen und Fahrzeugen, selbst zur Zeit der höchsten Meeresflut, den Durchgang sichert, den Übergehenden drei verschiedene Wege anbietet und auf ihrem Rücken vierundzwanzig Butiken mit Wohnungen und schweren bleiernen Dächern trägt.

Ich gestehe, daß dieser Anblick mich überraschte. Kein Reisebeschreiber, soviel ich ihrer gelesen, hat ihn so dargestellt, wie er ist. Ich bitte meine Leser um Verzeihung, wenn ich mich ein wenig zu lange daran ergötzt habe.

Dieses Kapitel beschließe ich mit einer kurzen Nachricht von den Schauspielen dieser Stadt.

Die Schauspielsäle in Italien heißen Theater. Es gibt ihrer sieben zu Venedig, und jedes führt den Namen des Schutzheiligen des Kirchsprengels, in dem es liegt.

Das Theater des heiligen Johannes Chrysostomus war damals das erste der Stadt, auf dem man die großen Opern gab.

Heutzutage hat das Theater des heiligen Benedikt den ersten Rang.

Die sechs andern heißen: San Samuele, San Luca, Sant' Angelo, San Cassiano und San Moisé.

Von diesen sieben Theatern werden gewöhnlich auf zweien große Opern, auf zwei andern komische Opern und auf den drei übrigen Komödien gegeben.

Ich rede von jedem insbesonders, wenn ich erst der Modeschriftsteller dieses Landes werde; denn alle haben sie Arbeiten von mir bekommen und zu meinem Vorteil und meiner Ehre beigetragen.

8. Kapitel

Ich war sehr sorgsam und fleißig in meinen Geschäften bei dem Prokurator: ich hatte mir eine große Fertigkeit in Entwerfung der Summarien eines Prozesses und im Referieren erworben, so daß mich mein Onkel gern bei sich behalten hätte; allein ein Brief von meinem Vater rief mich nach Hause ab.

Die Stelle im päpstlichen Collegio war ledig geworden und für mich in Beschlag genommen. Der Marchese de' Goldoni gab meinem Vater hiervon Nachricht. Wir verließen also Venedig, meine Mutter und ich, und begaben uns nach Chioggia.

Die Pakete waren fertig; die Koffer befestigt; meine Mutter und Tante weinten; mein Bruder, der seine Pension verlassen hatte, hätte mich gern begleitet. Der Abschied war rührend; allein die Chaise kam, wir mußten uns trennen.

Wir wählten den Weg über Rovigo und Ferrara, von da auf Modena, wo wir drei Tage bei Herrn Zavarisi, einem angesehenen Notar und nahen Anverwandten mütterlicherseits, logierten.

Dieser würdige, brave Mann hatte alle Geschäfte meines Vaters in seinen Händen: er nahm unsere Renten auf dem Rathaus und den Mietzins von unsern Häusern ein. Wir bekamen Geld von ihm und setzten unsern Weg nach Piacenza fort.

Hier versäumte mein Vater nicht, den Vetter Barilli zu besuchen, der sein Versprechen nicht auf das genaueste erfüllt hatte. Doch brachte er es in aller Güte dahin, daß er den zweijährigen Rückstand auszahlte. Auf diese Weise waren wir reichlich mit barem Gelde versehen, was uns in den ganz unerwarteten Umständen, worein wir in der Folge kamen, von großem Nutzen gewesen ist.

In Mailand kehrten wir im Gasthof »Zu den drei Königen« ein und machten am folgenden Tage dem Herrn Marchese und Senator Goldoni unsere Aufwartung.

Der Empfang war besser, als wir ihn nur hätten wünschen können; mein Gönner schien mit mir zufrieden, ich war es vollkommen mit ihm. Man sprach von dem Collegio, man bestimmte sogar den Tag, an dem wir nach Pavia abgehen sollten, als der Herr Marchese mich auf einmal genauer ins Auge faßte und meinen Vater und mich fragte, warum ich einen weltlichen Habit und nicht den kleinen Überschlag trüge.

Wir wußten nicht, was diese Frage bedeuten sollte, bis wir zum erstenmal erfuhren, daß, um in das Collegium Ghislieri, mit dem Beinamen »Das päpstliche Collegium«, zu kommen, notwendig erfordert würde: 1) daß der Aufzunehmende die Tonsur erhalten, 2) ein Zertifikat über seinen bürgerlichen Stand und seine sittliche Aufführung, 3) noch ein anderes Zertifikat, daß er sich in kein Eheversprechen eingelassen, und 4) ein Taufzeugnis aufzuweisen habe.

Wir waren ganz betreten hierüber, niemand hatte uns ein Wort davon gesagt. Der Herr Senator stand in dem Gedanken, wir müßten davon unterrichtet sein. Er hatte seinem Sekretär eine Note gegeben und ihm aufgetragen, sie uns zuzuschicken. Der Sekretär hatte es vergessen, und die Note war in seinem Schreibschranke geblieben. Er entschuldigte sich, und wir mußten wohl verzeihen. Denn wir hätten mit bösen Mienen nichts gewonnen.

Was war zu tun, als das Versäumte nachzuholen? Mein Vater schrieb an seine Frau. Sie ging nach Venedig und sollizitierte von allen Seiten. Die Zertifikate des bürgerlichen Standes und der guten Sitten machten keine Schwierigkeit, das Taufzeugnis noch weniger. Der große Stein des Anstoßes war die Tonsur. Der Patriarch von Venedig war nicht zu bewegen, ohne gerichtliche Bestätigung des im Kirchen-Kanon bestimmten väterlichen Erbteils seine Dimissorial-Briefe* auszuhändigen. Zum Unglück lagen die Güter meines Vaters nicht im venezianischen Gebiet, und die meiner Mutter waren nur substituierte Güter. Man mußte sich also an den Senat wenden, um da Dispens zu erhalten. Welche Verzögerungen, welche Widersprüche, wieviel verlorne Zeit! Der Herr Sekretär des Herrn

* Schriftliche Einwilligung eines Bischofs, vermöge welcher ein Geistlicher aus seiner Diözese von einem andern Bischof die Ordines erhalten kann.

Senators kam uns, trotz seiner Entschuldigungen, mit seinem linkischen Wesen teuer genug zu stehen. Allein Geduld, die Bemühungen meiner Mutter fruchteten endlich. Was nahmen wir aber, indes sie zu Venedig für ihren Sohn arbeitete, zu Mailand vor?

Wir blieben ungefähr vierzehn Tage in Mailand, speisten täglich zu Mittag und Abend bei unserm Gönner, der uns alles Schöne und Merkwürdige dieser prächtigen Stadt, der Hauptstadt der österreichischen Lombardei, sehen ließ. Von Mailand selbst sage ich vorderhand noch nichts: ich komme aber wieder darauf zurück und verweile länger dabei, wenn ich erst mehr imstande bin, etwas davon zu sagen.

Unterdessen legte ich meine bisherige Tracht ab und dafür den kleinen Überschlag an. Wir gingen hierauf, wohlversehen mit Empfehlungsschreiben, nach Pavia. Wir taten uns in einem guten bürgerlichen Haus in Quartier und Kost, und ich wurde dem Vorsteher des Collegiums, in das ich aufgenommen werden sollte, vorgestellt.

Wir hatten einen Brief von dem Senator Goldoni an Herrn Lanzio, Professor der Rechte. Er führte mich selbst in die Akademie, ich folgte ihm in seine Klasse und verlor meine Zeit nicht, ob mir gleich der Titel eines Collegiaten noch fehlte.

Herr Lanzio war ein sehr verdienter Rechtsgelehrter. Er besaß eine ansehnliche Bibliothek, die mir, so wie sein Tisch, zu Diensten stand; auch seine Frau Gemahlin bezeigte sich sehr gefällig gegen mich. Sie war noch jung und würde ganz artig ausgesehen haben, wenn sie nicht ein ungeheurer Kropf, der vom Kinn über den Busen herabhing, auf das fürchterlichste entstellt hätte. Diese Zieraten sind in Mailand und Bergamo eben keine Seltenheit, allein der Kropf der Madame Lanzio war von einer ganz eignen Art. Er hatte eine ganze Familie von kleinen Kröpfen um sich herum. Die Blattern sind eine große Geißel für das weibliche Geschlecht, allein ich kann mir nicht einbilden, daß ein junges Frauenzimmer, die daran gelitten, ihre Narben gegen einen mailändischen Kropf vertauschen sollte.

Ich benutzte die Bibliothek des Professors fleißig; ich las die Institutionen des römischen Rechts und füllte meinen Kopf mit einer Menge Kenntnisse aus dem Fache an, wofür ich bestimmt war.

Doch blieb ich nicht immer allein bei juristischen Büchern, ich fand in der Bibliothek einen Schrank mit einer Sammlung alter und neuer Schauspiele. Das war meine Lieblingslektüre. Ich nahm mir vor, solange mein Aufenthalt in Pavia dauern würde, meine Zeit genau in das Studium der Rechtswissenschaft und das Studium der komischen Dichter zu teilen; allein mein Eintritt ins Collegium brachte mich mehr zu Zerstreuungen als zum Fleiß, und es war sehr wohlgetan, daß ich die drei Monate, die ich auf die Dimissorial-Briefe und Zertifikate von Venedig warten mußte, gut benutzt hatte.

Ich las nun zum zweiten Male mit mehr Einsicht und mehr Vergnügen die griechischen und römischen Dichter und sagte bei mir selbst: Ich hätte wohl Lust, sie in ihrem Planen, in ihrem Stil, in ihrer Präzision nachzuahmen, aber ich würde wenig mit mir zufrieden sein, wenn es mir nicht glückte, meinen Werken mehr Interesse, meinen Charakteren mehr Eigentümlichkeit und dem Ganzen mehr komische Stärke und glücklichere Entwicklungen zu geben.

Unsere ganze Hochachtung gebührt den großen Meistern, die uns zu allen Wissenschaften und Künsten die Bahn gebrochen und den Weg gezeigt haben, allein jedes Jahrhundert hat seinen herrschenden Geist und jedes Klima seinen Nationalgeschmack. Die Schriftsteller der Griechen und Römer kannten die Natur und folgten ihr sorgsam auf dem Fuße nach, allein ihre Schilderungen derselben sind ohne Schleier und ohne Mäßigung entworfen.

Deshalb schrieben die Kirchenväter gegen die Schauspiele, und die Päpste belegten sie mit dem Bann. Feinheit und Anstand haben sie verbessert, und das Verdammungsurteil ist in Italien widerrufen worden. Weit eher hätte das noch in Frankreich geschehen sollen. Warum es nicht geschieht, ist mir ein unbegreifliches Rätsel.

Ich suchte weiter in jener Bibliothek nach und fand englische Theater, spanische Theater, französische Theater, aber nirgends auch ein italienisches Theater. Hier und da fiel mir ein einzelnes italienisches Stück aus der alten Zeit in die Hände, aber keine Folge von Schauspielen, keine Sammlung, die Italien hätte Ehre machen können.

Ich entdeckte mit Verdruß, daß diese Nation, die die dramatische Kunst früher als irgendein anderes neueres Volk gekannt hat, einen so wesentlichen Mangel litt. Ich konnte nicht begreifen, warum und wie Italien diese Kunst so vernachlässigt, erniedrigt und herabgewürdigt habe; ich fühlte eine brennende Begierde, mein Vaterland auch hierin sich neben andern

Ländern erheben zu sehen, und versprach mir, hierzu etwas beizutragen.

Auf einmal kam ein Brief von Venedig mit den Dimissorialen, den Zertifikaten und dem Taufzeugnis. Dies letztere setzte uns in neue Verlegenheit.

Ich hatte noch zwei Jahre zu warten, ehe ich das Alter erreichte, das zur Aufnahme in das Collegium erfordert wurde. Der Himmel weiß, welcher Heilige sich über mich erbarmte und das Wunder verrichtete; ich weiß nur soviel, daß ich mich eines Abends mit sechzehn Jahren zu Bette legte und am folgenden Morgen mit achtzehn Jahren erwachte.

9. Kapitel

Meine Mutter hatte mit vieler Geschicklichkeit dem Mangel an väterlichen Erbgründen abzuhelfen gewußt und die Dimissorial-Briefe des Patriarchen von Venedig erhalten. Ein Sekretär des Senats (Herr Cavanis) ließ sie unter der Bedingung ausfertigen, daß mir, falls ich den geistlichen Stand ergreifen würde, eine besondere Rente ausgesetzt werden sollte.

Ich empfing also die Tonsur aus der Hand des Kardinal Cusani, Erzbischof von Pavia, und ging gleich aus der Kapelle Seiner Eminenz mit meinem Vater hin, mich im Collegio zu zeigen.

Der Vorsteher, den man auch Präfekt heißt, war Abt Bernerio, Professor des geistlichen Rechts auf der Universität, apostolischer Protonotarius, und führte, kraft einer Bulle von Pius V., den Titel eines unmittelbar vom Heiligen Stuhl abhängigen Prälaten.

Ich wurde von dem Präfekten, dem Vize-Präfekten und Almosenier aufgenommen. Man hielt eine kleine Anrede an mich und stellte mich den ältesten Zöglingen vor. So war ich eingeführt; mein Vater verließ mich, ging den folgenden Tag nach Mailand ab, um von da nach Hause zurückzukehren.

Vielleicht mißbrauche ich deine Nachsicht ein wenig zu sehr, lieber Leser. Ich unterhalte dich mit Kleinigkeiten, die dich unmöglich interessieren noch belustigen können, und doch muß ich dir noch mehr von diesem Collegio erzählen, wo ich mein Glück machen sollte und mein Unglück machte. Ich muß dir Fehltritte bekennen, aber zugleich auch beweisen, daß in meinem Alter und in meiner Lage eine ganz vorzügliche Tugend erforderlich gewesen wäre, um sie zu vermeiden. Höre mich also mit Geduld an.

Wir wurden in diesem Collegio sehr gut gespeist und waren nicht minder gut logiert. Wir hatten die Freiheit auszugehen, um die Akademie zu besuchen, und gingen, wohin wir wollten. Das Gesetz lautete so, daß jedesmal zwei und zwei zusammen ausgehen und zusammen nach Hause kommen sollten; allein wir verließen uns oft schon an der Ecke der nächsten Straße und bestimmten einen Ort, wo wir uns wieder antreffen wollten. Kamen wir allein, so erhielt der Türsteher ein Trinkgeld und schwieg. Seine Stelle brachte ihm so viel ein, als wenn er Schweizer bei einem Staatsminister gewesen wäre.

Wir kleideten uns so elegant wie Abbés, die alle Gesellschaften besuchen. Wir trugen englische Tücher, französische Seidenzeuge, gestickte Kleider, Spitzen, eine Art von Nachtgewand ohne Ärmel über dem Rock und eine samtne Stola, die auf der linken Schulter befestigt war, mit dem in Gold und Silber gestickten Wappen der Ghislieri, über welchem die dreifache päpstliche Krone und die Schlüssel des heiligen Petrus ruhten. Diese Tracht, die man Sovrana nennt und die das Merkzeichen des Collegiums ist, gab ein wichtiges Ansehen, das die Koketterie eines jungen Menschen sehr erheben mußte. Dieses Collegium war also, wie man sieht, kein Aufenthalt für Kinder. Wir taten vollkommen alles, was wir wollten, hatten Zerstreuungen die Menge und von außen viel Freiheit. Hier lernte ich fechten, tanzen, Musik, zeichnen und alle möglichen Gesellschafts- und Hazardspiele. Diese letzteren waren verboten, wurden aber deshalb nicht weniger gespielt. Vorzüglich kostete mich das Primenspiel viel Geld.

Waren wir einmal vor der Tür, so betrachteten wir die Akademie aus der Ferne und besuchten die angenehmsten Häuser. Die Collegiaten in Pavia werden daher auch von den Leuten in der Stadt wie Garnisonsoffiziere angesehen. Die Männer verwünschten sie, und die Weiber nahmen sie mit offenen Armen auf.

Mein venezianischer Jargon gefiel den Damen und gab mir einen Vorteil über meine Kameraden. Mein Alter und meine Figur, meine Couplets und Lieder hatten das Glück, viel Beifall zu erhalten.

War es meine Schuld, wenn ich meine Zeit übel anwendete? Allerdings. Denn unter den vierzig, welche das Collegium ausmachte, gab es auch einige kluge, sittsame und zurückhaltende Leute, die ich hätte nachahmen können; aber ach! ich war nicht älter als sechzehn Jahr, lustig und schwach, liebte das Vergnügen und ließ mich hinreißen und verführen.

Soviel von dem ersten Jahr meines hiesigen Aufenthalts. Die Ferien näherten sich. Sie fangen gegen Ende des Junius an und dauern bis Ende Oktober.

10. Kapitel

Vier Monate Ferien! Dreißig Meilen brauchte ich, um nach Hause zu kommen, und ebensoviel zur Rückreise. Zwar bezahlte man keine Pension im Collegio, aber der Aufwand, den diese Reise erforderte, war doch keine Kleinigkeit.

Ich hätte diese Zeit über in Pension zu Pavia bleiben können, allein kein fremder Collegiate blieb da. Die Sovrana wird die Ferien über nicht getragen, und solange wir das päpstliche Wappen nicht auf der Achsel trugen, war sehr zu befürchten, die Bürger möchten uns gewisse Vorzugsrechte, an deren Ausübung wir gewöhnt waren, streitig machen.

Dazu kam, daß ich wußte, was für ein großes Vergnügen ich meiner Mutter durch einen Besuch machen würde. Ich entschloß mich geschwind, und da ich eben nicht überflüssig mit Geld versehen war, so machte ich die Reise zu Wasser, mit einem Bruder des Kellners aus dem Collegio, der mir zum Bedienten und Begleiter diente. Unterwegs stieß mir nichts Merkwürdiges auf. In Chioggia hatte ich weltliche Kleidung getragen und kam jetzt mit einem geistlichen Habit dahin. Mein kleiner Überschlag flößte nun freilich keine große Ehrfurcht ein, nichtsdestoweniger empfing mich meine gottesfürchtige Mutter wie einen Apostel. Sie umarmte mich mit einer gewissen Achtung und bat mich, meinem Bruder, der ihr viel Verdruß machte, ins Gewissen zu reden.

Mein Bruder war ein lebhafter, wilder Bursche, der anstatt zur Schule zum Fischfang lief, in seinem elften Jahr sich wie ein Renommist herumschlug und sich über die ganze Welt lustig machte. Mein Vater, der ihn sehr gut kannte, bestimmte ihn zum Soldaten, meine Mutter aber wollte durchaus einen Mönch aus ihm machen. Dies war der Gegenstand unaufhörlicher Streitigkeiten zwischen ihnen beiden.

Mein Bruder kümmerte mich wenig. Ich suchte Zerstreuungen und fand keine. Chioggia war mir mehr als jemals zuwider.

Der Kanonikus Genari war immer noch der Freund vom

Hause. Mein Vater hatte ihn von allen wirklichen und eingebildeten Krankheiten befreit, und er war bei uns wie zu Hause. Ich bat ihn, mir einige Bücher zu verschaffen, womöglich von der dramatischen Gattung. Der Herr Kanonikus war nicht sehr in der Literatur bewandert, er versprach mir indes, sein möglichstes zu tun, um etwas für mich zu finden, und hielt Wort.

Einige Tage darauf brachte er mir eine alte Komödie in Pergament gebunden. Ohne sich die Mühe zu geben, sie vorher zu lesen, vertraute er sie mir, unter dem Versprechen, sie ihm so bald als möglich wiederzugeben, an. Er hatte sie, ohne etwas davon zu sagen, aus dem Zimmer eines seiner Kollegen mitgenommen.

Es war die »Mandragora« von Machiavelli. Ich kannte sie nicht, hatte aber viel davon reden hören und wußte wohl, daß es eben kein sehr züchtiges Stück war.

Ich verschlang es bei der ersten Lektüre und las es zehnmal nacheinander. Meine Mutter hatte keine acht weiter auf das Buch, da sie wußte, daß ich es von einem Geistlichen bekommen hatte, aber mein Vater überraschte mich einstens auf meiner Stube, als ich eben mit Noten und Anmerkungen über die »Mandragora« beschäftigt war. Er kannte dieses Stück und wußte, wie gefährlich es für einen jungen Menschen von siebzehn Jahren wäre. Er fragte, von wem ich es hätte. Ich sagte es ihm. Er gab mir einen derben Verweis und entzweite sich mit dem armen Kanonikus, der aus bloßer Trägheit gesündigt hatte. Ich hatte wichtige und triftige Gründe, mit denen ich mich gegen meinen Vater zu entschuldigen dachte, allein ich konnte es nicht dahin bringen, daß er mich angehört hätte.

Nicht der freie Stil und die skandalöse Intrige des Stücks machten mir Vergnügen, im Gegenteil empörte die Schlüpfrigkeit desselben mein Gefühl, und ich begriff sehr wohl, daß der Mißbrauch einer Beichte ein häßliches Laster vor Gott und Menschen wäre: allein es war das erste Charakterstück, das mir in die Hände kam, und ich war entzückt darüber.

Ich wünschte, die italienischen Dichter möchten uns, nach diesem Stück, nun auch andere ähnliche, aber anständige und die Sitten nicht beleidigende Lustspiele geliefert und Charaktere, aus der Natur geschöpft, die romanhaften Intrigen verdrängt haben.

Aber diese Ehre, die komische Bühne zu adeln und dadurch, daß sie Laster und Torheiten züchtigte und verspottete, nützlich zu machen, war dem Molière vorbehalten.

Ich kannte damals diesen großen Mann noch nicht, denn ich

verstand kein Französisch; ich nahm mir aber vor, es zu lernen, und bis dahin gewöhnte ich mir an, die Menschen in der Nähe zu beobachten und mir kein Original entgehen zu lassen.

Die Ferien gingen allmählich zu Ende, und ich mußte nun an die Abreise denken. Ein Abbé von unserer Bekanntschaft hatte eine Reise nach Modena vor, mein Vater benutzte diese Gelegenheit und ließ mich um desto lieber den Weg nehmen, da ich in Modena Geld bekommen konnte.

Wir schifften uns also, mein Reisegefährte und ich, auf ein Postfahrzeug nach Modena ein, kamen in zwei Tagen da an und quartierten uns bei einem Pächter meines Vaters, der möblierte Zimmer vermietete, ein.

Dieser Mann hatte eine Magd im Hause, die weder jung noch alt, weder häßlich noch hübsch war. Sie sah mich mit einem freundlichen Gesicht an und sorgte mit ganz vorzüglicher Aufmerksamkeit für mich. Ich scherzte mit ihr; sie spielte nichts weniger als die Spröde. Ich sah einigemal, daß sie ein paar Tränen fallen ließ. Den Tag meiner Abreise stehe ich früh auf, meine Sachen in Ordnung zu bringen, und siehe da! »Tönnchen« (dies war der Name des Mädchens) tritt in meine Stube und fällt mir, ohne weitere Vorrede, um den Hals. Ich war nicht unverschämt genug, diese Gelegenheit zu benutzen. Ich trete zurück, sie mir nach. Sie besteht darauf, mich zu begleiten. – »Mich zu begleiten?« – »Ja, lieber Freund, oder ich stürze mich zum Fenster hinaus.« – »Ja, aber ich gehe mit einer Postchaise.« – »Recht gut, so sind wir unser zwei.« – »Und mein Bedienter?« – »Ist gewohnt, hintenauf zu stehen.« – Herr und Frau vom Hause suchen Tönnchen allenthalben. Sie treten herein und sehen das arme Kind, das sich in Tränen badet. – »Was gibt's denn hier?« – »Nichts.« Ich eile; ich muß fort. Ich hatte Tönnchen eine Zechine bestimmt; sie weinte, ich wußte nicht, was ich tun sollte. Endlich reiche ich ihr die Hand hin und biete ihr die Münze an. Sie nimmt sie, küßt sie und steckt sie weinend in die Tasche.

11. Kapitel

Mein Geld reichte hin, die Post bis Pavia zu bezahlen; da ich aber in Modena meinen Vetter Zavarisi, der mir eine gewisse Summe auszahlen sollte, nicht antraf, so würde ich, ohne einen glücklichen Zufall, der mir unterwegs begegnete, mit leerem

Beutel im Collegio angekommen sein. Denn obgleich alle Stellen desselben Freistellen sind, so werden doch die Herren Stipendiaten nicht in ihren Vergnügungen freigehalten.

Ich erreiche noch am Abend desselben Tages Piacenza. Von meinem Vater hatte ich ein Empfehlungsschreiben an den Rat Barilli bei mir. Ich machte ihm also meinen Besuch: er empfing mich sehr höflich und bot mir ein Logis in seinem Hause an, das ich, wie natürlich, nicht ausschlug. Er war krank und sehnte sich so sehr nach Ruhe wie ich. Wir nahmen also unser Abendbrot in aller Eile zu uns und legten uns zeitig zu Bette.

Ich dachte über meine Lage nach und geriet auf den Einfall, von meinem lieben Herrn Vetter, der mir ein so guter, freigebiger Mann zu sein schien, hundert Taler zu borgen; allein ich überlegte, daß er meinem Vater nichts mehr schuldig war und den Rest noch vor Ablauf der beiden letzten Zahlungsfristen abgetragen hatte. Überdies fürchtete ich, daß meine Jugend und mein Schülerstand keine sichern und geschickten Bürgen sein möchten, ihm Zutrauen gegen mich einzuflößen.

Mit dieser Unentschlossenheit und Besorgnis legte ich mich nieder; aber, dem Himmel sei es gedankt, niemals haben Verlegenheiten, in denen ich mich befand, noch Kummer oder Betrachtungen und Grillen den geringsten Einfluß auf meinen Appetit und Schlaf gehabt. Ich ruhte diese Nacht so sanft als irgendeine.

Am folgenden Morgen ließ mich der Herr Rat zum Frühstück auf sein Zimmer einladen. Ich war frisiert, angezogen; ich kam und fand alles fertig. Eine Suppe für meinen Wirt und eine Tasse Schokolade für mich. Wir frühstückten, schwatzten, und das Gespräch wurde nach und nach interessanter.

»Liebes Kind«, sagte er, »ich bin alt, habe einen gefährlichen Anfall gehabt und erwarte alle Tage den Wink der Vorsehung, der mich aus dieser Zeitlichkeit abrufen wird.« Ich fing an, ihm hierüber zu sagen, was die Höflichkeit erfordert, er unterbrach mich aber und sagte: »Keine Schmeicheleien, mein Freund, wir werden geboren, um zu sterben, und ich habe ein hübsches Stück Weges zurückgelegt. Ihren Herrn Vater«, fuhr er fort, »habe ich wegen des Rests vom Heiratsgut, den meine Familie der seinigen schuldig war, befriedigt: da blättere ich aber neulich in meinen alten Papieren und finde eine noch nicht abgeschlossene Rechnung zwischen Herrn Goldoni, Ihrem Großvater, und mir.« (O Himmel, sagte ich zu mir selbst, sollten wir ihm gar noch schuldig sein?) »Ich habe alles genau untersucht«, setzte er hinzu, »ich habe die Bücher und Briefe miteinander verglichen und bin nun überzeugt, daß ich bei seinen Erben in Schuld stehe.« – Hier lebte ich wieder auf und wollte antworten; er ließ mich aber nicht zu Worte kommen und fuhr in seiner Rede fort.

»Ich möchte nicht gerne sterben«, sagte er, »ohne diese Schuld abgetragen zu haben. Meine Erben lauern auf meinen Tod, um das Vermögen zu verschwenden, das ich für sie gespart habe, und Ihr Herr Vater würde Mühe haben, eh er sich bezahlt machte. Ach«, setzte er hinzu, »wenn er hier wäre, mit welchem Vergnügen wollte ich ihm das Geld geben!«

»Mein Herr«, fiel ich ihm mit einer wichtigen Miene ein, »ich bin sein Sohn. ›Pater et filius censentur una et eadem persona‹*, sagt Justinian: das wissen Sie besser als ich.« – »Aha«, versetzte er, »Sie sind also Jurist?« – »Ja, mein Herr, ich werde nächstens Lizentiat werden, nach Mailand gehen und dort als Advokat praktizieren.« – Er betrachtete mich mit einer lächelnden Miene und fragte: wie alt ich wäre? Ich war ein wenig in Verlegenheit, denn mein Taufzeugnis und meine Aufnahme ins Collegium stimmten nicht zusammen. Ich antwortete aber doch mit Zuversicht, und in der Tat auch der Wahrheit gemäß: »Mein Herr, ich habe meine Matrikel bei mir: wollen Sie sie sehen? Sie werden finden, daß ich nach meinem achtzehnten Jahre im Collegio aufgenommen worden: jetzt ist das zweite Jahr, daß ich darinnen bin. Achtzehn und zwei machen zwanzig, und ich stehe nahe am Einundzwanzigsten. ›Annus inceptus habetur pro completo‹**, und nach dem venezianischen Codex wird man mit dem einundzwanzigsten Jahre majorenn.« (Ich suchte die Sache zu verwirren, denn in der Tat war ich nicht älter als neunzehn Jahr.)

Allein Herr Barilli war mir zu schlau. Er merkte bald, daß ich noch minderjährig war und daß er sein Geld aufs Spiel setzen würde. Und doch hatte er von der andern Seite eine günstige Empfehlung von meinem Vater in den Händen: wie konnte er auf den Gedanken geraten, daß ich fähig wäre, ihn zu betrügen? Bei alledem leitete er das Gespräch ab, fragte, warum ich nicht das Geschäft meines Vaters ergriffen hätte, und erwähnte das Geld mit keinem Worte mehr.

Ich antwortete hierauf, daß ich keinen Geschmack an der Arzneiwissenschaft fände, und kam augenblicklich auf die Sache

* Vater und Sohn werden als eine einzige Person betrachtet.
** Ein angefangenes Jahr gilt für ein volles.

zurück, die mir am Herzen lag. »Darf ich fragen, mein Herr, wie stark die Summe ist, die Sie meinem Vater schuldig zu sein glauben?« – »Fünfhundert Taler«, war seine Antwort, »fünfhundert Taler hiesiges Geld. Es liegt hier in dieser Schublade.« (Er zeigte auf die Schublade, allein er zog sie nicht heraus.) »Mein Herr«, fuhr ich mit ziemlich lebhafter Neugierde fort: »ist's in Gold oder Silber?« – »In Gold, und zwar in Florentiner Zechinen, die nächst den venezianischen am meisten gesucht werden.« – »Das ist sehr bequem für den Transport.« – »Würden Sie«, fragte er mit einer lächelnden Miene, »würden Sie sich wohl damit belästigen?« – »Mit Vergnügen, mein Herr, ich quittiere sie, ich gebe meinem Vater Nachricht davon und lege ihm Rechnung davon ab.« – »Gut«, sagte er, »Sie nehmen das Geld, aber – Sie vertun es auch? Nicht wahr?« – »Ah, mein Herr«, fiel ich lebhaft ein, »Sie kennen mich nicht; ich bin keiner schlechten Handlung fähig. Den Almosenier des Collegiums hat mein Vater zum Kassier meiner geringen Einkünfte gesetzt. Auf meine Ehre, mein Herr, sobald ich nach Pavia komme, liefere ich die Zechinen unverzüglich in die Hände dieses würdigen Mannes.« – »So sei es denn, ich verlasse mich auf Ihre Rechtschaffenheit. Setzen Sie sich nieder, schreiben Sie die Quittung nach dieser Vorlage.« Ich greife nach der Feder, Herr Barilli öffnet die Schublade, legt das Geld auf den Schreibtisch; ich betrachte es mit wahrer Zärtlichkeit. »Halt, halt«, ruft er auf einmal; »Sie sind auf der Reise; es gibt Spitzbuben.« – Ich stelle ihm vor, daß ich mit der Post gehe und daß nichts zu fürchten ist. Er glaubt mich allein und sieht noch immer Gefahr. Ich lasse meinen Begleiter, den Bruder des Kellners, hereinkommen. Dies stellt ihn etwas zufrieden, doch bekommt auch dieser eine weitläufige Vermahnung. Ich zittere noch immer; endlich – endlich gibt er mir das Geld, und meine Leiden sind zu Ende.

Wir hielten noch eine Mittagsmahlzeit zusammen: nach dem Essen kamen die Pferde, ich nahm Abschied und machte mich auf den Weg nach Pavia.

Sobald wir da eintrafen, suchte ich gleich meinen Kassier auf und händigte ihm die Zechinen ein. Ich verlangte nicht mehr als sechs davon, die er mir gab. Mit dem Rest dieser Summe ging ich so sparsam um, daß ich das ganze Jahr hindurch und selbst für die Heimreise damit ausreichte.

Ich hatte dieses Jahr etwas weniger vertan als das vorige: ich besuchte meine Collegia auf der Akademie fleißig und nahm an den wenigen Lustpartien, die in Anschlag gebracht wurden, Anteil.

Im Monat Oktober und November wurden vier von meinen Kameraden Lizentiaten. In Italien scheint keine Feierlichkeit ohne ein Sonett vor sich gehen zu können. Ich galt für einen fertigen Versemacher und war der erklärte Lobredner aller guten und schlechten Köpfe geworden.

In den Weihnachtsferien kam der Marchese de' Goldoni, als Präsident einer Kommission von dem Senat zu Mailand, einen Kanal in der Gegend, der zu mehreren Prozessen Veranlassung gegeben hatte, zu besehen, nach Pavia. Er erwies mir die Ehre, mich rufen zu lassen und mit sich zu nehmen. Nach sechs Tagen kam ich, stolz auf die mir widerfahrene Ehre, ins Collegium zurück. Dieser Dünkel machte mir unendlichen Verdruß; er erregte den Neid meiner Kameraden, die vielleicht seit dieser Zeit anfingen auf die Rache zu sinnen, die sie das folgende Jahr an mir verübten.

Zwei von ihnen legten mir eine Schlinge, in die ich geriet und die mein Verderben wurde. Sie führten mich an einen berüchtigten Ort, den ich nicht kannte. Ich wollte heraus, allein die Türen waren verschlossen. Ich sprang durchs Fenster, das gab Lärm, und der Präfectus des Collegiums erfuhr es. Ich mußte mich rechtfertigen und konnte es nicht anders als dadurch, daß ich die Schuldigen angab. In einem solchen Fall muß sich retten, wer kann. Einer von ihnen wurde aus dem Collegio gestoßen, der andere ins Gefängnis gesetzt; aber ich hatte nun alle meine Kameraden gegen mich.

Die Ferien kamen, ich hatte große Lust, sie in Mailand zuzubringen und meinem Gönner von dem unangenehmen Zufall, der mir begegnet war, Nachricht zu geben. Zwei Landsleute aber, die ich von ungefähr in einem Ballhaus antraf, machten, daß ich meinen Vorsatz änderte.

Es waren der Sekretär und der Haushofmeister des Residenten der Republik Venedig zu Mailand. Dieser Minister, Herr Salvioni, war eben gestorben: sein Gefolge und seine Equipage mußten nunmehr nach Venedig gebracht werden, und diese beiden Herren waren in Pavia, um ein bedecktes Fahrzeug zu mieten. Sie erboten sich, mich mit sich zu nehmen, versicherten dabei, daß die Gesellschaft vortrefflich wäre, daß ich weder eine gute Tafel noch Spiel noch gute Musik vermissen und das alles umsonst haben würde. Konnte ich eine so schöne Gelegenheit aus den Händen lassen?

Ich sagte, ohne einen Augenblick zu zögern, ja! Da sie aber ihren Weg so bald nicht antreten konnten, so mußte ich warten, und das Collegium wurde geschlossen. Der Präfekt hatte, vielleicht um sich bei meinem Gönner beliebt zu machen, die Artigkeit, mich bei sich zu behalten. Diese Auszeichnung war ein neues Verbrechen in den Augen meiner Kameraden. Die Parteilichkeit des Vorstehers reizte sie noch mehr. Die bösen Leute! Ich bin genug dafür gestraft worden.

12. Kapitel

Sogleich, als die Gesellschaft reisefertig war, ließ man mich holen. Ich begab mich an das Ufer des Tessino, wo ich bereits alles versammelt fand.

Man kann sich nichts Bequemeres, nichts Artigeres denken als ein solches kleines Schiff (Burchiello), das man ausdrücklich von Venedig hatte kommen lassen. Es bestand aus einem Raum und Vorraum, beide getäfelt, mit einem erhöhten Gitterraum, auf beiden Seiten erleuchtet, und mit Spiegeln, Gemälden, Bildhauerarbeit, Schränken, Sitzen und Stühlen, alles nach der größten Bequemlichkeit, versehen. Das nahm sich ganz anders aus als das Fahrzeug der Komödianten in Rimini.

Es waren unser zehn Herren und mehrere Bediente. Im vorderen und hinteren Raum standen Betten, ob man gleich nur den Tag über auf dem Wasser war. Man hatte nämlich beredet, da, wo man gute Herberge fände, sich einzuquartieren, und wo diese fehlte, sich die Gastfreiheit der reichen Benediktiner, die an beiden Ufern des Po unermeßliche Güter besitzen, zunutze zu machen.

Jeder von diesen Herren spielte ein Instrument. Wir hatten drei Violinen, ein Violoncello, zwei Oboen, ein Waldhorn und eine Zither. Ich allein war zu nichts zu brauchen, worüber ich mich sehr schämte. Um aber nicht ganz müßig zu sein, wendete ich täglich zwei Stunden dazu an, alle Anekdoten und Zeitvertreibe des vergangenen Tages gut oder schlecht in Verse zu bringen. Diese Gefälligkeit machte meinen Reisegefährten großes Vergnügen. Wir vertrieben uns damit die Zeit nach dem Kaffee.

Musik war ihre Lieblingsbeschäftigung. Gegen Ende des Tages versammelten sie sich auf einer Art von Verdeck, die das Dach dieser schwimmenden Wohnung vorstellte. Da erfüllten sie weit und breit die Lüfte mit ihren harmonischen

Akkorden und lockten von allen Seiten die Nymphen und Schäfer des Flusses herbei, der ehedem das Grab Phaetons wurde.

Du glaubst, lieber Leser, daß ich den Ton etwas zu hoch stimme? Du kannst recht haben; allein so beschrieb ich unsere Serenade in meinen Versen. Die ungeschminkte Wahrheit ist, daß die Ufer des Po (den die italienischen Dichter den König der Flüsse nennen) von den sämtlichen Bewohnern der umliegenden Gegend besetzt waren, die haufenweise herbeikamen, uns zu hören, die Hüte in der Luft schwenkten, die Schnupftücher fliegen ließen und uns auf diese Weise ihr Vergnügen und ihren Beifall zu erkennen gaben.

Gegen sechs Uhr abends erreichten wir Cremona. Man hatte es erfahren, daß wir passieren würden. Die Ufer des Flusses waren also mit einer Menge von Leuten besetzt, die uns erwarteten.

Wir stiegen ans Land und wurden mit der lebhaftesten Freude empfangen. Man führte uns in ein prächtiges Haus, das zwischen der Stadt und dem freien Felde lag, und gab da ein Konzert, an welchem viele Tonkünstler aus der Stadt teilnahmen. Hierauf folgte ein großes Souper, die Nacht durch wurde getanzt, mit Sonnenaufgang traten wir wieder in unser Fahrzeug, wo uns unsere Matratzen vortreffliche Dienste taten.

Dieselbe Szene wurde mit einigen Veränderungen in Piacenza, in Stellada und Bottrigo bei dem Marchese de' Tassoni wiederholt. So kamen wir unter fröhlichem Gelächter, unter Spielen und Belustigungen in Chioggia an, wo ich mich von der angenehmsten, interessantesten Gesellschaft von der Welt trennen sollte.

Meine Reisegefährten erzeigten mir die Freundlichkeit, bei mir abzusteigen. Ich stellte sie meinem Vater vor, der ihnen herzlichen Dank sagte und sie zum Abendessen einlud. Sie mußten aber noch diesen Abend nach Venedig und lehnten es ab. Sie baten mich um die Verse, die ich auf dem Wege gemacht hatte; ich verlangte Zeit, sie ins reine zu bringen, und versprach ihnen, sie nachzuschicken, und erfüllte mein Versprechen.

So war ich wieder in Chioggia, wo ich, wie gewöhnlich, Langeweile hatte.

Meine Mutter hatte die Bekanntschaft einer Nonne aus dem Kloster des heiligen Franziskus gemacht. Sie hieß Donna Maria Elisabetta Bonaldi und war die Schwester des Herrn Bonaldi, eines venezianischen Advokaten und Notarius. Man hatte von

Rom aus eine Reliquie des seraphischen Ordensstifters erhalten, die man mit Gepränge zur Erbauung öffentlich ausstellen wollte. Dazu gehörte eine Rede. Die Dame Bonaldi rechnete auf meinen kleinen Überschlag und hielt mich schon für einen Moralisten, Theologen und Redner. Sie beschützte einen jungen Abbé, der einen guten Anstand und ein gutes Gedächtnis hatte. Sie ersuchte mich, eine Predigt für ihren Freund aufzusetzen, die er, wie sie glaubte, ganz vortrefflich vortragen würde.

Ich entschuldigte mich anfangs und lehnte den Antrag ab; als ich aber hernach überlegte, daß man jährlich im Collegio eine Lobrede auf den Papst Pius V. hielt, die gewöhnlich auch nur einen Stipendiaten zum Verfasser hatte, so ergriff ich doch noch diese Gelegenheit, mich in einer Kunst zu üben, die mir überdies nicht die schwerste zu sein dünkte.

In vierzehn Tagen war ich mit meiner Predigt fertig. Der kleine Abbé lernte sie auswendig und trug sie so gut vor, daß der geübteste Prediger es nicht besser gemacht haben würde. Die Predigt machte großen Eindruck. Man weinte, schluchzte, rückte mit den Stühlen. Der Redner wurde ungeduldig und schlug mit Händen und Füßen aus, allein die lauten Äußerungen des frommen Beifalls nahmen nur desto mehr zu. Das arme, kleine Männchen konnte nicht mehr und schrie laut von der Kanzel: »Ruhe!« und stille ward es.

Man erfuhr, daß ich die Predigt gemacht habe. Was für Prophezeiungen bekam ich da nicht anzuhören! Ich hatte den Nonnen rechtschaffen geschmeichelt und vorzüglich eine äußerst feine und zärtliche Apostrophe an sie gerichtet, worin ich ihnen alle Tugenden zu- und den Fehler der Bigotterie aberkannte. Diese Galanterie brachte mir ein prächtiges Geschenk von Stickwerk, Spitzen und andern Kleinigkeiten ein.

Die Arbeit mit der Predigt und die Gespräche dafür und dawider, die darauf folgten, beschäftigten mich, bis meine Ferien bald zu Ende gingen. Mein Vater schrieb nach Venedig und bestellte einen Wagen, der mich nach Mailand bringen sollte. Eben zur rechten Zeit bot sich eine Gelegenheit dar, mit welcher wir, mein Vater und ich, nach Padua gingen. Es war ein Kutscher aus Mailand, der eben im Begriff stand zurückzukehren. Der Mann war bekannt, man konnte sich ihm anvertrauen. Ich reiste also allein in einer Chaise mit ihm.

Außen vor der Stadt begegnete mein Führer einem Kameraden, der denselben Weg und auch nur eine Person in seiner Chaise hatte.

Es war ein Frauenzimmer, das mir jung und artig vorkam. Meine Neugierde, sie in der Nähe zu sehen, wurde auf der nächsten Station, wo wir zu Mittag speisten, befriedigt.

Sie war eine sehr artige, liebenswürdige Venezianerin, der ich ungefähr dreißig Jahre gab. Wir machten Bekanntschaft und richteten uns mit unsern Kutschern so ein, daß wir, dem unangenehmen Herumwerfen auf bösen Wegen zu entgehen, beide in einer Chaise Platz nahmen und so zwei Pferde immer wechselweise ledig gingen.

Unsere Unterhaltung war angenehm und lebhaft, dabei aber sehr anständig. Ich merkte bald, daß meine Reisegefährtin eben keine Vestalin wäre, sie hatte den Ton der guten Gesellschaft, und wir brachten die Nächte in abgesonderten Zimmern mit der größten Regelmäßigkeit zu.

Bei Desenzano, am Ufer des Gardasees, zwischen Brescia und Verona, kehrten wir in einem Gasthof ein, der an den See grenzte.

Es waren eben viele Reisende da und für Madame und mich nur noch ein Zimmer mit zwei Betten übrig. Was war zu tun? Wir mußten wohl vorlieb nehmen. Das Zimmer war geräumig, die Betten berührten sich nicht. Wir aßen, wünschten uns eine gute Nacht, und jedes machte sich zu seinem Nachtlager.

Ich schlief, wie gewöhnlich, sehr bald ein; ein heftiges Geräusch aber unterbrach meinen Schlaf. Ich sprang auf. Es war kein Licht mehr da. Allein beim Glanz des Mondes, der durch die Fenster ohne Laden und Vorhänge ins Zimmer schien, sah ich eine Frauensperson im Hemd und einen Mann zu ihren Füßen. Ich frage, was das bedeuten solle. Meine schöne Heldin, mit einer gespannten Pistole in der Hand, befiehlt mir mit einem stolzen und spöttischen Ton: »Herr Abbé, machen Sie die Tür auf, rufen Sie ›Diebe!‹ und dann legen Sie sich wieder nieder.« – Ich gehorche, öffne die Tür, rufe, es kommen Leute herbei, der Dieb wird ergriffen; ich erkundige mich nach den Umständen, allein die Amazone würdigt mich keiner Antwort. Ich zucke die Achseln, lege mich wieder nieder und schlafe bis an den Morgen.

Mit Tagesanbruch fuhren wir weiter. Ich stattete meiner Begleiterin meinen Dank ab; sie scherzte in ihrem Ton fort; wir kamen nach Brescia, endlich nach Mailand. Hier nahmen wir höflich Abschied: ich, sehr zufrieden mit ihrer Zurückhaltung, sie, vielleicht sehr unzufrieden mit meiner Enthaltsamkeit.

Ich stieg beim Herrn Marchese de' Goldoni ab und brachte die sechs Tage, die noch von den Ferien übrig waren, bei ihm zu. Mein Gönner sagte mir viel Schönes und Schmeichelhaftes, das seine Wirkung nicht verfehlte, meine Hoffnungen und meinen Mut zu beflügeln.

13. Kapitel

In Mailand erfuhr ich den Tod des Vorstehers meines Collegiums. Seinen Nachfolger, den Abt Scarabelli, kannte ich schon. Mein erstes Geschäft nach meiner Ankunft in Pavia war, daß ich dem neuen Präfektus meine Aufwartung machte, der in genauer Verbindung mit dem Senator de' Goldoni stand und mich seiner Gewogenheit versicherte.

Auch dem Dekan der Zöglinge machte ich meine Visite. Nach den ersten Komplimenten fragte er mich, ob ich dieses Jahr meine These im bürgerlichen Recht verteidigen wollte. Er setzte hinzu, die Reihe wäre an mir, wenn ich aber nicht zu eilen hätte, so würde ihm ein Gefallen geschehen, wenn er einem andern meinen Platz geben könnte. Ich sagte ihm frei heraus, daß ich, da die Reihe nun einmal an mir wäre, nicht Lust hätte, einen andern vorspringen zu lassen. Es läge mir viel daran, meinen Kursus zu endigen und mich in Mailand zu etablieren. Ich bat deshalb auch noch denselben Tag unsern Präfekten, daß er durchs Los die Punkte, die ich verteidigen sollte, bestimmen möchte. Der Tag wurde angesetzt, die Artikel mir eingehändigt, und in den Weihnachtsferien sollte ich meine These verteidigen.

Alles ging nach Wunsch. Mein ganzes Bestreben war nun, mit meinem Probestück Ehre einzulegen, ohne daß ich deshalb meinen gewöhnlichen Vergnügungen entsagte. Zwei Tage darauf ging ich aus, Besuche zu machen. Ich fing bei dem Hause an, das mich am meisten interessierte, zog an der Klingel, man öffnete die Tür und kam mir entgegen. – »Madame ist krank, und das Fräulein sieht niemand.« – Ich bedaure es und trage dem Bedienten viele Komplimente auf.

Ich gehe vor eine andere Tür und sehe den Bedienten. – »Kann man die Ehre haben, den Damen aufzuwarten?« – »Das ganze Haus ist auf das Land.« Und doch hatte ich zwei Hauben am Fenster gesehen. Ich begriff nichts davon. Ich ging an einen dritten Ort, und auch da war niemand zu Hause.

Ich gestehe, daß ich sehr aufgebracht war. Ich mußte wohl merken, daß es darauf angelegt war, mich zu beleidigen; aber warum? Ich wagte keinen neuen Versuch, um mir eine neue Unannehmlichkeit zu ersparen, und ging voll Unruhe und Wut nach Hause.

Gegen Abend erzählte ich am Kamin, wo sich die Zöglinge gewöhnlich zu versammeln pflegten, mit einer gleichgültigeren Miene, als mir ums Herz war, das Abenteuer des Tages. Einige bedauerten mich, andre lachten mich aus. Unterdessen wurde es Zeit zum Abendessen, wir gingen ins Refektorium und nachher in unsere Schlafzimmer.

Indes ich hier so über den Verdruß, den ich gehabt hatte, nachdenke, höre ich an meine Tür klopfen; ich mache auf und sehe vier von meinen Kameraden, die, wie sie sagen, kommen, mir etwas Wichtiges mitzuteilen. Ich hatte nicht Stühle genug, wir bedienen uns also des Bettes statt eines Kanapees. Ich war sehr neugierig zu erfahren, sie fingen aber alle vier auf einmal an zu sprechen; jeder wollte das, was ihm begegnet war, zuerst erzählen, jeder zuerst seinen Vorschlag tun. Was ich davon verstehen konnte, war ungefähr dieses.

Die Bürger von Pavia waren von jeher unsere geschworenen Feinde. In den letzten Ferien haben sie eine Verschwörung gegen uns angezettelt. Sie haben in ihren Zusammenkünften beschlossen, daß kein Mädchen, die nur einigen Umgang mit uns hätte, einen Bürger der Stadt zum Manne bekommen sollte. Vierzig Personen haben sich schon unterzeichnet. Diese förmliche Akte wurde als ein Umlauf in alle Häuser geschickt. Mütter und Töchter gerieten in große Unruhe, und von diesem Augenblick an sind wir in ihren Augen gefährliche Leute, die man fliehen muß.

Die übereinstimmende Meinung meiner vier Mitbrüder war, daß man sich rächen müsse. Ich hatte keine große Lust, mich darein zu mischen, allein sie schalten mich so lange eine feige, furchtsame Memme, bis ich die Albernheit hatte, meiner gekränkten Ehre Genugtuung verschaffen zu wollen, und ihnen versprach, gemeinschaftliche Sache zu machen.

Ich glaubte, mit vier Freunden zu tun zu haben, und es waren die schwärzesten Verräter, die nichts als meinen Untergang suchten. Ich war ihnen schon seit dem vorigen Jahr ein Dorn in den Augen. Diesen Haß hatten sie ein ganzes Jahr durch genährt und mir eine schwache Seite abzulauern gesucht, die ihnen Gelegenheit gäbe, ihn zu befriedigen. Endlich wurde ich das Opfer desselben; allein ich war kaum achtzehn Jahr und hatte mit alten Füchsen von 28 bis 30 Jahren zu tun.

Diese ehrlichen Leute hatten die Gewohnheit, Pistolen in der Tasche zu tragen. Ich hatte noch nie eine in Händen gehabt. Sie machten mir sehr großmütig ein Geschenk mit einem Paare, die ich sehr artig fand und zuletzt förmlich liebgewann.

Ich trug nun Feuergewehr bei mir, ohne zu wissen, was ich damit machen sollte. Mir mit Gewalt eine Tür öffnen? Die Gefahr, die ich dabei lief, abgerechnet, entsprach es nicht meinem Begriffe von Rechtschaffenheit und Wohlanstand. Gern wäre ich der unnützen Last los gewesen, allein meine guten Freunde besuchten mich fleißig, taten frisches Pulver auf die Pfanne, erzählten mir von ganz unerhörten Taten, zu denen sie ihr Mut getrieben haben sollte; von Schwierigkeiten, die sie aus dem Wege geräumt, und von Nebenbuhlern, die sie in den Sand gestreckt hätten. Ich, meinerseits, hatte dafür Türen und Tore aufgesprengt, Weiber und Mädchen zahm gemacht und den fürchterlichsten Renommisten die Stirn geboten. In unseren Beschreibungen waren wir sämtlich sehr kühne Helden und in der Tat sämtlich sehr feige Memmen.

Als die Verräter merkten, daß ich mich mit meinen Pistolen schwerlich in den Mund der Leute bringen würde, so schlugen sie einen andern Weg ein. Es wurde bei den Vorgesetzten angezeigt, ich trüge Feuergewehr bei mir. Man visitierte mich und fand die Pistolen.

Der Präfektus des Collegiums war eben nicht in Pavia, und der Unterpräfekt gab mir auf meinem Zimmer Arrest. Mein erster Gedanke war, die Zeit dieses Arrests auf die Ausarbeitung meiner These zu wenden, allein meine Versucher zerstörten auch diesen Plan und verführten mich auf eine Art, die desto gefährlicher für mich werden mußte, je mehr sie meine Eigenliebe kitzelte.

»Sie sind ein Dichter«, sagten sie zu mir, »Sie haben stärkere und sicherere Waffen zur Rache, als Pistolen und Kanonen sind. Ein geschickter Federzug gleicht einer Bombe, die das Hauptziel zerschmettert und deren Trümmer sogar alles, was sich in der Nähe findet, beschädigen.« – »Nur frisch gewagt«, schrien sie alle auf einmal, »wir wollen Ihnen sonderbare Anekdoten genug an die Hand geben, und Sie rächen uns und sich selbst.«

Ich sah die Gefahr und die Unannehmlichkeiten wohl, denen man mich aussetzen wollte: ich stellte ihnen die nachteiligen Folgen vor, die ein solcher Schritt nach sich ziehen müßte. »Keineswegs«, versetzten sie, »kein Mensch erfährt ein Wort davon. Wir sind vier gute Freunde, vier rechtschaffene Leute: wir versprechen Ihnen die möglichste Vorsicht und schwören den feierlichsten Eid, daß niemand das geringste von uns erfahren soll.«

Mein natürliches Temperament machte mich nachgiebig. Ich ließ mich also bereden, befriedigte das Verlangen meiner Feinde und gab ihnen selbst die Waffen gegen mich in die Hand.

Ich hatte mir vorgenommen, eine Komödie im Geschmack des Aristophanes zu verfertigen, aber ich fühlte bald, daß meine Kräfte nicht hinreichen würden, überdies wären mir die Zeitumstände nicht günstig gewesen: ich verfertigte also eine »Atellana«*.

Der Titel meiner Atellana war »Der Koloß«. Der kolossalischen Statue der Schönheit in allen ihren Verhältnissen Vollkommenheit zu geben, nahm ich von diesem Frauenzimmer die Augen, von jenem den Mund, von noch einer andern den Busen, usw. Kein Glied des Körpers wurde vergessen. Die Künstler und Liebhaber aber, die ich daneben aufführte, waren verschiedener Meinung; sie fanden allenthalben etwas auszusetzen.

Diese Satire mußte die Delikatesse mancher braven und respektablen Familie beleidigen. Dazu kam noch, daß ich das Unglück hatte, sie durch stachligen Witz und einige Züge von jener ›vis comica‹, die sich bei mir mit viel Natur, aber mit desto weniger Vorsicht äußerte, interessant zu machen.

Meine falschen Freunde fanden meine Arbeit vortrefflich. Sie ließen einen jungen Menschen kommen, der in einem Tage zwei Abschriften davon machen mußte, welche die Schurken zu sich steckten und durch alle Zirkel und Kaffeehäuser laufen ließen. Sie wiederholten ihre Schwüre, daß mein Name nicht genannt werden sollte, und hielten Wort. Allein ich hatte vor einiger Zeit einen Viervers gemacht, der meinen Namen, Vornamen und mein Vaterland enthielt; diesen setzten sie an den Schluß des Gedichts, als ob ich die Kühnheit gehabt hätte, mich dieser Arbeit zu rühmen.

Die Atellana wurde die Neuigkeit des Tages. Wer gleichgültig bei der Sache sein konnte, belustigte sich an dem Werk und verdammte dennoch den Urheber. Ein Dutzend Familien aber schrien nach Rache. Man trachtete mir nach dem Leben. Zum Glück war ich noch im Arrest. Viele von meinen Kameraden wurden insultiert und das ganze Collegium belagert. Man

* Eine Gattung formloser Lustspiele bei den Römern, die nichts als eine Reihe lustiger Einfälle und Satiren enthielten.

schrieb an den Präfekten, der in aller Eile zurückkam und mich gern gerettet hätte. Er schrieb an den Senator de' Goldoni, dieser legte bei dem Senator Erba Odescalchi, Kommandant in Pavia, Fürsprache ein. Man setzte den Erzbischof, von dem ich die Tonsur erhalten, den Marchese de' Ghislieri, der mich ernannt hatte, kurz alle meine Gönner zu meinem Besten in Bewegung; allein ihre Bemühungen waren durchaus vergeblich; ich mußte geopfert werden. Ohne die Rechte des Orts, wo ich mich befand, würde die Justiz sich meiner bemächtigt haben. Man kündigte mir die Verweisung aus dem Collegio an und wartete nur, bis der Sturm sich ein wenig gelegt haben würde, um mich ohne Gefahr über das Stadtgebiet zu bringen.

Man denke sich mein Entsetzen, meine Gewissensbisse, meine Reue! Meine Hoffnungen auf einmal vernichtet, alle meine Pläne zertrümmert, meine Zeit verloren! Eltern, Gönner, Freunde, Bekannte, alles mußte gegen mich sein. Ich war betrübt, traurig, trostlos; kam nicht aus meinem Zimmer; besuchte niemand, niemand besuchte mich. Der schmerzhafte Zustand, die unglückliche Lage!

14. Kapitel

So lebte ich in meiner Einsamkeit, von Traurigkeit zu Boden gedrückt, schlug mich mit schwermütigen Gedanken herum und machte Entwürfe, die jeden Augenblick andern weichen mußten. Der Schaden, den ich mir selbst, und das Unrecht, das ich andern Personen zugefügt hatte, schwebten mir unaufhörlich vor Augen, und die Überzeugung von diesem letzteren quälte mich noch mehr als mein eigenes Unglück, das ich, wie ich mir selbst gestehen mußte, nur zu sehr verdient hatte.

Sollte man nach sechzig Jahren noch irgendwo in Pavia sich meiner Person und meiner Unbesonnenheit erinnern, so bitte ich alle diejenigen, die ich damals beleidigt habe, um Vergebung. Ich versichere ihnen, daß ich dafür gestraft worden bin und meinen Fehler hinlänglich gebüßt habe.

Noch war ich in meine traurigen Betrachtungen vertieft, als man mir einen Brief von meinem Vater brachte, der meinen Kummer und meine Verzweiflung auf eine schreckliche Art vermehrte. Hier ist er!

»Ich wünschte, mein lieber Sohn, du brächtest deine diesjährigen Ferien in Mailand zu. Ich habe versprochen, nach

Udine im venezianischen Friaul zu kommen, dort eine Kur vorzunehmen, die vielleicht langwierig werden kann; und ich weiß nicht, ob ich nicht zugleich oder doch nachher in das österreichische Friaul zu einer anderen Person, die an derselben Krankheit darniederliegt, gehen muß. Ich will dem Herrn Marchese schreiben und ihn an seine großmütigen Anerbietungen erinnern; gib dir nun aber auch von deiner Seite Mühe, seine Güte zu verdienen. Du meldest mir, daß du in kurzem eine These verteidigen wirst; sorge dafür, daß du Ehre einlegst. Das ist das sicherste Mittel, deinen Gönnern zu gefallen und deinem Vater und deiner Mutter, die dich beide zärtlich lieben, die größte Freude zu machen, usw.«

Dieser Brief schlug mich ganz zu Boden. »Wie«, sagte ich zu mir selbst, »wie könnte ich mich unterstehen, mit Schande und allgemeiner Verachtung beladen, meinen Eltern unter die Augen zu treten?« Der Gedanke an diesen fürchterlichen Augenblick erschreckte mich so sehr, daß das erste Vergehen mich beinahe zu einem zweiten verleitete, das mein gänzliches Verderben hätte nach sich ziehen können.

Nein! nimmermehr setze ich mich den verdienten, demütigenden Vorwürfen meiner erzürnten Familie aus. Chioggia soll mich nicht wiedersehen. Lieber an jeden andern Ort. Ich will umherwandern, mein Heil versuchen und meinen Fehler gutmachen oder sterben. Ja, nach Rom will ich; vielleicht finde ich den Freund meines Vaters, der ihm so viel Gutes getan hat. Der wird mich nicht verlassen. Ach, wenn ich ein Schüler von Gravina werden könnte, von diesem gelehrten Manne, der in den schönen Wissenschaften und der dramatischen Kunst seinesgleichen sucht! Himmel! wenn ich mich auch, wie Metastasio, in seine Gunst setzen könnte! Hab ich nicht auch Anlagen, Talente, Genie? Ja, nach Rom, nach Rom! Aber wie hinkommen? Woher Geld nehmen? ... Ich geh zu Fuß ... zu Fuß? ... ja, zu Fuß. Und mein Koffer und meine Kleider? Zum Henker mit Koffer und Kleidern! Vier Hemden, Strümpfe, Halsbinden und Nachtmützen: das ist alles, was ich brauche. – Unter diesen träumerischen, ausschweifenden Gedanken füllte ich ein Felleisen mit Wäsche an und legte es unter meinen Koffer, um es mit nach Rom zu nehmen.

Der Augenblick zum Aufbruch war da. Ich schrieb an den Almosenier des Collegiums und bat ihn um Geld. Er antwortete mir, daß er von meinem Vater nichts mehr in Händen habe, indes sollte ich auf der Reise zu Wasser bis nach Chioggia freigehalten werden und von dem Hausverwalter einen kleinen Vorschuß auf meines Vaters Rechnung bekommen.

Den folgenden Tag in aller Frühe kam eine Kutsche und holte mich ab. Man packte den Koffer auf, der Verwalter setzte sich mit mir ein. So fuhren wir nach dem Tessino, wo wir in ein kleines Boot traten und bei dem Zusammenfluß des Tessino mit dem Po ein großes, aber garstiges Fahrzeug, das Salz geladen hatte, erreichten. Mein Begleiter übergab mich dem Schiffsherrn, und ich sah, daß er ihm etwas in das Ohr sagte. Hierauf händigte er mir ein kleines Päckchen von dem Almosenier des Collegiums ein, wünschte mir eine glückliche Reise und verließ mich.

Ich hatte nichts Dringenderes als meinen Schatz zu untersuchen. Ich öffnete das Päckchen: o Himmel, welch eine angenehme Überraschung! Ich fand nicht weniger als 42 Florentiner Zechinen (ungefähr zwanzig Louisdor). Das kam meinem Reiseprojekt nach Rom vortrefflich zustatten. Ich nahm mir nun vor, mitsamt meinem Koffer mit der Post zu fahren. – Wie aber hat nur der Almosenier, der von meinem Vater nichts vorrätig hatte, mir eine so große Summe anvertrauen können? Ich stellte noch hierüber meine Betrachtungen an und machte eben die schönsten Pläne, als der Verwalter in seinem Boote zurückkam. Er hatte sich geirrt und mir das Geld gegeben, das er für das Collegium an einen Holzhändler bezahlen sollte. Er nahm es also wieder zurück und gab mir statt dessen dreißig Paoli*.

Das war mein ganzer Reichtum. Nach Chioggia zu kommen, brauchte ich zwar kein Geld – aber nach Rom. Die Zechinen, die ich in Händen gehabt hatte, machten mich noch trauriger, und doch mußte ich mich trösten und mich in die Beschwerden der Pilgrimschaft ergeben.

Mein Bett stand im Vorderraum und mein Koffer neben mir. Mittags und abends aß ich mit meinem Wirt, der das Fahrzeug führte und Erzählungen vorbrachte, bei denen man stehend hätte einschlafen können.

Nach zwei Tagen erreichten wir Piacenza. Der Patron hatte Geschäfte in der Stadt; er machte also halt und trat ans Land. Ich wollte diesen Augenblick zur Flucht benutzen, nahm mein Felleisen und sagte meinem Mann, daß ich den Auftrag hätte, es an den Rat Barilli abzugeben, und mich nun der guten Gelegenheit bedienen wolle. Der verdammte Kerl trat mir in

* Ungefähr $4^1/_2$ Taler.

den Weg und sagte, er habe ausdrücklichen Befehl, mich nicht gehen zu lassen. Ich bestand auf meinem Willen, und er drohte mir, nach der Wache zu rufen. Was hätte es geholfen, sich der Gewalt zu widersetzen? Ich hatte unter drei Dingen die Wahl: vor Verdruß zu sterben, nach Chioggia zu gehen oder mich in den Po zu stürzen. Ich wählte das zweite und ging in meinen Winkel zurück. Mein Unglück hatte mir noch keine Träne ausgepreßt; jetzt weinte ich zum erstenmal.

Gegen Abend rief man mich zu Tisch; ich schlug es ab. Ein paar Augenblicke darauf hörte ich eine unbekannte Stimme, die mit einem pathetischen Ton die Worte »Deo gratias« aussprach. Es war noch ziemlich hell, ich sehe durch einen Spalt in der Tür und erblicke einen Geistlichen, der mich sucht. Ich öffne den Vorhang, und er tritt herein.

Es war ein Dominikaner von Palermo, der Bruder eines bekannten Jesuiten und berühmten Predigers. Er hatte sich heut in Piacenza eingeschifft und ging wie ich nach Chioggia. Er wußte meine Geschichte; der Patron hatte ihm alles entdeckt. Er kam, mir seinen zeitlichen und geistlichen Trost anzubieten, den er mir vermöge seines Standes schuldig war und den meine Lage zu erfordern schien.

Seine Rede war voll Empfindung und Salbung; ich sah sogar Tränen in seinen Augen; wenigstens trocknete er sie mit dem Schnupftuch. Ich ward gerührt und ergab mich ganz in seinen Willen.

Der Patron ließ sagen, man warte mit dem Essen auf uns. Der ehrwürdige Pater hatte wenig Lust, seine Mahlzeit einzubüßen; anderseits merkte er, daß mein Gewissen anfing, aus seinem Schlummer zu erwachen. Er ließ also den Patron bitten, noch einen Augenblick zu warten: alsdann wendete er sich zu mir, umarmte mich, weinte, öffnete mir die Augen über die gefährliche Lage meiner Seele, wie leicht der höllische Feind sich derselben bemächtigen und sie in den ewigen Abgrund stürzen könne. Ich hatte, wie ich schon oben erwähnt habe, bisweilen hypochondrische Launen und befand mich eben jetzt auch in diesem kläglichen Zustand. Mein Exorzist wurde dies bald gewahr und schlug mir vor, ich sollte beichten. Ich warf mich zu seinen Füßen. »Gott sei gelobt!« sagte er. »Ja, liebes Kind, bereitet Euch nur einstweilen dazu vor, ich komme gleich wieder.« Mit diesen Worten ging er, ohne mich mitzunehmen, zu Tisch.

Ich blieb auf den Knien liegen und stellte die strengste Gewissensprüfung an. Nach einer halben Stunde kam der Pater mit einem Licht in der Hand zurück. Er setzte sich auf meinen Koffer, ich sagte mein Confiteor und legte die Generalbeichte mit innerer Vernichtung und hinreichender Zerknirschung ab. Nun kam es an die Buße. Die Hauptsache war, den Familien, gegen die ich meine satirischen Pfeile abgedrückt hatte, vollkommene Genugtuung zu geben. Das aber war vorderhand unmöglich. »Bis Ihr imstande seid«, sagte der ehrwürdige Pater, »förmlich zu widerrufen, gibt es kein anderes Mittel, den Zorn Gottes zu versöhnen, als Almosen. Almosen ist das größte verdienstliche Werk, wodurch wir unsere Sünde austilgen können.« – »Ja, Herr Pater«, versetzte ich, »das will ich tun.« – »Der Wille, der gute Vorsatz«, erwiderte er, »ist nicht genug, das Opfer muß auf der Stelle geschehen.« – »Ja, aber ich habe nur dreißig Paoli in meinem ganzen Vermögen.« – »Schadet nichts, mein Kind. Wer alles gibt, was er hat, gibt genug, und wäre es noch so wenig.« – Ich zog also meine dreißig Paoli aus der Tasche und gab sie meinem Beichtvater, mit der Bitte, sie an die Armen zu verteilen. Er war so gefällig, das Geld zu nehmen und mir dafür die Absolution zu geben.

Ich wollte mit der Beichte fortfahren, ich glaubte dieses und jenes vergessen zu haben; der ehrwürdige Vater aber sehnte sich nach Ruhe, die Augen fielen ihm einmal über das andere zu. Er bat mich, ruhig zu sein, faßte mich bei der Hand, gab mir den Segen und ging hurtig in seine Schlafkammer.

Wir waren acht Tage unterwegs. Gern hätte ich alle Tage einmal gebeichtet, wenn es mir nicht an Geld zur Buße gefehlt hätte.

15. Kapitel

Zitternd kam ich mit meinem Beichtvater, der es auf sich genommen hatte, mich mit meinen Eltern auszusöhnen, in Chioggia an. Mein Vater war in Geschäften zu Venedig, und meine Mutter empfing mich mit weinenden Augen, denn der Almosenier des Collegiums hatte nicht ermangelt, meine Familie auch von den geringsten Umständen meiner Aufführung zu benachrichtigen. Es kostete den ehrwürdigen Vater keine sonderlich große Mühe, das Herz einer zärtlichen Mutter zu rühren. Sie hatte Verstand und Standhaftigkeit. Der Dominikaner ermüdete sie mit seinem langweiligen Geschwätz. »Ehrwürdiger Vater«, sagte sie ihm, »wenn mein Sohn eine Betrügerei begangen hätte, so würde ich ihn nie wiedersehen; so aber hat er nur eine Unbesonnenheit begangen, und ich verzeihe ihm.«

Mein Reisegefährte hätte gern gesehen, mein Vater wäre in Chioggia gewesen und hätte ihn dem Prior des Dominikanerklosters vorstellen können. Es steckte etwas Heimliches dahinter, das ich nicht erraten konnte. Meine Mutter sagte, sie erwarte ihren Mann noch heut des Tages. Der ehrwürdige Vater schien damit zufrieden und lud sich ohne Umstände selbst zu Gaste.

Wir saßen eben bei Tisch, als mein Vater zurückkam. Ich stand auf und verschloß mich in das nächste Zimmer. Mein Vater trat herein und sah die große Kapuze. »Der Herr ist ein Fremder«, sagte meine Mutter, »der um Gastfreundschaft gebeten hat.« – »Gut, aber für wen dies dritte Gedeck? Dieser Stuhl?« – Länger konnte sie es nicht vermeiden, mich zu nennen. Meine Mutter weinte, der Geistliche fing an zu predigen und vergaß nicht, das Gleichnis von dem Verlorenen Sohne anzubringen. Mein Vater war gut und liebte mich sehr. Kurz, man ließ mich kommen, und ich ward wieder in Gnaden aufgenommen.

Den Nachmittag begleitete mein Vater den Dominikaner nach seinem Kloster. Man weigerte sich, ihn aufzunehmen. Alle Mönche, die reisen, müssen eine schriftliche Erlaubnis von ihren Oberen aufzuweisen haben, die sie Obedienz nennen und die ihnen zum Paß und Beglaubigungsschein dient. Unser Pater hatte zwar eine bei sich, allein sie war alt, zerrissen, man konnte sie kaum lesen, und sein Name war gänzlich unbekannt. Mein Vater brachte es durch sein Ansehen endlich dahin, daß man ihn unter der Bedingung, daß er sich nicht lange aufhalten wolle, aufnahm.

Doch ist es Zeit, daß ich die Geschichte dieses guten Geistlichen zu Ende führe. Er sagte meinem Vater und meiner Mutter von einer Reliquie, die er in einem silbernen Kästchen bei sich trug. Sie mußten sich auf die Knie niederlassen, worauf er sie eine Art von kleiner Schnur mit Eisendraht umwunden sehen ließ. Es war ein Stück von dem Schnürband der heiligen Jungfrau Maria, das selbst ihrem göttlichen Kinde gedient hatte. Der Beweis hiervon wurde augenscheinlich durch ein Wunder, das jedesmal richtig zutraf, bestätigt. »Man wirft«, sagte er, »diese Schnur auf glühende Kohlen. Das Feuer verschont die Reliquie, so daß man die Schnur unversehrt zurücknehmen kann. Man taucht sie hierauf in Öl, das ein wundertätiges Öl wird und erstaunende Kuren verrichtet.«

Meine Eltern hätten dieses Wunder gern gesehen, allein es erforderte viele Vorbereitungen und religiöse Zeremonien und konnte nur im Beisein einer gewissen Anzahl frommer Personen, zu wahrer Erbauung und Ehre Gottes, verrichtet werden. Man sprach viel darüber, und da mein Vater Arzt der Nonnen im Franziskanerkloster war, so wußte er es bei ihnen dahin zu bringen, daß sie sich entschlossen, das Wunder nach den Angaben des Dominikaners verrichten zu lassen. Man bestimmte den Tag und den Ort, wo die Zeremonie vor sich gehen sollte. Der ehrwürdige Vater ließ sich eine gute Quantität Öl und etwas Geld zu Messen geben, die notwendig dabei gelesen werden mußten.

Die Sache ward vollzogen. Den Tag darauf aber wurde dem Bischof und dem Magistrat gemeldet, daß man eine geistliche Zeremonie ohne Erlaubnis vorgenommen und ein fremder Mönch das Priesteramt dabei verwaltet, Leute zusammengerufen und Wunderwerke vorgegeben habe. Jeder stellte nun von seiner Seite Untersuchung an, um hinter die Wahrheit der Sache zu kommen. Die mirakulöse Schnur, die dem Feuer widerstand, war nichts als künstlich verbundener Eisendraht, der die Augen betrog. Die Nonnen erhielten einen Verweis, und der Mönch verschwand.

Nach einigen Tagen reiste ich mit meinem Vater nach Friaul. Wir gingen über Porto Gruero, wo meine Mutter Zinsen ausstehen hatte. Diese kleine Stadt liegt an der Grenze von Friaul und ist der Sitz des Bischofs von Concordia, einer alten, der bösen Luft wegen fast ganz verödeten Stadt.

Wir setzten unseren Weg fort und passierten den Tagliamento, der bald ein Fluß, bald ein Gießbach ist und den man, da es hier weder eine Brücke noch Kähne gibt, zu Fuß durchwaten muß. Endlich erreichten wir Udine, die Hauptstadt des venezianischen Friaul.

16. Kapitel

Mein Vater übte in Udine seine Kunst, und ich setzte meine Studien fort. Herr Morelli, ein bekannter Rechtsgelehrter, gab einigen von seinen Anverwandten im ganzen weltlichen und geistlichen Recht Unterricht. Zu diesen Lektionen hatten noch einige andere einheimische Personen Zutritt, und auch ich war so glücklich, sie benutzen zu können. Ich gestehe, daß ich hier in sechs Monaten mehr lernte, als ich in Pavia in drei Jahren gelernt hatte.

Es fehlte mir nicht an Lust zum Studieren, aber ich war noch jung und brauchte Zerstreuungen.

Wir hatten eine traurige, langweilige Karnevalszeit gehabt. Ein schrecklicher Zufall hatte sich ereignet und die ganze Stadt in Bestürzung gesetzt. Ein Edelmann aus einem alten und reichen Hause war beim Verlassen des Theaters mit einem Flintenschuß getötet worden. Man kannte den Täter nicht: man argwöhnte ihn zwar, aber niemand wagte es, davon zu sprechen.

Die Fastenzeit kam nun heran. Ich ging den Aschermittwoch in die Kathedralkirche, den Pater Cataneo, einen Augustiner von der strikten Observanz, zu hören, und fand seine Predigt vortrefflich. Ich verließ die Kirche, hatte aber die drei Punkte seiner Einteilung wörtlich behalten und versuchte es nun, den wesentlichen Inhalt der Rede, ihren Gang und die Moral in vierzehn Verse zu bringen. Es gelang mir, und ich bildete mir ein, ein leidliches Sonett verfertigt zu haben.

Noch denselben Tag teilte ich mein Sonett dem Herrn Treo, einem Edelmann in Udine, mit, der sich gut in den schönen Wissenschaften auskannte und viel Geschmack für Poesie hatte. Auch er fand mein Sonett ganz leidlich.

Er erwies mir die Freundschaft, einige Wörter zu verbessern, und munterte mich auf, mit dieser Arbeit fortzufahren. Ich folgte meinem Prediger genau, wiederholte alle Tage meine Arbeit und hatte nun am dritten Osterfeste sechsunddreißig vortreffliche Predigten in ebensoviel zum Teil gute, zum Teil schlechte Sonette zusammengezogen.

Ich hatte die Vorsicht gebraucht, jedesmal, wenn ich für einen Bogen Vorrat hatte, ihn sogleich in die Druckerei zu schicken, so daß ich noch in der Osterwoche meine Broschüre, die ich den Stadtdeputierten zueignete, ausgeben konnte.

Vielen Dank von seiten des Redners, viel Erkenntlichkeit von seiten des Magistrats und überhaupt viel Beifall! Die Neuheit der Sache machte Vergnügen, und die Geschwindigkeit der Arbeit setzte noch mehr in Verwunderung.

Bravo, Goldoni! aber nun sachte und nicht zuviel Lob an ihn verschwendet! Neben unserm Hause wohnte eine junge Person, die mir außerordentlich wohlgefiel und der ich gern den Hof gemacht hätte. Soll ich dir, lieber Leser, das Porträt meiner Schönheit zeichnen? Soll ich ihr einen Teint von Rosen und Lilien, die Züge der Venus und den Geist der Pallas geben?

Nein, diese schöne Beschreibung würde dich wenig interessieren. Ich plaudere mit dir in meinem Kabinett, wie ich in einer Gesellschaft plaudern würde. Der Inhalt meiner Memoiren verdient, glaub ich, nicht mehr Eleganz und nicht mehr Sorgfalt. Es gibt Leute, die sagen: »Man muß den Ton erheben und Achtung gegen das Publikum bezeigen.« Ich glaube, ihm am besten meine Achtung zu bezeigen, wenn ich ihm die Wahrheit ganz nackt und ohne Schminke vorlege.

Ich kannte die Eltern dieses Frauenzimmers nur dem Namen nach. Ich sah sie am Fenster, ich folgte ihr in die Kirche und auf den Spaziergang, zwar mit aller Bescheidenheit, aber doch so, daß sie es als ein Zeichen meiner Zuneigung ansehen konnte.

Ich weiß nicht, ob sie acht darauf hatte, aber ihr Kammermädchen erriet meine Absicht bald. Die Hexe beehrte mich sogar mit ihrem Besuch. Ich war allein, sie sprach viel von sich selbst und von ihrer Gebieterin und versicherte, daß ich auf die eine und die andere rechnen könnte. Ich fragte sie, ob ich es wagen dürfe, ihr zu schreiben ... »O warum nicht«, fiel sie ein, ohne mich ausreden zu lassen. »Schreiben Sie an meine Mamsell, ich gebe ihr den Brief und bringe Ihnen Antwort.«

Ich wollte auf der Stelle schreiben und bat sie zu warten. »Nein, ich gehe jetzt in die heilige Messe, die ich niemals versäume. Ich besuche sie alle Tage. Aber nach der Kirche komme ich wieder.« Sie geht, und ich schreibe meinen Brief, in welchem ich das Frauenzimmer, nach den gewöhnlichen Höflichkeits- und Zärtlichkeitsbezeugungen, um eine förmliche Zusammenkunft ersuche. Therese (so hieß das Kammermädchen) kommt wieder, sie nimmt meinen Brief, will gehen und bietet mir die Wange zum Kuß dar. In Italien umarmt man die Weiber nicht so unschuldig wie in Frankreich, überdies war sie häßlich wie die Nacht. Ich weigerte mich, sosehr ich konnte, allein sie sprang mir an den Hals, und so mußte ich sie wohl umarmen.

Zwei Tage darauf begegnete mir Therese auf der Straße und schob mir sehr geschickt ein kleines Papier in die Hand, das ich in die Tasche steckte. Es war ein Brief von der Demoiselle, eine Antwort auf den meinigen, aber so schlecht geschrieben, daß ich Mühe hatte, etwas zu entziffern.

Alles, was ich ungefähr erraten konnte, war: ohne die Erlaubnis ihrer Eltern könnte sie mich nicht in ihrem Hause sprechen, wenn ich sie aber des Nachts von der Straße sprechen wollte, so wolle sie mir ein paar Viertelstunden an ihrem Fenster schenken. Es war die alte italienische Sitte, der Liebe beim Sternenschein nachzugehen, und ich mußte mich bequemen.

Ich fand mich gleich denselben Tag ein Uhr morgens vor ihrem Hause ein. Das Gitter öffnete sich, und ich sah einen Kopf in einer Nachthaube zum Vorschein kommen. Ich redete den Kopf an, der Kopf antwortete mir, ein Wort gab das andere, ich wagte einige Süßigkeiten, die man in demselben Tone erwiderte. Die wenigen Schwierigkeiten, die sich mir zeigten, flößten mir Mut ein, und ich ging noch etwas weiter. Auf einmal höre ich ein lautes Gelächter, das Fenster ward zugeworfen. Ich wußte nicht, woran ich war. Von einer Seite zufrieden, und ebenso unzufrieden von der andern, ging ich nach Hause und erwartete Theresen.

Ich sah sie den Tag darauf. Mein Vater war zu Hause: ich ging ihr also nach und holte sie in der Halle der Kathedralkirche ein. Ich erkundigte mich bei ihr über das Gelächter der vorigen Nacht. »Sie haben«, antwortete sie, »mit meiner Mamsell gescherzt, sie hat darüber gelacht, denn sie ist gar nicht bigott. Aber doch muß sie geglaubt haben, etwas Unanständiges zu begehen, und gewiß hat sie deswegen das Fenster zugemacht. Fahren Sie nur so fort«, setzte sie hinzu, »fahren Sie nur so fort, und fürchten Sie nichts.« Ich wollte weiter mit ihr sprechen. »Gehn Sie, gehn Sie«, unterbrach sie mich, »es ist spät, ich muß in die Messe.«

Ich merkte wohl, daß die Messe sich schlecht mit dem Geschäft einer Kupplerin vertrüge und daß sie eine Spitzbübin sein müsse, was sie denn auch in der ganzen Bedeutung des Wortes war. Allein ich war verliebt und mußte sie also schonen. Ich trieb noch eine Zeitlang meine nächtlichen Zusammenkünfte fort, doch erschien der Kopf in der Nachthaube nicht mehr an demselben, sondern an einem andern, weit davon entfernten Fenster.

Ich fragte nach der Ursache. Mamsell fürchtete die Nähe ihrer Mutter; ich wurde zurückhaltender in meinen Reden, allein man warf mir von Zeit zu Zeit einen freien Ausdruck hin, den ich ebenso natürlich beantwortete. Das Lachen blieb nun auch aus, und das Fenster wurde nicht mehr zugeworfen.

Nach und nach fing ich an, heftiger in Therese zu dringen, mir auch eine Zusammenkunft bei Tage mit ihrer Gebieterin zu verschaffen. Ich drohte alles abzubrechen, wenn ich sie nicht erhielte. »Seien Sie ruhig«, war ihre Antwort, »ich denke so sehr daran wie Sie selbst. Ich werde mit der Wäscherin fürs Haus reden, die eine halbe Stunde von hier in Chiavris wohnt.

Dort, hoffe ich, sollen Ihre Wünsche erfüllt werden. Aber hören Sie mich«, fuhr sie fort, »hören Sie mich, mein Freund, Sie werden die Mädchen kennen. Sie sind eigensinnig, nur sehr wenige sind einer vollkommenen Uneigennützigkeit fähig, und meine Mamsell ist eben keine von den Großmütigsten. Wenn Sie ihr ein kleines Geschenk machen wollten, so bin ich sehr überzeugt, diese Aufmerksamkeit würde Sie dem Ziele etwas näher bringen.« – »Wie«, sagte ich, »sie sollte Geschenke nehmen?« – »Nicht von Ihnen«, versetzte die schlaue Hexe, »von mir. Ich gäbe sie ihr, und ich weiß, sie würde sie nicht ausschlagen. « – »Und was könnte ich ihr wohl geben?« – »Gestern – – ja, es ist nicht länger als gestern, daß die Mamsell ein großes Verlangen nach einer Garnitur bunter böhmischer Steine zu haben schien. Sie sind jetzt sehr Mode, alle Weiber wollen welche haben.« – »Wo bekommt man sie?« – »Ach, hierzulande finden Sie sie schwerlich hübsch genug. Sie müssen sie von Venedig kommen lassen. Eine ganze Garnitur: ein Kreuz, Ohrringe, ein Halsband, Nadeln!« – »Liebe Therese, bist du in der Messe gewesen?« – »Noch nicht.« – »Gehst du hinein?« – »Wie? Sie sollten die Gelegenheit vorbeilassen, sich einer jungen, reizenden, liebenswürdigen Person gefällig zu machen? Einer Person, die Sie lieben, die Sie schätzen, die Sie vielleicht einmal besitzen könnten?« – »Still, still, ich verstehe schon. Ich will die Garnitur kaufen, und du sollst sie ihr zustellen.« – »Ja, das will ich, und Sie sollen sie mit dem Schmuck ihres lieben Goldoni geputzt sehen.« – »Ihres lieben Goldoni? Glaubst du, daß sie mich ein bißchen liebhat?« – »Ganz gewiß, ein bißchen, und sie wird Sie noch lieber haben –« – »Wenn ich ihr den Schmuck gegeben habe?« – »Ganz gewiß.« – »Nun gut, sie soll ihn haben.« – »Recht so!« – »Adieu, Therese.« – »Adieu, mein Herr, umarmen Sie mich.« – (Daß dich der Henker hätte!)

Ich gehe zu einem Juwelier von meiner Bekanntschaft, gebe ihm Kommission, die er annimmt, und nach vier Tagen kommt das Kästchen an. Eine herrliche Garnitur! Sie kostete aber auch zehn Zechinen ohne Porto und Verschreibegebühren. Ich sehe Therese, gebe ihr ein Zeichen, sie kommt, nimmt das Kästchen, trägt es fort, und den Tag drauf, ein Sonntag, sehe ich Demoiselle mit meinen Edelsteinen, die wie Rubinen und Smaragde funkeln, geputzt in der Kirche.

Ich war zufrieden wie ein König, und doch hatte mich das spröde Mädchen nicht einmal, wie ich wünschte, freundlich angeblickt oder nur ein Zeichen ihrer Zufriedenheit gegeben.

Die nächtlichen Zusammenkünfte waren auch seit einigen Tagen unter dem Vorwand ausgesetzt worden, daß die Leute in der Nachbarschaft sie beredet hätten.

Therese versäumte nicht, mir einen Besuch zu machen und mir die höflichsten, artigsten Sachen von ihrer Gebieterin zu sagen. Ich gab ihr zu verstehen, daß ich nun wohl etwas mehr zu fordern berechtigt wäre. Sie ersuchte mich, künftigen Donnerstag in Chiavris bei der bewußten Wäscherin zu erscheinen. Dort hätte sich Mamsell vorbehalten, mir Beweise ihrer Zuneigung und Erkenntlichkeit zu geben. Gut! es bleibt dabei. Auf den Donnerstag.

Die Zeit bis dahin wurde mir sehr lang. Ich dachte Tag und Nacht an nichts anders. Was es wohl für Beweise sein mögen, die sie mir geben will? Im zwanzigsten Jahre ist man verwegen. Endlich wurde es Donnerstag, und ich gehe zu der Wäscherin und finde niemand. Nach einer halben Stunde kommt Therese, aber allein. Ich kenne mich nicht mehr vor Wut und lasse sie hart an. Sie bittet mich, ruhig zu sein, und nimmt mich mit sich in ein Dachstübchen, in dem sich nichts als ein sehr unreinliches Bett und ein zerbrochener Rohrstuhl findet. Ich stürme in sie, daß sie reden, mir sagen soll – Sie wiederholt ihre Bitte, ruhig zu sein, und sie anzuhören.

»Ach, mein lieber Freund«, sagte sie, »ich bin sehr unzufrieden mit meiner Mamsell. Trotz aller Aufmerksamkeit, die Sie ihr bewiesen haben, trotz ihres gegebenen Wortes, tritt sie doch nun zurück und findet noch Vorwand, warum sie mir nicht folgen könne...« »Wie«, unterbrach ich sie, »findet Vorwand? Sie kommt also nicht? Sie will also nur ihr Spiel mit mir treiben?« – »So hören Sie mich doch bis zu Ende an«, erwiderte die Betrügerin, »ich bin so aufgebracht darüber wie Sie nimmermehr. Ja, mehr als Sie, denn der Streich, den sie mir da spielt, ist von einer Wichtigkeit für mich, daß ich ganz trostlos bin.« Sie brachte ihre Reden mit einer Wärme und Heftigkeit vor, daß ich sie wirklich von Eifer für meine Sache durchdrungen glaubte und mir nun selbst Mühe gab, sie zu beruhigen. Sie änderte auch den Ton und nahm eine zärtliche rührende Miene an und fuhr fort: »Hören Sie mich nur, ich will Ihnen alle Ränke dieses kleinen Ungeheuers, das uns so schändlich betrogen hat, erzählen. Sie wußte es, die Undankbare, ja sie wußte, daß ich Neigung für Sie empfand. Sie machte mir Vorwürfe über eine Leidenschaft, die ich in meinem Herzen genährt hatte, und zwang mich, ihr meine Wünsche und meine

Hoffnungen aufzuopfern. Sie nötigte mich, bei Ihnen mich zu ihrem Besten zu interessieren. Mein Stand, meine Sanftmut, mein ganzer Charakter hießen mich ihre Forderung befriedigen. Ich tat mir Gewalt an, die mich Seufzer und Tränen kostete, und nun, da ich hoffe, sie auf meine eigenen Kosten glücklich zu sehen, so betrügt sie mich, erklärt mir ihre Gleichgültigkeit gegen Sie und verbietet mir, Ihrer gegen sie zu erwähnen.« – »Wie?« rief ich außer mir vor Zorn, »und mein Schmuck?« – Therese antwortete mit ebenso starker Stimme: »Den behält sie!« Ich gestehe gern, daß die zehn Zechinen, die ich aufgewandt, die Nächte, die ich schlaflos zugebracht, die Hoffnungen, mit denen ich mir geschmeichelt hatte, und die Scham, mich betrogen zu sehen, bei dieser Empfindlichkeit mit ins Spiel kamen. Ich dachte, ich müßte rasend werden: aber die weise, die vorsichtige Therese faßte mich bei der Hand, richtete ihre schmachtenden Blicke auf mich und sagte: »Mein lieber Freund, wir sind beide hintergangen, wir müssen uns rächen. Wir müssen die Undankbare die Verachtung fühlen lassen, die sie verdient. Ich bin bereit, sie auf der Stelle zu verlassen, und wollen Sie nur etwas für mich tun, so wird es mein größter Stolz sein, Ihnen auf immer und allein anzugehören.«

Dieser Vorschlag brachte mich ein wenig außer Fassung; ich hatte nichts weniger als das erwartet, und die Augen fingen an, mir aufzugehen. »Sie lieben mich also, Mamsell?« fragte ich sie ganz gleichgültig. – »Ja«, antwortete sie mir, wobei sie mich umarmte, »ja ich liebe Sie von ganzer Seele und bin bereit, Ihnen die überzeugendsten Beweise davon zu geben.« – »Ich werde gewiß nicht undankbar sein«, versetzte ich, »lassen Sie mir nur Zeit zur Überlegung, Sie sollen nicht lange auf meine Entschließung warten.« – Nach einer zweiten Umarmung verließen wir uns, und jedes ging seinen Weg.

Ich gerade nach der Stadt zu einer Putzmacherin, die ich kannte und die auch für Mamsell C... arbeitete. Ich hatte verschiedene Lustpartien mit diesem Mädchen gemacht, über ihr Gewerbe mit ihr gescherzt, und die erschien mir sehr geschickt für die Ausführung meines Planes. Ich erzählte ihr mein Abenteuer von einem Ende zum andern, ich bat sie, den Knoten zu lösen, und versprach ihr eine Zechine, wenn sie den wahren Zusammenhang der Sache erfahren könne. Sie nahm den Auftrag mit Vergnügen an, es gelang ihr nach Wunsch, und nach drei Tagen erfuhr ich von ihr alles so klar, so deutlich, als ich es nur wünschen konnte.

Dies aufs reine gebracht, suchte ich Therese auf, bestellte sie zur Wäscherin und ging frühzeitig hin, um zuerst dazusein. Ich nahm drei Personen in einer Art von Kabriolett mit mir und versteckte sie in einem Schuppen, worin Lauge gemacht wurde. Ich hatte die Eigentümerin des Hauses auf meine Seite gebracht und war also ganz sicher.

Therese kam, schien sehr zufrieden mit mir und wollte die Treppe hinauf. »Nein, nein«, sagte ich, »wir wollen in die Gartenlaube gehen, dort haben wir frische Luft.« Wir setzten uns auf eine Rasenbank, sie fing an, von ihrer Gebieterin zu sprechen und auf sie zu lästern. Ich fiel ihr ins Wort und sagte mit einer ernsthaften, gebieterischen Miene: »Jetzt ist nicht mehr die Rede von Mamsell C..., sondern von Therese, die eine Gaunerin ist und die mich betrogen hat.« Bei diesen Worten schien sie ganz betroffen und gab sich alle Mühe zu weinen. Ich hielt ihr ein paar von ihren Streichen vor, sie leugnete aber alles und pochte auf ihre Rechtschaffenheit. Nun ließ ich die drei Personen, die ich versteckt hatte, hervortreten. Therese erblickte kaum die Putzmacherin, als sie aufhörte, sich zu zieren, eine unverschämte Miene annahm und sehr vernehmlich sagte: »Ha! Spitzbübin, hast du mich verkauft?« Mir sagte sie ganz keck unter die Augen: »Ja, mein Herr, ich habe Sie betrogen, ich leugne es nicht.« Alle Anwesenden lachten überlaut; ich schäumte vor Wut. »Warte nur, Verräterin, ich will dir deinen Prozeß machen. Wer hat den ersten Brief geschrieben, den du mir gegeben hast?« – Sie antwortete lachend: »Ich!« – »Mit wem habe ich die vielen Nächte hindurch auf der Straße gesprochen?« – »Mit mir.« – »Und das Gelächter?« – »Kam von mir.« – »Machtest du das Fenster zu?« – »Nein, meine Mamsell war es, die ihren Spott mit Ihnen trieb.« – »Und sie verstand sich mit dir?« – »Ja, denn sie dachte, Sie gingen mir nach.« – »Ich, dir nach?« – »Wäre das nicht genug für Sie gewesen?« – »Unverschämte! Und mein Schmuck?« – »Meine Mamsell hat ihn.« – »Wie?« – »Sie hat ihn bezahlt.« – »Wem?« – »Mir.« – »Spitzbübin!« – Ich hatte große Lust, ihr ein paar Augen auszukratzen, allein die Klugheit hielt mich davon ab. Ich begnügte mich also damit, sie entlarvt zu haben, wendete mich gegen die Zeugen ihrer Niederträchtigkeit und sagte: »Ich überlasse sie euch. Schande und Verachtung sei ihr Los, und ihre Gebieterin soll ihre ganze Aufführung erfahren.« Meine Rache war nun vollkommen, und ich ging zufrieden hinweg.

Ich sah die Betrügerin nicht wieder; die Putzmacherin erzählte mir aber, daß sie aus ihrem Hause fortgeschickt worden sei und daß sie wahrscheinlich die Stadt verlassen habe.

Zur Entschädigung für die verlorene Zeit machte ich Bekanntschaft mit der Tochter eines Limonadenhändlers, bei der ich weniger Schwierigkeiten, aber mehr Gefahr fand. Ich erzählte diese zweite friaulische Anekdote in meiner Ausgabe des *Pasquali*, und deswegen erwähne ich derselben auch hier, daß man nicht auf den Gedanken gerate, als ob ich Märchen zum Zeitvertreib ersänne. Da aber die Sache selbst die Aufmerksamkeit des Lesers nicht verdient, so will ich hier alle überflüssigen Nebenumstände mit Stillschweigen übergehen und mit wenig Worten sagen, daß ich die größte Gefahr lief, auf eine viel ernsthaftere Art betrogen zu werden, daß ich aber noch zur rechten Zeit aus meiner Betäubung erwachte und mich in die Arme meines Vaters rettete.

Mein Vater wohnte in Görz in dem Haus seines vornehmen Patienten, des Grafen Lantieri, Generalleutnant der Armeen Kaiser Karls VI. und Aufseher der österreichischen Truppen in Krain und dem deutschen Friaul.

Ich wurde von diesem liebenswürdigen Herrn, der in seinem Lande allgemein geliebt wurde, sehr gütig empfangen. Wir blieben nicht lange in Görz, sondern gingen bald nach Wippach, einem ansehnlichen Flecken in Krain, der an der Quelle eines Flusses, der ihm den Namen gibt, liegt und ein Lehngut des Hauses Lantieri ist.

Hier brachten wir vier Monate auf die angenehmste Weise von der Welt zu. Der Adel in dieser Gegend besuchte sich in ganzen Familien. Väter und Kinder, Herren und Bediente und Pferde, alles verreist zusammen, und alles wird aufgenommen, logiert und bewirtet. Oft fand man dreißig Herren auf einmal in einem Schlosse, bald bei diesem, bald bei jenem. Der Graf Lantieri wurde als ein Kranker angesehen, er besuchte niemanden und bekam von jedermann Besuche.

Seine Tafel war nicht sehr delikat, aber reichlich besetzt. Ich erinnere mich noch an den Bratenaufsatz. Ein Schöpsen- oder Rehviertel oder eine Kalbsbrust machte die Grundlage aus, hierauf lagen Hasen oder Fasanen, dann folgten Rebhühner, hierauf Schnepfen oder Drosseln; und Rotgänse und Feigenschnepfen bildeten die Spitze der Pyramide.

Dieses seltsame Gemengsel war indes bald verteilt. Die kleinen Vögel wurden zuerst vorgelegt, der und jener nahm es auf sich, das Wildbret vorzuschneiden, und die Liebhaber von Fleisch sahen endlich die großen Stücke, die ihrem Appetit schmeichelten, frei und ledig.

Ferner gehörte zur Etikette, bei jeder Mahlzeit drei Suppen aufzutragen. Eine Brotsuppe, eine Kräutersuppe beim ersten Aufsatz und Graupensuppe zu dem Beiessen. Man feuchtete die Graupen mit Bratenbrühe an und versicherte, daß das die Verdauung sehr befördere.

Die Weine waren vortrefflich. Unter andern hatte man einen gewissen roten Wein, der »der Kindermacher« hieß. Eine Benennung, die zu vielen guten Späßen Anlaß gab.

Was mich ein wenig genierte, waren die Gesundheiten, die man Schlag auf Schlag trinken mußte. Am Namenstag des Kaisers fing man bei Seiner Kaiserlichen Majestät an und präsentierte jedem Gast ein Trinkgefäß von ganz besonderer Einrichtung. Es war ein gläsernes, einen Fuß hohes Geschirr, aus mehreren Kugeln zusammengesetzt, die immer kleiner wurden, mit kleinen Röhren zusammen verbunden waren und oben in einer länglichen engen Öffnung endigten, die man sehr bequem an den Mund setzen und so das Getränk einziehen konnte. Man füllte den Boden dieses Gefäßes, das man einen Glo-glo nannte: brachte man nun die enge Öffnung an den Mund und hob den Arm in die Höhe, so lief der Wein mit einem harmonischen Geräusch durch die Kugeln und Röhren; und da alle Gäste auf einmal diesen Handgriff machten, so gab das ein ganz neues und sehr lustiges Konzert. Ich kann nicht sagen, ob dieser Gebrauch heutzutage noch üblich ist; alles ändert sich, und so könnte sich das in der Zeit auch geändert haben. Sollten aber in jener Gegend noch Leute aus der alten Zeit leben, so wird es ihnen vielleicht Vergnügen machen, daß ich ihnen dieses Andenken auffrische.

Der Graf Lantieri war mit meinem Vater sehr wohl zufrieden. Er befand sich viel besser als sonst und war seiner gänzlichen Genesung nahe. Seine Güte erstreckte sich auch auf mich. Zu meinem Vergnügen ließ er ein Marionettentheater, das ganz vernachlässigt worden, aber sehr reich an Figuren und Verzierungen war, wieder instand setzen.

Ich bediente mich desselben und trug zugleich etwas zur Unterhaltung der Gesellschaft bei, indem ich ein Stück eines großen Mannes, das ausdrücklich für hölzerne Schauspieler verfertigt war, aufführte. Es heißt »Der niesende Herkules«, von Peter Jacob Martelli aus Bologna.

Die Einbildungskraft des Verfassers schickt den Herkules in das Land der Pygmäen. Diese armen kleinen Leute erschrecken beim Anblick eines beseelten Berges, der Arme und Füße hat, und verstecken sich in Löcher. Herkules legt sich im freien Feld nieder und schläft ruhig. Die furchtsamen Einwohner kommen aus ihrem Hinterhalt hervor, mit Schilf und Dornen bewaffnet, klettern auf den ungeheuern Menschen und bedecken ihn vom Kopf bis zu den Füßen, wie Schmeißfliegen sich auf ein Stück verfaultes Fleisch setzen. Herkules erwacht, fühlt etwas in seiner Nase und niest. Seine Feinde stürzen von allen Seiten nieder, und das Stück schließt sich.

Es ist ein Plan, ein regelmäßiger Gang, eine Intrige, eine Katastrophe, eine Peripetie, mit einem Worte alles in diesem kleinen Stück. Der Stil ist gut und wohlgehalten, die Gedanken, die Empfindungen sind der Taille der Personen angemessen, sogar die Verse sind kurz. Alles entspricht dem Begriff von Pygmäen.

Für die Person des Herkules mußte nun auch eine riesenmäßige Marionette gemacht werden. Dieses und alles fiel sehr gut aus. Die ganze Posse machte viel Vergnügen, und ich wollte wohl wetten, daß ich der einzige sterbliche Mensch bin, der auf den Einfall geraten ist, die »Bambocciata« des Herrn Martelli aufzuführen.

Unsere Vorstellungen waren zu Ende, die Kur des Grafen war auch so gut wie vollendet, und mein Vater fing an von seiner Abreise zu sprechen. Man tat mir den Vorschlag, mit dem Sekretär des Grafen, der Aufträge von seinem Herrn zu besorgen hatte, eine kleine Reise zu machen. Mein Vater erlaubte mir vierzehn Tage, und wir traten unsern Weg mit der Post in einem kleinen vierrädrigen Wagen an.

Laibach, die Hauptstadt von Krain, an einem Fluß gleichen Namens, war der erste Ort, in dem wir uns aufhielten. Die größte Merkwürdigkeit, die ich hier sah, waren Krebse von bewundernswürdiger Schönheit und so groß wie Hummer. Mancher war einen Fuß lang und noch länger.

Von da gingen wir nach Graz, der Hauptstadt des Herzogtums Steiermark. Hier ist eine alte, berühmte und weit mehr als selbst Pavia besuchte Universität. Die Deutschen studieren mehr und haben weniger Zerstreuungen als die Italiener.

Gern wäre ich weiter vorwärts bis nach Prag gegangen,

wenn nicht mein Reisegefährte die Befehle seines Herrn und mich der ernstliche Wille meines Vaters davon abgehalten hätten. Alles was wir tun konnten war, daß wir nicht auf demselben Weg zurückkehrten, sondern durch Kärnten, über Triest, einen beträchtlichen Hafen am Adriatischen Meere, und von da über Aquileja und Gradisca nach Wippach zurückkehrten, ohne mehr als zwei Tage über die vorgeschriebene Zeit auszubleiben.

Sobald ich wieder eingetroffen war, nahm mein Vater Abschied vom Grafen Lantieri, der ihn für seine Mühe mit einer ansehnlichen Summe Geldes belohnte, überdies noch mit einer sehr schönen Dose mit seinem Porträt, und mich mit einer silbernen Uhr beschenkte. Damals war ein junger Mensch sehr zufrieden, wenn er eine silberne Uhr haben konnte. Jetzt schämen sich Bediente, sie zu tragen.

Als wir in Görz die Post nahmen, bat ich meinen Vater, den Weg über Palma Nova vorzuziehen, das ich noch nie gesehen hätte. Im Grund aber war es mir bloß darum zu tun, Udine zu vermeiden, wo mein letztes Abenteuer mich ein unangenehmes Zusammentreffen befürchten ließ. Mein Vater willigte sehr gern ein, und wir kamen den ersten Mittag da an.

Palma oder Palma Nova ist eine der stärksten und beträchtlichsten Festungen in Europa. Sie gehört den Venezianern und ist die Vormauer ihrer Staaten von der Seite nach Deutschland zu. Die Befestigungswerke sind so gut eingerichtet und ausgeführt worden, daß die Fremden sie aus Neugier als ein Meisterstück der Kriegsbaukunst besehen.

Die Republik Venedig schickt einen Generalaufseher (Provveditore Generale) zum Kommandanten nach Palma. Er hat die Ausübung der Zivil-, Kriminal- und Militär-Gerichtsbarkeit in den Händen und gibt täglich dem Senat von allem, was die Regierung interessieren kann, Nachricht.

Wir machten dem Kommandanten, den mein Vater von Venedig her kannte, unsere Aufwartung. Dieser würdige Senator empfing uns mit großer Freundlichkeit. Er hatte meine poetische Fastenübung gesehen und machte mir ein Kompliment darüber; doch setzte er mit einem boshaften Lächeln hinzu, die Predigten des Pater Cataneo schienen mich eben zu keinem Heiligen gemacht zu haben. Damit gab er zu verstehen, daß er von meiner nachherigen Unbesonnenheit wisse, welches bei der geringen Entfernung beider Orte sehr leicht möglich war. Ich errötete ein wenig; mein Vater wurde es gewahr und fragte mich nachher, was es zu bedeuten gehabt habe. Ich antwortete, daß ich nichts davon begriffe, und er drang nicht weiter in mich. Wir speisten den Abend bei Seiner Exzellenz und setzten den Tag darauf unsern Weg fort.

Wir näherten uns dem Fluß Tagliamento, den wir passieren mußten, und erfuhren, daß er weit über die Ufer getreten und daß es ganz unmöglich sei hinüberzukommen. Wir waren in der Nähe von Udine, und mein Vater schlug vor, in dieser Stadt geruhig abzuwarten, bis das Wasser sich wieder in sein gewöhnliches Bett gesetzt haben würde. Der Name Udine machte mich schon fürchten, ich sah also Schwierigkeiten voraus. Mein Vater aber bestand darauf, und ich brachte immer neue Gegengründe vor. Endlich wurde er ungeduldig; wir stiegen in einem Gasthof ab, wo man uns ein Frühstück, so reichlich wie ein Mittagessen, auftrug. Hier verglich mein Vater die Rede des Kommandanten von Palma mit meinem Widerwillen gegen Udine und drang so heftig in mich, daß ich mich genötigt sah, wenn auch so bescheiden und vorsichtig wie möglich, alles zu beichten, was ich vorgenommen hatte. Der Auftritt mit Therese belustigte ihn sehr; doch gab er mir den Rat, eine kluge Lehre daraus zu nehmen und gegen alle verdächtigen Weibspersonen fein mißtrauisch zu werden. Über die Geschichte mit der Limonadenhändlerin aber sprach er mehr wie ein Freund als ein Vater zu mir und ließ mich mein Unrecht so deutlich sehen, daß ich Tränen vergoß. Glücklicherweise meldete man uns, daß der Tagliamento wieder zu passieren sei, und so setzten wir denn unsere unterbrochene Reise fort.

18. Kapitel

Wir trafen in Chioggia ein und wurden empfangen, wie eine Mutter ihren geliebten Sohn und eine Frau ihren geliebten Mann nach einer langen Abwesenheit empfängt. Es freute mich sehr, diese tugendhafte Mutter wiederzusehen, die mit solcher Zärtlichkeit an mir hing. Ich war verführt und betrogen worden und fühlte das Bedürfnis, mich geliebt zu sehen. Freilich war das eine andere Art von Liebe: allein ich tröstete mich so lange mit der mütterlichen Liebe, bis ich die Süßigkeit einer anständigen und angenehmen Leidenschaft schmecken konnte. Wir liebten einander von Herzen, meine Mutter und ich, und doch, was für ein Unterschied ist es nicht zwischen der Liebe einer Mutter zu ihrem Sohn und der Liebe eines Sohnes zu seiner Mutter! Kinder lieben aus Dankbarkeit, Mütter aus einem natürlichen Antrieb, und die Eigenliebe hat nicht geringen Teil an ihrer zärtlichen Freundschaft. Sie lieben die Früchte ihrer ehelichen Vereinigung, die sie mit Vergnügen empfangen, mit Mühe in ihrem Schoße getragen und mit Schmerzen zur Welt gebracht haben. Sie haben sie von Tag zu Tag wachsen sehen, sie haben die ersten Äußerungen und Züge ihrer Unschuld beobachtet, sie haben sich gewöhnt, sie zu sehen, zu lieben, zu warten, usw. Ich glaube sogar, daß dieser letzte Grund bedeutender ist als alle übrigen und daß eine Mutter ein fremdes Kind, das man ihr noch als einen Säugling untergeschoben und das sie ohne Verdacht für das ihrige angenommen hätte, ebenso zärtlich lieben würde wie ihr eigenes, wenn sie seine erste Erziehung besorgt und sich gewöhnt hätte, es zu liebkosen und zu lieben.

Das war eine Abschweifung, die mit dem Zweck meiner Memoiren nichts gemein hat; allein ich plaudere bisweilen gern, und ohne nach Witz zu haschen, interessiert mich nichts mehr als die Zergliederung des menschlichen Herzens. Doch es ist Zeit, den Faden der Erzählung wieder aufzunehmen.

Mein Vater erhielt einen Brief von seinem Cousin Zavarisi, einem Notarius in Modena, folgenden Inhalts.

Der Herzog hatte eben ein altes Edikt erneuert, das jedem Renten- und Gutsbesitzer verbot, sich aus seinen Staaten ohne Erlaubnis zu entfernen, und diese Erlaubnis kam teuer zu stehen.

Herr Zavarisi setzte in seinem Briefe weiter hinzu, daß er, da meine Absichten auf Mailand fehlgeschlagen wären, meinem Vater den Rat gäbe, mich nach Modena zu schicken, wo es ebensogut wie in Pavia eine Universität gäbe. Da könnte ich vollends ausstudieren, Lizentiat werden und mich dann unter die Advokaten aufnehmen lassen. Dieser rechtschaffene Verwandte, der wahren Anteil an uns nahm, erinnerte meinen Vater, daß unsere Vorfahren von jeher ansehnliche Ämter im Herzogtum Modena bekleidet hätten, daß ich das alte Ansehen unserer Familie wiederherstellen und zugleich die Kosten einer Erlaubnis, die alle zwei Jahre erneuert werden müßte, vermeiden könnte. Er schloß damit, daß er für meine Person sorgen und mir eine gute und anständige Pension ausmachen wolle. In einer Nachschrift stand noch, daß er wegen einer guten Heirat die Augen auf mich geworfen habe.

Dieser Brief verursachte viel Überlegungen, Untersuchungen und eine Menge Streitigkeiten zwischen meinem Vater und meiner Mutter. Endlich setzte mein Vater seinen Willen durch, und es wurde beschlossen, daß ich mit der ersten Post nach Modena abgehen sollte.

Hier bin ich nun in dem Postfahrzeug nach Modena! Es waren unser vierzehn Passagiere. Unser Fährmann hieß Bastia, ein alter, magerer Mann, mit einem ernsthaften Gesicht, dabei rechtschaffen und andächtig.

In dem Gasthof, wo wir das erste Mal Mittag machten, wurde uns allen auf einmal aufgetragen. Unser Patron nahm hier den nötigen Vorrat für das Abendessen, das man im Herumgehen genießt, zu sich.

Bei einbrechender Nacht wurden zwei Lampen, die allenthalben hinleuchteten, angezündet. Wir nahmen das Abendessen mit guter Laune, legten uns auf unsere kleinen Matratzen, und sonst fiel nichts Besonderes weiter auf der Reise vor.

Als wir in die Nähe von Modena kamen, fragte mich Bastia, wo ich logieren würde. Ich wußte es selbst nicht, da Herr Zavarisi mir erst eine Pension ausmachen wollte. Bastia bat mich, zu ihm in Pension zu gehen. Er kannte Herrn Zavarisi und schmeichelte sich, daß er nichts gegen ihn einzuwenden haben würde. In der Tat war mein Cousin auch mit ihm zufrieden, und ich bezog also meine Wohnung in dem Hause des Boten.

Dieses Haus war voll frommer Leute. Vater, Sohn und Töchter, Schwiegertochter und Kinder, alles war in der größten Devotion. Ich hatte ziemlich viel Langeweile dabei; da es aber ehrliche Leute waren, die sehr eingezogen und ruhig lebten, so war ich mit ihrer Aufmerksamkeit für mich sehr zufrieden.

Mein Cousin Zavarisi schien sehr vergnügt, mich bei sich zu haben. Erst stellte er mich dem Rektor der Universität vor, dann führte er mich zu einem berühmten Advokaten, wo ich mich im Praktischen üben sollte und wo ich meine Stelle gleich antrat.

Mein Hauswirt ließ mich das Merkwürdigste in der Stadt besehen. Unter andern den herzoglichen Palast, der von der größten Schönheit und Pracht ist, und die kostbare Gemäldesammlung, die damals noch in Modena war und die in der Folge der König von Polen, August III., für den beträchtlichen Preis von hunderttausend Zechinen kaufte, um seiner Galerie in Dresden dadurch einen höheren Glanz zu geben.

Ich glaubte, der Aufenthalt von Modena würde mir wegen der Menge von Gelehrten, die hier wohnen, wegen der häufigen

Schauspiele und der Hoffnung, hier das Versäumte nachzuholen, auch für die Folge angenehm sein. Allein ein abscheuliches Schauspiel, von dem ich wenige Tage nach meiner Ankunft Zeuge wurde, griff mich so stark an, daß meine Sinne und mein Geist in Unordnung und Verwirrung gerieten.

Ich sah mitten unter einer Menge Leute ein fünf Fuß hohes Gerüst, auf dem ein Mann mit bloßem Haupt und gebundenen Händen stand. Es war ein Abbé von meiner Bekanntschaft, ein aufgeklärter Gelehrter, ein guter, bekannter und in Italien sehr geschätzter Dichter. Neben ihm stand ein Geistlicher mit einem Buch in der Hand, ein anderer fragte den Büßenden. Dieser antwortete stolz. Die Zuschauer klatschten in die Hände und munterten ihn auf. Die Vorwürfe wurden heftiger. Der brave Mann, dem man seine bürgerliche Ehre auf eine so schändliche Art raubte, war ganz außer sich. Ich konnte es nicht länger aushalten. Ich ging unruhig, tiefsinnig und wie betäubt hinweg, schloß mich in meine Stube und überließ mich den traurigsten Betrachtungen.

Großer Gott, sagte ich zu mir selbst, was für Dingen sind wir in diesem kurzen Leben, durch das wir uns so mühselig hinschleppen müssen, nicht alles ausgesetzt! Da ist ein Mann, den man anklagt, er habe sich gegen eine Frau, die eben zum Abendmahl gegangen war, unzüchtige Reden erlaubt. Und wer hat ihn verklagt? Die Frau selbst! Himmel! Ist es nicht genug, unglücklich zu sein, um gestraft zu werden?

Ich ging alle Zufälle durch, die mir begegnet waren und die gefährliche Folgen für mich hätten haben können. Die Kranke in Chioggia, das Kammermädchen und die Limonadenhändlerin in Friaul, die Satire in Pavia und andere Fehler, die ich mir vorzuwerfen hatte.

Ich war noch mit diesen traurigen Betrachtungen beschäftigt, als Bastia, der wußte, daß ich nach Hause gekommen war, in meine Stube trat und mir vorschlug, den Rosenkranz mit seiner Familie zu beten. Ich hatte eine Ablenkung nötig und nahm also seinen Vorschlag mit Vergnügen an. Ich betete den Rosenkranz mit vieler Andacht und fand mich um vieles erleichtert.

Man trug das Abendessen auf und sprach von dem Abbé. Ich zeigte den Abscheu, den dieser Auftritt mir erregt hatte, mein Wirt aber fand diese Zeremonie herrlich und exemplarisch. Ich erkundigte mich nach dem Ausgang dieses Schauspiels. Er erzählte mir, daß der Widerspenstige endlich nachgegeben habe. Man habe ihn gezwungen, mit lauter Stimme alle seine Verbrechen zu gestehen und eine Widerrufungsformel, die man ihm vorgelegt, nachzusprechen. Hierauf wäre er zu sechsjähriger Gefängnisstrafe verdammt worden.

Das schreckliche Aussehen dieses armen Mannes kam mir nicht aus den Gedanken. Ich sah niemand mehr und besuchte alle Tage mit Bastia die Messe. Ich ging mit ihm in die Predigt, zur Konsekration, in das Stundengebet. Er war sehr mit mir zufrieden und suchte diese Salbung, die aus meinen Handlungen und Reden hervorschien, durch Erzählungen von Erscheinungen, Wundern und Bekehrungen zu nähren.

Mein Entschluß war gefaßt, ich hatte mir fest vorgenommen, in den Kapuzinerorden zu treten. Ich schrieb meinem Vater, ich bat ihn um die Erlaubnis, der Welt entsagen und mich in eine Kapuze hüllen zu dürfen. Mein Vater war klug genug, mir nicht zu widersprechen. Er lobte sogar meinen Entschluß. Er bat mich nur, sobald ich seinen Brief erhalten haben würde, zu ihm zu kommen, und versprach mir, daß weder er noch meine Mutter sich meinen Wünschen widersetzen würde.

Gleich nach Empfang dieses Briefes machte ich Anstalten zur Abreise. Bastia hatte diesmal nicht das Fahrzeug nach Venedig zu führen, er empfahl mich aber seinem Kameraden, der im Begriff war abzugehen, bestens. Ich nahm Abschied von der frommen Familie und reiste mit zerknirschtem Herzen ab.

Bei meiner Ankunft in Chioggia empfingen mich meine Eltern auf das zärtlichste. Ich bat sie um ihren Segen, den sie mir mit weinenden Augen gaben. Ich sprach von meinem Plan, und sie mißbilligten ihn nicht. Mein Vater schlug mir vor, mit ihm nach Venedig zu gehen, ich lehnte es aber mit der Freimütigkeit eines Andächtigen ab. Er setzte hinzu, daß es nur in der Absicht geschehen solle, um mich dem Guardian der Kapuziner vorzustellen, und nun willigte ich gern ein.

Wir gehen also nach Venedig und besuchen unsere Anverwandten und Freunde. Wir speisen bei diesem zu Mittag, bei jenem zu Abend. Man bringt mich unvermerkt von meinen Ideen ab, man führt mich in die Komödie, und nach vierzehn Tagen war kein Gedanke mehr ans Kloster übrig. Meine Grillen verflogen, und meine Vernunft kam zurück. Ich bedauerte immer noch den Mann, den ich auf dem Gerüst in den Augen des Volkes hatte brandmarken sehen, allein ich begriff, daß man nicht notwendig der Welt entsagen müsse, um sein Schicksal zu vermeiden.

19. Kapitel

Mein Vater führte mich nach Chioggia zurück, und meine Mutter, die fromm war, ohne bigott zu sein, war sehr vergnügt, mich in meiner gewöhnlichen Stimmung zu sehen. Die Abwesenheit meines jüngeren Bruders machte mich ihr noch werter und interessanter.

Mein Bruder war von jeher für den Soldatenstand bestimmt gewesen und nun nach Zara, der Hauptstadt von Dalmatien, abgegangen. Man hatte ihn an Herrn Visinoni adressiert, einen Cousin meiner Mutter, Dragonerhauptmann und Adjutanten des Generalprovisors dieser Provinz, die der Republik Venedig gehört.

Dieser verdiente Offizier, den alle Kommandanten von Zara, wie sie einander folgten, um sich haben wollten, hatte die Erziehung meines Bruders auf sich genommen und brachte ihn in der Folge in seinem Regiment unter.

Ich für meinen Teil wußte nicht, was aus mir werden sollte. Ich hatte in einem Alter von einundzwanzig Jahren so manchen Plan scheitern sehen und so manchen verdrießlichen Auftritt erlebt, daß ich mir mit nichts mehr schmeichelte und keine andere Zuflucht vor mir sah als die dramatische Kunst, die ich von jeher liebte, und der ich mich längst gewidmet haben würde, wenn ich meinen freien Willen gehabt hätte.

Es schmerzte meinen Vater, daß ich gleichsam ein Ball des Schicksals geworden war; doch ließ er in diesen Umständen, die für ihn sowohl als für mich sehr ernsthaft zu werden anfingen, den Mut nicht sinken. Er hatte beträchtlichen und unnützen Aufwand gemacht, mir eine gewisse Laufbahn zu eröffnen, und hätte mir nun gern ein anständiges und einträgliches Amt verschafft, ohne von neuem Geld aufzuwenden. So etwas ist nun zwar nicht gar leicht zu finden, allein es glückte ihm doch, und überdies war es so sehr nach meinem Geschmack, daß ich allen gehabten Verlust vergaß und in der Tat auch nichts weiter zu bedauern hatte.

Die Republik Venedig schickt einen Nobile als Gouverneur nach Chioggia, der den Titel Podesta führt. Dieser hat einen Kanzler für Kriminalsachen bei sich, der ungefähr das gleiche tut wie ein Kriminalleutnant in Frankreich; und dieser Kriminalkanzler muß einen Gehilfen in seinem Amt haben, der den Titel eines Koadjutors führt.

Diese Stellen sind, je nachdem der Ort ist, mehr oder weniger einträglich, sie sind aber immer angenehm, da man die

Tafel bei dem Gouverneur hat, den Umgang der vornehmsten Personen der Stadt genießt, und wenn man nur ein wenig arbeitsam ist, so kann man sich mit Ehren aus der Sache ziehen.

Mein Vater genoß der Protektion des Gouverneurs, welches damals der Nobile Francesco Bonfadini war. Er stand in enger Verbindung mit dem Kriminalkanzler und kannte den Koadjutor genau. Mit einem Wort, er brachte es dahin, daß ich zum Adjunkt des letzteren ernannt wurde.

Die Dauer des venezianischen Gouvernements ist bestimmt, sie wechseln alle sechzehn Monate. Als ich einrückte, waren schon vier Monate verflossen, überdies war ich überzählig und konnte auf keine Art von Einkünften Anspruch machen: allein ich genoß alle Annehmlichkeiten der Gesellschaft. Eine gute Tafel, öfters Spiel, Konzerte, Bälle und Feste! Das waren treffliche Geschäfte; allein, da es keine ordentlichen Ämter sind und der Gouverneur seine Aufträge geben kann, wem er will, so gibt es viele von solchen Kanzlern, die in Untätigkeit vermodern, wohingegen andere über die übrigen hinwegspringen und kaum Zeit finden, sich etwas zu erholen. Persönliches Verdienst empfiehlt sie zuweilen, am häufigsten aber wird derjenige befördert, der die meiste Protektion für sich hat.

Man hatte mir die Notwendigkeit gezeigt, mir einen Namen zu verschaffen, und als Supernumerarius suchte ich alle Gelegenheiten, mich zu unterrichten und brauchbar zu machen. Der Koadjutor war kein Freund der Arbeit. Ich stand ihm nach meinen besten Kräften bei, und in wenigen Monaten war ich so geschickt wie er. Der Kanzler wurde es bald gewahr und gab mir, ohne auf seinen Koadjutor Rücksicht zu nehmen, etwas schwierigere Aufträge, mit deren Besorgung er sehr zufrieden zu sein schien.

Das Kriminalverfahren ist ein lehrreicher Unterricht zur Kenntnis des menschlichen Herzens. Der Schuldige versucht das Verbrechen, dessen man ihn anklagt, von sich abzuwälzen oder, wenn er das nicht kann, es wenigstens zu beschönigen. Er ist von Natur listig und verschlagen, oder er wird es doch durch die Furcht. Er weiß, daß er mit unterrichteten Personen, mit Leuten vom Handwerk zu tun hat, und doch versucht er, sie zu betrügen.

Das Gesetz hat ein Frageformular vorgeschrieben, an das man sich halten muß, damit die Fragen nicht verfänglich und so eingerichtet werden mögen, daß schwache oder unwissende Personen dadurch überlistet werden könnten. Bei alledem muß man den Charakter und den Geist eines Menschen, den man examinieren soll, ein wenig kennen oder zu erraten sich bemühen, und wenn man einen richtigen Mittelweg zwischen Strenge und Milde einschlägt, so wird man größtenteils die Wahrheit ohne Zwangsmittel erfahren.

Die sechzehn Monate der Amtszeit des Podesta waren bald vorüber. Unser Kriminalkanzler hatte schon einen anderweitigen Ruf nach Feltre, er bot mir die Stelle eines wirklichen Koadjutors an, wenn ich ihm dahin folgen wollte. Dieser Vorschlag entzückte mich; ich wählte einen schicklichen Augenblick, mit meinem Vater davon zu sprechen, und den Tag darauf war unsere ganze Einrichtung getroffen.

So war ich denn endlich etabliert. Bis jetzt hatte ich die Geschäfte nur aus der Ferne betrachtet: jetzt hatte ich eins, das mir gefiel. Ich faßte den festen Vorsatz, es niemals aufzugeben; aber, wie man sagt, der Mensch denkt's, Gott lenkt's.

Jedermann gab sich Mühe, dem Gouverneur bei seiner Abreise von Chioggia noch eine Ehre zu erweisen. Die schönen Geister der Stadt, wenn man sie so nennen darf, stellten eine literarische Zusammenkunft an, wo man sein Lob in Versen und Prosa feierte.

Auch ich besang nach allen Prädikamenten den Ruhm meines Helden und ließ mich überdies weitläufig über die Tugenden und persönlichen Vorzüge seiner Gemahlin aus. Beide hatten viel Güte für mich, und in Bergamo sowohl, wo ich sie einige Zeit nachher wieder zu sehen bekam, als in Venedig, wo Seine Exzellenz den Rang eines Senators erhielt, haben sie mich immer mit ihrer Gunst beehrt.

Alle diese Personen reisten ab; ich aber blieb in Chioggia und erwartete den Ruf des Herrn Zabettini (so hieß der Kanzler), um nach Venedig und von da mit ihm nach Feltre zu gehen. Ich war von jeher mit den Nonnen von dem Orden des heiligen Franziskus, die reizende Kostgängerinnen hatten, in einer Art von Verbindung gewesen. Signora B. hatte ein junges Mädchen unter ihrer Aufsicht, die sehr schön, sehr reich und sehr liebenswürdig war. Ich hätte mir keine bessere Partie wünschen können; aber mein Alter, mein Stand und mein Vermögen erlaubten mir nicht, solche Wünsche zu nähren. Von der Nonne wurde mir indes nichts in den Weg gelegt. Wenn ich sie besuchte, ließ sie immer die Demoiselle in das Sprechzimmer herabkommen. Ich merkte, daß ich eine wahre Leidenschaft für sie bekam, womit die Aufseherin gar nicht übel zufrieden schien. Ich begriff sie nicht: ich sprach eines Tages von meiner Neigung und meiner Furcht. Sie redete mir Mut ein und entdeckte mir das Geheimnis. Die Demoiselle hatte Verdienste und Vermögen, aber ihre Geburt war nicht makelfrei. »Dieser kleine Fehler aber hat nicht viel zu bedeuten«, sagte die verschleierte Dame. »Das Mädchen ist gut, wohlerzogen, ich stehe für ihren Charakter und ihre Aufführung. Sie hat einen Vormund«, fuhr sie fort, »den wir gewinnen müssen. Lassen Sie mich nur machen. Es ist wahr, der Vormund ist sehr alt, sehr hinfällig und stellt einige Ansprüche – da ich aber auch ein Wort in dieser Sache zu sprechen habe – noch einmal, lassen Sie mich nur machen, ich will alles auf das beste einrichten.«

Ich gestehe es, daß ich nach dieser Rede, nach diesem Vertrauen und dieser Aufmunterung anfing, mich für glücklich zu halten. Mamsell N. schien mich nicht ungern zu sehen: ich glaubte schon, daß alles so gut wie abgemacht wäre.

Das ganze Kloster hatte meine Neigung für die Kostgängerin bemerkt. Einige Frauenzimmer, die mit den Intrigen des Sprechzimmers bekannt waren, hatten Mitleid mit mir und unterrichteten mich von allem, was vorging. Und zwar auf folgende Art.

Meine Fenster lagen genau auf den Klosterturm gegenüber, in welchem man Luftlöcher angebracht hatte, durch die man aber, ziemlich dunkel, die Personen, die davorstanden, unterscheiden konnte. Ich hatte verschiedene Male an diesen länglichen viereckigen Öffnungen Figuren und Zeichen bemerkt und erfuhr nachher, daß diese Zeichen Buchstaben des Alphabets andeuteten, daß man daraus Worte zusammensetzen und in der Ferne sich unterhalten konnte. Ich führte fast täglich eine halbe Stunde solche stumme Unterredung, deren Inhalt aber sehr anständig und bescheiden war.

Durch dieses Handalphabet erfuhr ich denn auch, daß Mamsell N. in kurzem ihren Vormund heiraten werde. Äußerst aufgebracht über das Verfahren der Dame B. ging ich den Nachmittag zu ihr, fest entschlossen, sie meine Empfindlichkeit fühlen zu lassen. Ich ließ sie holen, sie kam, betrachtete mich genau und bemerkte, schlau wie sie war, daß ich etwas auf dem Herzen hatte. Sie ließ mich also nicht einmal zu Worte kommen, sondern griff mich selbst mutig und sogar mit einer Art von Hitze an.

»Ich sehe wohl, mein Herr, daß Sie aufgebracht sind, ich sehe es an Ihrer Miene.« – Ich wollte reden, sie hörte mich aber nicht an. Sie erhöhte die Stimme und fuhr fort: »Ja, mein Herr, Mamsell N. verheiratet sich, und zwar mit ihrem Vormund.« – Ich wollte auch laut sprechen. – »Stille, stille«, schrie sie, »hören Sie mich an. Diese Verbindung ist mein Werk. Ich habe alles reiflich überlegt, eh ich die Sache betrieb, und nur zu Ihrem wahren Vorteil ist es, daß ich ihr diese Wendung gab.« – »Zu meinem Vorteil?« – »Ja! So beruhigen Sie sich aber auch nur und betrachten Sie den Gang einer geschickten und Ihnen ergebenen Frau. Sind Sie«, fuhr sie fort, »imstande zu heiraten?« – »Nein, aus hundert Gründen nicht.« – »Und die Mamsell hätte warten sollen, bis es Ihnen bequem und gelegen wäre? Nein, das konnte sie nicht einmal, auch wenn sie gewollt hätte: sie mußte verheiratet werden. Hätte sie nun nicht auch einen jungen Mann nehmen können – so wäre sie doch auf immer für Sie verloren gewesen? Nunmehr aber heiratet sie einen alten, kranken Mann, der unmöglich noch lange leben kann, und sowenig ich auch die Annehmlichkeiten und Unannehmlichkeiten des Ehestands kenne, so weiß ich doch, daß eine junge Frau immer die Tage eines alten Mannes verkürzen muß. Sie bekommen eine schöne Witwe, die nichts als den Namen von einer Frau hat. Seien Sie nur ganz ruhig darüber. Der Mann muß sie bedenken, sie wird noch reicher, als sie gegenwärtig schon ist, bis dahin machen Sie sich auch einen Weg. Fürchten Sie nichts in Betracht ihrer, lieber Freund, fürchten Sie ja nichts. Sie lebt freilich in der Welt mit ihrem Graubart, allein ich wache über ihre Aufführung. Ja, ja, sie gehört Ihnen, ich stehe Ihnen dafür; ich gebe Ihnen mein Ehrenwort.«

Bei diesen Worten erschien Demoiselle N. und näherte sich dem Gitter. Die Aufseherin sagte mir mit einem geheimnisvollen Wesen: »Wünschen Sie der Mamsell zu ihrer Verbindung Glück.« Länger hielt ich es nicht aus, ich machte eine stumme Verbeugung und entfernte mich.

Seit der Zeit habe ich weder die Aufseherin noch die Kostgängerin gesehen, und dem Himmel sei es gedankt, bald hatte ich sie beide rein vergessen.

20. Kapitel

Sobald ich den Brief, mit dem Befehl, nach Feltre zu gehen, erhielt, reiste ich sofort mit meinem Vater von Chioggia nach Venedig, um mich dort nebst ihm Seiner Exzellenz dem Herrn

Paolo Spinelli, einem venezianischen Nobile, dem ich in sein Gouvernement folgen sollte, vorzustellen. Wir besuchten auch den Kanzler Zabettini, unter dessen Aufsicht ich arbeiten sollte. Einige Tage hierauf verließen wir Venedig, und ich kam nach achtundvierzig Stunden an dem Ort meiner Bestimmung an.

Feltre oder Feltri ist eine Stadt, die zur Tarvisermark, einer Provinz der Republik Venedig, gehört und dreißig Meilen von der Hauptstadt liegt. Sie hat einen Bischof und viel Adel. Die Stadt ist bergig, steil und den ganzen Winter so mit Schnee bedeckt, daß dadurch in den kleinen Straßen die Türen versperrt werden und man genötigt ist, durch die Fenster des untern Stockwerks zu gehen.

Ich war früher gekommen als die andern, um von meinem Vorgänger das Archiv und die vorrätigen Akten in Empfang zu nehmen, und wurde sehr angenehm überrascht, als ich erfuhr, daß eine Schauspielertruppe in der Stadt wäre, die der vorige Gouverneur habe kommen lassen und die darauf rechnete, bei der Ankunft des neuen noch einige Vorstellungen geben zu dürfen.

Der Directeur dieser Truppe war Carlo Veronese, derselbe, der dreißig Jahre drauf nach Paris kam, die Rollen des Pantalon in der italienischen Komödie zu spielen, und seine beiden Töchter, die schöne Coralline und die reizende Camilla, mitbrachte.

Die Truppe war nicht schlecht. Der Directeur spielte, ungeachtet seines gläsernen Auges, die ersten Liebhaber, und zu meinem großen Vergnügen fand ich hier den Florindo dei Maccheroni wieder, den ich vordem in Rimini gesehen hatte und der, da er nun alt geworden war, nur noch die Könige im Trauerspiel und die edlen Väter im Lustspiel darstellte.

Vier Tage nach mir kam auch der Gouverneur mit dem Kanzler und noch einem andern Diener der Gerechtigkeit unter dem Titel eines Vikars an, der hier und an mehreren Orten in den Staaten der Republik seine Stimme mit der Stimme des Gouverneurs bei Urteilssprüchen und Verordnungen vereinigt.

Einige Monate lang enthielt ich mich aller Belustigungen und Zerstreuungen und beschäftigte mich desto ernstlicher mit der Arbeit, da ich hoffen konnte, nach Verlauf dieses zweiten Gouvernements, bei dem ich als Koadjutor angestellt war, Kanzler zu werden. Ich durchsuchte die Papiere der Kanzlei und fand eine Kommission vom Senat, die von meinen Vorgängern vernachlässigt worden war. Ich gab meinem Prinzipal

Nachricht davon, dem die Sache wichtig vorkam und der mir den Auftrag gab, sie nach meinen besten Kräften zu besorgen.

Es war ein Kriminalprozeß, der die Fällung von Bauholz in den Forsten der Republik betraf, mehr als zweihundert Personen waren in diese Veruntreuung verwickelt. Es war nötig, den Ort selbst zu besuchen und das Corpus delicti in Augenschein zu nehmen. Ich verfügte mich in Begleitung von Feldmessern und Soldaten über Felsen, Ströme und Abgründe dahin; dieses Verfahren machte großes Aufsehen, jedermann war besorgt, denn seit länger als hundert Jahren hatte man die Holzungen ungestraft verheert, und es war ein Aufstand zu befürchten, der wohl endlich gar dem armen Teufel von Koadjutor, der den schlafenden Hund geweckt hatte, sehr schlimm hätte bekommen können.

Zum Glück endete diese große Unternehmung wie die Niederkunft des Bergs in der Fabel. Die Republik begnügte sich, ihre Forste für die Zukunft in Sicherheit zu setzen. Der Kanzler verlor nichts dabei, und der Koadjutor wurde für seine Furcht entschädigt.

Einige Zeit nachher trug man mir eine andere, aber viel angenehmere Kommission auf. Sie betraf eine Zänkerei, fünf Meilen von der Stadt, bei der man Feuergewehr gebraucht und wo es einige gefährliche Wunden gegeben hatte: hierüber sollte ich ein Protokoll aufnehmen. Da der Ort in der Ebene lag und der Weg über verschiedene reizende Landgüter und durch schöne Gegenden ging, so lud ich einige meiner Freunde ein, mich zu begleiten. Es waren unser zwölf Personen, sechs Herren, sechs Damen und vier Bediente, alle zu Pferde. Wir wendeten zwölf Tage auf diese anmutige Expedition. Diese ganze Zeit über haben wir niemals an einem Ort zu Mittag und zugleich auch zu Abend gegessen und niemals auf Betten geschlafen.

Wir gingen sehr oft zu Fuß auf reizenden Wegen, die mit Weinstöcken eingefaßt und von Feigenbäumen beschattet waren. Wir frühstückten Milch und bisweilen auch die tägliche Nahrung der hiesigen Landleute, die aus einem Brei von türkischem Korn, der Polenta heißt, besteht, den wir rösten ließen und dadurch zu einem sehr leckeren Essen machten.

Wo wir hinkamen, gab es Feste, Lustbarkeiten und Schmausereien; wo wir den Abend halt machten, gab es Bälle, welche die ganze Nacht hindurch dauerten. Unsere Damen hielten so gut aus wie wir Mannspersonen.

Bei unserer Gesellschaft waren auch zwei Schwestern, die

eine verheiratet, die andere ledig. Diese letztere war sehr nach meinem Geschmack, und die Wahrheit zu gestehen, hatte ich nur ihrethalben die ganze Partie veranstaltet. Sie war ebenso bescheiden und vernünftig, als ihre Schwester ausschweifend lebhaft war. Die sonderbare Einrichtung unserer Reise gab uns Gelegenheit, zu einer Erklärung zu kommen, und wir wurden beide ineinander verliebt.

Meine Untersuchung wurde in aller Eile in zwei Stunden beendigt. Unserm Vergnügen desto mehr Abwechslung zu geben, kehrten wir auf einem andern Wege zurück: bei unserer Nachhausekunft waren wir aber auch dafür wie gerädert und zerschlagen. Ich fühlte diese Bewegung noch nach einem Monat, und meine arme Angelika trug ein vierzigtägiges Fieber davon.

Die sechs Ritter von unserer Kavalkade schlugen mir eine andere Art von Vergnügen vor. In dem Palast des Gouverneurs war ein Schauspielsaal; sie hatten Lust etwas vorzunehmen und die Höflichkeit, mir zu sagen, daß sie alles nur meinetwegen unternommen hätten und daß sie mir gern die Wahl der Stücke und die Austeilung der Rollen überließen.

Ich dankte ihnen, nahm den Vorschlag an und stellte mich mit Bewilligung Seiner Exzellenz und meines Kanzlers an die Spitze dieser neuen fröhlichen Bande.

Gern hätte ich komische Stücke aufführen lassen – von Harlekinaden war ich kein Freund –, aber wo sollten wir gute Komödien hernehmen? Ich zog also tragische Stücke vor. Da man um diese Zeit allenthalben die Opern des Metastasio, selbst ohne Musik, spielte, so löste ich auch die Arien in Rezitative auf. Ich gab mir alle Mühe, den Stil dieses anmutigen Dichters so genau als möglich nachzuahmen, und wählte die »Dido« und den »Siroe« zu unsern Vorstellungen. Ich verteilte die Rollen, die nach dem Personal meiner Akteurs eingerichtet waren. Ich kannte meine Leute und behielt nur die kleinsten Rollen für mich. Daran tat ich sehr wohl, denn im Tragischen war ich ein vollkommen elender Schauspieler.

Zum Glück hatte ich zwei kleine Stücke verfertigt, in diesen spielte ich zwei Charakterrollen und machte wieder gut, was ich in den tragischen Stücken verdorben hatte. Das erste von diesen kleinen Stücken war: »Il buon padre« (der gute Vater), das zweite: »La Cantatrice« (die Sängerin). Man fand sie beide gut und mein Spiel, für einen bloßen Liebhaber, ganz leidlich. Dieses letzte Stück sah ich einige Zeit hernach in Venedig. Ein junger Advokat hatte sich desselben bemächtigt, gab es für seine Arbeit aus und nahm die Komplimente, die man ihm darüber machte, an. Endlich war er so unverschämt, es unter seinem Namen drucken zu lassen; allein nunmehr hatte er den Verdruß, sein Plagiat entdeckt zu sehen.

Ich tat alles, was ich konnte, meine schöne Angelika zu bereden, eine Rolle in unseren Trauerspielen anzunehmen; allein es glückte mir nicht. Sie war zu furchtsam, und außerdem würden ihre Eltern es auch nicht zugegeben haben. Sie wohnte zwar unsern Vorstellungen bei, allein dieses Vergnügen kostete sie Tränen. Sie war eifersüchtig, und es machte ihr viel Kummer, mich mit meinen artigen Gespielinnen so vertraut umgehen zu sehen.

Die arme Kleine liebte mich zärtlich und von Herzen; ich liebte sie dafür wiederum von ganzer Seele, und ich kann sagen, daß sie die erste Person war, die ich je geliebt habe. Es war ihr darum zu tun, meine Frau zu werden, und sie würde es geworden sein, wenn nicht ganz besondere, aber sehr gegründete Betrachtungen mich davon zurückgehalten hätten.

Ihre ältere Schwester war eine seltene Schönheit gewesen: aber nach ihren ersten Wochenbetten wurde sie häßlich. Die jüngere Schwester hatte dieselbe Haut, dieselben Züge, sie war eine von den zärtlichen Schönheiten, die an jedem Lüftchen abwelken und auf welche die geringste Unbequemlichkeit Eindruck macht. Ich hatte einen offenbaren Beweis davon gesehen. Die Beschwerlichkeit der kleinen Reise, die wir zusammen machten, hatte sie schon fürchterlich verändert. Ich war jung und sah voraus, wie groß mein Unmut sein würde, wenn meine Frau nach kurzer Zeit die Blüte und Frische ihrer Schönheit einbüßte.

Unstreitig war dies für einen Liebhaber zuviel vernünftelt: mag es nun aber Tugend, Schwäche oder Unbestand gewesen sein, genug, ich verließ Feltre, ohne sie zu heiraten.

21. Kapitel

Es kostete mich Mühe, mich von diesem reizenden Gegenstand loszureißen, der mich den ersten Zauber einer tugendhaften Liebe hatte kosten lassen. Und doch mußte diese Liebe nicht von der stärksten Natur sein, da ich meine Geliebte verlassen konnte. Ein wenig mehr Geist, ein wenig mehr Grazie würden mich vielleicht an sie gefesselt haben; so aber war sie nichts als eine Schönheit, und zwar eine Schönheit, die im Abnehmen begriffen war. Ich gewann Zeit, Betrachtungen anzustellen, und die Eigenliebe war stärker als die Leidenschaft.

Ich brauchte Zerstreuung, und ich fand sie von verschiedener Art. Mein Vater, der nie festen Fuß fassen konnte, eine Sucht, die er seinem Sohn als ein Erbteil hinterlassen hat, hatte seinen Aufenthalt verändert. Nach seiner Zurückkunft von Modena, wohin er in Familienangelegenheiten gereist war, ging er nach Ferrara, wo er einen sehr vorteilhaften Antrag erhielt, sich in Bagnacavallo als Arzt mit einem festen Gehalt niederzulassen. Das Anerbieten war so beschaffen, daß er es annehmen zu müssen glaubte, und dort sollte ich ihn aufsuchen, sobald ich frei sein würde.

Ich ging also von Feltre ab, durch Venedig, ohne mich aufzuhalten, und schiffte mich mit dem Boten nach Ferrara ein. Es war viel, aber ziemlich schlechte Gesellschaft im Fahrzeug. Unter anderm ein junger Mensch, mager und blaß, mit schwarzen Haaren, einer hohlen Stimme und einer unangenehmen Physiognomie, eines Metzgers Sohn aus Padua, der sich sehr breit machte. Der Herr hatte Langeweile und bot jedermann ein Spiel an, allein niemand wollte sich mit ihm einlassen. Mir war die Ehre vorbehalten, seine Partie zu machen. Er schlug mir anfangs ein kleines Pharao zu zweien vor. Der Bote wollte es nicht erlauben, wir spielten also ein Kinderspiel Cala-carte. Wer am Ende der Taille die meisten Karten hat, gewinnt eine Marke, und auch der, der die meisten Pikblätter aufweisen kann. Ich hatte immer die wenigsten Karten und niemals ein Pikblatt in meiner Hand. Wir spielten die Marke um zehn Groschen, so daß er mir zwei Zechinen abnahm. Ich hatte ihn freilich im Verdacht falschzuspielen, indes bezahlte ich ihn, ohne etwas zu sagen.

Wir kamen nach Ferrara, und ich fühlte, daß ich Ruhe nötig hätte. Ich kehrte im Gasthofe »Zum heiligen Markus« ein, wo die reitende Post war. Indes ich allein auf meinem Zimmer zu Mittag speiste, trat mein Spieler herein, mir seinen Besuch abzustatten und Revanche anzubieten. Ich lehnte es ab, und er spottete über meine Furchtsamkeit. Endlich zog er ein Kartenspiel und eine Handvoll Zechinen aus der Tasche und schlug mir ein Pharao vor: ich weigerte mich noch immer.

»Frisch, mein Herr«, sagte er, »frisch, ich bin Ihnen Revanche schuldig. Ich bin ein ehrlicher Mann, ich biete sie Ihnen an, und

Sie können sie mir nicht abschlagen. Sie kennen mich freilich nicht«, fuhr er fort, »damit Sie aber sehen, daß ich ehrlich zu Werke gehe, hier, nehmen Sie die Karten, halten Sie selbst die Bank, ich will pointieren.« Dieser Antrag schien mir honett, ich war nicht fein genug, alle Ränke solcher Leute zu ahnen. Ich glaubte treuherzig, das gute Glück würde hier entscheiden, und ich könnte ja auf diese Weise wohl mein Geld wiederbekommen.

Ich nahm zehn Zechinen aus meinem Beutel und setzte sie den seinigen entgegen. Ich mische, lasse abheben. Er setzt zwei Blätter, ich gewinne sie und freue mich wie ein Kind. Ich mische noch einmal und lasse abheben. Mein guter Freund verdoppelt seinen Satz, er gewinnt und macht Paroli. Dieses Paroli entschied über die Bank, ich konnte mich nicht weigern, es zu halten. Ich halte es und gewinne. Hier fing der Bursche an wie ein Karrenschieber zu fluchen und zu schimpfen. Er nahm die Karten auf, die auf den Tisch gefallen waren, zählte sie und fand, daß auf einer Seite eine zuviel wäre. Er behauptet, es wäre taille fausse, und er habe also gewonnen. Er will sich meines Geldes bemächtigen, ich verteidige es, und er zieht eine Pistole aus der Tasche. Ich weiche zurück, und die Zechinen sind verloren. Auf mein Geschrei mit zitternder, bebender Stimme tritt ein Hausknecht herein, der vielleicht im Einverständnis mit dem Schurken ist, und kündigt uns an, daß wir uns der harten Strafe, die hier gegen alle Hazardspiele gegeben worden, schuldig gemacht hätten. Er droht, uns auf der Stelle anzugeben, wenn wir ihm nicht ein kleines Geschenk machten. Ich gab ihm ohne Umstände für meinen Teil eine Zechine, nahm auf der Stelle die Post und reiste voll Ärger, mein Geld verloren zu haben, und noch mehr, so schändlich betrogen worden zu sein, davon.

Bei meiner Ankunft in Bagnacavallo fand ich meinen Trost in dem Anblick meiner lieben Eltern. Mein Vater hatte eine tödliche Krankheit überstanden. Sein einziger Kummer wäre, hatte er öfters gesagt, daß er sterben müsse, ohne mich noch einmal zu sehen. Ach, er hat mich gesehen, ich habe ihn gesehen: aber dies gegenseitige Vergnügen war von kurzer Dauer.

Bagnacavallo ist nur ein großer Flecken in der Legation Ravenna, der großen Handel treibt und sehr reich und fruchtbar ist.

Nachdem ich den guten Gesellschaften der Gegend vorgestellt war, nahm mich mein Vater, um mir ein neues Vergnügen zu machen, mit sich nach Faenza. In dieser Stadt hat man zuerst die Tonart entdeckt, aus der man die Art von Steingut verfertigt, welche die Italiener Majolika und die Franzosen Fayence nennen.

Es gibt in Italien viel Schüsseln aus Majolika, die Raffael von Urbino und seine Schüler gemalt haben. Diese Schüsseln sind in schöne Rahmen eingefaßt und werden in Gemäldekabinetten sorgsam aufbewahrt. In dem Palast Grimani a Santa Maria Formosa in Venedig sah ich eine sehr reiche und vollständige Sammlung von solchen Schüsseln.

Faenza ist eine ganz artige Stadt in der Romagna, die aber sonst nichts Merkwürdiges aufzuweisen hat. Von dem Marchese Spada wurden wir sehr wohl aufgenommen und gut bewirtet. Wir sahen ein paar Komödien von einer herumziehenden Truppe und kehrten nach sechs Tagen nach Bagnacavallo zurück.

Ein paar Tage darauf wurde mein Vater krank. Es war nunmehr ein Jahr, daß seine letzte Krankheit ihn ergriffen hatte. Er merkte gleich, sobald er sich zu Bett legte, daß der Rückfall ernsthaft werden würde. Sein Puls verkündigte die Gefahr, die ihm drohte. Das Fieber wurde am siebenten Tage bösartig, und es ging täglich schlimmer mit ihm. Sein Ende war da. Er rief mich an sein Lager, empfahl mir seine geliebte Frau, nahm Abschied von mir und gab mir seinen Segen. Gleich darauf ließ er seinen Beichtvater holen und empfing die Sakramente. Am vierzehnten Tage seines Krankenlagers war mein armer Vater nicht mehr. Er wurde in der Kirche des heiligen Hieronymus in Bagnacavallo den 9. März 1731 begraben.

Ich halte mich hier nicht auf, die Standhaftigkeit eines tugendhaften Vaters, die Verzweiflung einer zärtlichen Gattin und den Schmerz eines geliebten und dankbaren Sohnes zu schildern. Ich eile über die grausamsten Augenblicke meines Lebens hinweg. Dieser Verlust kostete meinem Herzen viel und brachte eine wesentliche Veränderung in meiner Lage und Familie hervor.

Ich trocknete die Tränen meiner Mutter, sie trocknete die meinigen; wir bedurften eines des andern sehr. Unsere erste Sorge war, Bagnacavallo zu verlassen, wir gingen zu meiner Tante mütterlicherseits nach Venedig und logierten uns in das Haus eines Anverwandten ein, wo durch einen Zufall eben ein Quartier zu vermieten war.

Auf dem ganzen Weg aus der Romagna nach Venedig unterhielt mich meine Mutter von sonst nichts als meinem Dienst in den Kanzleien der Terra ferma, den sie einen Zigeunerdienst nannte, weil man immer auf ein neues Amt Jagd machen und immer den Ort seines Aufenthalts verändern müsse. Sie wünschte bei mir zu leben, wünschte, daß ich mich irgendwo mit ihr niederlassen möchte, und bat mich mit tränenden Augen, den Stand eines Advokaten zu wählen. Bei unserer Ankunft in Venedig vereinigten alle unsere Anverwandten und Freunde ihre Stimmen mit der Stimme meiner Mutter. Ich widerstand, solange es gehen wollte; endlich mußte ich mich ergeben.

Habe ich wohlgetan? Wird meine Mutter ihren Sohn lange genießen? Sie hatte alle Ursache es zu hoffen, aber mein Stern gab niemals meinen Plänen sein Gedeihen. Thalia erwartete mich in ihrem Tempel. Sie leitete mich auf krummen und steilen Wegen dahin und lange nur über Dornen und Disteln, ehe sie mir ein paar Blumen vergönnte.

22. Kapitel

Da ich auf dem Punkt war, in den Sälen des Palastes, wo ich vorher im kurzen Kleid erschienen war, im langen Kleide zu erscheinen, so besuchte ich auch meinen Onkel Indric, bei dem ich die Praxis gelernt hatte. Er schien sehr vergnügt zu sein, daß er mich einmal wiedersah, und versicherte mir, daß ich auf ihn rechnen könne. Bei alledem hatte ich noch manche Schwierigkeit aus dem Weg zu räumen.

Wer Advokat in Venedig werden will, muß vorher auf der Universität zu Padua Lizentiat geworden sein, und um Lizentiat zu werden, muß man seinen juristischen Kursus in derselben Stadt gemacht, fünf Jahre hintereinander da zugebracht haben und Zeugnisse aufweisen können, daß man die verschiedenen Klassen dieser öffentlichen Schule besucht habe. Nur die Fremden allein können sich, ohne diesem Zwang unterworfen zu sein, bei dem Collegio melden, ihre Thesen verteidigen und auf der Stelle zu Lizentiaten ernannt werden.

Ich stammte eigentlich aus Modena, war aber ebenso wie mein Vater in Venedig geboren: konnte ich also die Rechte eines Fremden genießen? Ich weiß nicht; allein ein Brief, auf Befehl des Herzogs von Modena an seinen Minister in Venedig geschrieben, machte, daß man mir dieses Vorrecht angedeihen ließ.

So hätte ich nun in aller Eile nach Padua gehen und den

Doktorhut aufsetzen können, wenn sich nicht noch eine andere und viel stärkere Schwierigkeit gefunden hätte. In den Gerichten von Venedig folgt man sonst keinem Gesetzbuch als dem venezianischen Kodex: man zitiert weder den Justinian noch den Bartolus oder Baldus. Man kennt sie fast nicht, aber in Padua muß man sie kennen. Hierin geht es in Venedig ebenso wie in Paris; die jungen Leute vergeuden ihre Zeit mit Dingen, die sie später nicht brauchen können.

Und so hatte ich denn auch, wie die andern, meine Zeit verloren und in Pavia, Udine und Modena das römische Recht studiert. Allein ich war nunmehr seit vier Jahren außer Übung gekommen und sah mich genötigt, von neuem Schüler zu werden.

Ich wandte mich an einen von meinen alten Freunden. Herr Radi, den ich seit meiner Kindheit kannte und der seine Zeit besser als ich angewendet hatte, war ein guter Advokat geworden und ein vortrefflicher Lehrer des Rechts für diejenigen Kandidaten, die jährlich nur viermal nach Padua gehen, um sich dort zu zeigen und Zeugnisse ihrer Anwesenheit zu holen. Herr Radi war ein wackrer Mann, liebte aber das Spiel, so daß seine Finanzen gewöhnlich sehr zerrüttet waren. Seine Zuhörer profitierten von seinen Vorlesungen und nahmen ihm oft sein Geld ab.

Als Herr Radi glaubte, daß ich der Sache so ziemlich gewachsen wäre, so reisten wir zusammen nach Padua. Sowenig unwissend ich war und sosehr eine gewisse Kühnheit, die ich mir im Umgang mit der Welt erworben hatte, mir zustatten kam, so gestehe ich doch gern, daß ich die wichtigen und feierlichen Mienen meiner Richter fürchtete. Mein Freund lachte mich aus und versicherte mir, daß gar nichts zu fürchten wäre. Es wären bloße Zeremonien, die vorgenommen würden, und man müßte sehr unwissend sein, wenn man nicht den akademischen Lorbeer davontragen sollte.

Gleich nach unserer Ankunft in dieser großen Stadt der Doktoren verfügten wir uns zu Herrn Pighi, Professor des bürgerlichen Rechts. Ich ersuchte ihn, mein Promotor zu werden, das heißt, als Assistent mich vorzustellen und zu unterstützen. Er bewilligte mein Gesuch und nahm mit vieler Artigkeit ein silbernes Teebrett, das ich ihm zum Geschenk machte, an.

Von da gingen wir in die Universitätskammer, um in die Hände des Kassiers die Summe niederzulegen, welche die

Professoren unter sich teilen. Man erlegt dieses Geld eigentlich nur als ein Depositum, aber es heißt auch hier wie in der Komödie: man bekommt sein Geld nicht wieder, sobald der Vorhang aufgezogen ist.

Es ist Sitte, allen Doktoren des Collegiums die Visite zu machen. An den meisten Orten begnügte man sich, eine Karte anzunehmen, der Türsteher des Herrn Abt Arrighi aber, eines der ersten Professoren der Akademie, hatte Befehl, uns selbst einzulassen. Wir fanden ihn in seinem Kabinett und machten ihm das gewöhnliche Kompliment, daß er mich mit seiner Gegenwart beehren und mir seine Nachsicht angedeihen lassen möchte. Er schien betroffen, daß wir uns auf dieses trockne und unnütze Kompliment einschränkten. Wir wußten nicht, was er haben wollte: die Sache hing aber folgendermaßen zusammen.

Es war auf Befehl der Reformatoren der Studien zu Padua eine neue Verordnung erschienen, derzufolge alle diejenigen, die auf den Doktorhut Anspruch machten, ehe sie noch vor der versammelten Fakultät aufträten, verbunden sein sollten, sich besonders examinieren zu lassen, damit man sehen könne, ob sie auch hinlänglich in ihrer Wissenschaft bewandert und des zu empfangenden Grads würdig wären.

Herr Arrighi hatte mit Widerwillen bemerkt, daß die öffentliche Disputation der Kandidaten in wahres Spiel ausgeartet war; daß man der trägen Jugend zu sehr durch die Finger sah; daß man sich die Materien nach eignem Belieben aussuchte, die Argumenta einander mitteilte und selbst die Beantwortung der Einwürfe an die Hand gab; daß man Stümper als Meister in der Kunst lossprach: er war hierüber in einen heiligen, aber übertriebenen Eifer geraten und hatte selbst diese berufene Verordnung in Vorschlag gebracht und durchgesetzt, die, wenn sie von Dauer gewesen wäre, die ganze Universität in kurzer Zeit zugrunde gerichtet haben würde.

Einem solchen Examen nun sollte ich mich unterwerfen, und der Herr Abt Arrighi sollte mein Examinator sein. Er ersuchte Herrn Radi einstweilen in seine Bibliothek zu gehen und machte sich gleich frisch an das Werk. Er schonte mich nicht und sprang von dem justinianischen Kodex auf die Sätze des kanonischen Rechts, von den Digesten auf die Pandekten über. Ich antwortete, wie es kam, gut und schlecht, vielleicht öfter schlechter als gut, zeigte dabei aber immer noch Kenntnis genug und viel Unerschrockenheit. Mein Examinator, ein Mann von ängstlicher Genauigkeit, war nicht ganz mit mir zufrieden; er wünschte, daß ich noch einige Zeit studieren möchte: ich sagte ihm aber geradezu, ich wäre nach Padua gekommen, um hier den Gradum zu erhalten; mein Ruf würde auf immer einen Stoß leiden, wenn ich ohne Doktorhut zurückkäme; ich hätte das erforderliche Geld schon niedergelegt... »Wie«, unterbrach er mich, »Sie haben das Geld schon deponiert?« – »Ja, mein Herr.« – »Und man hat es ohne meinen Befehl angenommen?« – »Der Kassier hat es stillschweigend hingenommen; hier ist die Quittung.« – »Desto schlimmer. Sie sind in Gefahr es einzubüßen. Haben Sie Mut genug, es darauf zu wagen?« – »O ja, mein Herr, ich bin entschlossen. Es koste, was es wolle. Lieber will ich in meinem Leben nicht Advokat werden, als noch einmal wiederkommen.« – »Sie sind sehr kühn.« – »Mein Herr, ich habe Ehre im Leibe.« – »Wenn Sie wollen, so wählen Sie sich einen Tag, ich werde mich einfinden. Aber nehmen Sie sich wohl in acht. Der kleinste Fehler, den Sie sich zuschulden kommen lassen, vereitelt alle Ihre Mühe.« – Ich machte mein Kompliment und empfahl mich.

Radi hatte alles mit angehört; ihm war schlimmer zumute als mir. Ich wußte wohl, daß meine Antworten nicht die genauesten und besten gewesen waren, allein ich tröstete mich damit, daß bei der öffentlichen Prüfung von der ganzen Fakultät die Zahl der Fragen sehr eingeschränkt war und daß man die armen Kandidaten nicht das ganze Chaos der Jurisprudenz von einem Ende zum andern durchwandern läßt.

Wir gingen den folgenden Tag in die Akademie, die Punkte, die das Schicksal mir zuteilen würde, aus der Urne ziehen zu sehen. Die These des bürgerlichen Rechts betraf die Lehre der Sukzession ab intestato und die aus dem kanonischen Rechte die Bigamie. Ich war in den Titeln jener und in den Kapiteln dieser Lehre ziemlich bewandert und lief sie denselben Tag in der Bibliothek des Doktor Pighi, meines Promotors, noch einmal durch. Dies beschäftigte mich bis gegen die Zeit des Abendessens.

Ich setzte mich eben mit meinem Freund zu Tische, als fünf junge Leute hereintraten, die mit uns zu essen verlangten. – »Sehr gern!« Es wurde aufgetragen, wir aßen, lachten und waren recht vergnügt. Einer von ihnen war ein Kandidat, der nach einem Examen bei dem Professor Arrighi abgewiesen worden war. Er schmähte diesen Abt, einen geborenen Korsen, und machte sich über die Barbarei des Landes und dieses Ausländers lustig.

Ich wünsche den Herren wohl zu schlafen. Ich sage ihnen, daß ich morgen promovieren soll und mich zeitig niederlegen muß. Sie lachen mich aus und ziehen Karten aus der Tasche. Einer von ihnen legt Zechinen auf den Tisch, und Radi ist der erste, der sein Büchelchen zum Pointieren macht. Wir fangen an zu spielen, spielen die ganze Nacht hindurch und verlieren beide unser Geld.

Ehe ich mich noch besinnen konnte, trat der Universitätspedell mit dem langen Kleide herein, das ich anlegen sollte. Die Universitätsglocke fing an zu läuten, ich mußte mich auf den Weg machen, ohne ein Auge zugetan zu haben, und mit dem Ärger über den Verlust meines Geldes und meiner Zeit das Katheder betreten.

Was liegt am Ende daran? Also nur frisch, mutig! Ich komme, mein Präses empfängt mich, nimmt mich an der Hand und stellt mich neben sich auf einen etwas erhöhten Ort. Gegenüber saß eine zahlreiche Versammlung in einem halben Zirkel.

Ich stand auf, nachdem jedermann sich niedergelassen hatte, machte der Versammlung die gewöhnlichen Komplimente und legte die beiden Thesen, die ich verteidigen sollte, vor. Einer von den Opponenten ließ einen fürchterlichen Syllogismus in Barbara, in Majori und Minori, mit reichlichen Zitaten des Textes bewaffnet, gegen mich los. Ich wiederholte sein Argument und versah mich in der Zitation eines Paragraphen und nannte Nr. 5 statt Nr. 7. Mein Präses sagte mir leise meinen kleinen Irrtum, und ich wollte mich korrigieren. Aber siehe da! Herr Arrighi erhebt sich plötzlich von seinem Stuhl, richtet seine Rede an Herrn Pighi und schreit überlaut: »Mein Herr, ich versichere Ihnen, ich werde nicht zugeben, daß im geringsten gegen die Vorschrift der Verordnung gehandelt werde. Es ist verboten, in diesen Augenblicken den Kandidaten zu helfen. Dieses Mal mag es hingehen, aber ich warne für die Zukunft.«

Ich sah wohl, daß die ganze Gesellschaft mit diesem übel angebrachten Ausfall äußerst unzufrieden war, und benutzte den günstigen Augenblick. Ich ging auf den Hauptinhalt meiner These zurück und setzte nun an die Stelle der scholastischen Methode die Gelehrsamkeit, die Raisonnements und die Untersuchungen der Kompilatoren und Ausleger. Ich machte aus dem Stegreif eine Abhandlung über die Lehre der Sukzession ab intestato in ihrem ganzen Umfang. Jedermann gab seinen lauten Beifall zu erkennen. Ich sah, daß man mir meine Kühnheit verzieh, und ging nun plötzlich aus dem bürgerlichen in das geistliche Recht über, kam auf den Punkt von der Bigamie und behandelte ihn wie den vorigen. Ich ging alle Gesetze der Griechen und Römer durch und führte die Schlüsse der Konzilien an. Das Glück hatte mich in der Zuteilung dieser Materien sehr begünstigt. Ich war hier wie zu Hause und legte eine unendliche Ehre ein. Es kam nun zum Stimmen. Der Protokollist publizierte das Resultat. Ich wurde Lizentiat »nemine penitus, penitusque discrepante«, das heißt: nicht eine Stimme war gegen mich. Nicht einmal Herr Arrighi? Im Gegenteil, er war sehr zufrieden mit mir. Mein Promotor setzte mir nun den Doktorhut feierlich auf und machte meine Lobeserhebung. Da ich aber nicht den gewöhnlichen Weg betreten hatte, so tat er auch etwas Besonderes und sagte aus dem Stegreif nicht allein Prosa, sondern auch lateinische Verse her, die mir und ihm viel Ehre machten.

Sobald der Kandidat kreiert worden ist, treten alle Zuhörer in die Schranken. Sie traten sämtlich herein, und ich erlag fast unter den Glückwünschen und Umarmungen.

Wir gingen in unsern Gasthof zurück: Radi und ich. Sehr zufrieden, daß der Handel geendigt war, und in großer Verlegenheit wegen unserer leeren Beutel. Wir mußten sehen, wo wir Geld herbekamen. Zum Glück kostete es uns nicht viel Mühe, und wir kehrten triumphierend, mit Sieg und Ehre gekrönt, nach Venedig zurück.

23. Kapitel

Bei meiner Ankunft in Venedig war, nachdem ich meine Mutter und Tante, die sich beide auf dem höchsten Gipfel des Vergnügens befanden, besucht hatte, mein erster Weg zu meinem Onkel, dem Prokurator, ihn zu bitten, daß er mich bei einem Advokaten anbringen möchte, um mich mit den Formalitäten und den Eigenheiten des gerichtlichen Verfahrens in Venedig bekannt zu machen. Mein Onkel war in einer Lage, daß er nur wählen durfte; er empfahl mich dem Herrn Terzi, einem der besten Sachwalter und Rechtsverständigen der Republik. Der Regel nach hätte ich zwei Jahre bei ihm bleiben sollen, allein ich trat im Oktober 1731 an meinen Platz, und im Mai 1732 verließ ich ihn schon wieder und wurde unter die

Advokaten aufgenommen. Wahrscheinlich hat man nur auf die Zahl der Jahre und nicht auf die Zahl der Monate gesehen, da ich mit acht Monaten ohne Schwierigkeit davonkam. In allen meinen Einrichtungen war von jeher etwas Außerordentliches, und dieses gereichte, die Wahrheit zu gestehen, fast immer zu meinem Vorteil. Ich war glücklich geboren, und bin ich es nicht immer gewesen, so ist es einzig meine Schuld.

Die venezianischen Advokaten müssen in einem eigenen, für sie bestimmten Quartier wohnen oder doch wenigstens ein Arbeitszimmer darin haben. Ich mietete eine Wohnung in der Straße San Paterniano, und meine Mutter und Tante zogen für beständig zu mir. Ich legte das gewöhnliche Advokatenkleid an, das auch die Tracht der Patrizier ist, hüllte meinen Kopf in eine ungeheure Perücke und erwartete mit Ungeduld den Tag meiner Vorstellung im Gerichtshof.

Auch diese Vorstellung geschieht mit Zeremonien. Der Einzuweihende muß zwei Assistenten haben, die in Venedig Gerichtsgevattern heißen. Der junge Mann sucht sie aus den alten Advokaten aus, die ihm am meisten zugetan sind: ich wählte die Herren Uccelli und Roberti, beides Nachbarn von mir.

Mitten zwischen diesen beiden Gevattern spazierte ich unten an der großen Treppe im großen Hof des Palastes hin und her und machte in einer Zeit von anderthalb Stunden so viel Verbeugungen und Verdrehungen, daß mein Rücken wie zerbrochen war und meine Perücke so verwildert aussah wie die Mähne eines Löwen. Niemand ging vorbei, ohne ein Wort über mich fallen zu lassen. Der eine sagte: »Dieser Bursche da hat eine ganz feine Physiognomie!« Der andere: »Sieh da, ein neuer Pflasterkehrer im Palast!« Einige umarmten mich, andere lachten mir gerade unter die Nase. Endlich stieg ich die Treppe hinauf und schickte meinen Diener nach einer Gondel, weil ich mich mit meiner unordentlichen Frisur nicht auf der Straße sehen lassen mochte, und befahl ihm, mich auf dem Saal des großen Rats wieder aufzusuchen, wo ich mich auf eine Bank setzte und alle Vorübergehenden sah, ohne von jemand gesehen zu werden.

Ich stellte hier meine Betrachtungen über die neue Laufbahn an, die ich im Begriff war zu betreten. Gewöhnlich stehen in Venedig zweihundertvierzig Advokaten auf der Liste. Unter diesen gibt es zehn oder zwölf vom ersten Rang, zwanzig vielleicht nehmen den zweiten Rang ein, alle übrigen machen Jagd auf Klienten, wobei ihnen der ärmere Teil der Prokuratoren, unter der Bedingung, daß sie die Beute mit ihnen teilen, zu Spürhunden dient. Da ich der jüngste von allen war, so konnte ich mir mit wenig angenehmen Hoffnungen schmeicheln, und es reute mich schon, daß ich die Kanzleien verlassen hatte.

Betrachtete ich hingegen die Sache von der andern Seite, so konnte ich wiederum kein einträglicheres, ehrenvolleres Geschäft finden als das Geschäft eines Advokaten. Nobili, Patrizier, Mitglieder der Republik, die es unter ihrer Würde halten, Kaufleute, Bankiers, Notare, Ärzte, Professoren auf einer Akademie zu werden, ergreifen das Gewerbe eines Advokaten, erscheinen im Gerichtshof und nennen die andern Advokaten Kollegen. Die Hauptsache ist, Glück zu haben, und warum sollte ich es weniger haben als andere? Ich muß es nur versuchen und kühn in das Labyrinth der Themis treten, wo Arbeitsamkeit und Redlichkeit immer zum Tempel des Wohlstandes führen.

Indes ich hier so allein stand und Schlösser in die Luft baute, sah ich eine Frau sich mir nähern. Sie mochte ungefähr dreißig Jahre alt sein, sah gar nicht übel aus, war weiß, rund, vollkommen, hatte ein Stumpfnäschen, schelmische Augen, trug viel Gold am Hals, an den Ohren, an den Armen und Fingern, und im ganzen einen Putz, der eine Person vom niederen Stand, aber doch eine wohlhabende Person verriet. Sie nähert sich und grüßt mich.

»Ihre Dienerin, mein Herr!« – »Ihr Diener, Madame!« – »Erlauben Sie mir, daß ich Ihnen meinen Glückwunsch abstatte?« – »Worüber?« – »Über Ihren Eintritt in den Gerichtshof. Ich habe Sie unten im Hof Ihre Bücklinge machen sehen – aber wahrlich, mein Herr, Sie sehen artig um den Kopf aus.« – »Nicht wahr? Ich bin ein hübscher Junge?« – »Was tut die Frisur! Herr Goldoni nimmt sich immer gut aus.« – »So kennen Sie mich, Madame?« – »Habe ich Sie nicht vor vier Jahren, mit einer langen Perücke und einem kurzen Mantel, in dem Lande der Schikanen gesehen?« – »Ja, ja, Sie haben recht, beim Prokurator.« – »Ja, bei Herrn Indric.« – »Sie kennen meinen Onkel?« – »Ich? Ich kenne hier alle, vom Dogen bis zum untersten Kopisten.« – »Sind Sie verheiratet?« – »Nein.« – »Witwe?« – »Nein.« – »So unterstehe ich mich nicht, weiter zu fragen.« – »Da tun Sie recht wohl.« – »Haben Sie Geschäfte?« – »Nein.« – »Und doch – nach Ihrer Miene zu schließen, scheinen Sie ein ehrbares Frauenzimmer zu sein.« – »Das bin ich auch.« – »Sie haben also Einkünfte?« – »Ganz und gar nicht.« – »Sie sind aber doch so gut gekleidet; wo nehmen Sie das her?« – »Ich bin eine Tochter des Gerichtshofs, und der Gerichtshof unterhält mich.« – »Ha, sonderbar! Eine Tochter des Gerichtshofes, sagen Sie?« – »Ja, mein Herr, mein Vater war hier angestellt.« – »Und was war sein Geschäft?« – »Er horchte an den Türen und brachte denen, die Gnadenbezeigungen, Pfründen, günstige Urteile erwarteten, die gute Nachricht. Er war gut auf den Füßen und kam immer zuerst. Auch meine Mutter war immer hier, so wie ich es jetzt bin: sie war nicht stolz, nahm ein Stück Geld an und besorgte mancherlei Aufträge. Ich bin in diesen goldenen Sälen geboren und erzogen und trage auch Gold an mir, wie Sie sehen.« – »In der Tat, Ihre Geschichte ist sehr sonderbar, und Sie – Sie folgen also den Fußtapfen Ihrer Mutter?« – »Nein, mein Herr, ich gebe mich mit andern Dingen ab.« – »Das heißt?« – »Ich sollizitiere Prozesse.« – »Sollizitieren Prozesse? Das begreif ich nicht.« – »O man kennt mich hier wie den Schächer am Kreuze. Man weiß, daß alle Advokaten, alle Prokuratoren meine Freunde sind, und eine Menge Personen wenden sich an mich, wenn sie guten Rat und einen Defensor brauchen. Mit diesen Personen aber, die ihre Zuflucht zu mir nehmen, steht es gewöhnlich nicht zum Besten, ich wende mich also an junge, noch unbeschäftigte Advokaten, die nicht viel mehr als Arbeit verlangen, um sich erst bekannt zu machen. Glauben Sie, mein Herr, so wie ich hier stehe, habe ich das Glück von einem guten Dutzend unserer berühmtesten Advokaten gemacht. Nur Herz gefaßt, mein Herr, ich mache auch Ihr Glück.« (Die Dame belustigte mich mit ihrer Beredsamkeit. Mein Diener kam noch nicht zurück, ich setzte also das Gespräch fort.)

»Ei nun ja, Mamsell; haben Sie etwa jetzt eine gute Affäre?« – »Ja, mein Herr, mehr als eine und recht vortreffliche darunter; z. B. eine Witwe, die im Verdacht ist, das Vermögen ihres verstorbenen Mannes unterschlagen zu haben. Eine andre, die gern einen Heiratskontrakt gültig machen möchte, der erst nach vollzogenem Beilager aufgesetzt worden ist; Mädchen, die Ausstattung verlangen; Weiber, die geschieden sein wollen; Kinder, deren Eltern noch leben und die von Schuldnern verfolgt werden. Sie sehen, Sie dürfen nur wählen.«

»Meine Gute«, antwortete ich ihr, »Sie haben nun geredet, und ich habe Sie ausreden lassen. Jetzt ist die Reihe an mir. Ich bin jung, stehe im Begriff, meine Laufbahn anzutreten, und suche Gelegenheit, mich zu beschäftigen und hervorzutun;

aber die Lust zu arbeiten, das Verlangen, vor Gericht zu fechten, ist nicht so groß, daß ich mich je entschließen könnte, mit solchen bösen Sachen anzufangen, wie Sie mir da vorgeschlagen haben.« – »Ha, ha«, sagte sie lachend, »Sie verachten meine Klienten, weil ich Ihnen zum voraus sagte, daß da nicht viel zu gewinnen wäre; aber nein! Hören Sie mich nur. Meine beiden Witwen sind reich. Sie sollen gut bezahlt werden, Sie sollen zum voraus bezahlt werden, wenn Sie wollen.« – Ich erblickte meinen Diener in der Ferne, stand auf und erwiderte der Schwätzerin mit festem, entschlossenem Ton: »Nein! Sie kennen mich nicht, ich bin ein ehrlicher Mann...« Hier faßte sie mich bei der Hand und sagte mit einem ernsthaften Gesicht: »Bravo! Fahren Sie immer in diesen Gesinnungen fort.« – »Ha, ha«, sagte ich, »auf einmal eine andere Sprache?« – »Ja«, versetzte sie, »und die jetzige ist besser als die vorige. Hinter unserer Unterredung liegt ein Geheimnis verborgen, das Sie versuchen mögen zu ergründen. Vergessen Sie dieselbe niemals und hüten Sie sich, irgend jemand etwas davon zu sagen. Leben Sie wohl, mein Herr, denken Sie immer so, bleiben Sie immer ein rechtschaffener Mann; Sie werden sich gut dabei befinden.« – Sie entfernte sich und ließ mich ganz betroffen stehen. Ich wußte nicht, was ich daraus entnehmen sollte; in der Folge erfuhr ich, daß diese Person eine Spionin gewesen war, die man abgeschickt hatte, mich auszuforschen; aber niemals erfuhr ich und mochte es auch nicht erfahren, wer sie an mich abgeschickt hatte.

24. Kapitel

Ich war nun Advokat und im Gerichtshof vorgestellt, und es fehlte mir an nichts als an Klienten. Ich besuchte alle Tage den Palast, den gerichtlichen Verhandlungen der Meister in der Kunst beizuwohnen und mich nach allen Seiten umzusehen, ob meine Physiognomie etwa einem Kläger anständig wäre, der die Güte haben wollte, mich in einer Appellationssache debütieren zu lassen. Nicht in den Tribunalen der ersten Instanz kann ein junger Advokat glänzen und sich Ehre erwerben; nur in den untern Instanzen kann er seine Wissenschaft, Beredsamkeit, Stimme und Anstand entwickeln und zeigen. Diese vier Dinge sind für jeden unentbehrlich, der in Venedig unter die Sachwalter vom ersten Rang gerechnet werden will.

Mein Onkel Indric machte mir die besten Hoffnungen; alle meine Freunde schmeichelten mir. Unterdessen mußte ich doch den ganzen Nachmittag und einen Teil des Abends in meinem Kabinett zubringen, um den glücklichen Augenblick, der sich etwa ereignen könnte, nicht zu versäumen.

Einer von den wesentlichsten Vorteilen eines venezianischen Advokaten sind die Konsultationen. Einem Advokaten vom ersten Rang wird eine Konsultation, die nicht länger als dreiviertel Stunden dauert, mit zwei bis drei Zechinen bezahlt, und in beträchtlichen und verwickelten Fällen werden oft zwölf, fünfzehn, ja wohl zwanzig Konsultationen gehalten, ehe die Sache vor den Richter kommt.

Wenn schriftliche Aufsätze erforderlich sind und eine Frage oder Antwort in den Akten der Prozedur aufgeworfen oder beantwortet werden muß, so bekommt er auf der Stelle vier, sechs, ja zehn Zechinen.

Die gerichtlichen Verhandlungen werden in Venedig nicht schriftlich abgefaßt. Der Advokat trägt seine Sache mündlich vor, und die Rede wird nach Verhältnis der Wichtigkeit der Sache und des Verdienstes und Ansehens des Redners bezahlt.

Das alles macht zusammengenommen viel aus. Ich rechnete in meiner Einsamkeit und in langweiligen Augenblicken aus, daß ein guter Advokat, dem es weder an Ansehen noch an Kredit fehlt, jährlich ohne große Mühe zehntausend Taler verdienen kann, was in der Tat für ein Land, wo man halb so wohlfeil lebt wie in Paris, nicht wenig sagen will.

Ich erinnere mich eines sonderbaren Zuges von einem der berühmtesten Advokaten meiner Zeit.

Dieser Mann hatte sich viel gesammelt und lebte ganz anständig zu Venedig. In einer Stadt auf dem Festland aber hatte er ein prächtiges, auf das herrlichste verziertes Haus bauen lassen, wo er seinen ganzen Staat und Pracht sehen ließ.

Eines Tages besuchte ihn einer von seinen Klienten, sich über etwas bei ihm Rats zu erholen und ihm zu melden, daß er im Begriff stehe, nach Mailand zu reisen. Der Advokat ersuchte ihn, dort eine Kutsche auf seine Rechnung verfertigen zu lassen und in sein Haus nach V. zu schicken.

Der Klient nahm den Auftrag mit Vergnügen an und ließ den Wagen unter seinen Augen verfertigen. Die Arbeit fiel vortrefflich aus. Dann schickte er die Karosse, der Abrede gemäß, an den Ort ihrer Bestimmung und gab seinem Kommissionär Nachricht davon, ohne etwas vom Preis zu erwähnen.

Der Klient kommt nach Venedig zurück und geht mit seinem Prokurator zum Advokaten, ihn wegen des weitern Verlaufs der Sache zu konsultieren. Mitten im Gespräch fällt diesem die Karosse ein: er hatte sie besehen, sie hatte ihm sehr wohl gefallen, und er verlangte die Rechnung. Der Klient will nichts davon wissen und bittet seinen Defensor, sie als ein Zeichen seiner Freundschaft und Hochachtung anzunehmen. Der Advokat dankt ihm und tut, als ob er auf der Bezahlung bestehe. Unterdessen verflossen die dreiviertel Stunden, im Vorzimmer waren noch mehr Leute, die auf ihn warteten. Der Advokat hatte immer die Uhr in der Hand und kam geschwind auf die Konsultation zurück. Als die Stunde verflossen war, erhob man sich, der Advokat begleitete seinen Klienten wie gewöhnlich an die Tür. Der Prokurator überreicht ihm drei Zechinen, die er nimmt und in sein Zimmer zurückgeht.

Der Prokurator findet dieses Betragen etwas sonderbar. Er kann sich nicht enthalten, gegen seine Freunde etwas davon fallenzulassen, diese bringen es weiter, bis endlich jemand wieder mit dem Sachwalter davon spricht. Seine Antwort und Entschuldigung lautet also:

»Der Herr Graf A. hat mir ein Präsent gemacht, ich habe ihm meinen Dank abgestattet, so sind wir quitt. Ich habe ihm eine Konsultation gegeben, er hat mich bezahlt, so sind wir wiederum quitt. Übrigens kümmere ich mich wenig, was die Narren schwatzen, und gehe meinen Weg fort.«

Der Mann tat wohl daran, sich über das Urteil der Leute wegzusetzen. Seine Schreibtafel war immer voll von den Namen seiner Klienten, und er hatte jede Viertelstunde besetzt.

Zu mir kam niemand als ein paar Neugierige, die mich ausforschen wollten, oder einige gefährliche Schikaneure. Ich hörte sie geduldig an, gab meinen guten Rat, ohne die Uhr in der Hand zu haben, behielt sie so lange bei mir, als sie wollten, begleitete sie bis vor die Tür und – bekam nichts. Das ist das Los der Anfänger. Es kostet immer drei bis vier Jahre, ehe man sich einen Namen machen und etwas Geld verdienen kann.

Und doch habe ich guten Grund zu glauben, daß ich, wenn ich nur sonst diese Laufbahn weiterverfolgt hätte, es bald so weit und weiter als einer von meinen übrigen Kollegen gebracht haben würde, denn nach Verlauf von sechs Monaten bekam ich einen förmlichen Prozeß und gewann ihn auch. Allein mein Stern drohte mir schon mit einer neuen Veränderung, die ich nicht vermeiden konnte. Den Ursprung und die Folgen dieser noch gewaltsameren Revolution, als ich ehemals in dem Collegio in Pavia erfahren hatte, spare ich für das folgende Kapitel auf.

Unterdessen brachte ich meine Zeit in meinem Kabinett allein oder doch in ziemlich unangenehmer Gesellschaft zu und machte Kalender. Kalendermachen heißt im Italienischen, Französischen und Deutschen soviel wie: sich mit unnützen Grillen herumschlagen; bei mir aber hieß es für diesmal etwas anderes. Ich machte wirklich einen Kalender, der gedruckt wurde und vielen Beifall erhielt.

Ich gab ihm den Titel: »Die Erfahrung der Vergangenheit, die Wahrsagung der Zukunft, oder kritischer Almanach für das Jahr 1732«. Voran stand ein allgemeiner Diskurs über das Jahr und vier Diskurse über die vier Jahreszeiten, in Terzetten nach Art des Dante, die Kritiken über die Sitten des Jahrhunderts enthielten. Bei jedem Tag im Jahre stand ein Prognostikon, das eine Plaisanterie, eine Kritik oder sonst einen witzigen Einfall in sich faßte.

Ich werde mich nicht länger bei dieser Posse aufhalten, als es der Mühe lohnt. Ich setze nur noch das Couplet auf den Ostertag her, weil dieser Einfall, vielleicht der schlechteste unter allen, wegen der genauen Erfüllung des Prognostikons einen unglaublichen Effekt tat und mir in der Folge manche Annehmlichkeit, ja selbst reellen Nutzen zuwege brachte. Hier ist die Prophezeiung in italienischen Versen:

In si gran giorno una gentil Contessa
al perruchier' sacrifica la Messa.

Auf Deutsch: An diesem großen Tage opferte eine artige Gräfin ihrem Friseur die Messe auf.

Diese kleine Arbeit machte mir, so geringfügig sie auch war, doch viel Vergnügen. Denn es gab um diese Zeit eben keine Schauspiele in Venedig, und außerdem hatte ich meine übrigen Beschäftigungen ganz vergessen. Die Kritiken und Einfälle meines Almanachs waren wirklich voll komischer Laune, und jedes Prognostikon hätte Stoff zu einem ganzen Lustspiel geben können.

Auf einmal erwachte wiederum in mir die Lust zu meinem alten Plan; ich entwarf einige Stücke. Da mir aber die komische Gattung eben nicht zu dem langen feierlichen Amtskleid zu passen schien, so wählte ich die Majestät der tragischen Muse als analoger mit meinem Stand: mit einem Wort, ich wurde Thalien untreu und ging zur Fahne der Melpomene über.

Da ich nicht willens bin, meinem Leser irgend etwas zu verhehlen, so muß ich ihm hier eine kleine Vertraulichkeit machen. Meine Sachen standen nicht zum besten, meine Ökonomie war zerrüttet und mein Beutel ziemlich leer. (Man wird gleich erfahren, wie und warum.) Meine Geschäfte brachten mir nichts ein, und ich mußte also durchaus meine Zeit zu benutzen suchen. Der Gewinn von einer Komödie ist in Italien für den Verfasser sehr gering. Nur mit einer Oper sind hundert Zechinen auf einem Brett zu gewinnen.

In dieser Absicht verfertigte ich eine lyrische Tragödie unter dem Titel: »Amalasunta«. Ich glaubte, etwas Gutes gemacht zu haben, und fand Leute, die nach der Vorlesung damit zufrieden zu sein schienen: freilich – die Wahrheit zu gestehen – hatte ich mein Auditorium eben nicht aus Kennern gewählt. Ich rede von dieser musikalischen Tragödie an einem andern Ort mehr. Jetzt kommt mein Onkel Indric und tut mir einen Vorschlag. Ich muß ihn anhören.

25. Kapitel

Die Sache, die mir mein Onkel antrug, war eine Klage, die über ein Wasserservitut entstanden war. Ein Müller hatte einen Wassergraben gekauft, um seine Mühle besser treiben zu können. Der Eigentümer der Quelle hatte den Bach abgeleitet; der Kläger verlangte in seine Rechte wiedereingesetzt zu werden und Vergütung seines gehabten Schadens. Die Stadt Crema hatte die ganze Sache des Müllers übernommen. Man hatte Bach und Mühle und die ganze umliegende Gegend in einen Riß gebracht: es war schon zu einem Verhör, endlich gar zu Zank, zu Gewalttätigkeiten und einem förmlichen Aufruhr gekommen. Die Rechtssache war vermischt, teils zivil, teils kriminell. Die Avogadori, ein ansehnliches Kollegium, das mit den Tribunen des römischen Volks viel Ähnlichkeit hat, sollte den Streit entscheiden. Mein Gegner war der berühmte Advokat Cordelina, der gelehrteste und beredteste Sachwalter in ganz Venedig. Er hatte den ersten Vortrag, und ich sollte ihm auf der Stelle mündlich und ohne vorhergehende Überlegung antworten.

Der Termin ist angesetzt; ich begebe mich vor das Tribunal der Avogadori. Mein Gegner hält eine Rede, die anderthalb Stunden dauert; ich höre ihm aufmerksam zu, ohne ihn zu fürchten. Seine Rede ist fertig, und ich fange die meinige an. Ich bemühe mich, mir durch einen pathetischen Eingang die Gewogenheit meiner Richter zu erwerben. Es war das erste Mal, daß ich vor Gericht stand; ich hatte also Nachsicht nötig. Ich komme nun auf die Materie und fasse den Cordelina bei seinen Schwächen. Die Tatsachen, die ich vorbringe, sind unumstößlich; meine Gründe gut, meine Stimme wohlklingend, und meine Beredsamkeit hat das Glück zu gefallen. Ich rede zwei ganze Stunden, schließe endlich und entferne mich, von Kopf bis Fuß wie in Schweiß gebadet.

Mein Bedienter erwartete mich in einem nahen Zimmer, wo ich das Hemd wechselte. Ich war ermüdet, erschöpft. Mein Onkel kam. »Lieber Vetter«, sagte er, »wir haben gewonnen. Die Gegenpartei ist in alle Unkosten kondemniert. Mut gefaßt«, fuhr er fort, »Mut gefaßt, mein Freund. Dieser erste Versuch, der so glücklich ausgefallen ist, zeigt Sie als einen Mann, der sein Glück machen wird. So kann es Ihnen nicht an Klienten fehlen.« – Wer war vergnügter als ich? Aber, o Himmel! Was für Schicksale, was für ein Abfall des Glücks, was für Widerwärtigkeiten standen mir bevor!

Die unglückliche Begebenheit, die ich nun erzählen will und die ich im vorigen Kapitel ankündigte, hätte ich füglich mit den Vorfällen der beiden verflossenen Jahre verbinden können; allein ich wollte lieber den Vorgang als ein Ganzes dem Leser vorlegen, als den Faden mehrmals abreißen und wiederanknüpfen.

Meine Mutter stand in enger Verbindung mit Madame St. und Demoiselle Mar., zwei Schwestern, die gesondert wirtschafteten, ob sie gleich in einem Hause zusammen wohnten.

Über ihren wiederholten Reisen hatte meine Mutter sie ganz aus den Augen verloren; sie erneuerte aber ihren Umgang, sobald wir uns wieder förmlich in Venedig niedergelassen hatten.

Ich wurde den Damen vorgestellt. Die ledige Schwester, zugleich auch die reichere, hatte das erste Stockwerk inne, sie gab Gesellschaft und bekam die meisten Besuche.

Mamsell Mar. war nicht mehr jung, hatte aber noch manchen Rest von ihrer ehemaligen Schönheit. In ihrem vierzigsten Jahr war sie noch frisch wie eine Rose, weiß wie Schnee und hatte viel natürliche Farbe, große lebhafte und geistreiche Augen, einen reizenden Mund und eine angenehme Völligkeit (embonpoint). Die Nase allein verstellte ihr Gesicht etwas. Es war eine zu sehr gebogene Adlernase, die ihr aber, wenn sie ernsthaft aussah, ein Ansehen von Wichtigkeit gab.

Sie hatte sich nie verheiraten wollen, ob es ihr gleich bei ihrem Vermögen und unbescholtener Aufführung nicht an Anträgen gefehlt hätte; ich war der glückliche Sterbliche, der zu seinem Glück oder Unglück als erster einigen Eindruck auf sie machte. Wir waren schon einig, ohne daß wir wagten, uns einander zu entdecken; denn Mamsell spielte die Spröde, und ich fürchtete zurückgewiesen zu werden. Ich vertraute mich meiner Mutter, die mit dieser Neigung gar nicht übel zufrieden war. Im Gegenteil glaubte sie, daß die Partie sehr vorteilhaft für mich wäre, und nahm es selbst auf sich, die ersten Schritte in der Sache zu tun. Sie hielt auch Wort, ging aber sehr langsam dabei zu Werke, weil sie mich nicht in meinen Beschäftigungen zerstreuen und überhaupt meine ganze Einrichtung vorher auf festeren Füßen sehen wollte.

Unterdessen brachte ich doch meine Abende bei Mamsell Mar. zu. Ihre Schwester kam gewöhnlich zu einem Spiel herunter und brachte ihre Töchter mit, die beide schon über die Kinderjahre hinaus waren. Die ältere war garstig und ungestalt, die jüngere, was man ein Affengesicht nennt. Dabei hatte sie doch ein paar schöne, schwarze, schelmische Augen, eine kleine, drollige Harlekinslarve und ein naives, anziehendes Wesen. Ihre Tante liebte sie nicht, denn sie hatte ihr schon ehemals in ihren flüchtigen Neigungen einen Strich durch die Rechnung gemacht und tat auch jetzt alles mögliche, um sie aus meinem Herzen zu vertreiben. Das aber gelang ihr nicht: ich amüsierte mich mit der Nichte und hielt dabei fest an der Tante.

So war eine ziemliche Zeit vergangen, als es einer Exzellenz einfiel, sich bei Mamsell Mar. einführen zu lassen. Er ließ es weder an süßen Blicken noch an süßen Wörtchen fehlen, und sie ging ins Garn. Im Grunde liebte weder er sie noch sie ihn, allein es war der Mamsell um den Titel und dem Herrn um das Geld zu tun.

Unterdessen war ich doch von meinem Ehrenposten, den ich bisher eingenommen hatte, verdrängt. Das war mir nicht gleichgültig; aus Rache beschloß ich, der verhaßten Nebenbuhlerin den Hof zu machen. Ich betrieb auch diese Sache wirklich so ernsthaft, daß ich nach zwei Monaten verliebt war, wie man es sein kann, und meinem Affengesichtchen einen förmlichen Heiratskontrakt übergab.

Freilich fehlte es weder der Mutter meiner Geliebten noch ihr selbst an Geschicklichkeit, mich zu überlisten. In dem Kontrakt befanden sich mehrere für mich sehr vorteilhafte Punkte. So sollte ich z. B. eine Rente, die der Mamsell gehörte, bekommen; die Mutter wollte ihr ihren Schmuck abtreten, und außerdem sollte ich noch eine beträchtliche Summe von einem Freund vom Hause erhalten, dessen Namen ich aber nicht erfahren konnte.

Ich zeigte mich aber deshalb immer noch bei Mamsell Mar. und brachte, wie gewöhnlich, meine Abende bei ihr zu. Indes fing doch die Tante an, mißtrauisch gegen ihre Nichte zu werden. Sie bemerkte, daß ich ihr unzählige kleine Aufmerksamkeiten mit weniger Zurückhaltung bezeigte. Sie hörte, daß ich seit einiger Zeit immer erst eine Treppe höher hinaufging, eh ich zu ihr kam. Sie konnte den Verdruß hierüber nicht unterdrücken und faßte den Vorsatz, sich ihre Schwester, ihre Nichte und mich mit einem Male vom Halse zu schaffen.

Sie suchte deshalb ihre Verbindung mit dem Herrn von ***, den sie in ihrem Netz zu haben glaubte, zu beschleunigen. Sie ließ ihn durch die dritte Hand ersuchen, die Zeit zu bestimmen und die Bedingungen zu machen: allein wie groß war ihr Erstaunen und ihre Demütigung, als sie zur Antwort erhielt, Seine Exzellenz verlangten gleich bei ihrer Vermählung die eine Hälfte ihres Vermögens zu freier Disposition und die andere Hälfte nach ihrem Tode. Wut, Haß und Verachtung verleiteten sie zu den heftigsten Ausbrüchen; sie schickte dem zärtlichen Liebhaber eine förmlich abschlägige Antwort, und wenig fehlte, daß nicht Schmerz und Verdruß über diesen mißlungenen Plan sie vor der Zeit ins Grab brachten.

Das Gesinde, das alles hört und weiterträgt, erzählte der ältesten Schwester alles, was es wußte. Die Freude, die Nichte und Mutter hierüber empfanden, läßt sich leicht vorstellen.

Mamsell Mar. wagte nicht, etwas zu sagen, und suchte ihren Verdruß so viel als möglich zu verbergen. Allein es gelang ihr schlecht. Ich liebte die Nichte in der Tat zärtlich, allein ich affektierte noch viel mehr Zärtlichkeit, als ich wirklich hatte, worüber ich mir aus den großen, von Zorn entflammten Augen der Tante fürchterliche Blicke zuzog. Wir waren, wie man sieht, sämtlich sehr schlechte Politiker.

Mamsell Mar. wußte noch nicht, wie weit die Sache zwischen ihrer Nichte und mir gekommen war, und schmeichelte sich noch immer, mich dem Gegenstand ihrer Eifersucht zu entreißen. Sie rechnete auf den großen Unterschied ihrer Vermögensumstände und hoffte mich gewiß wieder zu ihren Füßen zu sehen. Allein ein boshafter Streich, dessen ich mich eben anzuklagen im Begriff bin, half ihr endlich aus dem Traum.

Ich hatte ein Lied auf meine Braut verfertigt, die Musik dazu von einem geschmackvollen Liebhaber setzen lassen und war willens, es bei einer Serenade auf dem Kanal, an welchem das Haus der beiden Frauenzimmer lag, singen zu lassen. Ich wählte einen günstigen Augenblick zur Ausführung meines Planes und war gewiß, daß ich der einen das größte Vergnügen und der andern den größten Verdruß von der Welt machen würde.

Eines Abends, als wir im Saal der Tante bei einer Partie saßen, ließ sich auf dem Kanal unter dem Balkon der Tante und also auch unter den Fenstern der Nichte eine rauschende Symphonie hören. Jedermann stand von seinem Sitz auf und trat an ein Fenster, sie desto besser zu genießen. Nach geendigter Ouvertüre hörte man die reizende Stimme der Agnes, die damals die Modesängerin für Serenaden war und durch die Schönheit ihres Organs und die Feinheit und Nettigkeit ihres Ausdrucks der Musik und dem Texte Beifall verschaffte.

Dieses Lied machte in Venedig sein Glück, denn man sang es allenthalben, zugleich aber beunruhigte es die beiden Nebenbuhlerinnen auf die unangenehmste Weise. Jede glaubte das Recht zu haben, es sich zueignen zu dürfen, und gleichwohl fürchtete jede, daß es der andern gelten möchte. Zwar wurde die Nichte bald aus ihren Zweifeln gerissen, da ich ihr ganz im geheimen versicherte, daß ich die Fete zu ihrer Ehre angestellt habe; allein die Tante ließ ich mit Fleiß zwischen Furcht und Hoffnung schweben. Jedermann machte mir Komplimente, ich nahm sie aber nicht an und beobachtete das strengste Inkognito: doch sah ich es nicht ungern, daß man mich im Verdacht hatte.

Den Tag darauf begab ich mich zur gewöhnlichen Stunde zu meinen Damen. Mamsell Mar., die mir auf der Lauer stand, sah mich ins Haus treten. Sie kam mir entgegen und nötigte mich in ihr Zimmer. Sie ließ mich neben sich setzen und sagte mit einem ernsthaften und leidenschaftlichen Gesicht: »Sie haben uns mit einer glänzenden Lustbarkeit beschenkt: allein es sind, wie Sie wissen, mehrere Frauenzimmer im Hause; an welche haben Sie nun eigentlich Ihre Galanterie gerichtet? Ich weiß nicht, ob ich Ihnen danken muß...« – »Mamsell«, antwortete ich ihr, »ich bin nicht der Urheber der Serenade...« Sie unterbrach mich mit einem stolzen, fast drohenden Blick: »Verstecken Sie sich nicht, diese Mühe ist umsonst. Gestehen

Sie dafür, für wen haben Sie eigentlich an diesen Zeitvertreib gedacht? Für mich oder für eine andere? Ich sage Ihnen zum voraus«, fuhr sie fort, »daß diese Erklärung wichtig werden kann, daß sie entscheidend werden muß ... Weiter sage ich nichts.«

Wäre ich frei gewesen, ich weiß nicht, was ich geantwortet hätte; so aber war ich gebunden und hatte nur eine Antwort zu geben. »Mamsell«, sagte ich, »vorausgesetzt auch, ich wäre der Urheber der Serenade, so würde ich es doch niemals gewagt haben, dieselbe an Sie zu richten.« – »Und warum das?« – »Weil«, erwiderte ich, »weil Ihre Absichten zu sehr über meinen Horizont reichen, weil nur große Herren auf Ihre Hochachtung rechnen dürfen...« – »Genug«, sagte sie, indem sie aufstand, »ich habe Sie verstanden. Gehen Sie, mein Herr, Sie werden es bereuen!« – Sie hatte recht, ich habe es oft bereut.

So war der Krieg erklärt. Mamsell Mar., die es verdroß, daß sie von ihrer Nichte ausgestochen worden war, und die fürchtete, diese früher als sich verheiratet zu sehen, wendete sich nach einer andern Seite. Ihr gegenüber wohnte eine achtungswürdige Familie, ohne Titel, aber mit adligen Häusern verwandt. Der älteste Sohn aus diesem Hause hatte schon vordem um Mamsell Mar. angehalten, aber einen Korb bekommen. Diese Verbindung suchte sie jetzt wieder anzuknüpfen, und der junge Mensch ließ sich nicht einfallen, den Spröden zu spielen. Sie kaufte ihm eine ansehnliche Charge im Palast, in sechs Tagen war alles richtig und die Heirat vollzogen.

Herr Z., der junge Ehemann, hatte eine Schwester, die noch denselben Monat an einen Edelmann auf dem Festland verheiratet werden sollte. Das waren zwei recht gut getroffene Partien; meine Braut und ich sollten nun die dritte machen, und so dürftig auch unsere Umstände waren, so mußten wir uns doch reich stellen und uns zugrunde richten.

Dieses zerrüttete meine ganze Einrichtung und brachte mich zum Äußersten. Was ich tat, mich aus dem Handel zu ziehen, das soll man im folgenden Kapitel erfahren.

26. Kapitel

Meine Mutter erfuhr nichts von dem, was in diesem Hause, das sie nur selten besuchte, vorging. Mamsell Mar. benutzte das gewöhnliche Zeremoniell, sie zu meinem großen Verdrusse von ihrer Heirat zu benachrichtigen: sie schickte ihr ein Billett, wodurch sie ihre Verbindung deklarierte. Meine Mutter erstaunte sehr und fragte mich nach dem Zusammenhange der Sache. Ich war gezwungen, alles zu gestehen. Doch suchte ich den dummen Streich, den ich begangen hatte, dadurch zu mildern, daß ich alle Versprechungen von seiten meiner Braut, die sämtlich im weiten Felde standen, für sicher und ausgemacht ausgab. »Übrigens«, sagte ich, »habe ich in meinem Alter keine Lust, eine Frau von vierzig Jahren zu heiraten.« Dieser letztere Grund befriedigte meine Mutter mehr als alle vorigen. Sie fragte mich, ob die Zeit unserer Verbindung schon bestimmt sei. Meine Antwort war: »Ja!« Wir hätten noch drei gute Monate für uns.

Wer sich in Venedig nach allen Regeln und mit allen Torheiten der Gebräuche vermählen will, der hat mehr als sonst irgendwo Zeremonien zu beobachten.

Erste Zeremonie. Die Unterzeichnung des Kontraktes im Beisein der Eltern und Freunde. Diese Formalität hatten wir vermieden und unsern Kontrakt in aller Stille unterzeichnet.

Zweite Zeremonie. Die Überreichung des Ringes. Das aber ist kein eigentlicher Ring, sondern ein einzelner, ungefaßter Diamant, den der Bräutigam seiner Braut schenken muß und der diesen Namen führt. Eltern und Freunde werden auf diesen Tag eingeladen, an welchem im ganzen Hause Pracht und Überfluß herrschen und jedermann im größten Putz erscheinen muß. In Venedig wird keine Gesellschaft ohne sehr kostbare Erfrischungen gegeben, dieses konnten wir nicht vermeiden. So lächerlich unsere Heirat war, so sollte sie doch Aufsehen machen. Wir mußten es also andern Leuten nachtun und die Sache treiben, so weit sie sich treiben ließ.

Dritte Zeremonie. Überreichung der Perlen, einige Tage vor der priesterlichen Einsegnung. Die Mutter oder sonst die nächste Verwandte des Bräutigams geht zu der Braut und bringt ihr ein Halsband von feinen Perlen, das die junge Person gewöhnlich von diesem Tag an bis ein Jahr nach ihrer Verbindung trägt. Es gibt wenig Personen, die diese Perlenhalsbänder eigen besitzen oder die Kosten darauf wenden wollen: man mietet sie also, und wenn sie nur irgend schön sind, so ist die Miete sehr teuer. Auf diese Zeremonie folgen Bälle, Feierlichkeiten, Kleider und also großer Aufwand.

Die übrigen Zeremonien, die von den Gebräuchen, die allenthalben im Gange sind, nicht abweichen, übergehe ich mit

Stillschweigen. Ich bleibe bei dieser letzten Zeremonie stehen, die ich nicht hätte unterlassen sollen und die ich dennoch aus hundert Gründen unterließ. Der wichtigste Grund war unstreitig, daß ich kein Geld mehr hatte.

Als der Zeitpunkt zu dieser letzten Vorbereitung zur Hochzeit heranrückte, so ließ ich meine Schwiegermutter bitten, mir wegen der drei Punkte unseres Kontraktes Sicherheit zu geben.

Ich verlangte, daß sie mir, am Tag vor der Überreichung der Perlen, die Urkunden über die Renten ihrer Tochter, ihren eigenen Schmuck und, ganz oder doch zum Teil, endlich die beträchtliche Summe ausliefern sollte, die der unbekannte Gönner meiner Geliebten versprochen hatte.

Hier ist das Resultat der Konferenz, die einer meiner Vettern besorgte. Die Einkünfte der Demoiselle bestanden in einer von den lebenslänglichen Pensionen, welche die Republik einer gewissen Anzahl Mädchen bestimmt hat: aber jede muß warten, bis die Reihe an sie kommt, und Mamsell St. hatte noch vier andere vor sich. Sie konnte leicht selbst eher sterben, bevor sie noch das erste Quartal bezogen hatte.

Was die Diamanten betraf, so waren sie wirklich der Tochter bestimmt, allein da die Mutter noch jung war, so wollte sie dieselben bei Lebzeiten nicht entbehren und sie nicht vor ihrem Tod abtreten.

Der Herr, der (der Himmel weiß, warum) das Geld bezahlen sollte, war auf einer Reise begriffen, von welcher er so bald nicht zurückkommen konnte.

Das war eine Einrichtung, mit welcher ich schwerlich zufrieden sein konnte! Ich hatte nicht Einkünfte genug, einen kostbaren Haushalt zu führen, geschweige die Pracht zweier wohlhabender Familien zu verdunkeln. Mein Kabinett brachte mir so gut wie nichts ein; ich hatte Schulden gemacht, stand am Rande des Abgrunds und – war verliebt. Ich sann, ich überlegte und hielt den erschütternden Kampf zwischen Liebe und Vernunft aus. Diese Kraft der Seele trug endlich den Sieg über die Macht der Sinne davon.

Ich entdeckte diese Lage meiner Mutter, die mit tränenden Augen mit mir einstimmte, daß ich ein gewaltsames Mittel ergreifen müsse, um meinem gänzlichen Untergang zu entgehen. Sie machte sich verbindlich, von ihrem Vermögen meine Schulden in Venedig zu bezahlen; ich überließ ihr dafür meine Einkünfte in Modena zu ihrem Unterhalt und entschloß mich, die Stadt zu verlassen.

In dem günstigsten Augenblicke für mich, nach dem glücklichen Debüt, das ich eben mit allgemeinem Beifall gemacht hatte, verließ ich mein Vaterland, meine Verwandten und Freunde, meine Geliebte, meine Hoffnungen, alles: ich reiste von Venedig ab und trat in Padua ans Land. Da der erste Schritt einmal getan war, so kosteten mich die übrigen nichts weiter. Dank meiner glücklichen Stimmung vergaß ich alles andere, meine Mutter ausgenommen, und die Annehmlichkeiten der Freiheit trösteten mich über den Verlust meiner Geliebten.

Ich schrieb bei meiner Abreise von Venedig einen Brief an die Mutter des unglücklichen Mädchens, ich schob die ganze Schuld des Schrittes, zu dem ich mich genötigt sah, auf sie, wobei ich ihr jedoch versicherte, daß ich in dem Augenblick, da sie die drei Bedingungen des Kontraktes erfüllt hätte, zurückkehren würde. Ich erwartete ihre Antwort, setzte dabei aber meinen Weg immer weiter fort.

Meinen Schatz hatte ich bei mir. Ich meine die Oper »Amalasunta«, die ich in müßigen Stunden verfertigt und auf die ich die Hoffnungen stützte, die ich für sehr gegründet hielt. Ich wußte, daß die Oper in Mailand eine von den ansehnlichsten in Italien, ja in ganz Europa war.

Ich beschloß, meine Oper der Direktion zu übergeben, die in den Händen des Adels von Mailand ist. Ich rechnete darauf, daß meine Arbeit angenommen werden würde und daß die hundert Zechinen mir nicht entgehen könnten: allein ich machte die Erfahrung, daß, wer die Rechnung ohne den Wirt macht, sich eine doppelte Mühe macht.

27. Kapitel

Unterwegs zwischen Padua und Mailand hielt ich mich einige Tage in Vicenza auf.

Ich kannte in dieser Stadt den Grafen Parminione Trissino, von der Familie des berühmten Verfassers der »Sophonisbe«, einer Tragödie, ganz nach den Mustern der Griechen verfertigt, und eines der besten Stücke aus der Glanzzeit der italienischen Literatur. Ich hatte diesen Herrn Trissino in meiner frühesten Jugend in Venedig gekannt, und wir besaßen beide gleich viel Vorliebe für die dramatische Kunst. Ich teilte ihm meine »Amalasunta« mit, er fertigte sie aber mit einem ziemlich kalten Lobe ab und riet mir, immer beim Komischen zu bleiben, wozu er meine Anlage kannte. Es ärgerte mich, daß er meine Oper nicht herrlich fand, allein ich schrieb diese Kälte seinem eigentümlichen Geschmack zu, der, wie er selbst sagte, sich mehr auf die Seite des Lustspiels neigte.

In Vicenza besah ich mit Vergnügen das berühmte olympische Theater des Palladio, eines sehr berühmten Baukünstlers aus dem sechzehnten Jahrhundert, der aus dieser Stadt gebürtig war, und bewunderte seinen Triumphbogen, der ohne weiteren Schmuck, bloß wegen seiner regelmäßigen Verhältnisse, für das Meisterstück der neuen Baukunst gilt. Es gibt noch schöne Muster, aber wenige ahmen sie nach.

Von Vicenza ging ich nach Verona, wo ich die Bekanntschaft des Marchese Maffei, des Verfassers der »Merope«, einer gelungenen Arbeit, die sehr glücklich nachgeahmt worden ist*, zu machen wünschte.

Dieser Mann, der in allen Fächern der Literatur bewandert war, wußte besser als irgend jemand, daß das italienische Theater einer großen Verbesserung bedurfte. Er machte selbst einen Versuch und gab ein Buch unter dem Titel: »Reform des italienischen Theaters«, heraus, das seine »Merope« und zwei Komödien enthielt. Das Trauerspiel erhielt allgemeinen Beifall, nicht gleiches Glück aber machten die beiden Lustspiele.

Da Herr Maffei eben nicht in Verona war, so setzte ich meinen Weg weiter nach Brescia fort und blieb die Nacht über in Desenzano am Gardasee, und zwar in eben dem Gasthof, wo ich vor einigen Jahren in Gefahr gewesen war, ermordet zu werden. Ich fragte die Leute im Hause, ob sie sich noch dieses Vorfalls erinnerten. Sie sagten ja und erzählten mir, daß der Bösewicht, der noch andere Verbrechen begangen, aufgehängt worden wäre.

Ich setzte mich an die Wirtstafel und aß, ungeachtet meines Kummers und meiner Liebe, mit dem besten Appetit von der Welt. Neben mir saß ein Abbé aus Salò. Die angenehme Unterhaltung dieses Mannes machte mir Lust, dieses reizende Land zu sehen, wo man immer am Ufer eines anmutigen Sees in freier Luft unter Orangenbäumen wandelt.

Überdies hatte ich noch einen andern Grund, einen andern Weg einzuschlagen. Meine Börse war sehr schlecht versehen, und glücklicherweise besaß meine Mutter ein Haus in Salò. Da mich der Mieter desselben kannte, so hatte ich Hoffnung, einigen Nutzen aus dieser Zusammenkunft zu ziehen.

* Anspielung auf das Trauerspiel »Merope« von Voltaire.

Es sind nur zwei Meilen von Desenzano nach Salò. Ich machte sie mit dem Abbé zu Pferde, um diese angenehmen Gegenden desto besser zu genießen, und kam den dritten Tag allein wieder zurück, nachdem ich viel Vergnügen gehabt und von dem Mieter meiner Mutter einige Zechinen Vorschuß bekommen hatte.

Ich bezahlte dem Fuhrmann, der auf mich gewartet hatte, seine drei Rasttage und setzte meinen Weg nach Brescia fort.

Schon in Vicenza hatte ich dem Herrn Novello geschrieben, den ich ehedem in Feltre als Vikar des Gouverneurs gekannt hatte und der jetzt Assessor des Gouverneurs in Brescia war.

Ich stieg im Palast des Gouverneurs ab. Herr Novello empfing mich mit der größten Artigkeit: er erinnerte sich einiger komischer Versuche, die ich in Feltre verfertigt hatte, und fragte mich abends bei Tisch, ob ich sonst etwas in dieser Gattung verfertigt habe und ihm mitteilen wolle. Ich sagte ihm von meiner Oper, auf die er sehr neugierig zu sein schien. Wir trafen eine Verabredung auf den folgenden Tag. Er bat verschiedene Gelehrte, die in dieser Gegend sehr zahlreich sind und alle Hochachtung verdienen, zu Tisch: nach dem Kaffee las ich mein Drama vor, das sehr aufmerksam angehört wurde und allgemeinen Beifall erhielt.

Ich hatte Ursache zufrieden zu sein, denn es waren Kenner, die mein Stück beurteilten und sich die Mühe gaben, es zu zergliedern. Der Charakter der Amalasunta dünkte ihnen ebenso gut erfunden wie glücklich gehalten und eine vollständige Moral für Königinnenmütter, welche die Erziehung und Vormundschaft ihrer erhabenen Kinder besorgen.

Die guten und bösen Hofleute, die auf eine künstliche Art zu Gegenspielern gemacht waren, verschafften ein interessantes Gemälde, und das unglückliche Ende Atalarichs und der Triumph der Amalasunta gaben eine Entwicklung, die zugleich der Ernsthaftigkeit, welche die Tragödie, und der Anmut, die das Melodrama erfordert, angemessen war.

Mein Stil kam dieser erleuchteten Gesellschaft mehr tragisch als musikalisch vor. Sie wünschten, ich möchte die Arien und den Reim unterdrücken, um eine gute Tragödie daraus zu machen.

Ich dankte ihnen für ihre Nachsicht, allein ich war nicht imstande, ihren Rat zu befolgen. Ein Trauerspiel, und wenn es so gut geraten wäre wie das beste Stück von Corneille und Racine, hätte mir in Italien viel Ehre und wenig Gewinn verschafft, und ich brauchte beides. Ich verließ also Brescia mit dem festen Entschluß, nichts an meinem Drama zu ändern, sondern es der Operndirektion in Mailand anzubieten.

Es gibt einen kürzeren Weg von Brescia nach Mailand, als ich wählte, ich hatte aber Lust, Bergamo zu sehen, und wählte also den Weg über diese Stadt.

Als ich so das Land der Harlekine durchwanderte, sah ich mich allenthalben nach einer Spur von dieser komischen Person um, welche die Seele des italienischen Theaters ausmachte; ich konnte aber weder jene schwarzen Gesichter noch jene kleinen Augen noch jene Kleider von vierfarbigem Tuch entdecken, die schon allein zum Lachen reizen; dafür sah ich die Hüte mit Hasenschwänzen besetzt, die bei den Bauern dieser Gegend ein großer Putz sind. Von der Maske, vom Charakter und von dem Ursprung der Harlekine werde ich in einem eigenen Kapitel, das ich der Geschichte der vier Masken des italienischen Theaters bestimmt habe, reden.

Bei meiner Ankunft in Bergamo stieg ich in einem Gasthofe in der Vorstadt ab, da nicht leicht ein Fuhrwerk in der Stadt, die sehr hoch und abhängig liegt, einkehrt. Ich ging zu Fuß nach der Wohnung des Gouverneurs, die genau den Gipfel von diesem steilen Berg einnimmt.

Dieser Weg ermüdete mich außerordentlich; ich verwünschte meine Neugierde, die mich an einen Ort gelockt hatte, wo ich niemand kannte. Ich wünschte sehr, ausruhen zu können, als mir einfiel, daß Herr Porta, mein ehemaliger Kollege in der Kriminalkanzlei in Chioggia, Zivilkanzler in Bergamo geworden war. Ich suchte also seine Wohnung, fand sie, aber nicht meinen Freund, der in einer Kommission drei Meilen weit verreist war. Ich bat seinen Kammerdiener, daß er mir erlauben möchte, einen Augenblick auszuruhen. Ich plauderte mit ihm und fragte unter anderm nach dem Gouverneur der Stadt.

Welch eine gute Nachricht für mich, welch eine angenehme Überraschung! Seine Exzellenz, Herr Bonfadini, war hier Gouverneur, der Podesta in Chioggia gewesen war und unter dem ich als Vizekanzler gedient hatte. Ich war also auf einmal in einem bekannten Land, ich ging in den Palast und ließ mich melden.

Ich stand im Vorzimmer und wartete, bis man mich hereintreten hieß, als ich den Gouverneur selbst im Zimmer überlaut lachen und sagen hörte: »Aha, der Astrolog! Der Astrolog! Laßt ihn hereinkommen. Meine Damen, Sie werden den Astrologen sehen.«

Ich wußte nicht, was das heißen sollte; ich fürchtete, daß man darauf ausgehe, mich lächerlich zu machen; ich trat hinein, aber ziemlich außer Fassung. Das Benehmen des Gouverneurs beruhigte mich indes bald genug wieder. Er stellte mich seiner Gemahlin und der übrigen Gesellschaft vor. »Hier sehen Sie«, sagte er, »den Herrn Goldoni. Sie erinnern sich, meine Damen, der Gräfin C., die wir so oft über ihre ewigen Toiletten, über ihre versäumten Messen und über das Prognostikon des Ungenannten aufzogen? Hier sehen Sie nun den Herrn Goldoni, den Verfasser des kritischen Almanachs, der Ihnen allen bekannt ist.« Jedermann war sehr artig gegen mich; der Gouverneur bot mir ein Zimmer und seine Tafel an. Ich nahm es an, profitierte vierzehn Tage davon und führte das angenehmste Leben von der Welt. Das Böse bei der Sache aber war, daß ich die Partie der Damen machen mußte und weder sehr mit Geld versehen noch im Spiele glücklich war.

Der Gouverneur, ein Mann von Bescheidenheit und feiner Lebensart, fragte nicht nach dem Zweck meiner Reise. Nach einigen Tagen hielt ich es für notwendig, ihn von meinen Begebenheiten und von meiner Lage zu unterrichten. Er schien davon gerührt zu sein und tat mir den Vorschlag, die zehn Monate seines Gouvernements bei ihm zu bleiben. Dieses durfte ich auf keine Weise annehmen, ich dankte ihm also und bat ihn, mir dafür Empfehlungsschreiben nach Mailand zu geben. Er gab mir verschiedene, unter denen mir vorzüglich eins von seiner Gemahlin an den venezianischen Residenten gute Dienste tat.

Nach vierzehn Tagen nahm ich Abschied von Seiner Exzellenz. Er sah es mir am Gesicht an, daß ich unruhig und traurig war, und fragte mit Anteil nach der Ursache. Ich wagte nicht, die Seite zu berühren, er merkte es aber bald, daß meine Sorge nicht war, wo ich mit dem Geld hinwollte, sondern wo ich es herbekommen sollte. Er zog seine Börse, ich weigerte mich; er ließ nicht nach. Endlich nahm ich bescheiden zehn Zechinen heraus und wollte ihm etwas Schriftliches hierüber geben, das er aber nicht annahm. Wie gütig! wie artig! Doch ich mußte fort, und der folgende Tag war zur Abreise bestimmt.

28. Kapitel

So war ich denn in Mailand, in dieser Hauptstadt der Lombardei, einem alten Lehen von der spanischen Herrschaft, wo ich, nach spanischer Sitte, im Mantel und Kragen hätte erscheinen müssen, wenn die satirische Muse mich nicht von dem mir bestimmten Platz verdrängt hätte. Ich kam jetzt hierher, um die Ehre des Kothurns zu buhlen, allein der Lorbeer des Triumphs blieb mir vorbehalten, bis ich im niedern Soccus die Bühne betrat.

Ich logierte mich in dem Gasthof »Zum Brunnen«, einem der ersten Gasthöfe in Mailand, ein. Wenn man sich mit Vorteil produzieren will und nicht reich ist, so muß man wenigstens reich scheinen. Den folgenden Tag überreichte ich mein Empfehlungsschreiben von der Gemahlin des Gouverneurs beim venezianischen Residenten.

Das war damals Herr Bartolini, Sekretär des Senats, ehemaliger Vizebey in Konstantinopel. Er war sehr reich, machte großen Aufwand und war in Mailand und Venedig sehr angesehen. Einige Jahre nachher wurde er zum Großkanzler der Republik erwählt. Diese Charge, die den Titel Exzellenz und den Rang unmittelbar nach dem regierenden Adel gibt, bekleidete er lange Zeit, bis an seinen Tod.

Der venezianische Resident ist der einzige fremde Minister, der sich in Mailand aufhält, welches wegen der täglich vorkommenden Verhandlungen zwischen beiden aneinander grenzenden Staaten nötig ist. Dieser Gesandte steht im größten Ansehen und ist im Rang gleich mit den vornehmsten Herren im Herzogtum.

Der Minister empfing mich mit einer unerzwungenen Güte und aufmunternden Freundlichkeit. Er hielt große Stücke auf die Dame, die mich mit ihrer Protektion beehrte, und bot mir alles an, wozu er mir durch seine Person und seinen Kredit behilflich sein könnte. »Doch«, setzte er mit einer wichtigen Ministermiene hinzu, »in welcher Absicht kommen Sie hierher nach Mailand, und was sind das für Begebenheiten, die Madame Bonfadini in ihrem Briefe erwähnt?«

Die Frage war billig, und meine Antwort unstudiert. Ich erzählte ihm die ganze Geschichte mit der Tante und Nichte von einem Ende zum andern. Der Herr Resident kannte die Personen, er lachte sehr bei meiner Erzählung, und da ich die Besorgnis äußerte, daß man mir nachsetzen und Verdrießlichkeiten machen möchte, so versicherte er mir, daß ich in Mailand nicht das geringste zu fürchten habe.

Die Naivität in meinen Reden und die genaue Darstellung meiner Begebenheiten hatten es dem Minister ziemlich deutlich gemacht, daß ich nichts weniger als in guten Umständen sein könne. Er war so großmütig, mir seine Unterstützung für die augenblicklichen Bedürfnisse anzubieten: allein ich dankte ihm dafür. Ich hatte noch einige Zechinen von Bergamo und meine Oper und bedurfte niemand. Herr Bartolini lud mich auf den folgenden Tag zum Mittagessen ein. Ich nahm diese Einladung an und empfahl mich.

Es lag mir daran, mein Stück bald einzureichen und eine Vorlesung davon zu halten. Wir lebten eben in der Karnevalszeit; es war eine Oper in Mailand, und ich kannte Caffariello, den ersten Akteur derselben. Ich kannte auch den Ballettmeister und seine Frau, die erste Tänzerin. (Herr und Madame Grossatesta.)

Ich hielt es für anständiger und vorteilhafter für mich, mich den Direktoren der Schauspiele durch bekannte Personen vorstellen zu lassen. Es war eben ein Freitag, wo fast in ganz Italien nicht gespielt wird. Ich ging den Abend zu Madame Grossatesta, die Gesellschaft gab und bei welcher sich alle Schauspieler und Schauspielerinnen und Tänzer und Tänzerinnen von der Oper versammelten.

Diese vortreffliche Tänzerin, die meine Landsmännin war und die ich von Venedig her kannte, nahm mich sehr höflich auf. Ihr Mann, ein Modeneser, ein Mann von Geist und Kenntnissen, stritt sich mit seiner Frau über mein Vaterland und behauptete, ich wäre sein Landsmann.

Es war noch früh, und wir fast allein, ich benutzte also den Augenblick, ihnen meinen Plan mitzuteilen. Sie äußerten ein großes Vergnügen darüber, versprachen mir, mich vorzustellen, und wünschten mir zum voraus für die Aufnahme meiner Arbeit Glück.

Die Gesellschaft wurde immer zahlreicher. Caffariello kam, sah mich, erkannte und grüßte mich mit dem Ton eines Alexander und nahm seinen Platz neben der Frau vom Hause. Ein paar Augenblicke darauf meldete man den Grafen Prata an, einen von den Direktoren des Schauspiels, der zugleich die meiste Kenntnis vom Theater hatte. Madam Grossatesta stellte mich dem Herrn Grafen vor und sagte ihm von meiner Oper. Er tat mir auf der Stelle das Versprechen, mich der Direktion vorzuschlagen, zugleich aber äußerte er das Verlangen, vorher insbesondere etwas von meiner Arbeit zu sehen, auch meine Landsmännin schien große Lust zu haben, etwas davon zu hören, und mir – war vorderhand um nichts zu tun, als sie vorzulesen.

Man ließ also einen kleinen Tisch und ein Licht bringen, die ganze Gesellschaft setzte sich, und ich fing an zu lesen. Zuerst den Titel: Amalasunta. – Caffariello fing an, das Wort Amalasunta zu singen; er fand es lang und lächerlich. Jedermann lachte mit, nur ich lachte nicht. Die Frau vom Hause äußerte ihr Mißvergnügen, und Caffariello schwieg. – Ich fuhr fort und las die Namen der Personen, es waren ihrer neun im Stück. Ein zartes Stimmchen, das einem Kastraten gehörte, der in den Chören sang, schrie wie eine Katze: »Zuviel! Zuviel! Wenigstens zwei Personen zuviel!« Ich sah nunmehr, mit was für Leuten ich zu tun hatte, und wollte meine Vorlesung abbrechen. Der Graf gebot aber dem vorlauten Menschen, der die Unverschämtheit des Caffariello ohne seine Vorzüge besaß, Stillschweigen und sagte, indem er sich gegen mich wendete: »Es ist wahr, mein Herr, gewöhnlich hat man nur sechs bis sieben Personen in einem Drama, allein wenn die Arbeit sonst der Mühe wert ist, so läßt man sich's mit Vergnügen zwei Akteurs mehr kosten. Haben Sie die Güte, wenn es Ihnen gefällig ist«, setzte er hinzu, »mit Ihrer Lektüre fortzufahren.«

Ich las also weiter. Erster Akt. Erster Auftritt. Clodesile und Arpagone. – Hier unterbrach mich Herr Caffariello und fragte, wer die erste Stimme in meiner Oper habe. – »Mein Herr«, antwortete ich, »ich habe die Person schon genannt: Clodesile.« – »Wie«, sagte er, »Sie lassen die Szene durch den ersten Akteur eröffnen? Sie lassen ihn auftreten, wenn die Zuschauer sich noch versammeln, sich setzen und Geräusch machen? Beim Henker, mein Herr, ich bedanke mich für diese Rolle.« (Wieviel Geduld hatte ich nötig, hier nicht auszubrechen!) Der Graf nahm das Wort. »Laßt uns sehen«, sagte er, »ob die Szene interessant ist.« – Ich las die erste Szene, kaum aber hatte ich den Mund geöffnet, als eines von den nichtswürdigen entmannten Geschöpfen ein zusammengerolltes Papier aus der Tasche zog, ans Klavier trat und eine Arie aus seiner Rolle probierte. Die Frau vom Hause machte mir tausend Entschuldigungen: Herr Prata nahm mich bei der Hand und führte mich in ein Toilettenzimmer, das ziemlich weit vom Saal gelegen war.

Hier ließ mich der Graf niedersetzen, nahm dann an meiner Seite Platz und suchte mich über die Ungezogenheiten und Beleidigungen dieser Gesellschaft eingebildeter und abgeschmackter Menschen zu trösten. Er bat mich, ihm allein mein Drama vorzulesen, um ihn in den Stand zu setzen, sein Urteil zu fällen und mir seine Meinung ganz aufrichtig zu sagen. Diese Gefälligkeit entzückte mich, ich dankte ihm herzlich, fing von vorn an zu lesen, las vom ersten bis zum letzten Vers und schenkte ihm nicht ein Komma. Er hörte sehr aufmerksam und geduldig zu; ich war endlich fertig, und hier ist ungefähr der Hauptinhalt seines Urteils.

»Es scheint«, sagte er, »Sie haben die Regeln des Aristoteles und Horaz fleißig studiert und Ihr Stück nach allen Regeln der Tragödie eingerichtet. Sie scheinen aber nicht zu wissen, daß das musikalische Drama ein unvollkommenes Werk ist, das Regeln und Konvenienzen kennt, die zwar größtenteils nicht dem gesunden Menschenverstand entsprechen, denen man sich aber pünktlich unterwerfen muß. Wenn Sie in Frankreich wären, so verlohnte es sich wohl der Mühe, nach dem Beifall des Publikums zu streben, aber hier muß man suchen den Schauspielern und Schauspielerinnen zu gefallen, den Komponisten zu befriedigen, und den Dekorateur um Rat fragen. Man hat hier Regeln für alles, und es wird für ein Kapitalverbrechen gehalten, ihnen zu trotzen und sie nicht sklavisch zu befolgen.

Hören Sie mich an«, fuhr er fort, »ich will Ihnen einige davon mitteilen, die man für unumstößlich hält und die Sie nicht zu kennen scheinen.

Jede von den drei Hauptpersonen des Dramas muß fünf Arien singen, zwei im ersten, zwei im andern und eine im dritten Akt. Die zweite Aktrice und der zweite Soprano dürfen nicht mehr als drei haben, und die übrigen müssen sich mit einer, höchstens mit zweien begnügen. Der Dichter muß dem Komponisten die verschiedenen Schattierungen an die Hand geben, die das Hell-Dunkel der Musik ausmachen, er muß sich hüten, daß nicht zwei leidenschaftliche Arien aufeinander folgen. Mit gleicher Vorsicht muß er die Bravourarien, die Arien, welche Handlung ausdrücken, die halben Charakterarien, die Menuetts und Rondos verteilen.

Vor allen Dingen muß er sich hüten, den zweiten Rollen leidenschaftliche Arien oder Bravourarien oder gar Rondos zu geben: diese armen Leute müssen sich mit dem begnügen, was für sie übrig bleibt; es ist ihnen gleichsam verboten, sich hervorzutun.«

Herr Prata wollte fortfahren. »Ich habe hieran genug, mein Herr«, unterbrach ich ihn. »Bemühen Sie sich nicht weiter.« Ich sagte ihm nochmals Dank und empfahl mich.

Ich sah nunmehr wohl, daß meine Richter in Brescia recht gehabt hatten; ich begriff nunmehr, daß der Graf Trissino in Vicenza noch mehr recht gehabt und daß ich allein unrecht hatte.

29. Kapitel

Ich saß nun ganz niedergeschlagen auf meinem Zimmer; es überlief mich wechselweise kalt und warm. Ich zog mein Stück aus der Tasche und hatte große Lust, es zu zerreißen. Der Hausknecht kam und verlangte meinen Befehl für das Abendessen. – »Ich esse nicht zu Nacht. Macht mir ein gutes Feuer an.« – Ich hatte noch immer meine »Amalasunta« in der Hand und las einige Verse daraus, die ich unvergleichlich fand. Verdammte Regeln! Mein Stück ist gut, ich weiß es gewiß, mein Stück ist gut; aber das Theater taugt nichts, die Akteurs, die Aktricen, die Komponisten, die Dekorateurs ... Der Teufel hole sie alle zusammen, und dich auch, unglückliche Arbeit, die mir so viele Mühe gemacht und mich so sehr in meinen Hoffnungen betrogen hat! Die Flamme soll dich verzehren! Mit diesen Worten warf ich sie ins Feuer und sah sie mit kaltem Blut, ja sogar mit einer Art von Vergnügen auflodern.

Ich mußte meinen Verdruß und meinen Zorn auslassen, ich richtete meine Rache gegen mich selbst und glaubte nun Genugtuung zu haben.

Alles war vorüber, ich dachte nicht mehr an mein Stück. Ich rührte die Asche mit der Feuerzange auf und raffte die Trümmer des Manuskripts zusammen, um das Opfer ganz zu vollenden. Dabei fiel mir ein, daß ich doch noch niemals, es sei auch in welcher Lage es wolle, meinem Verdruß mein Abendessen aufgeopfert habe; ich rief also den Hausknecht und befahl ihm, zu decken und mir auf der Stelle aufzutragen. Man ließ mich nicht lange warten. Ich aß gut, trank noch besser, legte mich darauf nieder und schlief sanft und selig.

Das einzige Ungewöhnliche, was hierauf erfolgte, war, daß ich am folgenden Morgen zwei Stunden früher als gewöhnlich erwachte. Es schien mir, als ob sich mit der Munterkeit zugleich ein ziemlicher Mißmut einfinden wollte. – Frisch, munter, sagte ich zu mir selbst, keine üble Laune. Dafür lieber zu dem Herrn Residenten von Venedig! Er hat mich auf den Mittag eingeladen, ich muß ihn aber allein sprechen. Ich muß gleich jetzt hin. Ich zog mich an und machte mich auf den Weg.

Der Minister merkte gleich, daß mich ein dringender Grund herführen müsse, als er mich schon früh um neun Uhr kommen sah. Er empfing mich bei der Toilette; ich gab ihm zu verstehen, daß die Zeugen mich genierten; er ließ alle Anwesenden abtreten. Ich erzählte ihm die Geschichte des vergangenen Tages; ich zeichnete ihm das Gemälde von der ekelhaften Gesellschaft, die mein Gefühl empört hatte; ich teilte ihm das Urteil des Grafen Prata mit und beschloß mit der Versicherung, daß sich kein Mensch in größerer Verlegenheit befinden könne, als ich mich jetzt befände.

Herr Bartolini belustigte sich sehr an der Erzählung des komischen Auftritts mit den drei heroischen Schauspielern und verlangte meine Oper zu lesen. – »Meine Oper? Gnädiger Herr, die existiert nicht mehr.« – »Und was haben Sie damit gemacht?« – »Ich habe sie verbrannt.« – »Sie haben sie verbrannt?« – »Ja, ich habe mein ganzes Hab und Gut, meine Stütze, meinen Trost, alle meine Hoffnungen verbrannt.«

Dies machte den Minister noch mehr lachen. So lachten wir, plauderten und wurden endlich einig, daß ich bei ihm bleiben sollte. Er nahm mich als Gesellschafter zu sich und gab mir ein paar artige Zimmer. Beim Lichte besehen hatte ich bei meinem Unglück mehr gewonnen als verloren.

Meine Geschäfte bestanden in nichts als einigen angenehmen Aufträgen; z.B. durchreisende Venezianer von Adel zu bekomplimentieren oder in Geschäften der Republik einen Gang zu dem Gouverneur und dem Stadtmagistrat zu tun. Diese Fälle waren überdies nicht häufig, so daß ich alle mögliche Zeit hatte, mich nach meinem Gutdünken zu beschäftigen und zu belustigen.

Zu Anfang der Fastenzeit kam ein Scharlatan von einer so seltenen Art in der Stadt an, daß sein Andenken vielleicht in den Annalen des Jahrhunderts erhalten zu werden verdient.

Sein Name war Bonafede Vitali aus Parma. Gewöhnlich ließ er sich nur Anonimo (der Ungenannte) nennen; er war aus einer guten Familie, hatte eine vortreffliche Erziehung genossen und war Jesuit gewesen. Da er des Klosterlebens bald überdrüssig geworden war, so hatte er sich auf die Arzneiwissenschaft gelegt und eine Professur an der Universität in Palermo erhalten.

Dieser sonderbare Mann, der in keiner Wissenschaft ein Fremdling war, hatte einen zügellosen Ehrgeiz, seine ausgebreiteten Kenntnisse geltend zu machen. Da er besser mit Reden als mit Schreiben zurechtkommen konnte, so verließ er seine ehrenvolle Stelle, um eine kleine Bühne zu besteigen und das Publikum von da herunter zu harangieren. Er war nicht reich genug, sich mit der bloßen Ehre begnügen zu können, er benutzte also seine Gaben und verkaufte Medikamente.

Freilich hieß das nichts anders, als das Gewerbe eines Scharlatans treiben, allein seine Arzneien waren gut, und seine Wissenschaft und Beredsamkeit hatten ihn in nicht gemeinen Ruf gesetzt.

Er löste öffentlich auch die schwersten Fragen auf, die man ihm aus allen Wissenschaften und über die abstraktesten Materien vorlegte. Man schickte auf sein empirisches Theater strittige Punkte aus der Kritik, der Geschichte, der Literatur usw. Er gab seine Entscheidung auf der Stelle und hielt ganz große, sehr befriedigende Dissertationen.

Einige Jahre darauf ging er nach Venedig. Von da wurde er wegen einer epidemischen Krankheit, an der alle, die davon befallen wurden, starben, nach Verona berufen. Seine Ankunft in dieser Stadt glich der Erscheinung des Äskulap in Griechenland. Er heilte alle seine Kranken mit Herrenäpfeln (pommes d'api) und Cyperwein. Aus Dankbarkeit ernannte man ihn zum ersten Stadtarzt von Verona: eine Ehre, die er nicht lange genoß, denn er starb noch in demselben Jahr, von jedermann, nur nicht von den Ärzten, seinen Kollegen, bedauert.

Der Ungenannte hatte das Vergnügen, den Platz in Mailand, wo er sich dem Publikum zeigte, immer mit einer Menge Leute zu Fuß und in Wagen umringt zu sehen. Da aber die Gelehrten und Kenner gerade nicht am meisten kauften, so sah er sich genötigt, seine Bühne mit anlockenden Gegenständen auszuschmücken, um auch den unwissenderen Teil des Publikums zu unterhalten. Der neue Hippokrates verteilte also seine Medikamente und verschwendete seine Beredsamkeit mitten unter den vier Masken der italienischen Komödie.

Dabei hatte Herr Bonafede Vitali eine große Neigung fürs Theater und unterhielt auf seine Kosten eine vollständige Truppe von Schauspielern, die (nachdem sie ihrem Herrn geholfen hatten, das Geld, das man ihm in Schnupftüchern zuwarf, einzunehmen und diese Schnupftücher mit kleinen Büchschen und Schächtelchen angefüllt zurückzuwerfen) – die, sage ich, nachher mit weißen Wachslichtern, mit einiger Pracht, Stücke in drei Akten aufführten.

Dieser außerordentliche Mann sowohl als seine Diener erweckten in mir Lust, mit dem Anonimo Bekanntschaft zu machen. Ich besuchte ihn eines Tages unter dem Vorwand, von seinem Alexipharmakon zu kaufen: er fragte mich nach der Krankheit, die ich hätte oder zu haben glaubte, und sah bald, daß ich aus bloßer Neugierde zu ihm gekommen war. Er ließ mir eine

Tasse gute Schokolade geben und sagte, dieses wäre bei meinen jetzigen Umständen die beste Arznei für mich.

Diese Galanterie gefiel mir ausnehmend wohl. Wir plauderten eine Weile miteinander, und ich fand, daß er unter vier Augen so liebenswürdig wie im Publikum gelehrt war. Ich hatte im Lauf des Gesprächs einfließen lassen, daß ich ein Freund und Hausgenosse des venezianischen Residenten wäre. Er glaubte, daß ich ihm auf diese Weise zu einem Plan, den er mit sich herumtrug, hilfreiche Hand leisten könne: er teilte mir also seinen Plan mit; ich gab mir alle Mühe, ihm beförderlich zu sein, und es gelang mir endlich mit Glück. Seine Idee aber war folgende.

Laß dir, lieber Leser, diese Abschweifung nicht verdrießlich fallen. Du wirst sehen, wie notwendig sie zur Verbindung meiner Geschichte war.

Die Schauspiele waren nach dem allgemeinen Brauch in ganz Italien die Fastenzeit über eingestellt worden. Das Schauspielhaus sollte um Ostern wieder geöffnet werden, weshalb man schon mit einer der besten Truppen einen Kontrakt geschlossen hatte. Es fügte sich aber, daß der Directeur einen Ruf nach Deutschland bekam, ohne etwas davon zu melden, dahin abging und die Mailänder im Stich ließ. Die Stadt war also ohne Schauspiel und schickte deshalb nach Venedig und Bologna, um eine Gesellschaft zusammenzubringen. Der Anonimo hätte gern gesehen, wenn man der seinigen den Vorzug gegeben hätte, die freilich nicht eben vortrefflich war, aber doch auf drei bis vier Leute von Verdienst rechnen konnte. Die übrigen waren wenigstens zusammen gut eingespielt. In der Tat erhielten Casali, der den ersten Liebhaber spielte, und Rubini, der in den Rollen des Pantalone Meister war, im folgenden Jahre jeder einen Ruf nach Venedig; der erste an das Theater San Samuele, der andere an das von San Luca.

Ich nahm mit Vergnügen einen Auftrag an, der mir in jeder Rücksicht angenehm sein mußte. Ich sprach mit meinem Minister davon, der es auf sich nahm, die vornehmsten Damen der Stadt darüber zu befragen: ich sprach mit dem Grafen Prata davon, den ich immer fleißig besucht hatte. Ich wandte meinen Kredit und das Ansehen des Residenten von Venedig bei dem Gouverneur an und brachte es in drei Tagen dahin, daß der Kontrakt unterzeichnet wurde. Mein Anonimo war so vergnügt darüber, daß er mir eine Loge vom zweiten Rang, gerade dem Theater gegenüber, zur freien Disposition überließ.

Ich benutzte die Gelegenheit, die mir diese Truppe, mit der ich auf einem sehr vertrauten Fuß stand, darbot, und verfertigte einige theatralische Kleinigkeiten. Zu einer regelmäßigen Komödie würde es mir an Zeit gefehlt haben, denn der Kontrakt des Anonimo erstreckte sich nur auf das Frühjahr und den Sommer bis in den Monat September. Unter seinen Leuten befanden sich außer einem Komponisten auch eine Mannsperson und ein Frauenzimmer, die beide ziemlich gut sangen. Für diese verfertigte ich ein Intermezzo zu zwei Stimmen, betitelt »Der venezianische Gondoliere«, das aufgeführt wurde und allen Beifall erhielt, worauf ein solches Ding nur Anspruch machen kann. Dieses war der erste Versuch in der komischen Gattung, der von mir öffentlich auf dem Theater und hernach im Druck erschien.

Während man in Mailand meinen venezianischen Gondoliere und skizzierte Komödien gab, kündigte man zugleich die erste Vorstellung des »Belisar«, und zwar sechs Tage hintereinander, an, ehe man ihn gab, um die Neugierde des Publikums zu erregen und sich eines vollen Hauses zu versichern. Die Schauspieler betrogen sich nicht. Das damalige mailändische Theater, das wie fast alle Schauspielhäuser das Schicksal gehabt hat, in Feuer aufzugehen, war nach dem von Neapel das größte in Italien und dennoch bei der ersten Vorstellung des »Belisar« so angefüllt, daß man selbst in und vor den Eingängen Gefahr lief, erdrückt zu werden.

Und doch war es das elendeste Stück von der Welt! Justinian war ein Einfaltspinsel, Theodora eine Hure und Belisar ein langweiliger Prediger. Er erschien mit ausgestochenen Augen auf der Bühne. Harlekin führte den Blinden und gab ihm Hiebe mit der Pritsche, wenn er geschwinder gehen sollte. Jedermann ärgerte sich über dieses platte Zeug, aber niemand mehr als ich; denn ich hatte eine Menge Billette an Leute von Einsicht und Geschmack verteilt.

Den Tag darauf kam ich zu Casali. Er empfängt mich lächelnd und fragt mit scherzhaftem Ton: »Nun, mein Herr, was sagen Sie zu unserem berufenen Belisar?« – »Ich sage«, antwortete ich, »daß das ein elender Behelf ist, den ich nicht erwartet hätte.« – »Ha, ha, ich merke wohl, Sie kennen die Komödianten noch nicht. Es gibt keine Truppe, die sich nicht von Zeit zu Zeit einen solchen Kniff erlauben sollte, um Geld zu gewinnen. Man nennt dies im Komödiantenrotwelsch ›un' arrostita‹« (eine Röstung, grillade). – »Was soll das heißen, eine

›arrostita‹?« – »Das heißt auf gut toskanisch eine ›corbellatura‹, auf lombardisch eine ›minchionada‹, auf französisch eine ›attrape‹ und auf deutsch ›ein Hieb übers Ohr‹. Den Komödianten ist das nun einmal zur andern Natur geworden, und das Publikum ist gewohnt, durch die Finger zu sehen. Feiner Geschmack ist nicht jedermanns Sache, und so werden denn die Arrostiten ihren Weg fortgehen, bis eine allgemeine Reform sie verbannen wird.« – »Oh, ich bitte, Herr Casali, rösten Sie mich nicht noch einmal. Verbrennen Sie lieber dafür Ihren ›Belisar‹, denn ich glaube nicht, daß es etwas Elenderes geben kann.«

»Sie haben recht«, sagte er, »und doch bin ich überzeugt, daß sich aus diesem schlechten Stück ein gutes machen ließe.« – »Ohne Zweifel«, versetzte ich, »die Geschichte des Belisar kann Stoff zu einem vortrefflichen Stück geben.« – »Ei nun, mein Herr, Sie haben Lust, für das Theater zu arbeiten, lassen Sie das Ihr Probestück sein.« – »Nein«, sagte ich, »ich fange mit keiner Tragödie an.« – »So machen Sie eine Tragikomödie daraus.« – »Aber nicht im Geschmack der Ihrigen.« – »Nein, ohne Masken, ohne Harlekinaden.« – »Gut, ich will sehen, ich will einen Versuch machen.« – »Warten Sie einen Augenblick. Hier ist der ›Belisar‹.« – »Der kann mir nichts helfen. Ich arbeite nach der Geschichte.« – »Desto besser. Ich empfehle Ihnen aber auch meinen Freund Justinian.« – »Ich werde mein möglichstes tun.« – »Ich bin nicht reich, ich werde aber gewiß...« – »Verlorne Worte! Ich arbeite zu meinem Vergnügen.« – »So hören Sie denn. Ich muß Ihnen ein Geheimnis anvertrauen. Folgendes Jahr gehe ich nach Venedig, wenn ich den ›Belisar‹ mit dahin nehmen könnte...« – »Vielleicht wird er fertig.« – »Nein, Sie müssen es mir versprechen.« – »Gut ich verspreche es.« – »Auf Ehre?« – »Auf Ehre!«

Nun war Casali zufrieden. Ich verließ ihn und ging nach Hause, fest entschlossen, Wort zu halten und so genau und sorgfältig als möglich dabei zu Werke zu gehen.

Der Herr Resident hörte, daß ich nach Hause gekommen wäre, und ließ mich rufen. Er sagte mir, daß er in Privatgeschäften nach Venedig gehen würde und daß er schon vom Senat die Erlaubnis erhalten habe, sich auf einige Tage von Mailand zu entfernen.

Er hatte einen Sekretär, einen geborenen Mailänder, allein sie standen nicht gut zueinander. Der Sekretär war empfindlich und der Minister hitzig und heftigen Aufwallungen von böser

Laune unterworfen. Er erzeigt mir die Ehre, mir verschiedene Kommissionen aufzutragen, und da man eben damals anfing, den Ausbruch eines Krieges zu fürchten, so bat er mich, daß ich ihm alle Tage einmal schreiben und auf alles, was vorging, ein wachsames Auge haben möchte. Dies hieß eigentlich die Rechte eines Sekretärs usurpieren, allein ich durfte mich nicht weigern: der Minister war nicht gewohnt, Gründe anzunehmen.

Ich richtete alle diese Aufträge nach meinem besten Vermögen aus, vergaß aber auch zu gleicher Zeit nicht, die Arbeit, die ich auf Ehre versprochen hatte, vorzunehmen.

In wenigen Tagen war der erste Akt fertig. Ich teilte ihn dem Casali mit, der entzückt darüber war und der ihn gern auf der Stelle kopiert hätte; es ereigneten sich aber zwei Vorfälle auf einmal, von welchen der erste mich sehr nachlässig in meiner Arbeit und der zweite mich auf lange Zeit alle Arbeit vergessen machte.

30. Kapitel

Ich ging eines Tages mit dem Herrn Carrara, einem bergamesischen Edelmann, meinem vertrauten Freund, nach der Seite von Porta Rosa auf dem Felde spazieren, wo wir endlich dem berühmten Gasthof »De la Cazzola« (»Zur Küchenlampe«) einsprachen. Die Mailänder sprechen es Cazzeura aus, denn die Lombarden haben den Diphtong »eu« wie die Franzosen und sprechen ihn auch ebenso aus.

In Mailand macht man keine Promenadenpartie noch sonst eine Partie von anderer Art, bei der nicht von Essen die Rede wäre. Im Schauspiel, bei Spielassembleen, bei Familienzusammenkünften, bei kleinen Lustfahrten, Prozessionen, ja selbst bei gelehrten Versammlungen, mit einem Wort, allenthalben wird gegessen. Deswegen nennen auch die Florentiner, die größtenteils sehr mäßige und ökonomische Leute sind, die Mailänder »lombardische Wölfe«.

Wir bestellten uns also auch ein kleines Vesperbrot von Polpettino (Klößchen aus gehacktem Fleisch), kleinen Vögeln und Krebsen und gingen einstweilen, bis das Essen fertig sein würde, im Garten herum.

Auf dem Rückweg aus dem Garten gingen wir an der Küche vorbei, wo ich an einem Gitterfenster im ersten Stockwerk ein artiges Gesichtchen erblickte, das sich stellte, als wollte es sich hinter dem Vorhang verstecken. Ich erkundigte mich nach dieser Person, die aber der Wirt nicht kannte. Vor drei Tagen war sie mit einem stattlichen Mann auf der Post angekommen. Dieser Mann war den folgenden Morgen verschwunden und hatte sich nicht wieder sehen lassen. Man sah ihr den Kummer an und hielt sie für eine Venezianerin.

Jung, artig, eine Venezianerin und traurig! »Kommen Sie«, sagte ich zu meinem Begleiter, »wir müssen sie trösten.« Ich gehe die Treppe hinauf, Carrara folgt mir. Ich klopfe an, die Schöne will nicht aufmachen. Ich spreche venezianisch und gebe mich als eine Person aus dem Hause des venezianischen Residenten zu erkennen. Nunmehr öffnet sie beide Flügel und empfängt mich ganz trostlos und in Tränen schwimmend.

Welch ein auffallendes, anziehendes Schauspiel! Eine artige Frau in Tränen hat Anspruch an ein fühlendes Herz. Ich teilte ihren Kummer; ich tat mein möglichstes, sie zu trösten, und mein Freund Carrara – lachte. Der harte Mann! Wie war es ihm möglich zu lachen? Mein Herz war von Wachs und schmolz jeden Augenblick mehr.

Endlich glückte es mir, den Tränen meiner reizenden Landsmännin Einhalt zu tun und sie zum Reden zu bringen. Sie wäre, erzählte sie mir, ein Mädchen aus einer sehr guten Familie in Venedig: sie hätte sich in einen Mann weit über ihrem Stand verliebt und sich mit der Hoffnung geschmeichelt, seine Gattin zu werden. Allein, alles habe sich ihren Wünschen entgegengesetzt und sie genötigt, außer Landes zu gehen.

Die Schöne hatte einen Onkel mütterlicherseits zu ihrem Vertrauten gemacht, und dieser war schwach genug gewesen, sie in ihren Plänen zu unterstützen. Sie hatten alle drei die Flucht ergriffen und den Weg nach Mailand über Crema genommen. Man war ihnen nachgesetzt und hatte sie in dieser Stadt erreicht. Der Onkel war arretiert und ins Gefängnis geworfen worden; die beiden Liebenden aber waren so glücklich zu entkommen. Sie hatten Mailand erreicht und sich in dem Gasthof, wo wir uns befanden, einquartiert. Ihr Geliebter war den Morgen in aller Frühe ausgegangen, um ein Quartier in der Stadt zu suchen, und noch nicht zurückgekommen. Schon seit drei Tagen war das arme Mädchen allein und verzweifelte, ihren Räuber, ihren schändlichen Verführer jemals wieder zu sehen. Die verdoppelten Tränen und Seufzer dieser schmachtenden Schönheit vollendeten die Erzählung und brachten meine Rührung auf den Gipfel.

Carrara, der nicht mehr lachte, sondern sich ärgerte, daß dieser weinerliche Auftritt, der kein Ende nehmen wollte, uns von unserer Kollation abhielt, machte mir sehr pathetische Vorhaltungen über seinen Appetit. Mein Herz erlaubte mir nicht, meine Landsmännin zu verlassen, ohne weitere Abrede mit ihr getroffen zu haben. Um aber zugleich auch meinen Näscher zu befriedigen, ersuchte ich sie, zu erlauben, daß wir unsre Kollation auf ihr Zimmer dürften bringen lassen. Diese Erlaubnis wurde nicht verweigert, und man trug uns auf.

Über Tisch setzte ich die Unterhaltung mit der Demoiselle fort. Carrara aß ununterbrochen und machte sich über mich lustig.

Es fing an dunkel zu werden, und wir mußten an den Rückweg denken. Ich nahm Abschied von meiner schönen Landsmännin und versprach ihr, sie den folgenden Tag wieder zu besuchen. Ich wünschte ihr auf eine sehr zärtliche Art gute Nacht und bat sie, mir ihren Namen zu entdecken. Sie schien erst einige Schwierigkeiten machen zu wollen, endlich aber sagte sie mir doch ins Ohr, sie hieße Margherita Biondi. Wie ich in der Folge erfuhr, hieß sie weder Margherita noch Biondi und war weder Nichte noch Mamsell: aber sie war jung, artig und liebenswürdig; sie sah ganz wie ein ehrliches Mädchen aus, und ich war leichtgläubig. Konnte ich sie so in ihrem Kummer und in ihrer Betrübnis verlassen?

Carrara höhnte und spottete mich auf dem Rückweg nach der Stadt wacker aus; dies hinderte mich aber nicht, der schönen Fremden Wort zu halten. Ich mietete ein artiges möbliertes Quartier auf dem Waffenplatz für sie, aß den folgenden Tag mit ihr zu Mittag und brachte sie hierauf in einem schönen Wagen in ihre neue Wohnung. Sie bat mich, mich für ihren Onkel zu interessieren, ihn aus dem Gefängnis zu befreien, mit dem Residenten nach seiner Zurückkunft von der Sache zu sprechen und ihn zu bewegen, sie mit ihren Eltern wieder auszusöhnen. Wie hätte ich es über das Herz bringen können, ihr etwas abzuschlagen? Ich besuchte sie sehr fleißig, und ihr Umgang schien mir alle Tage anziehender zu werden.

Ich war ohnehin ziemlich mit meiner Lage zufrieden, dieser Vorfall machte mir sie nun noch um vieles angenehmer. Allein ich war nicht dazu gemacht, irgendein Glück lange Zeit zu genießen. Freude und Verdruß wechselten schnell bei mir, und der Tag, wo ich mein Glück am lebhaftesten fühlte, war fast immer der Vortag einer unangenehmen Begebenheit.

So kam auch jetzt mein Bedienter an einem Morgen ganz früh in mein Zimmer und öffnete meine Bettvorhänge. Er sah, daß ich munter war, und sagte: »Ach, Herr, ich habe Ihnen eine große Neuigkeit zu melden. Fünfzehntausend Savoyarden, zu Fuß und zu Pferde, haben eben die Stadt eingenommen und schwadronieren auf dem großen Platz vor der Kathedralkirche herum.«

Ganz erstaunt über diese unerwartete Neuigkeit, tat ich hundert Fragen an meinen Bedienten, der aber nichts weiter wußte. Ich kleidete mich also in der größten Geschwindigkeit an und ging auf ein Kaffeehaus. Hier redeten zehn Personen auf einmal, jeder wollte der erste sein, mich von dem Vorfall zu unterrichten. In Nebendingen stimmten sie zwar nicht überein, die Hauptsache aber war folgende:

Dieser Auftritt war der Anfang des Kriegs von 1733, den man den Krieg des Don Carlos nennt. Der König von Sardinien erklärte sich für diesen Prinzen und vereinigte seine Waffen mit den Waffen von Frankreich und Spanien gegen das Haus Österreich. Die Savoyarden, welche die Nacht hindurch marschiert waren, kamen mit Tagesanbruch vor den Toren Mailands an. Der General forderte die Schlüssel der Stadt. Mailand ist zu groß, um sich verteidigen zu können; die Schlüssel wurden also ausgeliefert.

Ohne die Sache genauer zu untersuchen, glaubte ich nun genug zu wissen, um meinem Residenten davon Nachricht zu geben. Ich ging also nach Hause, schrieb und schickte einen Eilboten nach Venedig. Drei Tage darauf kam der Resident nach Mailand zurück.

Während dieser Zeit kamen auch die französischen Truppen, vereinigten sich mit den Sardiniern, ihren Bundesgenossen, und bildeten zusammen die fürchterliche Armee, welche die Italiener »l'armata dei Gallo-Sardi«, das vereinigte französisch-sardinische Heer, nannten.

Die Alliierten trafen nun Anstalt, das Schloß von Mailand anzugreifen, und rückten vor, um die Zitadelle beschießen zu können. Wer auf dem Waffenplatz wohnte, war gezwungen auszuziehen. Meine arme Venezianerin, die mit dazu gehörte, gab mir von ihrer Verlegenheit Nachricht. Ich eilte auf der Stelle herbei, half ihr geschwind ausräumen und mußte sie, da ich sie in keinem Gasthof lassen mochte, einem genuesischen Kaufmanne anvertrauen, wo ich sie nicht anders als mitten unter einer zahlreichen und sehr zurückhaltenden Familie sehen konnte.

Die Belagerer öffneten Gräben und machten ihre bedeckten Gänge. Die Belagerung wurde sehr heftig betrieben; die Batterien spielten Tag und Nacht. Die Kanonen aus der Zitadelle antworteten, und die schlecht gerichteten Bomben besuchten uns bisweilen mitten in der Stadt.

Ein Kurier von der Republik Venedig brachte einige Tage nachher meinem Residenten einen Brief vom Dogen auf Pergament geschrieben, mit einem bleiernen Siegel und dem Befehl, Mailand zu verlassen und den Krieg hindurch seinen Aufenthalt in Crema zu nehmen.

Der Resident gab mir gleich Nachricht hiervon. Er benutzte diese Gelegenheit, sich seinen Sekretär, den er nicht leiden konnte, vom Halse zu schaffen und mir diesen ehrenvollen und einträglichen Posten zu übertragen. Er befahl mir, mich für den folgenden Tag bereitzuhalten. Da wir während unserer Abwesenheit in Mailand einen Korrespondenten haben mußten, so schlug ich meinen Freund Carrara hierzu vor. Der Minister war damit zufrieden und ließ ihn in seinen Palast ziehen.

Mein Paket war bald gemacht und meine Papiere zusammengerafft. Hierauf nahm ich von der schönen Venezianerin Abschied, die sich fürchtete, weinte und verzweifelte. Sie empfahl mir ihren Onkel, der noch in Crema im Gefängnis lag. Ich tröstete sie und gab ihr und ihrem Wirte Geld. Fast schien es, als ob diese Handlung etwas zu ihrer Beruhigung beitrüge. Wir umarmten uns, und ich verließ sie. Den folgenden Tag reiste ich mit meinem Minister ab.

Mein erster Weg in Crema war nach dem Gefängnis. Ich fragte nach dem Herrn Leopoldo Scacciati, so hieß der erwähnte Onkel. Ich fand ihn nicht mehr. Meine Fürsprache hatte seine Freilassung beschleunigt. Er hatte den Tag vor meiner Ankunft Crema verlassen und war nach Mailand abgegangen.

Wie, dachte ich, wie will der Mann, der sich von meiner Abreise aus Mailand nichts träumen läßt, Mamsell Biondi in einer so weiten und volkreichen Gegend wiederfinden? Dieser Gedanke beunruhigte mich sehr. Ich schrieb an den genuesischen Kaufmann und an Herrn Carrara. Hier ist die Antwort dieses letzteren.

»Ihr Leopoldo Scacciati ist in Mailand angekommen und hat Sie im Palast aufgesucht. Der Türsteher hat ihn zu mir geschickt, und ich habe mit ihm gesprochen. Er verlangte seine Nichte zurück, ich führte ihn also zu dem Genueser und glaube

Ihnen dadurch einen Dienst erwiesen zu haben, daß ich ihm dieses Mädchen überließ, das Ihnen zur Last und der Mühe nicht wert war.«

Fern von dem bezaubernden Gegenstand fiel es mir viel leichter zu gestehen, daß mein Freund recht getan habe. Weder die Mamsell noch ihr Onkel ließen das geringste von sich hören. Diese Undankbarkeit affizierte mich aber auch nur sehr wenig. Ich vergaß beide und bestrebte mich dafür, die Pflichten meines Postens auf das genaueste zu erfüllen.

31. Kapitel

Crema ist eine Stadt, die der Republik Venedig gehört, von einem venezianischen Nobile unter dem Titel eines Podesta regiert wird, zwanzig Meilen von der Hauptstadt und fünfeinhalb Meilen von Mailand liegt.

Der venezianische Resident war imstande, in dieser Stadt die Unternehmungen und Absichten der kriegführenden Mächte zu beobachten, ohne die Republik, die neutral blieb und die neuen Herren von Mailand nicht anerkennen konnte, zu kompromittieren.

Doch war mein Minister nicht allein mit diesem Auftrag versehen; man hatte von Venedig zu gleicher Zeit in dieselbe Stadt einen Senator mit dem Titel eines außerordentlichen Provveditore gesandt. Diese beeiferten sich beide um die Wette, sich Korrespondenten zu verschaffen und dem Senat die neuesten und sichersten Nachrichten zu schicken.

Wir für unsern Teil bekamen aus Mailand, Turin, Brescia und allen dazwischen liegenden Orten, wo von Truppendurchmarsch, von Fouragierung und Magazinen die Rede war, täglich zehn, zwölf bis zwanzig Briefe. Mein Geschäft war es nun, diese Briefe zu öffnen, zu vergleichen und aus den einstimmigsten und am meisten bewiesenen Nachrichten eine Depesche zusammenzusetzen.

Mein Minister bekam hierauf meine Arbeit in die Hände, las davon aus, machte Bemerkungen, stellte Betrachtungen an, und so fertigten wir oft an einem Tag vier Stafetten nach der Hauptstadt ab.

Diese Übung beschäftigte mich sehr, es ist wahr, aber sie machte mir zu gleicher Zeit unendlich viel Vergnügen. Ich erwarb mir Kenntnisse in der Politik und Diplomatie, die mir sehr nützlich wurden, als ich vier Jahre hernach zum genuesischen Konsul in Venedig ernannt wurde.

Nachdem die Belagerung zwanzig Tage gedauert und die Bresche vier Tage offen gewesen war, mußte die Besatzung im Schloß von Mailand kapitulieren und sich ergeben; doch erhielt sie freien Abzug mit allen militärischen Ehrenbezeigungen, mit klingendem Spiel, fliegenden Fahnen und bedeckten Wagen nach Mantua, wo der Versammlungsplatz der Deutschen war, die noch nicht Mannschaft genug zusammengezogen hatten, um sich dem Vormarsch ihrer Feinde entgegensetzen zu können.

Die vereinigten Armeen benutzten indes die günstige Zeit und belagerten zwei Tage darauf Pizzighettone, eine kleine cremonesische Grenzstadt, am Zusammenfluß des Serio und der Adda, die sehr gut befestigt und mit einer ansehnlichen Zitadelle versehen ist.

Das Kriegstheater hatte sich nunmehr der Stadt Crema sehr genähert, so daß wir noch leichter Neuigkeiten haben und selbst die Kanonenschüsse ganz deutlich unterscheiden konnten. Die Feindseligkeiten wurden indes nicht lange fortgesetzt; denn die Deutschen, die Befehle aus Wien oder Mantua erwarteten, hielten um einen Waffenstillstand von drei Tagen an, der ihnen auch ohne Schwierigkeit bewilligt wurde.

Ich wurde bei dieser Gelegenheit als ein ehrenhafter Spion in das Lager der Alliierten geschickt. Kaum ist es möglich, ein treffendes Gemälde von dem auffallenden Anblick eines Lagers zur Zeit eines Waffenstillstandes zu entwerfen. Es ist das glänzendste Fest, das merkwürdigste Schauspiel, das man sich denken kann.

Eine Brücke, die über die Bresche aufgeschlagen wurde, verschaffte eine Kommunikation zwischen den Belagerern und den Belagerten. Allenthalben sah man Tafeln aufgestellt, die Offiziere bewirteten sich gegenseitig. Von innen und außen gab man unter Zelten oder Lauben Bälle, Festessen und Konzerte. Aus der ganzen Gegend strömte alles zu Fuß, zu Pferd und in Wagen herbei, und von allen Seiten brachte man Lebensmittel. Im Augenblick schien der Überfluß hier seinen Sitz zu haben. Auch Scharlatane und Voltigeurs ermangelten nicht, sich einzufinden. Das Ganze glich einem reizenden Jahrmarkt; mit einem Worte, es war ein herrlicher Aufenthalt.

Ich genoß dieses Vergnügen täglich einige Stunden. Den dritten Tag sah ich die deutsche Besatzung mit eben den Ehrenbezeigungen, als der Besatzung in Mailand zugestanden worden waren, ausziehen. Es machte mir Spaß, französische und piemontesische Soldaten hinter ihren Fahnen aus dem Platz kommen, sich in die Glieder ihrer Landsleute verstecken und ungestraft ausreißen zu sehen.

Den Abend nach meiner Rückkunft stattete ich meinem Minister Bericht von dem ab, was ich gesehen und gehört hatte. Ich konnte ihm nach den Unterredungen, die ich mit den Offizieren gehabt hatte, versichern, daß die vereinigten Armeen in den Herzogtümern Parma und Piacenza ein Lager beziehen würden, um sie vor den Einfällen zu schützen, die man von seiten der Deutschen befürchten mußte.

Der Erfolg entsprach den Nachrichten, die man mir gegeben hatte. Die Alliierten zogen sich nach und nach aus Cremona zurück und setzten sich in der Gegend um Parma fest, wo die verwitwete Herzogin, an der Spitze des Ministeriums, ihre Staaten regierte.

Die Entfernung der Truppen verminderte meine Arbeit um vieles und ließ mir Zeit zu angenehmeren Beschäftigungen. Ich nahm meinen »Belisar« wieder vor, arbeitete mit Eifer und Interesse daran und zog nicht eher die Hand davon ab, als ich glaubte, daß er vollendet wäre und ich zufrieden damit sein könnte.

Um diese Zeit erhielt ich von meinem Bruder, der nach dem Tode des Herrn Visinoni die venezianischen Dienste verließ und in der Hoffnung, von dem Herzog angestellt zu werden, nach Modena ging, aber von dieser Seite nichts erhalten konnte, einen Besuch. Ich nahm ihn freundschaftlich auf und stellte ihn dem Herrn Residenten vor. Der Minister gab ihm die Stelle als Gesellschafter, die ich erst gehabt hatte: allein war der eine ein hitziger Kopf, so war der andere gar ein Feuerbrand, und sie konnten sich durchaus nicht vertragen. Der Herr Resident dankte meinem Bruder für seine Gesellschaft, und dieser verließ ihn mit sehr übler Laune.

Die schlimme Aufführung meines Bruders schadete mir viel bei dem Minister. Seit dieser Zeit behandelte er mich weder mit der vorigen Güte noch mit der vorigen Freundschaft. Ein tartüffischer Dominikaner hatte sein Zutrauen erschlichen und schon so viel erhalten, daß er, wenn ich nicht zu Hause war, nach den Diktaten des Ministers arbeitete. Alles das hatte mich schon verdrießlich gemacht. Mein Vorgesetzter und ich waren nunmehr zwei Leute, die einander gleich satt hatten, und der

Vorfall, den ich eben erzählen will, bewirkte einen gänzlichen Bruch zwischen uns.

Ich war eines Tages auf meinem Zimmer, als man einen Fremden meldete, der mich zu sprechen verlangte. Ich ließ ihn hereinkommen und erblickte einen kleinen, mageren, hinkenden, ziemlich schlecht gekleideten Menschen, mit einer etwas zweideutigen Physiognomie. Ich fragte nach seinem Namen. »Mein Herr«, antwortete er, »ich bin Ihr Diener Leopold Scacciati.« – »Aha, Herr Scacciati?« – »Ja, mein Herr, derselbe, den Sie so großmütig in Ihren Schutz genommen und aus dem Gefängnis geholfen haben.« – »Und wo kommen Sie jetzt her?« – »Von Mailand, mein Herr.« – »Wie befindet sich Ihre Mamsell Nichte?« – »Wohl, recht sehr wohl. Sie werden sie selbst sehen.« – »Sehen? Wo ist sie denn?« – »Hier!« – »Ist hier?« – »Ja, im Gasthof ›zum Hirsch‹, wo sie Sie erwartet. Sie läßt Sie bitten, diesen Mittag mit ihr vorliebzunehmen.« – »Sachte, Herr Scacciati. Was haben Sie denn aber so lange Zeit in Mailand getrieben?« – »Ich kannte viele von den Herren Offizieren, die mir die Ehre erwiesen und mich besuchten.« – »Sie besuchten?« – »Ja, mein Herr.« – »Und Mamsell...« – »Machte die Honneurs von der Tafel.« – »Nur von der Tafel...?«

Ein Bedienter unterbrach hier die Unterredung, die ich gern länger fortgesetzt hätte, und sagte mir, daß mich der Minister zu sprechen verlange. Ich bat den Herrn Scacciati, dazubleiben und meine Rückkunft zu erwarten. Ich ging in das Zimmer des Residenten, der mir ein Manuskript zu kopieren gab. Es war das Manifest des Königs von Sardinien, mit den Gründen, die ihn bewogen hätten, auf die Seite der Franzosen zu treten. Es war für den Augenblick eine Kostbarkeit, denn das Original befand sich noch in Turin unter der Presse. Das Manuskript sollte also kopiert und nach Venedig geschickt werden.

Der Minister speiste diesen Tag weder mittags noch abends zu Hause. Er befahl mir, ihm das Manuskript und die Kopie am folgenden Morgen bei seinem Erwachen zu bringen, das Heft war stark und schlecht geschrieben, allein die Sache war eilig und mußte fertig werden. Ich ging also auf mein Zimmer, wo ich dem Herrn Scacciati sagte, daß ich diesen Mittag nicht in der Stadt essen könne, daß ich aber diesen Abend so bald als möglich seine Nichte besuchen würde. Er sagte, die Mamsell würde bis dahin nicht mehr in Crema sein. Ich wiederholte meine Worte mit einem etwas ungeduldigen Ton, und das hinkende Männchen machte einen höflichen Seitensprung und entfernte sich.

Ich machte mich unverzüglich an die Arbeit. Mein Mittagessen bestand aus einer Tasse Schokolade. Ich arbeitete bis neun Uhr abends, wurde fertig, schloß die beiden Kopien in meinen Schreibschrank und ging in den Gasthof »zum Hirsch«. Hier fand ich die schöne Venezianerin bei einer Partie Pharao bei vier Herren sitzen, die ich nicht kannte. Wie ich hereintrat, legte man die Karten hin, stand auf, empfing mich mit vieler Höflichkeit, ließ das Abendessen auftragen und gab mir den Ehrenplatz neben der Mamsell. Ich hatte einen wütenden Hunger und aß für zehn.

Nach geendigter Mahlzeit setzte man sich wieder zum Spiel. Ich setzte, gewann und wollte nicht zuerst abbrechen. So ging die ganze Nacht unter Spielen hin. Ich sah nach der Uhr: es war sieben Uhr morgens. Ich gewann immerfort, aber länger konnte ich nicht bleiben. Ich entschuldigte mich bei der Gesellschaft und ging hinweg.

Vier Schritte vor dem Gasthof begegnete ich einem von unseren Bedienten. Er sagte mir, daß mich der Herr Resident allenthalben habe suchen lassen: er wäre schon früh um fünf Uhr aufgestanden, hätte mich rufen lassen und erfahren, daß ich die Nacht außer dem Hause geschlafen. Dies hätte ihn außer aller Fassung gebracht.

Ich eilte nach Hause, nach meinem Zimmer, nahm die beiden Hefte und brachte sie dem Minister. Er empfing mich sehr übel, ja er äußerte sogar den Argwohn, als ob ich das Manifest des Königs von Sardinien dem außerordentlichen Provveditore mitgeteilt habe.

Diese Beschuldigung beleidigte und ärgerte mich. Es entfuhren mir, wider meine Gewohnheit, einige heftige Ausdrücke. Er drohte mir, mich arretieren zu lassen. Ich verließ das Haus und nahm meine Zuflucht zu dem Bischof der Stadt. Dieser nahm sich meiner an und versprach mir, mich mit dem Residenten wieder auszusöhnen. Allein ich dankte ihm, mein Entschluß war gefaßt: ich wollte mich nur erst rechtfertigen und dann fort.

Unterdessen hatte der Resident sich erkundigt, wo ich meine Nacht zugebracht hatte. Er sah seinen Irrtum ein, allein ich hatte keine Lust, mich von neuem ähnlichen Unannehmlichkeiten auszusetzen, und bat um Erlaubnis, mich entfernen zu dürfen. Ich erhielt sie und ging zu dem Minister, mich bei ihm zu entschuldigen und ihm zu danken. Hierauf machte ich mein Paket, mietete ein Fuhrwerk nach Modena, wo meine Mutter noch wohnte, und ging nach drei Tagen dahin ab.

32. Kapitel

Am 28. Junius, den Abend vor dem St.-Peters-Tage 1733, diesem für Parma so merkwürdigen Tag, langte ich in dieser Stadt an und nahm mein Quartier »All'Osteria del Gallo«, im Gasthof »Zum Hahn«.

Am folgenden Morgen weckte mich ein wildes Getöse. Ich stieg aus dem Bett, trat an das Fenster und sah die Straße voller Menschen, die dahin und dorthin liefen, gegeneinander rannten, weinten, schrien und wehklagten: Weiber, die ihre Kinder auf den Armen trugen, andere, die sie auf dem Pflaster hinter sich herzogen. Ich sah Männer, die Reffe, Körbe, Pakete und Koffer trugen; Greise, die zu Boden sanken, Kranke im Hemd, Karren, die umgestürzt wurden, Pferde, die durchgingen. Was bedeutet das? sagte ich. Ist das Ende der Welt da?

Ich zog meinen Oberrock über das Hemd, stieg die Treppe herab und trat in die Küche. Ich frage, erkundige mich, niemand aber will mir antworten. Der Wirt sucht sein Silberzeug zusammen; seine Frau, mit zerstreuten Haaren, trug einen kleinen Koffer in den Händen und ihre Kleider in der Schürze. Ich redete sie an, sie stieß mich aber gegen die Tür und lief eilig davon. »Was gibt es denn? was gibt es denn?« fragte ich jedermann, der mir begegnete. Endlich erblickte ich am Eingang des Stalles einen Mann, den ich als meinen Fuhrmann erkannte. Ich ging zu ihm hin und erfuhr, was ich wissen wollte.

»Die ganze Stadt, Herr«, sagte er, »ist in Schrecken, und wahrlich nicht umsonst. Die Deutschen sind vor den Stadttoren; wenn sie eindringen, ist die Plünderung gewiß. Jedermann rettet sich in die Kirchen, jeder sucht seine Habseligkeiten unter den Schutz Gottes zu bringen.« – »Wie«, sagte ich ihm, »haben die Soldaten bei solchen Gelegenheiten Zeit, Betrachtungen anzustellen? Überdies, sind die Deutschen alle Katholiken?«

Während ich so mit meinem Fuhrmann schwatzte, veränderte sich die Szene auf einmal. Man hörte lautes Freudengeschrei, alle Glocken läuteten und Petarden wurden losgebrannt. Jedermann kam nun wieder aus der Kirche und brachte seine Sachen mit sich zurück. Man suchte, begegnete, umarmte sich. Der Grund dieser Änderung? Es war folgender:

Ein doppelter Spion, der sowohl im Solde der Alliierten als der Deutschen stand, war vergangene Nacht im Lager der ersteren, im Dorfe San Pietro, eine Stunde von der Stadt, gewesen und hatte die Nachricht gebracht, daß ein Detachement deutscher Truppen diesen Tag in der Gegend um Parma auf Fouragierung ausgehen und zugleich einen Angriff auf die Stadt wagen sollte.

Der Marschall von Coigny, der damals die Armee kommandierte, ließ ein Detachement von zwei Regimentern, Picardie und Champagne, ihnen entgegenmarschieren, um sie auszukundschaften. Diesem braven General fehlte es niemals an Vorsicht noch an Wachsamkeit; er ließ deshalb den Spion, in welchen er einiges Mißtrauen setzte, in Haft nehmen und die ganze Armee unter Waffen treten.

Herr von Coigny täuschte sich nicht. Die beiden Regimenter näherten sich den Stadtwällen und entdeckten die deutsche Armee, die aus vierzigtausend Mann mit zehn Feldstücken bestand und von dem Marschall de Mercy angeführt wurde.

Die Franzosen marschierten auf der Heerstraße, die von breiten Gräben umgeben war, und konnten nicht zurückweichen. Sie rückten mutig vorwärts, wurden aber fast sämtlich durch die feindliche Artillerie niedergeworfen.

Dies war für den französischen Befehlshaber das Signal, daß er überlistet war. Der Spion wurde auf der Stelle gehängt, die Armee setzte sich mit verdoppeltem Schritt in Marsch. Der Weg war zu schmal; die Kavallerie konnte nicht vorrücken, die Infanterie feuerte so nachdrücklich auf den Feind, daß sie ihn nötigte, sich zurückzuziehen. In diesem Augenblick verwandelte sich die Furcht der Parmesaner in Freude.

Die ganze Stadt lief nun auf die Wälle; ich lief auch dahin. Man kann keine Schlacht näher sehen: der Rauch verhinderte uns oft, die Gegenstände zu unterscheiden, doch war das Ganze immer ein seltener Anblick, dessen sich nur wenige Menschen, ihn genossen zu haben, rühmen können.

Das beständige Feuer dauerte neun Stunden ununterbrochen fort. Die Nacht trennte die beiden Heere. Die Deutschen zerstreuten sich in den Bergen um Reggio, und die Franzosen blieben Meister vom Schlachtfeld.

Am folgenden Tag sah ich den Marschall de Mercy, der in der Hitze des Treffens getötet worden war, auf einem Tragestuhl nach Parma bringen. Dieser General wurde, so wie der Prinz von Württemberg, der gleiches Schicksal gehabt hatte, einbalsamiert und dann nach Deutschland geschickt.

Ein noch weit schrecklicheres und ekelhafteres Schauspiel bot sich am folgenden Nachmittag meinen Augen dar. Ich meine die Toten, die man die Nacht über geplündert hatte und deren Zahl man mit 25.000 Mann angab. Sie lagen nackt und verstümmelt da; man sah einzelne Arme, Füße und Gehirn und Blut überall. Welch ein mörderischer Tag!

Die Parmesaner fürchteten bei der Schwierigkeit, alle diese Leichname zu begraben, eine Verpestung der Luft; die Republik Venedig aber, deren Gebiet nahe liegt und die also auch daran interessiert war, die Luft rein zu erhalten, gab eine Menge Kalk her, so daß alle diese Toten bald genug von der Oberfläche der Erde verschwanden.

Den dritten Tag nach der Schlacht wollte ich meinen Weg nach Modena fortsetzen. Mein Fuhrmann aber hatte erfahren, daß die Wege von dieser Seite, wegen der unaufhörlichen Streifereien der Truppen von beiden Seiten, ganz ungangbar wären. Er setzte hinzu, daß, wenn ich nach Mailand, seiner Vaterstadt, zu gehen gesonnen sei, er mich selbst dahin bringen wolle; wenn ich hingegen nach Brescia wolle, so kenne er einen von seinen Kameraden, der mit einem Abbé, mit dem ich die Reise zusammen machen könne, dahin abginge.

Ich nahm diesen letzteren Vorschlag an. Brescia lag mir mehr, und ich reiste den folgenden Tag mit dem Abbé Garoffini, einem jungen geschickten Mann und großen Liebhaber von Schauspielen, dahin ab.

Wir sprachen unterwegs viel zusammen, und da ich auch von der Autorseuche angesteckt war, so unterließ ich nicht meines »Belisars« zu erwähnen. Der Herr Abbé schien begierig, ihn zu hören, und so holte ich ihn bei dem ersten Mittagessen aus meinem Koffer und fing die Vorlesung an.

Ich hatte noch nicht den ersten Akt vollendet, als der Fuhrmann kam und uns nötigte einzusteigen. Der Herr Abbé war verdrießlich darüber, denn er hatte einigen Anteil an dem Stück genommen. »Kommen Sie«, sagte ich, »ich kann in dem Wagen so gut lesen wie hier.« Wir nahmen also wieder Platz in der Chaise, und da die Lohnkutscher immer im Schritt fahren, so setzte ich meine Vorlesung ohne die geringste Unbequemlichkeit fort.

Indes wir beide so beschäftigt waren, hielt der Wagen auf einmal still. Fünf Kerle mit Schnurrbärten, in Militäruniform, mit bloßen Säbeln in der Hand, befahlen uns, abzusteigen. Was konnten wir gegen die Befehle dieser Herren tun? Ich stieg also auf der einen und der Abbé auf der andern Seite aus. Einer von ihnen forderte meine Börse, die ich ihm gebe; ohne mich weiter bitten zu lassen. Ein anderer bemächtigt sich meiner Uhr, ein dritter sucht in meinen Taschen und zieht meine Dose heraus, die aber nur von Schildpatt war. Zwei andere nahmen mit dem Abbé ein gleiches vor, alsdann fielen sie alle fünfe über unsere Koffer und Pakete her.

Sobald der Kutscher seinen Wagen ledig sah, jagte er mit seinen Pferden im Galopp davon, und auch ich fand nicht für gut, mich länger hier zu verweilen. Ich sprang über einen breiten Graben, lief querfeldein und war noch immer nicht außer Furcht, das Lumpengesindel möchte auch noch nach meinem Oberrock, meinem Kleide, meinen Hosen und meinem Leben Lust bekommen. Doch pries ich mich glücklich, bloß mein Geld und meine Sachen eingebüßt und dafür meinen »Belisar« davongebracht zu haben.

Die Räuber hatte ich nunmehr aus dem Gesicht verloren, ich wußte aber nicht, was aus meinem Reisegefährten geworden war. Ich fand eine schattige Allee, wo ich mich neben einen Bach hinstreckte und sanft ruhte. Ich schöpfte Wasser mit der hohlen Hand, das mich sehr erquickte.

Mein Körper hatte sich erholt, mein Geist war wieder ruhig geworden. Niemand war da, bei dem ich mich hätte erkundigen können, ich ging also aufs Geratewohl an der einen Seite der Allee weiter, in der Überzeugung, daß ich in der Nähe eines bewohnten Ortes sein müsse. Bald begegnete ich auch einigen Landleuten, die im Felde arbeiteten. Ich näherte mich zuversichtlich und erzählte ihnen mein Abenteuer. Sie wußten schon etwas davon; sie hatten nämlich die Schurken, die mich plünderten, wie Maulesel beladen, einen Seitenweg passieren sehen. Es waren Ausreißer, welche die Wanderer anfielen und sich selbst an einzelne Meierhöfe und kleine Dörfer wagten. Dies sind die unglücklichen Folgen des Kriegs, die ohne Unterschied Freunde und Feinde treffen und ganz unschuldige Personen zugrunde richten. »Wie«, fragte ich, »können diese Spitzbuben ihren Raub loswerden, ohne in Verhaft zu kommen?« Alle Umstehenden wollten mir auf einmal antworten. Dieser Eifer verriet ihren Unmut. In einer kleinen Entfernung von dem Ort, wo wir uns befanden, gab es eine tolerierte Gesellschaft reicher Leute, welche die gemachte Beute von beiden Teilen aufkaufen durften, und diese Käufer kümmerten sich wenig darum, ob die Sachen, die man ihnen anbot, von dem Schlachtfeld oder von der Heerstraße kamen.

Die Sonne war im Begriff unterzugehen. Diese guten Leute

boten mir den Rest von ihrem Vesperbrot an, den ich ungeachtet meines Unsterns mit Appetit verzehrte. Sie schlugen mir vor, die Nacht bei ihnen zuzubringen. Ich wollte die Gastfreiheit dieser ehrlichen Leute annehmen, ein ehrwürdiger Greis aber, der Vater und Großvater meiner Wohltäter, sagte mir, daß ich zu meinem Nachtlager nichts als Heu und Stroh finden und also besser tun würde, nach Casal Pasturlengo, eine kleine Stunde von hier, zu gehen, wo der Pfarrer des Orts, ein sehr rechtschaffener, gefälliger Mann, sich ein Vergnügen daraus machen würde, mich aufzunehmen und zu bewirten.

Jedermann stimmte ihm bei. Ein junger Mensch nahm es auf sich, mich dahin zu bringen. Ich folgte ihm und dankte dem Himmel, der von der einen Seite die Bösen duldet, von der andern aber auch tugendhafte Seelen und fühlbare Herzen erweckt.

33. Kapitel

Bei unserer Ankunft in Casal Pasturlengo bat ich meinen Führer, dem Herrn Pfarrer meinen Zufall zu melden. Nach ein paar Augenblicken kam mir dieser gute Pastor entgegen, reichte mir die Hand und führte mich in seine Stube. Entzückt über diesen guten Empfang, wendete ich mich gegen den jungen Menschen, der mich begleitet hatte, dankte ihm und bezeigte ihm, wie leid es mir täte, daß ich ihm seine Mühe nicht belohnen könne. Der Pfarrer hörte es und gab dem jungen Bauer ein paar Groschen, womit er sehr zufrieden zurückkehrte. So wenig dies in manchen Augen auf sich haben mag, so ist es doch immer ein Zug von der Denkungsart eines braven, mitleidigen Mannes.

Auf dem Land ißt man früh zu Abend. Die Abendmahlzeit des Pfarrers war also auch schon fertig, als ich kam. Ich ließ mich nicht lange nötigen, und er teilte mit mir, was ihm seine Haushälterin zurechtgemacht hatte.

Unsere Unterredung fiel erst auf den Krieg, wo ich ihm alles erzählte, was ich in Parma, Mailand und Pizzighettone gesehen hatte. Unvermerkt geriet ich auf mancherlei Details, meine Geschäfte und Arbeiten betreffend, und wie gewöhnlich wurde das Ziel meiner Gespräche – der »Belisar«.

Der Pfarrer, so ein rechtschaffener, exemplarischer Geistlicher er war, verdammte doch deshalb die ehrbaren, sittlichen

Schauspiele nicht, ja er äußerte sogar ein Verlangen, mein Stück zu hören. Ich war zu ermüdet für den Augenblick, wir verschoben es also auf den folgenden Tag, und ich legte mich in ein köstliches Bett, worin ich alle meine Sorgen vergaß und bis an den hellen Morgen schlief.

Sobald ich die Augen auftat, brachte man mir eine gute Tasse Schokolade. Nach dem Frühstück ging ich, da das Wetter sehr schön war, bis gegen Mittag spazieren. Dann sahen wir uns mit Vergnügen wieder und speisten mit noch zwei andern Abbés aus dem Kirchspiel zu Mittag. Nach dem Essen machte ich mich an die Vorlesung meines Stücks. Der Pfarrer bat mich um die Erlaubnis, seine Haushälterin und seinen Verwalter hereinlassen zu dürfen. Mir wäre es lieb gewesen, wenn er das ganze Dorf hätte kommen lassen.

Meine Vorlesung fand außerordentlichen Beifall. Die drei Abbés, die nicht dumm waren, faßten die interessantesten und hervorstechendsten Stellen, und die Leute aus dem Dorfe bewiesen mir durch ihr Vergnügen, daß mein Stück für jedermann verständlich wäre und daß es den Unwissenden sowohl als den Gelehrten gefallen könne.

Der Herr Pfarrer machte mir sein Kompliment und dankte mir für meine Gefälligkeit. Ein gleiches taten die beiden andern Abbés; jeder von ihnen wollte mich bei sich zu Tisch behalten. Allein ich wollte meinem Wirt nicht beschwerlich fallen und sah mich überdies genötigt zu eilen. Der Pfarrer fragte, wie ich meinen Weg fortzusetzen gedächte. Ich war sehr entschlossen, zu Fuß zu gehen, der würdige Mann aber ließ es nicht zu. Er gab mir sein Pferd und seinen Bedienten und diesem den Befehl, das Mittagessen im Gasthof zu bezahlen. So reiste ich den folgenden Tag, mit Höflichkeiten und Wohltaten überhäuft, ab.

Bei meiner Ankunft in Brescia befand ich mich indes in größerer Verlegenheit als jemals. Ich hatte sonst keine Zuflucht als die, zum Gouverneur zu gehen, den ich nicht kannte. Und konnte ich hoffen, in der Stadt die gleiche Herzlichkeit zu finden, die ich in einem kleinen Flecken erfahren hatte?

Vorzüglich ging es mir nahe, dem Bedienten des Pfarrers seine Mühe nicht belohnen zu können. Ich bat ihn, mich in einer kleinen Herberge zu erwarten, wo wir abgestiegen waren, und ging nach dem Palast des Gouverneurs. Eben als ich im Begriff war, mich um die Ecke nach einer Straße, die man mir angegeben hatte, zu wenden, erblickte ich einen Mann, der mir entgegengehinkt kam. Es war Herr Leopold Scacciati, der Onkel meiner schönen Landsmännin.

Er, ebenso erstaunt, mich zu sehen, wie ich, ihm hier zu begegnen, beklagte sich, daß er mich in Crema im Gasthofe »Zum Hirsch« nicht wiedergesehen habe. Ich erzählte ihm meine schnelle Abreise aus dieser Stadt, die verdrießlichen Begebenheiten, die mir nachher zugestoßen waren, und schilderte ihm den kläglichen Zustand, in dem ich mich befand. Dieser Mensch, dem man es gar nicht hätte zutrauen sollen, schien bis zu Tränen gerührt und bat mich, mit ihm zu gehen.

Es fehlte mir an allem; da ich aber das Gewerbe des Scacciati und seiner Nichte nicht kannte, so weigerte ich mich, ihn zu begleiten. Das hinkende Männchen, das viel kleiner war als ich, sprang mir an den Hals, umarmte mich, schwatzte mir von den Verbindlichkeiten vor, die er mir schuldig wäre, von seiner Dankbarkeit, von seiner Anhänglichkeit an mich und faßte mich an der Hand und zog mich hinter sich her. Seine Wohnung war ganz in der Nähe, wir kamen an die Tür, er stieß mich hinein und schrie aus Leibeskräften: »Margherita, Margherita, Herr Goldoni ist da!« Mamsell Margherita kam die Treppe herab, umarmte mich, bat mich, zwang mich, sie nach oben zu begleiten, so daß ich ihnen folgen mußte.

Die Venezianerin fragte nach diesem und jenem, was meine Person betraf; ich hätte ihr gern den Gefallen getan, aber der Bediente des Pfarrers fiel mir ein. Ich äußerte meine Unruhe; sie fragen mich nach der Ursache; ich erzählte sie. Scacciati machte sich augenblicklich auf den Weg, dem Menschen, der mich erwartete, ein Trinkgeld zu geben.

Indes ich allein mit meiner Landsmännin war, erzählte ich ihr meine Geschichte und ließ mir die ihrige erzählen.

Scacciati war nicht ihr Onkel, sondern ein Gauner, der sie ihren Eltern entführte und an einen reichen Mann verkaufte, welcher sie nach zwei Monaten wiederum verließ und den Unterhändler besser bezahlte als das Mädchen. Sie war es müde, mit diesem Tagedieb zu leben, der, was sie mit Mühe und Widerwillen verdiente, auf die leichtsinnigste Art verschwendete. Sie hatte sich in Mailand viel erworben, und doch verließen sie diese Stadt mit mehr Schulden als Geld. Ebenso ging es in Brescia. Scacciati war der lasterhafteste, unvernünftigste Mensch von der Welt. Sie wäre gern von ihm los gewesen und verlangte einen guten Rat von mir, wie sie es anstellen müsse.

Wäre ich reich gewesen, ich hätte sie gern von ihrem Tyrannen befreit; in meiner Lage aber konnte ich nichts tun, als ihr den Rat geben, sich an ihre Eltern zu wenden und den Schutz derjenigen Personen anzuflehen, die das Recht hatten, sie ihm abzufordern.

Wir unterhielten uns noch ziemlich vertraut, als der Hinkende zurückkam. Er sah uns beieinander, trieb seinen Scherz darüber und glaubte, daß die Demoiselle Sorge getragen hätte, mich meinen Kummer vergessen zu machen. Der böse Mensch! Er kannte kein Vergnügen als in der Ausschweifung.

Es tat mir leid, daß ich ihn selbst zu einer Zeit verdammen mußte, wo er alles hervorsuchte, sich mir verbindlich zu machen. »Kommen Sie«, sagte er, »da wir heute keinen Fremden haben, so wollen wir drei den Abend zusammen essen. Kommen Sie, mein Herr, kommen Sie mit mir.« Ich folgte ihm, und er führte mich in ein sehr wohl möbliertes Zimmer mit einem Himmelbett. »Hier ist das Besuchszimmer der Mamsell. Sie können es nach Ihrem Belieben allein oder in Gesellschaft einnehmen.«

Der Ort erweckte mir einen Schauder: ich wollte auf der Stelle fort. Der schlaue Kerl merkte meinen Widerwillen und öffnete mir ein kleines Kabinett, das ich in Betracht auf die späte Tageszeit und meine Lage überhaupt nicht ausschlug. Doch sagte ich ihm zugleich, daß ich den folgenden Tag zu meiner Abreise bestimmt habe.

Nachdem Scacciati alles, was er konnte, vergeblich angewandt hatte, mich länger aufzuhalten, so sagte er mir geradezu und mit einer Ergießung des Herzens, die ich bewundert haben würde, wenn sie nicht aus einer verderbten Seele gekommen wäre, daß er meine Umstände kenne und bereit sei, mich auf alle mögliche Art zu unterstützen. »Nun gut«, sagte ich, »da Sie doch etwas für mich tun wollen, so leihen Sie mir sechs Zechinen gegen einen Schein.« Er gab mir die sechs Zechinen, nahm aber den Schein nicht, sondern verließ, ohne mich weiter anzuhören, das Zimmer und bestellte das Abendessen.

Wir speisten sehr gut, und ich legte mich frühzeitig zu Bett. Den folgenden Morgen frühstückte ich mit dem Onkel und der vorgeblichen Nichte, bedankte mich bei beiden und reiste mit der Post nach Verona ab.

Da ich nicht wieder Gelegenheit haben werde, von diesen Leuten zu sprechen, so will ich dem Leser bloß mit zwei Worten sagen, daß ich das Mädchen einige Jahre hernach ganz gut verheiratet in Venedig wiederfand und daß Herr Scacciati seine Rolle endlich auf einer Galeere ausspielte.

34. Kapitel

Unterwegs auf der steinigen Ebene zwischen Brescia und Verona stellte ich Betrachtungen über meine glücklichen und unglücklichen Abenteuer an und fand, daß allenthalben das Böse mit dem Guten und das Gute mit dem Bösen vergesellschaftet war.

Vorzüglich reizte der letzte Auftritt in Brescia und die Unterstützung, die ich da fand, mein Nachdenken. Gauner plünderten mich, ein Gauner half mir wieder aus der Verlegenheit. Wie ist es möglich, daß die Tugend sich den Zugang in ein verdorbenes Herz verschaffen kann? Nein, das kann nicht sein. Eigenliebe, Prahlerei waren die Triebfedern des Edelmutes des Scacciati gegen mich. Doch sein Beweggrund mag auch gewesen sein, welcher er will, ich bin ihm immer Dank schuldig.

Die Vorsehung bedient sich mancherlei Mittel und Wege, ihre Gunst zu erteilen. Oft braucht sie einen Schurken, einem rechtschaffenen Menschen beizustehen. Unsere Pflicht ist es, den Urheber der Wohltat zu segnen und uns dankbar gegen den Mittler zu bezeigen.

In Desenzano hielt ich in demselben Gasthof am Gardasee, wo ich schon zweimal die Nacht zugebracht hatte, Mittag und traf mit einbrechender Nacht in Verona ein.

Verona gehört unter die schönsten Städte von Italien. Sie verdiente es ohne Zweifel, daß ich mich bei ihren Schönheiten, ihren Zierden, ihren Akademien, den Talenten, die sie in jedem Zeitalter hervorgebracht und kultiviert hat, verweilte; diese Abschweifung würde mich aber zu weit abführen. Ich schränke mich also bloß auf das Monument ein, das einigen Bezug auf den Inhalt meiner Memoiren hat.

Man sieht ein Amphitheater in Verona, das ein Werk der alten Römer ist. Man weiß nicht, ob es unter dem Trajan oder unter dem Domitian erbaut worden ist; allein es ist noch so vortrefflich erhalten, daß man sich desselben so gut wie zur Zeit seiner Errichtung bedienen kann.

Dieses weitläufige Gebäude, das man in Italien »l'Arena di Verona« nennt, hat eine länglich-runde Form. Der große innere Diameter beträgt 225 und der kleine Diameter 133 Fuß. Fünfundvierzig Reihen marmorner Sitze laufen umher und können bequem 20000 Personen fassen.

In dem Raum, der den Mittelpunkt ausmacht, führt man Schauspiele von aller Art auf: Wettrennen, Lanzenbrechen,

Stiergefechte, und im Sommer gibt man sogar bei hellem Tageslicht gewöhnliche Komödie.

Man errichtet zu diesem Zweck mitten auf dem Platz über einem dauerhaften Gerüst ein bretternes Theater, das im Winter auseinandergenommen und im Sommer wieder zusammengesetzt wird, wo denn die besten Truppen Italiens wechselweise hier ihre Talente üben.

Logen für die Schauspieler sind nicht vorhanden, ein Verschlag von Brettern bildet ein weitläufiges Parterre, das mit Stühlen besetzt wird. Das gemeine Volk nimmt für ein sehr billiges Geld die Reihen Sitze ein, die dem Theater gegenüberliegen. So mäßig auch der Preis für den Zutritt ist, so bringt doch kein Schauspielsaal in Italien so viel ein wie die Arena.

Als ich den Tag nach meiner Ankunft aus dem Gasthof ging, sah ich Komödienzettel angeschlagen und las, daß man heut »Den aus Furcht stummen Harlekin« geben würde.

Am Nachmittag ging ich also hin und trat in den Verschlag mitten in der Arena, wo ich ein sehr volles Haus fand.

Der Vorhang ging auf. Die Schauspieler entschuldigten sich wegen der Änderung des aufzuführenden Stückes. Sie gaben nicht »Den aus Furcht stummen Harlekin«, sondern ein anderes Stück, dessen Name mir entfallen ist. Aber was für eine angenehme Überraschung für mich! Der Schauspieler, der die Zuschauer anredete, war kein anderer als mein lieber Casali, der Beförderer und Eigentümer meines »Belisar«.

Ich verließ meinen Platz und ging nach dem Theater. Da der Raum etwas eng war, so wollte man mich nicht hineinlassen. Ich ließ also den Casali rufen. Er kam, erkannte mich und war vor Freude ganz außer sich. Ich folgte ihm, er stellte mich dem Directeur, der ersten, der zweiten, der dritten Aktrice, endlich der ganzen Truppe vor. Jedermann wollte mit mir sprechen: Casali aber riß mich aus dem Zirkel und führte mich hinter einen Vorhang. Zum Unglück wurde eben die Dekoration verändert, und ich stand frei auf dem Theater. Ich wurde so lange ausgepfiffen, bis ich mich zurückgezogen hatte. Schlimme Vorbedeutung für einen Autor! Doch entschädigten mich die Veroneser in der Folge reichlich für diese kleine Unannehmlichkeit. Diese Truppe war dieselbe, von der mir Casali in Mailand gesagt hatte. Sie gehörte zu dem Theater »Grimani a San Samuele« zu Venedig, wo sie den Herbst und den Winter spielte. Den Frühling und Sommer brachten sie auf dem Festland zu.

Herr Imer war der Directeur dieser Truppe, ein rechtschaffener, höflicher Genueser. Er bat mich auf den folgenden Tag, an dem nicht gespielt wurde, zu Tisch. Ich nahm seine Einladung an und versprach ihm dafür eine Vorlesung meines »Belisar«.

Ich verfügte mich den folgenden Tag zum Directeur. Ich fand die ganze Gesellschaft beisammen, weil Imer seine Leute mit der Neuigkeit, von der ihnen Casali gesagt hatte, regalieren wollte. Die Mahlzeit war prächtig und die Munterkeit der Komödianten reizend. Man machte Verse aus dem Stegreif, sang Trinklieder. Vorzüglich gaben sie sich mit mir ab und machten es wie die Werber, wenn sie auf einen Jagd machen.

Nach aufgehobener Tafel versammelte man sich in dem Zimmer des Directeurs, und ich las mein Stück vor. Man hörte sehr aufmerksam zu, und der Beifall, nach geendigter Vorlesung, war allgemein und vollkommen. Imer faßte mich bei der Hand und sagte mit wahrem Lehrmeisterton: »Bravo!« Jedermann sagte mir etwas Schmeichelhaftes, und Casali weinte vor Freude. Einer von den Schauspielern fragte mich sehr höflich, ob die Gesellschaft die Ehre haben würde, mein Stück zuerst auf das Theater zu bringen. Casali stand auf und sagte mit einer zuversichtlichen Miene: »Ja, mein Herr, Herr Goldoni hat mir die Ehre erwiesen, es für mich zu verfertigen. Ich gehe«, sagte er und nahm das Stück, das auf dem Tisch liegen geblieben war, »ich gehe, es mit der Erlaubnis des Verfassers zu kopieren.« Mit diesen Worten ging er hinweg, ohne die Antwort des Verfassers abzuwarten.

Imer nahm mich beiseite. Er bat mich, ein Quartier, das in einem Hause neben dem seinigen frei stand, und – solange die Truppe in Verona bleiben würde – den Tisch bei ihm anzunehmen. In meiner Lage konnte ich nichts abschlagen.

35. Kapitel

Imer hatte, ohne eine vollständige Erziehung genossen zu haben, Verstand und Kenntnisse. Er liebte das Theater leidenschaftlich, war von Natur beredt und würde in den Impromptus, wie man sie auf dem italienischen Theater hat, die Rolle eines Liebhabers recht gut gespielt haben, wenn seine Taille und Figur seinen übrigen Talenten entsprochen hätten. So aber war er klein, dick, hatte fast keinen Hals, kleine Augen und eine kleine, breitgedrückte Nase. In ernsthaften Rollen war er lächerlich, und die überladenen Charaktere waren nicht Mode.

Er hatte eine gute Stimme und bekam den Einfall, in die Komödie musikalische Intermezzos einzuführen, die seit langer Zeit mit den großen Opern vereinigt und endlich mit den Balletts vertauscht worden waren.

Die komische Oper entstand in Neapel und Rom, war aber weder in der Lombardei noch in dem venezianischen Gebiete bekannt, so daß Imers Projekt glückte, durch die Neuheit Vergnügen machte und den Schauspielern viel Geld eintrug.

Er hatte zwei Aktricen in seiner Truppe für die Intermezzos. Eine war eine artige, geschickte Witwe, mit Namen Zanetta Casanova, welche die jungen Liebhaberinnen im Lustspiel machte; die andere ein Frauenzimmer, die eigentlich keine Schauspielerin war, aber eine reizende Stimme hatte. Sie hieß Agnese Amurat und war dieselbe Sängerin, die in Venedig bei meiner Serenade gesungen hatte.

Diese beiden Frauenzimmer kannten sowenig wie Imer eine Note: aber alle drei hatten Geschmack, ein gutes Ohr, einen vollkommenen Vortrag, und das Publikum war mit ihnen zufrieden.

Das erste Intermezzo, mit dem sie debütierten, war »La Cantatrice« (»Die Sängerin«), ein kleines Stück, das ich für ein Gesellschaftstheater in Feltre verfertigt und mit dem ich auf diese Weise – ohne mein Wissen und ohne gekannt zu sein – etwas zum Besten der Gesellschaft in Venedig beigetragen hatte. Was Wunder, daß ich beim Directeur gut angeschrieben stand, denn Casali hatte mich als Verfasser der »Sängerin« angekündigt. Dies war zugleich der wahre Grund der Höflichkeiten, mit denen er mich überhäufte; denn gewöhnlich gibt man nichts für nichts, und mein »Belisar« würde diesen Eindruck nicht auf ihn gemacht haben, wenn ich nicht schon vorher ein Probestück in der dramatischen Gattung geliefert hätte.

Imer, der ein richtiges Augenmaß hatte, merkte bald, daß mein »Belisar« allenthalben sein Glück machen müßte. So zufrieden er damit war, so hätte er doch gern gesehen, daß seine Person und sein neues Fach einen Teil an dem Beifall, den er sich versprach, gehabt hätten. Er ersuchte mich also, ein Intermezzo mit drei Stimmen so geschwind als möglich zu verfertigen, damit er noch Zeit hätte, es in Musik setzen zu lassen.

Ich machte ein Intermezzo in drei Akten und nannte es »Die Waise«. Den Inhalt zu diesem kleinen Stück nahm ich aus dem Privatleben des Directeurs. Ich merkte, daß er eine entschiedene Neigung für die Witwe, seine Kollegin, hatte und daß er sehr eifersüchtig war. Ich brachte ihn also selbst auf das Theater.

Imer wurde es bald gewahr, aber das Intermezzo schien ihm so glücklich geraten und die Kritik so anständig und fein, daß er mir diesen Scherz gern verzieh. Er dankte mir, gab mir seinen Beifall zu erkennen und schickte meine Arbeit auf der Stelle nach Venedig zu dem Tonkünstler, mit dem er schon vorher einig geworden war.

Unterdessen war »Belisar« abgeschrieben und die Rollen verteilt worden. Einige Tage nachher hielt man die erste Probe mit den Rollen in der Hand, und das Stück tat bei dieser zweiten Lektüre noch mehr Wirkung als bei der ersten.

Casali war mehr als jemals mit mir zufrieden. Er versicherte mir, daß der Directeur und der Eigentümer des Theaters auf eine hinlängliche Belohnung für mich bedacht sein würden, und bat mich, von ihm insbesondere einen kleinen Beweis seiner Erkenntlichkeit anzunehmen. Mit diesen Worten drückte er mir sechs Zechinen in die Hand. Den Augenblick fiel mir Scacciati ein, ich dankte also dem Casali für seine Güte, nahm die Zechinen mit der einen Hand und schickte sie mit der andern an Scacciati.

Dies war von jeher mein System. Ich habe mich immer vor Niederträchtigkeiten gehütet, aber stolz bin ich niemals gewesen. Wenn ich konnte, habe ich jedem geholfen, der meine Hilfe nötig hatte, dafür nahm ich aber auch, ja ich forderte selbst, ohne zu erröten, die Unterstützung, deren ich bedurfte.

So blieb ich ruhig bis Ende September in Verona. Hierauf ging ich mit Imer in seiner Postchaise nach Venedig, wo wir denselben Tag abends um acht Uhr ankamen. Imer ließ mich bei sich absteigen, zeigte mir das Zimmer, das er mir bestimmt hatte, stellte mich seiner Frau und seinen Töchtern vor; da ich aber Lust hatte, meiner Mutter Schwester zu besuchen, so bat ich ihn, daß er mir erlauben möchte, außer dem Hause zu Abend zu essen.

Ich war sehr neugierig, etwas von Madame St. und ihrer Tochter zu hören und zu erfahren, ob sie noch Ansprüche auf mich machten. Meine Tante versicherte mir, ich könnte ruhig sein. Die stolzen Damen hätten erfahren, daß ich unter eine Truppe Komödianten gegangen wäre, und hielten mich nun für unwürdig, je wieder in ihre Nähe zu kommen. Mit einem Wort, sie hätten nichts als Haß und Verachtung gegen mich.

»Desto besser«, sagte ich, »desto besser: das ist ein Vorteil mehr, den ich meinen Talenten schuldig bin. Ich lebe mit den Komödianten wie ein Künstler in seiner Werkstatt. Sie sind ehrliche Leute und verdienen mehr Achtung als Sklaven von Stolz und Ehrgeiz.«

Wir sprachen nunmehr von Familienangelegenheiten. Meine Mutter wohnte noch in Modena und befand sich wohl. Meine Schulden waren fast ganz getilgt. Ich soupierte mit meiner Tante und meinen Anverwandten.

Nachdem ich von ihnen Abschied genommen hatte, um zu meinem Wirt zurückzukehren, wählte ich den längsten Weg, ging über die Brücke Rialto und den St.-Markus-Platz und genoß das reizende Schauspiel dieser bei Nacht noch mehr als bei Tage bewundernswürdigen Stadt.

Ich hatte Paris noch nicht gesehen, wohl aber viele andere Städte, wo man des Abends in der Dunkelheit spazierengeht. Ich fand daher, daß die Laternen in Venedig eine angenehme und nützliche Zierde für die Stadt waren. Zu dieser allgemeinen Erleuchtung kommt nun noch die aus den Butiken, die immer bis zehn Uhr abends offen sind. Ein großer Teil bleibt bis Mitternacht offen, und verschiedene werden gar nicht zugeschlossen.

Man sieht in Venedig um Mitternacht so gut als am hellen Mittag alle möglichen Lebensmittel zum Verkauf ausgelegt, alle Wirtshäuser und Gasthöfe offen, und ganze Mahlzeiten in Bereitschaft.

Im Sommer werden der St.-Markus-Platz und die benachbarten Plätze und Straßen bei Nacht so häufig besucht wie bei Tage. Die schöne Welt, Männer und Frauenzimmer von aller Art versammeln sich dann in den Kaffeehäusern.

Man singt auf den öffentlichen Plätzen, in den Straßen und auf den Kanälen. Die Kaufleute singen, wenn sie ihre Waren losschlagen, die Arbeitsleute singen, wenn sie von ihrer Arbeit gehen, und die Gondolieri singen, wenn sie ihre Herren erwarten. Der Hauptzug im Charakter der Nation ist Munterkeit, und Laune das charakteristische Merkmal ihrer Sprache.

Es machte mir großes Vergnügen, mein Vaterland wiederzusehen, an dem ich immer mehr außerordentliche und anmutige Seiten entdeckte. Ich kam in mein neues Quartier zurück, wo ich Herrn Imer fand, der mich erwartete und mir sagte, daß er den Tag darauf zu Herrn Grimani, dem Eigentümer des Theaters, gehen, mich mitnehmen und – im Fall ich keine andere Verbindung eingegangen wäre – Seiner Exzellenz vorstellen wollte.

Ich war frei, nahm also den Vorschlag an, und wir gingen zusammen hin. Herr Grimani war der artigste Mann von der Welt. Er hatte nichts von jenem unleidlichen Stolz, der den Großen schadet, indem er die Geringen erniedrigt. Er hatte alle Vorzüge der Geburt und war wegen seiner Talente geschätzt: er kannte kein anderes Bedürfnis als das Bedürfnis, sich geliebt zu sehen, und seine Freundlichkeit nahm alle Herzen für ihn ein.

Er empfing mich sehr gütig und nahm mich an, daß ich für die Truppe, die er unterhielt, arbeiten sollte. Um mich noch mehr aufzumuntern, machte er mir, da er zugleich Eigentümer des Theaters San Giovan Chrisostomo und Unternehmer der großen Oper war, Hoffnung, mich vielleicht auch dazu zu brauchen und bei diesem Schauspiel anzustellen.

Sehr zufrieden mit Seiner Exzellenz und dem guten Dienst, den Imer mir bei ihm geleistet hatte, dachte ich nun an nichts, als wie ich den Beifall des Publikums verdienen könnte.

Die erste Vorstellung des »Belisar« war auf den St.-Katharinentag festgesetzt, das heißt, auf die Zeit, wo die Gerichtsferien aufhören und jedermann von den Landhäusern in die Stadt zurückkehrt. Unterdessen stellten wir wiederholte Proben bald von meiner Tragikomödie, bald von meinem Intermezzo an, und da meine Beschäftigungen mir nicht viel Zeit wegnahmen, so verfertigte ich einige Neuigkeiten für den Karneval.

Ich unternahm die Verfertigung eines neuen Trauerspiels, unter dem Titel »Rosimonda«, und ein zweites Intermezzo, unter dem Titel »La Birba« (Der Betrug). Zu dem großen Stück hatte ich den Stoff aus der »Rosimonda del muti«, einem schlechten Roman aus dem verwichenen Jahrhundert, geschöpft, und in dem kleinen Stück schilderte ich die Gaukler des St.-Markus-Platzes, deren Sprache, Lächerlichkeiten, Besonderheiten und Ränke ich genau studiert hatte.

Die komischen Züge, die ich in meinen Intermezzos anbrachte, waren gleichsam der Same, den ich auf meinen Acker ausstreute, um einst reife und angenehme Früchte davon einzuernten.

36. Kapitel

Endlich am 24. November 1734 erschien mein »Belisar« zum erstenmal auf der Bühne. Er war mein Debüt, aber es hätte nicht glänzender und befriedigender für mich ausfallen können.

Mein Stück wurde unter einer außerordentlichen und in den italienischen Theatern ganz unbekannten Stille angehört. Das Publikum, das an Geräusch gewöhnt war, hielt sich in den Zwischenakten schadlos und bezeigte dem Verfasser und den Schauspielern durch Freudengeschrei, Händeklatschen und gegenseitige Zeichen zwischen dem Parterre und den Logen den vollkommensten Beifall.

Am Ende des Stücks verdoppelten sich alle diese Ausbrüche einer ungewöhnlichen Zufriedenheit, so daß die Schauspieler auf das innigste dadurch gerührt wurden. Einige weinten, andere lachten, und doch war es nur eine Empfindung, nur eine Freude, die diese verschiedenen Wirkungen hervorbrachte.

In Italien ist es nicht gewöhnlich, den Verfasser des Stücks herauszurufen und ihm auf der Szene zu applaudieren: als aber der erste Liebhaber auftrat, die nächste Vorstellung anzukündigen, riefen alle Zuschauer einmütig »questa, questa, questa!« Das heißt: »Das nämliche Stück, das nämliche!« und der Vorhang fiel. Den folgenden Tag gab man also das nämliche Stück wiederum, fuhr damit täglich bis zum 14. Dezember fort und machte damit den Schluß der Herbstvorstellungen.

Dieses Debüt war sehr glücklich für mich, denn das Stück verdiente wirklich den Beifall nicht ganz, den es erhielt, und ich lege selbst so wenig Wert darauf, daß es niemals in einer Sammlung meiner Werke einen Platz erhalten wird.

Die schöne Literatur ist in Venedig so bekannt und wird da so sehr kultiviert als sonstwo. Mit alledem konnten sich selbst die Kenner nicht enthalten, meinem Stück, bei allen seinen Unvollkommenheiten, die sie recht gut kannten, ihren Beifall zu schenken. Sie nahmen auf die Vorzüge Rücksicht, die mein Stück doch in der Tat vor den Possenspielen und dem übrigen läppischen Zeug hatte, das damals auf dem Theater war; aber sie versprachen sich von diesem Versuch für die Folge noch viel Gutes, das Nacheiferung erregen und die Bahn zu einer so nötigen Verbesserung des italienischen Theaters brechen könnte.

Der Hauptfehler meines Stücks war, daß Belisar mit ausgestochenen, blutigen Augen die Bühne betrat. Dieses abgerechnet, hatte mein Stück, das ich eine Tragikomödie genannt hatte, viel Angenehmes und interessierte die Zuschauer durch eine rührende und natürliche Behandlungsart des Gegenstandes. Meine Helden waren Menschen und keine Halbgötter; ihre Leidenschaften hatten den Grad von Anstand und Adel, der ihrem Rang angemessen war, und doch zeigten sie uns die

Menschheit so, wie wir sie kennen; sie trugen weder ihre Tugenden noch ihre Laster zu einer Höhe, die nur in der Einbildung stattfindet.

Mein Stil war nicht elegant, meine Verse niemals erhaben; aber eben das wurde erfordert, ein Publikum, das an Hyperbeln, Antithesen und an lächerliche, riesenmäßige und romantische Ideen gewöhnt war, nach und nach auf den rechten Weg zurückzubringen.

Bei der sechsten Vorstellung des »Belisar« fand es Imer für gut, »Die Waise« damit zu verbinden. Das Publikum nahm dieses kleine Stück sehr gut auf, aber darin irrte sich Imer, daß er glaubte, das Intermezzo trüge die Tragikomödie, da diese doch das Intermezzo trug.

Auf alle Fälle war der Gewinn auf meiner Seite nicht gering. Das Publikum sah mich zugleich in zweierlei Kunstgattungen auf einmal und auf eine ganz neue Art auftreten. Ich erwarb mir die allgemeine Hochachtung meiner Landsleute und wurde auf die schmeichelhafteste, auszeichnendste Weise aufgemuntert fortzufahren.

Bei dieser Gelegenheit machte ich auch die Bekanntschaft Seiner Exzellenz des Herrn Nicola Balbis, eines venezianischen Patriziers und Senators, dessen warme und beständige Protektion mir jederzeit die größte Ehre machte und dessen guter Rat, dessen Ansehen und Zuneigung mir immer außerordentlich nützlich gewesen sind.

Den 17. Januar gab man die erste Vorstellung meiner »Rosimonda«. Dieses Stück fiel eben nicht durch, aber nach dem »Belisar« war der Beifall sehr mittelmäßig: es erhielt vier höchstens leidliche Vorstellungen. Bei der fünften fand Imer es für nötig, es mit einem neuen Intermezzo zu unterstützen. »La Birba« machte großes Vergnügen. Diese sehr komische und launige Kleinigkeit trug die »Rosimonda« noch durch vier neue Vorstellungen; doch es ist Zeit, auf den »Belisar« zurückzukommen. Dieses Stück erhielt, als es von neuem auf dem Theater erschien, denselben Beifall, den es vom Anfang an erhalten hatte: »Belisar« und »La Birba« wurden nun zusammen bis auf Fastnacht gespielt und machten den Schluß des Karnevals, womit auch das Theaterjahr zu Ende lief.

In Venedig werden die Schauspielhäuser nicht eher wieder geöffnet als Anfang Oktober; dafür ist aber während der vierzehn Tage, solange die Himmelfahrtsmesse dauert, große Oper, wo man gegen zwanzig Vorstellungen gibt.

Der Edle Grimani, Eigentümer des Theaters von San Samuele, ließ in dieser Zeit eine Oper auf seine Kosten aufführen. Er hatte mir versprochen, mich bei diesem Schauspiel anzustellen, und er hielt Wort.

Man wollte dieses Jahr kein neues Drama geben, sondern hatte die »Griselda«, eine Oper von Apostolo Zeno und Pariati, gewählt, die immer zusammenarbeiteten, ehe Zeno nach Wien in kaiserliche Dienste ging. Zum Komponisten, der sie in Musik setzen sollte, war der Abbé Vivaldi bestimmt, den man seiner Haare wegen »il prete rosso«, Pastor Rotkopf, nannte. Unter diesem Beinamen war er bekannter als unter seinem Familiennamen.

Dieser Geistliche war ein vortrefflicher Violinist, aber ein sehr mittelmäßiger Komponist, hatte eine Mamsell Giraud, eine junge Sängerin, die zu Venedig geboren, aber die Tochter eines französischen Perückenmachers war, erzogen und zum Gesang ausgebildet. Sie war nicht schön, aber reizend, hatte eine artige Taille, schöne Augen, schöne Haare, einen niedlichen Mund, wenig Stimme, aber viel Spieltalent. Diese sollte die Rolle der Griselda bekommen.

Herr Grimani schickte mich zu dem Komponisten, um die nötigen Veränderungen in der Oper zu treffen: z. B. hie und da etwas abzukürzen und die Stellung und den Charakter der Arien nach dem Gutbefinden der Schauspieler und des Komponisten abzuändern. Ich ging also zu dem Abbé Vivaldi, ich ließ mich von seiten Seiner Exzellenz des Herrn Grimani anmelden: ich fand ihn mitten unter Musikalien und das Brevier in der Hand. Er stand auf, machte das Zeichen des heiligen Kreuzes nach der Länge und Breite, legte sein Brevier weg und machte mir ein gewöhnliches Kompliment. – »Darf ich fragen, was für ein glücklicher Umstand mir das Vergnügen verschafft, Sie bei mir zu sehen?« – »Seine Exzellenz Herr Grimani hat mir aufgetragen, die Änderungen auszuführen, die Sie in der Oper für die bevorstehende Messe nötig finden werden. Ich komme nun, Ihren Willen zu vernehmen.« – »Ah, Sie haben den Auftrag, die Änderungen in der Oper ›Griselda‹ vorzunehmen. Ist denn Herr Lalli nicht mehr bei dem Theater des Herrn Grimani angestellt?« – »Herr Lalli ist sehr alt und wird immer den Gewinn von den Zueignungsschriften und von dem Verkauf der Bücher behalten, um die ich mich nicht kümmere. Ich mache auf nichts Anspruch als auf das Vergnügen bei der Arbeit und auf die Ehre, meinen ersten Versuch unter der

Anführung des Herrn Vivaldi zu machen.« – Hier nahm er sein Brevier wieder in die Hand, bekreuzte sich von neuem und antwortete nicht. – »Mein Herr«, sagte ich, »ich möchte Sie nicht gern in Ihrer frommen Beschäftigung stören; ich komme ein andermal wieder.« – »Ich weiß wohl, mein lieber Freund, daß Sie Talente für die Poesie haben. Ich habe Ihren ›Belisar‹ gesehen, er hat mir viel Vergnügen gemacht. Aber das ist ein Unterschied. Man kann eine Tragödie, ein episches Gedicht, wenn Sie wollen, machen und nicht imstande sein, vier musikalische Zeilen zusammenzubringen.« – »Haben Sie die Güte und zeigen Sie mir das Drama.« – »Ja, ja, das will ich – aber wo hab ich's hingebracht? Es lag ja da – Deus in adjutorium meum intende ... Domine ... Domine ... Domine ... Noch den Augenblick lag es da. Domine ad adjuvandum ... Ah, da ist es! Sehen Sie ... da ... die Szene zwischen Gualtiere und Griselda; es ist eine rührende, interessante Szene. Der Dichter hat am Ende eine pathetische Arie angebracht, aber Mamsell Giraud ist keine Liebhaberin von schleichendem, langsamem Gesang. Sie möchte gern ein Stückchen voll Ausdruck, voll Feuer, eine Arie, welche die Leidenschaften auf verschiedene Arten ausdrückt, z. B. durch abgebrochne Worte, durch ausgeatmete Seufzer, mit Aktion, mit Bewegung: ich weiß nicht, ob Sie mich verstehen.« – »O ja, sehr wohl; überdies habe ich schon die Ehre gehabt, Mamsell Giraud zu hören, ich weiß, daß ihre Stimme nicht die stärkste ist.« – »Wie, Sie schmähen meine Schülerin? Sie schickt sich für alles; sie singt alles.« – »Ja, ja, Sie haben recht, geben Sie mir nur das Buch und lassen Sie mich machen.« – »Nein, mein Herr, ich kann's nicht entbehren, ich brauch's, ich bin eilig.« – »Ei nun, wenn Sie es eilig haben, so geben Sie mir es nur auf einen Augenblick, Sie sollen gleich haben, was Sie verlangen.« – »Gleich, sofort?« – »Ja, gleich.«

Der Abbé gab mir mit einer höhnischen Miene das Drama, Papier und ein Schreibzeug; dann nahm er sein Brevier wieder und sagte seine Psalmen und Hymnen her, wobei er im Zimmer auf und ab ging. Ich überlief die Szene, die ich schon kannte, wiederholte in Gedanken die Forderungen des Komponisten, und in weniger als einer Viertelstunde warf ich eine Arie von acht Versen, in zwei Teilen, auf das Papier. Ich rief meinen Mann und zeigte ihm meine Arbeit. Vivaldi kam und las. Seine Stirn entrunzelte sich, er las noch einmal, brach in lauten Jubel aus, warf sein Gebetbuch auf die Erde und rief Mamsell Giraud. Sie kam. »Da«, sagte er ihr, »da sehen Sie einen seltenen

Mann, einen herrlichen Poeten! Lesen Sie einmal diese Arie hier. Der Herr da hat sie hier gemacht, in einem Zug, in weniger als einer Viertelstunde. Ach« – hier wendete er sich wieder gegen mich – »ach, verzeihen Sie mir, Herr!« Er umarmte mich und versicherte, daß er mit keinem andern Dichter zu tun haben wollte als mit mir.

Nunmehr vertraute er mir das Drama an und trug mir noch einige andere Änderungen auf, in denen ich ihn immer zufriedenstellte, und die Oper wurde mit großem Beifall gegeben.

So war ich nun in die Oper, in das Lustspiel und das Intermezzo, das der Vorläufer der italienischen komischen Oper war, eingeweiht.

37. Kapitel

Die Truppe Grimani war nach Padua abgegangen, um das Frühjahr über dort zu spielen, und erwartete mich mit Ungeduld, um meine Stücke aufzuführen.

Sobald ich die Oper in Venedig los war, ging ich nach Padua. Meine Neuigkeiten erschienen auf dem Theater dieser Stadt, und ich erntete von meinen Kollegen, den Doktoren, soviel Beifall ein wie von meinen Landsleuten.

Bei meiner Ankunft fand ich manches verändert. Die Soubrette war nach Dresden an den dortigen Hof gegangen. Der Harlekin war abgedankt worden, und man hatte an seine Stelle einen Mailänder, Herrn Campagnani, verschrieben, der auf Gesellschaftstheatern außerordentlichen Beifall erhalten hatte, neben den ordentlichen Schauspielern aber unerträglich war.

Der beträchtlichste Verlust, den die Gesellschaft erlitt, war die Entfernung der Witwe Casanova, die unerachtet ihres guten Einvernehmens mit dem Directeur in die Dienste des Königs von Polen, Augusts III., getreten war. Als Sängerin wurde sie durch Madame Passalacqua, die zugleich die Soubretten spielte, ersetzt. Für die Rollen der Liebhaberinnen hatte man eine gute Person bekommen an Madame Ferramonti, einer reizenden Aktrice, die jung, artig, liebenswürdig, nicht ohne Kenntnisse und voller Talente und interessanter Eigenschaften war.

Ich entdeckte ihre Verdienste und Anlagen bald und bemühte mich vorzüglich um sie. Ich schloß Freundschaft mit ihrem Mann, der nicht bei der Truppe angestellt war, und nahm mir vor, eine große Schauspielerin aus dieser jungen

Person zu machen. Hierüber wurden die anderen Frauenzimmer eifersüchtig; ich hatte viele Verdrießlichkeiten und würde ihrer noch mehr gehabt haben, wenn der Tod sie uns nicht noch in demselben Jahr entrissen hätte.

Kaum war ich ein paar Tage in Padua, als der Directeur schon anfing, von Neuigkeiten zu sprechen, mit denen wir uns für Venedig versehen müßten. Madame Collucci, mit dem Beinamen »la Romana«, die Römerin, spielte die ersten Liebhaberinnen bei der Gesellschaft abwechselnd mit der Bastona, und unerachtet ihrer fünfzig Jahre, die Schminke und Putz nicht verstecken konnten, hatte sie einen so hellen und sanften Ton der Stimme, eine so richtige Aussprache und so viel natürliche und naive Grazie, daß sie noch in der Blüte ihrer Jahre zu sein schien. Madame Collucci nun hatte eine Tragödie von Pariati, unter dem Titel »Griselda«: es war ihr Lieblingsstück, aber in Prosa. Man tat mir den Antrag, es in Verse zu bringen. Nichts war leichter für mich. Ich hatte mich eben mit demselben Gegenstand in Venedig beschäftigt, und die »Griselda« des Pariati war nichts anderes als die Oper, die er selbst mit dem Apostolo Zeno gemeinschaftlich verfertigt hatte.

Ich ließ mich bereit und willig finden, das Verlangen der Römerin zu erfüllen, doch folgte ich den Verfassern des Dramas nicht ängstlich auf dem Fuße, sondern machte verschiedene Änderungen. So tat ich z. B. einen Vater der Griselda hinzu, einen tugendhaften Vater, der seine Tochter den Thron besteigen sah, ohne stolz darüber zu werden, und sie vom Thron herabsteigen sah, ohne darüber bekümmert zu sein. Ich hatte diese neue Person erdichtet, um meinem Freunde Casali eine Rolle zu verschaffen. Diese Episode gab der Tragödie ein Ansehen von Neuheit, machte sie viel interessanter und verursachte, daß man mich für den Verfasser derselben ausgab. In der Ausgabe meiner Werke, die zu Turin 1777 von Guibert und Orgeas veranstaltet worden ist, findet man diese »Griselda« als ein mir gehöriges Stück gedruckt; allein ich verabscheue alle Plagiate und erkläre hiermit, daß ich nichts weniger als der Erfinder davon bin.

Meine Schauspieler hatten in Padua die bestimmte Anzahl Vorstellungen gegeben und brachen nunmehr nach Udine im venezianischen Friaul auf. Imer tat mir den Vorschlag, ihn dahin zu begleiten. Ich hatte nichts mehr von der Limonadenhändlerin zu befürchten, denn diese war verheiratet. Ich sagte also ja, doch machte ich die Reise nicht mit dem Directeur. Ich entschuldigte mich deshalb und mietete einen bequemen Wagen für Madame Ferramonti, ihren guten Mann und mich.

In Udine fanden meine Arbeiten viel Beifall. Man hatte in dieser Stadt schon ein günstiges Vorurteil für mich, und man fand, daß der Verfasser der »Poetischen Fasten-Predigt« auch ein guter dramatischer Dichter wäre.

Die Limonadehändlerin, die ich nicht geliebt, aber doch gekannt und besucht hatte und die mich endlich in die größte Verlegenheit setzte, erfuhr, daß ich in Udine war, und wollte mich sehen. Sie war an einen Mann von ihrem Stande verheiratet und schrieb mir einen sehr drolligen, zugleich aber sehr verbindlichen Brief. Ich besuchte sie zu der bestimmten Stunde und fand sie sehr verändert. Unsere Unterhaltung dauerte nicht lange. Ich hatte keine Lust, ihr meine neue Liebschaft aufzuopfern: ich sah sie nur noch einmal und dann nicht wieder.

Überdies hatte ich meine theatralischen Beschäftigungen, die mir sehr am Herzen lagen. Ich hätte gern etwas Außerordentliches für die Eröffnung des Theaters in der Hauptstadt gehabt. Ich trug verschiedene Ideen mit mir herum, von denen ich dem Directeur einige mitteilte. Endlich wählten wir eine davon, die ich auch ausführte.

Es war ein Divertissement, in drei verschiedene Teile geteilt, welche die drei Akte einer gewöhnlichen Vorstellung ausfüllten.

Der erste Teil stellte eine literarische Versammlung vor. Sowie der Vorhang aufging, sah man alle Schauspieler der Truppe in bürgerlicher Kleidung in einem Kreis sitzen. Der Directeur eröffnete die Versammlung mit einer Rede über die Schauspiele und die Pflichten der Schauspieler und schloß mit einem Kompliment an die Zuschauer. Die Akteurs und Aktricen rezitierten, wie die Reihe an sie kam, Lieder, Sonette und Madrigale, die nach ihren Fächern eingerichtet waren, und die vier Masken sagten, mit unbebecktem Gesicht, Verse in den verschiedenen Mundarten der Personen, die sie vorstellten, her.

Der zweite Teil enthielt eine skizzierte Komödie aus dem Stegreif in einem Akt, wo ich mich bemühte, den neuen Schauspielern interessante Situationen zu geben.

Der dritte Teil enthielt eine komische Oper in Versen und in drei Akten, welche »Die Erbauung von Venedig« hieß.

Dieses kleine Stück, vielleicht die erste komische Oper, die man in den Staaten von Venedig sah, findet man im achtundzwanzigsten Teil der Turiner Ausgabe von meinen Werken.

Imer war sehr zufrieden, sowohl mit meiner Idee als mit der Art, wie ich sie ausgeführt hatte. Die ganze Truppe war entzückt darüber. La Bastona allein beschwerte sich über mich und sagte ganz laut, ich habe in meiner Ouvertüre, die im Grunde nichts als Scharlatanerie wäre, der Madame Ferramonti, die doch nur unter die zweiten Aktricen gehörte, ein Stück in Versen gegeben, auf das die ersten Aktricen Ansprüche machen könnten. Ja, sie wiegelte auch die Römerin auf, Klage zu führen und mit mir Händel zu suchen.

Ach! die arme Ferramonti war nicht lange mehr der Gegenstand der Eifersucht ihrer Nebenbuhlerinnen. Sie war schwanger, und ihre nahe Niederkunft kündigte sich durch böse Vorumstände an. Die Natur erschwerte ihr die Erleichterung von ihrer Bürde, so daß die Wehmutter in die größte Verlegenheit geriet. Man ließ einen Accoucheur kommen; das Kind war in einer bösen Lage; man mußte zum Kaiserschnitt schreiten. Das Kind kam tot zur Welt, und die Mutter folgte ihm bald nach.

Der Mann kam ganz trostlos zu mir. Ich war es so sehr wie er. Unmöglich konnte ich länger in Padua bleiben. Der Anblick dieser Weiber, die sich über meinen Kummer freuten, war mir unerträglich. Unter dem Vorwand, meine Mutter, die von Modena zurückgekommen war, zu besuchen, reiste ich auf der Stelle nach Venedig ab.

38. Kapitel

Bei meiner Ankunft in Venedig hatte ich nichts Dringenderes, als meine Mutter zu besuchen und zu umarmen. Wir hielten eine lange Unterredung zusammen. Ich erfuhr, daß meine liegenden Gründe in Venedig schuldenfrei, meine Einnahmen aus Modena angewachsen und mein Bruder wieder in Dienste getreten wäre. Meine Mutter wünschte sehr, daß ich mich von neuem dem Advokatenstand widmen möchte.

Ich stellte ihr dagegen vor, daß ich, nachdem ich einmal mein Vaterland verlassen und in einem ganz verschiedenen Aufzug wieder erschienen wäre, schwerlich von neuem auf das Zutrauen, dessen ich mich unwürdig gemacht, rechnen dürfe; wohingegen die Laufbahn, die ich betreten, ebenso ehrenvoll wäre und mit der Zeit auch einträglich werden könnte.

Meine Mutter sagte mir hierauf mit tränenden Augen, sie

wage es nicht, sich meinen Neigungen zu widersetzen. Sie müßte es sich so schon vorwerfen, mich von meinem Plan, in den Kriminalkanzleien mein Glück zu suchen, abwendig gemacht zu haben. Sie wisse, daß ich Vernunft, Ehrgeiz und Tatkraft besitze; sie lasse mir also vollkommene Freiheit, mir eine Lebensart nach meinem Geschmack zu wählen.

Ich dankte ihr und umarmte sie von neuem. Wir kamen von einem zum andern und verfielen endlich auch auf Madame St. und ihre Tochter. Ich bezeigte meine Zufriedenheit, daß die Verachtung, die diese beiden Frauenzimmer gegen das Geschäft, dem ich mich gewidmet, empfänden, mich von aller Furcht und aus aller Verlegenheit befreit hätte.

»Keineswegs«, sagte meine Mutter, »du betrügst dich. Madame St. und ihre Tochter haben mich besucht und mit Höflichkeiten überhäuft. Sie sprachen von dir als einem würdigen, vortrefflichen Mann. Der Ruf von deinem Beifall und deinen Verdiensten hat dich ihrer Achtung würdig gemacht, und ich versichere dir, daß sie noch immer auf dich rechnen.«

»Nein«, sagte ich mit dem Ton des Unwillens, »nein, Mutter, ich werde mich niemals mit einer Familie verbinden, die mich einst betrogen und zugrunde gerichtet und dann verachtet hat.«

»O sei ruhig«, versetzte meine Mutter. »Sie sind jetzt nicht wohlhabender, als sie sonst waren. Ich will zu ihnen gehen und vernünftig mit ihnen über die Sache sprechen. Ich nehme es auf mich, dich ganz loszumachen. Jetzt«, fuhr sie fort, »laß uns von etwas anderm sprechen. Erzähle mir, was du in der Zeit unserer Trennung gemacht hast.« Dies tat ich auf der Stelle: ich erzählte ihr einen Teil von meinen Abenteuern, doch überging ich den größten Teil mit Stillschweigen. Ich machte sie lachen, weinen und zittern. Den Mittag aßen wir mit unseren Verwandten. Meine Mutter wollte bei Tische der Gesellschaft wiedererzählen, was ich ihr schon erzählt hatte; sie verwirrte sich aber und tat nichts, als daß sie die Neugierde der Gäste nur mehr erregte. Ich war also gezwungen, wieder von vorn anzufangen. Die Munterkeit der Tischgesellschaft steckte mich an; ich erzählte Dinge, die ich meiner Mutter verschwiegen hatte. »Ei, Schelm«, rief sie von Zeit zu Zeit aus, »das hast du mir nicht gesagt, auch das – auch das nicht.« – So brachte ich meinen Tag sehr angenehm zu und machte, daß meine alten Onkels und alten Tanten, die sonst niemals lachen, vor Lachen fast erstickten. Vielleicht war ich ein angenehmerer Schwätzer mit dem Munde, als ich es mit der Feder bin.

Gegen Ende des Septembers kam meine Schauspielergesellschaft in die Hauptstadt zurück. Wir hielten Proben von unserer Ouvertüre, die den 4. Oktober auf die Bühne kam. Die Neuheit der Sache überraschte. Die gelehrte Gesellschaft fand Beifall – die Komödie in einem Akte fiel durch wegen des Harlekins, mit dem man nicht zufrieden war – die komische Oper wurde gut aufgenommen und blieb auf dem Theater.

Der Directeur war sehr zufrieden, daß der musikalische Teil den Preis erhielt, aber desto weniger war er mit Madame Passalacqua zufrieden. Ihre Stimme war nicht rein, ihr Gebärdenspiel einförmig und ihre Mimik grimassiert. Imer wünschte die Intermezzos beizubehalten; wozu ihm ein Tonkünstler aus dem Orchester einen Vorschlag tat.

Dieser gute alte Mann von sechzig Jahren hatte sich einfallen lassen, ein junges Mädchen von achtzehn Jahren zu heiraten. Er ließ sie zu seiner Violine singen, und die junge Person hatte Anlage. Imer fand sie nach seinem Geschmack und bat mich, sie in meine Unterweisung zu nehmen. Sie war sehr hübsch und sehr gelehrig, ich unterzog mich also dem Geschäfte mit Vergnügen.

Madam Passalacqua wurde eifersüchtig darüber. Sie hatte in Udine schon mehrere vergebliche Versuche gemacht, mich zu gewinnen. In Venedig glückte es ihr besser.

Ich erhielt ein Billett von ihrer Hand, in welchem sie mich bat, sie gegen fünf Uhr abends zu besuchen. Ohne unartig zu sein, konnte ich es nicht ablehnen. Ich ging also hin. Sie empfing mich in dem Aufzug einer Nymphe der Kythere, ließ mich neben sich auf ein Kanapee setzen und sagte mir die schmeichelhaftesten, verbindlichsten Sachen von der Welt. Ich kannte sie, ich war auf meiner Hut und unterhielt das Gespräch mit einer heroischen Enthaltsamkeit. Das fiel mir nicht schwer, denn – ich liebte sie nicht. Sie war mager, hatte grüne Augen, und die Schminke lag hoch auf ihren bleichen, gelblichen Wangen.

Madame Passalacqua wurde endlich meiner Gleichgültigkeit müde und bot alle ihre Künste auf. »Ist es möglich«, sagte sie mit einem zärtlichen Ton, »daß ich von allen Frauenzimmern unserer Truppe die einzige bin, die das Unglück hat, Ihnen zu mißfallen? Ich kenne mich selbst und habe immer dem Verdienst sein Recht widerfahren lassen, solange Sie mit Madame Ferramonti in Verbindung standen; aber daß Sie jetzt ein junges dummes Ding, ein Weib ohne Talente, ohne Erziehung vorziehen, das ist schimpflich für Sie und erniedrigend für mich. Ach! ich trachte nicht nach dem Glück, Ihr Herz zu besitzen; ich habe nicht Verdienst genug, mir mit so etwas zu schmeicheln; aber ich bin eine Schauspielerin, habe keine andere Aussicht, bin jung, ohne Erfahrung und brauche Übung, guten Rat und Gönner. Wäre ich so glücklich, in Venedig zu gefallen, so wäre mein Ruf gemacht und mein Glück gesichert. Sie könnten mit Ihrem Talent, mit Ihren Einsichten zu meinem Glück beitragen. Schon dadurch, daß Sie mir Ihre verlorenen Augenblicke aufopferten, könnten Sie mein Glück machen; allein Sie verlassen, Sie verachten mich. Gott! was habe ich Ihnen getan?« – Hier fielen ein paar Tränchen aus ihren Augen. Ich gestehe, daß ihre Reden mich erweicht hatten; die Tränen vollendeten meine Niederlage. Ich versprach ihr meinen Beistand, meine Sorgfalt und guten Dienste. Damit war sie nicht zufrieden. Sie verlangte, ich sollte ihr die Frau des Tonkünstlers ganz aufopfern. Dieser Vorschlag empörte mich. Ich sagte ihr, das hieße zuviel gefordert, und wollte gehen.

Madame Passalacqua hielt mich zurück, nahm auf einmal einen munteren Ton an, sah zum Fenster hinaus, fand das Wetter sehr schön und schlug mir vor, in einer Gondel, die sie an ihr Haus habe kommen lassen, frische Luft mit ihr zu schöpfen. Ich entschuldigte mich; sie lachte, bestand darauf, ergriff mich am Arm und zog mich mit sich. Wie hätte ich mich wehren können, ihr zu folgen?

Wir stiegen also in das Fahrzeug, in dem man sich so bequem befindet wie in dem schönsten Kabinett. Wir fuhren hinaus in die breite Lagune, die Venedig umgibt. Hier zog unser verständiger Gondoliere den hintern Vorhang zu und brauchte sein Ruder als Steuer der Gondel, die er übrigens ganz der Willkür der Meeresflut überließ.

Wir plauderten viel zusammen und waren munter und guter Dinge. Nach Verlauf einer gewissen Zeit schien es uns spät in der Nacht zu sein, und wir wußten nicht, wo wir waren. Ich sah nach meiner Uhr, es war aber schon zu dunkel, um etwas zu erkennen. Ich öffnete also den Vorhang am Hinterteil des Fahrzeugs und fragte den Gondoliere, welche Stunde es wohl sein möge. »Ich kann's nicht sagen, Herr«, antwortete er mir, »aber wenn ich nicht irre, so ist es die Schäferstunde.« »Wenn es das ist«, versetzte ich, »so fahre nach dem Quartier der Madame.« Der Gondoliere nahm sein Ruder wieder, drehte das Vorderteil der Gondel nach der Stadt zu und sang uns unterwegs die sechsundzwanzigste Strophe aus dem sechzehnten Gesang des »Befreiten Jerusalem« vor.

Gegen halb elf Uhr kamen wir wieder in die Wohnung der Madame Passalacqua zurück. Man trug ein vortreffliches Souper auf, und wir speisten allein. Um Mitternacht verließ ich sie, sehr entschlossen, ihr die Artigkeiten, die sie mir erwiesen hatte, zu vergelten.

In der Erwartung, daß meine Mutter ein bequemes Quartier finden würde, das ich mit ihr zugleich beziehen könnte, blieb ich noch bei dem Directeur der Truppe. Den Tag nach dem sonderbaren Abend, von dem ich eben gesprochen habe, sah ich meinen Wirt und sagte ihm, daß der wilde und eifersüchtige Charakter des alten Tonkünstlers mir unerträglich sei und daß ich ihn deshalb bäte, mir die Sorge des Unterrichts für die junge Frau abzunehmen. Ich entwarf nun in aller Eile ein Intermezzo für Madame Passalacqua, ich besuchte sie und las ihr die ersten Beweise meiner Erkenntlichkeit vor.

Unterdessen kam »Griselda« auf die Bühne. Dieses Trauerspiel wurde vom Publikum als ein neues Werk aufgenommen. Es gefiel sehr und lockte viel Leute in das Haus. Die Römerin, die man nun seit zwanzig Jahren auf diesem Theater sah, wurde in diesem Stück, wie bei ihrem ersten Debüt, applaudiert. Casali interessierte und preßte Tränen aus, und Vitalba, der sonst der Rolle des Belisar vollkommen Genüge getan hatte, übertraf sich jetzt selbst in der Rolle des Gualtiero.

Vitalba bringt mich wieder auf Madame Passalacqua zu sprechen. Er war ein schöner Mann, ein vortrefflicher Schauspieler, der aber sehr ausschweifte und vorzüglich den Weibern nachlief. Er machte sich an die Passalacqua, und es kostete ihn wenig Mühe, sie zu bezwingen. Ich erfuhr, daß Vitalba sie fleißig besuche und daß sie verschiedene Partien zusammen gemacht hätten. Dies verdroß mich, und ich zog mich von der Ungetreuen zurück, ohne daß ich sie würdigte, mich über sie zu beklagen oder ihr einen Grund für meine Entfernung anzugeben.

Sie schrieb mir einen rührenden, klagenden Brief; ich hingegen setzte in meiner Antwort alles, was ich gegen ihr übles Betragen einzuwenden hatte, weitläufig auseinander. Sie schickte mir einen zweiten Brief, in welchem sie, ohne etwas zu leugnen oder sich zu entschuldigen, mich auf das dringendste bat, sie nur noch ein einziges Mal, zum letzten Mal, zu besuchen: sie hätte mir etwas anzuvertrauen, das ihre Lage, ihre Ehre, ihr Leben beträfe.

Soll ich hingehen? oder soll ich nicht hingehen? Ich schwankte eine Weile, endlich entschloß ich mich doch – war es Neugierde oder Bedürfnis, meinen Verdruß auszulassen – hinzugehen.

Ich trat in ihr Zimmer, nachdem ich mich hatte melden lassen, und fand sie ausgestreckt auf einem Kanapee liegen, den Kopf auf ein Kissen gestützt. Ich grüßte sie, sie antwortete nicht. Ich fragte, was sie mir zu sagen habe. Sie antwortete nichts. Nun stieg mir das Feuer in den Kopf, ich glühte vor Zorn, ließ meiner Galle freien Lauf und überhäufte sie ohne Schonung mit allen Vorwürfen, die sie verdiente. Sie sagte noch nichts und trocknete nur von Zeit zu Zeit eine Träne. Ich kannte diese hinterlistigen Tränen und wollte wieder fort. »Gehen Sie nur«, sagte sie mit zitternder Stimme, »gehen Sie nur. Mein Entschluß ist gefaßt: Sie werden bald mehr von mir hören.« – Diese unbestimmten Worte hielten mich nicht zurück; ich ging nach der Tür: hier drehte ich mich herum, um Abschied von ihr zu nehmen, und – sah sie mit aufgehobenem Arme, mit einem Dolch in der Hand, der gegen die Brust gerichtet war. Dieser Anblick erschreckte mich und brachte mich auf einmal um meinen Verstand. Ich eilte hinzu, warf mich zu ihren Füßen, riß den Dolch aus ihrer Hand, trocknete ihre Tränen, verzieh ihr alles, versprach ihr alles, blieb bei ihr, wir aßen zusammen und – standen uns wieder wie zuvor.

Ich war zufrieden mit meinem Sieg und segnete den Augenblick, wo ich im Herausgehen begriffen war und mich noch einmal umwandte. Ich war verliebt und liebte sie wirklich von Herzen und war überzeugt, daß sie mich auch liebe. Ich suchte Gründe auf, ihren Fehltritt zu entschuldigen. Vitalba hat sie überrascht; sie bereut es jetzt; sie hat dem Vitalba auf ewig entsagt, auf ewig … und nach drei Tagen erfuhr ich so sicher und gewiß, daß ich nicht daran zweifeln konnte, daß Madame Passalacqua mit dem Herrn Vitalba zu Mittag und zu Abend gespeist und sich mit ihm weidlich über mich lustig gemacht habe.

39. Kapitel

Weder um meine Memoiren auszuschmücken noch um Komplimente über meine Gutmütigkeit einzuernten, habe ich in dem vorigen Kapitel die Untreue einer Schauspielerin, die mich hinterging, geschildert. Bloß deshalb, weil ich diese

Anekdote in einer Arbeit anbrachte, die dazu bestimmt war, mich zu rächen, habe ich es für nötig gefunden, das Historische der Episode vorauszuschicken, ehe ich auf den Hauptgegenstand selbst käme.

Jedermann kennt das schlechte spanische Stück, das die Italiener »Il Convitato di Pietra« und die Franzosen »Le Festin de Pierre« nennen. Ich habe es immer in Italien mit Abscheu betrachtet und niemals begreifen können, wie dieses Possenspiel sich so lange Zeit erhalten, eine Menge Zuschauer herbeigelockt und das Vergnügen eines aufgeklärten Landes erweckt hat. Die italienischen Schauspieler wunderten sich selbst darüber. Ich habe manchen, war es aus Einfalt oder aus Scherz, sagen hören, der Verfasser des »Steinernen Gastmahls« habe ein Bündnis mit dem Teufel gemacht, das Stück nicht fallen zu lassen.

Ich wäre von mir aus niemals auf den Einfall gekommen, diesen Gegenstand zu bearbeiten; da ich aber in der Zeit Französisch genug gelernt hatte, um es lesen zu können, und da ich sah, daß Molière und Thomas Corneille sich damit beschäftigt hatten, so faßte ich den Entschluß, auch meine Landsleute mit demselben Stoff zu regalieren und dem Teufel mit etwas mehr Anstand Wort zu halten.

Doch konnte ich ihm nicht denselben Titel geben; denn in meinem Stück spricht die Bildsäule des Befehlshabers nicht, noch weniger geht sie umher oder gar in die Stadt zu Gaste. Ich gab ihr, wie Molière, die Aufschrift »Don Juan« und setzte nur noch hinzu: »oder der Liederliche«.

Den Blitz, der den Don Juan erschlägt, glaubte ich nicht weglassen zu dürfen, da der Bösewicht immer gestraft werden muß; aber ich richtete diesen Vorfall so ein, daß er sowohl eine unmittelbare Folge des Zornes Gottes sein als auch aus einer Verbindung niederer Mächte, die aber immer nach den Gesetzen der Vorsehung handeln müssen, entstanden sein konnte.

Da ich in diesem Lustspiel, das fünf Akte hat und in reimlosen Versen geschrieben ist, weder den Harlekin noch sonst eine italienische Maske hatte auftreten lassen, so suchte ich dem Mangel des Komischen durch einen Schäfer und eine Schäferin abzuhelfen, die samt dem Don Juan die Passalacqua, den Goldoni und Vitalba vorstellen und ein Bild von der üblen Aufführung der ersten, von der gutmütigen Unbefangenheit des zweiten und von der Bosheit des dritten liefern sollten.

Elise war der Name der Schäferin, denn die Passalacqua hieß

Elisabeth. Der Name Carino, den ich dem Schäfer gab, war, bis auf einen Buchstaben, das Diminutivum von meinem Taufnamen Carlino, und Vitalba, unter dem Namen Don Juan, war genau nach seinem wahren Charakter geschildert.

Ich legte der Elise dieselben Reden in den Mund, deren sich die Passalacqua bedient hatte, mich zu betrügen. Sie machte auf der Bühne von eben den Tränen und dem Dolche Gebrauch, wodurch ich mich hatte hintergehen lassen, und ich rächte mich wegen der Treulosigkeit der Schauspielerin zu derselben Zeit, als Carino sich an seiner untreuen Schäferin rächte.

Das Stück war fertig und sollte nun gespielt werden. Ich sah voraus, daß die Passalacqua sich weigern würde, die Rolle zu übernehmen und sich selbst zu spielen. Ich gab also dem Directeur und dem Eigentümer des Theaters einen Wink davon und ließ die Rollen austeilen, ohne das Stück vorher vorzulesen. Die Passalacqua erkannte sich bald in der Rolle, die sie spielen sollte, und beklagte sich deshalb bei dem Directeur und bei Seiner Exzellenz, dem Herrn Grimani. Sie versicherte beiden, daß sie in dem Stück nicht auftreten würde, wenn der Verfasser nicht wesentliche Veränderungen damit vornähme. Allein sie erhielt den Bescheid, entweder die Rolle der Elise so zu spielen, wie sie wäre, oder die Gesellschaft zu verlassen.

Dieses »entweder – oder« machte einen solchen Eindruck auf die Dame, daß sie einen mutigen Entschluß faßte, ihre Rolle lernte und sie vortrefflich spielte.

Das Publikum, das gewohnt war, in dem »Convitato di Pietra« den Harlekin mit Hilfe zweier Blasen sich aus dem Sturm retten und den Don Juan trocken und ohne den geringsten Schaden an seiner Frisur aus den Wellen des Meeres steigen zu sehen, wußte bei der ersten Vorstellung dieses Stücks nicht, was es aus dem ernsthaften, edeln Gewande machen sollte, das der Verfasser diesem alten Possenspiel umgehängt hatte. Da aber mein Abenteuer mit der Passalacqua und dem Vitalba vielen Leuten bekannt war, so hob diese Anekdote das Stück. Man hatte auch hier Stoff zur Unterhaltung und lernte einsehen, daß eine vernünftige komische Laune dem trivialen Komischen vorzuziehen sei.

Und so erhielt mein »Don Juan« alle Tage mehr Beifall und Zulauf. Man gab ihn ununterbrochen bis zur Fastnacht und machte damit den Schluß der Vorstellungen.

Ungeachtet dieses Beifalls, den das Stück erhielt, war es doch sowenig wie »Belisar« bestimmt, in einer Sammlung meiner

Werke zu erscheinen. Ob es gleich ein verbessertes »Festin de Pierre« war, so waren doch diese Verbesserungen nicht von der Art, wie ich sie vorhatte; da ich das Stück aber in Bologna gedruckt und schrecklich verunstaltet fand, so entschloß ich mich, ihm eine Stelle in meinem Theater einzuräumen; wenn es auch gleich nicht zu der neuen Gattung gehörte, die ich einführen wollte, so doch auch nicht zu der von mir verworfenen Gattung.

Die Truppe von San Samuele sollte dieses Jahr den Frühling in Genua und den Sommer in Florenz zubringen. Es waren sechs neue Schauspieler unter die Gesellschaft gekommen, um derentwillen Imer meine Gegenwart für desto notwendiger hielt und mir den Auftrag tat, ihn zu begleiten.

Ich konnte auf diese Weise zwei der schönsten Städte in Italien sehen und sollte in allem freigehalten werden. Diese Gelegenheit reizte mich zu sehr, um widerstehen zu können. Ich sprach mit meiner Mutter davon. In ihren Augen waren meine Gründe immer gut, ich reiste also mit dem Directeur nach Genua ab.

Unsere Reise war glücklich, wir hatten immer schönes Wetter. Bloß bei der Ersteigung des hohen Bergs, den man »la Bocchuera« nennt, wurden wir etwas inkommodiert, aber mehr von der Sonnenhitze als von der Kälte.

Nachdem wir durch das reiche und schöne Dorf San Pietro d'Arena gekommen waren, entdeckten wir Genua an der Seite des Meeres. Welch ein reizendes, überraschendes Schauspiel! Man erblickt ein Amphitheater in einem halben Zirkel, das von der einen Seite das weite Bassin des Hafens bildet und sich von der anderen Seite stufenweise am Abhang des Berges mit unermeßlichen Gebäuden erhebt, die von ferne übereinander zu stehen scheinen und sich in Terrassen, Balustraden oder Gärten verlieren, die mehreren Gebäuden zu Dächern dienen.

Diesen Reihen von Palästen und bürgerlichen Wohnungen, von denen einige mit Marmor belegt, andere mit Gemälden geziert sind, gegenüber, sieht man die beiden Dämme, welche die Mündung des Hafens bilden. Dieses Werk wäre der Römer würdig gewesen, denn die Genueser besiegten hier, unerachtet der Gewalt und Tiefe des Meers, die Natur, die sich ihrer Niederlassung widersetzte.

Da wir von der Seite von Fanal nach dem Tore San Tommaso herabstiegen, sahen wir den unermeßlichen Palazzo Doria, in welchem drei souveräne Fürsten auf einmal wohnten, und begaben uns hierauf in den Gasthof Santa Marta, wo wir so lange blieben, bis wir die für uns bestimmten Quartiere beziehen konnten.

Man zog eben an diesem Tage das Lotto, und ich bekam Lust, dieser Zeremonie beizuwohnen. Das Lotto, das man in Italien »il lotto di Genova« und in Paris »la lotterie royale de France« nennt, war in Venedig noch nicht aufgenommen. Demungeachtet gab es heimlich Collecteurs genug, die Einsätze auf die Ziehungen in Genua annahmen, und auch ich hatte eben einige Billetts auf diese Ziehung bei mir.

Das Lotto ist in Genua erfunden worden, und ein Zufall hat die erste Idee dazu gegeben. Die Genueser bestimmen durchs Los zweimal im Jahre die Namen von fünf Senatoren, die ihren Vorgängern im Amte folgen sollen. Man kennt in Genua die Namen aller derer, die in der Urne sind und also herauskommen können. Einige Einwohner in der Stadt kamen auf den Einfall, Wetten unter sich anzustellen. Einer sagte: Ich wette, bei der nächsten Ziehung kommt dieser oder jener heraus; ein anderer sagte: Ich wette auf jenen. Die Wette war gleich.

Einige Zeit hierauf fanden sich schlaue Köpfe, die eine Bank auf das »pro et contra« hielten und den Wettenden einige Vorteile bewilligten. Der Gouverneur bekam Nachricht davon, und diese kleinen Bänke wurden verboten. Bald aber meldeten sich förmliche Pächter, denen man Gehör gab. So wurde das Lotto auf zwei Ziehungen festgesetzt, bald darauf aber stieg diese Zahl um ein beträchtliches.

Dieses Lotto ist jetzt fast allgemein geworden. Ich werde mich nicht auf die Untersuchung einlassen, ob es vorteilhaft oder schädlich ist; ich rede von allem und entscheide nichts. Nach meiner Gewohnheit, alle Dinge von der besten Seite zu betrachten, sehe ich das Lotto als eine gute Revenue für die Regierung, als eine Beschäftigung für müßige Leute und als eine Stütze der Hoffnung für unglückliche Personen an. Ich vollends hatte damals alle Ursache, mit dem Lotto zufrieden zu sein. Ich gewann eine Ambe von hundert Pistolen, die mir sehr wohl zustatten kam.

Doch hatte ich in Genua ein noch viel größeres Glück, das mir alle Kümmernisse des Lebens versüßte, zu erwarten. Ich heiratete eine junge, wohlerzogene, brave, reizende Person, die mich für alle schlimmen Streiche, welche die Weiber mir von jeher gespielt hatten, entschädigte und mich wieder mit dem schönen Geschlecht aussöhnte. Ja, mein lieber Leser, ich verheiratete mich und will dir nun erzählen, wie das zuging.

Der Directeur und ich logierten in einem Hause nah am Theater. Aus meinen Fenstern hatte ich öfters gegenüber eine junge Person gesehen, die mir sehr artig dünkte und mit der ich Bekanntschaft zu machen wünschte. Ich sah sie einmal allein am Fenster stehen und grüßte sie ziemlich zärtlich. Sie machte mir eine Verbeugung, verschwand aber augenblicklich und ließ sich seitdem nicht wieder sehen.

Dies reizte meine Neugier und meine Eigenliebe. Ich erkundigte mich nach den Personen, die mir gegenüber wohnten, und erfuhr, daß es ein gewisser Herr Conio, Notar des Collegiums in Genua, einer von den vier Notaren, die Deputierte bei der St.-Georgs-Bank sind, mit einem Wort ein ansehnlicher Mann war, der auch Vermögen hatte, sich aber bei seiner zahlreichen Familie nicht so gut stand, als er sonst hätte stehen können.

Gut, dachte ich. Ich mache die Bekanntschaft des Herrn Conio. Ich wußte, daß Imer Obligationen von dieser Bank hatte, welche die Miete von einigen Logen betrafen und die er auf der Stelle durch Wechselagenten zu negoziieren pflegte. Ich bat ihn, mir eine von diesen Obligationen anzuvertrauen, wozu er sich gleich bereitfinden ließ. Ich trug dieses Papier auf die Bank, es dem Herrn Conio vorzulegen und bei dieser Gelegenheit den Mann etwas kennenzulernen.

Ich fand ihn von Leuten umringt und wartete, bis er allein war. Ich näherte mich hierauf seinem Schreibschrank und ersuchte ihn, mir den Betrag dieser Obligation auszuzahlen.

Der brave Mann empfing mich sehr höflich und erklärte mir meinen Irrtum. Er sagte, diese Billetts würden bei der Bank nicht bezahlt, allein der erste beste Wechsler oder auch der erste beste Kaufmann würde mir das Geld auf der Stelle gegeben haben. Ich entschuldigte mich, sagte, daß ich ein Fremder, sein Nachbar wäre … Ich wollte noch mehr sagen, aber die Stunde war um, er bat mich, daß ich ihm erlauben möchte, sein Kabinett zuzuschließen; wir könnten ja auf dem Wege mehr zusammen sprechen.

Wir verließen die Bank, und er schlug mir vor, bis es Zeit zum Mittagessen würde, einstweilen eine Tasse Kaffee zu trinken. Ich nahm den Vorschlag an, denn in Italien trinkt man des Tages bis an zehn Tassen Kaffee. Wir traten in die Butike eines Limonadenhändlers. Herr Conio hatte mich öfters unter den Komödianten gesehen und fragte mich, was ich für Rollen spielte.

»Ihre Frage«, antwortete ich ihm, »beleidigt mich nicht. Jeder andere würde sich wie Sie getäuscht haben.« Ich sagte ihm, wer ich wäre und was ich triebe. Er entschuldigte sich: er liebte das Schauspiel, ging fleißig in die Komödie, hatte meine Stücke gesehen und freute sich so sehr über meine Bekanntschaft wie ich mich über die seinige. So waren wir schon nah zusammen. Er besuchte mich, ich besuchte ihn. Ich sah Mamsell Conio und entdeckte täglich neue Reize und neue Verdienste an ihr. Nach Verlauf von einem Monat hielt ich selbst bei Herrn Conio um seine Tochter an.

Dieser Antrag kam ihm nicht unerwartet. Er hatte meine Neigung bemerkt und fürchtete keine abschlägige Antwort von seiten seiner Tochter; als ein kluger, vorsichtiger Mann aber verlangte er ein paar Wochen Bedenkzeit und ließ dem genuesischen Konsul in Venedig schreiben, um nähere Erkundigungen über mich einzuziehen. Ich fand diesen Aufschub ganz billig und schrieb zugleich mit. Ich gab meiner Mutter von meinem Plan Nachricht, machte ihr ein Bild von meiner Braut und bat sie, mir auf der Stelle alle bei solchen Gelegenheiten nötigen Attestate zu schicken.

Nach Verlauf eines Monats erhielt ich die Einwilligung meiner Mutter und die verlangten Papiere. Ein paar Tage darauf bekam auch Herr Conio das schmeichelhafteste Zeugnis zu meinem Besten. Unsere Verbindung wurde auf den Monat Juli festgesetzt. Wir wurden bald über die Mitgift einig und unterzeichneten den Kontrakt.

Imer wußte kein Wort davon. Ich hatte gute Gründe zu fürchten, er möchte mir in meinen Absichten hinderlich sein. Er war wirklich auch sehr verdrießlich, als er es erfuhr. Er sollte den Sommer in Florenz zubringen und mußte nunmehr ohne mich seinen Weg antreten.

Ich versprach unterdessen doch, die Gesellschaft nicht zu verlassen, einstweilen für Venedig zu arbeiten, mich zu rechter Zeit dort einzufinden – und hielt Wort.

So war ich nun der zufriedenste, glücklichste Mensch von der Welt; allein ich war verdammt, kein Glück zu genießen, mit dem nicht auf der Stelle eine Unannehmlichkeit verknüpft wurde. In der Hochzeitsnacht überfiel mich ein Fieber, und die Blattern, die ich schon in meiner frühen Jugend in Rimini gehabt hatte, brachen zum zweiten Male aus.

Geduld! Zum Glück waren sie nicht gefährlich, und ich wurde nicht häßlicher, als ich schon war. Meine arme Frau weinte sehr an meinem Bett. Sie war mein Trost in allen Leiden und ist es immer geblieben.

Endlich reisten wir zu Anfang des September zusammen nach Venedig ab. Himmel, welch eine grausame Trennung für meine Frau! Wieviel Tränen vergoß sie nicht! Sie mußte auf einmal Vater und Mutter, Brüder und Schwestern, Onkel und Tante verlassen – aber sie folgte ihrem Manne.

40. Kapitel

Bei meiner Ankunft in Venedig stellte ich meine Frau meiner Mutter und Tante vor. Meine Mutter war über die Sanftheit ihrer Schwiegertochter ganz entzückt, und selbst meine Tante, die sich sonst nicht sehr mitteilte, machte ihre Nichte zu ihrer vertrauten Freundin. Das war ein reizender Haushalt: der Friede herrschte mitten unter uns, und ich war der glücklichste Mann in der Welt.

Meine Schauspieler, die gar nicht mehr auf mich gerechnet hatten, waren sehr vergnügt, als sie mich wiedersahen: zumal da ich ihnen ein neues Stück mitgebracht hatte. Es war »Rinald von Montalban«, eine Tragikomödie in fünf Akten und in Versen.

Der Gegenstand derselben war ein ursprünglich italienischer Stoff, der aber ebenso schlecht behandelt worden war wie »Belisar« und »Das steinerne Gastmahl«. Ich hatte es von den groben Fehlern gereinigt, die es unerträglich machten, und ihm soviel als möglich von dem wahren Geist der alten Ritterzeiten und einen Ton und Zuschnitt zu geben gesucht, die einem Stück, in welchem Karl der Große auftrat, angemessen waren.

Das Publikum, das gewohnt war, den Rinald, einen französischen Paladin, mit einem zerrissenen Mantel im Kriegsrat erscheinen, den Harlekin das Schloß seines Herrn verteidigen und die Soldaten des Kaisers mit Fischkesseln und zerbrochenen Töpfen auf den Boden strecken zu sehen, sah nunmehr mit Vergnügen den verleumdeten Helden seine Sache mit Würde verteidigen und war nicht unzufrieden, die platten und übel angebrachten Possen ausgemerzt zu finden.

»Rinald von Montalban« erhielt Beifall, aber doch in geringerem Grade als »Belisar« und »Das steinerne Gastmahl«. Er wurde bis Ende des Herbstes gegeben, und doch hatte ich ihn nicht für den Druck bestimmt und sah es ungern, daß man ihn in die Turiner Ausgabe aufnahm.

Das erste Jahr meiner Heirat hatte mich so sehr beschäftigt, daß ich darin wenig für das Theater arbeiten konnte. Und doch mußte ich etwas Neues für den Winter schaffen. Schon in Genua hatte ich mit einem Trauerspiel angefangen und war damit bis zum vierten Akt gekommen. Ich machte in der Geschwindigkeit den fünften Akt dazu, änderte und verbesserte in der Eile und setzte die Schauspieler in den Stand, dieses neue Stück zu Anfang des Karnevals geben zu können.

Der Titel meines Stücks war »Heinrich, König von Sizilien«. Den Stoff hatte ich aus der »Mariage de vengeance« (»Heirat aus Rache«), einer Novelle aus dem »Gil Blas«, entlehnt. Diese Geschichte ist dieselbe, die auch Herr Saurin, Mitglied der französischen Akademie, unter dem Titel »Blanche et Guiscard« bearbeitet hatte. Das Trauerspiel des französischen Verfassers erhielt keinen großen Beifall und das meinige ebensowenig. Es scheint gewisse unglückliche Gegenstände zu geben, die nicht dazu gemacht sind, Beifall zu finden.

»Rinald«, der nun wieder gegeben wurde, entschädigte die Schauspieler und machte den Schluß des komischen Jahres.

Die Fastenzeit über nahm man Veränderungen mit dieser Truppe vor, die sie, soweit das möglich ist, zur Stufe der Vollkommenheit brachten.

Die Mutter la Bastona hatte man gegen die Tochter, eine vortreffliche Schauspielerin, einfühlsam, edel im ernsthaften und sehr angenehm im komischen Spiel, vertauscht. Vitalba, der erste Liebhaber, war durch Simonetti ersetzt worden, der zwar weniger blendete als sein Vorgänger, aber dafür auch viel anständiger, unterrichteter und gelehriger war. Ferner hatte man die Akquisition des Pantalone Golinetti gemacht, der mittelmäßig unter der Maske, aber ganz vortrefflich war, mit freiem Gesicht junge Venezianer zu spielen; und die des Doktor Lombardi, der in Rücksicht auf seine Figur und seine Talente einzig war. Zu meinem Glück hatte man auch die Passalacqua fortgeschickt. Ich hatte eben keinen Groll gegen sie, allein ich befand mich doch weit besser, wenn ich sie nicht sah.

Was aber diese Truppe vollkommen gut machte, war der berühmte Harlekin Sacchi, dessen Frau die zweiten Liebhaberinnen ganz leidlich, und dessen Schwester, ein bißchen Übertreibung abgerechnet, die Soubretten sehr gut spielte.

So hab ich es nun, sagte ich zu mir selbst, wie ich's haben will, und kann meiner Einbildungskraft freien Lauf lassen. Ich habe mich nun genug mit schon bearbeiteten Gegenständen beschäftigt, nun muß ich erfinden. Ich habe Schauspieler, die viel versprechen; um sie aber nützlich anzuwenden, muß ich damit anfangen, sie zu studieren. Jeder hat seinen eigenen Charakter; gibt ihm der Dichter in seinem Stück einen Charakter, der dem seinigen entspricht, so ist der glücklichste Erfolg gewiß. Ja, fuhr ich in meinen Betrachtungen weiter fort, jetzt ist vielleicht der Augenblick da, wo ich die Reform, die ich so lange vor Augen gehabt habe, versuchen kann. Ja, ich muß Charaktere behandeln, diese sind die Quelle der guten Komödie. Damit fing der große Molière seine Laufbahn an und gelangte zu diesem Grade von Vollkommenheit, den uns die Alten nur aus der Ferne zeigen und den die Neueren noch nicht erreicht haben.

Tat ich unrecht, daß ich mich selbst so aufmunterte? Gewiß nicht. Die Komödie war meine Neigung und die gute Komödie mein Zweck. Ich hätte freilich unrecht gehabt, wenn ich den Ehrgeiz genährt hätte, mich den Meistern in der Kunst zu nähern, aber ich strebte nach nichts, als die Mißbräuche des Theaters in meinem Land abzuschaffen, und dazu gehörte nicht sehr viel Kunst und Einsicht.

Nach diesen Betrachtungen, die mir richtig dünkten, sah ich mich in der Truppe nach einem Schauspieler um, der mir am tauglichsten vorkommen würde, meine neuen und zugleich angenehmen Charaktere glücklich darzustellen.

Ich blieb bei dem Pantalon Golinetti stehen. Nicht um ihn mit einer Maske zu brauchen, welche die Physiognomie versteckt und den fühlenden Schauspieler hindert, auf seinem Gesicht die Leidenschaft, die ihn beseelt, auszudrücken: sondern weil ich im Umgange sehr mit seiner Art, sich zu geben, die ich gesehen und geprüft hatte, zufrieden war und einen vortrefflichen Schauspieler aus ihm zu machen hoffte: worin ich mich auch nicht betrog.

Ich verfertigte also ein Charakterstück unter dem Titel: »Momolo Cortesan«. Momolo ist im venezianischen Dialekt das Diminutiv von Girolamo (Hieronymus). Das Adjektivum »cortesan« läßt sich aber unmöglich durch ein französisches ausdrücken. Der Ausdruck »cortesan« ist nicht das verdorbene »courtisan«, vielmehr kommt es von »courtoisie« und »courtois« her. Die Italiener selbst kennen nicht durchgehends diesen venezianischen Cortesan, deswegen gab ich auch im Druck diesem Stück den Namen »L'uomo di Mondo«: im Französischen, glaube ich, würde der passendste Ausdruck »L'homme accompli« sein.

Wir wollen sehen, ob ich mich irre. Der wahre venezianische Cortesan ist ein Mann von Rechtschaffenheit, dienstfertig und behilflich. Er ist großmütig ohne Verschwendung; munter ohne Ausgelassenheit; er liebt die Weiber, ohne sich an sie zu fesseln; er liebt das Vergnügen, ohne sich zugrunde zu richten; er mischt sich in alles zum Besten der Sache; er zieht den Frieden und die Ruhe vor, aber er duldet keinen Betrug; er ist gesprächig und zutunlich gegen jedermann: ein warmer Freund, ein eifriger Beschützer. Ist das nicht das Bild eines vollkommenen Mannes, eines Mannes von Welt?

Aber, wird man mich fragen, gibt es viel solcher Cortesans in Venedig? Ja, nicht wenige. Es gibt viele Personen, die mehr oder weniger von den Eigenschaften dieses Charakters besitzen; allein da es darauf ankam, ihn vor den Augen des Publikums aufzustellen, so mußte ich ihn in seiner ganzen Vollkommenheit schildern.

Wenn irgendein Charakter auf der Bühne Wirkung tun soll, so muß er, meiner Meinung nach, mit entgegengesetzten Charakteren in Kontrast gesetzt werden. Ich führte also in meinem Stück einen Venezianer von schlechter Art ein, der die Fremden betrügt. Der Cortesan sichert die betrogenen Personen, ohne sie weiter zu kennen, vor seinen Schlingen und entlarvt den Gauner. Harlekin macht in diesem Stück nicht den unbesonnenen Bedienten; er ist ein ausschweifender Müßiggänger, der von seiner Schwester fordert, daß sie für seinen Lebensunterhalt aufkommen soll. Der Cortesan verschafft dem Mädchen ein sicheres Auskommen und setzt den Faulenzer in die Notwendigkeit, daß er arbeiten muß, wenn er leben will. Endlich beschließt der vollkommene Mann seine glänzende Laufbahn mit einer Heirat und wählt unter den Frauenzimmern von seiner Bekanntschaft diejenige, welche die wenigsten Ansprüche mit den meisten Vorzügen verbindet.

Dieses Stück erhielt außerordentlichen Beifall. Ich war zufrieden. Ich sah meine Landsleute von ihrem alten Geschmack an Possenspielen abkommen: die Reform war angekündigt; doch konnte ich mir noch nichts darauf zugute tun. Das Stück war nicht dialogisiert. Nichts als die Rolle der Hauptperson war niedergeschrieben, alles übrige nur skizziert. Ich hatte den Schauspielern die beste Anleitung gegeben, alle aber waren sie doch nicht imstande, die Lücken nach der Kunst auszufüllen. Man entdeckte also auch keine Spur von der Gleichheit des Stils, die einen Schriftsteller charakterisiert. Ich durfte nicht alles auf einmal abändern, wenn ich die Liebhaber des Nationaltheaters nicht gegen mich aufbringen wollte; ich mußte den günstigen Augenblick abwarten, wo ich ihnen mit mehr Nachdruck und Sicherheit geradezu die Stirne bieten könnte.

41. Kapitel

Meine Schauspieler mußten den Frühling und Sommer auf dem Festland spielen. Sie hätten es gern gesehen, wenn ich ihnen dahin gefolgt wäre; ich sagte aber mit dem Mann im Evangelio: uxorem duxi, ich habe ein Weib genommen.

Auch noch ein anderer Grund bestärkte mich in meinem Entschluß, in Venedig zu bleiben. Der Eigentümer des nämlichen Theaters, auf welchem man den Herbst und Winter über meine Komödien gab, hatte mir die Verfertigung eines musikalischen Dramas für die Himmelfahrtsmesse desselben Jahres übertragen. Ich vollendete diese Arbeit die Fasten über und wünschte nur, bei der Aufführung alles dirigieren zu können.

Der berühmte Galuppi, mit dem Beinamen Buranello, sollte sie in Musik setzen und schien mit meinem Drama zufrieden. Allein ehe ich es ihm noch ablieferte, erinnerte ich mich, wie ich mich mit meiner »Amalasunta« getäuscht hatte. Ich war ungewiß, ob ich allen Torheiten, die man die Regeln des musikalischen Dramas nennt, vollkommen Genüge geleistet hatte; ich wollte es erst jemand mitteilen und Erkundigung darüber einziehen, ehe ich es dem Publikum vorlegte, und wählte zu meinem Richter und Ratgeber den Apostolo Zeno, der von Wien, wo Metastasio seine Stelle erhalten hatte, wieder zurückgekommen war.

Diesen beiden berühmten Schriftstellern hat Italien die Verbesserung der Oper zu danken. Vor ihnen bekam man in diesen harmonischen Schauspielen nichts als Götter und Teufel, Maschinen und Wunder zu sehen. Zeno war der erste, der glaubte, das Trauerspiel könne in lyrischer Versart erscheinen, ohne von seiner Würde zu verlieren, und man könne es singen, ohne seine Wirkung zu schwächen. Diesen Plan führte er auf eine Art aus, mit der das Publikum im höchsten Grad zufrieden und die zugleich für ihn und seine Nation die ehrenvollste war.

Die Helden in seinen Opern sind so, wie sie waren, wenigstens so, wie die alten Geschichtsschreiber sie uns schildern. Die Charaktere sind kräftig gehalten, seine Pläne gut geführt, seine

Episoden streiten niemals mit der Einheit der Handlung, sein Stil ist männlich, stark, und die Worte seiner Arien paßten vollkommen zur Musik seiner Zeit.

Sein Nachfolger, Metastasio, brachte das lyrische Trauerspiel auf die höchste Stufe der Vollkommenheit, dessen es fähig ist. Sein reiner und eleganter Stil, seine fließenden, harmonischen Verse, eine bewundernswürdige Wahrheit in seinen Sentiments, eine anscheinende Leichtigkeit, welche die mühselige Arbeit des eigensinnigen Dichters verbirgt, eine rührende Täuschung in der Sprache der Leidenschaften, seine Porträts, seine Gemälde, seine lachenden Beschreibungen, seine sanfte Moral, seine einschmeichelnde Philosophie, seine Zergliederungen des menschlichen Herzens, seine ohne Verschwendung und mit Kunst angebrachte Gelehrsamkeit, seine Arien, oder besser zu sagen, seine unvergleichlichen Madrigale haben ihm den ewigen Lorbeer verdient, den die Italiener ihm gegeben haben und den die Ausländer ihm nicht abstreiten.

Wenn ich Vergleichungen anzustellen wagte, so würde ich sagen, Metastasio habe den Racine in seinem Stil und Zeno den Corneille in seiner Kraft und Stärke nachgeahmt. Ihre Charaktere entsprachen ihrem Genie. Metastasio war sanft, höflich, angenehm im Umgang. Zeno war ernsthaft, tiefsinnig und unterrichtend.

An diesen letzteren wendete ich mich, damit er meinen »Gustav« kritisiere.

Ich fand diesen würdigen Gelehrten in seinem Studierzimmer. Er empfing mich sehr höflich und hörte mein Drama vom Anfang bis zu Ende an, ohne ein einziges Wort vorzubringen. Doch konnte ich aus seinen Mienen deutlich die guten und schlechten Stellen meiner Arbeit beurteilen. Nach geendigter Vorlesung bat ich ihn um sein Urteil. Er faßte mich bei der Hand und sagte: »Für die Himmelfahrtsmesse ist es gut genug.«

Ich merkte wohl, was das heißen sollte, und wollte mein Drama zerreißen. Er hielt mich aber davon ab und sagte mir zu meinem Trost, daß meine Oper, so mittelmäßig sie auch wäre, doch vor hundert anderen den Vorzug verdiene, deren Verfasser, unter dem Vorwand der Nachahmung, ihre Vorgänger sklavisch kopierten. Er nannte sie nicht, aber ich kannte die Räuber, über die er sich mit Recht zu beklagen hatte.

Ich benutzte also die stummen Zurechtweisungen des Herrn Zeno. Ich machte einige Änderungen an den Stellen, wo mein Richter die Nase gerümpft hatte, und ließ dann die Oper aufführen. Die Schauspieler waren gut, die Musik vortrefflich und die Balletts sehr lustig. An das Drama selbst dachte niemand. Ich hielt mich hinter dem Vorhang, nahm Teil an dem Beifall, der mir nicht gehörte, und sagte zu meinem Trost: das ist nicht meine Gattung. Bei der ersten Komödie will ich es schon wieder einbringen.

Das Stück, das ich für die Rückkehr meiner Schauspieler fertiggestellt hatte, war »Il Prodigo« (»Der Verschwender«).

Ich hatte meinen Verschwender nicht aus der Klasse der Lasterhaften, sondern aus der Klasse der Toren gewählt. Er war kein Spieler, kein Trinker, kein Mensch, der in Kleidern oder Möbeln großen Aufwand machte. Seine Verschwendung war nichts als Schwäche: er gab, weil das Geben ihm Vergnügen machte; der Grund seines Herzens war vortrefflich, aber seine Gutmütigkeit und Leichtgläubigkeit machten ihn zu einem unordentlichen, lächerlichen Menschen.

Dieser Charakter hatte den Reiz der Neuheit. Ich kannte mehrere Originale davon, die ich an den Ufern der Brenta unter den Bewohnern jener köstlichen und prächtigen Landhäuser, wo der stolze Überfluß seine Herrlichkeiten zur Schau stellt und die Mittelmäßigkeit sich zugrunde richtet, gefunden und studiert hatte.

Der vortreffliche Schauspieler, der die Rolle des venezianischen Cortesan so glücklich dargestellt hatte, war ebenso vollkommen glücklich in der Darstellung des langsameren, apathischen Charakters meines Verschwenders.

Ich hatte dem reichen und grundfreigebigen Manne einen verschmitzten und schurkischen Haushofmeister gegeben, der die Launen seines Herrn benutzt und ihm alle Gelegenheiten und Mittel an die Hand gibt, sie zu befriedigen. Sooft die Rede davon ist, Geld aufzutreiben, endigt der gute Mann immer damit, daß er zu dem Verräter, der ihn verführt, sagt: »Caro vecchio fè vu«; d.i.: »Guter Alter, dafür laß ich Euch sorgen.«

Man fand in Venedig mehrere Personen, denen dieser Ausdruck eigen war. Man wollte mein Original erraten, allein ich hatte es von einer Menge reicher Leute, die sich von ihrer eignen Schwäche und ihren Verführern zum besten halten lassen, zusammengelesen. Eine Anekdote aber, die zwar von meiner eignen Erfindung war, zum Unglück aber historisch richtig befunden wurde, hätte mir leicht schlimme Händel machen können.

Mein „Verschwender“ hat eine junge Person zur Geliebten,

die er zur Gattin bekommen hätte, wenn seine Umstände weniger zerrüttet gewesen wären. Das Mädchen ist eben mit ihren Eltern bei ihm an der Brenta. Der Liebhaber bietet ihr einen Ring von Wert an; sie schlägt ihn aus. Einige Zeit nachher kommt der Prokurator des Verschwenders von Venedig und bringt ihm die Nachricht, daß er seinen Prozeß gewonnen hat. Der großmütige Mann will ihm seine Freude und Dankbarkeit bezeigen: er hat kein Geld und gibt dem Prokurator den Ring. Dieser nimmt ihn an und geht nach Venedig zurück.

Unterdessen hat man dem Mädchen den Rat gegeben, den Ring anzunehmen, um zu verhindern, daß der junge unbesonnene Mensch sich nicht nach seiner Gewohnheit auf eine törichte Art davon losmache. Sie kommt also wieder, bringt die Rede auf den Ring, entschuldigt sich, daß sie ihn ausgeschlagen. Ohne Erlaubnis, sagt sie, hätte sie ihn nicht annehmen dürfen. Diese Erlaubnis habe sie nun erhalten – aber ach! der Ring ist nicht mehr da. Der Liebhaber ist trostlos, der Verschwender in Verzweiflung. Seine Unruhe, seine Verlegenheit denke man sich.

Dies ist eine von den glücklichen Situationen, welche die Zuschauer belustigen, Sinnesänderungen hervorbringen und die Handlung zu einer ungezwungenen Entwicklung leiten.

Man sagte, dieser Vorfall wäre einer Person von hohem Stand, der gegenüber ich besondere Verbindlichkeiten hatte, begegnet. Zum Glück merkte dieser Herr nichts davon oder stellte sich wenigstens so, als ob er nichts merke. Er war an meinem Beifall mit interessiert. Mein Stück hatte gefallen, und er war so zufrieden darüber wie ich selbst.

Mein »Verschwender« erhielt bei seiner Erscheinung auf dem Theater zwanzig Vorstellungen hintereinander. Gleiches Glück machte er bei seiner zweiten Erscheinung während des Karnevals. Nunmehr aber fingen die Maskenschauspieler an, sich über mich zu beschweren. Ich gab ihnen nichts zu tun. Ich machte Anstalten, sie ganz ums Brot zu bringen, und sie hatten Liebhaber und Gönner, die sie beschützten.

Diese Klagen und der Plan, den ich mir für mein Benehmen entworfen hatte, bewegten mich, daß ich ihnen zu Anfang des komischen Jahres ein Lustspiel nach ihrer Art* gab, das den

* Im Original »Comédie à sujet«, ein Lustspiel, wo der bloße Inhalt der Szene angegeben und der Dialog von den Schauspielern extemporiert wird. Man nennt ein solches Lustspiel auch »Comédie à canevas«, weil sie gleichsam nur den rohen, unbearbeiteten Stoff enthält. Einige Seiten weiter heißt ein solches skizziertes Stück auch »Comédie de l'art« (nach dem italienischen »Commedia dell'Arte«).

Titel führte: »Harlekins zweiunddreißig Unglücksfälle.« Sacchi sollte es in Venedig aufführen, und ich war gewiß, daß es sein Glück machen würde. Dieser Schauspieler, der auf der italienischen Bühne unter dem Namen Truffaldino bekannt ist, verband mit der natürlichen Anmut seines Spiels ein ausgebreitetes Studium der dramatischen Kunst und der vornehmsten Theater von Europa.

Antonio Sacchi besaß eine lebhafte und glänzende Einbildungskraft. Die anderen Harlekine konnten nichts, als sich ewig wiederholen; Sacchi hingegen hielt sich durchaus an den Charakter der Szene und verschaffte dennoch durch seine immer neuen, komischen Einfälle und unerwarteten Repliken dem Stück jedesmal das Ansehen der Neuheit. Dadurch brachte er es dahin, daß man ihn immer gern sah und sonst keinen als ihn sehen mochte.

Seine komischen Züge, seine lustigen Einfälle waren weder aus der Sprache des Pöbels noch aus der Sprache der Komödianten entlehnt. Er benutzte die komischen Schriftsteller, die Dichter, Redner und Philosophen. In seinen Impromptus entdeckte man oft einen Gedanken von Cicero, Seneca und Montaigne; allein er besaß die Kunst, die Maximen dieser großen Männer dem Charakter des Helden, den er agierte, anzupassen. Derselbe Gedanke, den man in einem ernsthaften Schriftsteller bewundert hatte, erregte aus dem Mund dieses vortrefflichen Schauspielers Lachen.

Ich rede von Sacchi wie von einem Mann, der nicht mehr ist. Sein hohes Alter läßt Italien nichts als den Schmerz übrig, ihn verloren zu haben, ohne die Hoffnung, ihn je ersetzt zu sehen.

Mein Stück erhielt unter den Händen dieses Mannes allen Beifall, den ein Lustspiel aus dem Stegreif erhalten kann. Die Liebhaber der Masken und der skizzierten Stücke söhnten sich wieder mit mir aus. Sie fanden in meinen »Zweiunddreißig Unglücksfällen« mehr Plan und Menschenverstand als in den gewöhnlichen skizzierten Komödien (Comédies de l'art).

Ich bemerkte, daß die aufeinandergehäuften Vorfälle am meisten das Glück meines Stücks gemacht hatten, und benutzte diese Entdeckung. Vierzehn Tage darauf gab ich eine zweite Komödie von derselben Art, die noch reicher an Vorfällen und Situationen war, deswegen gab ich ihr auch den Titel: »Die kritische Nacht« oder »Hundertundvier Abenteuer in einer Nacht«.

Dieses Stück könnte man füglich den Probierstein eines

Schauspielers nennen, denn es war so verwickelt und so künstlich gearbeitet, daß gerade die Schauspieler, denen ich es anvertraute, erfordert wurden, um es mit der notwendigen Genauigkeit und Leichtigkeit auszuführen. Ich machte diese Erfahrung vier Jahre nachher. Ich war zu Pisa in der Toskana. Eine herumziehende Truppe ließ sich einfallen, dieses Stück zu geben und mir damit ein Kompliment zu machen. Den folgenden Tag hörte ich jemand in einem Kaffeehause am Arno sagen: »Dio mi guardi da mal di denti e da cento e quattro accidenti! (Gott behüte mich vor Zahnweh und den hundertundvier Abenteuern)!«

Dies beweist, daß der Ruhm des dramatischen Dichters sehr oft von der Kunst des Schauspielers abhängt. Man darf sich diese Wahrheit nicht verbergen: wir haben einander wechselseitig nötig, wir müssen uns also auch wechselseitig lieben und hochschätzen. Versteht sich »servatis servandis«!

42. Kapitel

Ich hatte nun den barocken Geschmack meiner Landsleute befriedigt. Ich nahm ihre Komplimente lächelnd an und brannte vor Begierde, die Reform zustande zu bringen. Allein es ereignete sich dieses Jahr ein Vorfall, der einige Monate lang eine Pause in meinen Lieblingsbeschäftigungen verursachte.

Der Graf Tuo, Konsul von Genua in Venedig, war gestorben. Die Familie meiner Frau, die Kredit und Fürsprache hatte, suchte um diese Stelle in meinem Namen nach und erhielt sie, ehe sich noch ein anderer Mitbewerber melden konnte.

So führte ich nun im Schoß meines Vaterlandes die Geschäfte und geheimen Angelegenheiten einer fremden Republik. Es kostete mich Zeit, ehe ich mit den Geschäften meines Amtes, das mir noch etwas fremd war, vertraut wurde. Die Genueser hatten keinen andern Minister in Venedig als ihren Konsul, ich mußte also für alles sorgen und schickte alle acht Tage meine Depeschen fort. Ich stattete Bericht von Neuigkeiten ab und wagte mich gar in die Politik. Diese Kunst hatte ich in Mailand gelernt und noch nicht vergessen. Meine Berichte, meine Betrachtungen und Konjekturen erhielten in Genua Beifall, und auch bei den auswärtigen Ministern in Venedig stand ich nicht übel angeschrieben.

Dieser mein neuer Stand und meine neuen Beschäftigungen

hielten mich indes nicht ab, den Faden meiner theatralischen Arbeiten wiederaufzunehmen. Noch im Karneval desselben Jahres gab ich eine Oper auf das Theater San Giovan Chrisostomo und ein Theaterstück auf das Theater San Samuele.

Meine Oper, die den Titel »Orontes, König der Skythen« führte, hatte einen außerordentlichen Erfolg. Die Musik des Buranello war göttlich, die Dekorationen von Jolli waren köstlich, die Schauspieler vortrefflich. Niemand erwähnte zwar die Poesie, allein der Verfasser der Worte genoß um nichtsdestoweniger das Glück dieses reizenden Schauspiels.

Auf dem Schauplatz der Komödie hingegen, wo ich zugleich ein kleines Stück »Der Bankrott« aufführen ließ, war aller Beifall, alles Händeklatschen, waren alle Bravos mein. Ein boshafter Bankrotteur ist ein Verbrecher, der das Zutrauen des Publikums mißbraucht, sich selbst entehrt, seine Familie zugrunde richtet, stiehlt, einzelne Privatpersonen anführt und dem Handel im ganzen Schaden zufügt.

Mein neues Amt verschaffte mir die Bekanntschaft einer Menge Kaufleute, und nun hörte ich von nichts mehr als von Fallimenten und bemerkte, daß alle, die sich zurückzogen, retteten oder ertappen ließen, ihr Verderben einzig dem Stolz, den Ausschweifungen und der Unordnung zuzuschreiben hätten. Ich erinnerte mich des Emblems der Komödie »ridendo castigat mores« und glaubte, das Theater dürfte sich wohl zu einem Lyceum erheben, das Mißbräuchen zuvorzukommen und ihre Folgen verhüten helfe. Doch griff ich nicht allein die Bankrotteure in meinem Stück an; ich stellte zugleich diejenigen an den Pranger, die das meiste zu ihren Ausschweifungen beitragen, und hielt mich vorzüglich an die Rechtsgelehrten, die den Gläubigern Sand in die Augen streuen und dadurch den betrügerischen Bankrotteuren Zeit lassen, ihre Fallimente einträglicher und sicherer zu machen.

Ob mein Stück einen Menschen bekehrt hat, weiß ich nicht, aber das weiß ich, daß mein Stück durchgehends Beifall erhielt und daß die Handelsleute, deren Empfindlichkeit ich am meisten zu fürchten hatte, die ersten waren, die mir ihre Zufriedenheit, einige von Herzen, andere aus Berechnung, zu erkennen gaben.

Der »Bankrott« wurde ununterbrochen den Rest des Karnevals hindurch gegeben und machte den Beschluß des komischen Jahrs (1740).

Dieses Stück hatte mehr geschriebene Szenen als die beiden

vorhergehenden. Unvermerkt näherte ich mich der Freiheit, meine Stücke ganz niederzuschreiben, und so sehr mir auch dabei die Masken im Wege waren, so erreichte ich doch endlich meinen Zweck.

43. Kapitel

Ich war mit Ehre und Freude überhäuft; allein du weißt schon, lieber Leser, daß meine glücklichen Tage immer von kurzer Dauer gewesen sind.

Als man mir das Konsulat von Genua anbot, so nahm ich es mit Dank und tiefem Respekt an, ohne mich nach der mit dieser Charge verknüpften Besoldung zu erkundigen. Das war auch eine von meinen Sottisen, die mir ebenso teuer zu stehen kam wie die übrigen.

Im Anfang dachte ich auf nichts, als wie ich mich des Wohlwollens der Republik, die mich mit ihrem Zutrauen beehrte, würdig machen wollte. Ich mietete ein Quartier, das mich in den Stand setzte, den Besuch von fremden Ministern anzunehmen. Ich vermehrte meine Bedienung, meine Tafel, mit einem Wort alles: und glaubte, daß es so sein müsse. Nach Verlauf einiger Zeit schrieb ich an den Staatssekretär, mit dem ich in Briefwechsel stand, und berührte auch den Punkt meines Gehalts. Hier ist ungefähr, was mir der Herr Staatssekretär zu meinem Troste meldete.

Der Graf Tuo (mein Vorgänger) hätte zwanzig Jahre, ohne Einkünfte von seiner Charge zu genießen, gedient; allein der Senat wäre zufrieden mit mir, und die Regierung fände es billig, daß ich belohnt würde. Der Krieg mit Korsika aber setze die Republik vorderhand außerstande, sich eine Ausgabe aufzubürden, an die sie seit langer Zeit nicht mehr gedacht habe.

Welch eine traurige Nachricht für mich! Die Einkünfte meines Amts beliefen sich nicht auf hundert Taler jährlich. Ich wollte auf der Stelle abdanken; mit der folgenden Post aber erhielt ich einen Brief von einem genuesischen Senator, der mir einen kitzligen Auftrag tat und mich aufmunterte, meinen Posten noch eine Weile zu behalten.

Eine Person, die in den Geschäften der Republik Genua gebraucht worden war und an einem fremden Hof zugleich die Aufträge des Senats und die Geldaffären der reichen Kapitalisten besorgt hatte, hatte das Zutrauen der Genueser mißbraucht, war mit beträchtlichen Summen durchgegangen und lebte seit einigen Tagen ruhig in Venedig.

Der Senator schickte mir Kreditbriefe auf den Bankier Santin Cambiasio und freie Vollmacht, entweder einen Haftbefehl gegen den Schuldner oder Arrest auf seine Effekten auszuwirken.

Der Auftrag war von etwas eigener Art, und die Ausführung schien nicht leicht zu sein. Indessen kannte ich mein Land. In einer Staatsverfassung, wo es beinahe ebensoviel Tribunale der ersten Instanz als Gegenstände gibt, die zur Klage kommen können, findet man, wenn man eine gute Sache hat, immer Mittel, Gerechtigkeit zu erhalten, ohne die Delikatesse des Völkerrechts zu beleidigen.

Ich wurde angehört und gut bedient. Mein Klient erhielt Entschädigung, und das Geld und die Effekten gingen, nach der von dem genuesischen Advokaten getroffenen Einrichtung, aus meinen Händen in die Hände des Herrn Cambiasio.

Diese Sache, die ich so gut eingeleitet, geführt und beendigt hatte, machte mir große Ehre; allein mein Unglücksstern ließ mich bald wieder seinen traurigen Einfluß fühlen.

In dem Verzeichnis der Effekten, die ich wiedererhalten hatte, standen auch zwei goldne, mit Diamanten besetzte Dosen. Ich erhielt den Auftrag, sie verkaufen zu lassen, und vertraute sie einem Makler an. Dieser Elende versetzte sie bei einem Juden, ließ die Note des Leihers zurück und machte sich aus dem Staub. Ich mußte dafür stehen und also dem Juden seine Auslage ersetzen, um die Dosen wiederzubekommen. Herr Cambiasio schoß das Geld auf Rechnung des Senators vor, und mein Schwiegervater, der mir noch etwas von der Mitgabe seiner Tochter schuldig war, leistete dafür in Genua Ersatz.

Alle diese Tatsachen kamen in Venedig und Genua zu jedermanns Kenntnis, und alle nachteiligen Gerüchte, die man von mir verbreitet hatte, wurden widerlegt.

Indes gab es doch Leute, die mir wegen meines Stücks »Der Bankrott« nicht günstig waren und die daher Anlaß nahmen, mich zu verleumden.

Imer, der Directeur der Truppe San Samuele, war von Herrn Berio, einem Genueser, seinem Stiefbruder, zum Prokurator konstituiert worden, bei der Münze in Venedig eine Summe von fünfzehnhundert Dukaten zu heben.

Imer hätte jeden andern zum Prokurator deshalb substituieren können, allein seine Wahl fiel auf mich. Ich hob das Geld, sandte sechshundertzwanzig Dukaten durch die Gebrüder Lembro und Simone Maruzzi, Bankiers, von denen ich die Quittung noch habe, an Herrn Berio und lieferte den Rest der Summe an Herrn Imer, der mich förmlich durch einen Notar darüber quittierte.

Demohnerachtet gab man mir schuld, ich hätte diese letztere Summe verschwendet. Es war mir ein leichtes, das Gegenteil davon zu beweisen; allein die Reden und Schriften dieser Zeit könnten nach meinem Tode wiederaufleben; man wird mir also nicht verdenken, daß ich meine Verteidigung und Rechtfertigung in dieser Schrift aufzusetzen suche.

Ich habe einen Neffen, der meinen Namen führt. Kann ich ihm schon sonst kein Vermögen hinterlassen, so soll er wenigstens den unbescholtenen guten Namen eines Oheims genießen, der Vaterstelle bei ihm vertreten und ihm eine Erziehung verschafft hat, die er auf das glücklichste benutzte.

Ich war also zu Anfang des Jahres 1740 gar nicht in den besten Umständen; und zum Übermaß des Unglücks sah ich mich plötzlich des besten Teils meiner Einkünfte beraubt.

Um diese Zeit war nämlich der Krieg zwischen den Franzosen und Spaniern von einer und den Österreichern von der andern Seite ausgebrochen. Man nannte ihn den Krieg des Don Philipp, und die Lombardei wurde von fremden Truppen überschwemmt, die diesen Prinzen in die Staaten von Parma und Piacenza einsetzen sollten.

Der Herzog von Modena hatte seine Truppen mit den französischen und spanischen vereinigt und war Generalissimus ihrer Armee. Um die Kosten des Krieges bestreiten zu können, ließ er mit der Auszahlung der Renten aus der herzoglichen Bank Luoghi di Monte einhalten.

Diese neue Lücke in meinen Einkünften brachte meine Bestürzung auf das höchste. Ich konnte unmöglich meine Wirtschaft im bisherigen Stil fortsetzen.

Ich faßte also den Entschluß nach Modena zu gehen, um Geld zu erhalten, es koste was es wolle, dann nach Genua zu reisen und Gerechtigkeit zu suchen. Ich schrieb deshalb an die Republik, stellte die Notwendigkeit meiner Reise vor, hielt um Erlaubnis an, einen Substituten an meine Stelle zu setzen, und erwartete die Einwilligung des Senats.

In dieser Erwartung und mitten in meinem Verdruß und meiner Verlegenheit traf mein Bruder aus Modena ein, ebenso verdrießlich wie ich über die Vorenthaltung unserer Renten, noch mehr darüber aufgebracht, daß er bei den neuen Beförderungen, die der Herzog unter seinen Truppen vorgenommen hatte, nicht mit vorgerückt war. Er hatte also geradezu die Dienste verlassen und wollte nun auf meine Kosten der Ruhe pflegen.

Von der andern Seite verlangten die Schauspieler neue Arbeiten von mir. Das war noch mein einziger Trost. Allein Sacchi war nicht mehr da, und die Hälfte seiner Kameraden war ihm nachgefolgt. Der Pantalon Golinetti hatte das Theater verlassen, und die besten Schauspieler waren ganz neu für mich.

Ich sah mich unter ihnen nach einer Person um, an der ich den meisten Anteil nehmen könnte, und meine Vorliebe für die Soubretten machte, daß ich Madame Baccherini wählte, die in diesem Fache die Schwester des Sacchi ersetzte.

Sie war eine junge, artige, sehr muntere, in die Augen fallende Florentinerin, mit einer runden, vollen Taille, einer weißen Haut, schwarzen Augen, großer Lebhaftigkeit und einer reizenden Aussprache. Sie besaß weder das Talent noch die Erfahrung ihrer Vorgängerin, aber man entdeckte in ihr glückliche Anlagen. Mit Zeit und Mühe konnte sie es zur Vollkommenheit bringen.

Madame Baccherini war verheiratet, ich war es auch. Wir schlossen eine enge Freundschaft, denn wir bedurften einander. Ich arbeitete für ihren Ruhm, und sie zerstreute meinen Kummer.

Es war ein altes Herkommen unter den italienischen Schauspielern, daß die Soubretten alle Jahre zu verschiedenen Malen Stücke aufführten, die man Verwandlungen nannte, z. B. »Der Poltergeist«, »Die Magd, eine Zauberin« und andere dieser Art, in welchen die Aktrice unter verschiedenen Gestalten erscheint, oft ihre Kleidung wechselt, verschiedene Personen vorstellt und in mehreren Dialekten spricht.

Unter vierzig bis fünfzig Soubretten, die ich nennen könnte, gab es sicher nicht zwei, die hierin nur erträglich waren. Die Charaktere waren falsch, die Kleidung überladen, die Sprache ein ewiges Stammeln, alle Illusion ging verloren: und wie konnte es auch anders sein? Denn wenn ein Frauenzimmer alle diese Verwandlungen glücklich hätte durchführen sollen, so müßte sie wirklich die Zauberin gewesen sein, die sie in dem Stücke nur agierte.

Meine schöne Florentinerin konnte die Zeit nicht erwarten, wo sie ihr artiges Gesichtchen in so mancherlei Kopfputz zeigen sollte. Ich heilte sie von ihrer Torheit und bemühte mich, sie auf eine andere Art zufriedenzustellen. Ich erfand ein Lustspiel, in welchem sie, ohne die Sprache oder die Kleider zu ändern, verschiedene Charaktere durchzuführen hatte: eine Sache, die keinem Frauenzimmer, am allerwenigsten einem Frauenzimmer von Verstand, große Schwierigkeiten bietet.

Mein Stück führte den Titel »La Donna di garbo« (»Die brave Frau«). Es gefiel sehr bei der Vorlesung, Madame Baccherini war entzückt darüber; allein das Schauspiel in Venedig ging zu Ende. Die Gesellschaft sollte nach Genua gehen, dort das Frühjahr zuzubringen, und dort sollte mein Stück zum ersten Male gegeben werden. Ich nahm mir vor, diesem Debüt beizuwohnen, allein ich wurde schnell wieder ein Ball des Glücks. Sonderbare Vorfälle zerstörten meine Pläne, und ich bekam erst vier Jahre darauf mein Stück zu sehen.

44. Kapitel

Nachdem die Komödianten Venedig verlassen hatten, war ich ganz isoliert, denn in der unangenehmen Lage, in der ich mich befand, war mir jede andere Gesellschaft langweilig.

Ich beschäftigte mich mit nichts als meiner Reise. Meine Mutter und Tante hatten meine Hilfe nicht nötig, meine Frau sollte mich begleiten; allein mein Bruder war noch übrig und jedermann zur Last.

Er hatte eine sehr hohe Meinung von sich selbst, in die ich nicht einstimmte, worüber er sich sehr ärgerte.

Er forderte zum Beispiel, ich sollte ihn während meiner Abwesenheit von Venedig zur Vertretung meiner Stelle vorschlagen oder ihn nach Genua schicken, dort die Besoldung für mein Amt zu sollizitieren; allein ich hielt ihn zu keinem von diesen Aufträgen geschickt und ging meinen Weg fort, indem ich nur auf Briefe von Genua wartete, um meinen Plan auszuführen.

Diese Briefe kamen endlich an; ich erhielt die verlangte Erlaubnis, mein Substitut wurde gebildet, und ich war zufrieden. Ich nahm mir vor, nach Modena zu gehen, um wegen der Auszahlung meiner Renten nachzusuchen, und dann nach Genua, um eine Besoldung für meine Charge auszumachen und den Proben der »Donna di garbo« beizuwohnen. Ich stellte mir vor, daß die Baccherini meine Hilfe nötig haben und sehr erfreut sein würde, mich wiederzusehen. Die Reize dieser liebenswürdigen Schauspielerin trugen auch etwas zu meiner Eile bei. Ich malte mir das Vergnügen lebhaft aus, sie diese wichtige Rolle in meinem Stücke spielen zu sehen.

Aber, o Himmel! Der Bruder der Madame Baccherini war noch in Venedig. Er kam zu mir; die Tränen standen ihm in den Augen; er konnte kein Wort vorbringen. Stillschweigend gab er mir einen Brief zu lesen, den er aus Genua bekommen hatte. Seine Schwester war gestorben.

Welch ein Schlag für mich! Nicht der Liebhaber war es, der seine Geliebte beweinte, sondern der Dichter, der seine Schauspielerin bedauerte. Ich konnte meiner Frau meinen Schmerz nicht verheimlichen; allein sie war vernünftig genug, sich ganz auf mich zu verlassen und der Quelle meines Kummers nicht weiter nachzuspüren. Dieser traurige Vorfall änderte übrigens nichts an meinem Plan. Ich hatte bloß nicht mehr so viel Eile und glaubte meine Abreise noch etwas weiter hinausschieben zu können.

Eine Gesellschaft venezianischer Nobili hatte das Theater San Giovan Chrisostomo auf fünf Jahre gepachtet und verlangte eine Oper für die Himmelfahrtsmesse von mir. Ich lehnte es erst ab; als ich aber nun Herr meiner Zeit geworden war, so nahm ich den Auftrag noch an und brachte in wenigen Tagen eine Oper, unter dem Titel »Statira«, die ich schon in meinem Schreibeschrank liegen hatte, zustande. Ich wohnte den Proben und der Vorstellung dieses Dramas bei und bekam noch außer dem gewöhnlichen Honorar eine außerordentliche Belohnung von diesen großmütigen Unternehmern.

Ich hatte alle Ursache zufrieden zu sein, daß ich meinen Aufenthalt in Venedig verlängert hatte; allein in der Folge mußte ich es teuer bezahlen, und die schreckliche Verlegenheit, in die ich geriet, hatte ich meinem Bruder zu verdanken.

Eines Nachmittags gegen zwei Uhr kam er zu mir und stieß mit seinem Stock die Flügeltür meines Kabinetts auf. Den Hut hatte er tief in die Augen gerückt, sein Gesicht glühte, seine Augen funkelten. Ich konnte nicht raten, ob es Freude oder Zorn war. Er blickte mich mit einer verächtlichen Miene an und sagte: »Ja, sieh mich nur an, Bruder, du wirst mich nicht lange mehr über die Achseln ansehen!« – »Und wie kommst du auf den Einfall, Bruder?« – »Ich mache keine Verse«, fuhr er fort, »aber deshalb bin ich doch zu etwas gut. Ich mache eben eine Entdeckung...« – »Wenn sie dir nützlich sein kann, so soll mich's sehr freuen.« – »Ja, das ist sie; nützlich und ehrenvoll für mich und noch viel nützlicher und ehrenvoller für dich.« – »Für mich?« – »Ja; ich habe die Bekanntschaft eines ragusischen Hauptmanns gemacht, eines Mannes ... wie es ihrer wenig gibt. Er steht mit den vornehmsten Häusern von Europa in Korrespondenz und hat große, fürchterliche Kommissionen. Er hat den Auftrag, Rekruten zu einem neuen Regiment von Slavoniern anzuwerben, das 2000 Mann stark werden soll; aber, beim Teufel, wenn die Regierung in Venedig das geringste davon erfährt, so sind wir verloren. Bruder! Bruder! Ich habe mich einmal eingelassen, du weißt, was auf dem Spiele steht, und wirst schweigen.«

Ich wollte ihm Vorstellungen machen. »Höre mich nur an«, fiel er mir ins Wort, »es ist dabei von einer Hauptmannsstelle für mich die Rede. Ich habe, wie du weißt, in Dalmatien gedient: mein Freund weiß es auch, er hat meinen Onkel Visinoni in Zara gekannt und bestimmte mir eine Kompanie. Und für dich«, fuhr er fort, »für dich hat er noch ganz etwas anderes in petto.« – »Für mich? Was Henker will er aus mir machen?« – »Er kennt dich dem Rufe nach, er schätzt dich sehr, du sollst Auditeur, Oberrichter, bei dem neuen Regimente werden.« – »Ich?« – »Ja, du!«

In diesem Augenblick trat ein Bedienter herein und meldete, daß aufgetragen wäre. »Geh zum Teufel«, fuhr ihn mein Bruder an, »wir haben Geschäfte, laß uns in Ruh.« – »Aber«, sagte ich, »können wir die Sache nicht bis nach Tische aussetzen?« – »Nein, nein, wir müssen warten.« – »Warum aber?« – »Weil der Herr Hauptmann gleich kommen wird.« – »Du hast ihn also gebeten?« – »Ja, du hast doch nichts dawider, daß ich mir die Freiheit genommen habe, meinen Freund zu bitten?« – »Der Herr Hauptmann ist also dein Freund?« – »Warum sollte ich zweifeln?« – »Du machst soeben seine Bekanntschaft, und er ist schon dein Freund?« – »Wir sind keine Hofleute, wir sind Soldaten. Wir kennen uns beim ersten Wort. Ehre und Ruhm machen uns einander bekannt, und einen Augenblick darauf sind wir Freunde.«

Meine Frau kam und bat uns, unsere Verhandlung abzubrechen. »Mein Gott, Madame«, schrie mein Bruder, »das nenn ich mir Ungeduld.« – »Ihre Frau Mutter«, sagte sie, »ist es, die nicht länger warten will.« – »Meine Mutter, meine Mutter ... so mag sie essen und sich schlafen legen, wenn sie Lust hat.« – »Bruder«, sagte ich ihm, »das klingt verzweifelt eisenfresserisch.«

– »Es tut mir leid; aber der Hauptmann muß gleich kommen.« Man pochte. Es war der Hauptmann. Viel Komplimente, viel Entschuldigungen und dann zu Tische.

Dieser Mann sah mehr wie ein Hofmann als wie ein Soldat aus. Er war sehr geschmeidig, sanft und etwas geziert. Er hatte ein langes, bleiches Gesicht, eine Habichtsnase, kleine, runde, grünliche Augen, war sehr galant, sehr aufmerksam, die Damen zu bedienen, moralisierte mit den Betagten, scherzte mit den Jüngeren, ohne daß ihn das Reden am Essen hinderte. Nach Tische tranken wir den Kaffee, mein Bruder erinnerte mich an alle Reste von Likörs, die ich noch vorrätig hatte, um seinen Freund damit zu regalieren. Endlich gingen wir wieder in mein Kabinett, der Ragusaner, mein Bruder und ich.

Die Empfehlung meines Bruders hatte mir eben keine vorteilhafte Meinung zum Besten des Unbekannten beigebracht. Dieser, dem es weder an Verschlagenheit noch an einem durchdringenden Blicke fehlte, mochte es merken; er machte mich also in einem kurzen, aber sehr wohlgesetzten Eingange mit seinem Namen, seinem Vaterlande, seiner Familie, seinen Titeln und Geschäften bekannt und legte mir endlich eine vollständige Vollmacht in italienischer Sprache vor, durch die ihm aufgetragen war, für ein neues Regiment, zum Dienst der Macht, die ihm den Auftrag gegeben, zweitausend Mann Illyrier zu werben.

In diesen offenen Briefen hieß der Ragusaner Oberst des neuen Regiments, mit der Gewalt, nach seinem Gutbefinden die Offiziere, den Auditeur, die Fouriere, die Lieferanten usw. zu ernennen. Sie waren von dem Souverän, dem Minister und dem Staatssekretär des Kriegsdepartements unterzeichnet und mit dem Siegel der Krone besiegelt.

Ich war mit diesen fremden Signaturen wenig bekannt und setzte Mißtrauen in jeden Menschen, den ich zum ersten Male sah. Ehe ich aber imstande war, die Authentizität seiner Papiere näher zu prüfen, legte ich ihm einstweilen mancherlei Fragen vor, auf die ich die befriedigendsten Antworten erhielt.

Meine erste Frage war, durch welchen Zufall gerade wir, mein Bruder und ich, so glücklich gewesen wären, seine Aufmerksamkeit zu erregen.

»Ihr Herr Bruder«, antwortete er, »ist ein Mann, der mir bei meinem Plan nützliche Dienste leisten kann. Er kennt Dalmatien und Albanien, wo er gedient hat, und das sind eben zwei Provinzen, aus denen ich schöne Leute für mein Regiment bekommen kann. Ich habe die Absicht, ihn mit Briefen und Geld zu versehen und ihn dorthin auf Werbung zu senden.« – Hier fiel mein Bruder dem Ragusaner um den Hals – »Ja, Sie werden sehen, Freund. Sie werden sehen, ich schaffe Ihnen Dalmatier, Albaner, Kroaten, Morlaken, Türken und Teufel, lassen Sie mich nur machen: ›Gospodina, Gospodina, dobro jutro, Gospodina‹.«

Der Hauptmann, selbst ein Slavonier, fing bei diesem illyrischen, übel angebrachten Kompliment meines Bruders an zu lachen und wendete sich zu mir. »Was Sie anbetrifft, Herr Doktor, so mache ich mir eine Ehre daraus, Sie zu bitten, bei meinem Regiment die Stelle eines General-Auditeurs anzunehmen. Sie sind ein Rechtsgelehrter, und Ihre Charge als Konsul ... aber, da fällt mir eben bei Ihrer Charge ein, daß ich Sie um eine Gefälligkeit zu bitten habe. Ich bin in Venedig, in einem freien Land, aber mein Geschäft ist kitzlig und könnte der Regierung wegen der Nationaldalmatier nicht gleichgültig sein. Ich bin von Spionen umringt und fürchte mich, überrascht zu werden. Wenn Sie mich in Ihrem Hause logieren könnten, so wäre ich zwar vielleicht nicht gegen alle Nachforschungen der Republik gesichert, allein ich gewänne doch Zeit, ihnen mehr vorzubeugen.«

»Herr Hauptmann«, sagte ich, »meine Wohnung ist nicht geräumig genug...« – »So trete ich«, fiel mir mein Bruder mit lautem Geschrei ins Wort, »so trete ich dem Herrn Hauptmann meine Stube ab.« Ich wollte Einwendungen machen: alles umsonst. Der Ragusaner zog zu mir ins Haus.

Der Umgang dieses Mannes war sehr angenehm. Ich war leicht zu gewinnen, und es kostete mich Mühe, einen Verdacht auf ihm haften zu lassen. Indes wollte ich mir doch nichts vorzuwerfen haben. Sowie ich von mehreren Personen hörte, die anfingen, in die Sache verwickelt zu werden, suchte ich immer nähere Erkundigungen einzuziehen.

Ich sah Kaufleute, welche die Monturen für das neue Regiment liefern sollten; ich sprach mit Offizieren, die der zukünftige Oberst angenommen hatte. Eines Tages erhielt er mit der Post einen Wechsel von sechstausend Dukaten auf die Gebrüder Pommer, deutsche Bankiers. Der Wechsel wurde zwar nicht akzeptiert, weil keine Avisbriefe dabei waren, allein die Unterschrift war doch vollkommen nachgemacht. Mit einem Wort, ich glaubte ihm und ging in die Schlinge.

Drei Tage darauf kam der Ragusaner ganz unruhig und bestürzt nach Hause. Er sollte, wie er sagte, noch heute des Tages fünfzehnhundert Taler bezahlen: er hätte keine Frist erhalten können, man würde ihn verklagen, die Schuld wäre von der Art, daß auf einmal alles entdeckt werden, alles verlorengehen müsse. Er war in Verzweiflung. Seine Reden drangen mir durch die Seele, mein Bruder bestürmte mich, mein Herz gab den Ausschlag. Ich gab mir alle Mühe, das Geld zusammenzubringen, und war so glücklich es zu bekommen. Ich gab es noch denselben Tag an meinen Gast, der sich den folgenden Morgen damit auf und davon machte. Man denke sich meine Verlegenheit. Mein Bruder suchte ihn auf, um ihn umzubringen, glücklicherweise aber war er außer Gefahr. Mein Haus wurde der Sammelplatz aller derer, die sich ebenso wie ich von dem Ragusaner hatten anführen lassen. Der klügste Rat war, unsere Klage zu ersticken, um uns nicht obendrein der Ahndung der Obrigkeit und dem Gelächter des Publikums auszusetzen.

Was sollte ich machen? Der Betrüger hatte den 15. September 1741 Venedig verlassen; ich schiffte mich den 18. mit meiner Frau nach Bologna ein.

45. Kapitel

Traurig, tiefsinnig, nur mit meinem Kummer beschäftigt, brachte ich eine schlimme Nacht in dem Postfahrzeug zu, das ich sonst so bequem und anmutig gefunden hatte.

Meine Frau war vernünftiger als ich: statt sich über ihre Lage zu beschweren, dachte sie auf alle Mittel, mich zu trösten. Ihr guter Rat, ihr Beispiel flößten mir neuen Mut ein, und ich gab mir Mühe, den Verdruß über die Vergangenheit durch die Hoffnung auf eine bessere Zukunft zu verscheuchen. Ich schlief endlich ein und kam mir beim Erwachen wie ein Mann vor, der Schiffbruch gelitten hat und sich nun durch Schwimmen rettet.

An der Brücke Lago Scuro über den Po, eine halbe Meile von Ferrara, nahm ich die Post und kam den Abend in Bologna an. Ich kannte diese Stadt sehr genau und war auch sehr bekannt daselbst. Die Directeurs der Schauspiele kamen zu mir und baten mich um einige von meinen Stücken. Ich machte Schwierigkeiten, aber ich brauchte Geld. Sie ermangelten nicht, mir welches anzubieten, und ich ermangelte nicht, es anzunehmen.

Ich vertraute ihnen drei von meinen Originalen an, von denen sie Abschriften nehmen ließen. Dies nötigte mich zu warten; ich wartete und verlor indes meine Zeit nicht.

Man hatte mich in Venedig um ein Lustspiel für ein Jesuitenkollegium gebeten, worin keine Frauensperson vorkäme, das aber zu militärischen Übungen Veranlassung gäbe. Der falsche Hauptmann, der mich betrogen hatte, fiel mir hierbei ein und gab mir den Inhalt an die Hand. Ich überschrieb mein Stück: »Der Betrüger« und verfertigte es mit all dem Feuer, das der Unwillen nur erregen kann. Ich schilderte meinen Bruder vom Kopf bis zu den Füßen. Ja, ich schonte mich selbst nicht und setzte meine alberne Gutmütigkeit in das verdiente lächerliche Licht.

Diese kleine Arbeit tat mir unendlich gut. Sie verscheuchte alle schwarzen Wolken, in welche die Bosheit jenes Schurken meinen Geist versenkt hatte. Ich hielt mich für hinlänglich gerächt.

Mein Stück war fertig, die Directeurs gaben mir meine Manuskripte zurück, und ich setzte meine Reise nach Modena fort.

In Bologna lebte ein vortrefflicher Schauspieler, der die Pantalones darstellte und, da er nicht unbegütert war, die schöne Jahreszeit über ausruhte und nur im Winter spielte.

Dieser Mann namens Ferramonti war mir bei meinem Aufenthalt in Bologna nicht von der Seite gekommen. Eine Truppe, die in Rimini im Sold des spanischen Lagers stand, hatte ihn engagiert; er war im Begriff abzureisen und kam, Abschied von mir zu nehmen.

»Sie gehen nach Rimini«, sagte ich zu ihm, »und ich gehe nach Modena.« – »Was wollen Sie tun«, fragte er, »nach Modena wollen Sie? Jedermann ist dort in der größten Bestürzung. Der Herzog ist fort.« – »Wie? Der Herzog ist fort?« – »Er hat sich in einen verderblichen Krieg eingelassen...« – »Das weiß ich wohl; aber wo ist er?« – »In Rimini, im spanischen Lager, wo er den Winter zubringen wird.«

Diese Nachricht raubte mir meinen letzten Trost. »Wieder ein Plan gescheitert, und durch meine Schuld! Ich habe zu viel Zeit verzettelt« – »Gehen Sie«, sagte Ferramonti, »gehen Sie mit mir nach Rimini. Sie finden dort eine ziemlich gute Truppe. Ich stelle Sie der Gesellschaft vor. Sie müssen Sie alle kennen und schätzen. Folgen Sie nur, tun Sie etwas für uns, und wir tun alles für Sie.«

Der Vorschlag behagte mir; aber ich wollte doch erst die Meinung meiner Frau darüber hören. Sie war aus Genua, und wir waren auf dem Weg, ihre Verwandten zu besuchen. Das gute Kind! Sie war die personifizierte Güte und Gefälligkeit.

Sie fand alles gut, was ihr Mann ihr vorschlug. Sie war zufrieden, wenn sie mich nur zufrieden und ruhig sah, und gab mir selbst Beweggründe an, meinen neuen Plan auszuführen. So gingen wir drei Tage darauf mit dem guten, alten Venezianer nach Rimini ab.

Wir hatten kaum die Wälle von Rimini erblickt, als wir von dem äußersten Posten angehalten und nach der Hauptwache eskortiert wurden. Der Schauspieler wurde abgefertigt, sobald er seinen Stand angab, meine Frau und ich aber wurden an den Hof des Herzogs von Modena geführt.

Ich kannte Personen von allerlei Rang im Dienste Seiner Durchlaucht, wurde gut aufgenommen und sehr distinguiert. Man gab mir ein Quartier und stellte mich am folgenden Tage dem Herzoge vor, der mich sehr gnädig empfing und sich nach dem Beweggrund meiner Reise nach Rimini erkundigte.

Es kostete mich nicht viel, ihm die Wahrheit zu sagen; kaum aber hatte ich mit einem Wort die herzogliche Bank und die zurückbehaltenen Renten erwähnt, als Seine Durchlaucht sogleich das Gespräch auf das Schauspiel, auf meine Stücke und meinen erhaltenen Beifall lenkte. Ein paar Minuten darauf hatte die Audienz ein Ende.

Ich sah wohl, daß von dieser Seite nichts für mich zu hoffen war. Ich wendete mich also zu den Schauspielern und kam da besser auf meine Rechnung.

Den Mittag speiste ich bei dem Directeur, dem Ferramonti viel von mir erzählt hatte. Die ganze Gesellschaft war beisammen. Die erste Liebhaberin war eine vortreffliche Schauspielerin, aber schon sehr bei Jahren, und die zweite eine dumme, übel erzogene Schönheit. Colombine war eine frische, reizende Brünette, die bald niederkommen würde und – in Parenthese – meine Gevatterin wurde. Sie war die Soubrette und also mein Fall.

Jedermann bat mich um neue Stücke; jeder wollte eine Hauptrolle haben. Wem sollte ich den Vorzug geben? Der Graf von Grosberg zog mich aus der Verlegenheit.

Dieser brave Offizier, Brigadier in der Armee Seiner Katholischen Majestät, unter dem Regiment der Wallonergarde, war einer von den Herren, die sich am meisten für das Schauspiel interessierten. Ganz besonders begünstigte er den Harlekin und bat mich, für diese Rolle zu arbeiten. Ich befolgte seinen Wunsch mit desto größerem Vergnügen, da der Schauspieler gut und der Gönner sehr großmütig und freigebig war.

Bigottini machte den Harlekin. Dieser Schauspieler war gut in den Rollen seines Fachs, allein in Verwandlungen und Verkleidungen suchte er seinesgleichen.

Herr von Grosberg erinnerte sich, ein Stück in Paris gesehen zu haben, das den Titel führte: »Harlekin, der Kaiser im Monde«. Er glaubte, in einem Stück über diesen Gegenstand würde sich sein Günstling in seiner ganzen Stärke zeigen können, und er täuschte sich nicht. Ich arbeitete nach meiner Phantasie ein Stück nach diesem Titel aus, das viel Glück machte. Jedermann war zufrieden damit und ich auch.

Der Karneval war vorüber, und das Theater wurde geschlossen. Herr de Gages, nächst dem Generalissimus kommandierender General, hielt bei der ganzen Armee genau auf Ordnung und die strengste Kriegszucht. Man sah nichts von Spielen und Bällen, keine verdächtige Frauensperson durfte sich blicken lassen. Man lebte in Rimini wie in einem Kloster.

Die Spanier machten den Damen nach altkastilischer Sitte den Hof, und diese waren gar nicht übel damit zufrieden, die Kinder des Mars die Knie vor sich beugen zu sehen. Die Gesellschaften waren zahlreich, aber ohne Geräusch. Die Galanterie glänzte, aber im Schoße der Unschuld.

Ich genoß, wie die übrigen, diese süße Ruhe, hatte in den besten Häusern der Stadt Zutritt, machte mit der edlen Enthaltsamkeit der Spanier die Partie der Damen, besuchte mitunter meine Gevatterin für eine Unterhaltung voll italienischer Munterkeit und erwartete die gute Jahreszeit, um nach Genua zu gehen. Aber ach! mit was für Hindernissen bekam ich nicht zu kämpfen, was für Vorfälle und Revolutionen trugen sich nicht zu!

Die deutschen Truppen, die im bolognesischen Gebiet in den Winterquartieren lagen, machten Bewegungen, welche die Spanier beunruhigten. Diese hatten keine Lust, den Feind festen Fußes zu erwarten, und sowie jene nach der Romagna vorrückten, zogen sie sich zurück und verlegten ihr Lager zum Teil nach Pesaro, zum Teil nach Fano.

Alle Spanier, die in Cesena, Cervia und Cesenatico lagen, vereinigten sich bei Rimini mit der Hauptarmee. Ich sah mich genötigt, meine Wohnung zu teilen, doch das ist noch nicht alles, das ist noch nichts.

Mein Bruder, mein liebenswürdiger Bruder, kam um diese Zeit mit zwei venezianischen Offizieren aus Venedig, dem Herrn de Gages die Errichtung eines neuen Regiments anzutragen. Mir war, wie meistens, die Auditeurstelle vorbehalten.

Ich war durch Erfahrung mißtrauisch gegen alle Projekte geworden und ließ mich deshalb gar nicht mit ihnen ein: aber logieren und speisen mußte ich sie doch.

Nach drei Tagen brach die Armee auf, und mein Bruder und seine Gefährten folgten ihr nach. Ich blieb in Rimini zurück, aber in größerer Verlegenheit als jemals. Ich war ein Untertan des Herzogs von Modena und genuesischer Konsul in Venedig. Diese beiden Souveräns waren in diesem Krieg auf die Seite der bourbonischen Mächte getreten: ich hatte also sehr zu fürchten, die Österreicher möchten mich für einen verdächtigen Menschen ansehen.

Ich teilte meine Besorgnisse Leuten in der Gegend, die ich kannte, mit; sie fanden sie alle sehr begründet und rieten mir, meinen Stab weiterzusetzen. Aber wie das anfangen? Man konnte weder Pferde noch Wagen bekommen. Die Armee hatte alles mitgenommen.

Zum Glück fand ich fremde Kaufleute, die in derselben Lage waren. Ich traf ein Abkommen mit ihnen, wir gingen zu Wasser und mieteten ein Fahrzeug nach Pesaro.

Das Wetter war schön, aber die Nacht war stürmisch gewesen und das Meer noch in Bewegung. Unsere Weiber litten viel, die meinige warf Blut aus. Wir machten deshalb an der Reede vor Cattolica, das halben Weges liegt, halt und legten ihn vollends zu Land auf einem Bauernkarren zurück. Unsere Sachen ließen wir unter der Hut einiger Bedienten zurück, die uns nach Pesaro nachfolgen sollten, und kamen in dieser Stadt, wo wir niemand kannten und keine Wohnung auszumachen wußten, ermüdet und zerschlagen an. Doch das ist noch das kleinste Ungemach von allen denen, die uns bevorstanden!

46. Kapitel

Alles war in Pesaro in Verwirrung. Die Stadt hatte mehr fremde Gäste, als sie unterbringen konnte. In keinem Gasthof ein leeres Plätzchen, in keinem Haus ein Zimmer zu vermieten!

Der Graf von Grosberg befand sich in Fano; die Offiziere meiner Bekanntschaft hatten alle Hände voll zu tun. Die Personen im Dienst des Herzogs von Modena konnten mir nichts als den Tisch anbieten. Ein modenesischer Bedienter, der mit einem anderen eine kleine Dachkammer geteilt hatte, überließ mir für bares Geld sein niedliches Apartement.

Den nächsten Morgen ließ ich meine Frau unter ihrem Dach und ging an die Mündung der Foglia nachsehen, ob unsere Sachen angekommen wären. Ich fand alle meine Reisegefährten, die in gleicher Absicht hierhergekommen waren und die Nacht in noch schlechteren Herbergen hatten zubringen müssen. Allein von einem Fahrzeug aus Rimini war nichts zu sehen, von unsern Sachen nichts zu hören.

Ich ging in die Stadt zurück. Der Graf von Grosberg war angekommen; er erbarmte sich über mich und gab mir eine Wohnung in seinem Hause. Nun war ich zufrieden, doch zwei Stunden darauf geriet ich von neuem in die größte Bestürzung.

Ich begegnete einem von den Kaufleuten, die ich am Ufer des Meeres gesehen hatte. Er schien traurig und unruhig. »Hören Sie«, rief ich ihn an, »haben wir noch keine Nachricht?« – »Ach«, sagte er, »alles ist verloren: die österreichischen Husaren haben Cattolica eingenommen; unser Fahrzeug, unsere Sachen, unsere Leute, alles ist in ihre Hände gefallen. Hier sehen Sie den Brief von einem meiner Korrespondenten aus Rimini.« – »O Himmel, was fangen wir an?« – »Ich weiß nichts anzufangen«, antwortete er mir und entfernte sich hastig.

Ich blieb unbeweglich wie eine Bildsäule stehen. Dieser Verlust war für mich unersetzlich. Wir waren beide, meine Frau sowohl als ich, auf das beste equipiert. Wir hatten drei Koffer, zwei Mantelsäcke, Kasten und Schachteln, und auf einmal nichts mehr als das Hemd auf dem Leibe.

Verzweifelte Übel erfordern verzweifelte Mittel. Ich faßte auf der Stelle einen Entschluß, der mir sehr gut dünkte und den ich meinem Gönner mitteilte. Er hatte schon Nachricht von der Überrumpelung von Cattolica und dem Verlust meiner Sachen. »Ich will mich auf den Weg machen«, sagte ich ihm, »und sie zurückfordern. Ich bin kein Soldat, ich stehe nicht in spanischen Diensten: was will man von mir? Ich bitte nur um einen Wagen für mich und meine Frau.«

Der Graf von Grosberg bewunderte meinen Mut und verschaffte mir, vielleicht um mich loszuwerden, einen Paß von dem deutschen Marschkommissarius, der in dieser Absicht den spanischen Truppen folgte, und befahl, mir eine Chaise zu schaffen.

Die Post ging in dieser unruhigen Zeit nicht; die Fuhrleute hielten sich versteckt. Endlich machte man einen aus und zwang ihn, mich zu fahren. Die Nacht über mußte er in dem Stall des Herrn von Grosberg bleiben, und den folgenden Morgen fuhr ich in aller Frühe ab.

Ich habe seit dem neuen Unfall nichts von meiner Frau gesagt, um dem Leser keine Langeweile zu machen. Überdies kann man sich die Lage und den Gemütszustand einer Frau leicht vorstellen, die auf einmal alle ihre Kleider, ihren Schmuck und Putz einbüßt. Zum Glück war die meinige ein grundgutes und dabei vernünftiges Geschöpf. Wir machten uns nunmehr zusammen auf den Weg.

Der Fuhrmann, ein schlauer, durchtriebener Kerl, kam zur Stunde der Abreise ohne das geringste Zeichen von Mißvergnügen, um uns abzuholen, und wir traten, nach einem kleinen Frühstück, sehr ruhig und ziemlich guter Laune unseren Weg an.

Es sind fünf Meilen von Pesaro nach Cattolica. Wir hatten schon drei Meilen zurückgelegt, als ein dringendes Bedürfnis meine Frau abzusteigen nötigte. Ich ließ halten, wir stiegen ab und gingen ein paar Schritte nach einem verfallenen Gemäuer beiseite. Diese Lage benutzte der schurkische Fuhrmann, lenkte die Pferde um, fuhr im Galopp nach Pesaro zurück und ließ uns hilf- und hoffnungslos mitten auf der Landstraße.

Weit und breit war keine lebendige Seele zu sehen. Kein Bauer auf dem Felde, keine Einwohner in den Häusern. Jedermann fürchtete die Annäherung der beiden Armeen. Meine Frau weinte, ich erhob die Augen gen Himmel und erhielt eine Art von göttlicher Eingebung.

»Mut gefaßt, meine Liebe«, sagte ich, »es sind noch zwei Meilen von hier nach Cattolica. Wir sind gesund und stark genug, den Weg zu Fuß zu machen. Von einem guten Vorsatz darf man nicht weichen noch wanken. Wenigstens wollen wir uns nicht vorzuwerfen haben, daß wir etwas unversucht gelassen.« Meine Frau willigte, ohne eine verdrießliche Miene zu machen, ein, und wir setzten unsern Weg zu Fuß fort.

Wir mochten ungefähr eine Stunde gegangen sein, als wir auf einen Bach trafen, der zu breit, um darüberzuspringen, und zu tief war, als daß meine Frau hätte durchwaten können. Es war zwar eine kleine hölzerne Brücke für Fußgänger da, aber die Bretter waren in der Mitte zerbrochen.

Ich ließ nicht alle Hoffnung fahren. Ich kniete nieder, meine Frau schlang ihre Hände um meinen Hals, ich stand lachend auf, ging mit unaussprechlicher Freude durch das Wasser hindurch und sagte bei mir selbst: »Omnia bona mea mecum porto«, ich trage alle meine Habe mit mir.

Die Füße wurden mir bis an die Schenkel naß: Geduld! Wir gingen immer vorwärts, nach einer Weile kamen wir an einen ähnlichen Bach, den wir passieren mußten. Er war ebenso tief wie der erste und die Brücke ebenso zerbrochen. Das hinderte uns nicht, ich watete auf dieselbe Art, mit derselben guten Laune hindurch.

Ein ganz anderes Ding aber war es, als wir in der Nähe von Cattolica auf einen sehr breiten, schnellfließenden Gießbach stießen. Hier setzten wir uns unter einen Baum und warteten, bis die Vorsehung uns ein Mittel darbieten würde, ohne Gefahr hinüberzukommen.

In der ganzen Gegend umher bekamen wir weder Pferde noch Wagen noch Karren zu Gesicht; ebensowenig war ein Wirtshaus zu finden. Wir waren müde, hatten den ganzen Tag ohne Nahrung zugebracht und fühlten das dringendste Bedürfnis, uns zu erfrischen.

Ich stand auf und suchte mich zu orientieren. »Dieser Bach«, sagte ich, »muß sich notwendig ins Meer ergießen. Wir wollen längs dem Ufer hingehen, so müssen wir doch an die Mündung desselben kommen.«

Und so gingen wir, getrieben von Mißmut und aufrechtgehalten von der Hoffnung, immer weiter und entdeckten in der Ferne Segel; ein Beweis von der Nähe des Meers. Wir schöpften Mut und verdoppelten unsere Schritte. Je weiter wir kamen, je mehr sahen wir, daß der Fluß schiffbar wurde, und als wir endlich ein Fahrzeug entdeckten, hüpften und schrien wir vor Freude laut auf.

Es waren Fischer, die uns sehr freundlich aufnahmen, an das jenseitige Ufer übersetzten und sich tausendmal für den Paoli, den ich ihnen gab, bedankten.

Diesem ersten Trost folgte bald ein zweiter, der uns nicht weniger angenehm und nicht weniger notwendig war. Der Zweig eines Baumes, an ein Bauernhaus befestigt, verkündigte uns die Gelegenheit, eine kleine Erfrischung zu erhalten. Wir fanden Milch, frische Eier; das war mehr als genug.

Die Ruhe und das wenige an Nahrung, das wir zu uns nahmen, gaben uns Kräfte genug, den noch übrigen Weg vollends zurückzulegen. Wir ließen uns also durch einen Jungen aus dem Wirtshaus zum ersten Vorposten der österreichischen Husaren bringen.

Ich zeigte meinen Paß dem Sergeanten, der mir zwei Soldaten zur Begleitung gab. Wir gingen über verwüstete Saaten, verheerte Weinstöcke und niedergehauene Bäume nach dem Quartier des kommandierenden Obersten.

Dieser Offizier empfing uns, wie man Leute, die zu Fuß

reisen, zu empfangen pflegt. Nachdem er aber den Paß, den der eine von den Soldaten ihm zustellte, gelesen hatte, ließ er uns niedersetzen, nahm auf einmal eine freundliche Miene an und sagte: »Wie? Sie sind Herr Goldoni?« – »Leider! bin ich's.« – »Der Verfasser des ›Belisar‹? des venezianischen ›Cortesano‹?« – »Ja, derselbe.« – »Und diese Dame hier ist Madame Goldoni?« – »Ja, und das einzige, was mir übriggeblieben ist.« – »Man sagte mir, Sie wären zu Fuße.« – »Das ist leider nur zu wahr.«

Ich erzählte ihm den niederträchtigen Streich, den mir der Fuhrmann aus Pesaro gespielt hatte, ich beschrieb ihm unsere traurige Reise ausführlich, erwähnte auch die weggenommenen Sachen und stellte ihm vor, daß alle meine Pläne, mein Fortkommen, mit einem Wort, mein ganzes Schicksal davon abhinge, ob ich sie wiederbekäme oder nicht.

»Alles gut«, sagte der Oberst; »aber warum folgen Sie der Armee? Was haben Sie für Verbindungen mit den Spaniern?«

Da mir die Wahrheit noch niemals geschadet hatte, im Gegenteil, da sie immer meine Stütze und mein Schutz gewesen war, so erzählte ich ihm mit wenig Worten meine Begebenheiten; ich sagte ihm von meinem genuesischen Konsulate; von meinen Renten in Modena; von der Absicht meiner Reise, um die Auslieferung meiner Sachen anzuhalten; und von meiner traurigen Lage, daß alles für mich verloren wäre, wenn ich dieses kleinen Rests meiner wenigen Habseligkeiten beraubt würde.

»Trösten Sie sich«, gab er mir mit einem freundschaftlichen Ton zur Antwort, »Sie sollen sie nicht einbüßen.« Bei diesen Worten stand meine Frau auf und weinte vor Freude. Auch ich wollte ihm danken, er hörte mich aber nicht an. Er rief nach seinen Leuten und befahl, daß man meinen Bedienten und alle meine Sachen herbringen lassen sollte. »Doch unter einer Bedingung«, fuhr er fort. »Sie können gehen, wohin Sie wollen, ich verwehre Ihnen nichts als den Weg nach Pesaro.« – »Gewiß«, unterbrach ich ihn; »Ihre Güte ... die Verbindlichkeit...« Er ließ mir nicht Zeit auszureden. Er hatte Geschäfte; er umarmte mich, küßte meiner Frau die Hand und ging in sein Kabinett.

Sein Kammerdiener begleitete uns in einen ganz artigen Gasthof. Ich bot ihm eine Zechine an, er schlug sie aber großmütig aus und entfernte sich.

Eine halbe Stunde darauf kam mein Bedienter, mit Freudentränen in den Augen, sich frei und uns vergnügt zu sehen. Unsere Koffer waren offen, allein ich hatte die Schlüssel. Ein Schlosser setzte sie in ein paar Augenblicken wieder instand.

Den folgenden Morgen mietete ich einen Wagen für meine Sachen. Für mich und meine Frau nahm ich die Post und eilte unseren guten Freunden in Rimini entgegen.

47. Kapitel

Beim ersten Vorposten zeigte ich meinen Paß vor, worauf ich nach der Hauptwache von Rimini eskortiert wurde. Der Hauptmann saß bei Tische; man meldete ihm, daß ein Mann und eine Frau mit der Post angekommen wären; er ließ uns hereinkommen. Die erste Person, die mir beim Eintritt in die Augen fiel, war mein Freund und Landsmann Borsari, erster Sekretär des Fürsten von Lobkowitz, Feldmarschalls und Generalbefehlshabers der kaiserlichen Armee.

Herr Borsari wußte, daß ich den Winter in Rimini zugebracht und es im Gefolge der Spanier verlassen hatte. Ich teilte ihm den Beweggrund meiner Rückkehr, die sonderbaren Auftritte meiner Reise und meinen Entschluß, nach Genua zu gehen, mit.

»Nein«, sagte er, »solange wir hierbleiben, dürfen Sie nicht daran denken, nach Genua zu gehen.« – »Was soll ich hier machen?« – »Sich die Zeit vertreiben.« – »Da haben Sie recht, das ist das beste Metier, das ich kenne: aber Beschäftigung muß man doch auch haben.« – »Und die finden Sie gewiß bei uns. Wir haben ein leidliches Schauspiel.« – »Welches sind denn die vornehmsten Akteurs?« – »Wir haben eine Madame Casalini, eine sehr brave Schauspielerin; wir haben eine Madame Bonaldi...« – »Etwa die Soubrette?« – »Ja!« – »Vortrefflich! Es wird mir viel Vergnügen machen, sie wiederzusehen. Sie ist eine Gevatterin von mir.« Indes ich so mit dem Herrn Borsari plauderte, wurde meine Frau, ziemlich wider ihren Willen, in ein Gespräch mit den deutschen Herren Offizieren verwickelt, die nicht so wie die Spanier die Knie vor den Damen beugten. Sie gab mir durch ein Zeichen zu verstehen, daß sie genug habe; wir empfahlen uns der Gesellschaft; allein Borsari verließ uns nicht.

Mein Bedienter erwartete mich an der Tür und sagte mir, daß mein altes Quartier besetzt wäre. Borsari versprach, es mir wiederzuverschaffen: ein Offizier von seiner Bekanntschaft habe es inne, der es gern gegen ein anderes vertauschen würde. Bis dahin führte er uns mit zu sich und bot uns ein Zimmer neben dem seinigen an, das wir mit Vergnügen annahmen und drei Tage lang bewohnten.

Den folgenden Tag stellte mich mein Freund seinem Herrn vor. Der Fürst hatte von mir reden hören; er teilte mir seinen Plan zu einer Feierlichkeit mit und trug mir die Besorgung auf.

Die Kaiserin, Maria Theresia, war im Begriff, die Erzherzogin, ihre Schwester, an den Prinzen Karl von Lothringen zu vermählen. Der Fürst Lobkowitz wollte, daß auch Rimini Freudenbezeigungen über diese hohe Vermählung anstellen sollte. Er befahl mir, eine Kantate zu verfertigen. Die Wahl des Komponisten und die Anzahl und Beschaffenheit der Stimmen überließ er ganz dem Borsari und mir. Wir hatten in allem freie Hände, er empfahl uns nichts als Ordnung und Geschwindigkeit.

Es wohnte ein Musikmeister, ein Neapolitaner namens Ciccio Muggiore, in Rimini; freilich kein Künstler vom ersten Rang, mit dem man aber doch in Kriegszeiten vorlieb nehmen konnte. Diesen beauftragten wir und ließen zwei Sänger und zwei Sängerinnen aus Bologna kommen. Ich verfertigte den Text auf eine alte Musik unseres Komponisten, und nach Verlauf eines Monats wurde die Kantate auf dem Theater der Stadt zur Zufriedenheit des Fürsten und mit dem Beifall der fremden Offiziere und des einheimischen Adels aufgeführt.

Wir erhielten beide, der Komponist sowohl als ich, eine reichliche Belohnung von dem deutschen General. Der schlaue Neapolitaner aber schlug mir gleich anfangs ein Mittel vor, das er vielleicht selbst aus Erfahrung kannte und das unseren Gewinn um ein ansehnliches vergrößerte.

Wir ließen eine beträchtliche Anzahl Exemplare von unserer gedruckten Kantate sauber binden, dann setzten wir uns in eine schöne Karosse, präsentierten sie allen Stabsoffizieren der verschiedenen Regimenter, die in der Stadt und der Gegend umher im Quartier lagen, und brachten eine mit venezianischen Zechinen, spanischen Pistolen und portugiesischen Quadrupeln reichlich gespickte Börse nach Hause, die wir dann in Frieden und Einigkeit miteinander teilten.

Um diese Zeit schrieb man mir aus Genua, ein venezianischer Kaufmann habe, für den Fall, daß ich meine Stelle als Konsul nicht länger behalten wolle, darum nachgesucht. Er habe sich erboten, ohne Besoldung zu dienen, und wäre mit einem Titel zufrieden, der ihm, bei seinem Stande und Gewerbe, viel nützlicher werden könne als mir. Das hieß, der Senat dankte mich nicht geradezu ab, aber er setzte mich doch in die Notwendigkeit, mich selbst zurückzuziehen oder umsonst zu dienen. Ich wählte ohne Bedenken das erste, dankte der Republik und dachte nicht mehr daran.

Überdies hatte ich die Zeit her so viel ausgestanden, daß es mir sehr lieb war, eine Weile der Ruhe pflegen zu können. Ich hatte Geld, keine Geschäfte und war glücklich.

Niemand, der Rimini während des Aufenthalts der Spanier gesehen hatte, würde es jetzt wiedererkannt haben. Man hatte Belustigungen aller Art, Bälle, Konzerte, öffentliche Spiele, glänzende Gesellschaften, galante Mädchen. Jedermann, er mochte Charakter und Stand haben, wie er wollte, fand hier seine Rechnung. Ich liebte meine Frau und teilte meine Vergnügungen mit ihr: sie folgte mir allenthalben.

Nur zu meiner Gevatterin folgte sie mir nicht, ob sie mich gleich nicht hinderte, hinzugehen. Diese Schauspielerin war nicht nach ihrem Geschmack, und über den Geschmack läßt sich nicht streiten.

Endlich sah meine arme Gevatterin sich doch genötigt, ihren Stab weiterzusetzen. Die deutschen Offiziere wollten den Karneval über eine Oper haben; die Komödianten waren also gezwungen, Platz zu machen.

Der Graf Novati, ein Mailänder und Generalleutnant der Armee Seiner Kaiserlich Königlichen Majestät, hatte die Besorgung des neuen Schauspiels auf sich genommen, und mir erwies er die Ehre, mir die Direktion desselben anzutragen. Ich nahm den Vorschlag mit Vergnügen an und hatte nicht Ursache, es zu bereuen. Dieser großmütige Herr belohnte mich reichlicher, als ich erwarten durfte.

So ging es immer besser und besser mit mir; das Glück schien seine Laune in Rücksicht meiner geändert zu haben. Und wirklich bin ich seit dem Unfall bei Cattolica und dem auf meiner Rückreise nach Rimini nie wieder in eine von den schrecklichen Lagen gekommen, die mir einen gänzlichen Untergang drohten!

Mit dem Karneval ging auch die Oper zu Ende, und nach diesen belustigenden Zerstreuungen bekam man wieder von politischen und kriegerischen Vorfällen zu hören.

Mit Anfang der Fasten zog der österreichische Feldmarschall alle seine Truppen, die in der Romagna in den Winterquartieren gelegen hatten, zusammen, und ich genoß den herrlichen Anblick einer Generalmusterung von vierzigtausend Mann.

Dies war das Zeichen zum Aufbruch der Österreicher. Ich

nahm von meinem Freund Borsari Abschied, und vierzig Tage nachher sah man keinen Deutschen mehr in diesem Land, das heutzutage Romagna heißt und zur Zeit der römischen Kaiser das Exarchat von Ravenna hieß.

Ich dachte nun auch an die Abreise. Die Reise nach Genua war nunmehr unnütz geworden, ich war frei, Herr meiner Entschlüsse, hatte hinreichend Geld und führte einen Plan aus.

Ich wollte die Toskana sehen, durchwandern und eine Weile dort wohnen. Ich hatte den Umgang der Einwohner von Florenz und Siena, die lebendige Bücher der guten italienischen Sprache sind, nötig. Ich sprach mit meiner Frau davon, ich stellte ihr vor, daß dieser Weg uns Genua näher brächte. Sie schien damit zufrieden, und so war unsere Reise nach Florenz festgesetzt.

48. Kapitel

Die neue Straße von Bologna nach Florenz war im Jahre 1742 noch nicht offen. Jetzt kommt man in einem Tag dahin, während man sonst wenigstens zwei nötig hatte, die hohen Berge, die das toskanische Gebiet einschließen, zu übersteigen.

Der böse Weg war nicht zu vermeiden; ich wählte also wenigstens den kürzesten und vertraute meine Sachen einem Maultiertreiber an.

Mit meiner Frau nahm ich die Post nach Castro carro. Von da erklommen wir zu Pferde die St.-Benedikts-Alpen und kamen in das schöne Land, dem man das Wiederaufblühen der Wissenschaften zu danken hat.

Bei der Schönheit und den Annehmlichkeiten der Stadt Florenz werde ich mich nicht verweilen. Alle Schriftsteller, alle Reisenden lassen ihr Gerechtigkeit widerfahren. Schöne Straßen, kostbare Paläste, reizende Gärten, prächtige Spaziergänge, viel Gesellschaften, viel Gelehrte, viel Seltenheiten: die Künste im Ansehen, Talente geschätzt, ein vortrefflicher Landbau, herrliche Produkte, ein begünstigter Handel; ein breiter Fluß, der durch die Stadt fließt; ein beträchtlicher Seehafen, schöne Männer, schöne Weiber, Fröhlichkeit, Witz, Fremde von allen Nationen, Belustigungen aller Art ... mit einem Wort, ein herrliches Land!

Ich brachte vier Monate mit wahrem Vergnügen in dieser Stadt zu und machte sehr interessante Bekanntschaften, z. B. die des Senators Rucellai, Gerichtsauditors, des Doktor Cocchi, eines theoretischen Arztes und angenehmen Philosophen, des Abbé Gori, eines gelehrten und in der etruskischen Sprache sehr bewanderten Altertumskenners, des Abbé Lami, Verfassers eines literarischen Journals, der besten Arbeit, die man von dieser Art in Italien gesehen hat.

Ich hatte mir vorgenommen, den Sommer in Florenz und den Herbst in Siena zuzubringen; allein das Verlangen, das ich empfand, den Ritter Perfetti zu hören, machte, daß ich schon in den ersten Tagen des Monats August dahin abging.

Perfetti gehörte unter die Art von Dichtern, die Verse aus dem Stegreif hersagen und die man nur in Italien findet; allein er nahm die erste Stelle unter ihnen ein und verband mit seinem leichten Versfluß so viel Gelehrsamkeit und Anmut, daß er verdient hätte, in Rom auf dem Kapitol gekrönt zu werden. Eine Ehre, die nach dem Petrarch niemand mehr widerfahren ist!

Dieser berühmte Mann war sehr alt und ließ sich selten in Gesellschaften und noch seltener öffentlich sehen. Ich hatte gehört, daß er am Himmelfahrtstag der heiligen Jungfrau in der Akademie der Intronati in Siena erscheinen würde, und reiste also ohne Verzug mit meiner treuen Gefährtin dahin ab. Als Fremde erhielten wir ohne Schwierigkeit Zutritt und einen Platz in der Akademie. Perfetti saß auf einer Art von Kanzel: einer von den Akademisten hielt eine Ansprache an ihn, und da er sich nicht von dem Gegenstand der Feier dieses Tages, um derentwillen sich die Akademie versammelt hatte, entfernen konnte, so schlug er ihm zum Stoff seines Liedes die Freude der Engel bei der Annäherung des unbefleckten Körpers der heiligen Jungfrau vor.

Der Dichter sang eine ganze Viertelstunde in Strophen nach Art des Pindar. Man kann sich nichts Schöneres, nichts Überraschenderes denken. Man glaubte den Petrarch, den Milton, den Rousseau, ja den Pindar selbst zu hören. Ich war recht vergnügt darüber, ihn gehört zu haben, und machte ihm den Tag darauf meinen Besuch. Durch ihn wurde ich mit noch mehr Personen bekannt: die Gesellschaften in Siena waren ganz nach meinem Geschmack. Ehe man zu den Karten griff, wurden erst literarische Gegenstände besprochen. Jeder las etwas Eigenes oder einen fremden Aufsatz ab, und die Damen nahmen so gut Anteil hieran wie die Herren. So war es zu meiner Zeit; ob es jetzt noch so ist, kann ich nicht sagen. Vielleicht hat auch hier, so wie in dem ganzen übrigen Italien, die Galanterie den ausschließenden Vorzug erhalten.

Die Neugierde trieb mich, nun auch die übrigen Teile der Toskana zu durchwandern; ich nahm also von Siena aus meinen Weg nach dem sumpfigen Landstrich, den man »Le Maremme« nennt. Ein großer Teil dieser wüsten Gegend ist von dem Marchese Ginori von Florenz, der hier eine Porzellanfabrik angelegt hat, urbar gemacht worden. Wir erreichten Volterra, eine von den alten toskanischen Republiken, die auf dem sehr hohen und steilen Gipfel eines Berges liegt.

Dieses Land, das wenig Reisende besuchen, ist doch sehr merkwürdig, sowohl wegen seiner Lage als wegen der Spuren von den Denkmälern der Etrusker und des Heidentums, das ihre Religion war.

Ich ging auch auf Händen und Füßen in die Katakomben hinein, durchkroch sie bei dem Glanz von Wachskerzen und lernte da meine Feigherzigkeit in ihrem ganzen Umfange kennen. Die beiden Wegweiser, die vor mir hergingen, besprachen sich miteinander über die Wege in diesem unterirdischen Aufenthalt. »Dorthin wollen wir nicht gehen«, sagte der eine, »die Decke ist da vor kurzem eingefallen.« – »So wollen wir da durchgehen«, sagte der andere. – »Aber, aber«, fragte ich meine Begleiter zitternd, »wenn diese Decke nun auch einfiele...?« – »Ei«, versetzte der eine mir zum Trost, »das geschieht nicht alle Tage.« – Gott sei Dank! Endlich kam ich wieder heraus ans Licht, mit dem festen Vorsatz, nicht zum zweitenmal hierherzukommen.

Und was sah ich? Nichts. Die Neugierde machte mich zum Narren. Doch habe ich im Grunde nichts anderes getan, als was viele andere vor mir auch getan haben.

Mit mehr Vergnügen und ohne Gefahr sah ich die Haufen Muscheln auf diesen hohen Bergen, in einer Gegend, die wenigstens eine Stunde hoch über dem Mittelländischen Meer liegt. Hier sah ich zum erstenmal diesen überzeugenden Beweis von großen Umwälzungen, die sich mit unserer Erde zugetragen haben müssen. Die Zeit, wann sich dies ereignet, ist so ungewiß, wie die Art und Weise, auf welche es hat geschehen können, unbegreiflich ist.

Ich nahm einige von diesen Muscheln und auch ein paar ziemlich gut gearbeitete Gefäße aus volterrischem Alabaster, der durchsichtig und doch sehr weich ist, mit mir.

Diese meine neuen Reichtümer vermehrte ich noch mit einigen kleinen Nestern, die von Insekten, welchen sie den Winter über zur Zuflucht dienen, verfertigt werden und die man nur hier in Peccioli findet. Mit einbrechender Nacht befand ich mich vor den Toren von Pisa, wo ich mich in das Posthaus einlogierte.

49. Kapitel

Pisa ist ein sehr interessantes Land. Der Arno, der durch die Stadt fließt, ist hier schiffbarer als in Florenz, und der Kommunikationskanal zwischen diesem Fluß und dem Hafen von Livorno verschafft dem Staat beträchtliche Vorteile.

Die Universität in Pisa ist so alt und wird so häufig besucht wie die Universitäten in Pavia, Padua und Bologna.

Der Orden der St. Stephansritter, der im Jahre 1562 von Cosimo dé Medici gestiftet wurde , hat alle drei Jahre sein Generalkapitel in dieser Stadt.

Die Bäder in Pisa sind sehr heilsam, die Luft in der Stadt und der umliegenden Gegend wird für die beste in Italien gehalten. Das Wasser ist hier so rein, so leicht und so verdaulich wie in Nocera.

Ich hatte mir vorgenommen, höchstens ein paar Tage in Pisa zu bleiben, und blieb drei Jahre nacheinander hier. Ich fixierte mich, ohne es zu wollen, und engagierte mich, ohne daran zu denken. Meine komische Laune war nicht erloschen, aber halb erstickt. Thalia, sehr unzufrieden mit meiner Entfernung von ihr, schickte von Zeit zu Zeit Abgeordnete ab, mich unter ihre Fahne zurückzubringen. Ich ergab mich endlich der süßen Gewalt einer angenehmen Verführung und vertauschte zum zweitenmal den Tempel der Themis mit dem Tempel des Apollo.

Ich werde mein möglichstes tun, die Geschichte dieser drei Jahre, die allein einen Band erforderten, in wenigen Worten zusammenzudrängen.

Die ersten Tage nach meiner Ankunft in Pisa machte ich mir das Vergnügen, die Merkwürdigkeiten des Orts, die der Mühe lohnten, zu besehen, als z. B. die an Marmor und Gemälden so reiche Kathedralkirche, den sonderbaren Turm, der von außen sehr nach einer Seite hängt und von innen ganz gerade scheint, den Gottesacker, der mit einem prächtigen Portikus umgeben ist und einen Boden von Erde hat, die so sehr mit alkalischen Teilchen geschwängert ist, daß sie die Leichname binnen vierundzwanzig Stunden in Asche auflöst. Und doch fing ich an, Langeweile zu empfinden, denn ich kannte niemand.

Ich ging eines Tages an der Seite des Schlosses spazieren und sah eine große Toreinfahrt, Karossen, die stillhielten, und Leute, die in das Haus gingen. Ich blickte hinein und sah einen weitläufigen Hof, an dem Ende desselben einen Garten, in dem eine große Anzahl Personen unter einer Art von Laube saßen.

Ich trat näher und wurde einen Menschen in Livree gewahr, der aber ganz das Ansehen und den Anstand eines Mannes von Bedeutung hatte. Ich fragte ihn, wem das Haus gehöre und zu welchem Zwecke sich hier soviel Personen versammelt hätten.

Dieser höfliche und gar nicht unwissende Bediente befriedigte meine Neugierde. »Die Gesellschaft, die Sie hier sehen«, sagte er, »ist eine Kolonie der Arkadier von Rom, die ›La Colonia Alfea‹ heißt.« (Die alpheische Kolonie. Alpheus, ein sehr berühmter Fluß in Griechenland, der an dem alten Pisa in Aulis vorbeifloß.)

Ich erkundigte mich, ob ich mich der Gesellschaft anschließen dürfe? »Sehr gern!« versetzte der Türsteher und begleitete mich selbst bis zu dem Eingang des Gartens. Hier stellte er mich einem Diener der Akademie vor, der mir einen Platz in dem Zirkel anwies. Ich war sehr aufmerksam, bekam Gutes und Schlechtes zu hören und bezeigte über beides gleich stark meinen Beifall.

Jedermann betrachtete mich und schien neugierig zu sein zu erfahren, wer ich wäre. Ich bekam Lust, diese Neugierde zu stillen. Der Mensch, der mir meinen Platz angewiesen hatte, stand nicht fern von meinem Stuhl. Ich rief ihn und bat, den Vorsteher der Gesellschaft zu fragen, ob es einem Fremden erlaubt sei, das Vergnügen, das er eben genossen habe, in Versen an den Tag zu legen. Der Vorsitzer trug meine Bitte laut vor, und die ganze Versammlung willigte ein.

Ich hatte ein Sonett im Kopfe, das ich in meiner Jugend bei einer ähnlichen Gelegenheit verfertigt hatte; ich änderte in der Geschwindigkeit einige Worte, die hierher nicht paßten, und sagte meine vierzehn Verse mit einem Tone und mannigfaltigen Beugungen der Stimme her, die dazu dienen sollten, die Empfindung und die Reime hervorstechender zu machen. Das Sonett schien auf der Stelle verfertigt zu sein und erhielt außerordentlichen Beifall. Ich weiß nicht, ob die Sitzung sonst vielleicht länger gedauert haben würde, aber mit einem Male stand die ganze Versammlung auf und trat um mich herum.

Hier machte ich in wenigen Augenblicken eine Menge Bekanntschaften. Auf einmal hatte ich die Wahl unter den besten

Gesellschaften. Dic Bekanntschaft mit dem Herrn Fabri wurde für mich die nützlichste und angenehmste. Er war Kanzler in den Gerichten des St.-Stephansordens und Vorsitzer der Gesellschaft der Arkadier, unter dem Schäfernamen »Il Guardiano« (»Der Hirt«).

Ich besuchte der Reihe nach alle arkadischen Schäfer, die ich in der Versammlung gesehen hatte. Bei diesem speiste ich zu Mittag, bei jenem zu Abend. Die Pisaner sind sehr zuvorkommend gegen die Fremden: sie faßten Freundschaft und Hochachtung gegen mich. Ich hatte mich als einen venezianischen Advokaten angekündigt und einen Teil meiner Begebenheiten erzählt. Sie sahen, daß ich ein Mann ohne Geschäfte, aber sehr wohl imstande wäre, Geschäfte zu besorgen. Sie schlugen mir vor, wieder in den Advokatenstand, den ich verlassen hatte, zu treten, und versprachen mir Klienten und Bücher. In Pisa darf jeder Fremde, wenn er nur Doktor ist, prozessieren; ich ließ mich also kühn und keck als Zivil- und Kriminaladvokat einschreiben.

Die Pisaner hielten mir in allem Wort, und ich hatte das Glück, ihre Erwartungen zu befriedigen. Ich arbeitete Tag und Nacht, man bot mir mehr Prozesse an, als ich annehmen konnte. Endlich fand ich ein gutes Mittel, die Zahl derselben, zur großen Zufriedenheit der streitenden Parteien, zu verringern. Hatten sie unrecht, so suchte ich ihnen ihr Unrecht zu beweisen und sie mit ihren Kontrahenten zu vergleichen. Sie bezahlten mir gern meine Konsultationen, und wir waren alle zufrieden.

Indes meine Sachen täglich besser liefen und meine Kanzlei beständig so voll war, daß es den Neid aller meiner Kollegen erregte, führte der böse Feind eine Schauspielertruppe nach Pisa. Ich konnte es nicht über das Herz bringen, sie nicht zu besuchen, und der Kitzel stach mich so, daß ich ihnen sogar eines von meinen Stücken gab. Doch waren sie zu mittelmäßig, als daß ich ihnen ein Charakterstück hätte anvertrauen sollen, ich gab ihnen also das skizzierte Lustspiel »Die hundertundvier Abenteuer einer Nacht«. Bei dieser Gelegenheit bekam ich die Worte zu hören, die ich oben im einundvierzigsten Kapitel erwähnt habe.

Der geringe Beifall über mein Stück machte mich so mißmutig, daß ich mir fest vornahm, die Komödianten nicht wiederzusehen und nicht wieder an das Schauspielhaus zu denken. Dafür verdoppelte ich meinen Eifer in juristischen Arbeiten und gewann einmal drei Prozesse in einem Monat.

Eine Kriminal-Defension machte mir vorzüglich viel Ehre. Ein junger Mensch von guter Familie hatte seinen Nachbar bestohlen. Er hatte eine Tür mit Gewalt geöffnet und sollte zu den Galeeren verdammt werden.

Seine Familie verdiente Achtung, er war einziger Sohn, hatte Schwestern, die dadurch auf immer hätten ledig bleiben können: war es sonach nicht Pflicht, ihn zu retten?

Vor allen Dingen mußte der klagende Teil entschädigt werden. Dann ließ ich das Schloß an der Tür im ersten Stock, wo der Diebstahl verübt worden war, ändern. Nunmehr schloß der Schlüssel des zweiten Stocks auch im ersten. Der junge Mensch, hieß es, hat sich in dem Stockwerk geirrt und aus Versehen die Türe geöffnet. Das Geld lag offen da, und die Gelegenheit hat ihn verführt.

Ich fing meine Verteidigungsschrift mit dem siebenten Vers des fünfundzwanzigsten Psalms an: »Delicta juventutis meae et ignorantias meas ne memineris, Domine« (»Gedenke nicht der Sünden meiner Jugend und meiner Übertretungen«). Ich schmückte sie ferner mit Autoritäten aus den klassischen Schriftstellern aus und unterstützte meine Sache mit Entscheidungen der Rota romana und des Florentiner Kriminalgerichts, das man »il Magistrato degli Otto« (das Tribunal der Acht) nennt: ich suchte zu überzeugen und zu rühren. Ich verteidigte keinen Verbrecher, der ans Laster gewöhnt war und sein Verbrechen zu beschönigen suchte, sondern einen unbesonnenen Menschen, der seinen Fehler gestand, bereute und nur mit Rücksicht auf seinen würdigen Vater und zwei liebenswürdige Schwestern, die im Begriff standen, verheiratet zu werden, um Gnade bat.

Daß ich's kurz mache, mein kleiner Dieb wurde zu dreimonatiger Gefängnisstrafe verdammt. Die Familie war sehr zufrieden mit mir, und der Kriminalrichter wünschte mir Glück.

So wurde ich immer mehr und mehr mit einem Geschäft vertraut, das mir zu gleicher Zeit viel Ehre, viel Vergnügen und einen billigen Gewinn verschaffte.

Mitten in diesen Arbeiten und Beschäftigungen erhielt ich einen Brief von Venedig, der mich zerstreute und mein Blut und alle meine Lebensgeister in Bewegung setzte. Es war ein Brief von Sacchi.

Dieser Schauspieler war nach Italien zurückgekommen. Er erfuhr, daß ich in Pisa war, und gab mir den Stoff zu einem Lustspiel an die Hand, das ich nach freiem Gefallen bearbeiten sollte.

Welch eine Versuchung für mich! Sacchi war ein vortrefflicher Schauspieler, und das Lustspiel war von jeher meine Leidenschaft gewesen. Ich fühlte, daß der ehemalige Geschmack, dasselbe Feuer, derselbe Enthusiasmus wieder in mir erwachten. Der Gegenstand, den er mir vorschlug, war: »Der Diener zweier Herren«. Ich hatte schon den Plan gemacht, wie ich diesen Stoff benutzen wollte, ich sah den Hauptakteur, der das Stück spielen sollte, im Geiste vor mir; ich brannte vor Begierde, noch einen Versuch zu wagen ... Aber wie sollte ich es machen? Die Prozesse, die Klienten strömten mir von allen Seiten zu ... Und doch, dachte ich, mein armer Sacchi! – Der »Diener zweier Herren«! – Nur dieses einzige Mal noch – aber nein! ... aber ja! ... Kurz, ich schrieb, ich antwortete, ich versprach es ihm.

Den Tag über arbeitete ich an meinen Geschäften und die Nacht über an meinem Lustspiel. Ich wurde fertig damit und schickte es nach Venedig. Niemand wußte darum; meine Frau allein war meine Vertraute; auch litt sie soviel dabei wie ich selbst. Denn, man denke! Ich war die Nächte über auf.

50. Kapitel

Solange ich an meinem Stück arbeitete, ließ ich, sobald es dunkel wurde, meine Tür verschließen und brachte meine Abende nicht wie gewöhnlich im Kaffeehaus der Arkadier zu.

Das erste Mal, als ich wieder erschien, mußte ich viele Vorwürfe anhören. Ich entschuldigte mich mit Berufsarbeiten. Die Herren sahen mich gern beschäftigt, aber sie wollten nicht, daß ich darüber den ergötzenden Zeitvertreib der Dichtkunst vergessen sollte.

Herr Fabri kam. Er freute sich, mich zu sehen, zog ein großes Paket aus seiner Tasche und überreichte mir zwei Diplome, die er für mich hatte kommen lassen. Durch das eine wurde ich zum Mitglied der Arkadier, unter dem Namen Polisseno, aufgenommen; durch das andere mit den phegäischen Gefilden* belehnt. Die ganze Versammlung begrüßte mich nun im Chor unter dem Namen Polisseno Fegeio und umarmte mich als ihren Mithirten und Mitbruder.

Wir Arkadier sind recht reich, wie du siehst, lieber Leser. Wir besitzen Güter in Griechenland: wir benetzen sie mit

* Phegä. Eine kleine Landschaft in Attika.

unserm Schweiß, um Lorbeern davon einzuernten, indes die Türken dort Korn säen, Reben pflanzen und sich über unsere Titel und unsere Lieder lustig machen.

Meine Beschäftigungen hinderten mich nicht, von Zeit zu Zeit Sonette, Oden und andere lyrische Gedichte für die Sitzungen unserer Akademie zu verfertigen.

Allein die Pisaner mochten immerhin mit mir zufrieden sein, ich selbst war es nicht. Ich lasse mir nicht mehr als Gerechtigkeit widerfahren, wenn ich sage, daß ich niemals ein guter Dichter gewesen bin. Vielleicht war ich es, was die Erfindung betrifft; das Theater ist ein Beweis davon; wenigstens beschränkte sich mein ganzes Genie auf diese Richtung.

Sacchi meldete mir einige Zeit darauf den Beifall, den mein Stück erhalten habe. Der »Diener zweier Herren« war beklatscht worden und hatte ganz unglaublichen Zulauf gehabt. Zugleich schickte er mir ein Geschenk, das ich nicht erwartet hatte; allein er forderte auch noch ein neues Stück. In der Wahl des Gegenstandes ließ er mir freie Hand, unterdessen wünschte er doch, daß ich, da mein letztes Stück bloß auf das Lachen angelegt gewesen wäre, diesmal eine interessante Fabel zugrunde legen möchte, die der Empfindungen und alles Pathos, das dem Lustspiel angemessen ist, fähig wäre.

Das hieß wie ein Mann gesprochen. O ich kannte ihn wohl, ich hatte große Lust, ihm zu willfahren; sein großmütiges Betragen war eine Verbindlichkeit mehr für mich ... allein meine Aktenstube ... Ich wußte nicht, wozu ich mich entschließen sollte. Bei dem letzten Stück hatte ich gesagt, nur dieses einzige Mal noch ... Ich hatte noch drei Tage Bedenkzeit. Diese drei Tage über dachte ich im Gehen und Stehen, im Wachen und Schlafen an nichts als an Sacchi. Ehe ich an etwas anderes denken konnte, mußte ich mir vorher diesen Gedanken aus dem Kopfe schaffen.

Ich arbeitete also jenes in Frankreich so gut wie in Italien bekannte Stück aus, das den Titel führt: »Harlekins verlornes und wiedergefundenes Kind«. Der Beifall, den diese Kleinigkeit erhielt, war unglaublich. Sie ist es, die mich nach Paris brachte.

Ich verfertigte dieses Stück zu einer Zeit, wo mein Geist in großer Unruhe und Bewegung war. Ich gab ihm interessante Situationen, aber ich hatte nicht Zeit, sie mit der Kunst herbeizuführen, die eine gute Arbeit dieser Art charakterisieren muß. Es waren vielleicht Diamanten, aber in Kupfer gefaßte Diamanten: man sah, daß die einzelnen Szenen von einem geübten Mann herrühren mußten, allein das Ganze schien das Werk eines Schülers zu sein. Ich gestehe es, die Entwicklung dieses Stücks könnte vielleicht für ein Meisterstück der Kunst gelten, wenn nicht wesentliche Fehler gegen das Ganze einnähmen. Sein hauptsächlichster Fehler ist Mangel an Wahrscheinlichkeit, der durchaus sichtbar ist. Ich habe dieses Stück immer mit kaltem Blut beurteilt und mich niemals durch den Beifall, den es erhalten, verführen lassen.

Sobald ich fertig damit war, las ich es mit Aufmerksamkeit durch. Ich fühlte alle Schönheiten, die es angenehm machen konnten, und alle Fehler, mit denen es angefüllt war: indes schickte ich es doch an den Ort seiner Bestimmung ab.

Italien hatte nur die ersten Versuche meiner beabsichtigten Reform erhalten. Es gab noch Anhänger der alten Komödie genug, und ich konnte sicher darauf rechnen, daß mein Stück, ohne sich viel von dem gewöhnlichen, ausgetretenen Wege zu entfernen, gefallen und sogar durch die Mischung des Komischen und Pathetischen, die ich mit vieler Kunst getroffen hatte, überraschen werde.

In der Folge erfuhr ich, wie glänzend der Beifall, den es erhalten, gewesen wäre, und ich wunderte mich nicht darüber. Allein wie groß war nicht mein Erstaunen, als ich bei meiner Ankunft in Frankreich sah, daß mein Stück auf dem Theater der italienischen Komödie Zulauf hatte, Beifall erhielt und fast in den Himmel gehoben wurde.

Es ist eine ausgemachte Sache, daß die Zuschauer immer mit eigenen Ideen und mancherlei Vorurteilen das Theater besuchen. So beklatschten die Franzosen vor der italienischen Bühne ein Stück, das sie auf dem Theater ihrer Nation verdammt haben würden.

Nachdem ich den »Sohn des Harlekin« an Sacchi geschickt hatte, der Vaterstelle bei demselben vertreten sollte, setzte ich meine gewöhnlichen Beschäftigungen wieder fort. Ich hatte verschiedene Sachen liegen und machte den Anfang mit der, die mir am wichtigsten dünkte.

Der Klient, den ich zu verteidigen hatte, war zwar nur ein Bauer, aber die Bauern im Toskanischen sind sehr wohlhabend, sehr streitsüchtig und bezahlen sehr gut.

Sie sitzen fast alle auf Pachten, die sich auf sie, ihre Kinder und Kindeskinder erstrecken. Beim Antritt der Pacht erlegen sie eine gewisse Summe, jährlich eine bestimmte Abgabe und sehen dann diese Güter als ihr Eigentum an. Sie sorgen dafür, sie zu verbessern, und am Ende der Pacht hat der Grundbesitzer den Gewinn davon.

Mein Kläger hatte es mit dem Prior eines Klosters zu tun, der unter dem Vorwand, daß die Ordensgeistlichen immer minorenn blieben und man die Güter besser benutzen könne, die Pacht vor der Zeit aufheben wollte. Ich entdeckte den Zusammenhang der Sache bald. Eine junge Witwe hatte den Plan gemacht, durch die Protektion des ehrwürdigen Vaters den Bauer aus seinem Besitz zu vertreiben.

Ich setzte eine Schrift auf, welche die ganze Nation interessierte und worin ich zeigte, wie wichtig die Beibehaltung der emphyteutischen Pachtverträge für den Staat wäre. Ich gewann den Prozeß und legte mit meiner Klagschrift viel Ehre ein.

Einige Tage nachher sah ich mich genötigt, nach Florenz zu gehen und dort um einen Befehl der Regierung anzuhalten, daß ein lediges Frauenzimmer während der Verhandlung des Prozesses in ein Kloster eingeschlossen werden möchte.

Dieses Frauenzimmer war eine volljährige reiche Erbin, die einen Heiratskontrakt mit einem florentinischen Edelmanne, der in toskanischen Diensten stand, unterzeichnet hatte und nun einen jungen Menschen, der ihr besser gefiel, heiraten wollte.

Indes ich mich mit meinem Klienten in der Hauptstadt befand, arrangierte sich das Frauenzimmer mit ihrem neuen Bräutigam auf eine Art, die alle unsere Schritte unnütz machte. Der Prozeß änderte seine Gestalt und hätte kritisch werden können. Wir gaben also den Vorschlägen, die uns getan wurden, Gehör. Das Frauenzimmer war reich, und die Sache wurde in Güte beigelegt.

Bei meiner Rückkunft nach Pisa rief mich eine andere Rechtssache nach Lucca. Es war mir lieb, daß ich bei dieser Gelegenheit diese Republik zu sehen bekam, die weder groß noch mächtig, aber reich und angenehm ist und sehr weise regiert wird.

Ich nahm meine Frau mit, und wir brachten dort sechs Tage auf die angenehmste Weise von der Welt zu. Es war Anfang Mai. Der Tag der Auffindung des heiligen Kreuzes ist das Hauptfest dieser Stadt. In der Kathedralkirche befindet sich ein Bild unseres Erlösers, das man »Il Volto Santo« (»Das heilige Bild«) nennt und an diesem Tag mit der größten Pracht und unter einer so zahlreichen Vokal- und Instrumentalmusik zur Schau legte, daß ich niemals, weder in Rom noch in Venedig, etwas Ähnliches gesehen habe.

Es existiert eine Stiftung von einem reichen Einwohner aus Lucca, derzufolge man an diesem Tag alle Tonkünstler, die sich nur melden, bei der Kathedralkirche annehmen und sie, nicht nach Verhältnis ihrer Talente, sondern nach dem Verhältnis der Weite des Weges, den sie gemacht haben, bezahlen muß. Diese Belohnung ist nach einem gewissen Preis für die Meile oder Stunde bestimmt.

Diese Musik war, wie man denken kann, mehr rauschend und lärmend als angenehm. Desto besser war die Oper bestellt, die man um dieselbe Zeit in Lucca gab. Die reizende Gabrielli verschönte dieses harmonische Schauspiel. Sie war immer guter Laune, denn der berühmte Guadagni, der auf der Bühne und im Schlafgemach ihr Held war, hatte den Eigensinn dieser Virtuosin der Gewalt der Liebe unterworfen. Er machte, daß sie alle Tage sang und daß das Publikum, das gewohnt war, sie immer mürrisch und mit jedermann so unzufrieden zu sehen, wie jedermann es mit ihr war, nun ihrer schönen Stimme und ihres ganz eigenen Talents auf das vollkommenste genießen konnte.

Meine Geschäfte waren nunmehr beendigt, meine Neugierde befriedigt, und doch verließ ich sehr ungern dieses schätzenswürdige Land, welches jetzt unter dem Schutze des Kaisers einer ruhigen Freiheit genießt und sich der strengsten Polizei und der genauen Ausübung heilsamer Gesetze befleißigt.

Bei dieser Gelegenheit nun auch noch einen anderen interessanten Teil der Toskana zu sehen und meine Frau sehen zu lassen, ging ich durch die Gebiete von Pescia, Pistoja und Prato.

Es gibt nirgends schöner gelegene Hügel, besser angebautes Land und lachendere, anmutigere Fluren als hier; und wenn Italien der Garten von Europa ist, so ist die Toskana der Garten von Italien.

51. Kapitel

Ein paar Tage nach meiner Ankunft in Pisa traf der ältere Bruder meiner Frau aus Genua ein. Er hatte von der Familie den Auftrag, uns an unser gegebenes Versprechen zu erinnern, sie zu besuchen.

Ich hatte mich zweimal in Geschäften von meiner Kanzlei entfernt, desto weniger durfte ich mich ein drittes Mal, bloß zu meinem Vergnügen, entfernen. Meine Frau sagte nichts, aber ich kannte ihre Sehnsucht, ihre Familie wiederzusehen, und konnte mir den Verdruß meines Schwagers leicht vorstellen, wenn er sich genötigt sähe, allein zurückzukehren. Ich richtete also die Sachen zu unser aller Zufriedenheit so ein, daß meine Frau mit ihrem Bruder nach Genua ging und ich allein und ruhig bei meinen Geschäften in der Kanzlei blieb.

Ich hatte vor allen Tribunalen der Stadt zu tun und Klienten aus allen Ständen. Edelleute vom ersten Rang, die reichsten Bürger, die angesehensten Handelsleute, Geistliche, Mönche, reiche Pächter, sogar einen von meinen Kollegen, der mich, als er in einen Kriminalprozeß verwickelt wurde, zu seinem Defensor wählte.

Auf diese Weise war die ganze Stadt für mich; wenigstens glaubte es jedermann, und ich glaubte es selbst so lange, bis ich die Erfahrung machte, daß ich mich getäuscht habe. Freundschaft und Achtung hatten mich in den Herzen einzelner Personen naturalisiert, allein wenn dieselben Individuen als ein Körper handelten, betrachtete man mich immer noch als einen Fremden.

Um diese Zeit starb ein alter Advokat in Pisa, der, nach Landesbrauch, besoldeter Syndikus von verschiedenen religiösen Gemeinschaften, Künstlerinnungen und Handwerkszünften und mehreren Häusern in der Stadt gewesen war. Dies brachte ihm zusammen an Wein, Korn, Öl und Geld eine ziemliche Summe ein und verschaffte ihm überdies freie Wohnung.

Ich suchte nach seinem Tod um alle diese Stellen an, in der Hoffnung, wenigstens einige davon zu erhalten: allein die Pisaner erhielten sie alle, der Venezianer nicht eine einzige.

Man suchte mich dadurch zu trösten, daß man mir sagte, ich wäre erst drittehalb Jahr in Pisa, während meine glücklicheren Mitbewerber wenigstens schon seit vier Jahren sich um die Anwartschaft auf die Ämter dieses alten Mannes beworben hätten. Sie wären größtenteils schon längst versagt gewesen, dafür aber würde man gewiß bei der ersten Gelegenheit an mich denken.

Alles das konnte wahr sein – aber von zwanzig ledigen Stellen auch nicht eine für mich! Dieser Vorfall machte mich mißmutig und kühlte meinen Eifer so ab, daß ich mein Amt in der Folge nur als ein kurzes, einstweiliges Etablissement betrachtete.

Eines Tages, als ich in Betrachtungen vertieft auf meinem

Zimmer saß, meldete man einen Fremden an, und ich sah einen sechs Fuß großen und entsprechend dicken und starken Mann, mit einem Rohr in der Hand und einem runden englischen Hut, durch den Saal kommen.

Er trat mit abgemessenen Schritten in mein Kabinett: ich stand auf, er aber gab mir durch eine ausdrucksvolle Gebärde zu verstehen, daß ich mich nicht genieren möchte. Er trat näher, ich hieß ihn niedersetzen, und so erhob sich folgendes Gespräch.

»Mein Herr«, sagte er, »ich habe nicht die Ehre, von Ihnen gekannt zu sein; aber meinen Vater und Onkel in Venedig müssen Sie kennen. Ich bin Ihr gehorsamer Diener Darbes.« – »Wie? Herr Darbes? Der Sohn des friaulischen Postdirektors? Das Kind, das man für verloren achtete, das man so lange gesucht und beweint hat?« – »Ja, mein Herr, der verschwenderische, ausschweifende Sohn, der sich noch nicht seinem Vater zu Füßen geworfen hat.« – »Warum zögern Sie, ihm diese Freude zu machen?« – »Meine Familie, meine Eltern, mein Vaterland sollen mich nicht anders als mit Lorbeern gekrönt wiedersehen...« – »Und was sind Sie?«

Bei diesen Worten stand er auf, schlug mit der Hand auf seinen runden, ansehnlichen Bauch und sagte mit einem Ton, der aus Stolz und Scherz zusammengesetzt war: »Herr, ich bin ein Schauspieler.« – »Jedes Talent«, erwiderte ich, »verdient geschätzt zu werden, wenn derjenige, der es besitzt, sich auf irgendeine Art auszeichnet.« – »Ich bin«, sagte er, »der Pantalon bei der Gesellschaft, die jetzt in Livorno ist, und nicht der schlechteste unter meinen Kameraden; wenigstens drängt sich das Publikum zu den Stücken, in denen ich auftrete. Medebac, unser Directeur , ist mir hundert Meilen nachgereist, um mich ausfindig zu machen. Mit einem Wort, ich mache meinen Eltern, meinem Vaterland und meiner Profession keine Schande, und ohne mich zu rühmen« (hier schlug er noch einmal auf seinen Bauch), »Garelli ist tot, aber Darbes ersetzt ihn«.

Ich wollte ihm ein Kompliment hierüber machen, allein er nahm eine so komische Stellung ein, daß ich mich des Lachens nicht enthalten und nichts vorbringen konnte.

»Nicht aus eitler Ruhmsucht«, fuhr er fort, »habe ich Ihnen alle Vorzüge, deren ich in meiner Lage genieße, hergerechnet; allein ich bin ein Schauspieler, ich spreche mit einem Dichter und bedarf seiner ...« – »Wie«, fiel ich ihm ins Wort, »Sie bedürfen meiner?« – »Ja, denn ich komme, Sie um ein neues Stück zu bitten. Ich habe meinen Kameraden ein Stück von Goldoni versprochen, und ich will meinen Kameraden Wort halten.«

»Das wollen Sie?« fragte ich lachend. – »Ja, mein Herr, ich kenne Sie dem Rufe nach. Ich weiß, daß Sie ebenso dienstfertig wie geschickt sind. Sie schlagen mir's nicht ab.« – »Ich habe Beschäftigungen, ich kann nicht.« – »Allen Respekt vor Ihren Beschäftigungen. Sie sollen ganz freie Hand haben, wann und wie.«

Mitten im Sprechen griff er nach meiner Dose, nahm eine Prise Tabak heraus, ließ ein paar Dukaten hineinfallen, machte sie dann wieder zu und setzte sie mit einer von den Gebärden auf den Tisch, die das Ansehen haben, als wenn sie das verstecken wollten, was man gern sehen lassen will. Ich machte die Dose auf und bezeigte wenig Gefallen an diesem Scherze. »Um Verzeihung, um Verzeihung«, sagte er, »werden Sie nicht böse. Es soll bloß etwas auf Abschlag für das Papier sein.« Ich wollte das Geld zurückgeben, er lehnte es aber durch eine Menge tiefer Reverenzen und seltsamer Lazzis ab, stand auf, ging rückwärts nach der Tür, machte sie auf und verschwand.

Was sollte ich unter diesen Umständen tun? Ich wählte, wie mich dünkt, das Klügste, schrieb dem Darbes, daß er auf das verlangte Stück rechnen könne, und bat ihn, mir zu sagen, ob er die Rolle des Pantalon mit oder ohne Maske verlange.

Seine Antwort blieb nicht lange aus. In einem Brief konnte er freilich keine Posituren und Verrenkungen anbringen, desto reicher war er an anderen Sonderbarkeiten.

»Ich werde also«, schrieb er unter anderm, »ein Stück von Goldoni bekommen. Dies soll die Lanze und der Schild sein, mit denen ich alle Theater in der Welt zum Kampf herausfordern will. – Wie glücklich bin ich doch! Ich habe mit meinem Directeur um hundert Dukaten gewettet, daß ich ein Stück von Goldoni bekommen wollte: wenn ich die Wette gewinne, so muß der Directeur zahlen und das Stück ist mein ... Ich bin noch jung und wenig bekannt, und doch traue ich mir nunmehr in Venedig die Pantalons Rubini auf dem St.-Lucas- und Corrini auf dem St.-Samuel-Theater zum Wettstreit herauszufordern. Ich gehe, dem Ferramonti in Bologna die Spitze zu bieten, dem Pasini in Mailand, dem Belotti, genannt Tiziani, in Toskana, ja selbst dem Gollinetti auf seinem Alterssitz und dem Garelli im Grabe.«

Am Ende sagte er noch, daß er wünsche, die Rolle eines jungen Menschen ohne Maske zu haben, und schlug mir zum

Muster ein altes, unregelmäßiges Lustspiel vor, das den Titel »Pantalone Paroncino« führt.

Das Wort »Paroncino« entspricht sowohl in einer wörtlichen Übersetzung als dem Charakter des Subjekts zufolge genau dem französischen »Petit-Maître«: denn »Paron« bedeutet im venezianischen Dialekt eben das, was »Patrone« im Toskanischen und »Maître« im Französischen bedeutet; und »Paroncino« ist das Diminutiv von Paron und Patrone, wie »Petit-Maître« es von Maître ist.

Die venezianischen Paroncini spielten zu meiner Zeit dieselbe Rolle in Venedig, welche die Petit-Maîtres in Paris spielten; allein es ändert sich alles.

Jetzt gibt es weder in Venedig Paroncinos noch in Paris Petit-Maîtres mehr.

Das Stück, das ich für Darbes verfertigte, erhielt die Aufschrift »Tonin Bella Gratia«, das man durch »Toinet-le-Gentil« ins Französische übersetzen könnte.

In drei Wochen war ich mit dieser Arbeit fertig und brachte sie selbst nach Livorno. Ich war sehr bekannt in dieser Stadt, die nur vier Stunden von Pisa liegt, und hatte Freunde, Klienten und Korrespondenten hier. Darbes, dem ich von meiner Ankunft im voraus Nachricht gegeben hatte, besuchte mich in dem Gasthof, wo ich logierte. Ich las ihm mein Stück vor, er schien sehr damit zufrieden und stellte mir, unter einer Menge Zeremonien, Reverenzen und abgebrochenen Worten, artig genug die ganze Wette zu, die er von dem Directeur gewonnen hatte. Meinem Dank auszuweichen, entfernte er sich unter dem Vorwand, das Stück dem Directeur mitzuteilen.

Von diesem Stück werde ich bei Gelegenheit seines Debüts in Venedig weiterreden; jetzt habe ich meine Leser mit etwas Interessanterem zu unterhalten.

52. Kapitel

Nach der Unterredung, die ich mit Darbes gehabt hatte, sah ich nach der Uhr. Es hatte zwei geschlagen und war zu spät, mich bei einem meiner Freunde zu Gast zu bitten; ich forderte also in meinem Gasthof eine Mahlzeit.

Man deckte eben die Tafel, als sich Herr Medebac melden ließ. Er kam herein, überhäufte mich mit Höflichkeiten und bat mich, bei ihm zu essen. Man trug eben die Suppe auf, ich dankte ihm also. Darbes aber, der mit dem Directeur zurückgekommen war, griff nach meinem Hut und Stock und gab mir sie in die Hand. Auch Medebac bestand auf seiner Bitte. Darbes faßte mich am linken, Medebac am rechten Arm, und so nahmen sie mich mit sich fort.

Im Hause des Directeurs empfing uns Madame Medebac an der Tür des Vorzimmers. Diese sowohl ihrer Sitten als ihrer Talente wegen schätzenswürdige Schauspielerin war jung, artig und wohlgebaut. Mein Empfang konnte nicht freundlicher und freundschaftlicher sein. Wir setzten uns zu Tische, zu einem Familienmahl, das nicht prächtig, aber auserlesen war.

Man hatte für heute eine Farce angekündigt; um mir zu schmeicheln, ließ man aber Zettel anschlagen und gab »Griselda«, mit dem Zusatz »ein Trauerspiel vom Herrn Goldoni«. Ob nun gleich dieses Stück nichts weniger als ganz von mir war, so schmeichelte es doch meiner Eigenliebe ein wenig, und ich begab mich in die für mich bestimmte Loge.

Madame Medebac spielte die Rolle der Griselda zu meiner großen Zufriedenheit. Ihre natürliche Schönheit, ihre rührende Stimme, ihr Einfühlen, ihr Spiel machten sie in meinen Augen zu einer achtungswürdigen Schauspielerin und setzten sie weit über alle, die ich noch gekannt hatte, hinweg.

Allein für den folgenden Tag stand mir noch ein größeres Vergnügen bevor. Man gab »La Donna di garbo« (»Die brave Frau«), die bis jetzt mein Lieblingsstück gewesen war.

Ich verfertigte dieses Stück in Venedig für Madame Baccherini. In Genua sollte ich es zum erstenmal geben sehen, die Aktrice starb aber vor der Vorstellung, und meine Reise nach Genua unterblieb. Heute war es also das erste Mal, daß »Die brave Frau« vor meinen Augen auftrat. Wie groß war mein Vergnügen, sie und so gut gespielt zu sehen!

Die Aufführung dieses Stücks hatte meinen vollen Beifall, und ich machte dem Herrn und der Madame Medebac mein Kompliment darüber. Dieser Mann, der meine Arbeiten kannte und dem ich alle Unannehmlichkeiten, die ich in Pisa erfahren müssen, erzählt hatte, machte mir einige Tage darauf sehr ernsthafte und für mich sehr interessante Vorschläge. Es ist unumgänglich notwendig, daß ich sie meinen Lesern in der Kürze mitteile, denn diese Unterredung mit Medebac bewog mich, das Geschäft, das ich drei Jahre lang getrieben hatte, aufzugeben und den verlassenen Weg wiederum zu betreten.

»Wenn Sie«, sagte Medebac, »entschlossen sind, die Toskana

zu verlassen und in den Kreis Ihrer Landsleute, Anverwandten und Freunde zurückzukehren, so will ich Ihnen einen Plan mitteilen, der Ihnen wenigstens beweisen wird, wie hoch ich Ihre Person und Ihre Talente schätze. Es gibt, wie Sie wissen, in Venedig zwei Theater, auf welchen Lustspiele gegeben werden: ich verspreche Ihnen, ein drittes auszumachen, es auf fünf oder sechs Jahre zu pachten, wenn Sie mir die Ehre erweisen wollen, für mich zu arbeiten.«

Der Antrag kam mir sehr schmeichelhaft vor, und es kostete überhaupt wenig Mühe, mich in den Tempel Thaliens zu locken. Ich dankte dem Directeur für das gütige Zutrauen, das er in mich setzte, und nahm den Vorschlag an. Wir machten die Bedingungen, und der Kontrakt wurde auf der Stelle aufgesetzt.

Doch unterzeichnen tat ich ihn noch nicht, da ich meiner Frau, die noch nicht wieder zurück war, erst ein Wort davon sagen wollte. Zwar kannte ich ihre Nachgiebigkeit, allein ich war ihr diesen Beweis von Achtung und Freundschaft schuldig. Sie kam, billigte meinen Plan, und ich schickte die Unterschrift nach Livorno.

Und so standen meine Muse und meine Feder im Sold einer Privatperson. Französische Schriftsteller werden vielleicht ein solches Engagement sonderbar finden. Ein Gelehrter, wird man sagen, muß frei sein und alle Abhängigkeit und allen Zwang verachten.

Wenn dieser Gelehrte wohlhabend ist wie Voltaire oder ein Zyniker wie Rousseau, so habe ich nichts dagegen einzuwenden: ist er aber einer von denen, die einen Teil von der Einnahme und dem Gewinn des Druckes nicht verschmähen, so bitte ich ihn um die Gefälligkeit, meine Rechtfertigung anzuhören.

Der höchste Preis für den Eintritt in die Komödie übersteigt in Italien nicht einen römischen Paoli, d.i. zehn französische Sous.

Es ist wahr, diejenigen, die in die Logen gehen, bezahlen noch einmal soviel, allein die Logen sind abonniert, und die übrige Einnahme beträgt so wenig, daß es sich für den armen Autor nicht der Mühe lohnen würde, den Fuß darum aufzuheben.

In Frankreich gibt es eine Menge Unterstützungen für Gelehrte und Leute von Genie, Geschenke vom Hof, Pensionen und andere Wohltaten des Königs. In Italien findet nichts von alledem statt, und daher kommt es, daß diejenigen Personen, die vielleicht am ehesten dazu bestimmt wären, vortreffliche Geisteswerke zu liefern, in Trägheit und einer Art von Lethargie verschmachten.

Bisweilen gerate ich in Versuchung, mich als eine Art von Phänomen zu betrachten. Ohne Überlegung habe ich mich dem komischen Genius überlassen, der mich mit sich hinriß: drei- bis viermal habe ich die herrlichsten Gelegenheiten, mein Glück zu machen, versäumt und bin immer von neuem in dieselbe Schlinge gefallen. Doch müßte ich lügen, wenn ich sagen wollte, es täte mir leid. Vielleicht würde ich sonst allenthalben ein bequemes Auskommen gehabt, aber schwerlich würde ich vergnügter gelebt haben.

Ich war sehr zufrieden mit meiner Lage und mit den Bedingungen, die Medebac eingegangen war. Meine Stücke wurden angenommen, ohne daß ich nötig hatte, sie nur vorzulesen, und wurden bezahlt, ohne den Erfolg abzuwarten. Eine einzige Vorstellung brachte mir soviel ein wie fünfzig. Wandte ich indes mehr Aufmerksamkeit und Fleiß auf meine Arbeiten, als ich nötig zu haben schien, so war es die Ehre, die mich anspornte, und der Ruhm, der mich belohnte.

Es war im Monat September, daß ich meinen Kontrakt mit Medebac machte, und im Monat April des folgenden Jahres sollte ich ihn erst in Mantua aufsuchen: ich hatte also sechs volle Monate Zeit, meine Geschäfte in Pisa in Ordnung zu bringen; meine angefangenen Prozesse auszuführen, diejenigen, die ich nicht fortsetzen konnte, andern zu überlassen; von meinen Richtern und Klienten Abschied zu nehmen und der Akademie der Arkadier Lebewohl zu sagen. Ich erfüllte alle meine Schuldigkeiten und reiste nach Ostern von Pisa ab.

53. Kapitel

Ehe ich die Toskana verließ, wollte ich doch vorher noch einmal Florenz, die Hauptstadt des Landes, sehen.

Ich machte den Personen von meiner Bekanntschaft die Abschiedsvisiten, und man schlug mir vor, in die Akademie der Apathisten zu gehen. Sie war mir nicht unbekannt, aber jetzt war die Rede von dem Sibillone, einer gelehrten Belustigung, die man von Zeit zu Zeit anzustellen pflegt und der ich noch nicht beigewohnt hatte.

Der Sibillone oder die große Sibylle ist nichts anderes als

ein Kind von zehn bis zwölf Jahren, das man mitten im Saal der Versammlung auf eine Art von Kanzel stellt. Aus der Zahl der Umstehenden wird aufs Geratewohl eine Person gewählt, die irgendeine Frage an diese junge Sibylle tut. Das Kind muß auf der Stelle ein Wort aussprechen. Dieses ist das Orakel der Prophetin, die Antwort auf die vorgelegte Frage.

Diese Antworten, diese Orakelsprüche, die ein junger Schüler, ohne daß er Zeit hat, die mindeste Überlegung anzustellen, gibt, zeigen für gewöhnlich nichts von gesundem Menschenverstand. Dafür steht nun neben der Sibylle ein Akademiker, der hervortritt und behauptet, das Orakel habe sehr gut geantwortet, und der es übernimmt, dessen Ausspruch auf der Stelle zu erläutern.

Um dem Leser einen Begriff zu geben, wie weit die Einbildungskraft und Kühnheit eines witzigen Italieners sich erstreckt, will ich hier von der Frage, von der Antwort und der Erläuterung, die ich eben zu hören bekam, Rechenschaft geben.

Ein anwesender Fremder legte der Sibylle die Frage vor und bat sie, ihm zu sagen, woher es käme, daß die Weiber öfter und leichter weinten als die Männer. – Die ganze Antwort der Sibylle bestand in dem einzigen Worte: Stroh. Der Ausleger nahm nun das Wort, wendete sich an den Urheber der Frage und behauptete, der Orakelspruch hätte nicht entscheidender und befriedigender ausfallen können.

Dieser gelehrte Akademiker, ein großer und starker Abbé von ungefähr vierzig Jahren, mit einer hellen, angenehmen Sprache, hielt eine Rede, die gut dreiviertel Stunden dauerte. Er analysierte alle leichten und dünnen Pflanzen und bewies, daß Stroh die hinfälligste unter allen wäre. Vom Stroh ging er auf die Weiber über und entwarf mit ebensoviel Geschwindigkeit als Klarheit eine Art von anatomischem Versuch über den menschlichen Körper. Er entdeckte die Quelle der Tränen bei beiden Geschlechtern, er bewies die Zärtlichkeit der Fibern bei dem einen und ihre Festigkeit bei dem andern Geschlecht. Er beschloß mit einer Schmeichelei für die anwesenden Damen, indem er der Schwäche die Vorzüge der größeren Empfindsamkeit gab und sich wohl hütete, der kleinen erzwungenen Tränen, die den Damen, wenn sie wollen, zu Gebote stehen, zu erwähnen.

Ich gestehe, daß mich dieser Mann in Erstaunen setzte. Es ist unmöglich, mehr Wissenschaft, mehr Gelehrsamkeit und Präzision bei einem Gegenstand anzuwenden, der alles dessen so wenig fähig scheint. Freilich läuft manches Erkünstelte und Gezwungene mit unter.

Als ich in mein Quartier zurückkam, fand ich einen Brief und den Wagen, den ich aus Pisa erwartet hatte. Meine Koffer standen auf dem Zollhaus in Florenz, ich schickte sie den folgenden Tag von da nach Bologna und folgte ihnen gleich nach.

Von dem Tore der Stadt, die ich ungern verließ, bis nach Caffgiolo – ein Lusthaus des Großherzogs, sieben Meilen von der Hauptstadt – genoß ich noch den Anblick der angenehmen Gegenden und des industriösen toskanischen Landbaues; sobald wir aber an den Fuß der Apenninen kamen, bemerkte ich eine auffallende Veränderung im Boden, in der Luft und der ganzen Natur. Mit nicht sehr angenehmen Vergleichungen erstieg ich die drei hohen Berge, den Giogo, den Uccellatoio und die Raticosa, wobei mir der Wunsch aufstieg, daß doch die Florentiner und Bologneser auf ein Mittel denken möchten, diesen steilen, unangenehmen Weg, der die Kommunikation zwischen zwei so merkwürdigen Ländern erschwert, zugänglicher zu machen. Wie ich hörte, so wurde dieser fromme Wunsch einige Zeit hernach erfüllt.

Wir kamen in Bologna an, wo wir niemand sahen, sondern der Ruhe pflegten, die wir so nötig hatten. Nach vierundzwanzig Stunden setzten wir unseren Weg fort und kamen Ende April in Mantua an.

Medebac, der mich mit Ungeduld erwartete und auf das freundschaftlichste empfing, hatte mir ein Quartier bei Madame Balletti besorgt. Diese Person war eine alte Schauspielerin, die unter dem Namen Fravoletta in Soubrettenrollen sich ausgezeichnet hatte, nun, nach ihrem Abschied vom Theater, ein ziemlich bequemes Leben genoß und in ihrem fünfundachtzigsten Jahr noch einige Spuren von ihrer Schönheit und einen lebhaften Schimmer ihres anmutigen Geistes erhalten hatte.

Sie war die Stiefmutter der Demoiselle Silvia, der Zierde der italienischen Komödie in Paris, und die Großmutter des Herrn Balletti, den ich in Venedig als einen vortrefflichen Tänzer kennenlernte und der sich in der Folge in Paris als ein einsichtsvoller Schauspieler hervortat.

Ich brachte einen Monat in Mantua, aber nicht in den besten Gesundheitsumständen und fast immer im Bett, zu. Die Luft dieses sumpfigen Landes war mir nicht zuträglich. Der Directeur bekam hier zwei neue Lustspiele, die ich für ihn verfertigt hatte. Sie schienen ganz nach seinem Geschmack zu sein, und er war sehr zufrieden, daß ich einstweilen nach Modena, wo er den Sommer zuzubringen dachte, vorausgehen und ihn dort erwarten sollte. Hieran tat ich sehr wohl; denn auf der ersten Poststation fühlte ich mich schon um vieles besser und kam vollkommen gesund in Modena an.

Der Krieg war geendigt. Der Infant Don Philipp hatte die Herzogtümer Parma, Piacenza und Guastalla erhalten, und der Herzog von Modena befand sich wieder in seinen Staaten. Die herzogliche Bank trug ihren Gläubigern einen Vergleich an: es war mir sehr angenehm, an Ort und Stelle zu sein und mein Interesse selbst vertreten zu können.

Ende Juli kam Medebac mit seiner Truppe nach Modena. Hier gab ich ihm das dritte Stück. Das Debüt meiner Neuigkeiten aber sparte ich für Venedig.

Dort hatte ich den Grundstein zu einem italienischen Theater gelegt, und dort wollte ich auch an dem Bau dieses neuen Gebäudes arbeiten. Ich hatte keine Nebenbuhler zu bekämpfen, aber Vorurteile die Menge zu überwinden.

Wenn der Leser die Gefälligkeit gehabt hat, mir bis hierher zu folgen, so darf ich hoffen, daß die Gegenstände, mit denen ich ihn nun zu unterhalten gedenke, ihn vielleicht bewegen werden, mir auch für das Folgende sein Wohlwollen und seine Aufmerksamkeit zu schenken. Mein Stil wird sich immer gleichbleiben, ohne Schmuck, ohne Ansprüche, aber belebt sein von dem Eifer für meine Kunst und eingegeben von der Wahrheit.

ZWEITES BUCH

1. Kapitel

Wie groß war mein Vergnügen, als ich jetzt, nach Verlauf von fünf Jahren, in mein Vaterland zurückkehren konnte, das mir immer so teuer gewesen war und, sooft ich das Glück hatte, es wiederzusehen, in meinen Augen neuen Reiz bekam!

Meine Mutter hatte nach meiner Abreise von Venedig für sich und ihre Schwester eine Wohnung im St.-Georgshof in der Nähe des St.-Markus-Platzes gemietet. Die Straße war schön, das Quartier leidlich, und ich entschloß mich, zu dieser zärtlichen Mutter zu ziehen, die mir jeden Wunsch von den Augen las und niemals mit mir unzufrieden war.

Sie wollte von mir wissen, wo mein Bruder wäre und was er mache. Ich gab ihr die Frage zurück. Eins wußte so wenig wie das andere, was aus ihm geworden war. Meine Mutter glaubte, er wäre tot, und beweinte ihn; ich aber kannte ihn ein wenig besser. Ich war der festen Überzeugung, daß er schon einmal wiederkommen und mir zur Last fallen würde; und ich täuschte mich nicht.

Medebac hatte das Theater St. Angelo gemietet. Es war keins von den größten; es ermüdete also auch die Schauspieler weniger und faßte dennoch Personen genug zu einer reichlichen Einnahme.

Ich erinnere mich nicht mehr, mit was für einem Stück die Vorstellungen eröffnet wurden. Soviel weiß ich noch, daß es diese neuangekommene Truppe, die mit so geschickten Nebenbuhlern zu kämpfen hatte, viel Mühe kostete, sich Gönner und Liebhaber zu verschaffen.

»Griselda« war es, die nach Verlauf einiger Zeit anfing, unserem Theater einiges Ansehen zu verschaffen. Diese interessante Tragödie und das Spiel der Aktrice, die es noch mehr verschönte und belebte, erregten für Madame Medebac allgemeines Aufsehen im Publikum; und »La Donna di garbo« (»Die brave Frau«), die man ein paar Tage darauf gab, gründete ihren Ruhm.

Darbes, der Pantalon der Truppe, war bis jetzt in den Rollen seines Fachs gut aufgenommen und sehr beklatscht worden; allein er hatte noch nicht mit unbedecktem Gesicht gespielt, und doch konnte er gerade hierin am meisten glänzen.

Er wagte es nicht, die Stücke zu spielen, die ich für den Pantalon Golinetti auf dem Theater San Samuele verfertigt hatte; und ich war selbst seiner Meinung. Die ersten Eindrücke verschwinden so leicht nicht, und man muß, soviel als möglich, alle Vergleichungen zu vermeiden suchen.

Daß »Schön Antonchen« nicht das Glück des »Venezianischen Cortesano« machen würde, sah ich gleich voraus: doch ein Versuch war ja wohl zu wagen. Wir schritten also zur Probe. Die Schauspieler lachten wie Besessene; ich lachte selbst mit, und wir glaubten, das Publikum könne nicht anders als auch lachen; allein dieses Publikum, dem man den Kopf abspricht, zeigte bei der ersten Vorstellung dieses Stücks einen so festen, eigensinnigen Kopf, daß ich mich genötigt sah, es auf der Stelle zurückzunehmen.

In solchen Umständen habe ich niemals den geringsten Unwillen, weder gegen die Schauspieler noch gegen die Zuschauer, empfunden. Ich machte immer den Anfang damit, mich selbst mit kaltem Blut zu untersuchen, und im gegenwärtigen Fall fand ich, daß das Unrecht ganz allein auf meiner Seite war.

Ein gefallenes Schauspiel verdient nicht, daß man einen Auszug davon gibt. Es ist gedruckt. Desto schlimmer für mich und für diejenigen, die sich die Mühe nehmen, es zu lesen. Ich will weiter nichts zu meiner Verteidigung sagen, als daß ich damals, als ich dieses Lustspiel schrieb, vier Jahre außer Übung gewesen war. Ich hatte den Kopf voll Berufsarbeiten, Kummer, übler Laune, und zum größten Unglück fanden es die Schauspieler gut. Wir begingen also die Torheit gemeinschaftlich und mußten auch gemeinschaftlich dafür büßen.

Dem armen Darbes hatte sich die Sache desto mehr aufs Gemüt geschlagen; es war also meine Schuldigkeit, ihn zu trösten. Ich entwarf auf der Stelle den Plan zu einem neuen Stück von derselben Gattung und ließ ihn unterdessen in einem neuen Lustspiel, das ihm viel Ehre machte und worin er sich großen Beifall erwarb, mit seiner Maske auftreten. Dieses Stück hieß »Der vorsichtige Mann« und war in drei Akten und in Prosa abgefaßt.

Es erhielt in Venedig den vollkommensten Beifall. Pantalon bekam dadurch die herrlichsten Gelegenheiten, in den verschiedenen Nuancen, die er auszudrücken hatte, die ganze

Größe seines Talents zu zeigen, und es bedurfte nichts mehr als das, ihm den Ruf des vollkommensten Schauspielers, den nur jetzt ein Theater aufzuweisen hätte, einzubringen.

Doch um diese Reputation noch fester zu gründen, war es durchaus nötig, ihn ohne Maske glänzen zu lassen. Dies war mein Plan, mein Hauptzweck. Während Darbes den Beifall genoß, den ihm der »Vorsichtige Mann« verschaffte, arbeitete ich ein neues Stück unter dem Titel »Die venezianischen Zwillinge« für ihn aus.

Ich hatte nun Zeit und Gelegenheit genug gehabt, die verschiedenen, persönlichen Charaktere meiner Schauspieler kennenzulernen. An Darbes hatte ich zwei entgegengesetzte, ihm zur Gewohnheit gewordene Bewegungen in seiner Figur und in seinen Aktionen bemerkt. Bald war er der heiterste, glänzendste, lebhafteste Mann von der Welt, bald hatte er ganz das Aussehen, die Züge, die Reden eines einfältigen, tölpelhaften Menschen, und diese Veränderungen gingen ganz natürlich, ohne daß er daran dachte, mit ihm vor.

Diese Entdeckung brachte mich auf die Idee, ihn in einem Stück unter diesen beiden verschiedenen Außenseiten auftreten zu lassen.

Mein Stück wurde in den Himmel gehoben. Was indes unendlich viel zu dem Beifall beitrug, war unstreitig das unvergleichliche Spiel des Pantalons, dessen Stolz und Freude keines Zuwachses mehr fähig waren. Der Directeur war nicht weniger zufrieden, sein Unternehmen gesichert zu sehen, und auch ich erhielt meinen Teil an der allgemeinen Zufriedenheit und mehr Ehre und Beifall, als ich verdient hatte.

2. Kapitel

Seit meiner Zurückkunft nach Venedig hatte ich drei neue Stücke gegeben, ohne daß irgendeine Kritik meine Ruhe störte: auf einmal fiel es einigen müßigen Leuten ein, in den Weihnachtsferien, wo sie das Vergnügen des Theaters entbehren mußten, verschiedene Broschüren gegen den Verfasser und die Schauspieler drucken zu lassen. Und doch erwähnte man darin meines ersten Stücks, das durchgefallen war, nicht; im Gegenteil fiel die Kritik mehr auf mein Vaterland als auf meine Arbeit.

Der Tadel war teils begründet, teils aus der Luft gegriffen. Ein paar spitzige Einfälle wurden durch Lob und Aufmunterung aufgewogen, und im ganzen hatte ich nicht Ursache, unzufrieden damit zu sein.

Überhaupt war es mit der ganzen Sache mehr auf die Truppe des Medebac abgesehen. Man nannte sie eine Gauklerbande. Diese Benennung war desto boshafter, da sie wirklich einigen Schein der Wahrheit an sich hatte.

Madame Medebac war die Tochter eines Seiltänzers: Brighella, ihr Onkel, war Pagliaccio gewesen, und der Pantalon hatte die Stiefschwester des Oberhaupts dieser Luftspringer geheiratet.

Unerachtet diese Familie bei einer so gefährlichen und verschrienen Hantierung erzogen worden war, so mußte man ihnen doch die untadelhaftesten Sitten zugestehen, und selbst ihre Erziehung und ihr Unterricht waren nichts weniger als vernachlässigt worden.

Medebac, ein guter Schauspieler und Freund und Landsmann dieser guten Leute, bemerkte an einigen von ihnen Anlage fürs Theater und machte ihnen den Vorschlag, ein anderes Gewerbe zu ergreifen. Sie schenkten ihm Gehör, und er bildete sie aus. Die neuen Schauspieler machten schnelle Fortschritte und brachten es in kurzer Zeit so weit, daß sie sich mit den ältesten und berühmtesten Truppen in Italien messen konnten.

Verdiente es diese Truppe, die sich so gut ausgebildet hatte, daß man ihr ihr ehemaliges Gewerbe zum Vorwurf machte? Diese Vorwürfe hatten nichts als Bosheit und die Eifersucht der Nebenbuhler zum Grunde. Die anderen Theater in Venedig fürchteten sie, und da sie sie nicht zerstören konnten, so dachten sie niedrig genug, sie verächtlich zu machen.

Sowie ich diese Schauspieler zum erstenmal in Livorno sah, nahm ich sowohl ihres Betragens als ihrer Talente wegen wahren Anteil an ihnen und gab mir alle Mühe, durch meinen Unterricht und meine Arbeiten sie auf die Stufe der Achtung, die sie allenthalben verdient haben, zu erheben.

Medebacs Feinde mochten reden und tun, was sie wollten, seine Truppe faßte täglich festeren Fuß, und das Stück, von dem ich reden will, sicherte ihren Kredit und setzte sie in den Stand, eine vollkommene Ruhe zu genießen.

Die Karnevalsvorstellungen im Jahre 1748 wurden mit der »Vedova Scaltra«, der »Schlauen Witwe«, eröffnet.

Ich hatte schon einige Stücke gegeben, die viel Glück gemacht hatten, keines aber noch in dem Maße wie das gegenwärtige. Es erhielt dreißig Vorstellungen hintereinander und wurde allenthalben mit demselben Beifall gegeben. Der Anfang meiner Reform konnte nicht glänzender sein. Ich hatte aber noch ein Stück für den Karneval zu geben und mußte dafür sorgen, daß der Schluß nicht den ersten Erfolg dieses entscheidenden Jahres zunichte machte. Zum Glück stieß ich auf etwas, wie ich es brauchte, meinen Bemühungen die Krone aufzusetzen.

Auf dem Theater St. Luca hatte ich ein Stück gesehen, das den Titel führte: »Le Putte del Castello« (»Die Mädchen aus dem Schloßviertel«). Das war eine Volkskomödie, deren Hauptperson eine ausschweifende, witz- und sittenlose Venezianerin vorstellte. Dieses Schauspiel war noch vor der Verordnung der Theaterzensur erschienen. Alles war schlecht, Charakter, Intrige, Dialog, und alles war gefährlich; allein es war ein National-Lustspiel, es belustigte das Publikum, lockte Zuschauer herbei, und die elenden Einfälle wurden belacht.

Ich war so zufrieden mit diesem Publikum, das nach und nach anfing, die Komödie dem Possenspiel und Anstand und Schicklichkeit den Skurrilitäten vorzuziehen, daß ich – dem Schaden, den dieses Stück bei den noch schwankenden Gemütern verursachen könnte, vorzubeugen – ein Stück in derselben Gattung, allein um vieles ehrbarer und lehrreicher, unter dem Titel »La Putta Onorata« (»Das ehrliche Mädchen«) gab, das zum Gegengift der »Putte del Castello« dienen konnte.

Man findet in diesem Lustspiel Auftritte zwischen venezianischen Gondolieri, die nach der Natur entworfen sind und die alle diejenigen, welche die Sprache und Sitten meines Vaterlandes kennen, sehr belustigen müssen. Ich wollte mich hierdurch mit einer Klasse von Leuten versöhnen, die einige Aufmerksamkeit verdient und unzufrieden mit mir war.

Die Gondolieri in Venedig haben freien Zutritt in die Schauspielhäuser, wenn das Parterre nicht voll ist. Bei der Vorstellung von meinen Stücken bekamen sie keinen Platz, sondern sahen sich genötigt, ihre Herren auf der Straße oder in den Gondeln zu erwarten. Ich hatte oft gehört, mit welchen drolligen und komischen Ehrentiteln sie mich belegten, und sorgte für die Zukunft, daß ihnen die Winkel und Ecken des Saals freigelassen wurden. Es machte ihnen jetzt großes Vergnügen, sich selbst auf dem Theater gespielt zu sehen, und ich war auf einmal wieder ihr Freund.

Dieses Stück erhielt allen Beifall, den ich nur fordern konnte. Der Schluß der Vorstellungen konnte nicht glänzender sein. Nun war ich mit meiner Reform schon weit vorgerückt und zufrieden und glücklich.

3. Kapitel

Solange ich alte Gegenstände des italienischen Theaters bearbeitete und Stücke lieferte, die nur zum Teil geschrieben und zum Teil skizziert waren, ließ man mich ungestört den Beifall des Parterres genießen: sobald ich mich aber als Schriftsteller, Erfinder, Dichter ankündigte, erwachten die Geister der Nation aus ihrer Schlafsucht und hielten mich ihrer Aufmerksamkeit und ihrer Kritiken würdig.

Meine Landsleute, die seit so langer Zeit an alltägliche Possenspiele und regellose und ungeheure Staatsaktionen gewöhnt waren, wurden auf einmal strenge Richter meiner Werke. Man hörte in allen Gesellschaften die Namen Aristoteles, Horaz, Castelvetro, und meine Arbeiten machten die Neuigkeiten des Tages aus.

Ich könnte mich füglich der Mühe überheben, jetzt noch das Andenken an jene Wortstreite zu erneuern, die der Wind verwehte und der Beifall, den ich erhielt, nicht aufkommen ließ, allein ich erwähne ihrer gern, um daher Gelegenheit zu nehmen, dem Leser meine Gedanken über einige theatralische Regeln und etwas über die Methode zu sagen, die ich mir bei meinen Ausarbeitungen vorgesetzt hatte.

Die sogenannten drei Einheiten, die man zur Vollkommenheit jedes theatralischen Produkts für erforderlich hält, sind von jeher unter den Autoren und Liebhabern ein Gegenstand der Untersuchung gewesen.

Die Richter meiner Charakterstücke hatten mir weder in Rücksicht auf die Einheit der Handlung noch auf die Einheit der Zeit das geringste vorzuwerfen, hingegen beschuldigten sie mich, daß ich die Einheit des Orts verletzt habe.

Die Handlungen aller meiner Lustspiele gehen in einer und derselben Stadt vor sich, die Personen verlassen sie niemals. Es ist wahr, sie begeben sich an mehrere Orte; allein diese liegen doch immer innerhalb derselben Mauern, und ich war überzeugt und bin es noch, daß die Einheit des Orts auf diese Weise hinlänglich gewahrt ist.

In allen Künsten, in allen Entdeckungen sind die Erfahrungen früher dagewesen als die Regeln. Erst in der Folge haben einige Schriftsteller die Praxis der Erfindung in ein System gebracht; allein die Neueren haben sich nie das Recht nehmen lassen, die Alten zu erklären.

Ich für meinen Teil konnte niemals in der Poetik des Aristoteles noch in der Poetik des Horaz ein deutliches, allgemeines und bewiesenes Gesetz für die unbedingte Einheit des Orts entdecken, ich richtete mich also nur insofern mit Vergnügen danach, als der Gang meines Stücks es erlaubte; ich konnte mich aber nicht überwinden, einen Stoff, von dem ich mir etwas versprach, einem Vorurteil aufzuopfern, das ihn vielleicht verdorben haben würde.

Die Italiener würden mich niemals, am wenigsten aber meine ersten Versuche so streng beurteilt haben, wenn sie nicht der unüberlegte Eifer meiner Anhänger dazu aufgefordert hätte.

Diese erhoben den Wert meiner Stücke über alle Gebühr, und die Kenner tadelten nichts als den blinden Enthusiasmus.

Mein letztes Stück gab Gelegenheit, daß der Streit immer hitziger wurde. Meine Verfechter behaupteten, »Das rechtschaffene Mädchen« wäre ein Stück ohne Fehler; allein die strengeren Richter fanden den Charakter der Hauptperson übel gewählt, weil ich sie weder aus der Klasse der Lasterhaften noch aus der Klasse der Toren gewählt hatte.

Das rechtschaffene Mädchen ist eine tugendhafte Person, die durch ihre Sitten, ihre Sanftmut und ihre ganze Lage interessiert; ich hätte also, sagte man, den Zweck des Lustspiels verfehlt, der darin bestünde, das Laster in seiner Häßlichkeit zu zeigen und Torheiten zu züchtigen. Meine Tadler hatten recht, und ich – hatte nicht unrecht.

Ich wollte damit anfangen, meinem Vaterland, für das ich arbeitete, eine kleine Schmeichelei zu machen; überdies war mein Gegenstand neu, angenehm und einheimisch. Ich stellte den Zuschauern ein Muster der Nachahmung vor. Vorausgesetzt, daß man gute und edle Gesinnungen einflößt – ist es nicht besser, die Herzen durch den Reiz der Tugend als durch Abscheu vor dem Laster zu gewinnen?

Gott behüte mich vor der törichten Einbildung, als dürfte ich mich zum Lehrer aufwerfen. Ich teile meinen Lesern das wenige, was ich weiß und erfahren habe, mit und denke, daß man in den am wenigsten geachteten Büchern doch immer noch etwas, das Aufmerksamkeit verdient, findet. Ich beschließe dieses Kapitel mit ein paar Worten über den venezianischen Dialekt, dessen ich mich in dem »Rechtschaffenen Mädchen« und verschiedenen andern von meinen Stücken bedient habe.

Der venezianische Dialekt ist ohne Widerrede der sanfteste und angenehmste unter allen Dialekten Italiens. Seine Aussprache ist deutlich, zärtlich und leicht, er hat einen Überfluß an Wörtern und ausdrucksvollen Wörtern. Die Redensarten sind wohlklingend, und so wie der Hauptzug im Charakter der venezianischen Nation Munterkeit ist, so ist Scherz und Laune das charakteristische Merkmal des venezianischen Dialekts.

Das aber hinderte nicht, daß dieser Dialekt nicht geschickt sein sollte, die ernsthaftesten und wichtigsten Gegenstände ihrer Würde gemäß zu behandeln. Die Advokaten brauchen ihn vor Gericht und die Senatoren in ihren feierlichsten Reden; unsere Redner besitzen noch überdies eine glückliche, natürliche Leichtigkeit, ohne die Majestät des Throns oder die Würde des Gerichtshofes zu verletzen, die angenehmsten und gefälligsten Wendungen mit der erhabensten Beredsamkeit zu verbinden.

In meinem Lustspiel »Der venezianische Advokat« wagte ich den Versuch, eine Probe von dem kräftigen und glänzenden Stil meiner Landsleute zu geben. Dieses Stück wurde angenommen, angehört, allenthalben mit Beifall gesehen und selbst in das Französische übersetzt. Der Beifall, den meine ersten venezianischen Stücke fanden, munterte mich auf, ihrer mehr zu verfertigen. In der Sammlung meiner Werke findet man eine beträchtliche Anzahl davon. Diese sind es vielleicht, die mir die meiste Ehre gemacht haben, und ich werde mich also hüten, Änderungen daran vorzunehmen.

Ich habe immer die Gewohnheit gehabt und werde es auch für die Zukunft nicht unterlassen, in meinen Ausgaben zum Besten der Ausländer die schwierigen Wörter zu erläutern, und wenn man also die italienische Sprache nur etwas innehat, so wird man wenig Mühe haben, das Venezianische so gut wie das Toskanische zu verstehen.

4. Kapitel

»Das rechtschaffene Mädchen«, das den Beschluß des komischen Jahres gemacht hatte, machte wiederum den Anfang der Vorstellungen im folgenden Jahre 1749. Es hielt sich immer mit gleichem Glück und kam nicht eher vom Theater, als bis es der ersten Vorstellung der »Buona Moglie« (»Die gute Ehefrau«) Platz machte. Dieses Stück ist eine Fortsetzung des vorigen. Die Personen, die in jenem auftreten, erscheinen auch hier.

Es waren also zwei sehr glückliche Stücke, zu welchen ich die Hauptpersonen aus den niedrigen Klassen des Volkes gewählt hatte. Ich suchte die Natur allenthalben auf und fand sie immer schön, wenn sie mir Muster der Tugend und gute moralische Züge darbot.

Hier ist nun aber ein äußerst komisches Stück! Es heißt: »Il Cavaliere e la Dama« (»Der Herr und die Dame von Stande«).

Lange hatte ich mit Erstaunen jene sonderbaren Wesen betrachtet, die man in Italien Cicisbei nennt und die wahre Märtyrer der Galanterie und Sklaven der Launen des schönen Geschlechts sind.

Das Stück, von dem ich reden will, geht sie hauptsächlich an. Allein ich durfte es nicht wagen, mein Schild öffentlich auszuhängen, um nicht im voraus den ganzen Schwarm von galanten Herren gegen mich aufzureizen. Ich versteckte also die Kritik unter den Mantel zweier tugendhafter Personen, die mit jenen lächerlichen Leuten den stärksten Kontrast machten.

Dieses Lustspiel erhielt außerordentlichen Beifall. Es wurde fünfzehnmal nacheinander gespielt und machte den Beschluß der Herbstvorstellungen.

5. Kapitel

Ich hatte verschiedene Stücke gegeben, die viel Glück machten, keines indes fand so viel Beifall wie »Die schlaue Witwe«. Dafür aber hatte auch keines so viel starke und gefährliche Kritik auszuhalten.

Meine Widersacher, oder die Widersacher meiner Schauspieler, versuchten einen Streich, der uns sämtlich vernichtet haben würde, wenn ich nicht Mut genug gehabt hätte, für die gemeinschaftliche Sache zu streiten.

Bei der dritten Vorstellung der Reprise dieses Stücks kündigten die Anschlagzettel von dem Theater San Samuele ein neues Lustspiel unter dem Titel »Die Witwenschule« an.

Man hatte mir gesagt, dieses Lustspiel wäre eine Parodie meines Stücks. Aber nichts weniger: es war meine Witwe selbst; die vier Fremden waren von denselben Nationen, Intrige, der Gang der Szenen, alles einerlei!

Nichts war geändert als der Dialog, und dieser Dialog war mit Beleidigungen und Schmähungen gegen mich und meine Schauspieler angefüllt.

Ein Akteur sagte einige Stellen aus meinem Stücke her, ein anderer setzte hinzu: »Einfältiges Zeug!« Man wiederholte einige witzige Einfälle, ein paar Scherze aus meinem Original und rief dann im Chor: »Abgeschmackt, abgeschmackt!«

Diese Arbeit konnte ihrem Verfasser unmöglich viel Mühe gemacht haben. Er hatte meinen Plan und den Gang meines Stückes genau verfolgt, sein Stil war nicht glücklicher als der meinige; und doch jauchzte man von allen Seiten Beifall zu. Sarkasmen, alle satirischen Züge wurden durch Gelächter, durch Bravos und wiederholtes Händeklatschen hervorgehoben. Ich war in meiner Loge, hatte meine Maske vor dem Gesicht, beobachtete das tiefste Stillschweigen und nannte das Publikum undankbar.

Ich hatte unrecht. Dieses gegen mich verschworne Publikum war nicht mein Publikum.

Dreiviertel der Zuschauer waren Leute, die an meinem Untergang interessiert waren. Medebac und ich hatten es mit sechs Theatern in einer Stadt zu tun. Jedes davon hatte seine Freunde, seine Anhänger, und die Verleumdung verfehlt niemals ihren Zweck, Personen, die bei der Sache uninteressiert sind, zu belustigen.

Mein Entschluß war bald gefaßt. Ich hatte versprochen, meinen Kritikern niemals zu antworten, aber im gegenwärtigen Fall würde es Feigheit von mir gewesen sein, wenn ich den Strom, der mich zu vertilgen drohte, nicht abgehalten hätte.

Ich ging nach Hause, befahl, daß man essen, sich zu Bett legen und mich nicht stören sollte; dann schloß ich mich in mein Kabinett, ergriff voll Unwillen die Feder und legte sie nicht eher nieder, als bis ich mir hinlänglich Genugtuung verschafft zu haben glaubte.

Ich setzte meine Apologie in Handlung und verfertigte einen Dialog zwischen drei Personen, unter dem Titel: »Apologetischer Prolog zur schlauen Witwe«.

Bei dem elenden Gehalt der Arbeit meiner Feinde hielt ich mich wenig auf, statt dessen bemühte ich mich, den gefährlichen Mißbrauch der Theaterfreiheit und die Notwendigkeit einer Theaterpolizei in das hellste Licht zu setzen.

Ich hatte in dieser boshaften Parodie unter andern einige Ausdrücke bemerkt, welche die Delikatesse der Republik in Absicht auf die Fremden beleidigen mußten. Der venezianische Pöbel bedient sich z. B. des Wortes »Panimbruo«, wenn er die Protestanten schmähen will: dies ist ein schwankender Ausdruck, der Ähnlichkeit mit dem französischen »Huguenot« hat. Der Gondoliere des Lords in der »Witwenschule« nannte seinen Herrn einen »Panimbruo«. Die übrigen Ausländer waren ebensowenig geschont. Ich konnte darauf rechnen, daß meine Bemerkungen ihren Zweck nicht verfehlen würden.

Nachdem ich die Sache von der Seite des allgemeinen Interesses betrachtet hatte, kam ich nun auf mich selbst zu sprechen und bewies die Ungerechtigkeit, die mir widerfahren war. Die Kritiken schlug ich durch Vernunftgründe zurück, und auf die schmähenden Satiren antwortete ich durch gemäßigte, anständige Betrachtungen.

Meine Arbeit war fertig, ich legte sie aber der Regierung nicht vor. Im Gegenteil suchte ich die Streitigkeiten über die Kompetenz der Gerichtsbarkeiten und die Protektionen, die sich in das Spiel mischen könnten, zu vermeiden: ich schickte also meine Broschüre an die Presse und richtete meine Beschwerden an das Publikum.

Und doch gelang es mir nicht, mein Projekt geheimzuhalten. Man erfuhr es, fürchtete sich davor und tat alles mögliche, die Ausführung desselben zu verhindern.

Medebac hatte einen Gönner vom höchsten Rang unter dem Adel, der die ersten Ämter des Staates verwaltete. Von diesem konnte ich Unterstützung erwarten; aber nichts weniger als das erhielt ich. Dieser Mann fürchtete, meine Verwegenheit möchte mein eigenes und Medebacs Verderben nach sich ziehen. Er erwies mir die Ehre, mich zu besuchen, und gab mir den Rat, meinen Prolog zurückzunehmen. Als er sah, daß ich nicht nachgeben wollte, so entdeckte er mir im Vertrauen, daß ich Gefahr liefe, mich der Ahndung des obersten Tribunals, das die Oberaufsicht über die Stadtpolizei hat, auszusetzen.

Allein ich blieb fest bei meinem Entschluß, und nichts war vermögend, ihn zu erschüttern. Ich sagte Seiner Exzellenz geradezu: meine Arbeit wäre unter der Presse, ich wäre erbötig, den Drucker zu nennen; die Regierung habe freie Gewalt, mein Manuskript wegnehmen zu lassen; allein ich würde mich augenblicklich aus Venedig entfernen und es in der nächsten fremden Stadt in den Druck geben.

Dieser Herr erstaunte über meine Festigkeit: er kannte mich und drängte also nicht weiter in mich; er drückte mir freundschaftlich die Hand und ließ mir meinen Willen.

Den Tag darauf erschien meine Broschüre. Ich hatte dreitausend Exemplare davon abziehen lassen, die ich unentgeltlich an alle Kaffeehäuser, an alle Versammlungsorte, an die Türen der Schauspielhäuser, an meine Freunde, Gönner und Bekannten verteilte. Folgendes war das Resultat meiner Bemühungen und mein Triumph.

Die »Witwenschule« wurde auf der Stelle unterdrückt, und zwei Tage darauf erschien eine Verordnung des Senats, durch welche eine Theaterzensur eingeführt wurde. Meine »Schlaue Witwe« nahm dafür mit mehr Glanz und Zulauf als jemals ihren Fortgang. Unsere Feinde waren gedemütigt, und wir verdoppelten unseren Eifer und unsere Tätigkeit.

Der Leser frage mich nicht nach dem Urheber der »Witwenschule«; denn ich kann seine Neugierde nicht befriedigen. Ich werde niemals eine Person, welche die Absicht gehabt hat, mir Schaden zu tun, mit Namen nennen.

6. Kapitel

Das Ende des Karnevals von 1749 war vor der Tür: wir befanden uns vortrefflich und hatten vor allen übrigen Theatern die Oberhand. Doch nach dem Kampf, den ich bestanden, und dem Sieg, den ich davongetragen hatte, mußte ich etwas recht Auffallendes liefern, um mein Theaterjahr zu krönen.

Die Bosheit meiner Feinde hatte mir zu viel Zeit weggenommen, als daß ich den entworfenen Plan zu einem glänzenden Schlußstück hätte ausführen können. Ich hatte zwar unter meinen Papieren noch ein Lustspiel vorrätig, allein ich war zu wenig damit zufrieden, um die öffentliche Aufführung zu wagen. Lieber hätte ich den Rest des Karnevals mit Wiederholungen ausgefüllt. Medebac aber stellte mir vor, daß wir das ganze Jahr über nur zwei neue Stücke gegeben hätten; daß das Publikum, das mit der Verteidigung der »Schlauen Witwe« zufrieden zu sein schiene, schwerlich genügsam genug sein würde, uns den Mangel an Neuigkeiten zu verzeihen; daß wir uns durchaus gegen Vorwürfe dieser Art sichern und mit einem neuen Lustspiele beschließen müßten.

Ich gab seinen Gründen, die auch wirklich nicht ohne Gewicht waren, nach und überlieferte ihm die »Glückliche Erbin«, ein Lustspiel in drei Aufzügen in Prosa. Es fiel durch, wie ich es vorhergesehen hatte, und da das Publikum das, was ihm gefallen hat, leicht vergißt, hingegen schwerlich verzeiht, wenn man ihm Langeweile macht, so endigten wir unsere Vorstellungen mit ziemlichem Mißvergnügen.

Um dieselbe Zeit ereignete sich noch ein anderer, weit verdrießlicherer Vorfall, von ungleich gefährlicheren Folgen, und störte unsere Ruhe.

Darbes, dieser vortreffliche Pantalon, eine der Hauptstützen der Truppe, wurde von dem sächsischen Minister der Republik für die Dienste des Königs von Polen, Augusts III., angefordert. Er sollte auf der Stelle abreisen und ging augenblicklich von der Truppe ab, um Anstalten zu seiner Reise zu treffen.

Dieser Verlust war um so beträchtlicher für Medebac, da wir niemand kannten, der ihn hätte ersetzen können. Die Folge davon war, daß man uns in kurzer Zeit alle Logen für das künftige Jahr aufsagte.

Diese üble Laune des Publikums brachte mich auf; zum Glück aber war ich der festen Überzeugung, etwas leisten zu können. Ich verfertigte also beim Schluß der Vorstellungen ein Abschiedskompliment für die erste Aktrice und ließ sie, zwar in sehr schlechten Versen, aber doch mit deutlichen Worten und sehr zuversichtlich das Versprechen tun, daß der Dichter, der für sie und ihre Kameraden arbeitete, sich verbindlich mache, im folgenden Jahre sechzehn neue Stücke zu liefern.

Die Truppe von der einen und das Publikum von der andern Seite gaben mir bei dieser Gelegenheit zu gleicher Zeit einen sicheren und sehr schmeichelhaften Beweis ihres Zutrauens. Denn die Schauspieler standen keinen Augenblick an, sich auf mein bloßes Wort zu engagieren, und acht Tage nachher waren alle Logen für das künftige Jahr besetzt.

Als ich dieses Versprechen tat, hatte ich noch nicht zu einem einzigen Stück den Stoff vorrätig. Und doch mußte ich Wort halten oder vor Schimpf sterben. Meine Freunde zitterten, meine Feinde lachten. Ich tröstete jene und spottete über diese. Im folgenden Kapitel wird man erfahren, wie ich mich aus dem Handel zog.

7. Kapitel

Das war ein schreckliches Jahr für mich, an das ich selbst jetzt nicht ohne Schaudern zurückdenken kann. Sechzehn Stücke zu drei Akten, von denen jedes, nach italienischer Sitte, bei der Vorstellung zwei und eine halbe Stunde Zeit füllen muß!

Was mir noch mehr Sorge machte, war die Schwierigkeit, einen andern ebenso geschickten und angenehmen Schauspieler ausfindig zu machen, als der gewesene war, den wir eben verloren hatten.

Medebac wendete von seiner und ich von meiner Seite allen Fleiß an, auf dem Festland irgendeinen guten Mann auszumachen, und wir fanden endlich einen jungen Menschen, der bei einer herumziehenden Truppe die Rolle des Pantalon mit großem Beifall spielte. Wir ließen ihn zum Versuch nach Venedig kommen; er verriet gute Anlage, wenn er mit der Maske spielte, und war noch besser ohne Maske. Er hatte eine schöne Figur, eine schöne Stimme, sang zum Bezaubern. Er hieß Antonio Mattiuzzi, mit dem Beinamen Collalto, und war aus Vicenza gebürtig.

Dieser junge Mann, der eine gute Erziehung genossen hatte und dem es nicht an Verstand fehlte, konnte indes nichts als die alten extemporierten Komödien und bedurfte also noch Anweisung zu der neuen Gattung, die ich einführte.

Ich nahm Anteil an ihm, und er bezeigte viel Zutrauen zu mir. Seine Aufmerksamkeit, seine Gelehrigkeit machten mir ihn noch werter, und ich folgte der Truppe nach Bologna und Mantua, um die Bildung dieses neuen Schauspielers, der mein Freund geworden war, zu vollenden.

Die fünf Monate über, die wir in diesen beiden Städten der Lombardei zubrachten, verlor ich meine Zeit nicht: im Gegenteil, ich arbeitete Tag und Nacht, und mit Herbstes Anfang kehrten wir nach Venedig zurück, wo man uns mit Verlangen entgegensah.

Den Anfang der Vorstellungen machten wir mit einem Stück unter dem Titel »Il Teatro comico« (»Das komische Theater«). In der Ankündigung und auf dem Anschlagzettel nannte ich es ein Lustspiel in drei Aufzügen, im Grunde aber war es nichts anderes als eine Poetik, in Handlung gebracht und in drei Teile geteilt.

Meine Absicht bei dieser Arbeit war, sie an die Spitze einer neuen Ausgabe meines Theaters zu setzen. Doch war es auch zugleich zum Unterricht solcher Personen bestimmt, die kein Vergnügen an Lektüre finden und die ich auf diese Art nötigte, auf der Bühne sich mit Regeln und Grundsätzen bekannt zu machen, die ihnen in einem Buche Langeweile gemacht haben würden.

Der Ort der Szene ändert sich in diesem Lustspiel nicht. Er ist das Theater selbst, wo die Schauspieler sich versammeln, ein kleines Stück, betitelt »Der Vater, ein Nebenbuhler seines Sohnes«, zu probieren.

Der Directeur eröffnet die Szene mit dem Eugenio, einem seiner Kollegen, und spricht mit ihm von dem Verdruß und der Gefahr, die mit der Direktion verknüpft sind. Die erste Aktrice tritt auf; sie ist verdrießlich darüber, daß sie zu früh gekommen ist, und beklagt sich über die Trägheit ihrer Mitspieler. Ein Wort gibt das andere, und so kommen sie endlich auf die Verheißungen ihres Dichters zu reden, der beim Schluß der letzten Vorstellungen sechzehn neue Stücke für das laufende Jahr versprochen hat. Madame Medebac versichert, er werde Wort halten, und kündigt folgende Titel an: »Das komische Theater« – »Die rachsüchtigen Weiber« – »Das Kaffeehaus« – »Der Lügner« – »Der Schmeichler« – »Der Antiquar« – »Pamela« – »Der Mann von Geschmack« – »Der Spieler« – »Die eingebildete Kranke« – »Die vorsichtige Frau« – »Die Unbekannte« – »Der ehrbare Abenteurer« – »Das veränderliche Mädchen« – »Das Weibergeklatsche«.

Eugenio bemerkt, daß unter dieser Zahl von sechzehn Stücken, richtig gezählt, das Stück, das sie eben probieren wollten: »Der Vater, ein Nebenbuhler seines Sohnes«, nicht mit inbegriffen sei. Das ist eine Kleinigkeit, antwortet der Directeur, die der Dichter uns in den Kauf gibt.

Collalto tritt in bürgerlichen Kleidern auf und zittert und fürchtet das Publikum. Der Directeur spricht ihm Mut ein, und der neue Akteur sagte eine Szene, die ich eigens für ihn verfertigt hatte, so vortrefflich her, daß er auf die schmeichelhafteste, unzweideutigste Art aufgenommen wurde.

Die Schauspieler und Schauspielerinnen treten nun nacheinander auf: der Directeur findet Veranlassung, hier und da, ohne Anmaßung und Pedanterie, Winke zu geben, die Gesetze der Kunst und die Grundsätze der neuen Poetik sind.

Man macht sich an die Probe des kleinen Stücks. Pantalon tritt mit der Maske auf; man ist zufrieden mit ihm und verspricht sich in der Folge noch mehr.

Die Probe wird unterbrochen. Es erscheint ein Autor und bietet der Gesellschaft Stücke in dem alten, schlechten Geschmack der italienischen Komödie an. Diese Situation brachte ich an, um dem Directeur Gelegenheit zu verschaffen, die Fehler jener Stücke zu zeigen und von dem neuen System zu reden. Die ernsthaften Reden des Directeurs werden durch die Einfälle des spaßhaften Autors erheitert, der Unterricht, statt

Langeweile zu machen, ergötzt, und der Dichter wird endlich selbst ein Schauspieler.

Die Probe wird fortgesetzt. In der Szene mit seiner Geliebten gibt der Pantalon viel zu lachen und erpreßt Tränen, als er sieht, daß sein Sohn sein Nebenbuhler ist.

Die Probe wird zum zweiten Male durch die Ankunft eines unbekannten Frauenzimmers unterbrochen, die sich das Ansehen einer Person von Stande gibt und die Aktrice mit einer Protektionsmiene grüßt. Jedermann erzeigt ihr viel Ehrerbietung, man bietet ihr einen Lehnstuhl an; sie setzt sich, und nun kommt es heraus, daß sie eine Aktrice von der komischen Oper ist, die kommt, ihre Talente anzubieten. Die Schauspieler machen sich's nun wieder bequemer.

Der Directeur dankt der Sängerin; er sagt ihr, daß sein Theater den Reiz des Gesanges entbehren könne. Die Virtuosin ist in Verlegenheit; Not und Stolz kämpfen in ihr. Der Autor, der sie kennt, erzählt ihr den Schritt, den er eben getan, und gibt ihr den Rat, ihm nachzufolgen. Sie entschließt sich und verlangt angenommen zu werden. Der Directeur nimmt sie auf Probe. Neue Gelegenheit, einige Details über das verbesserte Lustspiel anzubringen.

Endlich wird die Probe geendigt. Pantalon opfert seine Liebe der väterlichen Zärtlichkeit auf, und das Stück endigt unter Händeklatschen.

Es fehlt mir an Zeit, von den Glückwünschen meiner Freunde und dem Erstaunen meiner Feinde viel zu sagen. Ich bin nicht willens, hier meine Projekte zu rühmen, sondern von ihrer Ausführung Nachricht zu geben.

Einige Tage darauf gaben wir die erste Vorstellung der »Donne Puntigliose« (»Die rachsüchtigen Weiber«).

Zu diesem Stück, das in Venedig am wenigsten Glück machte, hatte ich den Stoff aus der Klasse des Adels gewählt, zu dem folgenden nahm ich ihn aus dem Bürgerstand. Im Italienischen heißt es »La Bottega di Caffè« (»Das Kaffeehaus«). Der Ort der Szene, der sich nicht verändert, verdient einige Aufmerksamkeit: es ist ein Platz in Venedig, wo mehrere Straßen sich kreuzen (un carrefour). Die Front nehmen drei Butiken ein, die mittlere gehört einem Kaffeeschenken, die rechter Hand einem Perückenmacher, die linker Hand einem Spielhausbesitzer. Auf der einen Seite liegt ein kleines Eckhaus zwischen zwei Straßen, in welchem eine Tänzerin wohnt, auf der andern Seite ein Gasthof.

Strenger läßt sich die Einheit des Orts nicht beobachten. Dieses Mal werden die unerbittlichen Kunstrichter wohl mit mir zufrieden sein müssen; aber werden sie es auch mit der Einheit der Handlung sein? Werden sie nicht finden, daß der Stoff des Stücks zusammengesetzt und das Interesse geteilt ist?

Wer mir solche Vorwürfe macht, dem antworte ich, daß ich durch den Titel meines Stücks mich weder zu einer Geschichte noch zur Schilderung einer Leidenschaft oder eines Charakters anheischig mache. Ich stelle ein Kaffeehaus dar, wo mehrere Handlungen auf einmal vorgehen, wohin verschiedene Personen durch verschiedenes Interesse geführt werden. Bin ich nun so glücklich gewesen, diese Menge von Gegenständen in eine wesentliche Verbindung zu setzen und einen dem andern notwendig zu machen, so glaube ich auch meine Schuldigkeit getan und zugleich noch mehrere Schwierigkeiten mit überwunden zu haben.

Man muß dieses Stück ganz lesen: es hat ebensoviel verschiedene Charaktere wie Personen.

Diejenigen, die am meisten hervorstechen, sind zwei junge Eheleute. Der Mann lebt in Ausschweifungen, die Frau ist tugendhaft und duldsam. Der Limonadenhändler ist ein braver, dienstfertiger Mann, dem dieser unglückliche Haushalt zu Herzen geht und dem es gelingt, den Mann zu bessern und die Frau glücklich und zufrieden zu machen. Ferner kommt darin ein sehr origineller, komischer, meditierender Schwätzer vor: eine von den Geißeln der Menschheit, die die ganze Welt beunruhigen und der den Kunden des Kaffeehauses, der ganzen Szene und vorzüglich den beiden Freunden des Limonadenhändlers zur Last ist. Dieser böse Mensch wird gestraft. Er entdeckt aus Scherz die Kunstgriffe des Spielers neben dem Kaffeehaus. Der Spieler wird arretiert und der Schwätzer als Angeber mißhandelt und fortgejagt.

Dieses Lustspiel erhielt einen glänzenden Beifall: die Vereinigung und der Kontrast der Charaktere konnten ihre Wirkung nicht verfehlen. Der Charakter des Verleumders wurde auf mehrere bekannte Personen ausgedeutet. Eine davon entrüstete sich vorzüglich über mich. Man drohte mir und sprach von Degen, Messerstichen und Pistolen; doch da man wahrscheinlich auf die sechzehn versprochenen Stücke in einem Jahre neugierig war, so fristete man mir, um sie vollenden zu können, großmütig das Leben.

Jetzt, wo ich mich allenthalben nach Stoff zu neuen Stücken umsah, erinnerte ich mich, ehedem in Florenz auf einem Gesellschaftstheater den »Lügner« des Corneille in einer italienischen Übersetzung gesehen zu haben; und da man ein Stück, das man sah, leichter behält, so besann ich mich auch ganz deutlich auf die Stellen, die mir am meisten aufgefallen waren. Ich erinnerte mich, daß ich nach der Vorstellung gesagt hatte: »In der Tat ein gutes Lustspiel, doch glaube ich, der Charakter eines Lügners müßte noch einer weit komischeren Behandlung fähig sein.«

Da ich nicht lange Zeit hatte, über die Wahl der Gegenstände nachzudenken, so blieb ich bei diesem stehen. Meine Einbildungskraft war damals sehr lebhaft und schnell und bot mir auf der Stelle eine solche Menge komischer Züge dar, daß ich in Versuchung geriet, einen ganz neuen Lügner zu schaffen.

Allein ich gab dieses Projekt bald wieder auf. Corneille hatte mir die erste Idee dazu gegeben, ich schätzte meinen Meister und rechnete mir es zur Ehre, nach ihm zu arbeiten. Doch nahm ich mir die Freiheit, soviel hinzuzusetzen, als ich zur Befriedigung des Geschmacks meiner Nation und für den Erfolg meines Stücks nötig fand.

Der Charakter eines mehr komischen als lasterhaften Lügners leitete mich auf einen von einer anderen, viel schlimmeren und gefährlicheren Art, ich meine den Schmeichler.

Der »Schmeichler« von Rousseau machte in Frankreich kein Glück, desto glücklicher war ich mit dem meinigen in Italien. Der Grund davon liegt unstreitig hierin: der französische Dichter hatte diesen Gegenstand mehr wie ein Philosoph als wie ein Komiker behandelt; ich hingegen, ob ich gleich auch Abscheu gegen den Lasterhaften zu erwecken suchte, hatte mich doch mehr darum bemüht, meinem Stück durch komische Episoden und hervorstechende Züge ein munteres Ansehen zu geben.

Mein nächstes Lustspiel war von einer ganz anderen Gattung und beschäftigte sich wiederum mit der Züchtigung einer Torheit. Diese Abwechslung hat ihren guten Nutzen, wenn man mehrere Arbeiten nacheinander bekannt macht.

Dieses Stück führte den Titel: »La Famiglia del Antiquario« (»Die Familie des Antiquars«), und war das sechste von den sechzehn versprochenen.

Ich hatte es erst nach der Hauptperson ganz kurz der »Antiquar« überschrieben; allein ich fürchtete, die Streitigkeiten zwischen seiner Frau und seiner Schwiegertochter möchten ein doppeltes Interesse hervorbringen; ich gab also meinem Stück einen Titel, der alles in sich faßt. Hierzu hatte ich um desto mehr Grund, da die Lächerlichkeiten der beiden Weiber und des Haupts der Familie sich die Hände bieten und gleichviel zu komischem Gang und Moralität des Stücks beitragen.

Das Wort Antiquar wird in Italien sowohl von einem Manne gebraucht, der sich als Gelehrter mit dem Studium des Altertums beschäftigt, als auch von einem, der ohne Sachkenntnis Kopien für Originale, Kindereien als kostbare Denkmäler zusammenträgt. Der meinige war aus der letzteren Klasse.

Der Graf Anselmo, der mehr Geld als Kenntnisse besitzt, macht den Liebhaber von Gemälden, Medaillen, geschnittenen Steinen, mit einem Wort von allem, was den Schein des Altertums und der Seltenheit hat. Er gerät in die Hände von ein paar Schlauköpfen, die ihn betrügen, und so bringt er, mit schweren Kosten, ein lächerliches Kabinett zusammen.

Er hat eine Frau, die im Begriff steht Großmutter zu werden und doch noch alle Ansprüche eines jungen Mädchens macht, sowie eine Schwiegertochter, die sich nicht in die Subordination finden kann und verzweifeln möchte, weil sie nicht unumschränkt im Hause gebieten darf.

Der Graf Hyacinth, der Mann von dieser und der Sohn von jener, wagt es nicht, seiner Mutter dadurch mißfällig zu werden, daß er seiner Frau zu Gefallen ist. Er befindet sich in der größten Verlegenheit und bringt seine Klagen an den Herrn des Hauses.

Dieser ist eben mit dem Pescenius, einer alten Münze, beschäftigt, die er sehr teuer bezahlt hat und nun als unecht erkennt. In der Hitze schickt er seinen Sohn, ohne ihn anzuhören, wieder fort und will sich durchaus nicht auf die Familienzänkereien einlassen.

Unterdessen werden die Sachen so weit getrieben, daß der Antiquar genötigt ist, sich einzumischen. Allein er fürchtet sich vor dem Tête-à-Tête mit zwei so unvernünftigen Frauenzimmern und trägt auf eine Familienzusammenkunft an.

Der Tag wird festgesetzt, die gemeinschaftlichen Freunde finden sich ein. Der Sohn ist einer der ersten, der erscheint; die beiden Damen aber kommen zuletzt, und zwar jede in Begleitung ihres Cicisbeo.

Die ganze Versammlung läßt sich nieder; der Graf Anselmo bekommt seinen Platz mitten im Zirkel. Er hebt seinen Vortrag mit Betrachtungen über die Notwendigkeit des häuslichen Friedens an. Indem er sich nun bald rechts, bald links wendet, wird er die Berlocke an der Uhr seiner Schwiegertochter gewahr: er glaubt eine köstliche Antike entdeckt zu haben, will sie in der Nähe sehen, macht die Schnur los, zieht sein Taschenmikroskop heraus und untersucht den Fund. Er sieht einen reizenden Kopf und äußert sein Verlangen, ihn zu besitzen. Da er ihm ohne Schwierigkeit bewilligt wird, so ist er entzückt darüber und überhäuft seine Schwiegertochter mit Danksagungen. Dieses verdrießt seine Frau; sie steht auf und entfernt sich. So ist die Versammlung auf einmal zerrissen, und das wichtige Geschäft wird auf eine andere Sitzung verschoben.

In dieser Zwischenzeit tragen sich viel unangenehme Vorfälle für den Antiquar zu. Er zeigt Kennern sein Kabinett. Diese reißen ihn aus seinem Irrtum, er wird überzeugt und entsagt seiner Torheit. Er sieht die Notwendigkeit ein, den Frieden in seinem Hause herzustellen, und verlangt eine zweite Zusammenkunft, die auch stattfindet.

Man bringt verschiedene Auskunftsmittel in Vorschlag, allein das eine steht der Schwiegertochter nicht an, das andere wird von der Schwiegermutter verworfen. Endlich macht man eines ausfindig, mit dem sie beide gleich zufrieden sind: nämlich – zwei Haushaltungen zu errichten und sich für immer zu trennen. Dieses findet durchgehends Beifall, und das Stück kommt zum Ende.

Einige Jahre nachher sah ich dieses Lustspiel in Parma in einer französischen Übersetzung geben, die von Herrn Collet herrührte. Dieser in jeder Rücksicht achtungswürdige und durch mehrere schöne Stücke, die er für das französische Theater verfertigte, in Paris sehr bekannte Schriftsteller hat mein Stück sehr gut übersetzt, und ihm hat es gewiß den Beifall, den es erhielt, zu verdanken.

Allein er änderte die Entwicklung. Er war mit meinem Schluß, wo die Schwiegermutter und Schwiegertochter in Uneinigkeit auseinandergehen, nicht zufrieden und ließ sie sich auf dem Theater versöhnen.

Wenn diese Versöhnung von Dauer sein könnte, so wäre nichts dagegen einzuwenden: allein wer steht dafür, daß die beiden gallsüchtigen Damen nicht schon den folgenden Morgen ihren Streit da fortsetzen, wo sie ihn abgebrochen haben?

Ich kann mich irren; allein ich glaube, meine Entwicklung ist der Natur gemäßer.

9. Kapitel

Schon seit einiger Zeit wurde der Roman »Pamela« mit allgemeinem Beifall in ganz Italien gelesen, und meine Freunde quälten mich, ein Schauspiel darnach zu verfertigen.

Ich kannte das Werk und war nicht verlegen, mich in dessen Geist zu versetzen; allein der moralische Zweck des englischen Verfassers vertrug sich weder mit den Sitten noch mit den Gesetzen meines Landes.

In London schadet ein Lord seinem Adel nicht, wenn er gleich eine Bäuerin ehelicht; in Venedig hingegen beraubt ein Patrizier, der ein Bürgermädchen heiratet, seine Kinder der Vorrechte des Adels, und sie verlieren ihre Rechte auf Souveränität.

Die Komödie, die eine Sittenschule ist oder wenigstens sein sollte, darf die menschlichen Schwachheiten in keiner anderen Absicht schildern, als um sie zu bessern. Ist es aber erlaubt, eine unglückliche Nachkommenschaft unter dem Vorwand, die Tugend zu belohnen, aufzuopfern?

Ich war auch wirklich entschlossen, den Lockungen dieses Romans nicht zu folgen; allein in der Notwendigkeit, in der ich mich befand, viele Stücke zu liefern, gab ich endlich nach. Doch legte ich nicht eher Hand an das Werk, als bis ich eine Entwicklung ausgedacht hatte, die, anstatt gefährlich zu sein, tugendhaften Liebenden zum Muster dienen und zugleich die Katastrophe angenehmer und interessanter machen konnte.

Das Lustspiel »Pamela« ist, der Definition der Franzosen zufolge, ein Drama. Das Publikum fand es unterhaltend und belustigend, und es trug von allen je von mir gegebenen Arbeiten den Preis davon.

Diesem sentimentalen Stück ließ ich ein anderes folgen, das sich auf die Gebräuche der bürgerlichen Gesellschaft bezog: es hieß »Il Cavaliere di Buongusto« (»Der Mann von Geschmack«).

In Frankreich bezeichnet der Ausdruck »Homme de goût« einen Mann, der in Wissenschaften und den schönen Künsten unterrichtet ist; der Italiener von Geschmack aber, den ich in meinem Lustspiel schildere, ist ein Mann, der die Kunst versteht, mit einem mäßigen Vermögen sich ein schönes Haus, auserlesene Bediente und einen vortrefflichen Koch zu verschaffen, der in Gesellschaften als der reichste Mann glänzt, ohne sich Schaden zu tun und seine Umstände zu zerrütten.

Es treten neugierige Personen auf, die sein Geheimnis gern erraten möchten, und Verleumder, die ihn anzuschwärzen suchen. Und diese letzteren sind gerade diejenigen, die am häufigsten bei ihm zu Tische sind und seine Freigebigkeit ausnutzen.

Dieses Stück fand ziemlichen Beifall, allein es hatte das Unglück, auf die »Pamela« zu folgen, die allen Leuten die Köpfe verdreht hatte. Bei seinem Wiedererscheinen im folgenden Jahr hatte »Der Mann von Geschmack« mehr Glück.

Ein ähnliches Schicksal traf den »Spieler«, das neunte von meinen versprochenen Stücken. Doch mit dem Unterschied, daß es sich nicht so wie das vorige wieder erhob. Ich behandelte es also selbst, nach der Stimme des Publikums, als ein ganz gefallenes Stück.

In dem »Kaffeehaus«, dem dritten Stück dieses Jahres, hatte ich auf eine glückliche Art einen Spieler angebracht, den der neue Pantalon ohne Maske sehr angenehm und unterhaltend vorstellte. Ich glaubte noch nicht genug über diese unglückliche Leidenschaft gesagt zu haben und nahm mir vor, diese Materie von Grund aus zu behandeln; allein der Spieler, als Nebenperson im Kaffeehause, fand mehr Beifall als dieser, der die Hauptperson eines eigenen Stücks ausmachte.

Ich muß noch erinnern, daß um diese Zeit alle Glücksspiele in Venedig geduldet wurden. Man hatte das berühmte »Ridotto«, das einige bereicherte, andere zugrunde richtete, aber doch aus allen vier Weltenden Spieler herbeilockte und das Geld in Umlauf brachte.

Es war also nicht der klügste Einfall von mir, die Folgen dieser gefährlichen Belustigung, die Kunstgriffe gewisser Spieler und die Ränke jener Leute, in deren Häusern die Spieler ihre Auflagen haben, aufzudecken. In einer Stadt von zweihunderttausend Einwohnern konnte es meinem Stücke nicht an Feinden fehlen.

Ich suche den Grund für den Durchfall meines Stücks nicht in äußeren Umständen. Es scheiterte, es war also schlecht; und ich war zufrieden, daß von sechzehn Lustspielen nur dieses einzige durchfiel.

Das Publikum verlangte die »Pamela« wieder zu sehen: allein ich tat ihm diesmal nicht den Willen. Ich bestand darauf, mein Versprechen zu erfüllen, und es standen noch sieben neue Stücke aus.

Freilich würden mir meine Freunde gern für das Vergnügen,

jenes Stück, das ihnen so sehr gefallen hatte, wieder zu sehen, ein paar davon geschenkt haben; allein meine Feinde würden zu neuen boshaften Verleumdungen Veranlassung bekommen haben, und ich zog den Ruhm, meine Widersacher zum Schweigen zu bringen, dem süßen Vergnügen, meine Freunde zu befriedigen, vor. Der Beifall des nächsten Stücks, das ich geben wollte, war mir fast gewiß. Ich ließ es ankündigen, mit Zuversicht ankündigen, und der Erfolg entsprach meinen Erwartungen.

10. Kapitel

Die Menge Stücke, die ich nacheinander gab, ließ meinen Feinden keine Zeit, ihrem Haß gegen mich Luft zu machen. In den Weihnachtsferien aber, wo zehn Tage lang nicht gespielt wird, unterließen sie nicht, mich mit einer Broschüre zu beehren, die mehr Injurien als Kritik enthielt.

Nach dem Durchfall meines letzten Stücks sagten sie: »Goldoni hat seine gute Zeit gehabt, er fängt an einzuschlafen. Es wird ein trauriges Ende mit ihm nehmen, und sein Stolz wird gedemütigt werden.«

Nichts als diese letzten Worte beleidigten mich. Man hätte mich einer Unvorsichtigkeit bezichtigen können, daß ich ein Versprechen tat, das mich um meine Gesundheit oder um meinen Ruf bringen konnte; aber Stolz habe ich niemals gehabt oder wenigstens nicht an mir bemerkt.

Ich würdigte diese Schmähschrift keiner Beachtung, allein ich überzeugte mich immer mehr von der Notwendigkeit, auf meinem Theater das Interesse, die Munterkeit, den Unterricht und den alten Kredit wiederherzustellen. Und das Lustspiel »Der wahre Freund«, das ich zu Anfang des Karnevals gab, tat allen meinen Absichten Genüge.

Dieses Stück ist eins von meinen Lieblingsstücken, und ich hatte das Vergnügen, das Publikum mit mir einig zu sehen. Ich konnte selbst kaum begreifen, wie es nur möglich gewesen, daß ich in diesem Jahre, wo ich soviel gearbeitet, soviel Zeit und Mühe darauf hatte verwenden können.

Doch hier ist noch ein anderes Stück, das mich ebensoviel kostete und ebensoviel Beifall erhielt; es heißt: »La Finta ammalata« (»Die eingebildete Kranke«).

Ehe ich von diesem Stücke Rechenschaft gebe, muß ich vorher meine Leser das Original kennenlernen lassen, das ich kopierte.

Madame Medebac war eine vortreffliche Schauspielerin, voll Liebe für ihre Kunst, dabei aber ein Frauenzimmer voller Launen. Oft war sie krank, noch öfter glaubte sie es zu sein, und bisweilen war es nichts als eine Laune. In diesem Fall durfte man nur den Vorschlag tun, einer subalternen Aktrice eine schöne Rolle zu geben, und die Kranke wurde im Augenblick gesund.

Ich nahm mir die Freiheit, Madame Medebac selbst auf das Theater zu bringen. Sie mochte wohl etwas davon merken, allein da die Rolle ihr außerordentlich wohlgefiel, so übernahm sie sie gern und spielte sie ganz unübertrefflich.

Ich bin der Sohn eines Arztes und bin es selbst eine Weile gewesen; allein ich kann unmöglich die Inkonsequenz der Leute billigen, welche die Arzneiwissenschaft ohne Ausnahme erheben oder tadeln. Da ich mir vornahm, von dieser Kunst zu reden, die man für den Notfall nicht verachten darf, so ließ ich in meinem Stück drei Ärzte auftreten: einen klugen und braven Mann, einen Scharlatan und einen Ignoranten. Dies sind die drei Klassen, worunter sich alle bringen lassen. Gott behüte uns vor diesen beiden letzteren, wiewohl im Grunde die zweite die gefährlichste von allen ist.

Unerachtet der großen Einfachheit dieses Plans wurde dieses Stück allgemein gut aufgenommen und außerordentlich beklatscht. Vielleicht aber hat es einen großen Teil dieses Beifalls dem Spiel der Aktrice zu danken, der es Vergnügen machte, sich selbst zu spielen, und die es ohne Anstrengung und Zwang tat. Die drei verschiedenen Charaktere der Ärzte und ein tauber Apotheker, ein Neuigkeitskrämer, der alles die Quere versteht und die Zeitungen lieber liest als Rezepte, trugen nicht weniger dazu bei.

Komische Laune und Lustigkeit machten das Glück der »Eingebildeten Kranken«. Bei der »Donna prudente« (»Die kluge Ehefrau«), von der ich nun reden will, tat es das Interesse allein.

Donna Eularia ist die verständigste, ordentlichste Frau von der Welt und Don Robert, ihr Mann, der ausschweifendste, sprunghafteste Mann auf der Erde.

Er ist eifersüchtig. Seine Frau wünscht nichts mehr, als ein ruhiges, zurückgezogenes Leben zu führen, allein er nötigt sie Leute zu sehen, damit man seine Eifersucht nicht bemerke.

Wenn ich von diesem Stück eine richtige Idee geben wollte, so dürfte ich keine Szene übergehen. Es ist so künstlich gearbeitet, daß der Dialog durchaus mit in Anschlag gebracht werden muß, wenn man es richtig beurteilen will. Das aber hieße das Maß, das ich mir vorgesetzt habe, überschreiten, wenn ich einen Auszug davon gäbe, der fast ebenso lang werden müßte, als das Lustspiel selbst ist.

Eben dieselben Gesellschaften, die mir den Stoff zu dem »Kavalier und der Dame« geliefert hatten, das heißt die Klasse der Cicisbei, lieferten ihn mir auch zu diesem Stück.

Es gibt Männer in Italien, welche die Liebhaber ihrer Weiber gern dulden und sie selbst zu ihren Freunden und Vertrauten machen; allein es gibt auch eifersüchtige Männer, die sich niemals an diese sonderbaren Wesen, die in übeleingerichteten Wirtschaften die zweiten Herren im Hause sind, gewöhnen können.

Don Robert war gerade am wenigsten dazu gemacht, sie zu dulden; doch darf ein Mann, der in der Welt sein Glück machen will und Gönner und Freunde braucht, seine Frau zu Hause einschließen?

Es kommt in diesem Stück eine Frau vom Lande vor, die mit den Sitten der Hauptstadt unbekannt ist und die Liebhaber lächerlich findet. Don Robert denkt ganz so wie diese vernünftige Frau, schließt Freundschaft mit ihr und entschließt sich, die Ruhe zu genießen, die ihm ein kleines, unbekanntes Städtchen verspricht. Donna Eularia willigt nicht bloß ein, sondern ermuntert sogar ihren Mann zur Ausführung seines Plans und krönt durch eine tugendhafte Ergebung das Verdienst ihrer Leiden.

Das Publikum wurde nicht müde, sich für diese kluge und unglückliche Frau zu interessieren, und schien mit einer Auflösung zufrieden, die ihr endlich Ruhe zu versprechen schien. Das Stück endigte jedesmal unter Händeklatschen und hielt sich mit großem Beifall, bis eine andere Neuigkeit an seine Stelle trat.

11. Kapitel

Der Beifall, den mein Lustspiel »Pamela«, noch mehr aber die zweideutige Aufnahme, die »Der Mann von Geschmack« erhalten hatte, und der Durchfall des »Spielers« bewirkten, daß meine Freunde in mich drangen, noch ein Sujet aus einem Roman zu entlehnen, um mir, wie sie sagten, die Mühe der Erfindung zu ersparen.

Von ihren Bitten ermüdet, gab ich ihnen endlich den Bescheid: »Ehe ich einen Roman lese, um ein Lustspiel daraus zu schöpfen, will ich lieber ein Stück verfertigen, aus dem man einen Roman machen kann.« Einige von ihnen lachten darüber, andere nahmen mich beim Wort. »So machen Sie uns«, sagten sie, »einen dramatisierten Roman, ein Stück, das so verwickelt ist wie ein Roman.« – »Ich mache es Ihnen.« – »Ja?« – »Ja!« – »Auf Ehre?« – »Auf Ehre!«

Ich ging nach Hause, ganz erfüllt von meiner Wette, und fing mein Lustspiel und meinen Roman auf einmal an, ohne noch eine Idee von dem Inhalt zu haben.

Jetzt brauche ich, sagte ich zu mir selbst, viel Intrige, überraschende, wunderbare Zwischenfälle, Spannung, komische Laune und Pathos!

Eine Heldin würde auf alle Fälle mehr interessieren als ein Held. Wo werde ich eine finden? Das wird sich geben. Bis dahin wollen wir eine Unbekannte zur Hauptperson nehmen. Ich setzte mich und schrieb: »Die Unbekannte«, ein Lustspiel. Erster Akt. Erste Szene. – Die Frauensperson muß aber doch einen Namen haben, und so soll sie Rosaura heißen. Soll sie allein auftreten und die Zuschauer von dem Nötigen unterrichten? Nein! das ist der Fehler der alten Komödien: wir lassen sie auftreten mit ... Ja, mit Florindo ... also Rosaura und Florindo.

Auf diese Art fing ich meine »Unbekannte« an, und so setzte ich sie fort und baute ein weitläufiges Gebäude, ohne zu wissen, was ich machte, einen Tempel oder eine Halle.

Jede Szene brachte eine andere hervor, ein Vorfall leitete mich auf vier andere. Am Ende des ersten Aktes war das Gemälde entworfen; nun lag es nur noch an der Ausführung.

Ich erstaunte über die Anzahl und Neuheit der Vorfälle, die meine Einbildungskraft mir darbot.

Am Ende des zweiten Aktes fing ich an, an eine Entwicklung zu denken und eine vorzubereiten, die unerwartet und überraschend wäre, ohne doch aus den Wolken zu fallen.

Der Gegenstand des Stücks ist ein unbekanntes Mädchen, das in ihrer Kindheit von einem Fremden einer Bäuerin anvertraut worden, die man hinlänglich mit Geld versorgt hat, der Wartung desselben pflegen zu können. Dieses Kind wird groß, artig und schön. Sie hat zwei Liebhaber, den Florindo, den sie liebt, und den Lelio, den sie nicht ausstehen kann. Der erste entführt sie, der andere verfolgt sie. Bald ist sie in der Gewalt des einen, bald in der Gewalt des andern, doch immer in Lagen, daß sie nichts für ihre Unschuld zu fürchten hat.

Endlich ist sie so glücklich, einen eifrigen Beschützer zu finden, allein die Frau desselben wird eifersüchtig. Hieraus entspringen neue Unglücksfälle, neue Abenteuer. Ein Unstern folgt dem andern, sie gerät in Verdacht, in Verhaft und wird eingeschlossen. Kurz, sie ist ein Ball des Schicksals.

Endlich schließt sich das Stück und der Roman wie gewöhnlich. Es findet sich, daß Rosaura eine Gräfin Theodora, Tochter eines edlen Neapolitaners ist, und sie heiratet den Florindo, der gleichen Rang mit ihr hat.

Meine Freunde waren damit zufrieden, das Publikum nicht weniger. Jedermann gestand zu, daß mein Stück Material genug zu einem Roman von vier dicken Bänden in Großoktav gäbe.

Kaum war ich mit diesem romantischen Stück fertig, als ich mich an ein anderes machte, in dem die Hauptperson eine historische Grundlage hatte. Denn wenngleich der »Ehrliche Abenteurer«, der diesem Lustspiel den Namen gibt, nicht mein eigenes Porträt ist, so hat er wenigstens ebensoviel Abenteuer erlebt und ist ebensoviel Beschäftigungen nachgegangen; und da überdies das Publikum, bei dem Beifall, mit dem es dieses Stück aufnahm, die Gefälligkeit hatte, mir Handlungen und Grundsätze zuzuschreiben, die mir Ehre machen, so darf ich wohl gestehen, daß ich mich wirklich während der Arbeit ein wenig vor Augen hatte.

Meine Arbeit wurde, sowohl was das Historische als die Fabel betrifft, sehr günstig aufgenommen. Der »Ehrliche Abenteurer« erhielt entschiedenen und dauernden Beifall, und ich genoß zugleich das Glück, welches das Stück machte, und die Ehre der Allegorie.

Endlich aber wurde es doch Zeit, diese Gattung von empfindsamen Stücken wieder zu verlassen und Charaktere und wahre komische Gegenstände zu behandeln, zumal da das Ende des Karnevals vor der Tür war und wir daran denken mußten, etwas Lustiges, für jedermann Interessantes auf die Bühne zu bringen.

Ich gab also »La Donna volubile« (»Das unbeständige Mädchen«), als das ohnehin letzte Stück für dieses Jahr. Wir hatten eine Aktrice bei der Gesellschaft, welche die eigensinnigste, veränderlichste Person von der Welt war. Ich brauchte fast nichts, als sie zu kopieren, und Madame Medebac, die das Original kannte, sah, so eine gute Frau sie übrigens auch war, es gar nicht ungern, etwas Stoff zum Lachen über ihre Kollegin zu bekommen. Das Stück tat den erwünschtesten Effekt.

Nun fehlte mir nichts mehr, als noch ein Lustspiel für dieses Jahr zu geben, und mein Versprechen war erfüllt.

Wir hatten den vorletzten Sonntag des Karnevals, ich hatte noch keine Zeile von diesem letzten Stück geschrieben und nicht einmal eine Idee dazu.

Ich ging diesen Tag von Hause nach dem St.-Markus-Platz, mich etwas zu zerstreuen. Vielleicht, dachte ich, gibt mir eine Maske oder ein Gaukler Veranlassung zu einem Lustspiel oder zu einer Posse für die Fastnacht.

Unter der Arkade des Glockenturms begegnete ich einem Mann, der mir gleich auffiel und den Stoff, den ich suchte, an die Hand gab. Es war ein alter, übel gekleideter, schmutziger Armenier mit einem langen Bart, der durch die Straßen zog und trockne Früchte aus seiner Heimat verkaufte, die er »Ababigi« nannte.

Dieser Mensch, auf den man allenthalben stieß und dem ich selbst mehrmals begegnet war, war so bekannt und so verachtet, daß man, wenn man über ein Mädchen, das nach einem Manne lüstern war, spotten wollte, ihr den »Ababigi« vorschlug.

Ich brauchte nicht mehr als das, um zufrieden nach Hause zu gehen. Ich ging in mein Kabinett, schloß mich da ein und erdachte ein populäres Lustspiel, unter dem Titel »I Pettegolezzi« (»Das Weibergeklatsche«).

Es war unmöglich, es eher als Fastnacht auf das Theater zu bringen, und machte also den Schluß des Karnevals. Der Zulauf war diesen Tag so außerordentlich, daß der Preis der Logen um das Doppelte und Dreifache stieg. Der Beifall war so tobend, daß die Vorübergehenden nicht wußten, ob dieser Lärm die Wirkung der Zufriedenheit oder eines allgemeinen Mißvergnügens wäre.

Ich blieb ruhig in meiner Loge, von meinen Freunden umringt, die vor Freude weinten. Eine Menge Leute suchten mich auf, nötigten mich herauszugehen und trugen und schleppten mich, wider meinen Willen, auf die Redoute, wo man mich aus einem Saal in den andern führte und die Komplimente in Empfang nehmen ließ, denen ich, wenn es möglich gewesen, gern aus dem Weg gegangen wäre.

Ich war zu sehr ermüdet, eine solche Operation bis ans Ende auszuhalten. Überdies konnte ich nicht begreifen, wo dieser augenblickliche Enthusiasmus herrühre; ja es verdroß mich, daß man dieses Stück über so viele andere, die ich höher schätzte, hinwegsetzte.

Nach und nach entdeckte ich den wahren Grund dieses allgemeinen Beifalls. Es war der Triumph meines erfüllten Versprechens.

12. Kapitel

Jetzt in meinem dreiundvierzigsten Jahr hatte ich noch viel Leichtigkeit für die Erfindung und Ausführung meiner Pläne; allein ich war doch Mensch wie jeder andere. Die unentwegte Arbeit hatte meine Gesundheit zerrüttet, ich wurde krank und mußte für meine Torheit büßen.

Ich war, wie ich schon oben erwähnte, hypochondrischen Zufällen unterworfen, die zugleich den Körper und den Geist angreifen, und spürte nun, daß ich einen heftigeren Angriff als jemals zu erwarten hatte.

Die Anstrengung hatte mich erschöpft, aber der Verdruß war nicht weniger schuld an meinen Umständen. Ich will alles erzählen und meinen Lesern nicht das geringste verschweigen.

In einer Zeit von einem Jahr hatte ich sechzehn Stücke geliefert. Der Directeur hatte sie nicht verlangt, allein deshalb um nichts weniger seinen Vorteil davon gehabt. Und was war mein Gewinn dabei gewesen? Nicht ein Heller über das bestimmte Honorar für den Jahrgang. Nicht das kleinste Geschenk. Viel Lobeserhebungen, viel Komplimente, aber nicht die geringste Erkenntlichkeit. Es verdroß mich, aber ich sagte kein Wort.

Unterdessen lebt man doch nicht von der Ehre: es blieb mir also keine andere Ressource als der Druck meiner Werke. Allein Medebac – kaum wird man es glauben – setzte sich dagegen, und einige von seinen Gönnern gaben ihm recht.

Dieser Mann suchte mir die Rechte des Schriftstellers auf meine Arbeiten unter dem Vorwand, daß er sie gekauft habe, streitig zu machen. Unser Kontrakt war noch nicht ganz um: ich konnte, oder vielmehr ich mochte nicht mit Personen, die ich alle Tage sehen mußte, in Prozeß leben und liebte den Frieden zu sehr, um ihn dem Interesse aufzuopfern. Ich gab also meine Forderungen auf und begnügte mich mit der Erlaubnis, jährlich einen Band drucken zu lassen. Ich merkte aus diesem sonderbaren Ausdruck »Erlaubnis«, daß Medebac glaubte, mich zeitlebens an sich attachiert zu haben, während ich doch nichts als den Ablauf des fünften Jahres abwartete, um mich von ihm loszumachen.

Ich gab also vier von meinen Stücken dem Buchhändler Antonio Bettinelli, der die erste Ausgabe meines »Theaters« unternahm und den ersten Band 1751 in Venedig herausgab.

Meine Schauspielertruppe sollte das Frühjahr und den Sommer in Turin zubringen. Ich glaubte, die Veränderung der Luft und die Annehmlichkeiten einer Reise könnten zur Wiederherstellung meiner Gesundheit etwas beitragen, folgte also der Truppe auf meine Kosten, und da ich beschlossen hatte, über Genua zu gehen, so nahm ich meine liebe Gefährtin mit.

Ich hatte Turin noch nicht gesehen, fand es aber reizend. Die Einförmigkeit der Gebäude in den vornehmsten Straßen tut die angenehmste Wirkung auf das Auge. Die öffentlichen Plätze und Kirchen sind von der größten Schönheit. Die königlichen Wohnungen in der Stadt und auf dem Lande sind mit Pracht und Geschmack angelegt. Die Turiner sind artige, höfliche Leute und haben viel von den Sitten und Gebräuchen der Franzosen, sowie sie sich auch gewöhnlich der französischen Sprache bedienen. Kommt ein Mailänder, ein Venezianer oder ein Genueser nach Turin, so haben sie die Gewohnheit zu sagen: »Das ist ein Italiener.«

Die Truppe gab meine Stücke in Turin. Man besuchte und beklatschte sie; allein es gab doch eine Menge sonderbarer Leute, die bei jedem neuen Stück sagten: »Recht gut! Aber freilich ist es nicht von Molière.« Diese Leute erwiesen mir mehr Ehre, als ich verdiente; ich hatte mir niemals einfallen lassen, mich mit diesem französischen Dichter vergleichen zu wollen. Doch tröstete ich mich damit, daß diejenigen, die so unbestimmte, nichtssagende Urteile fällten, aus keiner andern Ursache in das Schauspielhaus kamen, als durch die Logen zu streifen und mit den Damen zu plaudern.

Ich kannte den Molière und wußte ihn so gut zu schätzen wie die Piemonteser. Ich bekam Lust, ihnen hiervon einen überzeugenden Beweis zu geben.

Ich verfertigte also auf der Stelle ein Lustspiel in fünf Aufzügen, in Versen, ohne Masken und Veränderung der Szene, dessen Titel und Hauptinhalt Molière selbst war.

Zwei Anekdoten aus seinem Privatleben gaben mir den Stoff

dazu an die Hand. Die eine betrifft seine projektierte Heirat mit Isabelle, der Tochter der la Beyard, und die andere seine Verteidigung des »Tartüff«. Diese beiden historischen Fakten fügen sich so ineinander, daß die Einheit der Handlung nicht im geringsten dabei leidet.

Die Pariser Scheinheiligen, die gegen dieses Stück von Molière aufgebracht waren, erfuhren, daß der Verfasser in das Lager, wo sich Ludwig XIV. eben befand, geschickt hatte, um die Erlaubnis zur Aufführung zu erhalten, und sie fürchteten, er möchte die Aufhebung des Verbots erlangen.

Ich führte in meinem Stück einen Menschen aus ihrer Klasse, namens Pirlon, einen Heuchler in der ganzen Bedeutung des Wortes, auf, der sich in das Haus des Dichters einschleicht, der la Beyard die Liebe des Molière zu ihrer Tochter, von der sie noch nichts weiß, entdeckt und sie beredet, ihren Mitspieler und Directeur zu verlassen. Ebenso greift er es bei Isabellen an: er schildert ihr den Stand einer Schauspielerin als den Weg ins Verderben und bemüht sich, die La Forêt, ihr Mädchen, auf seine Seite zu bringen. Diese aber ist schlauer als ihre Gebieterin, betrügt den Betrüger, macht ihn verliebt, nimmt ihm seinen Mantel und Hut ab und gibt ihn dem Molière, der in den Kleidern des Betrügers auf der Bühne erscheint.

Ich hatte die Kühnheit, in meinem Stück einen noch weit ärgeren Heuchler, als der Molièresche ist, auftreten zu lassen; allein die Scheinheiligen in Italien hatten schon viel von ihrem alten Ansehen verloren.

Während des letzten Zwischenakts meines Lustspiels spielt man den »Tartüff« des Molière auf dem Theater im Hotel de Bourgogne; alle Personen meines Stücks erscheinen im fünften Akt, dem Molière ihren Glückwunsch abzustatten. Pirlon, der sich in einem Kabinett versteckt hat, wo er die La Forêt erwartet, muß heraus und sich vor jedermann sehen lassen, wo er die verdientesten, heißesten Spöttereien anhören muß. Molière bekommt, zum Übermaß seines Glücks und seiner Freude, die Hand der Isabelle, und zwar zum großen Verdruß ihrer Mutter, die den, welchen sie zum Schwiegersohn bekommt, gern selbst zum Manne gehabt hätte.

Man findet in diesem Stück viele Details aus dem Leben des Molière. Valerio ist kein anderer als Baron, der bekannte Schauspieler von der Truppe des Molière. Leander ist die Kopie des La Chapelle, eines Freundes des Dichters, dessen in der Geschichte seines Lebens häufig Erwähnung geschieht. Der Graf Lasca ist einer von den Piemontesern, welche die Stücke beurteilen, ohne sie gesehen zu haben, und eine unschickliche Vergleichung zwischen dem venezianischen und französischen Dichter, das heißt, zwischen dem Schüler und dem Meister, anstellen.

Dieses Stück ist in Versen. Ich hatte schon einige Tragikomödien in reimlosen Versen gemacht, dieses aber war mein erstes Stück in gereimten Versen.

Da in demselben von einem französischen Dichter die Rede war, der selbst viel in dieser Art geschrieben hat, so war es Pflicht, ihn nachzuahmen. Der einzige italienische Vers, der sich dem Alexandriner nähert, ist der martellianische, von dem ich in dem siebzehnten Kapitel des ersten Teils dieser Memoiren geredet habe.

Mein Stück war vollendet, und die Rollen waren ausgeteilt. Ich hielt noch zwei Proben in Turin und reiste dann nach Genua ab, ohne es vorher aufführen zu sehen.

Meine Schauspieler und einige Personen aus der Stadt wußten um meine Anspielung auf den Grafen Lasca: ich hatte sie gebeten, mir Nachricht von dem Erfolg zu geben. Einige Tage nachher schrieb man mir: das Stück wäre mit großem Beifall gegeben und das Original der Satire leicht erkannt worden. Doch wäre diese Person vernünftig genug gewesen zu gestehen, daß sie die Kritik verdient habe.

Ich blieb den ganzen Sommer in Genua und lebte da ein köstliches Leben in vollkommenem Müßiggang. Ach wie süß ist es, vorzüglich wenn man viel gearbeitet hat, einige Tage der Göttin Farniente zu widmen! Doch der Herbst näherte sich nunmehr mit starken Schritten, die Luft wurde kühler, und ich machte mich auf den Weg, der mich in meine Werkstätte zurückführen sollte.

Bei meiner Ankunft in Venedig fand ich meinen ersten Band gedruckt und das Geld bei dem Buchhändler. Zugleich erhielt ich eine goldene Uhr, eine goldene Dose, ein silbernes Teebrett, Schokolade und vier Paar venezianische Spitzenmanschetten. Dieses waren die Geschenke von den Personen, denen ich meine vier ersten Lustspiele zugeeignet hatte.

Ein paar Tage nach mir kam auch Medebac zurück. Er erzählte mir viel von dem Vergnügen, das »Molière« in Turin gemacht habe. Ich hatte große Lust, ihn zu sehen, und wir gaben ihn im Oktober 1751 in Venedig.

Dieses Stück enthielt zwei Neuigkeiten auf einmal. Der Inhalt war ebenso neu wie die Versart. Die martellianischen Verse nämlich waren längst vergessen. Die Einförmigkeit des Abschnitts und des häufigen immer gepaarten Reims hatten schon bei Lebzeiten ihres Erfinders die Ohren der Italiener ermüdet, und jedermann war zum voraus gegen mich eingenommen, als ich diese verbannte Versart wieder einzuführen suchte.

Allein dieses voreilige Urteil wurde durch den Erfolg zuschanden gemacht. Meine Verse machten ebensoviel Vergnügen wie das Stück selbst, und die Stimme des Publikums gab dem »Molière« seinen Platz neben der »Pamela«.

13. Kapitel

Wenn ich mir nach meiner eigenen Empfindung über den Wert meiner Stücke zu urteilen erlaubte, so würde ich manches zum Besten des »Hausvaters«, von dem ich eben Nachricht geben will, sagen. Da ich aber meine Arbeiten nur nach der Entscheidung des Publikums richte, so darf ich ihn nicht höher als in die zweite Klasse meiner Lustspiele setzen.

Und doch hatte ich diesen interessanten Gegenstand mit all der Sorgfalt, die meine Beobachtungen und mein Eifer mir eingaben, bearbeitet; ich geriet sogar in Versuchung, mein Stück »Die Väterschule« zu betiteln; doch ich überlegte, daß es nur den großen Meistern zukommt, Schulen zu liefern, und daß es mir leicht so hätte gehen können wie dem Verfasser der »Witwenschule«.

Ich hatte in der Welt nachgiebige Mütter, ungerechte Stiefmütter, verderbte Kinder und gefährliche Hofmeister gesehen. Alle diese verschiedenen Objekte vereinigte ich nun in einem Gemälde und stellte einen klugen und vorsichtigen Vater zur Besserung des Lasters und zum Muster der Tugend auf.

Außer diesem kommt noch ein zweiter Vater in diesem Lustspiel vor, der eine Episode veranlaßt und die Intrige und Auflösung herbeiführt. Dieser letzte Vater hat zwei Töchter. Eine davon wird im Hause, die andere bei einer Tante erzogen. Diese letztere Erziehung ist eine Allegorie auf das Klosterleben, weil man das Wort Kloster in Italien nicht auf der Bühne hören lassen darf.

Die erste ist sehr gut geraten, die andere hat alle möglichen Fehler, die aber unter der Maske der Heuchelei versteckt sind. Meine Absicht war, den Nutzen der Hauserziehung zu zeigen; das Publikum verstand mich recht gut und stimmte mir bei.

Nach diesem moralisch-kritischen Stück bearbeitete ich ein tugendhaftes und interessantes Subjekt, das außerordentlichen Beifall fand und von dem Publikum unter die erste Klasse meiner Arbeiten gerechnet wurde: ich meine den »Venezianischen Advokaten«.

In dem Lustspiel »Der vorsichtige Mann« hatte ich ein Bild von meinem ehemaligen Kriminalamt in der Toskana gegeben; jetzt wollte ich meine Landsleute erinnern, daß ich auch bürgerlicher Sachwalter in Venedig gewesen war.

Jedermann war mit meinem Stück zufrieden, und meine Mitbrüder, gewohnt, sich in den alten extemporierten Stücken lächerlich gemacht zu sehen, waren sehr mit dem ehrenvollen Gesichtspunkt zufrieden, unter welchem ich ihren Stand dargestellt hatte.

Und doch unterließen die Boshaften nicht, in den Absichten des Verfassers und in der Wirkung seines Stücks Gift zu finden. Einer unter andern sagte ganz laut, mein Stück wäre nichts als eine Satire auf die Advokaten: meine Hauptperson wäre ein Wesen in der Einbildung, unter allen Sachwaltern in Venedig wäre nicht einer imstande, ihn nachzuahmen, und ich hätte bloß einen unbestechlichen Advokaten geschildert, um die Schwäche und die Habsucht so vieler anderer in ein desto helleres Licht zu setzen.

Man wird Mühe haben zu glauben, daß der Urheber dieser Kritik selbst ein Mitglied dieses achtungswürdigen Standes war; allein die Sache ist nur zu gewiß, denn der kühne Mann hatte die Unvorsichtigkeit, sich selbst damit zu rühmen. Allgemeine Verachtung war seine Strafe, und er sah sich sogar genötigt, ein anderes Gewerbe zu ergreifen.

Ich gehe von einem glücklichen Stück geschwind auf ein anderes über, das nicht weniger Glück machte. Ich meine den »Lehnsmann«, im Italienischen »Il Feudatario«, worin die Hauptperson die vermutliche Erbin eines Lehns ist, das in fremde Hände geriet.

Ich kramte hier einen Vorrat von Lächerlichkeiten aus, den ich einige Jahre vorher in Sanguinetto, einem Lehn des Grafen Leoni, im Veronesischen, sammelte, als dieser Herr mich mit sich dahin nahm, um dort ein Protokoll aufzunehmen.

Ich zweifle sehr, ob dieses Stück soviel Wert haben mag wie »Der Hausvater«, und doch wurde es sehr gut aufgenommen. Ich muß es also, der Entscheidung meiner Richter gemäß, schätzen.

Gleiches Glück hatte die »Gehorsame Tochter«, »La Figlia Obbediente«, die meiner Meinung nach auch unter dem »Hausvater« steht; allein es wurde ebensogern gesehen wie das vorige Stück. Ich suchte nach dem Grund dieser Erscheinung und fand ihn in dem Reiz des Komischen, womit diese beiden Stücke im Überfluß versehen sind, wohingegen das Hauptverdienst des »Hausvaters« in Kritik und Moral besteht. Dies beweist zugleich, daß man sich gewöhnlich lieber belustigen als belehren läßt.

Dieses Stück machte den Schluß der herbstlichen Vorstellungen des Jahres 1751.

14. Kapitel

In den Weihnachtsferien trug sich eine Begebenheit zu, die dem Medebac ebenso nützlich wie mir angenehm war.

Marliani, der Brighella der Gesellschaft, war verheiratet. Seine Frau, die, so wie er, vorher eine Seiltänzerin gewesen war, war eine junge, sehr artige, sehr liebenswürdige Venezianerin voller Geist und Talente und hatte sehr glückliche Anlagen für das Theater. Aus jugendlicher Unbesonnenheit hatte sie ihren Mann verlassen, jetzt nach drei Jahren kam sie wieder zu ihm und engagierte sich bei der Truppe des Medebac als Soubrette unter dem Namen Corallina.

Sie war artig und spielte die Soubrettenrollen! So konnte es nicht fehlen, daß ich mich für sie interessierte und für ihre Bildung sorgte. Zu ihrem Debüt verfertigte ich ein eigenes neues Stück.

Madame Medebac gab mir interessante, rührende Ideen und Charaktere voll unschuldiger und naiver komischer Laune an die Hand; Madame Marliani hingegen, die von Natur lebhaft, geistreich und schlau war, gab meiner Einbildungskraft einen neuen Schwung und munterte mich auf, diejenige Gattung des Lustspiels zu bearbeiten, die Feinheit und Verschlagenheit erfordert.

Mein erstes Stück war »La Serva amorosa« (»Das großmütige Dienstmädchen«), denn das Adjektivum »amoroso« wird im Italienischen so gut von der Freundschaft als von der Liebe gebraucht.

Dieses Stück erhielt allgemeinen Beifall. Madame Marliani wurde außerordentlich beklatscht, sie wurde dadurch aber auch auf der Stelle eine fürchterliche Nebenbuhlerin für Madame Medebac.

Ich mußte die Frau des Directeurs zu trösten und eine Aktrice zu erhalten suchen, die drei Jahre hindurch die Stütze unseres Gebäudes gewesen war. Ich gab also unmittelbar darauf ein Lustspiel, das ich für sie gemacht hatte, zum Einstudieren. Es war »La Moglie saggia« (»Die vernünftige Frau«).

Ich hatte nunmehr beide, die alte und die neue Aktrice, glänzen lassen; ich durfte aber den Collalto nicht vergessen, der ein ebenso vortrefflicher und unentbehrlicher Schauspieler war wie diese beiden Damen. Er hatte in den »Venezianischen Zwillingen« gespielt, aber seinen Vorgänger Darbes, für den das Stück verfertigt worden war, nicht erreicht. Ich dachte also für diesen neuen Akteur an ein anderes Stück von derselben Gattung, worin er Pantalon den Vater und Pantalon den Sohn zugleich, den ersten mit der Maske, den andern mit freiem Gesicht, beide aber in einerlei Tracht spielte.

Dieses Stück hieß anfangs »I due Pantaloni« (»Die beiden Pantalons«); da ich aber überlegte, wie schwer es werden müßte, für die Zukunft immer solche geschickte Schauspieler, wie Collalto war, zu bekommen, so änderte ich diese beiden Rollen im Druck, nannte den Vater Pancracio, den Sohn Giacinto, und ließ sie beide den toskanischen Dialekt sprechen. Durch diese Änderung bekam ich zugleich die Freiheit, sie zusammen auf die Bühne zu bringen, was ich vorher, da ein Schauspieler beide Rollen spielte, hatte vermeiden müssen. Das Stück verlor freilich von der Seite der Überraschung, einen Menschen sich in zwei verschiedene Personen umwandeln zu sehen: in der Hauptsache aber blieb es doch dasselbe und hieß jetzt: »I Mercanti« (»Die Kaufleute»).

Ich begnüge mich, meinen Lesern zu sagen, daß dieses Stück, das durch das Spiel der beiden Pantalons soviel Glück machte, in der Form, worin man es nun gedruckt sehen kann, auf verschiedenen Theatern von Italien nicht weniger Beifall fand.

Ich hatte alle Ursache, mit der Aufnahme der drei Stücke, die ich den Karneval über gegeben, zufrieden zu sein; allein wir waren nunmehr nah am Schluß unserer diesjährigen Vorstellungen, und ich mußte darauf denken, sie mit einer Neuigkeit zu endigen, die solchen Personen sowohl, die das Theater nur den Karneval über, als jenen, die es das ganze Jahr hindurch besuchen, Vergnügen machen könnte.

Ich hatte mich schon im voraus versehen und seit einem

Monat ein Stück zu diesem Endzweck fertig gemacht. Der Titel desselben hieß: »Le Donne gelose« (»Die eifersüchtigen Weiber«), und es war für ganz Venedig gearbeitet.

Das Stück tat große Wirkung, und Madame Marliani spielte ihre Rolle mit solcher Natürlichkeit und Wahrheit, daß das Ganze den glänzendsten Beifall erhielt.

Womit aber freilich der Madame Medebac nicht viel gedient war. Die arme Frau bekam von neuem Krämpfe.

15. Kapitel

Wahrscheinlich war es Madame Medebac, die mich mit ihrer schwarzen Laune ansteckte. Doch war dieser Unterschied dabei, daß sie nur am Geiste, ich aber am Körper krankte.

Ich hatte damals die Arbeit und die Anstrengung, die mich die sechzehn Lustspiele gekostet hatten, noch nicht ganz verwunden und habe sie überhaupt niemals ganz verwunden. Die Veränderung der Luft war mir zum Bedürfnis geworden, und ich reiste meinen Schauspielern nach Bologna nach.

Bei meiner Ankunft in dieser Stadt ging ich in ein Kaffeehaus, der Kirche des heiligen Petronius gegenüber. Ich trete hinein; niemand kennt mich. Ein paar Augenblicke darauf kommt ein bolognesischer Nobile, wendet sich gegen fünf oder sechs Personen von seiner Bekanntschaft, die um einen Tisch sitzen, und sagt in bolognesischem Dialekt: »Meine Herren, wissen Sie was Neues?« Man fragt ihn, was er meine. – »Wissen Sie, daß Goldoni eben angekommen ist?«

»Das ist mir sehr gleichgültig«, sagte der eine. »Was verschlägt uns das«, sagte ein anderer. Ein dritter antwortet etwas artiger: »Es wird mir viel Vergnügen machen, ihn zu sehen.« – »Ja, da muß was Rechtes dran zu sehen sein«, sagten die beiden ersten. – »Aber«, versetzte der dritte, »er ist ja Verfasser der schönen Lustspiele...« Hier fiel ihm ein vierter ins Wort, der bis jetzt noch nichts gesagt hatte, nun aber überlaut schrie: »Ja, ja, ein großer Dichter! Ein herrlicher Dichter, der die Masken verbannt, die Komödie in Grund hinein verderbt hat...« In diesem Augenblick trat der Doktor Fiume herein, kam auf mich zu, umarmte mich und sagte: »Ah, mein lieber Goldoni, seien Sie willkommen!«

Derjenige von der Gesellschaft, der Lust bezeigt hatte, mich kennenzulernen, näherte sich mir jetzt, die übrigen aber verschwanden einer nach dem andern, ohne ein Wort zu sagen.

Dieser Auftritt machte mich herzlich lachen. Ich war sehr vergnügt, den Doktor zu sehen, der mich einige Jahre vorher in seiner Kur gehabt hatte. Ich machte dem braven Bologneser, der eine so gute Meinung von mir hegte, ein paar verbindliche Komplimente; dann gingen wir zusammen zu dem Herrn Marchese d'Albergati Capacelli, Senator von Bologna.

Dieser Herr, der sich in der gelehrten Welt durch Übersetzungen von verschiedenen französischen Trauerspielen, durch gute Lustspiele von eigener Erfindung, noch mehr aber durch die Achtung, die Voltaire für ihn bezeigte, einen Namen gemacht hat, besaß außer seiner Wissenschaft und seinem Genie die glücklichsten Talente für die Kunst der theatralischen Deklamation, und in ganz Italien gab es keinen Schauspieler von Profession noch einen Liebhaber, der die tragischen Helden oder die Liebhaber im Lustspiel besser gespielt hätte.

Er war im ganzen Lande beliebt und trug auf seinen Gütern in Zola und Medicina viel zum allgemeinen Vergnügen bei. Aus den Personen, mit denen er im Umgang stand, hatten sich einige zu Vorstellungen mit ihm verbunden, deren Talent er durch seine Einsicht und Erfahrung zu Hilfe kam. Auch ich war so glücklich, durch fünf Komödien, die ich für sein Theater verfertigte und von denen ich noch Nachricht geben werde, etwas zu seinem Vergnügen beizutragen.

Herr Albergati erwies mir immer viel Gefälligkeiten und viel Freundschaft. Sooft ich in Bologna war, logierte ich in seinem Hause, und auch in unserer jetzigen Entfernung hat er mich nicht vergessen, sondern mir eines seiner Lustspiele in einer reizenden und für mich äußerst schmeichelhaften Zuschrift zugeeignet.

Während meines Aufenthalts in Bologna ging ich nicht müßig. Ich arbeitete für mein »Theater« und verfertigte unter anderem ein Lustspiel: »I Puntigli domestici« (»Die häuslichen Verwirrungen«), womit wir im Jahr 1752 in Venedig unsere Vorstellungen eröffneten.

Den Stoff zu diesem Stück hatte ich in mehreren Familien gesammelt, die ihrer Anhänglichkeit an ihre Bedienten manchen Verdruß zu verdanken hatten.

Von einem interessanten Gegenstand ging ich nunmehr zu einem komischen über. Ich kannte einen sehr reichen Mann, der eine einzige, junge, artige Tochter hatte, die zugleich die glücklichsten Anlagen zur Poesie besaß, die er aber nie verheiraten wollte, um allein die Talente dieser reizenden Muse zu genießen.

Er hielt in seinem Hause literarische Assembleen, die jedermann der Tochter wegen mit Vergnügen besuchte; allein der Vater war ein unerträglicher, lächerlicher Vater.

Wenn das Mädchen ihre Verse deklamierte, stand der alberne Mensch auf den Zehen, blickte links und rechts um sich her, gebot Stillschweigen, ärgerte sich, wenn man nieste, fand es unschicklich, wenn man Tabak nahm, und machte so komische Grimassen und Verdrehungen, daß man alle mögliche Mühe hatte, nicht überlaut aufzulachen.

War das Mädchen mit ihren Versen fertig, so war der Herr Papa der erste, der in die Hände klatschte. Dann ging er aus dem Zirkel heraus, trat, ohne die geringste Rücksicht auf die übrigen Dichter, die nun ihre Arbeiten vorlasen, hinter alle Stühle und fragte überlaut: »Haben Sie meine Tochter gehört? Hei, was sagen Sie dazu? Nicht wahr, das klang doch ganz anders?«

Ich befand mich oft bei ähnlichen Auftritten. Der letzte lief ziemlich traurig ab. Die Dichter überwarfen sich geradezu mit ihm und verließen das Haus auf der Stelle.

Dieser fanatische Vater wollte nach Rom gehen und seine Tochter auf dem Kapitol krönen lassen. Die Anverwandten hinderten ihn indes daran, und die Regierung legte sich darein. Das Mädchen bekam wider seinen Willen einen Mann, worüber er vierzehn Tage darauf sich hinlegte und vor Verdruß starb.

Diese Anekdote gab mir den Stoff zu meinem Lustspiel: »Der fanatische Dichter«.

16. Kapitel

Die Weihnachtsferien des Jahres 1751, das heißt die Zeit war nunmehr da, Medebac zu erinnern, daß unser Kontrakt abliefe, und ihm zu sagen, daß er für das künftige Jahr nicht mehr auf mich rechnen dürfe.

Ich redete ganz freundschaftlich, ohne Umschweife, mit ihm; er antwortete mir sehr höflich: es täte ihm leid, allein ich hätte meinen freien Willen. Doch tat er sein möglichstes, mich zu bewegen, bei ihm zu bleiben. Er ließ durch mehrere Personen in mich dringen, aber mein Entschluß stand fest, und einige Tage nachher schloß ich einen neuen Kontrakt mit Seiner Exzellenz dem Herrn Vendramini, einem venezianischen Nobile und Eigentümer des Theaters San Luca.

Bis an den Schluß der Vorstellungen von 1752 hatte ich noch für das Theater San Angelo zu arbeiten und war so fleißig, daß der Directeur die Stücke, die ich ihm gab, nicht alle spielen lassen konnte und verschiedene übrigbehielt, die erst nach unserer Trennung auf das Theater kamen.

Madame Medebac war beständig krank. Ihre Launen wurden immer lächerlicher und unangenehmer; sie weinte und lachte oft in einem Atem und schrie, machte Grimassen und Verdrehungen. Die guten Leute von ihrer Familie glaubten, sie wäre behext, und ließen einen Exorzisten kommen. Man behängte sie rundum mit Reliquien, und sie spielte und scherzte mit diesen heiligen Dingen wie ein Kind von vier Jahren.

Da die erste Aktrice bei der Eröffnung des Theaters nicht imstande war, mitzuspielen, so verfertigte ich eine Komödie für die Soubrette. Madame Medebac war am Weihnachtsfest außer Bett und ganz wohl, kaum aber hörte sie, daß man für den folgenden Tag »La Locandiera« (»Die Gastwirtin«), ein neues, für die Marliani gearbeitetes Stück, angekündigt habe, als sie sich augenblicklich wieder hinlegte und Krämpfe von ganz neuer Erfindung bekam, über die ihre Mutter, ihr Mann, ihre Verwandten und Bedienten aus der Haut hätten fahren mögen.

Wir eröffneten also den 26. Dezember unsere Vorstellungen mit der »Locandiera«. Dieses Wort kommt her von »Locanda«, das dem französischen »Hôtel garni« entspricht. Die französische Sprache hat keinen eigenen Ausdruck, eine Mannsperson oder eine Frauensperson zu bezeichnen, die ein »Hôtel garni« hält. Wenn man also dieses Stück in das Französische übersetzen wollte, so müßte man den Titel nach dem Hauptcharakter einrichten, und dann würde er ungefähr »La Femme adroite« (»Die verschlagene Frau«), heißen.

Mirandolina hält einen Gasthof in Florenz und gewinnt durch ihre Reize und ihren Verstand, selbst wider ihren Willen, die Herzen aller derer, die bei ihr einkehren.

Von drei Fremden, die eben in diesem Hause logieren, sind zwei in die schöne Wirtin verliebt, der dritte aber, der Ritter Ripafratta, der keiner Neigung für das weibliche Geschlecht fähig ist, behandelt sie sehr grob und macht sich über seine Freunde lustig.

Und gerade gegen diesen wilden, bäurischen Mann richtet Mirandolina alle ihre Waffen. Sie liebt ihn nicht, aber sie ist gereizt und faßt aus Eigenliebe und Begierde, die Ehre ihres Geschlechts zu retten, den Entschluß, ihn in sich verliebt zu machen, zu demütigen und zu züchtigen.

Sie fängt damit an, daß sie ihm schmeichelt und sich stellt, als ob sie seine Sitten und seine Verachtung für die Weiber billige. Sie affektiert einen ähnlichen Ekel vor den Mannspersonen und flieht die beiden Fremden, die ihr aufs äußerste zur Last sind. Nur in das Zimmer des Ritters geht sie mit Vergnügen, weil sie da vor lächerlichen und faden Süßigkeiten sicher ist. Durch diese List gewinnt sie die Achtung des Ritters, der sie bewundert und seines Zutrauens würdig achtet. Er betrachtet sie als eine Frau von richtigem Verstand und sieht sie mit Vergnügen. Diese günstigen Augenblicke benutzt sie und verdoppelt ihre Aufmerksamkeit für ihn.

Nach und nach fängt der rauhe Mann an, einige Empfindungen von Dankbarkeit zu bekommen. Er wird der Freund einer Frau, die in seinen Augen einzig ist und ihm alle Hochachtung zu verdienen scheint. Schon hat er Langeweile, wenn er sie nicht sieht; er geht ihr nach; kurz, er wird förmlich verliebt.

Mirandolina ist vor Vergnügen außer sich: allein ihre Rache ist noch nicht befriedigt. Sie will ihn zu ihren Füßen sehen, es gelingt ihr, und nun quält sie ihn, peinigt ihn, bringt ihn fast zur Verzweiflung und macht der Sache dadurch ein Ende, daß sie unter den Augen des Ritters einen Mann von ihrem Stand, dem sie sich seit langer Zeit versprochen hat, heiratet.

Der Beifall, den dieses Stück erhielt, war so glänzend, daß man es in gleichen Rang und sogar über alles das hinwegsetzte, was ich in dieser Gattung, wo Schlauheit und Intrige den Mangel an Interesse ersetzen muß, geliefert hatte.

Man glaubt vielleicht, daß alle Projekte, alle Schritte und Anstalten und der Triumph der Mirandolina in einem Zeitraume von vierundzwanzig Stunden nicht wahrscheinlich zu machen wären: allein man lese das Stück!

Vielleicht hat man mir in Italien geschmeichelt, wenn man mich zu überreden suchte, daß ich nichts Natürlicheres, besser Durchgeführtes gemacht habe und daß die Handlung vollkommen wohl motiviert, unterstützt und ein echtes Ganzes sei.

Nach den bisherigen Graden der Eifersucht zu rechnen, die der Beifall der Marliani in der Seele der Madame Medebac erregt hatte, hätte man glauben sollen, dieses letztere Stück müsse sie unter die Erde bringen. Aber nichts weniger. Ihre Launen waren von einer ganz eigenen Art. Zwei Tage darauf verließ sie das Bett und verlangte, daß man mit den Vorstellungen der Locandietra« einhalten und die »Pamela« wieder auf das Theater bringen solle.

Das Publikum schien mit dieser Einrichtung nicht ganz zufrieden, allein der Directeur wagte es nicht, sich dem Verlangen seiner Frau zu widersetzen, und Pamela erschien nach der Vorstellung eines neuen und glücklichen Stücks wieder auf dem Theater. Das sind kleine Galanterien, die allenthalben vorfallen, wo der Despotismus die Vernunft überwältigt hat. Ich meinesteils hatte nichts dagegen zu sagen, denn die Sache betraf zwei von meinen Töchtern, die ich beide gleich väterlich liebte.

Nach einigen Vorstellungen der »Pamela« tat ich indes doch den Mund auf und stellte dem Directeur vor, daß wir noch neue Lustspiele zu geben hätten und daß es Torheit wäre, das Interesse dem Eigensinn aufzuopfern.

Er gab mir recht, und wir gaben die erste Vorstellung von »Der Liebhaber, ein Soldat!«, welches Stück durch die Erfahrungen, die ich in den beiden Kriegen von 1732 und 1740 gemacht hatte, veranlaßt wurde.

Dieses Stück erhielt allen nur möglichen Beifall und wurde vom Publikum unter meine besten Stücke gerechnet.

Ich komme nunmehr auf ein anderes, das noch besser aufgenommen wurde. Es heißt: »Le Donne curiose« (»Die neugierigen Weiber«), und stellt unter einer ziemlich deutlichen Allegorie, aber unter einem Titel, der nichts weniger als das vermuten läßt, eine Freimaurerloge vor.

Dieses Stück wurde außerordentlich gut aufgenommen. Die Fremden entdeckten gleich meine eigentliche Absicht, und die Venezianer sagten: »Wenn Goldoni das Geheimnis der Freimaurer erraten hat, so tut man in Italien sehr unrecht, ihre Versammlungen zu verbieten.«

»Die neugierigen Weiber« machten den Schluß des komischen Jahrs und waren zugleich das letzte Stück, das ich dem Medebac vermöge unsers Kontrakts liefern mußte.

Indes hatte ich noch drei Stücke vorrätig, die ich auf den Notfall verfertigt hatte, und diese überließ ich ihm bei unserer Trennung unentgeltlich.

Das erste war »La Gastalda«, ein Stück in drei Aufzügen. La Gastalda ist bald die Schließerin eines Landhauses, bald Gärtnerin, bald Frau des Verwalters, bald Hofmagd. Mit einem

Worte, Corallina hat die Aufsicht über das ganze Haushaltungswesen Pantalons und wird endlich Frau vom Hause und die Gattin des Kaufmanns.

Das zweite hieß »Il Contratempo« oder »Der unvorsichtige Schwätzer«, ein Lustspiel in drei Aufzügen, und ist eine nützliche Schule, die Gefahren der Unvorsichtigkeit und der Plauderei kennenzulernen. Ottavio, ein Mann von einigem Verdienst, und nichts weniger als ohne Geist, bringt sich durch unüberlegte Reden, die er sich zur unrechten Zeit entschlüpfen läßt, um sein Glück.

Das dritte Stück, »Die rachsüchtige Frau«, ein Lustspiel in drei Aufzügen, war eine kleine Rache des Verfassers. Corallina nahm mir meinen Abgang von der Gesellschaft sehr übel, und da sie sah, daß alle ihre Bemühungen, mich zu halten, umsonst waren, so schwor sie mir einen tödlichen Haß.

Ich war so artig, die Rolle der rachsüchtigen Frau ihr zu bestimmen. Sie spielte sie nicht, ich war aber schon zufrieden, die lebhaften Ausbrüche ihres Unwillens durch einen anständigen und feinen Scherz erwidert zu haben.

17. Kapitel

Ich vertauschte also nunmehr das Theater San Angelo mit dem Theater San Luca. Dieses letztere hatte keinen Directeur: die Schauspieler teilten die Einnahme unter sich, und der Eigentümer des Saals, der den Ertrag aus den Logen erhielt, setzte ihnen nach Verhältnis ihrer Verdienste und der Zeit, die sie beim Theater gestanden hatten, Pensionen aus.

Auch ich hatte nunmehr allein mit dem Eigentümer des Theaters, dem Nobile Vendramini, zu tun. Ihm gab ich meine Stücke, und von ihm bekam ich meine Bezahlung auf der Stelle und noch vor der Vorlesung der Stücke. Das Honorar war fast doppelt so hoch wie bei Medebac. Ich hatte vollkommene Freiheit, meine Arbeiten drucken zu lassen, wann und wie ich wollte, und war nicht gezwungen, der Truppe auf das Festland zu folgen; kurz, die Bedingungen waren in jeder Rücksicht günstiger und zugleich ehrenvoller für mich.

Allein gibt es in der Welt reines, ungemischtes Vergnügen? Gibt es irgendeine glückliche Lage, die mit gar keinen Unannehmlichkeiten verbunden wäre? Die erste Aktrice der Truppe war nahe an die Fünfzig. Man hatte zwar eben eine reizende Florentinerin, doch nur für die zweiten Rollen, angenommen, und ich lief große Gefahr, gezwungen zu werden, der jungen Aktrice Nebenrollen und der alten die ersten Liebhaberrollen geben zu müssen.

Madame Gandini, die erste Aktrice, war klug genug, ihre Jahre niemals zu vergessen; allein ihr Mann erklärte geradezu, er würde nie zugeben, daß man den geringsten Eingriff in die Rechte seiner Frau täte; und der Eigentümer des Theaters, der das Recht hatte, ein Wörtchen als Herr zu sagen, wagte es nicht, zwei alte Schauspieler, die der Gesellschaft nützliche Dienste geleistet hatten, fortzuschicken.

Ich sprach allein mit Herrn Gandini; ich fragte ihn, auf wie lange er rechne, daß seine Frau noch ihre Rollen und ihren Gehalt genießen könne. »Meine Frau«, war seine Antwort, »kann noch zehn Jahre auf dem Theater Figur machen.« – »Nun gut«, sagte ich, »ich habe das Wort des Herrn: ich versichere der Madam Gandini ihre Pension und ihren ganzen Teil von der Einnahme auf zehn Jahre hinaus. Übrigens verspreche ich Ihnen, sie nicht müßig zu lassen. Ich will ihr Rollen geben, in denen sie ihre ganze Stärke soll zeigen können; aber freie Hände muß ich haben, wo und wie ich sie brauchen will.« – »Nein, mein Herr«, versetzte er hastig, »meine Frau ist erste Aktrice, und ich will mich tausendmal lieber hängen, als sie um so viel herabsetzen lassen.« Mit diesen Worten kehrte er mir auf eine beleidigende Art den Rücken zu. Ich schwor ihm zu, daß ich ihn hinter das Licht führen wolle, und aus dem dritten Stücke dieses Jahres kann man sehen, ob ich Wort gehalten habe.

Die Truppe war für den Sommer bestimmt, nach Livorno zu gehen. Ich hatte mir vorgenommen, in Venedig zu bleiben, und meine erste Sorge war die Ausgabe meiner Werke. Der Buchhändler Bettinelli hatte die beiden ersten Bände meines »Theaters« herausgegeben: ich brachte ihm nunmehr das Manuskript zu dem dritten Bande; allein wie groß war mein Erstaunen, als dieser phlegmatische Mann mir geradezu mit einem eiskalten Tone sagte: er könne von mir keine Handschriften mehr annehmen, er bekäme sie aus Medebacs Händen und würde die Ausgabe für die Rechnung dieses Schauspielers besorgen.

»Freund«, sagte ich ihm – nachdem ich mich von meinem Erstaunen erholt hatte und in meiner Seele Ruhe an die Stelle des Unwillens getreten war – »Freund, nehmen Sie sich in acht!

Sie sind nicht reich – Sie haben Kinder – machen Sie sich nicht unglücklich – zwingen Sie mich nicht, Sie zu ruinieren.« – Nichts; er setzte seinen Dickkopf auf.

Bettinelli, auf dessen Namen ich, vielleicht allzu unbedachtsam, das Privilegium über den Druck meiner Werke hatte ausstellen lassen, war durch Geld gewonnen worden, und ich hatte nunmehr gegen den Directeur, der mir das Eigentum meiner Stücke streitig machte, und gegen den Buchhändler zu kämpfen, der im Besitz der Erlaubnis war, sie drucken zu lassen.

Ich würde meinen Prozeß ohne Zweifel gewonnen haben, allein ich hätte eine förmliche Klage erheben müssen, und die Schikane treibt allenthalben ihr Wesen. Ich nahm also den kürzesten Weg, ging auf der Stelle nach Florenz und fing da eine neue Ausgabe an. Medebac und Bettinelli ließ ich freie Hand, in Venedig zu machen, was sie wollten, allein ich gab einen Prospectus heraus, der sie gänzlich zu Boden schlug, denn ich kündigte eine Ausgabe mit Veränderungen und Verbesserungen an.

In Florenz wies man mich an Herrn Paperini, einen angesehenen, rechtschaffenen Buchhändler. In zwei Stunden waren wir über die Bedingungen einig, und im Mai 1753 gaben wir den ersten Band unter die Presse. Von dieser Ausgabe, in zehn Bänden in Oktav auf Subskription und auf meine Kosten gedruckt, wurden 1700 Exemplare abgedruckt, die bei der Erscheinung des sechsten Bandes sämtlich abgesetzt waren.

In Venedig hatte ich fünfhundert Subskribenten; allein meine Ausgabe war in den Staaten der Republik verboten. Dieses Verbot meiner Werke in meinem Vaterland wird nicht mehr sonderbar scheinen, wenn man weiß, daß die Sache bloß von der merkantilischen Seite betrachtet wurde. Bettinelli hatte sich Gönner zu verschaffen und sein ausschließendes Privilegium geltend zu machen gewußt. Die übrigen Buchhändler boten ihm dabei die Hände, da von einer fremden Ausgabe die Rede war.

Und doch gingen jedesmal, sooft ein Band aus der Presse kam, unerachtet des Verbots und der Anstalten meiner Gegner, fünfhundert Exemplare nach Venedig ab. Wir hatten an den Ufern des Po einen Platz gefunden, wo wir sie sicher unterbringen konnten. Eine Gesellschaft venezianischer Nobili holte die Konterbande von der Grenze ab, führte sie in die Hauptstadt ein und verteilte sie öffentlich an die Interessenten. Die Regierung mischte sich nicht in einen Handel, der ihr mehr lächerlich als interessant vorkam.

Da ich mich in Florenz und meine Truppe sich in Livorno befand, so besuchte ich sie von Zeit zu Zeit und lieferte zwei neue Lustspiele, die ich neben der ermüdenden und anhaltenden Arbeit an meiner neuen Ausgabe verfertigt hatte, in die Hände des ersten Liebhabers.

Anfang Oktober fanden wir uns alle in Venedig zusammen. Das erste neue Stück, das wir gaben, war »L'Avaro geloso« (»Der eifersüchtige Geizige«).

Die Hauptperson dieses Stücks war nach dem Leben geschildert. In Florenz, wo dieser Mann lebte, hatte man mir eine Schilderung von ihm gemacht und seine Geschichte erzählt. Er hatte zwei gleich verhaßte Laster an sich, die ihn aber, vermöge des Kontrasts seiner Leidenschaften, in komische Lagen versetzten.

Es ist sehr lustig, einen unsinnig eifersüchtigen Mann zu sehen, der selbst ein silbernes Teebrett, Schokolade und einen goldnen Flakon mit Gesundheitswasser annimmt und dann seine Frau deswegen quält, die, wie er sagt, schuld ist, daß ihre Anbeter ihm Geschenke machen.

Dieser häßliche Charakter erregt freilich nichts als Abscheu, und doch würde sich das Stück erhalten haben, wenn der Akteur, der die Rolle des Geizigen machte, nicht von der Natur so stiefmütterlich bedacht und vom Publikum so wenig geachtet gewesen wäre.

Ich glaubte wohlzutun, wenn ich zu einer verächtlichen Rolle einen Menschen wählte, der es selbst nicht wenig war, und bildete mir ein, seine Magerkeit, seine häßliche Miene und seine hohle Stimme würden sich zu diesem Charakter vortrefflich schicken. Ich täuschte mich. Einige Zeit nachher gab ich diese Rolle dem Rubini, dem Pantalon der Truppe, und dieses Stück, das bei seiner ersten Erscheinung durchgefallen war, wurde in der Folge eines von den Lieblingsstücken dieses vortrefflichen Schauspielers.

Meine Feinde waren mit dem unglücklichen Schicksal meines ersten Stücks nicht übel zufrieden, und die Anhänger des Theaters von San Angelo sagten mit einer Art von Freude, ich würde es bald genug bereuen, eine Truppe verlassen zu haben, die meinen Stücken durch ihr Spiel erst einigen Wert gegeben hätte.

Alle diese Reden kümmerten mich wenig. Ich war überzeugt, daß sie bei meinem dritten Stück verstummen würden; doch das zweite war noch zurück, und für dieses fürchtete ich mich selbst sehr.

Es hieß »La Donna di Testa Debole« oder »La Vedova Infatuta« (»Die schwachköpfige Frau« oder »Die törichte Witwe«).

Das Stück fiel bei der ersten Vorstellung, wie ich vorausgesehen hatte, durch, und meine Wahrsagung ging unglücklicherweise in Erfüllung. Ich hatte zu spät einige Umstände bemerkt, die für mich und die Schauspieler sehr ungünstig waren. Diese waren noch nicht hinlänglich in der neuen Methode meiner Schauspiele unterrichtet; ich hatte noch nicht Zeit gehabt, ihnen jenen Geschmack, jenen Ton, jene natürliche und ausdrucksvolle Manier beizubringen, zu welchen die Schauspieler auf dem Theater San Angelo gebildet waren.

Ein anderer, noch wesentlicherer Umstand! Das Theater von San Luca war viel größer, alle einfachen und schwach ausgedrückten Handlungen, alle Feinheiten, Scherze, mit einem Worte, das wahre Komische verlor hier viel. Freilich durften wir uns schmeicheln, daß das Publikum sich mit der Zeit an die Eigenheiten des Orts gewöhnen und regelmäßige und natürliche Stücke mit größerer Aufmerksamkeit anhören würde; bis dahin aber mußte ich es durch große, auffallende Gegenstände und Handlungen einzunehmen suchen, die sich, ohne sich in das Riesenmäßige und Ungeheure zu versteigen, doch über den niedrigen Flug des Lustspiels erhoben.

Dies war mein erster Gedanke; allein die Besorgung meiner Ausgabe nahm mir zuviel Zeit weg, so daß ich erst bei dem dritten Stück den entscheidenden Streich tun und die ganze Kraft meines Geistes und meiner Imagination anwenden konnte, die nötig war, mich mit Ehren in dieses neue Theater einzuführen, wo ich die Reform fortsetzen und meinen erworbenen Ruhm erhalten und erweitern sollte.

18. Kapitel

Nach getroffener Wahl der Gattung sah ich mich nach einem Stoff um, der mir komische und interessante Szenen und viel Spektakel darböte.

Ich hatte Salmons aus dem Englischen in das Italienische übersetzte »Geschichte der neueren Nationen« durchlaufen. Hier fand ich nun freilich nicht die Fabel, die den Inhalt des Stücks, das ich verfertigen wollte, ausmacht: allein dieses genaue und interessante Buch unterrichtete mich doch von den

Gesetzen, Sitten und Gebräuchen der Perser, und nach diesen Nachrichten des englischen Schriftstellers richtete ich mein Stück ein, das den Titel: »La Sposa Persiana« (»Die persische Braut«) erhielt.

Der Gegenstand dieses Stücks ist nicht heroisch. Ein reicher Kaufmann von Ispahan, namens Machmut, verleitet und zwingt den Tamas, seinen Sohn, wider seinen Willen Fatimen, die Tochter Osmans, eines vornehmen Offiziers in der Armee des Sophi, zu heiraten. Ein junges Mädchen, an einen jungen Menschen versprochen, der sein Herz an eine andere verschenkt hat – das ist etwas sehr Alltägliches in unsern Lust- und Trauerspielen!

Und doch schienen die Namen Fatima, Machmut, Tamas den Zuschauern die Erwartung außerordentlicher Dinge einzuflößen. Der Saal des Kaufmanns, mit einem Sofa und Kissen auf türkische Art möbliert, die Trachten, die Turbans im orientalischen Kostüme kündigten eine fremde Nation an, und alles Fremde erregt Aufmerksamkeit.

Was aber dieses asiatische Stück noch mehr von unseren gewöhnlichen Komödien unterscheidet, sind die beiden Serails, die Machmut in seinem Hause hat, eins für sich und eins für seinen Sohn. Diese Einrichtung weicht ganz von den europäischen Gebräuchen ab, wo jeder Vater und jeder Sohn mehr Mätressen als nur irgendein Perser, aber durchaus kein Serail haben darf.

Tamas hat in dem seinigen eine zirkassische Sklavin, namens Irkana, an der er mit der größten Zärtlichkeit hängt und die, selbst in ihrer Sklaverei noch stolz, die Gunst ihres Geliebten und Herrn allein zu genießen und sie mit keiner andern, nicht einmal mit der, die sein Vater ihm zur Gemahlin bestimmt hat, zu teilen verlangt.

Auch dieser Charakter ist für unsere Gegenden neu; denn in Frankreich wie in Italien würde keine Mätresse ihrem Freund eine anständige, seiner Konvention gemäße Verbindung zu verwehren suchen, im Fall er nur fortführe sie zu sehen, oder ihr eine Versorgung verschaffte, die sie über ihren Verlust trösten könnte.

Dieses Lustspiel erhielt den größten Beifall und wurde so oft hintereinander gegeben, daß neugierige Personen es nachschreiben konnten. Einige Zeit darauf erschien es, ohne Jahreszahl und Angabe des Verlegers, im Druck.

Viel von der Ehre und dem Vergnügen, das mir dieses Stück

machte, hatte ich der Madame Bresciani zu verdanken, welche die Rolle der Irkana spielte. Für sie hatte ich sie erdacht und eingerichtet. Gandini wollte keine Eingriffe in die Rechte seiner Frau dulden, worin er auch recht gehabt hätte, wenn seine Frau nicht so gar nahe an die Fünfzig gewesen wäre. Allen Streit zu vermeiden, gab ich der zweiten Liebhaberin eine interessantere Rolle als der ersten.

Meine Mühe wurde mir reichlich belohnt. Denn es ist ganz unmöglich, eine lebhafte und rührende Leidenschaft mit mehr Wahrheit, Kraft und Nachdruck auszudrücken, als es der Madame Bresciani in dieser wichtigen Rolle gelang.

Diese Schauspielerin, die mit ihrem Geiste und ihrer Einsicht die Annehmlichkeiten einer sonoren Stimme und einer äußerst einschmeichelnden Aussprache verband, gefiel in diesem glücklichen Lustspiel so sehr, daß man sie in der Folge nicht anders als bei dem Namen Irkana nannte.

19. Kapitel

Der Anteil, den das Publikum an der Rolle der Irkana nahm, könnte auf den Gedanken bringen, als hätte ich den Titel des Stücks verfehlt oder der Haupthandlung Eintrag getan. Das Publikum, das die reizende Zirkassierin einmal liebgewonnen hatte, hätte gern gewußt, was aus ihr geworden wäre. Man ersuchte mich um eine Fortsetzung der »Persischen Braut«, obgleich die Braut selbst es nicht war, welche die Neugierigen interessierte.

So gern ich dieser Bitte Gehör gegeben hätte, sowenig war ich es auf der Stelle imstande. Gandini war gegen mich und das Publikum aufgebracht. Ich hätte ihn betrogen, sagte er, ich hätte ihm einen Streich gespielt, ich hätte das teuflische Kunststück gebraucht, seine Frau aufzuopfern, ohne daß er es hätte gewahr werden können.

Meine Absicht war nicht, ihn zu kränken; ich wollte ihn nur nötigen, den vorteilhaften Vorschlag, den ich ihm getan, anzunehmen. Das hieß ihm einen Dienst tun, den er durch sein brutales Betragen nicht einmal verdiente.

Allein alle Mittel, diesen widerspenstigen Menschen zur Vernunft zu bringen, schlugen fehl; er ging zum Eigentümer des Theaters und erklärte, seine Frau würde in der Fortsetzung der »Persischen Braut«, von der er habe reden hören, nicht spielen.

Seine Exzellenz empfing ihn sehr übel, und da der Herr Komödiant seinen Zorn nicht an seinem Vorgesetzten auslassen konnte, so zog er die Uhr aus der Tasche und warf sie im Vorzimmer mit solcher Gewalt wider den Boden, daß sie in tausend Stücke sprang. Doch nicht genug; er ging zu dem sächsischen Minister, der für den König August von Polen Schauspieler annahm, engagierte sich samt seiner Frau nach Dresden, und beide verschwanden, ohne vorher ein Wort davon zu sagen. Niemand vermißte sie, und ich am wenigsten; denn ich hatte nunmehr Freiheit, nach meiner Phantasie zu arbeiten, und befriedigte meine Landsleute wegen der so sehr gewünschten Fortsetzung.

Die erste Fortsetzung des bewußten Stücks erhielt die Aufschrift »Ircana a Julfa« (»Irkana in Julfa«). Das Publikum dankte mir durch wiederholtes Händeklatschen, das Schicksal Irkanens auf eine so befriedigende Art entschieden zu haben.

Aber – hörte man dasselbe Publikum den Tag darauf sagen – der Roman ist zwar weit vorgerückt, allein er ist noch nicht zu Ende. Ich wußte es wohl und hatte es so gut vorausgesehen, daß ich ein drittes Stück schon ganz fertig mit mir herumtrug. Ich gab es folgendes Jahr unter dem Titel: »Irkana in Ispahan« auf die Bühne. Der Beifall, den es erhielt, war noch weit glänzender als der Beifall der beiden vorhergehenden Stücke. Und das mit Recht, denn das Interesse erhielt sich in gleicher Stärke, und den Freunden der Zirkassierin war keine Frage weiter übriggelassen.

20. Kapitel

Dieses dritte persische Lustspiel erschien erst ein Jahr nach dem zweiten und drei Jahre nach dem ersten auf der Bühne; allein ich glaubte die drei Stücke hier in einem nennen zu müssen, um dem Leser die Übersicht zu erleichtern.

Der Erfolg dieses dritten Stücks übertraf noch den der beiden vorhergehenden. Man nenne sie, wie man will: Komödien, Tragikomödien oder Dramen; sie haben allenthalben und allgemein gefallen und sind auf allen Gesellschaftstheatern gespielt worden. Sollten sie auch gleich an und für sich nicht Wert genug haben, um Achtung zu verdienen, so kann man ihnen doch die Huldigung nicht versagen, die man dem Glück erweist.

21. Kapitel

Ich kehre nun zum Jahr 1753 zurück, von dem ich mich entfernte, um die Folge der drei persischen Stücke nicht zu unterbrechen.

Nach dem ersten dieser drei orientalischen Lustspiele gab ich ein bürgerliches Lustspiel in drei Aufzügen in Prosa, betitelt: »La Cameriera brillante« (»Das geistreiche Kammermädchen«). Das Adjektiv »brillant« wird im Italienischen auf verschiedene Arten gebraucht. Im Französischen würde man es geben: la Soubrette, Femme d'esprit. Dieses Stück ist sehr lustig und unterhaltend und ward sehr applaudiert. Aber das Publikum verlangte Verse: ich mußte es zufriedenstellen und gab also im folgenden »Il Filosofo inglese« (»Der englische Philosoph«) heraus.

Gern hätte ich das Publikum befriedigt und es mit Versen gesättigt; allein die Prosa hatte auch ihre Anhänger. Meine Schuldigkeit war es, dem einen Teil genugzutun, ohne den andern zu degoutieren; ich gab also für die Liebhaber des wahren Lustspiels »La Madre amorosa« (»Die zärtliche Mutter«), ein Stück in drei Aufzügen in Prosa, eine Laudatio auf den Triumph der mütterlichen Liebe. Das ließ die Liebhaber der Verse vergessen, daß das Stück nur in Prosa geschrieben war. Der Beifall, den es erhielt, war ausgezeichnet.

Wir waren nah am Schluß der Vorstellungen. Ich suchte das Publikum zu belustigen und ihm so für den Beifall zu danken, womit es mein letztes Stück aufgenommen hatte.

Das Lustspiel »Le Massere« (»Die Köchinnen«), ganz auf den Horizont von Venedig kalkuliert, schien mir zur Erreichung meiner Absicht sehr geschickt. Ich gab es mit Zuversicht und hatte nicht Ursache, es mich gereuen zu lassen.

Der Gegenstand dieses Stücks ist aus der niedrigsten Klasse der bürgerlichen Gesellschaft genommen; allein die Natur zeigt in allen Ständen interessante Bürger und Fehler, die gerügt zu werden verdienen.

Im Ganzen ist dieses Stück mehr auf Belustigung als auf Unterricht angelegt. Die Köchinnen in Venedig haben, vermöge eines unstreitigen Privilegiums, in der Karnevalszeit einen freien Tag, den sie ganz zu ihrem Vergnügen anwenden dürfen; und die Weiber dieses Standes würden eher den besten Bedingungen entsagen, als die Vorrechte dieses Tages sich nehmen lassen.

Das Interessanteste in diesem Stück sind ihre Kritiken,

Spöttereien und Erzählungen von der üblen Wirtschaft in ihren Häusern. Ich mag keinen Auszug von diesem Stück geben, dessen Inhalt der Natur und der Sache nach nicht interessant sein kann. Ich begnüge mich zu sagen, daß es, unerachtet seiner Schwäche, viel Vergnügen machte, und das ist nicht zu verwundern. Eine Komödie in Versen, ein Stoff aus der venezianischen Welt, am Schluß des Karnevals. Dieses zusammengenommen mußte seine Wirkung tun.

22. Kapitel

Im Anfang des Jahres 1754 erhielt ich einen Brief von meinem Bruder. Seit zwölf Jahren hatte ich keine Nachricht von ihm gehabt, jetzt aber beschrieb er mir seinen ganzen Lebenslauf von der Schlacht bei Velletri an, der er im Gefolge des Herzogs von Modena beigewohnt hatte, bis auf den Tag, an dem es ihm eingefallen war, mir zu schreiben.

Sein Brief war aus Rom datiert. Er hatte sich in dieser Stadt mit der Witwe eines Rechtsgelehrten verheiratet und zwei Kinder von ihr bekommen. Einen Jungen, der jetzt acht, und ein Mädchen, das fünf Jahre alt war. Die Mutter war gestorben. Er hatte viel Langeweile in einem Land, wo man die Soldaten nicht braucht und so behandelt wie Leute, die man nicht brauchen kann. Er wünschte, sich seinem Bruder wieder zu nähern und ihm die beiden Sprößlinge der Goldonischen Familie vorzustellen.

Weit entfernt, über ein zwölfjähriges Stillschweigen und Vergessenheit empfindlich zu sein, interessierte ich mich gleich für diese beiden Kinder, die meine Unterstützung nötig haben konnten. Ich lud meinen Bruder ein, mich zu besuchen, ich schrieb nach Rom, ließ ihm dort Geld auszahlen, mit dem er allem Anschein nach nicht überflüssig versehen war, und im Monat März desselben Jahres umarmte ich mit wahrer Freude diesen Bruder, den ich immer geliebt hatte, und meinen Neffen und meine Nichte, die ich an Kindesstatt annahm.

Meine Mutter, die noch lebte, freute sich sehr, diesen Sohn, den sie längst nicht mehr unter die Zahl der Lebendigen rechnete, wiederzusehen, und meine Frau, deren Güte und Sanftheit sich nie verleugneten, nahm diese Kinder wie die ihrigen auf und sorgte für ihre Erziehung.

Umgeben von dem, was ich am liebsten hatte, und zufrieden

mit der Aufnahme meiner Werke, war ich der glücklichste Mensch von der Welt und würde mein Glück noch besser genossen haben, wenn ich nicht zu sehr abgespannt gewesen wäre. Ich fühlte noch die unermeßliche Arbeit, die ich für das Theater San Angelo unternommen hatte, und die Verse, an die ich das Publikum sehr unklug gewöhnt hatte, kosteten mich unendlich mehr als Prosa.

Meine Hypochondrie fiel mich von neuem mit mehr als gewöhnlicher Heftigkeit an. Die neue Familie, die ich bei mir hatte, machte mir die Gesundheit nötiger als jemals, und die Furcht, sie einzubüßen, machte das Übel nur ärger. Bei meinen Anfällen lagen sowohl physische als moralische Ursachen zum Grunde; bald stiegen mir Dünste in den Kopf und erhitzten die Einbildungskraft, bald zerrüttete Furcht die tierische Ökonomie. Unser Geist ist so genau mit unserem Körper verbunden, daß wir ohne die Vernunft, die das Erbteil der menschlichen Seele ist, nichts als Maschinen sein würden.

In dem Zustand, worin ich mich befand, brauchte ich Bewegung und Zerstreuung. Ich entschloß mich also, eine kleine Reise zu tun, und nahm meine ganze Familie mit mir.

Bei meiner Ankunft in Modena bekam ich ein Brustfieber. Jedermann fürchtete für mich, nur ich fürchtete nichts. So bin ich immer gewesen. In der Gefahr war ich herzhaft, aber lächerlich furchtsam, wenn mir nichts fehlte.

Meine Krankheit ließ nach, ich war vollkommen wiederhergestellt, aber zur Erholung und zu Belustigungen fehlte es mir an Muße. Meine Schauspieler waren in Mailand, und ich reiste ihnen mit meiner Frau, meinem Bruder und seinen oder vielmehr meinen beiden Kindern nach. Ich scheute den Aufwand nicht. Meine Ausgabe hatte großen Absatz, das Geld strömte mir von allen Seiten zu und war nie gewohnt gewesen, sich lange bei mir zu verweilen.

Man gab in Mailand die »Persische Braut« mit demselben Beifall wie in Venedig. Man überhäufte mich mit Lobeserhebungen, mit Höflichkeiten und Geschenken. Meine Gesundheit wurde dauerhafter, die hypochondrischen Launen verschwanden; ich führte ein herrliches Leben. Allein dieses Glück, dieses Wohlsein, diese Ruhe waren nicht von langer Dauer.

Die Schauspieler von dem Theater San Luca hatten einen neuen vortrefflichen Akteur erhalten, den Angeleri aus Mailand, der einen Bruder in Zivildiensten und sehr angesehene Verwandte unter der Bürgerschaft hatte.

Dieser Mann war hypochondrisch, und ich hatte mich in Venedig verschiedene Male mit ihm über unsere hypochondrischen Torheiten unterhalten.

Jetzt traf ich ihn bei meiner Ankunft in Mailand, und zwar schlimmer als je, an. Von der einen Seite reizte ihn das Verlangen, die Größe seiner Talente an den Tag zu legen, von der andern hielt ihn die Scham, auf dem Theater seiner Stadt aufzutreten, zurück. Es machte ihm unendlichen Verdruß, seine Kameraden mit dem vollen Beifall des Publikums beehrt zu sehen, ohne einen Teil an diesem Beifall zu haben. Seine Hypochondrie nahm von Tag zu Tag zu, und meine Unterredungen mit ihm steckten mich auch an.

Endlich gab er doch dem gewaltigen Trieb seine Genies nach und zeigte sich dem Publikum. Er spielte, wurde beklatscht, kam in die Kulisse zurück und fiel augenblicklich tot nieder.

Die Szene ist leer, kein Schauspieler erscheint, die Neuigkeit verbreitet sich nach und nach und kommt endlich auch in die Loge, wo ich bin. O Himmel! Angeleri ist tot! Mein hypochondrischer Bruder! Ich ging wie ein Wahnsinniger aus der Loge, ohne zu wissen, wohin ich ging. Ich befand mich in meinem Zimmer, ohne den Weg gesehen zu haben, den ich machte. Man sieht mir die außerordentliche Bewegung an und erkundigt sich nach der Ursache. »Angeleri ist tot!« rief ich zu wiederholten Malen und warf mich auf das Bett.

Meine Frau, die mich kannte, suchte mich zu beruhigen und riet mir, Ader zu lassen. Ich glaube, es wäre wohl getan gewesen, wenn ich ihrem Rat gefolgt hätte. Mitten unter den schrecklichen Bildern meiner kranken Phantasie sah ich dennoch meine Torheit ein und schämte mich, daß ich mich so hatte überrumpeln lassen.

Sosehr ich auch die Vernunft zu Hilfe nahm, so hatte doch die Revolution so stark auf meine Nerven gewirkt, daß ich in eine Krankheit verfiel und mehr Mühe hatte, meinen Geist als meinen Körper zu kurieren.

Mein Arzt, der Doktor Baronio, gab mir eines Tages, nachdem er alle Mittel seiner Kunst nur mit zweifelhaftem Erfolg angewendet hatte, folgende gute Lehre, der ich meine ganze Genesung zu verdanken habe. Betrachten Sie, sagte er mir, Ihr Übel wie ein Kind, das Sie mit einem bloßen Degen angreift. Wenn Sie sich in acht nehmen, so kann es Ihnen nicht schaden, aber bieten Sie ihm die Brust dar, so ist das Kind imstande, Sie umzubringen.

Diesem Apolog danke ich meine Gesundheit. Ich habe ihn nie vergessen und seine Hilfe immer nötig gehabt. Auch jetzt droht mir bisweilen dieses böse Kind noch, und ich muß alle meine Kräfte sammeln, es zu entwaffnen.

23. Kapitel

Während meiner Genesung in Modena und in den Zwischenzeiten meiner hypochondrischen Anfälle in Mailand verlor ich mein Theater nie ganz aus den Augen. Im Gegenteil, ich kam mit hinreichendem Vorrat für das Jahr 1754 nach Venedig und ließ den Anfang der Vorstellungen mit einem Stück machen, das den Titel führte: »La Villegiatura« (»Die Landpartie«).

Auf meiner Reise hatte ich verschiedene von den Landhäusern besucht, die am Ufer der Brenta liegen und wo der Luxus seine Pracht zur Schau stellt.

Dorthin gingen unsere Vorfahren, sich Vermögen zu sammeln, und heutzutage gehen wir hin, es zu verschwenden. Auf dem Lande spielen wir großes Spiel, halten offene Tafel, geben Bälle, Schauspiele, und hier, auf dem Lande, wo man sich ohne Zwang und Zurückhaltung sieht und spricht, hat die italienische Cicisbeatur größere Fortschritte gemacht als sonstwo.

Einige Zeit hernach zeichnete ich diese mannigfaltigen Gemälde in drei Stücken hintereinander. Im gegenwärtigen Stück berührte ich den Punkt der Galanterie in den ländlichen Gesellschaften nur obenhin.

Auch wenn dieses Lustspiel nur wenig spannend ist, so sind die Details der Galanterie doch sehr belustigend, und die verschiedenen kontrastierenden Charaktere der Personen geben ein sehr komisches, sehr wahres und anziehendes Sittengemälde. Man erriet meinen Zweck und billigte ihn, und das Stück erhielt, ob es gleich in Prosa war, mehr Beifall, als ich erwartete.

Indes sah ich doch ein, daß man die Nachsicht des Publikums nicht mißbrauchen dürfe, und gab bald darauf ein Stück in fünf Aufzügen und in Versen, betitelt: »La Donna forte« (»Die entschlossene Frau«).

Dieses Stück fand großen Beifall, und Kenner versicherten mir, es würde in Prosa so gut wie in Versen sein Glück gemacht haben; denn, wie sie sagten, der Stoff, der Gang, die Verwicklung, die Moral, alles ist gut, und die Entwicklung noch besser als alles übrige.

Die Herbstvorstellungen wurden mit der »Entschlossenen Frau« beschlossen, und ich machte für den Karneval eine Komödie in Prosa fertig, deren Inhalt mir den Vers nicht zu vertragen schien. Ich meine »Il Vecchio Bizarro«. Das Wort »bizarro« wird im Italienischen bisweilen, wie im Französischen, für eigensinnig, launenhaft, fanatisch und sogar für ausschweifend gebraucht, gewöhnlich aber bedeutet es soviel wie munter, lustig, belustigend, und die schicklichste Übersetzung von meinem »Vecchio Bizarro« ist unstreitig »Der liebenswürdige Alte«.

Ich erinnerte mich an den »Venezianischen Cortesano«, den ich vor fünfzehn Jahren auf dem Theater San Samuele gegeben und den der Pantalon Golinetti mit so großem Beifall gespielt hatte. Ich bekam Lust, ein Stück in derselben Gattung für den Rubini, der den Pantalon auf dem Theater San Luca spielte, zu verfertigen.

Allein Golinetti war ein junger Mann, und Rubini war wenigstens seine fünfzig Jahre alt. Da ich ihn nun aber ohne Maske auftreten lassen wollte, so mußte ich die Rolle nach seinem Alter einrichten.

Personen, die in ihrer Jugend liebenswürdig gewesen sind, bleiben es auch nach Verhältnis in ihrem Alter. Rubini war selbst ein Beweis für diesen Satz und auf der Bühne so angenehm wie im Umgang.

Ich bildete mir ein, dieses venezianische Lustspiel würde wenigstens ebensoviel Beifall erhalten wie der »Cortesano«, ich täuschte mich aber fürchterlich. Rubini, der noch nie ohne Maske gespielt hatte, war so verlegen, so gezwungen, daß man ihm nicht die geringste Grazie, nicht den geringsten Geist, kaum den gemeinen Menschenverstand hätte zutrauen sollen. Das Stück fiel auf die grausamste und demütigendste Art für ihn und mich durch. Man durfte die Vorstellung kaum vollenden, und da der Vorhang fiel, hörte man von allen Seiten pfeifen und zischen.

Ich entfernte mich geschwind aus dem Theater, um allen bösen Komplimenten zu entgehen, und ging auf die Redoute. In meinen Mantel gehüllt, mischte ich mich unter den Schwarm, der sich nach Endigung der Schauspiele hier versammelt, und hatte Zeit und Gelegenheit, die »Lobpreisungen«, mit denen man mich und mein Stück überhäufte, anzuhören.

Ich ging durch die Spielsäle, allenthalben standen Zirkel beisammen, und allenthalben sprach man von mir. »Mit Goldoni ist's aus«, sagte der eine, »Goldoni hat seinen Sack ausgeleert«, sagte ein anderer. Vorzüglich fiel mir die Stimme einer Maske auf, die durch die Nase redete und überlaut sagte: »Das Portefeuille ist erschöpft.« Man fragte ihn, was das für ein Portefeuille wäre, von dem er spräche. »Die Manuskripte meine ich« – war seine Antwort –, »aus denen Goldoni alles genommen, was er bis jetzt geliefert hat.« Sosehr man auch aufgelegt war, über mich zu lachen, so konnte sich doch niemand über den Näsler des Lachens erwehren. Ich sah mich nach Kritiken um und fand nichts als Unwissenheit und Erbitterung.

Ich ging nach Hause, blieb die Nacht über auf und sann auf ein Mittel, mich an den Lachern zu rächen. Endlich fand ich es und fing mit Anbruch des Tages ein Lustspiel in fünf Aufzügen in Versen, unter dem Titel »Il Festino« (»Der Bürgerball«) an.

Sowie ein Akt fertig wurde, schickte ich ihn zum Kopisten. Ebenso studierten die Schauspieler ihre Rollen. Den vierzehnten Tag wurde es angekündigt und den fünfzehnten gespielt. Diesmal traf es recht ein, was Juvenal sagt: Facit indignatio versus (Ärger bringt Verse hervor).

Der Stoff des Stücks ist wiederum ein Gegenstand aus der Cicisbeatur. In einem Saal neben dem Tanzsaale führte ich eine Anzahl ermüdeter Tänzer auf. Ich ließ das Gespräch auf den »Liebenswürdigen Alten« kommen und ließ hier alle lächerlichen Einfälle, die ich auf der Redoute gehört hatte, wiederholen und die Personen dafür und dawider sprechen. Das Händeklatschen des Publikums bewies, daß es meine Verteidigung billigte. Man sah, daß es mit Goldoni noch nicht aus war; daß er seinen Sack noch nicht ausgeleert hatte, daß sein Portefeuille noch nicht erschöpft war.

Hört mich, meine Mitbrüder, und glaubt mir: Es gibt kein anderes Mittel, uns an dem Publikum zu rächen, als daß wir es zwingen, uns seinen Beifall zu schenken.

24. Kapitel

Mitten unter meinen täglichen Beschäftigungen verlor ich doch den Druck meiner Werke nicht aus den Augen. Meine Florentiner Ausgabe enthielt die Stücke, die ich für die Theater San Samuele und San Angelo gearbeitet hatte. Nunmehr schickte ich die Produkte der beiden ersten Jahre meines neuen Engagements bei dem Theater San Luca unter die Presse.

Der Buchhändler Pitteri in Venedig brachte diese neue Ausgabe in Octav unter dem Titel: »Neues Theater des Herrn Goldoni«, auf seine Kosten heraus. Ich versorgte den Setzer mit Manuskript auf sechs Monate und reiste dann meinen Schauspielern nach, die für das Frühjahr nach Bologna gegangen waren.

Ich hatte vergessen, bei der Brücke Lago Scuro, eine Meile von Ferrara, wo ein Zollhaus ist, meinen Koffer besichtigen zu lassen, und wurde also beim Herausfahren aus dem Flecken angehalten.

Ich hatte einen kleinen Vorrat Schokolade, Kaffee und Wachslichter bei mir. Das war Konterbande, und alles sollte weggenommen werden. Überdies mußte noch eine beträchtliche Summe Strafgeld bezahlt werden, und im Kirchenstaat stehen die Zöllner eben nicht im Rufe der Nachsichtigkeit.

Der Visitator, der Sbirren bei sich hatte, fand, da er meinen Koffer durchsuchte, einige Bände von meinen Lustspielen. Er lobte sie und erzählte mir, daß sie seine Lieblingslektüre wären und daß er sie oft selbst in Gesellschaft mitspielen helfe. Ich gab mich ihm zu erkennen, er war überrascht, entzückt und machte mir die beste Hoffnung.

Wäre er allein gewesen, er hätte mich auf der Stelle gehen lassen, allein die Sbirren würden nicht damit zufrieden gewesen sein, ihre Sporteln einzubüßen. Der Visitator ließ also meine Sachen wieder aufpacken und nach dem Zollhaus an der Brücke zurückschaffen. Der Generalpächter war nicht da, mein Gönner ging und suchte ihn selbst in Ferrara auf. Nach drei Stunden kam er wieder und brachte einen Befehl mit, mich nach Erlegung des Zolls auf freien Fuß zu setzen. Ich wollte den Visitator für den Dienst, den er mir geleistet, belohnen; allein er schlug die zwei Zechinen, die ich ihm anbot, aus und nahm nicht einmal die Schokolade, die ich mit ihm teilen wollte.

Es blieb mir also nichts übrig, als ihm zu danken und ihn zu bewundern. Ich schrieb seinen Namen in meine Schreibtafel und versprach ihm ein Exemplar von meiner neuen Edition, ein Anerbieten, das er mit Dank annahm. Hierauf stieg ich wieder in meine Chaise, setzte meinen Weg fort und kam den Abend nach Bologna.

In dieser Stadt, der Mutter der Wissenschaften, dem Athen von Italien, hatte man sich vor einigen Jahren beklagt, meine Reform ziele auf die Unterdrückung der vier Masken der italienischen Komödie ab.

Die Bologneser hielten mehr als alle übrigen Italiener auf diese Gattung Lustspiele. Es gab Leute von Verdienst unter ihnen, die zu ihrem Vergnügen solche Skizzen von Stücken verfertigten, welche hernach von andern nicht minder geschickten Personen zu großem Vergnügen des Publikums aus dem Stegreif gespielt wurden.

Die Liebhaber der alten Komödie bemerkten die schnellen Fortschritte des neuen Lustspiels und schrien allenthalben, es sei einem Italiener höchst unanständig, Versuche zu machen, eine Art von Schauspielen zugrunde zu richten, in der Italien sich so hervorgetan und worin keine andere Nation es ihr hätte nachtun können.

Doch war es hauptsächlich die Abschaffung der Masken, die mein System zu bedrohen schien, was den meisten Eindruck auf die empörten Gemüter machte. Diese Personagen, sagte man, haben zwei Jahrhunderte hindurch Italien belustigt, und es ist höchst ungerecht, ihm jetzt eine komische Gattung rauben zu wollen, die es selbst geschaffen und so glücklich ausgebildet und im Gang erhalten hat.

Vielleicht wissen es mir meine Leser nicht übel Dank, wenn ich sie – ehe ich noch meine Gedanken über diesen Gegenstand selbst sage – ein paar Augenblicke von dem Ursprung, der Bestimmung und der Wirkung dieser vier Masken unterhalte.

Das Lustspiel, das von jeher das Lieblingsschauspiel aller gesitteten Nationen gewesen war, hatte ein gleiches Schicksal mit allen übrigen Künsten und Wissenschaften gehabt und war bei dem Verfall der Gelehrsamkeit mit in die Trümmer des römischen Reichs vergraben worden.

Und doch war der Keim der Komödie bei den Italienern nicht ganz erstickt. Die ersten, die an ihrer Wiederherstellung arbeiteten, konnten in einem Jahrhundert der Unwissenheit keine geschickten Schriftsteller bekommen und waren kühn genug, Pläne zu entwerfen, sie in Akte und Szenen zu verteilen und die Gedanken, Reden und Scherze, die sie zusammen verabredet hatten, aus dem Stegreif herzusagen.

Diejenigen, die lesen konnten – und das waren gerade nicht die Großen und Reichen –, fanden in den Lustspielen des Plautus und Terenz, daß die Väter immer hinter das Licht geführt wurden, die Söhne immer liederlich, die Töchter verliebt, die Bedienten Gauner und die Mägde verführte Geschöpfe sind. Nach diesem Beispiel durchsuchten sie die verschiedenen Länder Italiens und nahmen die Väter aus Venedig und Bologna, die Diener aus Bergamo, die Liebhaber, die Liebhaberinnen und Kammermädchen aus den Landstrichen um Rom und Toskana.

Man darf keine schriftlichen Beweise hierüber verlangen, da von einer Zeit die Rede ist, wo man fast gar nicht schrieb; allein ich getraue mir doch meinen Satz auf folgende Art zu beweisen. Der Pantalon ist immer ein Venezianer, der Doktor ist immer ein Bologneser, Brighella und Harlekin sind immer Bergameser gewesen, also haben die Schauspieler aus diesen Orten die komischen Personen genommen, die man die vier Masken der italienischen Komödie nennt.

Was ich hier behaupte, ist indes nicht bloß eine Vermutung von mir. Ich besitze ein sehr gut erhaltenes, in Pergament gebundenes Manuskript aus dem fünfzehnten Jahrhundert, das hundertzwanzig Sujets oder Skizzen von italienischen Stücken, die man »Commedia dell'arte« nennt, enthält und worin die komischen Hauptpersonen immer Pantalon, ein venezianischer Kaufmann, der Doktor, ein Rechtsgelehrter aus Bologna, Brighella und Harlekin, Bediente aus Bergamo, sind. Der erste ist schlau und verschmitzt, der zweite einfältig und plump. Ihr Alter und ihre fortdauernde Existenz beweisen ihren Ursprung.

Was ihre Bestimmung betrifft, so spielen Pantalon und der Doktor, welche die Italiener die beiden Alten nennen, die Rollen der Väter und die übrigen Mantelrollen.

Der erste ist ein Kaufmann, weil Venedig in jener alten Zeit der Ort war, der den reichsten und ausgebreitetsten Handel von ganz Italien trieb. Er hat immer die alte venezianische Tracht behalten. Der schwarze Mantel und die wollene Mütze sind noch in Venedig gebräuchlich; das rote Kamisol, die knappen Beinkleider, die roten Strümpfe, die Pantoffeln stellen auf das natürlichste die Tracht der alten Bewohner der Lagunen des adriatischen Meers dar. Der Bart, der in jenen vergangenen Jahrhunderten der Schmuck der Männer war, ist erst in neueren Zeiten so ungeheuer vergrößert und lächerlich geworden.

Den Doktor, den zweiten Alten, nahm man aus der Klasse der Rechtsverständigen, um dem Handelsmann einen Gelehrten entgegenzusetzen; aus Bologna aber hat man ihn deshalb gewählt, weil es in dieser Stadt eine Universität gab, die, unerachtet der allgemeinen Unwissenheit und Barbarei, wenigstens die Titel und Besoldungen der Professoren nicht eingehen ließ.

Dem Aufzug des Doktors entspricht die alte bolognesische Universitäts- und Gerichtstracht, die auch noch heutzutage fast dieselbe ist. Zu der sonderbaren Maske, die er trägt und die ihm Stirn und Nase bedeckt, soll eine Kupfernase, die das Gesicht eines damaligen Rechtsgelehrten entstellte, Veranlassung gegeben haben. Dies ist eine Tradition, die sich noch unter den Liebhabern der extemporierten Komödie erhält.

Brighella und Harlekin, die man in Italien »i due Zani« nennt, hat man aus Bergamo genommen, weil der eine außerordentlich gewandt, der andere außerordentlich tölpelhaft ist und man diese beiden Extreme unter dem gemeinen Volk nirgends so wie hier beisammen findet.

Brighella macht den schlauen, ränkevollen, spitzbübischen Bedienten. Sein Rock ist eine Art Livree, seine schwarzgelbe Maske bezeichnet die Gesichtsfarbe der Einwohner auf diesen hohen Bergen, die von der Sonne verbrannt sind.

Einige Akteurs dieser Rolle haben die Namen Finocchio, Ficcheto, Scapino angenommen; im Grunde aber ist es immer derselbe Bediente und derselbe Bergameser.

Auch die Harlekine nehmen andere Namen an. Es gibt Tracagninos, Truffaldinos, Gradelinos, Mezzetinos, immer aber sind es Tölpel und Bergameser. Ihre Kleidung ist die armer Teufel, die allenthalben Lappen und Stücke von verschiedener Farbe zusammenraffen, um ihre Kleider damit zu flicken. Ihre runden Hüte reimen sich mit der übrigen Bettelhaftigkeit, und der Zierat derselben, der Hasenschwanz, ist noch heutzutage der gewöhnliche Putz der bergamesischen Bauern.

Ich glaube hierdurch den Ursprung und die Bestimmung der vier Masken der italienischen Komödie hinlänglich gezeigt zu haben; nun noch ein paar Worte über ihre Wirkung!

Die Maske muß der Aktion des Schauspielers immer im Wege sein. Er mag freudig oder kummervoll, verliebt, aufgebracht oder lustig sein, so sieht man doch immer nur dieselben Mienen auf dem gemalten Leder. Er mag gestikulieren und den Ton ändern, wie er will, so kann er doch nicht durch die Gesichtszüge – die wahren Dolmetscher des Herzens – die verschiedenen Leidenschaften, die seine Seele bestürmen, ausdrücken.

Die Masken bei den Griechen und Römern waren eine Art von Sprachrohr, das bei der großen Ausdehnung ihrer Amphitheater zur Verstärkung der Stimme von den Schauspielern gebraucht wurde. Die Leidenschaften und Empfindungen waren damals noch nicht zu dem Grad von Feinheit und Zärtlichkeit getrieben, den man heutigentages verlangt. Jetzt will man, daß der Schauspieler Seele zeigen soll, und Seele unter der Maske ist ein Feuer unter der Asche.

Dies sind die Gründe, die mich bewegen, auf die Abschaffung der Masken des italienischen Theaters hinzuarbeiten und an die Stelle von Possenspielen wahre Lustspiele zu setzen.

Allein die Klagen nahmen immer mehr überhand, und es war mir in die Länge ekelhaft, das Publikum in zwei Parteien geteilt zu sehen. Ich bemühte mich also, beide Teile zu befriedigen und lieferte einige skizzierte Stücke, ohne meinen Charakterstücken deshalb zu entsagen. Ich ließ in jenen die Masken auftreten und wandte in diesen nur das interessante und edle Komische an. Jedes hatte also seinen Teil am Vergnügen; durch Zeit und Geduld gelang mir's, sie alle zu vereinigen, und endlich erlebte ich die Freude, mich gleichsam berechtigt zu sehen, meinem Geschmack zu folgen, der nach einigen Jahren in Italien der allgemeine und von den meisten gebilligte wurde.

25. Kapitel

Den Anhängern der alten Komödie mit Masken verzieh ich gern die Klage, die sie gegen mich anstellten, denn es waren größtenteils sehr geschickte Liebhaber, die das Verdienst hatten, die extemporierten Stücke auf ihren Privattheatern interessant zu machen.

Was mich weit mehr beleidigte, waren die Vorwürfe gewisser Personen von Stande, die mich des strafwürdigen Vergehens beschuldigten, die Cicisbeatur lächerlich gemacht und selbst den Adel nicht geschont zu haben.

Ich hatte keine Lust, mich deshalb zu entschuldigen, noch weniger, mich zu bessern, allein ich legte doch viel zuviel Wert auf den Beifall der Bologneser, als daß ich mich nicht hätte bemühen sollen, die Mißvergnügten zufriedenzustellen und ihre Achtung zu verdienen.

Ich dachte also ein Lustspiel aus, dessen Inhalt des Landes, wo Künste und Wissenschaften und Literatur mehr als sonstwo allgemein kultiviert werden, würdig wäre.

Zum Helden meines Stücks wählte ich Terenz, den Afrikaner, wie ich vor einigen Jahren mit dem französischen Terenz getan hatte.

Dieses Lustspiel ist eines von meinen Lieblingsstücken. Es kostete mich viel Mühe, allein der Erfolg belohnte diese Mühe reichlich, und es erhielt den allgemeinen Beifall aller Bologneser. Billig muß also auch ich ihm den Vorzug geben.

Ich bin gesonnen, meinen Lesern ausführliche Nachricht von diesem meinem Schoßkind zu geben, und will zu diesem Behufe den Anfang damit machen, daß ich das Verzeichnis der Personen hersetze.

Der Prologus.
Lucan, ein Senator.
Livia, adoptierte Tochter Lucans.
Lelius, ein Patrizier.
Publius, Prätor von Rom.
Terenz, ein Afrikaner, Sklave Lucans.
Creusa, eine junge Griechin und Sklavin Lucans.
Clito, ein Athener, der Großvater der Creusa.
Fabius, ein Schmeichler und Klient Lucans.
Lisca, ein Schmarotzer.
Damon, ein Verschnittener und Sklave Lucans.
Ein Schreiber.
Sechs Liktoren im Gefolge des Prätors.
Klienten Lucans.
Gefolge Lucans.
Gefolge des Prätors.
Die Szene ist ein Saal im Palaste Lucans.

Ein einzelner Schauspieler tritt auf, kündigt sich als Prologus an und harangiert das Publikum über die Komödie, die eben vorgestellt werden soll. Er gibt vorläufige Notizen zum Verständnis eines Stücks, das sich um zweitausend Jahre von unsern Sitten und Gebräuchen entfernt. Er redet von der Haupthandlung, von den Episoden, Charakteren, von dem Zweck und der Moral des Stücks. »Sie werden sagen, meine Herren«, fährt der Vorredner fort, »die Komödie muß sich mit unseren Sitten, mit unseren Lastern und Torheiten beschäftigen; und Sie haben ganz recht. Allein, sollte man sich nicht auch bisweilen der Toten zur Besserung der Lebenden bedienen dürfen? Sie werden einen unverschämten Schmeichler, einen zudringlichen Schmarotzer, einen insolenten Verschnittenen sehen. Dies sind Originale der Vorzeit, von denen man aber doch auch in unsern Tagen noch häufige und sehr ähnliche Kopien antrifft.«

Nunmehr kommt er auf den Charakter der Livia zu sprechen, die, überwältigt von dem Verdienst des Terenz, vergeblich alle

Kräfte anstrengt, den Stolz der römischen Heldinnen nicht zu vergessen.

»Die tragischen Dichter«, sagt er, »haben diesen Stolz auf eine Höhe getrieben, die an Fanatismus grenzt, unser Dichter hingegen hat ihn zu den stärksten komischen Zügen benutzt.«

Der Prologus schließt damit, daß er das Publikum im Namen des Dichters um Nachsicht bittet.

26. Kapitel

Zufrieden mit dem Beifall, den mein »Terenz« erhalten hatte, kehrte ich nach Venedig zurück und brachte den Sommer in Bagnoli, einem prächtigen Landgut im Distrikt von Padua, das dem Grafen Widiman, einem venezianischen Nobile und kaiserlichen Lehnsmann gehört, zu.

Dieser reiche und freigebige Herr nahm jedesmal eine zahlreiche und auserlesene Gesellschaft mit sich dahin. Man spielte Komödie, er spielte selbst mit, und so ernsthaft er übrigens war, so konnte man sich doch keinen lustigeren, flinkeren Harlekin denken. Er hatte den Sacchi studiert und ahmte ihn zur Bewunderung gut nach.

Ich gab kleine skizzierte Stücke, wagte es aber nicht, selbst aufzutreten. Die Damen von der Gesellschaft nötigten mich, eine Liebhaberrolle anzunehmen, was ihnen denn reichlichen Stoff gab, auf meine Kosten zu lachen und sich lustig zu machen.

Dies pikierte mich; ich entwarf also den folgenden Tag ein kleines Stück unter dem Titel »Der Jahrmarkt«, und statt einer Rolle machte ich ihrer vier, einen Scharlatan, einen Beutelschneider, einen Schauspieldirektor und einen Liederhändler.

In den drei ersten Rollen machte ich es den Gauklern auf dem St.-Markus-Platz nach, und unter der Maske des vierten sagte ich einige allegorische Couplets her und schloß mit einer Klage des Verfassers, daß man sich über ihn aufgehalten habe.

Dieser Scherz fand Beifall, und ich hatte mich auf meine Art gerächt.

Zu Ende des September verließ ich die Gesellschaft in Bagnoli und kehrte nach Venedig zurück, um bei der Eröffnung meines Theaters gegenwärtig zu sein.

Das erste neue Stück, das wir gaben, war »Il Cavaliere

Giocondo« (»Der Ritter Giocondo«), den ich vielleicht vergessen haben würde, wenn ich ihn nicht wider meinen Willen in der Turiner Ausgabe gedruckt gefunden hätte. Dieses Stück hatte bei seinem Debüt nicht gefallen: es war in Versen, und niemand war unzufrieden damit, ich selbst aber hatte den Geschmack daran verloren.

Der Inhalt ist ein wahres Nichts. Die Hauptperson ist ein Pinsel, namens Giocondo, den man zum Scherz Ritter nennt und der aus Albernheit diesen Titel selbst annimmt. Er hält sich für einen weitgereisten Mann, weil er die Lombardei zehn Meilen in der Runde durchstrichen hat.

Fast scheint es, als ob der Korrektor der Turiner Ausgabe einen gleichen Groll auf dieses Stück geworfen habe, denn die Menge Druckfehler, die ich darin finde, ist ganz unbegreiflich. Dies mag genug von diesem armen Unglücklichen sein, gegen den ich vielleicht manchem als ein unnatürlicher Vater zu handeln scheine. Soviel ist gewiß, hätte ich Kinder, ich würde ebenso von ihnen sprechen, wie ich von den Kindern meines Geistes spreche.

Nach diesem versifizierten Stück gab ich ein anderes, das, unerachtet es nur in Prosa war, viel Vergnügen machte und viel Beifall fand. Es war aus dem Lustspiel »Die Landpartie«, über welchen Gegenstand ich noch drei andere Stücke verfertigt hatte, deren Titel folgende sind: »Le Smanie della Villegiatura« (»Die Versessenheit auf das Landleben«), »Le Avventure della Campagna« (»Die Abenteuer auf dem Lande«) und »Il Ritorno della Campagna« (»Die Rückkehr vom Lande«).

In Italien und vorzüglich in Venedig geben diese Sucht, diese Abenteuer und dieser Verdruß, mit welchen das Landleben verbunden ist, zu einer Menge Torheiten Anlaß, die alle des Lustspiels würdig sind.

Vielleicht hat man in Frankreich gar keine Idee von diesem Fanatismus, der aus dem Landleben mehr einen Gegenstand des Luxus als des Vergnügens macht.

Indes habe ich in der Zeit, da ich in Paris lebte, auch Leute kennengelernt, die, ohne einen Fingerbreit Land zum Feldbau zu besitzen, mit großen Kosten Landhäuser unterhalten und sich ebenso wie die Italiener damit zugrunde richten; und so könnte mein Stück, das eigentlich eine Torheit meiner Landsleute schildert, im Vorbeigehen wohl die gute Lehre geben, daß man allenthalben seine Verhältnisse zerrüttet, wenn man mit mittelmäßigem Vermögen es den Reichen gleichtun will.

Das Stück, das ich 1755 herausbrachte, war »Die Peruanerin«. Jedermann kennt die »Briefe einer Peruanerin« (»Lettres d'une Peruvienne«). Ich folgte ganz dem Gang des Romans und rückte nur die Begebenheiten näher zusammen. Ich machte ein romantisches Stück daraus, welches das Glück hatte zu gefallen.

Diesem Stück ließ ich ein Lustspiel in Prosa folgen, betitelt »Un curioso accidente« (»Ein lustiges Abenteuer«). Es gründet sich auf eine wahre Geschichte. Dieser sonderbare und drollige Vorfall war einem plumpen holländischen Kaufmann begegnet, und zwei von seinen Korrespondenten in Venedig teilten ihn mir als einen guten Stoff zu einem Lustspiel mit. Ich änderte den Ort der Szene, versteckte die Namen und zeichnete im übrigen das Gemälde ganz nach den Originalen.

Filbert, ein reicher holländischer Kaufmann, logiert in seinem Hause den Herrn de la Cotterie, einen jungen französischen Offizier, der ihm als ein Kriegsgefangener und Verwundeter von einem seiner Korrespondenten in Paris empfohlen wurde.

Filbert interessiert sich sehr für seinen Gast, so wie die Holländer überhaupt lebhaften und herzlichen Anteil an jedem nehmen, dem sie einmal ihre Freundschaft geschenkt haben.

Dieser Kaufmann hat eine mannbare Tochter namens Hannchen. Sie ist ein ehrbares Mädchen, aber doch ein Mädchen, und la Cotterie ist ein rechtschaffener Mann, aber auch ein junger Mann. Je mehr die Wunden seines Körpers heilen, desto gefährlicher werden die Wunden seines Herzens. Er fürchtet die Folgen seiner wachsenden Leidenschaft, er kennt seine Verhältnisse, er sieht die Unmöglichkeit ein, auf die Hand eines so reichen Mädchens Anspruch zu machen, und nimmt sich vor, das Haus zu verlassen.

Gascogne, sein Kammerdiener, eröffnet die Szene und packt den Koffer zur Abreise seines Herrn ein. Mariane, Hannchens Kammermädchen, die Ansprüche an den französischen Bedienten zu machen hat, beklagt sich über diesen plötzlichen Entschluß. Sie plaudern zusammen und leiten den Inhalt des Stücks ein.

Filbert hat nicht die geringste Ahnung von der wechselseitigen Zuneigung der beiden jungen Leute, allein er bemerkt, daß der Offizier, ob er gleich nunmehr dem Arzt und dem Chirurgus aus den Händen ist, täglich trauriger und niedergeschlagener wird. Er vermutet, daß ein heimlicher Kummer daran schuld habe, und spricht mit seiner Tochter auf eine Art, die sie fürchten läßt, er habe sie selbst in Verdacht, die Urheberin dieses Kummers zu sein.

Sie irrt sich. Dieser gute Vater, der seine Tochter einem jungen, sehr reichen Menschen versprochen hat, den man aus Indien zurückerwartet, setzt zu viel Vertrauen in die Tugend seiner Tochter, als daß ihm so etwas einfallen könnte. Er glaubt eher, der junge Offizier habe sich in Constantien, Hannchens Freundin, verliebt. Hannchen verleugnet ganz den offenen Charakter der Weiber ihrer Nation, sie benutzt die Arglosigkeit ihres Vaters, gesteht, la Cotterie liebe Constantien, allein ihr Vater, ein sehr reicher und schmutzig geiziger Bankier, lasse ihm sehr wenig Hoffnung, glücklich zu sein.

Filbert spricht mit dem la Cotterie hierüber, der durch Hannchen schon Nachricht von der Lage der Dinge bekommen hat und in ihren Ton einstimmt. Der Kaufmann erbietet sich, in seinem Namen um sie anzuhalten. Constantiens Vater schlägt sein Gesuch aus, Filbert ist darüber pikiert und gibt dem Offizier den Rat, Constantien zu entführen, ja sogar das nötige Geld, diesen Plan auszuführen. Der junge Mann befolgt den Rat, nimmt das Geld und entführt Filberts eigene Tochter.

Dies ist das historische Faktum, das ich auf eine angenehme und anständige Art verziert und ausgeschmückt hatte. Ich ließ das entführte Mädchen zu einer Tante bringen, und der Vater sieht sich genötigt, dem Räuber seine Tochter zu geben. Allein, wie sollte ich dieses letztere rechtfertigen? Es kostete mich Mühe: ein rechtschaffener Mann, ein Soldat... Und doch fand ich Mittel. Das Alter, die Liebe, die bequeme Gelegenheit, der Rat des Vaters ... Kurz, man lese nur das Stück, wo man jede Frage, die man aufwerfen kann, beantwortet finden wird.

Dieses Stück erhielt vollkommenen Beifall. Man fand den Gang desselben so fein und regelmäßig, die Details so angenehm und ausgearbeitet, in vielen Szenen das Äquivoke so natürlich hervorgebracht und so ungezwungen durchgesetzt! Auch dieses ist eins von meinen Lieblingsstücken.

Das nächstfolgende gefiel indes noch mehr. Es war »La Donna di maneggio« (»Die Frau von Bedeutung«), ein Lustspiel in drei Aufzügen und in Prosa.

Donna Julia, Gemahlin des Don Properz, ist eine Dame von Stande, die durch ihre Liebenswürdigkeit sich die Hochachtung ihresgleichen und die Gunst des Hofes erworben hat. Sie ist tatkräftig, verbindlich, großmütig, interessiert sich für fremde Angelegenheiten wie für ihre eigenen, beschützt die Künste und Wissenschaften, unterstützt die Armen, bringt Frieden in entzweite Familien und Ordnung in zerrüttete Wirtschaft.

Dies ist das Porträt der achtungswürdigen Frau, welche die Hauptperson meines Stücks ist und von der ich das Original vor Augen hatte.

Nachdem ich soeben drei interessante Stücke gegeben hatte, ließ ich noch ein viertes von ganz anderer Art folgen. Ich meine »L'Impresario di Smirna« (»Der Operndirecteur von Smyrna«), ein Lustspiel in drei Aufzügen, das bei seiner ersten Erscheinung auf dem Theater in Versen war, in seiner veränderten Gestalt aber, als ich es in der Folge in Prosa auflöste, wie es noch jetzt ist, weit mehr gefiel.

Dieses Stück war eine ausführliche und vollständige Kritik über die Ungezogenheit und Unverschämtheit der Akteurs und Aktricen und über die Nachsicht und Untätigkeit der Directeurs und erhielt großen Beifall.

Den Beschluß des Karnevals von 1755 machte ich mit einem venezianischen Lustspiel, betitelt: »Le Donne de casa Soa«, auf gut toskanisch »Le Donne Casalinghe« und auf deutsch »Die guten Haushälterinnen«. Es wurde sehr gut aufgenommen, beklatscht und ausgezeichnet und machte auf eine glänzende Weise den Beschluß der Vorstellungen.

Ich würde mit Vergnügen einen Auszug daraus geben und glaube auch, daß es ihn wohl verdiente, aber ich hänge ganz vom Wetter ab. Heut ist es sehr schlecht, und ich bin auch sehr schlecht aufgelegt.

Überdies besteht das Hauptverdienst dieses Stücks im Dialog. Die Venezianer bringen in ihren Reden beständig eine Menge Scherze, Vergleichungen, Sprichwörter an, die man gar nicht oder doch nur schlecht übersetzen kann.

Ich verfertigte dieses Stück in Italien zur Aufmunterung der guten und zur Besserung der schlechten Hausmütter. Man mache ein ähnliches in Frankreich. Es wird vielleicht für Paris so nützlich sein, wie meines für Venedig war.

31. Kapitel

Im Monat März des Jahres 1756 erhielt ich auf Befehl Seiner Königlichen Hoheit des Infanten Don Philipp einen Ruf nach Parma.

Dieser Prinz, der eine französische, sehr zahlreiche und gut besetzte Truppe unterhielt, wollte auch eine italienische komische Oper haben. Er erwies mir die Ehre, drei neue Stücke für die Eröffnung dieses neuen Schauspiels von mir zu verlangen.

Bei meiner Ankunft in Parma führte man mich nach Colorno, wo sich der Hof aufhielt, und stellte mich dem Herrn du Tillot vor, der damals nur Oberhofmeister Seiner Königlichen Hoheit war, in der Folge aber Staatsminister und Marchese von Felino wurde.

Dieser brave und rechtschaffene Franzose, ein Mann von Geist, Talenten und Rechtschaffenheit, empfing mich sehr freundschaftlich, gab mir ein sehr artiges Logis, einen Platz an seiner Tafel und wies mich wegen meiner Bezahlung an Herrn Giacobi, der die Aufsicht über die Schauspieler hatte.

Ich ging gleich denselben Tag in das Hofschauspiel. Es war das erstemal, daß ich französische Schauspieler sah. Ihr Spiel entzückte mich, und ich staunte über die Stille, die im Saale herrschte. Ich erinnere mich des Stücks nicht mehr, das man eben aufführte, allein ich besinne mich ganz deutlich, daß in einer Szene, wo der Liebhaber seine Geliebte mit Inbrunst umarmt, diese so natürliche Handlung, die den französischen Schauspielern erlaubt und den italienischen schlechterdings verboten ist, einen solchen Eindruck auf mich machte, daß ich aus vollem Halse »Bravo! Bravo!« rief.

Meine unbekannte und unbescheidene Stimme fiel der ganzen aufmerksamen Gesellschaft auf. Der Prinz erkundigte sich, wo sie herkäme. Man nannte mich ihm, und er vergab einem italienischen Dichter seine Überraschung. Diese kleine Unvorsichtigkeit war indes Ursache, daß mich die ganze Noblesse umringte, als ich nach der Vorstellung auf das Theater ging, wo ich viel Bekanntschaften machte, die mir in der Folge den Aufenthalt in Parma sehr angenehm, allein die Abreise auch sehr schwer machten.

Einige Tage darauf hatte ich die Ehre, dem Infanten, der Infantin und der königlichen Prinzessin Tochter die Hand zu küssen. Ich genoß den angenehmen Aufenthalt von Colorno einige Zeit und kehrte alsdann nach Parma zurück, dort in Ruhe zu arbeiten.

Ich wurde mit den drei verlangten Stücken fertig. Das erste hieß »La Buona Figliuola« (»Die gute Tochter«), das zweite »Il Festino« (»Der bürgerliche Ball«) und das dritte »I Viaggiatori ridicoli« (»Die lächerlichen Reisenden«).

Das Sujet zur »Guten Tochter« entlehnte ich aus meinem Lustspiele »Pamela«. Herr Duni verfertigte die Musik. Diese Operette machte viel Vergnügen und würde noch mehr gefallen haben, wenn die Rollen besser besetzt gewesen wären; allein man hatte sich zu spät nach guten Schauspielern umgesehen. Mehr Glück machte »Die gute Tochter« später unter den Händen des Herrn Piccini, der, als er einige Jahre nachher den Auftrag erhielt, eine komische Oper für Rom zu setzen, dieses alte Stück allen neueren, die man ihm vorschlug, vorzog.

Herr Ferrandini setzte die Musik für den »Bürgerlichen Ball« und Herr Mazzoni für die »Lächerlichen Reisenden«. Beiden gelang ihre Arbeit außerordentlich gut; beide Stücke wurden bei der Vorlesung und Aufführung gleich gut aufgenommen, allein die Anstrengung der Komponisten konnte die Fehler der Schauspieler nicht verbergen, und ich habe in der komischen Oper vorzüglich die Bemerkung gemacht, daß bei guter Aufführung die mittelmäßigsten Produkte viel Beifall hatten, die besten Stücke hingegen wenig, wenn sie schlecht aufgeführt wurden.

Mit meinem Anteil an der Arbeit war man indes vollkommen zufrieden. Ich wurde reichlich für meine Zeit und Mühe belohnt und verließ Parma mit dem Titel eines Hofpoeten und wirklichen Dieners Seiner königlichen Hoheit und einer jährlichen Pension, die der regierende Herzog die Gnade hatte mir auszusetzen.

Während meines Aufenthalts in Parma vergaß ich meine Schauspieler in Venedig nicht. Ich hatte von der französischen Truppe »Cénie«, ein Lustspiel der Madame Graffigny, vorstellen sehen, das mir ausnehmend wohl gefiel. Ich entwarf ein italienisches Stück nach diesem Muster unter dem Titel: »Il Padre per amore« (»Der Vater aus Zuneigung«) und hielt mich so genau, als der italienische Geschmack es vertragen konnte, an den französischen Autor. »Cénie« ist ein sehr rührendes und interessantes Drama, aber ganz von allem Komischen entblößt. Die Italiener bemerkten es nicht, daß es eine Nachahmung war, ich sagte es selbst aber jedermann und hielt mich geehrt genug, daß ich den Beifall, den es erhielt, mit einem vortrefflichen Frauenzimmer, die ihrer Nation und ihrem Geschlecht so viel Ehre machte, teilen konnte.

Der Anblick von Parma erinnerte mich an die Schlacht, die ich im Jahre 1746 hier gesehen hatte, und da es mir darum zu tun war, in die Sujets meiner Lustspiele soviel Mannigfaltigkeit wie möglich zu bringen, so verfertigte ich ein Stück unter dem Titel: »La Guerra« (»Der Krieg«).

Einen ähnlichen Stoff hatte ich in dem Lustspiel »Der Liebhaber ein Soldat« behandelt, allein ich hatte noch so viel über diesen Gegenstand auf dem Herzen, daß ich mich in diesem Stücke weiter als im vorigen ausbreitete.

Die Haupthandlung dieses Stücks ist die Belagerung einer Festung und der Ort der Szene bald im Lager der Belagerer, bald in der belagerten Stadt selbst. Ich nenne weder den Ort noch die kriegführenden Mächte, aus Furcht, derjenigen Nation, die sich am wenigsten vorteilhaft geschildert glauben möchte, zu mißfallen.

Dieses Lustspiel ist mehr komisch als interessant. Das Gemälde des Waffenstillstandes, das ich nach jenem bei der Belagerung von Pizzighettone entwarf, verschafft einen auffallenden Anblick und verbreitet viel Leben über das Stück. Unter anderen kommt ein verkrüppelter Leutnant darin vor, der, unerachtet seiner Stelzen, bei allen Lustpartien dabei ist, sich wie ein irrender Ritter herumschlägt und auf alle Weiber in der Gegend Jagd macht.

Auch ein Kriegskommissarius, der den Offizieren auf Zinsen, die den Gefahren des Krieges angemessen sind, Geld vorstreckt, kommt nicht allzu gut dabei weg. Vielleicht tat ich hieran nicht ganz recht, genug aber, daß ich nichts bloß aus der Luft griff. Man hatte mir von ihm erzählt, man hatte mir ihn gezeigt, und ich brachte ihn, doch ohne ihn zu nennen, aufs Theater.

An Liebeshändeln ist kein Mangel: es werden ihrer im Lager und in der Stadt getrieben. Man sieht unternehmende Offiziere, entzweite Familien. Der Friede indes bringt alles wieder ins Gleis und macht auch der Komödie ein Ende.

»Der Krieg« fand eine leidlich gute Aufnahme und erhielt sich bis gegen den Winter; das nächstfolgende Stück aber, mit dem der Karneval eröffnet wurde, war viel glücklicher und brachte den Schauspielern mehr Gewinn und dem Verfasser mehr Ehre. Es war »Il Medico olandese« (»Der holländische Arzt«).

32. Kapitel

Meine Reise nach Parma, das Diplom und die Pension, die ich erhalten hatte, erregten den Neid und den Zorn meiner Gegner. Sie hatten während meiner Abwesenheit von Venedig ausgesprengt, ich wäre gestorben, und ein Mönch war so unverschämt zu behaupten, er habe meiner Beerdigung selbst beigewohnt.

Als ich nun aber gesund und wohlbehalten nach Hause zurückkam, so suchte die Bosheit meiner Feinde sich wegen meines Glücks zu rächen, und zwar waren es nicht sowohl die Schriftsteller, meine Gegner, als vielmehr die Anhänger der verschiedenen Theater in Venedig, die mich quälten.

Verschiedene Gelehrte, die mich ihrer Achtung wert schätzten, übernahmen meine Verteidigung. Es brach ein förmlicher Krieg aus, in welchem ich sehr unschuldigerweise das Schlachtopfer der aufgebrachten Kämpfer wurde.

Tagtäglich erschienen neue Broschüren für und gegen mich. Doch hatte ich den Vorteil zum voraus, daß die Personen, die sich für mich interessierten, durch ihre Sitten, ihre Talente und ihren Namen zu den rechtschaffensten und angesehensten Personen von Italien gehörten.

Einer von den Punkten, derentwegen man mich am lebhaftesten angriff, war die Reinheit der Sprache. Ich war ein Venezianer und hatte also den Nachteil, mit der Muttermilch einen Dialekt eingesogen zu haben, der sehr angenehm, sehr verführerisch, aber nicht toskanisch ist.

Ich studierte meine Muttersprache nach Regeln und in den Schriften der besten italienischen Schriftsteller, allein die ersten Eindrücke kommen doch bisweilen wieder, so aufmerksam man auch ist, sie zu vermeiden.

Ich tat eine Reise nach Toskana und brachte vier Jahre dort zu, mir diese Sprache geläufig zu machen: ich ließ sogar die erste Ausgabe meiner Werke in Florenz unter den Augen und der Zensur der dortigen Gelehrten veranstalten, um sie von Sprachfehlern zu reinigen, alle diese Vorsicht aber war nicht imstande, die Rigoristen zu befriedigen. Ich hatte immer noch dieses und jenes nicht recht gemacht, immer noch warf man mir die Erbsünde des venezianischen Dialekts vor.

Über diesen langweiligen Bagatellen fiel mir eines Tages ein, daß Tasso sein ganzes Leben hindurch von den Akademikern della Crusca gequält wurde, die behaupteten, »Das befreite Jerusalem« wäre nicht durch das Sieb gegangen, welches das Sinnbild ihrer Gesellschaft ist.

Ich war in meinem Kabinett, richtete meine Blicke auf die Sammlung der Werke dieses Dichters in zwölf Quartbänden und rief aus: »Lieber Gott, muß man denn durchaus in Toskana geboren sein, wenn man es wagen will, in italienischer Sprache zu schreiben!«

Von ungefähr geriet ich über die fünf Bände des Wörterbuchs della Crusca. Ich fand mehr als tausend Wörter und eine Menge Ausdrücke, welche die Akademie gebilligt und der Sprachgebrauch verworfen hat. Ich blätterte in einigen alten Schriftstellern, die Muster der Sprache sind und die man dennoch heutzutage nicht nachahmen dürfte, ohne sich Vorwürfen auszusetzen. Dies brachte mich auf den Gedanken, daß man zwar gut Italienisch, aber doch zugleich so schreiben müsse, daß man in allen Ländern Italiens verstanden werden könne. Tasso, sagte ich, hatte unrecht, daß er sein Gedicht umschmolz, um es den Akademikern della Crusca recht zu machen. Sein »Befreites Jerusalem« liest die ganze Welt, allein sein »Erobertes Jerusalem« liest niemand.

Ich hatte viel Zeit mit ähnlichen Beobachtungen und Untersuchungen hingebracht, allein ich zog doch einigen Nutzen aus dieser verlorenen Zeit. Ich machte den Tasso zum Gegenstand eines neuen Lustspiels. Den Terenz und Molière hatte ich schon auf das Theater gebracht, jetzt tat ich ein gleiches mit dem Tasso, der selbst in dem dramatischen Fache kein Fremdling war. Das Leben des Tasso gibt interessante Anekdoten zu einem Theaterstück an die Hand, und seine Liebesintrigen, die Quelle aller seiner Unglücksfälle, machen den Hauptinhalt meines Stücks aus.

Dieses Stück erhielt einen so allgemeinen und dauernden Beifall, daß die Stimme des Publikums es in die Klasse meiner glücklichsten, wenn auch nicht meiner besten Arbeiten setzte.

33. Kapitel

Ich fahre fort, von meinen im Jahre 1755 verfertigten Stücken Rechenschaft zu geben, und finde, daß der »Amante di se stesso« (»Der Egoist«) in diese Zeit fällt, ob er gleich in einer ausländischen Edition die Jahreszahl 1747 an der Stirne führt; eine Zeit, wo ich noch für das Theater San Angelo arbeitete und also gerade drei Jahre vor der Epoche, wo ich anfing, mich in meinen theatralischen Arbeiten der Verse zu bedienen. Ich bitte bei dieser Gelegenheit den Leser, sich nicht auf die angegebenen Jahreszahlen meiner gedruckten Stücke zu verlassen, denn sie sind fast alle falsch.

»Der Egoist« fand ziemlichen Beifall und wurde in die zweite Klasse meiner Lustspiele gesetzt. Einige Tage darauf ließ ich »La Bella Selvaggia« (»Die schöne Wilde«), ein Stück, zu welchem der Stoff aus den Reisen des Abbé Prévost entlehnt ist, aufführen.

Beide Stücke sind mehr interessant als belustigend. Ich mußte also daran denken, wieder ein komisches Stück zu liefern, und ich gab zum Schluß der Herbstvorstellungen ein venezianisches Lustspiel in freien Versen, betitelt: »Il Campielo« (»Der Marktplatz«).

Dieser Marktplatz, welcher der Ort der Szene ist und es durch das ganze Stück bleibt, ist von kleinen Häusern umgeben, die von einfachen Leuten bewohnt werden. Man spielt, tanzt und schwärmt hier. Bald ist es der Versammlungsort der Fröhlichkeit, bald ein Schauplatz von Händeln und Streitigkeiten.

Die Szene wird mit einer Art von Lotterie eröffnet, die man »La Venturina« (»Das kleine Glück«) nennt. Ein junger Mensch kommt mit einem Korb voll artiger Fayencen auf diesen Platz, kündigt sich durch seinen gewöhnlichen und bekannten Ausruf an, und augenblicklich erscheinen die jungen Mädchen und alten Mütter an den Türen, Fenstern und auf ihren kleinen Terrassen.

Der kleine Krämer trägt einen Sack in der Hand und läßt gegen einen geringen Einsatz eine Kugel ziehen. Der Gewinn ist ein Stück Fayence. Wo mehrere Weiber zusammen sind, kann es nicht ohne Streit abgehen, jede will das gewonnene Stück auslesen, jede besteht darauf, daß ihr der Vorzug gebühre. Die Zuschauer erfahren auf diese Art ihre Namen, Hantierungen, Fehler, Charaktere und zugleich die Intrigen dieser schwatzhaften Weiber.

Jede von den jungen Mädchen hat ihren Liebhaber. Die Eifersucht bringt sie aneinander, die Verleumdung entzweit sie, und die Liebe versöhnt sie wiederum. Es kommen sonderbare Zwischenfälle, viel lustige und drollige Szenen und moralische Züge vor, die nicht allein auf Personen dieser Art, sondern zum Teil auch auf Frauenzimmer aus allen Ständen passen.

Der »Marktplatz« machte viel Vergnügen. Alles war aus dem Volk genommen, aber alles war von einer Wahrheit, die jedermann gleich einleuchtete, und Vornehme und Geringe waren damit zufrieden. Ich hatte meine Zuschauer allmählich gewöhnt, die Simplizität dem Flittergold und die ungeschminkte Natur den Ausschweifungen der Phantasie vorzuziehen.

Auf dieses lustige Stück gab ich ein moralisches, dessen Titel ist: »La buona Famiglia« (»Die gute Familie«). Dies ist vielleicht eines meiner nützlichsten Lustspiele für die Gesellschaft. Vernünftige Leute, kluge Väter, vorsichtige Mütter fanden Geschmack daran und schenkten ihm ihren Beifall; das aber sind gerade nicht die Personen, die das Glück eines Schauspiels machen. Es erhielt nur wenig Vorstellungen und wurde öfter in Privathäusern als auf den öffentlichen Theatern gespielt. Spötter möchten es eine Kapuzinerpredigt nennen.

34.–35. Kapitel

Solltest du, lieber Leser, bei dieser unermeßlichen Sammlung von Auszügen, Abkürzungen und Skizzen von Komödien noch keine Langeweile empfunden haben? Fast zweifle ich, und, die Wahrheit zu gestehen, ich bin selbst müde und matt. Allein ich würde mein gegebenes Wort brechen, wenn ich nicht von meinen sämtlichen Werken Rechenschaft ablegte, und man würde beim Durchlaufen der verschiedenen Ausgaben meines »Theaters« diejenigen Stücke, die mir wirklich zugehören, von jenen nicht unterscheiden können, die mir einige Herausgeber sehr unüberlegterweise zugeschrieben haben.

Warte also immer den Rest dieser langen Litanei mit Geduld ab; ich für meinen Teil will eilen, soviel es nur möglich ist. Hier ist ein ganzes Bündel Stücke, die ich mit ein paar Worten abfertigen will.

»Il Ricco Insidiato« (»Der umschwärmte Reiche«). Der Graf Horazio, ein Mann von sehr mittelmäßigen Glücksumständen, gelangt durch den Tod seines Onkels zu einer jährlichen Rente von 50000 Livres (12500 Talern) und zum Besitz einer wohlversehenen Schatulle.

Auf einmal sieht sich der Graf geliebt, geschmeichelt, jedermann ist zuvorkommend gegen ihn, jedermann ist sein Freund. Er wird gewahr, daß man ihn betrügt, und sucht darüber Gewißheit zu erlangen. Er zeigt ein falsches Testament seines Onkels vor, durch welches er der Erbschaft verlustig geht. Jedermann verläßt ihn. Er öffnet die Augen, behält seine wahren Freunde, schickt die Schmeichler fort und verheiratet sich mit einem Mädchen, deren Liebe und Beständigkeit die

Probe ausgehalten haben. Nunmehr ist er reicher als jemals, wirklich reich, weil er sich auf eine Art einrichtet, daß er sein Vermögen erhalten und mit Ruhe genießen kann.

Dieses Stück wurde sehr besucht und beklatscht. Wir kommen nun auf das nächstfolgende: ein Lustspiel »La Vedova Spiritosa« (»Die geistreiche Witwe«), das außerordentlich viel Glück machte.

Ich gebe keinen Auszug aus diesem Stück, da die Erzählungen des Herrn Marmontel in jedermanns Händen sind. Die Erzählung »Le Scrupule« findet man im ersten Bande dieser schätzbaren Sammlung.

Auch bei dem folgenden Stücke werde ich mich nicht verweilen. Der geringe Wert desselben verlohnt die Mühe nicht. Es heißt »La Donna di Governo« (»Die Gouvernante« oder vielmehr »Die Hausfrau«).

Ein unmittelbar hierauf folgendes italienisches Lustspiel hob indessen das Ansehen unseres Theater wieder. Es war »I Morbinosi«. Das Wort »morbin« bedeutet im venezianischen Dialekt Munterkeit, Belustigung, Lustpartie. »I Morbinosi« könnte man also im Französischen durch »gens de bonne humeur, partisans de la joie« (Freunde vom Vergnügen, lustige Gesellschafter) übersetzen.

Es liegt ein wahrer Stoff zugrunde. Einer von diesen aufgeweckten Leuten brachte ein Picknick in einem Garten auf der Insel Giudecca, ganz in der Nähe von Venedig, in Vorschlag. Es kam eine Gesellschaft von hundertundzwanzig Personen zusammen, worunter auch ich mit war.

Wir speisten alle an einem Tische, wurden sehr gut, mit einer bewundernswürdigen Ordnung und staunenswerten Genauigkeit bedient. Beim Diner selbst waren keine Frauenzimmer, allein zwischen dem Dessert und Kaffee fanden sich ihrer eine Menge ein. Wir hatten einen herrlichen Ball und brachten die Nacht sehr vergnügt zu.

Der Gegenstand dieses Stücks war nichts als eine Fete, allein ich stutzte den mageren Stoff durch interessante Anekdoten und komische Charaktere auf. Ich fand, was ich suchte, in unserer Gesellschaft und benutzte es, ohne jemand zu beleidigen.

Dieses Stück war sehr nach dem Geschmack des Publikums. Ich hatte gleich bei der ersten Vorstellung zwei- bis dreihundert Personen, deren Interesse es erforderte zu applaudieren. Auf diese Art mußte es wohl Beifall finden. Es machte den Schluß der Vorstellungen in diesem Jahre.

In der Fastenzeit des folgenden Jahres erhielt ich einen Brief aus Rom. Der Graf … hatte in dieser Hauptstadt das Theater Tordinona gepachtet. Er warf ein Auge auf mich, verlangte neue Stücke für seine Schauspieler von mir und bat mich, selbst zu kommen und die Regie zu führen.

Ich war noch nicht in Rom gewesen, und die Bedingungen, die man mir machte, waren sehr annehmbar. Hätte ich eine so günstige und vorteilhafte Gelegenheit vesäumen sollen?

Und doch konnte ich ohne Bewilligung des Patriziers, der mich für sein Theater in Venedig engagiert hatte, nicht zusagen. Ich teilte ihm meinen Plan mit und versicherte ihm, daß seine Truppe an neuen Stücken keinen Mangel leiden sollte. Er willigte ohne Schwierigkeit ein und bezeigte sogar seine große Zufriedenheit darüber.

Ich nahm also die Einladung an und bat um eine kleine Nachricht von der Einrichtung des Theaters und den Schauspielern der Truppe.

Der Mann, dem die Korrespondenz mit mir aufgetragen war, sagte mir nichts über diese beiden Punkte. Er bildete sich ein, wenn ich nach Rom käme, würde ich schon meine Lustspiele wie Vesperpredigten aus dem Arm schütteln. Alles, was er mir meldete, war, daß er mir ein artiges Quartier in einem der besten Viertel der Stadt, bei einem braven und höflichen Abbé, der mir durch seine Bekanntschaften den Aufenthalt in Rom noch angenehmer und interessanter machen könne, gemietet habe.

Ich nahm den Vorschlag an, und da ich für die Schauspieler in Rom, die ich nicht kannte, noch nichts arbeiten konnte, so verwandte ich meine Zeit auf die Truppe in Venedig.

36. Kapitel

Ich wußte, daß man schon seit einigen Jahren meine Komödien auf dem Theater Capranica aufführte und daß sie dort ebenso günstig aufgenommen wurden wie in Venedig.

Ich zog also jetzt zu einem Kampf gegen mich selbst aus und nahm mir vor, es dahin zu bringen, daß man dem neuen Schauspiel, das unter meiner Direktion eröffnet werden sollte, den Vorzug vor jenem gäbe.

Ich hatte noch niemals ein Stück angefangen, ohne die Schauspieler, die es ausführen sollten, zu kennen, und schrieb also von neuem nach Rom, um etwas von dem Charakter und der Geschicklichkeit der Schauspieler, die man mir bestimmt hatte, zu erfahren.

Die Antwort hierauf lautete: der Herr Graf kenne die Schauspieler selbst noch nicht; es wären größtenteils Neapolitaner, die vor Ende November nicht nach Rom kommen würden. Zugleich schrieb man mir, der Graf verlange keine neuen Stücke von mir, ich brauchte nur diejenigen mitzubringen, die ich kürzlich für Venedig verfertigt hätte. Ich solle selbst kommen, die Truppe sehen, kennenlernen und in längstens einem Monat könnte alles zur Eröffnung des Schauspiels bereit sein.

Zu Anfang des Monats Oktober schiffte ich mich mit meiner Frau ein. Ich wollte nicht allein gehen, und sie war die angenehmste Gesellschaft für mich. Wir reisten vorerst nach Bologna. Hier wählte man sich einen Weg nach Rom entweder über Florenz oder über Loreto. Ich zog diesen letzteren vor, um zugleich meine Andacht und meine Neugierde zu befriedigen.

Man kann nichts Reicheres sehen als den Schatz Unserer lieben Frau zu Loreto. Alle Reisenden sprechen mit Bewunderung davon, und jedermann kennt diesen prächtigen Tempel und diese wundertätige Kapelle. Der Anblick dieser Wunder hatte die Wirkung bei mir, daß er alles, was ich in der Ferne bewundert hatte, bestätigte.

Ich habe alles gesehen und alles bis auf die Keller untersucht. Man kann nirgends geräumigere und besser gebaute sehen. Es sind unermeßliche Behälter von guten Weinen zum Gebrauch für eine zahllose Menge Priester, Vikare, Büßende, Reisende, Wallfahrer, Bediente und Müßiggänger. Dies beweist die Größe des Fonds, den die christliche Mildtätigkeit der Andacht der Fremden und der Bequemlichkeit der Einwohner gewidmet hat.

Die kleine Stadt Loreto hat das Ansehen eines beständigen Jahrmarkts von Rosenkränzen, Medaillen und Heiligenbildchen.

Es scheint, als ob alle Reisenden, die diese Gegend besuchen, verpflichtet sind, einen Vorrat von dieser frommen Ware zu kaufen, um die Fremden damit beschenken zu können.

Ich versah mich denn also ebenso wie die übrigen und amüsierte mich damit, meinem Kaufmann einige Fragen über den Ertrag seines Handels vorzulegen. »Ach Herr«, sagte er, »es war einmal eine Zeit, wo Leute von unserem Gewerbe durch die Gnade der guten Jungfrau Maria in kurzem zu einem ansehnlichen Vermögen gelangen konnten, aber seit einigen

Jahren hat sich der Segen der Mutter Gottes, die unserer Sünde halber mit uns zürnt, ganz von uns gewendet. Der Absatz wird alle Tage schlechter, wir führen ein wahres Lumpenleben, und wären die Venezianer nicht, so könnten wir unsere Buden gar zuschließen.«

Der Kaufmann packte mir die Waren sauber zusammen und machte mir die Rechnung, wie er versicherte, nach den billigsten Preisen. Ich bezahlte ihn, ohne viel zu handeln; der gute Mann machte das Zeichen des Kreuzes mit dem Gelde, das ich ihm gegeben hatte, und ich verließ ihn, sehr erbaut, wie man denken kann.

Ich zeigte dem Abbé Toni von Loreto, an den ich empfohlen war, meinen Vorrat und erfuhr von ihm, daß der Kaufmann mich als einen Venezianer erkannt und sich die Waren um ein Dritteil über den gewöhnlichen Preis habe bezahlen lassen. Es war spät, ich stand im Begriff abzureisen und hatte also keine Zeit, hinzugehen und meinem Heiligen zu beweisen, daß er ein Spitzbube sei.

Ich setzte meinen Weg nach Rom fort, kam in dieser Hauptstadt an und ließ dem Grafen ... meine Ankunft kundtun. Am folgenden Morgen schickte er seinen Kammerdiener zu mir und ließ mich auf den Mittag bitten. Es erschien eine Karosse vor meiner Türe, mich hinzubringen, ich zog mich an, fuhr hin und fand die ganze Truppe versammelt.

Nach den gewöhnlichen Komplimenten wendete ich mich an den, der mir zunächst stand, und fragte ihn, was er für Rollen spiele. »Mein Herr«, sagte er mit einer wichtigen Miene, »ich mache den Polichinello.« – »Wie?« versetzte ich, »den Polichinello? in neapolitanischem Dialekt?« – »Ja«, sagte er, »geradeso wie Ihre Harlekine den bergamesischen oder venezianischen Dialekt sprechen. Es sind zehn Jahre, ohne mich zu rühmen, daß ich ganz Rom vergnüge. Herr Francisco, den Sie hier sehen, macht die Popa (die Soubrette) und hier Herr Petrillo die Mütter und geschwätzigen Weiber, und wir haben nunmehr über zehn Jahre das Theater Tordinona aufrechterhalten.«

Ich ließ vor Erstaunen die Arme sinken und sah den Grafen an, der sich in gleicher Verlegenheit befand. »Ich sehe«, sagte er zu mir, »meinen Fehler zu spät ein. Lassen Sie uns suchen, ihn soviel als möglich gutzumachen.« Ich sagte den neapolitanischen und römischen Schauspielern, daß ich seit geraumer Zeit in meinen Stücken gar keine Masken mehr auftreten ließe.–

»Immerhin«, fiel mir der berühmte Polichinello ins Wort, »lassen Sie sich darüber keine grauen Haare wachsen, wir sind keine Marionetten. Wir haben Verstand und Gedächtnis genug. Lassen Sie nur hören, wovon die Rede ist.«

Ich zog ein Lustspiel aus der Tasche, das ich ihnen bestimmt hatte, und erbot mich, es vorzulesen. Man ließ sich nieder, und ich las die »Geistreiche Witwe«. Das Stück gefiel dem Grafen unendlich wohl. Die Schauspieler wagten es vielleicht nicht, ihre Herzensmeinung zu sagen, und ließen alles auf den Grafen ankommen, der die Wahl der Stücke hatte. Die Rollen wurden gleich ausgeteilt, und die Schauspieler entfernten sich. Wir setzten uns zu Tische, und ich verheimlichte dem Herrn Grafen meine Besorgnis nicht, daß wir beide eine Sottise begangen haben möchten: er, daß er mich nach Rom gerufen, und ich, daß ich nach Rom gekommen.

37. Kapitel

Während die Schauspieler ihre Rollen einstudierten, beschäftigte ich mich einzig damit, Rom und die Personen zu sehen, denen ich empfohlen war. Ich hatte einen Brief von dem Minister von Parma an den Kardinal Porto Carrero, den spanischen Gesandten, und einen andern von dem Fürsten Rezzonico, dem Neffen des regierenden Papstes, an den Kardinal Carlo Rezzonico, seinen Bruder.

Den Anfang machte ich damit, daß ich diesen letzten Brief dem Kardinal Padrone überreichte, der mich mit derselben Güte und Vertraulichkeit empfing, mit der mich seine hohen Anverwandten in Venedig immer beehrt hatten. Er verschaffte mir eine Audienz bei Seiner Heiligkeit, und ich wurde ihm einige Tage nachher ganz allein in seinem geheimen Kabinette vorgestellt, welche Gunstbezeigung ungewöhnlich ist.

Dieser Papst, der aus Venedig gebürtig ist, den ich schon ehedem in seiner bischöflichen Residenz zu Padua kennenzulernen die Ehre hatte und den meine Muse bei seiner Erhöhung besang, empfing mich auf das gnädigste. Er unterhielt mich dreiviertel Stunden lang, sprach immer von seinen Neffen und Nichten und war sehr vergnügt über die guten Neuigkeiten, die ich von ihnen zu erzählen hatte.

Seine Heiligkeit griffen nach der Klingel, die auf dem Tische stand. Das war für mich das Zeichen zum Aufbruch. Ich machte, indem ich mich entfernte, tiefe Verbeugungen und Danksagungen, allein der Heilige Vater schien nicht ganz zufrieden. Er bewegte die Füße, die Arme, hustete, sah mich an und sagte – kein Wort. Welch eine Gedankenlosigkeit von mir! Die Ehre, die mir eben widerfahren war, entzückte mich und machte mir den Kopf so warm, daß ich es glücklich vergaß, dem Nachfolger des heiligen Petrus den Fuß zu küssen. Endlich kam ich aus meiner Zerstreuung zurück und fiel auf meine Knie. Clemens XIII. überhäuft mich mit seinen Segnungen, und ich entferne mich, sehr aufgebracht über meine unbegreifliche Dummheit und sehr erbaut von seiner huldreichen Nachsicht.

Mehrere Tage lang setzte ich meine Besuche fort. Der Kardinal Porto Carrero bot mir ein Couvert an seiner Tafel und eine Karosse zum freien Gebrauch an. Seine Exzellenz der Ritter Carrero, venezianischer Abgesandter, tat mir die gleichen Anerbieten. Ich benutzte sie, vorzüglich die Karossen, die in Rom so unentbehrlich sind wie in Paris.

Ich besuchte Kardinäle, Fürsten, Prinzessinnen, auswärtige Gesandte, und sobald ich vorgelassen worden war, wurde ich den folgenden Morgen von den Kammerdienern besucht, die mich über meine Ankunft komplimentierten. Jeder bekam ein kleines Geschenk, einige drei Paoli, andere zehn, nach dem Rang ihrer Herren, und die vom Papste drei Zechinen. Dies ist Sitte im Lande. Der Preis ist festgesetzt, und es läßt sich nichts abhandeln.

Bei meinen Besuchen nahm ich sogleich die kostbaren Denkmäler dieser Stadt, die ehedem Hauptstadt der Welt war und jetzt der Hauptsitz der katholischen Religion ist, in Augenschein.

Ich erwähne hier nicht diese Meisterstücke, die jedermann kennt, sondern beschränke mich bloß darauf, die Wirkung zu erzählen, die der Anblick der St.-Peterskirche auf meinen Geist und meine Sinne machte.

Ich stand eben in meinem zweiundfünfzigsten Jahr, als ich diesen Tempel zum ersten Male sah. Von meiner Kindheit an bis jetzt hatte ich immer mit Enthusiasmus davon sprechen hören; ich hatte die Geschichtsschreiber und Reisebeschreiber durchlaufen, die sehr genaue Beschreibungen und räsonnierende Zergliederungen davon liefern, und glaubte, wenn ich ihn selbst zu sehen bekommen sollte, so würde die gar zu große Erwartung das Erstaunen und die Überraschung schwächen;

aber – gerade das Gegenteil! Alles, was ich davon gehört hatte, blieb weit unter dem, was ich jetzt sah. Alles, was ich in der Ferne für übertrieben gehalten hatte, vergrößerte sich noch unendlich vor meinen Augen. Ich bin kein Kenner der Baukunst und werde nun nicht erst anfangen, die Kunstausdrücke derselben zu studieren, um das Entzücken, das ich empfand, zu schildern; aber ich bin überzeugt, daß es die Wirkung der genau beobachteten Verhältnisse bei aller der ungeheueren Ausdehnung war.

So sehr die vortreffliche Bauart und die Zierate des Gebäudes Bewunderung hervorbringen, so sehr erweckt das Heiligtum dieser Hauptkirche feurige Andacht.

In den Souterrains des Hauptaltars ruhen die Körper des heiligen Petrus und des heiligen Paulus, und so wenig andächtig die Römer auch sind, so begeben sie sich doch sehr häufig hierher, den Fürsten der Apostel ihre Verehrung zu bezeigen.

Mein Wirt z. B. hätte es für alle Reichtümer der Erde nicht versäumt, tagtäglich sein Gebet in der Kathedralkirche zu verrichten. Dabei war er ein Freund des Vergnügens und kam oft erst um Mitternacht nach Hause. Seine Wohnung lag eine gute Strecke von der Peterskirche; demunerachtet fiel es ihm ein, daß er seine Patrone noch nicht besucht hatte, so trat er ohne Bedenken mitten in der Nacht seinen Marsch an, verrichtete an der Türe sein Gebet und kehrte zufrieden nach Hause.

Ich muß meine Leser diesen Mann ein wenig näher kennen lehren, der manche Sonderbarkeiten an sich hatte, dabei aber ein vortreffliches Herz und eine Aufrichtigkeit ohnegleichen besaß.

Es war der Abbé ..., Korrespondent verschiedener deutscher Bischöfe in den Geschäften bei der päpstlichen Kammer. Er hatte mir ein Quartier von vier Piecen gemietet, die an der Front vier Flügelfenster mit der Aussicht auf die schönste Straße von Rom, die il Corso heißt, hatten. Hier versammelte sich die ganze Stadt zum Pferderennen und zur Karnevalszeit, den Anblick der Masken zu genießen.

Der Abbé ... hatte eine reizende Frau und eine ebenso reizende Tochter. Er war nicht reich, führte aber einen guten Tisch, und ich tat mich bei ihm in die Kost. Er hatte alle Tage eine Schüssel, von eigner Hand zubereitet, auf der Tafel und ermangelte niemals, den Gästen anzukündigen, daß dies ein Gericht für den Herrn Advokaten Goldoni, zubereitet von den Händen seines gehorsamen Dieners, wäre. Er setzte hinzu, daß niemand, ohne die Erlaubnis des Herrn Advokaten, etwas davon bekommen würde.

Auch Konzerte gab er in seinem Hause. Mamsell ... sang zum Bezaubern schön und wurde dabei von Stimmen und auf Instrumenten von Dilettanten begleitet, deren Rom in allen Klassen und Ständen eine Menge aufzuweisen hat.

Wenn man meinen lieben Abbé reden hörte, so war es immer und immer nur der Herr Advokat Goldoni, für den er alle diese Lustpartien anordnete, und ich konnte ihm keinen größern Verdruß antun, als wenn ich zu Mittag in der Stadt speiste oder den Abend außer dem Hause zubrachte.

Ich kam eines Tages auf sein Zimmer und sagte ihm, daß ich den Mittag nicht zu Hause essen würde. Diese Nachricht preßte ihm Flüche und Schwüre aus, und er fing an, sich mit meiner Frau zu zanken. »Niemand«, sagte er, »soll von der Schüssel, die ich für den Herrn Advokaten Goldoni zurechtgemacht habe, auch nur einen Bissen zu kosten bekommen.« Er ging in die Küche, betrachtete das köstliche Gericht, das er mit so großem Vergnügen und so großer Sorgfalt bereitet hatte, mit einer traurigen Miene. Der Verdruß übermannte ihn, und er warf die Kasserolle in den Hof. Den Abend komme ich nach Hause; der Abbé hatte sich zu Bette gelegt, weil er mich nicht sehen wollte. Jedermann lachte, allein mir tat es wirklich leid. Zum Glück gab mir der Bediente ein Billett, in welchem ich auf morgen zu einer Probe meines Stücks eingeladen wurde. Dies interessierte mich mehr, der Abbé war in einem Augenblick vergessen, und ich schlief die Nacht sehr ruhig.

38. Kapitel

Ich ging zu dem Herrn Grafen ..., der Probe meines Stücks beizuwohnen, und fand die Schauspieler schon beisammen. Sie hatten ihre Rollen studiert und hatten sie vollkommen inne. Diese Aufmerksamkeit machte mir viel Vergnügen, und ich nahm mir vor, ihrem Eifer zu Hilfe zu kommen und ihnen nach meinen besten Kräften beizustehen. Man fing an: Donna Placida und Donna Luigia. Die Akteurs waren zwei junge Römer, ein Perückenmacher und ein Tischlergeselle.

O Himmel! Welch eine hochtrabende Deklamation, welch ein linkisches Wesen in allen Bewegungen! Keine Wahrheit, keine Einsicht in den Geist der Rollen. Ich sagte im allgemeinen etwas über den schlechten Geschmack in ihrer Deklamation. Der Polichinello, der beständige Wortführer der Truppe, sagte mir in einem sehr zuversichtlichen Ton: »Jedermann hat seine Manier, und diese da, mein Herr, ist die unsrige.«

Ich ergriff meine Partie und sagte nichts weiter dazu. Ich ließ ihn nur merken, daß das Stück etwas zu lang sei – das war der einzige Punkt, in welchem wir einig waren –, und kürzte es fast um den dritten Teil, um mir den Verdruß, es anhören zu müssen, zu erleichtern. Sosehr ich auch an dem ersten Male genug hatte, so versäumte ich doch keine Probe, selbst die letzte auf dem Theater nicht.

Am 26. Dezember werden in Rom alle Schauspielhäuser auf einmal geöffnet. Ich hatte große Lust, der Vorstellung nicht beizuwohnen, allein der Graf hatte mir einen Platz in seiner Loge bestimmt, und ich konnte es ohne Unschicklichkeit nicht ablehnen, davon Gebrauch zu machen.

Ich ging also hinein, alles war erleuchtet, der Vorhang sollte eben aufgezogen werden, und in allen Logen waren höchstens hundert und im Parterre kaum dreißig Personen. Man hatte mir vorher gesagt, daß das Theater Tordinona nur von Kohlenkrämern und Matrosen besucht würde und, wenn Polichinello nicht aufträte, auch die Liebhaber von Farcen nicht hineingingen. Ich bildete mir ein, ein Dichter, den man ausdrücklich aus Venedig verschrieben hatte, würde wenigstens Neugierde erwecken und Leute von allen Ecken der Stadt zusammenlocken; allein meine Schauspieler waren in Rom schon allzu bekannt.

Der Vorhang ging auf. Die Personen traten auf und spielten, wie sie probiert hatten. Das Publikum wurde ungeduldig, man rief nach dem Polichinello, und das Stück ging immer schlechter. Ich konnte nicht mehr zusehen, beinahe wäre mir übel geworden. Ich bat den Grafen um Erlaubnis, hinausgehen zu dürfen; er gab sie mir gern und bot mir seine eigene Karosse an. Ich verließ das Theater Tordinona und ging in das Theater Aliberti, wo sich meine Frau befand.

Diese hatte den Durchfall meines Stücks so gut wie ich selbst vorausgesehen und war mit der Tochter meines Wirts in die Oper gegangen. Ich trat in ihre Loge, und ohne daß ich ein Wort sprach, lasen sie meinen Verdruß auf meinem Gesicht. »Trösten Sie sich«, sagte mir das Fräulein mit lachender Miene: »Hier geht es nicht besser. Die Musik findet nicht den geringsten Beifall. Keine Arie, kein Rezitativ, kein Ritornell, das schön wäre, bekommt man zu hören. Buranello hat sich diesmal schrecklich vergessen. « Sie war eine Kennerin der Musik, sie konnte also selbst urteilen, und man bemerkte leicht, daß jedermann ihrer Meinung war.

Das Parterre in Rom ist wirklich furchtbar. Die Abbés entscheiden laut und kräftig. Man kennt keine Wachen, keine Theaterpolizei. Von allen Seiten hört man pfeifen, schreien, schimpfen und überlaut lachen.

Wohl dem aber auch, der das Glück hat, diesen Herren zu gefallen. Ich sah auf demselben Theater die erste Vorstellung der Oper des Ciccio de Mayo. Die Beifallsbezeugungen waren ebenso heftig. Ein Teil des Parterres ging am Ende des Schauspiels heraus, den Komponisten im Triumph nach Hause zu bringen, die andere Hälfte blieb im Hause und schrie einmal über das andere: »Viva Mayo!« und setzte das so lange fort, bis das letzte Lichtstümpfchen verlosch.

Was würde aus mir geworden sein, wenn ich den Schluß meines Stücks in dem Theater Tordinona abgewartet hätte? Dieser Gedanke machte mich am ganzen Leibe zittern. Den Tag darauf ging ich zum Grafen ..., fest entschlossen, mich nicht wieder einer ähnlichen Gefahr auszusetzen. Ich merkte bald, daß ich mit einem billigen und vernünftigen Manne zu tun hatte. Er sah selbst die Unmöglichkeit ein, mit seiner Truppe etwas anzufangen, wenn man sie nicht nach ihrem alten Leisten arbeiten lassen wollte. Hier ist mit ein paar Worten der Ausweg, den wir einzuschlagen genötigt wurden.

Es wurde beschlossen, die Neapolitaner ihre gewöhnlichen extemporierten Stücke fortsetzen zu lassen, allein mit musikalischen Intermezzos untermischt, zu denen ich den Stoff nach parodierten Arien verfertigen sollte. Ein paar Tage waren zur Ausführung dieses Projekts hinreichend. Wir fanden bei den Musikhändlern die besten Partituren meiner komischen Opern.

Rom ist eine Pflanzschule von Sängern. Wir fanden zwei gute und sechs leidliche. Das erste Intermezzo, das wir aufführten, war: »Arcifanfano, Rè de' Pazzi« (»Arcifanfano, der König der Narren«), die Musik von Buranello. Dieses kleine Schauspiel machte viel Vergnügen, und das Theater von Tordinona gewann dabei so, daß der Graf nicht viel dabei einbüßte.

Ich hatte also auf dem Theater Tordinona förmlich Schiffbruch erlitten, und dies schmerzte mich bitterlich, allein die Schauspieler von Capranica entschädigten mich wieder. Dieses Theater hatte sich seit einigen Jahren meinen Stücken gewidmet und gab damals eben mein Lustspiel »Pamela«. Dieses Stück wurde so gut vorgestellt und machte so viel Vergnügen, daß es sich die ganze Spielzeit hindurch auf dem Theater hielt und vom 26. Dezember bis Aschermittwoch ununterbrochen gegeben wurde.

Jedesmal, wenn ich hinging, war ein Tag des Triumphs für mich. Die Schauspieler von Capranica, die ich mit Lob überhäufte, weil sie es verdienten, ließen mich bitten, daß ich die Gefälligkeit haben und ein Stück für ihr Theater verfertigen möchte.

Sie brauchten eigentlich kein besonders für sie gearbeitetes Stück, da sie diejenigen benutzen konnten, die ich jährlich drucken ließ. Es war bloß eine Geste, die sie mir aus Erkenntlichkeit für den Gewinn, den meine Arbeiten ihnen verschafft hatten, machten.

Ich bewilligte ihr Gesuch, ohne mir anmerken zu lassen, daß ich ihre Absicht dabei erriet. Ich fragte, ob sie mir einen Gegenstand angeben wollten, den sie gern behandelt zu sehen wünschten. Sie schlugen mir eine Fortsetzung der »Pamela« vor. Ich versprach, daß sie das Stück noch vor meiner Abreise bekommen sollten, und hielt Wort. Sie waren damit zufrieden, und ich war es auch mit der edlen und großmütigen Art, wie man mich für meine Arbeit belohnte.

Dieses Lustspiel findet man in der Sammlung meiner Werke unter dem Titel »Pamela maritata« (»Die verheiratete Pamela«).

Ich sah dieses Stück nicht spielen, ich erfuhr aber, daß es in Rom weniger Beifall gefunden habe als das erste Stück, und wunderte mich gar nicht darüber. Es war mehr Kunst und Feinheit im zweiten, allein mehr Spannung und Handlung im ersten Stück. Das eine war für das Theater, das andere für das Kabinett gemacht. Diejenigen, die mir die Anfertigung desselben auftrugen, mögen mir verzeihen, wenn ich ihren Zweck verfehlte. Ich überließ ihnen die Wahl des Gegenstandes und darf mir nicht vorwerfen, ihn vernachlässigt zu haben.

39. Kapitel

Der Karneval beginnt in fast ganz Italien mit Ende des Dezember oder Anfang Januar, allein in Rom nimmt diese Zeit der Fröhlichkeit oder Torheit, die sich durch die Maskenfreiheit auszeichnet, erst acht Tage vor Fastnacht ihren Anfang, und man darf die Maske nicht länger als von zwei Uhr mittags bis fünf Uhr abends tragen. Mit einbrechender Nacht muß jedermann mit unbedecktem Gesichte gehen. Man kann mit Recht sagen, der römische Karneval dauere nicht länger als vierundzwanzig Stunden, dafür wird die Zeit auch desto besser genutzt.

Man hat keine Vorstellung von dem Glanz und der Pracht, welche diese acht Tage über herrschen. Man sieht vier Reihen prächtiger Karossen, welche die ganze Länge des Corso einnehmen. Die Reihen an beiden Seiten geben nur Zuschauer von jenen ab, die in der Mitte hindurchfahren. Eine Menge Masken zu Fuß, aber deshalb nicht Leute aus dem Pöbel, gehen auf den Fußwegen, singen, haselieren, machen sehr geschickt Lazzi und werfen Biskuit und Zuckerwerk in die Kutschen, was ihnen reichlich zurückgegeben wird, so daß man den Abend auf lauter Zuckermehl geht.

Um dieselbe Zeit und in derselben Straße werden die Pferderennen gehalten, wo der Sieger ein Stück Stoff oder eine Summe Geld gewinnt. Diese Pferde sind frei, ohne Reiter, zum Laufen abgerichtet, werden durch spitzige Stacheln gespornt, durch das Geschrei und Händeklatschen des Volks angefeuert und laufen von dem Palast St. Marco aus bis an das Stadttor, wo sie angehalten werden und das zuerst angekommene den Preis erhält.

Ich hatte die Bequemlichkeit, dieses reizende Schauspiel zu genießen, ohne mein Zimmer verlassen zu dürfen, allein mein Wirt bestimmte mir im Saal seines Quartiers einen Balkon, an den er einen Zettel geheftet hatte, auf welchem mit großen Buchstaben geschrieben stand: »Balkon für den Herrn Advokaten Goldoni«.

Der Saal hatte nicht mehr als acht Fenster, und der Abbé hatte ... sechzig Personen eingeladen. Die Leute, die kamen, übersahen den Anschlagzettel, jeder suchte zuerst einen Platz zu bekommen, und mein Abbé war in großer Verlegenheit, wo er mich unterbringen sollte. Ich hätte mit seiner und meiner Frau auf mein Zimmer gehen können, daran war aber nicht zu denken; ich sollte durchaus im Saal bleiben. Als ich kam, war alles besetzt; man rückte zusammen, und ich bekam noch eine Stelle, im Augenblick aber kamen noch mehr Damen herein. Ihnen gebührte der Vortritt, ich trat also mit noch einigen anderen zurück und blieb ohne Platz.

Der Abbé wurde wild, wütend hierüber. Er faßte mich am Arm, zog mich in das Zimmer, hieß seine Frau und Tochter weggehen, stieß mich mit Gewalt vor auf den Balkon, trat neben mich, blieb immer bei mir, machte mich auf die Wagen der Prinzen und Prinzessinnen und Kardinäle, deren Kutscher er kannte, aufmerksam und nannte mir die Pferde, deren Devisen er unterscheiden konnte.

Die Fete war zu Ende, aber die Verlegenheit meines Abbés ging nunmehr erst recht an. Der Besuch machte keine Anstalten zum Aufbruch. Er hatte viele davon zum Souper gebeten, erinnerte sich aber nicht mehr, weder wen noch wie viele er eingeladen hatte.

Es befanden sich viele Liebhaber der Musik in der Gesellschaft; man arrangierte ein Konzert, spielte, sang, alles ging gut, aber niemand wollte gehen. Was war anzufangen?

Der arme Abbé kam zu mir, zitternd am ganzen Leib, und verlangte einen guten Rat von mir. – »Nichts, mein Freund«, sagte ich, »Sie haben die Torheit begangen, Sie mögen sie nun auch ausbaden.« – »Ja, wenn wir nicht unser vierzig, fünfzig wären...« – »Nicht den Mut sinken lassen, lieber Abbé!« versetzte ich: »Fort, lassen Sie Musik kommen, lassen Sie in der Geschwindigkeit einen kleinen Schenktisch zurechtmachen, lassen Sie die Gesellschaft tanzen und ziehen Sie sich aus dem Handel, so gut es gehen will.« Er fand meinen Einfall gut, und der Ball wurde gegeben. Die Erfrischungen waren hinreichend, die Nacht wurde sehr vergnügt zugebracht, und man ging sehr zufrieden auseinander.

Das Ende des Karnevals näherte sich, und wir brachten diese letzten Tage der Fröhlichkeit auf eine sehr angenehme Art bald bei diesem, bald bei jenem zu. Sobald die Fasten eintritt, ändert man zwar die Dekoration, vertreibt sich aber die Zeit um nichts schlechter. Allenthalben findet man Musik und Spieltische.

Alles Vergnügen, was ich bis jetzt in Rom genossen hatte, war für nichts zu rechnen in Vergleich mit dem, was ich in der Karwoche genoß. In diesen der Andacht gewidmeten Tagen äußert sich die Majestät des Papstes und die Größe der Religion erst recht. Nichts Prächtigeres, Feierlicheres muß sich wohl denken lassen als die Zelebrierung einer päpstlichen Messe in der Hauptkirche des Vatikans. Der Papst figuriert hier als Souverän mit einer Pracht und mit Zeremonien, die zugleich Andacht und Bewunderung erwecken. Alle Kardinäle, die Fürsten der Kirche und mutmaßlichen Erben des Throns, sind dabei zugegen. Der Tempel ist unermeßlich wie das Gefolge des Hohenpriesters.

Die Zeremonie des Fußwaschens schien mir nicht weniger majestätisch; man sieht allenthalben arme Leute, welche die Aposteln vorstellen, die Füße waschen; allein diese dreifache Krone hier, diese roten Hüte, diese Hierarchie von Bischöfen und Patriarchen überraschen und entzücken die Einbildungskraft.

Ein anderer frommer Aufzug, den ich in dieser Kirche sah, schien mir ebenso angenehm wie überraschend; ich meine das Miserere am Karfreitag. Man geht in die St.-Peterskirche: die Entfernung von der Tür bis zum Hauptaltar ist so groß, daß man nicht unterscheidet, ob jemand da ist oder nicht. Kommt man so nah, daß man sehen und hören kann, so erblickt man eine zahlreiche Gesellschaft von Musikanten in langen Röcken (Soutanes) und kleinen Überschlägen (petits Collets) und glaubt alle möglichen Instrumente zu hören, obgleich nicht ein einziges vorhanden ist.

Ich bin kein Musikus, ich kann also diese Mannigfaltigkeit und Gradation der Stimmen in denselben Akkorden, die diese Täuschung hervorbringen, nicht erklären; jeder Komponist aber sollte billig dieses Meisterstück der Kunst gehört haben.

Ich blieb bis zum Feste des heiligen Peter und Paul in Rom und besah alles, was in der Stadt und der benachbarten Gegend für mich zu sehen übrig war.

Ich sah also noch in Rom, am heiligen Abend vor dem St.-Petersfeste, die unermeßliche Kuppel der Kirche erleuchtet, dieser berühmte Kronleuchter, der einem Feuerstrom gleichsieht, den die Gewalt eines Vulkans in die Höhe geschleudert hat, und die Zeremonie mit dem Zelter, der dem heiligen Vater im Namen des Königs von Neapel durch den Konnetable Colonna überreicht wurde.

Die Luft in Rom fing an gefährlich zu werden. Die Römer fürchten sie selbst, und vom Juli bis in den Oktober gleicht die Stadt einer Einöde. Ich verließ Rom den zweiten August, zum großen Leidwesen meines Wirts, der mich immer mit Höflichkeiten überhäuft hatte.

40. Kapitel

Auf der Rückkehr in meine Vaterstadt wählte ich den Weg durch die Toskana und reiste mit unendlichem Vergnügen durch dieses herrliche Land, wo ich vier sehr angenehme Jahre hintereinander zugebracht hatte.

Ich sah fast alle meine Freunde wieder und bog ein wenig von der geraden Straße aus, um auch Pisa, Livorno und Lucca wiederzusehen. Ich fing schon an, Abschied von Italien zu nehmen, ohne noch zu wissen, daß ich es auf immer verlassen sollte.

Bei meiner Ankunft in Venedig hatte ich nichts Dringenderes, als mich nach dem Schicksal der neuen Stücke, die man während meiner Abwesenheit gespielt hatte, zu erkundigen. Ich hatte zwar nach Rom einige Nachrichten davon bekommen, allein sie widersprachen sich zum Teil, und keine war ausführlich genug.

Das erste Stück, das man gegeben hatte, war »La Sposa sagace« (»Die verschlagene Frau«). Dies war eins von den Lustspielen, die ich mit Sorgfalt ausgearbeitet hatte; und ich war sehr vergnügt, als ich erfuhr, daß der Erfolg meinen Wünschen entsprochen hatte.

Das nächste Stück, das man auf die »Sposa sagace« hatte folgen lassen, war »Lo Spirito di Contradizione« (»Der Geist des Widerspruchs«).

Wir kommen nunmehr auf das dritte Stück, das in Venedig gegeben wurde, während ich mich in Rom aufhielt. Es heißt: »La Donna sola« (»Das alleinstehende Frauenzimmer«).

Madame Bresciani, welche die ersten Rollen spielte und in einem verdienten Ansehen stand, war deshalb nicht ohne Fehler. Sie war sehr eifersüchtig auf ihre Mitspielerinnen und konnte es nicht leiden, wenn eine andere Aktrice Beifall erhielt. Diese Schwäche der Madame Bresciani mißfiel mir, setzte mich oft in Verlegenheit, und ich hatte die Gewohnheit, meine Schauspieler auf eine sanfte Art zu bestrafen, wenn sie mir Verdruß machten. Ich verfertigte also ein Stück, in dem nur ein einziges Frauenzimmer vorkam. Meine Absicht dabei war, der Madame Bresciani durch den Titel und den Inhalt zu sagen: »Sie möchten gern die einzige sein; hier sind Sie's!«

Sie hatte Verstand und merkte meine Absicht bald, allein sie fand das Stück nach ihrem Geschmack, übernahm die Rolle ohne Weigerung und spielte sie mit Begeisterung. Die Aktrice gefiel sehr und verschaffte dem Stück Beifall.

Diese drei Stücke waren sehr gut aufgenommen worden, das vierte aber, »La Buona Madre« (»Die gute Mutter«), war nicht so glücklich. Ich hatte in den vergangnen Jahren »Die gute Tochter«, »Die gute Frau«, »Die gute Familie« geschrieben, und sowenig das Gute auch jemals mißfallen kann, so wird doch das Publikum alles überdrüssig. Man mag die Gegenstücke verändern wie man will, die Wiederholung derselben Motive und die Ähnlichkeit der Charaktere sind ihm immer zuwider. Die »Gute Mutter« wurde weder verachtet noch beklatscht. Man hörte sie ganz gleichgültig an, und sie erhielt nicht mehr als vier Vorstellungen. Es war ein ehrbares Stück, das auf eine sehr ehrbare Weise zu Falle kam.

Das letzte, womit man den Schluß des Karnevals von 1758 gemacht hatte, erhielt solchen Beifall, daß man mich mit Briefen, mit Lobpreisungen und Details überhäufte, die gar kein Ende nehmen wollten. »Le Morbinose« war der Titel dieses glücklichen Stücks. Die Handlung spielt in Venedig, und die handeln-Personen sind alle Venezianer, bis auf einen Fremden, der durch seine toskanische Sprache und Gewohnheiten, die ihm aus seinem Vaterland anhängen, mit dem Dialekt und den Sitten der Venezianer einen Kontrast macht.

Dieser Fremde, mit Namen Ferdinando, ist an gute Bürgersleute in Venedig empfohlen und hat verschiedene Bekanntschaften unter ihnen gemacht. Er wird sehr gut in den Gesellschaften aufgenommen, allein die Frauenzimmer, welche die Hauptannehmlichkeit der Nationalmunterkeit ausmachen, finden den Toskaner schwerfällig, geziert und machen sich ein wenig über ihn lustig. Sie benutzen die Freiheit des Karnevals und spielen ihm eine Menge Streiche, bloß um ihm seine natürliche Steifigkeit abzugewöhnen und ihm den venezianischen Ton und die venezianische Leichtigkeit zu geben. Sie sind so glücklich darin, daß sich Ferdinando in eine von ihnen verliebt, sie heiratet und sich für beständig in Venedig niederläßt.

Ich machte den Frauenzimmern meiner Vaterstadt dadurch den Hof, ob ich gleich mein eigenes Interesse dabei vor Augen hatte. Wenn man dem Publikum gefallen will, so muß man damit anfangen, den Damen zu schmeicheln.

41. Kapitel

Kaum hatte ich Zeit auszuruhen, als ich wieder an die Arbeit gehen mußte. Ich kam am ersten September in Venedig an, die Vorstellungen sollten den Vierten des folgenden Monats ihren Anfang nehmen, und ich hatte noch nichts vorbereitet.

Die Zerstreuungen, die ich in Rom fand, waren zu angenehm, als daß ich Zeit gehabt hätte, mich mit etwas zu beschäftigen. So arbeitsam ich war, so bin ich doch immer ein großer Freund des Vergnügens gewesen. Ich vergaß meine Versprechen und Engagements niemals, allein ich benutzte doch jeden Augenblick, den ich mir frei machen konnte. Ich kannte meine Leichtigkeit in der Arbeit und wußte, daß es mir immer besser von der Hand ging, je mehr ich gedrängt wurde.

Doch muß ich dabei auch in Anschlag bringen, daß ich durch Zeit, Erfahrung und Gewohnheit so vertraut mit der dramatischen Kunst geworden war, daß, wenn ich die Sujets einmal erfunden und die Charaktere gewählt hatte, alles übrige fast mechanische Arbeit für mich war.

Früher nahm ich vier Operationen vor, ehe ich zur Vollendung und Verbesserung eines Stücks kam.

Erste Operation: Der Plan mit der Einteilung der drei Hauptstücke, der Exposition, der Verwickelung und Entwickelung.

Zweite Operation: Die Verteilung der Handlung in Akte und Szenen.

Dritte Operation: Der Dialog der interessantesten Szenen.

Vierte Operation: Der allgemeine Dialog des ganzen Stücks.

Oft begegnete mir's, daß ich, ehe ich noch zu dieser letzten Operation kam, alles das geändert hatte, was ich in der zweiten und dritten gemacht hatte. Denn die Ideen entwickeln sich auseinander, eine Szene bringt die andere hervor, ein Wort, das man durch einen Zufall findet, gibt einen neuen Gedanken an die Hand, und nach einiger Zeit führte ich diese vier Operationen auf eine einzige zurück. Sobald ich den Plan und die drei Einteilungen im Kopf hatte, fing ich gleich an zu schreiben: Erster Akt, erste Szene, und so fuhr ich fort bis ans Ende, doch immer mit Beobachtung der Regel, daß alle Linien auf einen bestimmten Punkt gerichtet sein mußten, das heißt, auf die Entwicklung der Handlung, die der wichtigste Teil der Handlung ist, um dessentwillen alle Maschinen in Bewegung gesetzt werden.

Ich habe selten in meinen Entwicklungen gefehlt. Dies kann ich kühnlich sagen, da die ganze Welt es gesagt hat. Überhaupt scheint mir die Sache so schwierig nicht. Es ist sehr leicht, eine Entwicklung zu bekommen, wenn man sie im Anfang des Stücks gut vorbereitet und im Gang der Arbeit nicht aus den Augen verloren hat.

Ich fing also ein Lustspiel in drei Aufzügen in Prosa unter dem Titel »Gl'Innamorati« (»Die Verliebten«) an und brachte es in vierzehn Tagen zustande. Der Titel versprach nichts

Neues, denn es gibt wenig Stücke ohne Liebe; allein ich kenne keines, worin die Verliebten Leute von der Gattung sind, wie ich sie in meinem Lustspiel vorführe; und die Liebe würde die fürchterlichste Geißel der Erde sein, wenn sie alle Liebenden so wütend und so unglücklich machte, wie es die beiden Hauptpersonen meines Stücks sind. Und doch hatte ich wahre Originale dabei vor Augen gehabt. Ich hatte sie in Rom gesehen und war beider Freund und Vertrauter, der Zeuge ihrer Leidenschaft, ihrer Zärtlichkeit und oft auch der Anfälle ihrer Wut und ihrer lächerlichen Ausschweifungen. Ich hatte mehr als einmal ihre Zänkereien, ihr Geschrei, ihre Verzweiflung mit angehört; bisweilen wurden gar Schnupftücher zerrissen, Gläser zerschlagen und Messer aus der Scheide gezogen.

Meine Liebenden sind übertrieben, und deshalb doch nicht weniger wahr. Ich gestehe gern, es ist mehr Wahrheit als Wahrscheinlichkeit in meiner Arbeit; allein da ich von der Gewißheit der Sache überzeugt war, so glaubte ich auch ein Gemälde davon liefern zu dürfen, das einen Teil der Zuschauer lachen machte und den andern in Schrecken setzte.

In Frankreich würde ein solches Sujet unerträglich gewesen sein, in Italien fand man es höchstens ein wenig überladen, und ich hörte verschiedene Personen meiner Bekanntschaft sich rühmen, fast in der gleichen Lage gewesen zu sein. Ich tat also nicht unrecht, daß ich in einem Land, wo die Wärme des Klimas die Herzen und die Köpfe mehr als sonst in Flammen setzt, die Torheiten der Liebe ins Große malte.

Auf dieses Stück, das mehr Beifall erhielt, als ich erwartet hatte, ließ ich ein anderes folgen, das es noch weit übertraf; ich meine »La Casa Nova« (»Das neue Haus«), ein venezianisches Lustspiel. Ich wechselte eben meine Wohnung, und da ich allenthalben Stoff zu Komödien suchte, so fand ich sogar einen in der Verdrießlichkeit meines Auszugs. Der Inhalt des Stücks gründet sich nicht auf Umstände, die Bezug auf mich haben; der Umstand gab mir den bloßen Titel und die Einbildungskraft das übrige.

Das »Neue Haus« fand außerordentlich viel Beifall. Es machte den Schluß der herbstlichen Vorstellungen und hat sich immer in der Klasse der Stücke erhalten, die beständig gefallen und immer auf dem Theater neu erscheinen.

42. Kapitel

Der Karneval des Jahres 1760 wurde mit der »Donna Stravagante« (»Die eigensinnige Frau«) eröffnet.

Der Hauptcharakter dieses Stücks war so böse, daß die Frauenzimmer sich gewiß empört haben würden, wenn man ihn für ein Gemälde nach der Natur gehalten hätte, ich sah mich also gezwungen, ihn für eine bloße Erfindung auszugeben.

Dieses Stück fand ziemlichen Beifall und würde noch mehr Beifall erhalten haben, wenn nicht Madame Bresciani, die von Natur aus auch ein wenig eigensinnig war, in dem Charakter der eigensinnigen Frau eine Satire auf sich gesehen und durch ihre böse Laune der Wirkung des Stücks Eintrag getan hätte.

Das Unrecht, das ich dieser vortrefflichen Schauspielerin zugefügt hatte, suchte ich bald wiedergutzumachen. Ich verfertigte ein venezianisches Stück unter dem Titel: »Le Baruffe Chiozzote« (»Die Zänkereien des Pöbels von Chioggia«). Diese Volkskomödie, oder vielmehr dieses Possenspiel tat eine wunderbare Wirkung. Madame Bresciani hatte, unerachtet ihres toskanischen Dialekts, die Manieren und Aussprache von Venedig sich so gut zu eigen gemacht, daß sie in der volkstümlichen Komik so sehr wie in der vornehmen gefiel.

Ich war in meiner Jugend als Koadjutor des Kriminalkanzlers in Chioggia gewesen und hatte viel mit der zahlreichen und unruhigen Nation von Fischern, Matrosen und Weibern zu tun gehabt, die keinen anderen Versammlungssaal haben als die freie, offene Straße. Ich kannte ihre Sitten, ihre sonderbare Sprache, ihre Munterkeit und Bosheit; ich war also imstande, sie zu schildern, und die Hauptstadt, die kaum vier Meilen weit von Chioggia liegt, kannte meine Originale vollkommen. Das Stück erhielt den glänzendsten Beifall und machte den Schluß des Karnevals.

Den folgenden Aschermittwoch befand ich mich bei einem von den sogenannten mageren Soupers, mit denen die Schlecker von Venedig ihre Fastenkollationen anfangen. Die Tafel war mit allen Arten von Fisch besetzt, die man nur im Adriatischen Meer und im Gardasee findet.

Die Unterredung fiel auf die Schauspiele, und die Bescheidenheit des Dichters, der einer von den Gästen war, wurde nicht im geringsten geschont. Ich wurde des ewigen Einerleis müde und teilte der Gesellschaft einen neuen Plan, den ich entworfen hatte, mit, um nur den Komplimenten und Lobeserhebungen, die kein Ende nehmen wollten, zu entgehen. Der Wein und die Liköre hatten die Gesellschaft schon ziemlich laut werden lassen, allein sie wurde in einem Augenblick stille und hörte mich mit großer Aufmerksamkeit an.

Eine neue Ausgabe meines »Theaters« war es, von der ich sie unterhalten wollte. Ich bemühte mich, so kurz zu sein als möglich, ohne das Wesentlichste zu übergehen.

Man gab diesem Projekt seinen vollen Beifall, man munterte mich auf, man ließ Papier und Tinte bringen. Die Gesellschaft bestand aus achtzehn Personen, mich ungerechnet; man entwarf auf der Stelle einen Subskriptionsplan, jede Person unterzeichnete für zehn Exemplare, und ich bekam also auf einen Zug hundertundachtzig Subskribenten.

So entstand meine Ausgabe bei Pasquali. Jetzt aber muß ich dem Leser einen Brief mitteilen, den ich einige Tage hernach, aus Ferney datiert, erhielt.

Vielleicht glaubt man, dieser Brief wäre vom Herrn von Voltaire gekommen; allein man irrt sich. Ich habe zwar verschiedene Briefe von diesem großen, einzigen Manne bekommen, damals aber hatte ich noch nicht die Ehre, mit ihm im Briefwechsel zu stehen.

Der Brief, von dem ich rede, war unterzeichnet »Poinsinet«. Ich kannte diesen Mann nicht, ob er sich gleich als Schriftsteller ankündigte. Er sprach von einigen Stücken, die er der komischen Oper in Paris gegeben; er meldete, daß er sich eben in Ferney bei einem Freunde befinde, der ihm viel Schönes an mich aufgetragen habe, und bat mich, die Antwort nach Paris zu schicken.

Was ihn veranlaßte, an mich zu schreiben, war ein Plan, mein ganzes italienisches Theater ins Französische zu übersetzen. Er verlangte geradezu und ohne viel Umstände die Manuskripte von meinen noch ungedruckten Stücken und Nachrichten und Anekdoten, die Bezug auf mich und meine Stücke hätten. Ich fand mich anfänglich durch diesen Antrag eines französischen Schriftstellers, der sich mit meinen Arbeiten beschäftigen wollte, sehr geschmeichelt, allein seine Forderungen kamen mir doch sehr voreilig und zudringlich vor, und da ich überdies den Mann nicht kannte, so gab ich ihm zwar eine höfliche Antwort, die aber doch so abgefaßt war, daß sie ihn billig von seiner Unternehmung hätte abwendig machen sollen.

Ich schrieb dem Herrn Poinsinet, daß ich eben eine neue Ausgabe mit Verbesserungen und Veränderungen zu besorgen im Begriff wäre und daß im übrigen meine Stücke mit so mancherlei italienischen Dialekten gespickt wären, daß die Übersetzung meines »Theaters« einem Ausländer fast unmöglich fallen müsse.

Ich glaubte genug gesagt zu haben, aber nichts weniger. Es kam ein zweiter Brief von demselben Mann, aus Paris datiert. »Ich bin willens«, schrieb er mir, »die Veränderungen und Verbesserungen Ihrer neuen Ausgabe zu erwarten. Was die verschiedenen italienischen Dialekte betrifft, so können Sie ganz beruhigt darüber sein. Ich habe einen Bedienten, der Italien durchwandert hat, der sie alle kennt und imstande ist, mir sie so zu erklären, daß Sie gewiß damit zufrieden sein werden.«

Dieser Vorschlag beleidigte mich unendlich. Ich glaubte, der französische Autor wollte sich über mich lustig machen; ich ging also auf der Stelle zu dem Grafen de Baschi, französischem Gesandten in Venedig, teilte ihm die beiden Briefe des Herrn Poinsinet mit und erkundigte mich zugleich, wer dieser Mann eigentlich wäre.

Ich erinnere mich nicht mehr, was der Gesandte mir in betreff des Herrn Poinsinet sagte, er gab mir aber zugleich einen Brief, den er eben mit den Depeschen vom Hofe erhalten hatte. Er enthielt eine sehr angenehme Nachricht für mich, die ich im folgenden Kapitel mitteilen will.

43. Kapitel

Der Brief, den mir der französische Gesandte gegeben hatte, kam von Herrn Zanuzzi, erstem Liebhaber beim Italienischen Theater in Paris. Dieser seiner Sitten und Talente halber achtungswürdige Mann hatte das Manuskript meiner Komödie »Harlekins verlornes und wiedergefundenes Kind« mit nach Frankreich gebracht und es seinen Kameraden gezeigt, die es sehr gut fanden. Man hatte es gespielt, es hatte das größte Vergnügen gemacht und, wie er sich ausdrückte, den guten Ruf, in dem meine Arbeiten seit langer Zeit in Frankreich stünden, bestätigt und zugleich den Wunsch erregt, mich selbst dazuzuhaben.

Herr Zanuzzi hatte, wie er mir nach dieser Einleitung weiter meldete, von dem ersten Kammerherrn des Königs und Oberaufseher der Schauspiele Seiner Majestät den Auftrag, mir ein zweijähriges Engagement mit einer ansehnlichen Gage anzubieten.

Der Graf de Baschi bezeigte mir zugleich das sehnliche Verfangen des Herzogs d'Aumont, Erstem Kammerherrn des Königs, um mich dadurch desto eher zu einem Entschluß zu bewegen. Er setzte hinzu, daß er, wenn meine Abreise etwaige Hindernisse finden sollte, ein förmliches, schriftliches Gesuch bei der Republik wegen meiner Ausreise einreichen wolle.

Ich hatte Paris längst zu sehen gewünscht und war in großer Versuchung, gleich ja zu sagen, allein ich hatte doch noch manche Rücksichten zu beobachten und verlangte Bedenkzeit.

Ich bezog eine Pension von dem Herzog von Parma und hatte ein Engagement in Venedig, ich brauchte also die Erlaubnis des Fürsten und die Einwilligung des venezianischen Nobile, Eigentümers des Theaters von San Luca. Ich hoffte zwar beides mit leichter Mühe zu erlangen, allein ich hing an meinem Vaterland, wo ich bekannt, geliebt und angesehen war. Die Kritiken und feindseligen Angriffe auf mich hatten nachgelassen, und ich genoß die angenehmste Ruhe.

Man rief mich, wie es hieß, nur auf zwei Jahre nach Frankreich; allein ich sah voraus, daß es mich Mühe kosten würde, in mein Vaterland zurückzukehren, wenn ich es einmal verlassen hätte. Meine jetzige Lage war ungewiß, ich mußte mich durch mühsame und anhaltende Arbeiten ernähren, und ich fürchtete die traurigen Tage des Alters, wo die Kräfte ab- und die Bedürfnisse zunehmen.

Ich sprach mit meinen Freunden und Gönnern in Venedig hierüber und sagte ihnen, ich betrachtete die Reise nach Frankreich als eine bloße Lustpartie, die Vernunft aber befehle mir, den Antrag nicht auszuschlagen, weil ich mir auf diese Weise vielleicht ein bestimmtes Auskommen verschaffen könne.

Ich sagte den Personen, die mich in Venedig zu behalten wünschten, daß ich vermöge meiner Qualität als Advokat auf alle Arten Ämter und selbst auf den Posten einer Magistratsperson Anspruch machen dürfe, und schloß meine Rede mit der ebenso aufrichtigen wie entscheidenden Erklärung, daß ich, falls man mir ein gewisses Auskommen in Venedig, es sei nun durch ein Amt oder eine Pension, verschaffen wollte, mein Vaterland der ganzen übrigen Welt vorziehen würde.

Man hörte mich mit Aufmerksamkeit und vieler Teilnahme an. Man fand meine Betrachtungen richtig und mein Verfahren anständig, jedermann war auf Mittel bedacht, meine Absichten zu befriedigen, man hielt sogar meinetwegen verschiedene Zusammenkünfte, deren endliches Resultat dahin ausfiel:

In einem republikanischen Staat, hieß es, werden alle Gnadenbezeugungen nur durch die Mehrheit der Stimmen vergeben. Die Kompetenten müssen sich also lange vorher, ehe über sie ballotiert wird, darum bemühen, und was die Pensionen betrifft, so erhalten die nützlichen Künste, wenn sich Konkurrenten finden, immer vor den bloß angenehmen Künsten den Vorzug. Dies war mir mehr als genug, mir jeden Gedanken daran aus dem Kopfe zu bringen.

Ich schrieb nach Parma und erhielt die Erlaubnis zur Reise. Ein wenig mehr Mühe kostete es mich, die Einwilligung des Eigentümers von dem Theater San Luca zu erhalten. Sobald ich freie Hände hatte, gab ich dem französischen Gesandten mein Wort und schrieb deshalb auch an Herrn Zanuzzi nach Paris. Doch erforderte die Billigkeit, daß ich meinen Schauspielern und ihrem Herrn Zeit ließ, sich mit einem andern Theaterdichter zu versehen, weshalb ich meine Abreise von Venedig auf den Monat April des Jahres 1761 festsetzte.

In dieser Zwischenzeit verfertigte ich drei neue Stücke, von welchen das erste den Titel führte : »Todero Brontolon« (»Der brummige Theodor«), ein venezianisches Lustspiel.

Es lebte einmal, ich weiß nicht wann, ein alter Mann, namens Theodor, in Venedig, der rohste, ärgerlichste, mißmutigste Mann von der Welt, der einen so guten Nachruf hinterließ, daß, wenn man in Venedig einen mürrischen Menschen beschreiben will, man ihn gewiß Todero Brontolon nennt.

Ich selbst kannte einen mürrischen Alten von diesem Schlage, der seine ganze Familie und vorzüglich seine Schwiegertochter, ein artiges, liebenswürdiges Weibchen, zur Verzweiflung brachte. Von ihrem Manne hatte sie sich durchaus keine Hilfe zu versprechen, denn dieser zitterte beim bloßen Anblick seines Vaters mehr als jemand. Ich sah diese gute Frau öfters und beschloß, in ihrem Namen Rache zu nehmen. Ich brachte also auf ein Gemälde das Porträt des Mannes und des Schwiegervaters. Sie selbst wußte um die Sache und genoß das größte Vergnügen über den Beifall dieses Stücks. Man hatte die Originale erkannt und sah sie beide, den einen ebenso aufgebracht wie den andern gedemütigt, aus dem Schauspielhause kommen.

Dieses Stück bereitete so großes Vergnügen, daß es ununterbrochen bis zum Ende des Herbstes 1760 gegeben wurde. Für die Eröffnung des Karnevals 1761 sparte ich ein Lustspiel auf, »Die Schottin«, das nicht von meiner Erfindung war, mir aber deshalb nicht minder Ehre machte.

Nach meiner letzten Komödie und dem Abschied, den ich vom Publikum genommen hatte, dachte ich an weiter nichts als an die Anstalten zu meiner Abreise.

Den Anfang machte ich mit häuslichen Einrichtungen. Meine Mutter war tot, und meine Tante zog für die Zukunft zu ihren Verwandten. Ich überließ meinem Bruder unsere sämtlichen Einkünfte, brachte seine Tochter in ein Kloster und bestimmte seinen Sohn zu meinem Reisegefährten nach Frankreich.

Ich brauchte jemand in Venedig, der für meine Nichte sorgte, die zu unterhalten ich mich verpflichtet hatte. Ihr Vater war Soldat und auf ihn also nicht zu rechnen. Ich fand aber einen Freund, der diese Pflicht gern auf sich nahm, den Herrn Giovanni Cornet, einen jüngeren Bruder des Herrn Gabriel Cornet, beide Kaufleute in Venedig und gebürtige Franzosen.

Der zweite Band meiner Werke kam eben aus der Presse. Ich hatte diese Ausgabe in Venedig angefangen, und da die Subskribentenliste sehr zahlreich war, so konnte ich nicht zurücktreten. Ich lieferte Material genug zur Fortsetzung. Der Herr Graf Gasparo Gozzi hatte sich selbst erboten, die Korrektur zu besorgen, und der Herr Senator Nicolo Balbi versicherte mich seines Schutzes in dieser Sache. Herr Pasquali war ein angesehener und rechtschaffener Buchdrucker und Buchhändler; ich hatte also von keiner Seite etwas zu fürchten.

Anfang April des Jahres 1761 reiste ich von Venedig ab. Bei meiner Ankunft in Bologna wurde ich krank, und doch nötigte man mich, eine komische Oper zu machen. Nun sah man zwar dieser Oper, so gut wie mir, das Fieber an, zum Glück aber wurde sie allein, ohne mich, an die Ufer der Lethe geschickt.

Sobald ich wieder genesen war, setzte ich meinen Weg fort. Ich fuhr über Modena, hielt mich aber nicht länger auf, als nötig war, um die Vollmacht meines Notars, wegen der Zession zum Besten meines Bruders, zu erneuern, und reiste den folgenden Tag nach Parma.

In dieser Stadt brachte ich acht sehr angenehme Tage zu. Ich hatte die neue Ausgabe meines »Theaters« dem Infanten Don Philipp zugeeignet und hatte nunmehr die Ehre, die beiden ersten Bände zu überreichen und Ihro Königlichen Hoheiten die Hände zu küssen. Bei dieser Gelegenheit sah ich den Infanten Don Ferdinand, damaligen Erbprinzen und jetzigen regierenden Herzog zum ersten Male. Er erwies mir die Ehre, mit mir zu sprechen und mir zu meiner Reise nach Frankreich Glück zu wünschen. »Sie sind sehr glücklich«, sagte er mir, »Sie werden den König, meinen Großvater, sehen.«

Ich vermutete gleich aus seiner Sanftheit, daß dieser Prinz einmal das Glück seiner Untertanen machen würde, und habe mich nicht geirrt. Don Ferdinand wird von seinem Volk auf das zärtlichste geliebt, und die durchlauchtigste Erzherzogin, seine Gemahlin, setzt der öffentlichen Glückseligkeit und dem Ruhm seiner Regierung die Krone auf.

Bei dieser Gelegenheit sah ich denn auch den Abbé Frugoni nach einem dreijährigen Zwist, der zwischen uns geherrscht hatte, mir entgegenkommen und die Hand zum Frieden bieten. Dieser »neue Petrarca« hatte seine Laura in Venedig; er besang in der Ferne die Grazien und die Talente der reizenden arkadischen Schäferin, Aurisbe Tarsenso, und ich sah sie alle Tage in der Nähe. Frugoni war eifersüchtig auf mich und sah es sehr gern, daß ich Venedig verließ.

Auch Ihro Herzoglichen Durchlaucht, der Prinzessin Henriette von Modena, verwitweten Herzogin von Parma und zuletzt Landgräfin von Darmstadt, hatte ich mein »Theater« zu überreichen. Diese Prinzessin, die eigentlich in Borgo San Donino, zwischen Parma und Piacenza, residierte, hielt sich damals auf ihrem Lustschloß Corte Maggiore auf.

Ich machte einige Meilen Umweg, um ihr meine Aufwartung zu machen. Ich wurde sehr gut aufgenommen und mit meinen Leuten sehr gut logiert. Wir brachten drei köstliche Tage hier zu. Die Damen und Herren, die meine Komödien auf dem Theater der Landgräfin spielten, hätten mir gern zu Ehren ein kleines Schauspiel gegeben, allein die Hitze war außerordentlich, und ich mußte nach Piacenza.

Bei unserer Ankunft in dieser Stadt wurden wir mit Höflichkeiten und ausgesuchten Vergnügungen überhäuft. Der Marchese Casati, einer von meinen Subskribentensammlern, erwartete mich mit Ungeduld. Wir fanden bei ihm alle Annehmlichkeiten, die man nur erwarten kann: schöne Zimmer, eine gute Tafel und eine angenehme Gesellschaft. Die Frau Marchese und ihre Schwiegertochter verschafften uns alles mögliche Vergnügen. Wir blieben vier Tage da, und man wollte uns noch nicht fortlassen. Allein wir hatten schon zu viel Zeit verloren, wir waren schon über drei Monate aus Venedig und mußten uns trotz der unerträglichen Hitze auf den Weg machen.

Piacenza war eben der Ort, wo ich den Weg nach Frankreich wählen mußte. Meine Frau wünschte vorher, ehe sie Italien verließe, ihre Verwandten noch einmal zu sehen, und ich zog also ihr zu Gefallen die Straße über Genua der Straße über Turin vor.

Wir brachten acht Tage unter beständigen Ergötzungen in der Vaterstadt meiner Gattin zu; als sich aber der Augenblick der Abreise näherte, so war auch die Betrübnis desto größer, und die Tränen wollten sich nicht stillen lassen. Der Schmerz über unsere Trennung war desto herber, da unsere Verwandten alle Hoffnung aufgaben, uns wiederzusehen. Ich versprach zwar, nach zwei Jahren zurückzukommen, sie hatten aber keinen Glauben daran. Endlich, mitten unter Abschiednehmen, Umarmungen, Tränen und Schluchzen, gingen wir an Bord des französischen Paketboots und segelten längs dem Ufer, das die Italiener »la riviera di Genova« nennen, nach Antibes. Ein Orkan entfernte uns von der Reede, und wir gerieten dem Capo de Noli gegenüber in die größte Lebensgefahr.

Ein komischer Auftritt verminderte indes meinen Schrecken. In der Feluke befand sich auch ein Karmeliter aus der Provence, der das Italienische wie ich das Französische radebrechte. Dieser Mönch geriet allemal in tödlichen Schrecken, wenn er einen von den Wasserbergen, die uns zu verschlingen drohten, auf uns loskommen sah, und schrie aus vollem Halse: »La voilà, la voilà!« (Da kommt er! Da kommt er!). Im Italienischen bedeutet »la vela« soviel als »le voile« (das Segel). Ich bildete mir also ein, der Karmeliter verlange, die Matrosen sollten die Segel aufspannen. Ich suchte ihm sein Unrecht begreiflich zu machen, er hingegen behauptete, in meinen Reden wäre kein Menschenverstand. Während dieses Streits kamen wir an dem Kap vorbei und gewannen die Reede wieder. Nunmehr hatte ich Zeit genug, mein Unrecht einzusehen, und Aufrichtigkeit genug, meine Unwissenheit zu gestehen.

Das böse Wetter hinderte uns, unseren Weg fortzusetzen. Der Kurier des Paketboots durfte sich nicht aufhalten und ging also zu Pferde weiter über die Berge, die noch gefährlicher sind als die See.

Erst nach achtundvierzig Stunden konnten wir uns wieder einschiffen; da die See aber noch immer fortstürmte, so stieg ich in Nizza, wo es Wege zum Weiterkommen gibt, aus, verließ die Feluke und sah mich nach einem Wagen um.

Durch einen Zufall war eben den Tag vorher einer angekommen. Es war eine Berline, welche die berühmte Mamsell Deschamps, die aus ihrem Gefängnis in Lyon entsprungen war, nach Nizza gebracht hatte. Man erzählte mir einen Teil ihrer Abenteuer, und ich schlief in dem Zimmer, das man für sie bestimmt, sie aber wegen einer Wanze, die ihr beim Eintritt in die Augen gefallen war, ausgeschlagen hatte. Ich fand das Fahrzeug sehr bequem und mietete es bis Lyon unter der Bedingung, daß der Fuhrmann über Marseille gehen und sich dort ein paar Tage aufhalten sollte. Da er selbst in der Gegend zu Hause war, so wurden wir des Handels bald einig.

Den folgenden Tag ging ich von Nizza ab und ließ mich über den Fluß Var setzen, der Italien von Frankreich trennt. Ich sagte meinem Vaterlande nochmals Lebewohl und rief den Schatten des Molière an, mich in sein Vaterland einzuführen.

DRITTES BUCH

1. Kapitel

Gleich bei meinem Eintritt in Frankreich fing ich an, die französische Politesse zu bemerken. An den italienischen Zollhäusern hatte ich mancherlei Verdrießlichkeiten gehabt, an der Barriere von St. Laurent, nah am Vano, hingegen war ich in zwei Minuten visitiert, und meine Koffer wurden nicht im mindesten in Unordnung gebracht.

Und mit wieviel Höflichkeit und Artigkeit wurde ich nicht bei meiner Ankunft in Antibes von dem Kommandanten dieser Grenzfestung aufgenommen! Ich wollte ihm meinen Paß zeigen. »Ich erlasse es Ihnen, mein Herr«, sagte er, »machen Sie geschwind, daß Sie weiterkommen; Sie werden mit Ungeduld in Paris erwartet.« Ich setzte also meinen Weg fort und hielt mein erstes Nachtlager in Vidauban.

Am folgenden Morgen reisten wir bei früher Tageszeit von Vidauban ab und kamen am Abend in Marseille an. Herr Cornet, venezianischer Konsul in dieser Stadt, besuchte uns sogleich. Er bot uns ein Logis in seinem Hause an, das wir anfangs aus Bescheidenheit ablehnten; die folgende Nacht aber wurden wir so sehr von jenem unerträglichen Geschmeiß, das zugleich sticht und infiziert, gequält, daß wir uns genötigt sahen, das Anerbieten des Bruders unserer guten Freunde in Venedig anzunehmen.

Sechs Tage lang genossen wir den Anblick von Marseille. Dann setzten wir unseren Weg fort und kamen durch Aix. Die prächtige Promenade, die »le Cours« heißt, konnten wir weiter nicht als beim Durchfahren von der Kutsche aus genießen und kamen bei früher Tageszeit in Avignon an.

An dem Stadttor sah ich die Schlüssel des heiligen Petrus eingehauen, auf denen die päpstliche Krone ruhte. Ich war neugierig, den Palast zu sehen, der zweiundsechzig Jahre lang der Sitz des Oberhaupts der katholischen Kirche gewesen ist. Ich besuchte den Vizelegaten. Dieser Prälat bat mich auf den folgenden Tag zum Essen, wo ich das alte Gebäude besah, das so gut erhalten ist, daß der Papst, wenn er Lust hätte hierherzukommen, noch immer ein sehr bequemes Unterkommen finden würde.

Ich war nunmehr vier Monate aus Venedig weg, hatte zwar in Bologna krank gelegen, aber nachher so viel Zeit bloß auf meinen Zeitvertreib verwendet, daß ich anfing zu fürchten, die Langsamkeit meiner Reise möchte mir bei den Personen, die mich in Paris erwarteten, Schaden tun.

Bei meiner Ankunft in Lyon fand ich einen Brief vom Herrn Zanuzzi mit Vorwürfen, die wirklich ziemlich lebhaft, aber doch bei weitem nicht so heftig waren, als ich sie verdient hatte.

Mit dem besten Willen von der Welt, ganz bei der Sache zu sein, die mich interessiert, stoße ich auf meinem Weg auf tausend Armseligkeiten und Kindereien, die mich aufhalten und ablenken. Ein unschuldiges Vergnügen, eine anständige Gefälligkeit, eine Neugierde, ein freundschaftlicher Rat, ein Engagement ohne alle weiteren Folgen sind gewiß keine fehlerhaften Gewohnheiten, und doch gibt es Fälle, wo jede Zerstreuung gefährlich werden kann, und solcher Zerstreuungen habe ich mich nie erwehren können.

Der Brief, den ich bei meiner Ankunft in Lyon fand, hätte mich bewegen sollen, auf der Stelle abzureisen; allein wie hätte ich eine der schönsten Städte Frankreichs verlassen können, ohne einen Blick auf sie geworfen zu haben? Mußte ich nicht diese Fabriken, die ganz Europa mit Stoffen und Mustern versehen, in der Nähe betrachten? Ich mietete mich in dem königlichen Park ein und hielt mich zehn Tage lang auf.

»Waren denn«, wird man mich fragen, »zehn Tage erforderlich, die Merkwürdigkeiten von Lyon zu besehen?« Nein, aber gewiß hätten sie nicht einmal hingereicht, wenn ich alle Diners und Soupers hätte annehmen wollen, die diese reichen Kaufleute mir um die Wette anboten. Überdies fügte ich niemand durch mein Zaudern den mindesten Schaden zu. Mein Gehalt in Paris ging nicht eher als mit dem Tage meiner Ankunft an, und vorausgesetzt auch, die italienischen Schauspieler hätten meiner bedurft, so war ich doch sicher, sie durch meine Fertigkeit im Arbeiten geschwind genug zu entschädigen.

Allein dieses Bedürfnis hatte aufgehört. Die komische Oper und die italienische Komödie waren während meiner Reise vereinigt worden; die neue Gattung siegte über die alte, und die Italiener, welche die eigentliche Grundlage dieses Theaters ausmachten, wurden jetzt nur als Nebenpersonen des Schauspiels betrachtet.

Ich erfuhr diese Neuigkeit in Lyon, doch nicht ausführlich genug, um alle Unannehmlichkeiten, die mir daraus zuwachsen mußten, vorhersehen zu können. Ich bildete mir im Gegenteil ein, meine Landsleute würden, von Ehrgeiz gespornt, die Nacheiferung ihrer neuen Kameraden benutzen, und ich hielt sie für fähig, den Kampf bestehen zu können. Dieses Vertrauen machte mir Mut, und so nahm ich mit meiner gewöhnlichen Munterkeit und Zuversicht den Weg nach der Hauptstadt. Die Schönheit der Straßen und die Fruchtbarkeit der Ebenen, die ich durchwanderte, erweckten die schönsten Ideen und die schmeichelhaftesten Hoffnungen in mir.

Ich erreichte Villejuif, wo ich Herrn Zanuzzi und Madame Savi, erste Schauspielerin der italienischen Komödie, fand. Meine Frau und mich nahmen sie in ihren Wagen, mein Neffe folgte uns in dem meinigen, und wir stiegen in der Vorstadt Saint Denis ab, wo diese beiden Personen in einem Hause wohnten.

Meine Ankunft wurde noch denselben Tag mit einem artigen, sehr munteren Souper gefeiert, zu welchem ein Teil der italienischen Schauspieler eingeladen war. So müde wir auch waren, so genossen wir doch mit Vergnügen die Annehmlichkeiten einer glänzenden Gesellschaft, die den französischen Witz mit der lauten Fröhlichkeit der italienischen Unterhaltung verband.

2. Kapitel

Ermüdet von der Reise und gestärkt durch den köstlichen Nektar, welcher der Provinz Burgund den Namen des gelobten Landes verdienen könnte, brachte ich eine sanfte und ruhige Nacht zu.

Mein Erwachen war ebenso angenehm als meine Träume im Schlaf gewesen waren. Ich war in Paris, war vergnügt, aber ich hatte noch nichts gesehen und brannte vor Verlangen, alles zu sehen.

Ich sprach mit meinem Wirt und Freunde davon. »Wir müssen mit den Visiten den Anfang machen«, sagte er; »wir wollen warten, bis der Wagen kommt.« – »Keineswegs«, sagte ich, »ich werde mich keiner Mietkutsche bedienen. Kommen Sie, wir gehen zu Fuß.« – »Aber es ist weit.« – »Tut nichts.« – »Es ist heiß.« – »Geduld!«

In der Tat war dieses Jahr die Hitze so groß wie in Italien.

Doch das verschlug mir nichts. Ich war dazumal erst dreiundfünfzig Jahre alt; ich war stark, gesund, bei Kräften, und Neugier und Ungeduld gaben mir Flügel.

Auf dem Weg über die Boulevards bekam ich eine Kostprobe von der großen Promenade, die um die Stadt läuft und den Vorübergehenden im Sommer einen kühlen Schatten und im Winter die Sommerwärme zukommen läßt.

Ich ging in das Palais Royal. Welch eine Menge Leute! Welch eine Versammlung von Personen aller Art! Welch ein reizendes Rendezvous! Welch eine köstliche Promenade!

Doch ein noch weit überraschenderer Anblick fesselte meine Sinne und meinen Geist bei der Annäherung der Tuilerien. Ich sah diesen unermeßlichen Garten, diesen in seiner Art einzigen Garten in der ganzen Welt. Ich sah ihn in seinem ganzen Umfang; meine Augen konnten die Ausdehnung nicht messen. Ich durchlief in der Eile seine Alleen, seine Bosketts, seine Terrassen, seine Bassins und Parterres. Ich habe sehr kostbare Gärten, sehr prächtige Gebäude gesehen, nichts aber reicht an die Pracht der Tuilerien.

Beim Heraustreten aus diesem zauberischen Ort erwartete mich ein neues auffallendes Schauspiel. Ein majestätischer Fluß, sehr bequeme und zahlreiche Brücken, sehr weite, große Plätze, ein Strom von Kutschen, eine beständige Flut von Menschen. Ich war ganz betäubt vom Getöse, ganz abgemattet vom Gehen, ganz erschöpft durch die unmäßige Hitze. Ich zerfloß in Schweiß und merkte es nicht.

Wir gingen über den Pont Royal und traten in das Hôtel d'Aumont. Der Herzog war zu Hause. Er war erster Kammerherr des Königs und hatte dieses Jahr eben diesen Dienst. Er hatte mich rufen lassen; er empfing mich sehr gütig und beehrte mich in der Folge immer mit seiner Gnade.

Es war spät; wir hatten nicht mehr Zeit genug, die Besuche abzustatten, die wir uns vorgenommen hatten. Wir nahmen also einen Wagen und fuhren zur Mamsell Camilla Veronese, wo man uns für den Mittag erwartete.

Es ist unmöglich, munterer und liebenswürdiger zu sein, als Mamsell Camilla war. Sie spielte die Soubretten in der italienischen Komödie. Sie war auf der Bühne das Entzücken von Paris und im gesellschaftlichen Umgange aller Personen, die das Glück hatten, mit ihr zu leben.

Es wurde aufgetragen. Die Gäste waren zahlreich, die Speisen sehr delikat und die Gesellschaft sehr unterhaltend. Wir tranken den Kaffee bei Tisch, von dem wir nicht eher aufstanden, als bis es Komödienzeit wurde.

Das Theater der Italiener war damals in der Straße Mauconseil, im ehemaligen Hôtel de Bourgogne, wo Molière den ersten Glanz seines Geistes und seiner Kunst gezeigt hatte. Die Reihe war heute an der komischen Oper, und man gab den »Peintre amoureux de son modèle« (»Der in sein Original verliebte Maler«) und den »Sancho Pansa«.

Für mich war's das erstemal, daß ich diese sonderbare Mischung von Prosa und kleinen Arien hörte. Ich fand damals, daß, wenn das musikalische Drama an und für sich ein unvollkommenes Werk ist, diese Neuerung es noch viel monströser mache. Doch überlegte ich nachher die Sache weiter. Ich konnte mit dem italienischen Rezitativ unmöglich und noch weniger mit dem französischen zufrieden sein, und da man einmal in der komischen Oper alle Regeln und Wahrscheinlichkeit aufgeben muß, so fand ich es doch noch für besser, einen gut gesprochenen Dialog zu hören, als die Einförmigkeit eines langweiligen Rezitativs auszuhalten.

Mit den Schauspielern dieses Theaters war ich sehr zufrieden. Das Spiel der Madame la Ruette gab der Schönheit ihrer Stimme nichts nach. Herr Clerval, ein vortrefflicher Schauspieler, sehr angenehm im Komischen, sehr interessant im Rührenden, voll Verstand, Einsicht und Geschmack, kündigte damals seine Talente nur erst an. In der Folge brachte er sie auf den höchsten Gipfel der Vollkommenheit und genießt beständig gleiches Ansehen und den Beifall des Publikums.

Auch Herr Caillot war eine von den seltenen Personen, denen nichts mangelt, sich Beifall zu erwerben. Herr la Ruette besaß eine vorzügliche Stärke in Karikaturrollen, die er mit großer Wahrheit und Genauigkeit ausführte. Er wurde wegen seines Spieles sehr geschätzt, sosehr ihm auch sein Organ im Wege stand. Madame Bérard und Mamsell Desglands glänzten beide auf gleiche Weise; die eine durch ihre Lebhaftigkeit, die andere durch ihre schöne Stimme in den Rollen der Duegnes.

Alle diese vortrefflichen, schätzbaren Schauspieler konnten mir nicht anders als gefallen, allein ich war nicht in der Lage, ihre Talente zu benutzen; denn die Aufsicht, zu der ich bestimmt war, ging sie nichts an.

Um besser imstande zu sein, meine italienischen Schauspieler kennenzulernen, mietete ich in der Nähe des Komödienhauses ein Quartier. In diesem Hause bekam ich eine vortreffliche

Nachbarin, deren Umgang mir sehr nützlich und angenehm gewesen ist.

Ich meine Madame Riccoboni, die nach ihrem Abgang vom Theater Paris durch Romane amüsierte, in denen man eine solche Reinheit des Stils, eine solche feine Auswahl von Bildern, eine solche Wahrheit der Leidenschaften und eine solche Kunst zu unterhalten und zugleich zu unterrichten findet, daß sie in gleichem Rang mit allem stehen, was die französische Literatur Schätzenswürdiges aufzuweisen hat.

Und an Madame Riccoboni wendete ich mich auch, um einige vorläufige Nachrichten von meinen italienischen Schauspielern zu bekommen. Sie kannte sie von Grund aus und machte mir eine Beschreibung von ihnen, die ich in der Folge selbst sehr richtig und ihrer Rechtschaffenheit und Aufrichtigkeit würdig fand.

3. Kapitel

Herr Carlo Bertinazzi, mit dem Beinamen Carlino (das italienische Diminutivum von Carl), war ein Mann, der wegen seiner Sitten alle Achtung verdiente, in dem Fach des Harlekins sehr berühmt war und eines Ruhmes genoß, der ihn neben den Domenico und Tommasino in Frankreich und neben den Sacchi in Italien setzte. Die Natur hatte ihn mit einer unnachahmlichen Anmut beschenkt; seine Figur, seine Gebärden, seine Bewegungen nahmen für ihn ein, und sein Spiel und Talent machten, daß er auf der Bühne ebensosehr bewundert als im Umgang geliebt wurde.

Carlino war der Günstling des Publikums; er hatte sich die Gewogenheit des Parterres so sehr zu erwerben gewußt, daß er mit einer Zwanglosigkeit und Vertraulichkeit mit ihm sprach, die sich kein anderer Schauspieler hätte erlauben dürfen. Wollte man eine Rede an das Publikum halten oder sich wegen irgend etwas entschuldigen, so bekam er den Auftrag, und seine gewöhnlichen Ankündigungen waren angenehme Unterhaltungen zwischen dem Schauspieler und den Zuschauern.

Mamsell Camilla war eine vortreffliche Soubrette und schickte sich ausnehmend gut zu dem Harlekin, von dem ich eben gesprochen habe. Voll Verstand und Empfindung, spielte sie komische Rollen mit einer reizenden Lebhaftigkeit und rührende

Situationen mit Gefühl und Einsicht. Sie war auf der Bühne vollkommen so wie in ihrem Zimmer, immer munter, immer sich gleich, immer interessant; ihr Verstand war ausgebildet, und die Eigenschaften ihres Herzens vortrefflich.

Herr Collalto war einer der besten Schauspieler Italiens, derselbe Pantalon, für welchen ich in meinem Vaterlande viel gearbeitet habe und von dem in meinen Memoiren schon oft die Rede war.

Dieser Mann, der mit Leib und Seele Schauspieler war, besaß die Kunst, seine Maske sprechen zu lassen; doch glänzte er mit freiem Gesicht noch weit mehr. Er hatte in Italien eins von meinen Stücken, »Die venezianischen Zwillinge«, von denen der eine ein Tölpel, der andere ein verschlagener Kopf ist, gespielt. Er hatte jetzt diesem Sujet eine neue Wendung gegeben und eine dritte Person, einen Drilling, hinzugetan, einen hitzigen, aufwallenden Kopf. Diese drei verschiedenen Charaktere spielte er unübertrefflich. Man fand außerordentlich viel Geschmack an ihm, er wurde beklatscht, und ich machte mir ein wahres Vergnügen daraus, ihm das ganze Verdienst der Erfindung zu überlassen.

Herr Ciavarelli spielte unter dem Namen Scapino die Rollen des italienischen Brighella. Er war ein vortrefflicher Pantomime, dessen Darstellung die höchste Genauigkeit hatte. Herr Rubini füllte per interim das Fach des Doktors der italienischen Komödie.

Ich habe von diesen fünf Personen vorher gesprochen, ehe ich mich auf die Details der Liebhaber und Liebhaberinnen einließ, weil diese die Grundlage der italienischen Komödie in Paris ausmachten.

Herr Zanuzzi war der erste Liebhaber. Ich kannte ihn seit langer Zeit; in Italien stand er in Ansehen, und man hatte ihm den Zunamen Vitalbino, das Diminutiv von Vitalba, einem sehr berühmten italienischen Schauspieler, gegeben, dessen ich in meinen Memoiren bereits rühmlichst Erwähnung getan habe.

Nach ihm folgte Herr Balletti. Dieser Schauspieler, der Sohn eines italienischen Vaters und einer französischen Mutter, beherrschte beide Sprachen gleich gut und kannte ihr Besonderes. Unglückliche Schicksale hatten seinen Geist geschwächt und seine Gesundheit erschüttert, immer aber erkannte man noch in seinem Spiel die Schule der Silvia, die ihn geboren, und den Unterricht des Lelio und der Flaminia, die zu seinem Unterricht beigetragen hatten.

Madame Savi, erste, und Madame Piccinelli, die zweite Schauspielerin, hatten nicht die glücklichsten Anlagen zur Komödie; allein sie waren jung, und die eine konnte durch ihren guten Willen, die andere durch ihre schöne Stimme ein brauchbares Glied des Theaters werden. Die erste starb einige Zeit nachher, und die andere verließ das komische Theater und betrat aufs neue die Opernbühne in Italien.

An den Tagen, wo komische Oper gegeben wurde, sah ich einen erstaunlichen Andrang von Leuten, und wenn die Italiener spielten, war das Haus leer. Das schreckte mich nicht ab. Meine lieben Landsleute gaben nichts als abgespielte Stücke, extemporierte Komödien von der schlechten Art, und zwar von der, die ich in Italien abgeschafft hatte. »Ich will«, sagte ich zu mir selbst, »ich will meinen Stücken alles geben, was diese nicht haben – Charaktere, Empfindung, einen regelmäßigen Gang, Plan und Stil.«

Ich teilte diese Ideen meinen Schauspielern mit. Einige munterten mich auf, meinen Plan auszuführen, andere verlangten nichts als Possenspiele. Jene, die geschriebene Stücke verlangten, waren die Liebhaber, diese die komischen Schauspieler, die – gewohnt, nichts auswendig zu lernen – den Ehrgeiz hatten, glänzen zu wollen, ohne sich die Mühe des Studierens zu machen. Ich nahm mir vor, eine Weile zu warten, ehe ich den Anfang machte. Ich verlangte vier Monate Zeit, den Geschmack des Publikums auszuforschen und mich in der Art, wie man in Paris gefallen könnte, zu unterrichten; ich tat aber in der ganzen Zeit nichts als sehen, herumschwärmen, spazierengehen und genießen.

Paris ist eine Welt. Alles geht hier ins Große; man findet viel Gutes und viel Böses. Man gehe in die Schauspielhäuser, auf die Promenaden, an die Orte des Vergnügens, und man wird alles voll Menschen finden. Man gehe in die Kirchen, das Gedränge ist hier nicht geringer. In einer Stadt von achtmal hunderttausend Seelen muß es natürlich mehr gute und mehr lasterhafte Personen geben als sonstwo. Man hat nur zu wählen. Der Ausschweifende wird leicht Mittel finden, seine Leidenschaften zu befriedigen, so wie der Rechtschaffene in der Ausübung seiner Tugenden Aufmunterung finden wird.

Ich war weder glücklich genug, einen Platz unter diesen letzteren einzunehmen, noch unglücklich genug, mich den Ausschweifungen zu ergeben. Ich setzte in Paris meine gewöhnliche Lebensart fort, ich liebte erlaubte Vergnügungen und schätzte die Personen, die gemacht sind, andern zur Erbauung zu dienen.

Je mehr ich indes vorwärts ging, je mehr verlor ich mich unter den verschiedenen Ständen, Klassen, Lebens- und Denkungsarten. Ich wußte nicht mehr, was ich war, was ich wollte, noch was aus mir werden sollte. Der Wirbel hatte mich gänzlich verschlungen; ich sah indes doch die Notwendigkeit ein, wieder zu mir selbst zu kommen, ob ich gleich die Mittel dazu nicht fand oder, besser zu sagen, nicht suchte.

Zum Glück für mich ging der Hof nach Fontainebleau. Die Schauspieler mußten gleichfalls mit, um dort ihre Vorstellungen zu geben. Ich folgte ihnen kurz darauf mit meiner kleinen Familie und fand in diesem herrlichen Aufenthalt die Ruhe und Stille, die ich den Vergnügungen der Hauptstadt aufgeopfert hatte.

Ich sah täglich die königliche Familie, die Prinzen von Geblüt, die Großen des Königreichs, die französischen und ausländischen Minister. Jedermann versammelte sich im Schloß, man ging zu den Levers, zu den Diners in die Apartements, man folgte dem Hof in die Messe, auf die Jagd, in die Schauspiele, ohne Verlegenheit, ohne Zwang, ohne Unordnung.

Fontainebleau ist weder groß noch prächtig noch ausgeputzt; seine Lage aber ist sehr angenehm. Der Wald bietet eine Menge herrlicher ländlicher Prospekte dar; das königliche Schloß, das sehr weitläufig und bequem ist, kann für ein kostbares Denkmal der alten Baukunst gelten und ist sehr prächtig und gut erhalten.

In diesem Lustschloß und dem von Compiègne bringt man gewöhnlich die großen Staatsgeschäfte zustande, und so wurde auch im Jahre 1762, von dem ich jetzt rede, in Fontainebleau der Friede zwischen Frankreich und England geschlossen.

Die Italiener gaben auf dieser Reise »Harlekins verlorenes und wiedergefundenes Kind«. Dieses Stück, das in Paris viel Beifall gefunden hatte, erhielt in Fontainebleau nicht den geringsten. Es war ein skizziertes Stück, die Schauspieler hatten Späße aus dem »Cocu imaginaire« (»Der Hahnrei in der Einbildung«) hineingemischt, das war nicht im Geschmack des Hofes, und das Stück fiel durch.

Diese Schwäche haben die skizzierten Stücke. Der Schauspieler, der aus dem Kopfe spielt, schwatzt oft die Kreuz und die Quere, verdirbt eine Szene und macht, daß ein ganzes Stück durchfällt. Ich hatte keine Vorliebe für dieses Stück, im Gegenteil habe ich im ersten Teil dieser Memoiren genug gesagt, den wenigen Wert, den ich darauf legte, zu beweisen; es ärgerte mich aber doch,das erste Stück, das man am Hofe von mir gab, durchfallen zu sehen.

Dieser unangenehme Vorfall überzeugte mich noch mehr von der Notwendigkeit, dialogisierte Stücke zu geben. Ich kam mit dem festen und standhaften Vorsatz nach Paris, allein ich hatte nicht mit meinen Schauspielern in Italien zu tun; ich war hier nicht Herr, wie ich es dort gewesen war.

4. Kapitel

Bei meiner Wiederankunft in Paris betrachtete ich diese ungeheure Stadt, ihre Bevölkerung, ihre Belustigungen und Gefahren mit ganz andern Augen. Ich hatte Zeit zum Nachdenken gehabt und eingesehen, daß die Verwirrung, die ich gespürt, weder ein physischer noch moralischer Fehler des Landes wäre. Ich gestand offenherzig, Neugier und Ungeduld wären die Ursachen meiner Betäubung gewesen, und man könne in Paris genießen und sich amüsieren, ohne sich zu ermüden und ohne seine Zeit und Ruhe aufzuopfern. Ich hatte bei meiner Ankunft zu viel Bekanntschaften auf einmal gemacht; ich nahm mir vor, sie zwar zu erhalten, aber mäßig zu genießen. Ich bestimmte den Morgen der Arbeit und den Rest des Tages der Gesellschaft.

Ich hatte eine Wohnung im Palais Royal gemietet. Aus meinem Kabinett konnte ich in den Garten sehen, der damals noch nicht die Gestalt und die Annehmlichkeiten wie jetzt hatte, demungeachtet aber dem Auge Schönheiten darbot, denen man von einigen Personen noch immer nachtrauern hört.

Ich mochte noch sosehr beschäftigt sein, so konnte ich mich doch nicht enthalten, von Zeit zu Zeit einen Blick auf die reizende Allee zu werfen, die beständig eine Menge ganz verschiedener Gegenstände vereinigte.

Unter meinen Fenstern sah ich die Frühstückstische des Kaffeehauses de Foi, wo Leute allen Schlages sich ausruhten und erfrischten.

Vor mir hatte ich den berühmten Kastanienbaum, den man den Krakauer Baum nannte, um den die Neuigkeitsträger sich versammelten und ihre Mären auskramten.

Diese freiwilligen Zerstreuungen waren mir bisweilen nützlich; mein Geist erholte sich auf eine angenehme Weise, und ich ging mit mehr Munterkeit und Kraft an die Arbeit zurück.

Ich hatte jetzt mit meinem Debüt zu tun. Ich sollte auf der französischen Bühne mit einer Neuheit erscheinen, welche die günstige Meinung, die das Publikum von mir gefaßt hatte, bestätigte. Die Meinungen meiner Schauspieler waren immer geteilt. Einige bestanden auf geschriebenen, andere auf skizzierten Stücken. Man hielt meinetwegen eine Versammlung: ich war zugegen und zeigte den Übelstand, dem Publikum einen Dichter ohne Dialog vorzustellen. Es wurde beschlossen, ich sollte mit einem dialogisierten Stück den Anfang machen.

Ich war zufrieden, aber ich sah voraus, daß die Schauspieler, die aus der Gewohnheit gekommen waren, ihre Rollen auswendig zu lernen, mir, auch ohne Bosheit und bösen Willen, schlechte Dienste leisten würden. Ich sah mich also gezwungen, innerhalb der Mittelmäßigkeit des Sujets zu bleiben und kein Werk zu wagen, das eine größere Genauigkeit in der Arbeit erforderte. Doch schmeichelte ich mir, sie nach und nach zu der Reform zu bringen, die mir bei meinen Schauspielern in Italien gelungen war.

Ich verfertigte also ein Lustspiel in drei Akten unter dem Titel »L'Amour paternel, ou la Suivante reconnaissante« (»Die väterliche Liebe, oder das dankbare Dienstmädchen«). Das ganze Stück erhielt jedoch nur vier Vorstellungen.

Ich wollte auf der Stelle fort; allein wie hätte ich Paris verlassen können, das mich gefesselt hielt? Ich hatte einen Kontrakt auf zwei Jahre gemacht und war sehr versucht, ihn durchzuhalten. Der größte Teil der italienischen Schauspieler wollte von nichts als von skizzierten Stücken hören. Das Publikum war daran gewöhnt, der Hof duldete sie; warum hätte ich mich also nicht dazu bequemen sollen? »Frisch auf«, sagte ich, »immer Possen gemacht, wenn sie nichts Besseres haben wollen.« Jede Aufopferung kam mir angenehm, jede Mühe erträglich vor, da es das Vergnügen eines zweijährigen Aufenthalts in Paris galt. Doch wird mir niemand vorwerfen können, daß die Belustigungen mich in meinen Berufsarbeiten lässiger gemacht hätten. Ich gab in dem Verlauf dieser zwei Jahre vierundzwanzig Stücke heraus, deren Titel und guten oder schlechten Erfolg man in dem Theaterkalender finden kann. Ich konnte mir nicht anders als durch interessante Situationen, durch komische Züge, die mit Kunst vorbereitet und gegen die willkürlichen Veränderungen der Schauspieler gesichert sein mußten, Beifall erwerben. Es glückte mir mehr, als ich erwartete; indes, das Schicksal meiner Stücke mochte sein, wie es wollte, ich ging fast gar nicht hin, sie zu sehen. Ich liebte die gute Komödie und besuchte das französische Theater, um mich zu vergnügen und zu unterrichten.

5. Kapitel

Das erstemal, als ich in die französische Komödie ging, gab man den »Misanthrop«, und Herr Grandval spielte die Rolle des Alceste.

Dieser sehr geschickte, vom Publikum sehr geliebte und geschätzte Schauspieler hatte seine Zeit vollendet und sich mit einer Pension vom Theater entfernt. Nach Verlauf von einigen Jahren bekam er von neuem Lust, das Theater zu betreten, und heute trat er zum ersten Male wieder auf.

Bei seiner ersten Erscheinung wurde er außerordentlich beklatscht; man sah, welchen Wert das Publikum auf ihn legte.

Ich für meinen Teil fand ihn vortrefflich und zog ihn, seiner schönen Stimme wegen, vielen andern vor. Mein Ohr war noch nicht mit der französischen Sprache vertraut; mir entging viel in den Gesellschaften und noch mehr auf dem Theater.

Zum Glück kannte ich den »Misanthrop«. Dieses Stück schätzte ich unter allen Arbeiten Molières am meisten; es ist ein Stück von einer Vollkommenheit, die einzig in ihrer Art ist.

Die alten und neuen komischen Dichter hatten bis jetzt die Laster und Fehler der Menschheit im allgemeinen auf das Theater gebracht; Molière war der erste, der es wagte, die Sitten und Torheiten seines Jahrhunderts und seiner Nation auf die Bühne zu bringen.

Ich sah mit unendlichem Vergnügen in Paris dieses Lustspiel vorstellen, das ich in Italien sooft gelesen und bewundert hatte. Ich verstand nicht alles, was die Schauspieler vorbrachten, am allerwenigsten diejenigen, die sich durch eine Schnellzüngigkeit hervortaten, die viel Beifall fand, mir aber sehr lästig war. Doch erfaßte ich immer noch genug, die Richtigkeit, den Adel und das Feuer des Spiels dieser unvergleichlichen Künstler bewundern zu können.

»Ach«, sagte ich zu mir selbst, »wenn ich doch auch einmal das Glück hätte, eines meiner Stücke von solchen Leuten spielen zu sehen. Das beste darunter ist nicht soviel wert wie das schlechteste von Molière; allein die Tätigkeit und der Eifer französischer Schauspieler würde ihm einen Wert geben, den es in Italien nicht erhalten konnte.«

Hier ist die Schule der Deklamation. Hier herrscht nicht der geringste Zwang, weder in den Gebärden noch im Ausdruck. Die Schritte, die Arme, die Blicke, die stummen Szenen, alles ist ausstudiert, allein die Kunst verbirgt das Studium unter dem Schein der Natur.

Ich ging ganz bezaubert aus dem Theater. Ich wünschte von zwei Dingen eins: entweder es dahin zu bringen, daß ich den französischen Schauspielern ein Stück von mir geben könnte, oder meine Landsleute imstande zu sehen, es ihnen gleichzutun. Welches von beiden ließe sich am leichtesten zur Wirklichkeit bringen? Die Zeit allein konnte dieses Problem lösen.

6.–7. Kapitel

Wie hätte ich denken können, als ich der Vorstellung des »Castor und Pollux« beiwohnte, daß diese Bretter und Kulissen, die den höllischen Flammen dieser Oper widerstanden hatten, noch vor Ende des Monats in Asche verwandelt werden würden?

Und doch geschah es. Ein Licht, das vergessen worden war, verursachte die Zerstörung des Saals im Palais Royal, und die Oper wurde, bis zur Errichtung eines neuen Gebäudes, in das Schloß der Tuilerien versetzt, wo jetzt das »Concert spirituel« ist.

Hier ist eine schickliche Gelegenheit, von diesem andächtigen Schauspiel zu reden, das dem Lobe Gottes gewidmet und nur an solchen Tagen offen ist, wo die übrigen Schauspiele geschlossen sind.

Ich beschreibe die Vergnügungen von Paris für diejenigen, die sie nicht kennen. Meine Memoiren möchten leicht das Schicksal haben, zu Packpapier verbraucht zu werden; indes schreibe ich sie doch so, als wenn sie in allen vier Weltteilen gelesen werden sollten.

Täglich lernte ich den Wert dieser Stadt besser einsehen; immer gewann ich sie lieber. Allein die zwei Jahre meines Kontrakts waren ihrem Ende nahe, und ich hielt es für eine unvermeidliche Notwendigkeit, nach dem Reisestab greifen zu müssen.

Der portugiesische Gesandte hatte mir Arbeiten für seinen

Hof aufgetragen und mir ein Geschenk von tausend Talern für ein kleines Stück gemacht, das in Lissabon Beifall gefunden hatte. Ich konnte mir mit der Hoffnung schmeicheln, daß man meine Dienste in einem Lande nicht ausschlagen würde, wo damals die Schauspiele hoch im Kurse standen und Talente belohnt wurden.

Von der anderen Seite ließ der Ritter Tiepolo, venezianischer Ambassadeur, nicht ab, mir zuzureden, daß ich in den Schoß meines Vaterlandes, das mich liebte und nach mir verlangte, zurückkehren möchte. Seine Gesandtschaft ging zu Ende; er würde mich selbst dahin gebracht und auf alle Weise unterstützt haben; allein er war ernstlich krank. Seinen Abschiedseinzug hielt er unter den heftigsten Schmerzen und ging dann nach Genf, den berühmten Tronchin um Rat zu fragen. Dort starb er auch zum großen Leidwesen seiner Republik und des französischen Hofes, die ihn beide gleich sehr schätzten.

Während ich so in Unentschlossenheit schwankte, kam ein glücklicher Stern zu meinem Beistand. Ich machte die Bekanntschaft der Mamsell Sylvestre, Vorleserin der verstorbenen Dauphine, der Mutter Ludwigs des XVI. Diese Person, eine Tochter des ersten Malers des Königs August von Polen und Kurfürsten von Sachsen, war in Dresden mit der Erziehung ihrer erhabenen Gebieterin betraut worden und genoß auch in Frankreich den Kredit bei ihr, den ihre Talente und ihre Aufführung verdienten.

Mamsell Sylvestre, eine gute Kennerin des Italienischen, die meine Werke gelesen hatte und von Herzen gut, dienstfertig und wohlwollend war, hatte die Güte, sich für mich zu interessieren. Ich hatte mit ihr von meiner Anhänglichkeit an Paris und von dem Verdruß gesprochen, daß ich mich genötigt sähe, es zu verlassen. Sie übernahm es, bei Hofe, wo ich nicht unbekannt war, von mir zu sprechen, und acht Tage darauf ließ sie mich nach Versailles kommen. Ich begab mich auf der Stelle dahin und stieg in dem kleinen Marstall des Königs ab, wo Mamsell Sylvestre mit ihrer Familie lebte, die ganz in den Diensten der königlichen Familie stand.

Nach einem sehr höflichen, artigen und freundschaftlichen Empfang war Folgendes das Resultat unserer ersten Unterredung und eine für mich sehr wichtige Sache an einem glücklichen Tag angefangen und geendigt.

Die Dauphine kannte mich. Sie hatte meine Stücke in Dresden spielen sehen; sie ließ sich dieselben auch vorlesen, und die

Vorleserin ermangelte nicht, sie zu verschönern und von Zeit zu Zeit ein paar Worte zugunsten des Dichters fallenzulassen. Es gelang ihr auch so wohl bei ihrer Gebieterin, daß diese Prinzessin ihr versprach, mich mit ihrer Gnade zu beehren und bei Hofe anzubringen. Sie hätte mich gern bei ihren eigenen Kindern angestellt, diese waren aber noch zu jung, um sich mit einer fremden Sprache beschäftigen zu können.

Mesdames de France, die Töchter Ludwigs des XV., hatten die Anfangsgründe der italienischen Sprache von Herrn Hardion, königlichem Bibliothekar in Versailles, gelernt und fanden Geschmack an der italienischen Literatur. Die Dauphine benutzte diesen glücklichen Umstand und schickte mich zur Duchesse von Narbonne, die sie ersucht hatte, mich der Madam Adelaide vorzustellen, bei der sie damals Dame d'Atours war und jetzt Dame d'Honneur ist. Ich hatte die Ehre gehabt, die Duchesse von Narbonne an dem Hofe von Parma kennenzulernen. Sie empfing mich sehr gnädig, stellte mich denselben Tag ihrer erhabenen Gebieterin vor, und ich kam auf der Stelle in die Dienste der Mesdames de France.

Ein Gehalt wurde mir nicht vorgeschlagen. Ich verlangte auch keines. Stolz auf mein ehrenvolles Amt und voll Vertrauen auf die Güte meiner erhabenen Schülerinnen, ging ich zufrieden fort. Ich teilte meiner Frau mein Glück mit, die den Wert desselben so sehr, als ich selbst zu schätzen wußte; ich nahm Abschied von der italienischen Komödie, die es vielleicht nicht ungern sah, mich loszuwerden, und empfing mit Vergnügen den Glückwunsch aller derer, die sich für mich interessierten.

Wer vielleicht am besten erkannte, wie weit mich dieser glückliche Vorfall bringen konnte, war der Ritter Gradenigo, venezianischer Gesandter, der Nachfolger des Herrn Tiepolo. Dieser edle Patrizier war ein vertrauter Freund des Duc de Choiseul. Er empfahl mich diesem Minister, der die beiden bedeutendsten Departements hatte, das Departement der auswärtigen Affären und das Kriegsdepartement, und der auf die verdienteste Weise am französischen Hofe das meiste Gewicht und in ganz Europa das größte Ansehen hatte.

Mit einem so ehrenvollen Amt und so mächtiger Protektion hätte ich vielleicht ein glänzendes Glück in Frankreich machen sollen, und es ist ganz meine Schuld, wenn ich nur ein sehr mäßiges machte. Ich war am Hofe, aber kein Hofmann.

Madame Adelaide war die erste, die sich meines Unterrichts zur Übung im Italienischen bediente. Ich hatte noch keine

Wohnung in Versailles; sie ließ mich also immer in einer Postkutsche holen, und in einem solchen Wagen hätte ich beinahe mein Augenlicht verloren.

Ich beging die Torheit, unterwegs zu lesen. »Die Briefe vom Berge« von Jean Jacques Rousseau waren das Buch, das mich damals eben interessierte. Ganz auf einmal verlor ich den Gebrauch meiner Augen. Das Buch fiel mir aus den Händen, ich konnte nicht so viel mehr sehen, um es wieder aufzuheben; ich gab mich schon verloren. Indes behielt ich doch noch Sehkraft genug, das Licht unterscheiden zu können. Ich stieg aus der Kutsche, die Treppe hinan, und trat ganz außer Fassung und bewegt in das Kabinett von Madame. Die Prinzessin bemerkte meine Unruhe und hatte die Güte, sich nach der Ursache zu erkundigen. Ich wagte es nicht, ihr meinen Zustand zu entdecken, ich schmeichelte mir, meine Schuldigkeit, so gut es gehen wollte, tun zu können. Ich fand den Stuhl an seiner Stelle und setzte mich wie gewöhnlich. Ich sah das Buch, in welchem ich lesen sollte, ich öffnete es, aber – o Himmel! ich sah nichts als das weiße Papier und war genötigt, mein Unglück zu gestehen.

Es ist nicht möglich, die Güte, die Rührung, das Mitleid dieser großen Prinzessin zu beschreiben. Sie ließ in ihrem Zimmer nach Augenwassern suchen; sie erlaubte mir, die Augen zu baden, sie ließ die Vorhänge so zurechtmachen, daß nicht mehr Licht hereinfiel, als nötig war, die Gegenstände zu unterscheiden. Das Gesicht kam nach und nach wieder; ich sah wenig, aber doch immer noch genug. Nicht die Augenwasser wirkten dieses Wunder, sondern die Güte der Prinzessin gab meinem Geiste und meinen Sinnen neue Kraft.

Ich nahm das Buch und sah, daß ich imstande war zu lesen. Madame aber gab es nicht zu. Sie schickte mich nach Hause und empfahl mich ihrem Arzte. In wenigen Tagen bekam mein rechtes Auge seine gewöhnliche Stärke wieder, das andere aber blieb auf immer verloren.

Ich bin einäugig. Das ist eine kleine Unbequemlichkeit, die mir eben nicht sonderlich zur Last ist und die man auch äußerlich nicht bemerkt. Doch gibt es Fälle, wo es meine Fehler und Lächerlichkeiten vermehrt. So z.B. inkommodiere ich bei einem Spieltische die Gesellschaft sehr. Das Licht muß immer auf meiner Seite stehen. Trifft sich's nun, daß eine Dame bei der Partie ist, die sich mit mir in gleichem Falle befindet, so gesteht sie es für ihren Teil nun zwar nicht, allein sie findet meine Prätention desto lächerlicher. Beim Brelan stellt man die

Lichter mitten auf den Tisch, und ich kann gar nichts sehen. Beim Whist wechselt man seinen Partner, beim Tresett seinen Mitspieler, ich muß also das Licht mit mir herumtragen. Diesen Augenfehler abgerechnet, habe ich noch mehr Sonderbarkeiten an mir; ich scheue im Winter die Hitze und im Sommer die Kühle. Ich muß einen Ofenschirm haben, der mich gegen das Feuer schützt, und in der größten Hitze zieht mir ein offenes Fenster am Abend den Schnupfen zu.

Ich begreife nicht, wie die Damen, die ich die Ehre habe zu kennen, mich dulden und mir eine Karte zu ziehen anbieten können, um von ihrer Partie zu sein. Das macht, weil sie gut, weil sie gefällig sind, weil ich alle Spiele spiele, keine Partie ausschlage, weil ein großes Spiel mich nicht abschreckt und ein kleines mir ebensoviel Spaß macht, weil ich kein schlechter Spieler und trotz meiner Fehler doch immer der gute Narr der Gesellschaft bin.

8. Kapitel

Nach sechsmonatigem Dienst erhielt ich eine Wohnung im Schloß von Versailles.

Im Monat März des Jahres 1765 gab es eine kleine Reise nach Marly; ich folgte den Prinzessinnen und genoß diesen angenehmen Aufenthalt.

Nachdem ich den Garten der Tuilerien und den Park von Versailles gesehen hatte, so glaubte ich, nichts in der Art könne mich weiter überraschen; allein die Lage und die Annehmlichkeiten des Gartens von Marly machten einen solchen Eindruck auf mich, daß ich diesem zauberischen Ort den Vorzug gegeben haben würde, wenn die Erinnerung an die Größe und Pracht der andern meine Vergleichung nicht gezügelt hätte. Diejenigen, die dieses Schloß, seinen Garten, sein unermeßliches Parterre, seine verschiedenen Partien, seine Gruppen, seine Springwasser und Kaskaden gesehen haben, werden mir beistimmen, und die genauen Beschreibungen, die wir davon haben, müssen mein Urteil gleichfalls unterstützen.

Was indes die Vergnügungen und Annehmlichkeiten dieser Landpartie noch vermehrt, ist der Spielsaal. Jedermann, der bekannt ist, kann hineingehen, und für diejenigen, die entweder nicht in den Zirkel mögen oder nicht dürfen, sind erhöhte Schranken angebracht.

Ich zog den Platz in den Schranken vor, um zum ersten Male die Ankunft des Königs und seines Gefolges in dem Saal zu sehen. Es ist ein auffallender Anblick: der König tritt in Begleitung der Königin, der Prinzen, der Prinzessinnen und seines ganzen Hofstaates herein und nimmt seinen Platz an der großen Tafel, die von den Größten des Reiches umgeben ist. Die Königin machte eine Partie Cavagnol: die Dauphine und Mesdames de France hatten verschiedene Spieltische. Man wurde mich an dem Orte, wo ich stand, gewahr und ließ mir sagen, ich möchte herunterkommen. So befand ich mich auf einmal unter einer Menge großer Herren, Ducs, Minister und Magistratspersonen. An der Tafel des Königs spielte man Lansquenet, wobei jeder der Reihe nach die Bank bekam. Man sagte, Ludwig XV. wäre glücklich im Spiel. Ich wartete, bis die Bank an ihm war; ich gab sechs Louisdor in die Bank und gewann.

Der König begab sich hinweg, und die königliche Familie folgte ihm. Der Hof blieb beisammen, man spielte nun, was und solange man wollte. Eine Dame blieb einen Tag und zwei Nächte an demselben Tisch und ließ sich Schokolade und Biskuit bringen, um zugleich ihren Körper und ihre Leidenschaft zu nähren.

Obgleich das Vergnügen der Hauptzweck dieser angenehmen Landpartie war, so hatte ich doch täglich meine bestimmten Stunden, worin ich den Prinzessinnen Unterricht gab. Ich begegnete einstmals einer meiner erhabenen Schülerinnen, die eben zur Tafel gehen wollte, mich ansah und sagte: »A tantôt.« (Bald!)

»Tantosto« bedeutet im Italienischen: augenblicklich, auf der Stelle. Ich bildete mir ein, die Prinzessin wollte ihre Stunde gleich nach dem Mittagsmahl nehmen; ich blieb also bei der Hand und wartete so geduldig, als mein Appetit mir's erlaubte; endlich um vier Uhr des Abends hieß mich die erste Kammerfrau hereinkommen.

Die Prinzessin öffnete das Buch und tat die Frage, die sie fast täglich zu tun pflegte: wo ich heut zu Mittag gegessen hätte. – »Nirgends, Madame«, antwortete ich. – »Wie«, sagte sie, »Sie haben noch nicht zu Mittag gegessen?« – »Nein, Madame.« – »Warum haben Sie also nicht gegessen?« – »Weil Madame die Gnade hatten, mir zu sagen: à tantôt.« – »Gut, aber dieses Wort, um zwei Uhr gesagt, kann ja wohl auch soviel heißen wie: wenigstens um vier Uhr.« – »Wohl möglich, Madame, allein im Italienischen bedeutet dieser Ausdruck soviel als: augenblicklich, auf der Stelle.« – Die Prinzessin lachte, machte das Buch zu und hieß mich zu Tische gehen.

Es gibt französische und italienische Ausdrücke, die sich ähnlich sehen und doch ganz verschiedene Bedeutungen haben. Ich ließ mir noch mehr solche Qui pro quos zuschulden kommen, und ich kann ehrlich sagen, daß ich das wenige Französisch, das ich verstehe, größtenteils in den drei Jahren, die ich mit dem Unterricht der Prinzessinnen zubrachte, gelernt habe. Sie lasen italienische Dichter und Prosaisten; ich stammelte eine schlechte französische Übersetzung, sie wiederholten sie mit Anmut und Eleganz, und der Lehrer lernte mehr , als er lehren konnte.

Bei der Rückkehr nach Versailles schien es mit der Gesundheit des Dauphins viel besser zu gehen. Er liebte die Musik, und die Dauphine hatte also oft Musik auf ihrem Zimmer, um ihn zu amüsieren.

Ich verfertigte eine italienische Kantate, ließ sie von einem italienischen Tonkünstler komponieren und überreichte sie dieser Prinzessin, die sie annahm und mir auf das gnädigste befahl, nach der Abendtafel in ihr Zimmer zu kommen und sie aufführen zu hören.

Ich erfuhr bei dieser Gelegenheit eine Hofetikette, die ich noch nicht kannte. Ich gehe gegen zehn Uhr abends in ihr Appartement und präsentiere mich an der Tür des Kabinetts der Nobelgarde. Der Schweizer läßt mich hinein. Der Dauphin und seine Gemahlin saßen noch bei der Tafel. Ich nähere mich, sie speisen zu sehen. Eine Dame, die den Dienst hat, kommt auf mich zu und fragt mich, ob ich den Abend den Zutritt hätte. – »Ich weiß nicht, Madame«, sagte ich, »was für ein Unterschied zwischen dem Zutritt bei Tage und bei Abend ist. Die Prinzessin selbst hat mir befohlen, nach der Abendtafel in ihr Zimmer zu kommen. Ich komme vielleicht zu bald, ich wußte die Etikette nicht...« »Für Sie, mein Herr«, versetzte die Dame, »gibt es keine Etikette; Sie können bleiben.« Ich gestehe, daß meiner Eigenliebe bei dieser Gelegenheit nicht wenig geschmeichelt wurde.

Ich blieb also. Nachdem der Prinz und die Prinzessin sich in ihr Zimmer begeben hatten, ließ man mich holen, und meine Kantate wurde aufgeführt. Die Dauphine spielte das Clavecin, die Prinzessin Adelaide akkompagnierte mit der Violine, und Mamsell Hardy, jetzige Frau de la Brusse, sang dazu. Die Musik machte Vergnügen, und dem Verfasser des Textes machte man Komplimente, die er mit vieler Bescheidenheit annahm. Ich wollte mich entfernen, allein der Dauphin hatte die Güte, mich bleiben zu lassen. Er sang selbst, und ich hatte das Glück ihn zu hören. Aber was sang er? Eine rührende Arie aus einem Oratorio »Der Pilger beim Grabe«.

Der König brachte regelmäßig jeden Sommer sechs Wochen in Compiègne und ebenso lange im Herbst in Fontainebleau zu. Man nennt diese Landpartien die großen Reisen, weil alle Departements, alle Kanzleien der Minister mitgehen sowie die großen Kronbedienten und die fremden Gesandten.

Im Jahre 1765 nahm man, nach der kleinen Reise nach Marly, die beiden größeren vor, und die nach Compiègne war eine der prächtigsten und glänzendsten.

Man ließ verschiedene französische und ausländische, im Dienst der Krone Frankreich stehende Regimenter zusammenkommen. Jedes formierte nach der Reihe und an verschiedenen Tagen ein Lager in der Gegend der Stadt. Sie machten ihre Übungen im Feuern und in Schwenkungen, welche die Taktik nach der Beschaffenheit des Terrains einzurichten weiß, und die Gegenwart des Monarchen machte, daß alles mit desto größerer Genauigkeit und Regelmäßigkeit vonstatten ging.

Die Revuen wurden durch das Gefolge des Königs noch interessanter. Der Monarch auf einem prächtigen Pferde wurde von einem zahlreichen Trupp reichgekleideter Reiter begleitet. Die Königin, die Dauphine, Mesdames erschienen in Wagen von der größten Pracht. Die Prinzessinnen von Geblüt und die Damen des Hofs vermehrten den Pomp dieses glänzenden Gefolges, und das von allen Seiten herbeiströmende Volk vollendete die Größe des Schauspiels.

Der Dauphin, Obrist des Regiments der Dragoner, das seinen Namen führte, kommandierte selbst bei der Spezialrevue seines Regiments, den Tag bevor es vor dem König erscheinen sollte.

Nach langen und ermüdenden Übungen, denen ich beigewohnt hatte und wo der Dauphin sich auf eine Art angriff, die mich für ihn zittern machte, fuhr ich in einer Hofkutsche zurück ins Schloß und stellte mich ganz allein in die Wölbung einer Tür, wo ich den Prinzen konnte zurückkommen sehen. Er kam, er sah mich und blickte mich mit einer Art kriegerischen Stolzes an. »Seht mich an«, schien er zu sagen, »ich bin gesund, ich bin stark, ich befinde mich wohl.« Es war ein lebhafter Geist in einem entkräfteten Körper.

In demselben Jahr und noch während dieser Reise brachte ein Kurier aus Parma die traurige Nachricht von dem Tod des

Infanten Don Philipp, meines Herrn und Gönners. Der französische Hof legte die Trauer auf drei Monate an; ich trug sie weit länger und trage sie noch im Herzen.

Nicht der Eigennutz erregte meine Betrübnis. Ich kannte die Güte des Infanten seines Sohns; ich war überzeugt, daß er mir, seine Gnade und Wohlgewogenheit erhalten würde; allein ich beweinte den Verlust eines guten, weisen, gerechten und billigen Fürsten. Die Parmeser würden noch weit mehr Ursache gehabt haben, ihn zu beweinen, wenn der regierende Herzog nicht ihren Verlust ersetzt hätte und in die Fußtapfen und Tugenden seines Vaters eingetreten wäre.

Einige Tage nachher sah ich den Grafen d'Argental, bevollmächtigten Minister des Hofes von Parma, in Paris. Er versicherte mir, meine Pension würde mir auch künftig ausgezahlt werden, ja er verschaffte mir sogar, zu meiner großen Bequemlichkeit, eine Anweisung auf die Schatzkammer von Parma zu Paris.

Die Reise nach Compiègne hatte mit einem Schein von Fröhlichkeit angefangen, sie endigte mit einer wirklichen Traurigkeit. Das Befinden des Dauphins verschlimmerte sich immer mehr, er glaubte, die Bewegung müsse ihm gut getan haben, aber just umgekehrt, die Ermüdung hatte ihn erschöpft.

Einen Gönner hatte ich schon verloren, und ich stand im Begriff, den zweiten einzubüßen. Ich war niedergeschlagen und konnte in dem Ort, wo ich war, nichts auffinden, was imstande gewesen wäre, mich aufzuheitern. Der Wald von Compiègne ist prächtig, ich fand ihn aber zu gekünstelt, zu einförmig und zu weit von der Stadt entfernt.

Es fehlte mir nicht an Gesellschaft, allein jedermann war ebenso traurig wie ich selbst. Ich fürchtete sogar für meine Gesundheit. Meine ehemalige Melancholie war im Begriff wieder auszubrechen. Ich suchte eine angenehme Zerstreuung und fand sie in Chantilly.

Ich wählte diesen Tag zur Rückreise nach Versailles. Ich genoß zwei Tage dieses angenehme Schloß, das dem Prinzen von Condé gehört. Was für eine Menge Schönheiten fand ich da! Was für eine Pracht! Welch eine glückliche Lage! Welch einen Überfluß an Wasser! Ich verlor meine Zeit nicht, ich sah alles, untersuchte alles, die Gärten, die Ställe, die Zimmer, die Gemälde, das Naturalienkabinett.

Diese unermeßliche Sammlung von allen Seltenheiten der drei Reiche der Natur ist das Werk des Herrn Valmont de

Bomare. Dieser berühmte Naturforscher ist zugleich Aufseher und Interpret desselben.

Ich verließ Chantilly sehr vergnügt. Meine Seele fand sich erleichtert, und ich kam nach Versailles, vollkommen imstande, meine Schuldigkeit am Hofe zu tun.

9. Kapitel

Kaum war der Hof wieder in Versailles, als man anfing, von der Reise nach Fontainebleau zu sprechen. Sie war auf den 4. Oktober festgesetzt, allein der Gesundheitszustand des Dauphin machte diese Bestimmung sehr ungewiß.

Diesem liebenswürdigen, gefälligen Prinzen tat es sehr leid, daß der König ein Vergnügen entbehren und die Einwohner von Fontainebleau den Gewinn verlieren sollten, den die Gegenwart des Hofes und der Zufluß von Fremden ihnen verschaffen mußten. So krank er war und soviel er litt, so zwang er sich doch, wenn von Fontainebleau die Rede war, sich das Ansehen eines munteren, gesunden Mannes zu geben.

Ich ließ mich dadurch nicht täuschen, und eine Menge Personen dachten ebenso wie ich. Unterdessen wurde die Reise beschlossen und ausgeführt. Ungerecht und unvernünftig wäre es, wenn man sich einbilden wollte, der König und die königliche Familie hätten sich weniger als andre Personen für die Gesundheit und Ruhe dieses Prinzen, der ihr Glück und ihre Freude machte, interessiert, nein, es ist ganz natürlich, daß diejenigen, denen am meisten an der Erhaltung eines Gegenstandes gelegen ist, die Gefahr weniger sehen und sich schmeicheln, durch Veränderung der Luft und durch Zerstreuungen der Gesundheit des Kranken aufzuhelfen.

Wir gingen also Anfang Oktober nach diesem Lustschloß. Die Lage des Orts und die Annehmlichkeiten, die man da findet, machen den Aufenthalt daselbst auf einige Zeit sehr reizend.

Die Theater von Paris kamen abwechselnd hierher, ihre Vorstellungen zu geben, und die Dichter sparten ihre Neuigkeiten vorzugsweise für diese Gelegenheit auf.

Viermal die Woche war Schauspiel. Den Zutritt erhielt man durch Billette, die der Capitaine der Garde im Dienst das Recht hatte auszuteilen.

Ich erschien eines Tages mit einem von diesen Billetten an der Tür des Eingangs. Sie war noch nicht offen, und ich war einer von den ersten. Ich schmeichelte mir mit Grund, desto leichter hineinzukommen und mir einen Platz aussuchen zu können. Und doch ist's nicht möglich, mehr gepreßt und gedrängt zu werden, als ich's beim Eintritt wurde. Wie ich in den Saal kam, fand ich ihn schon ganz voll und sah mich gezwungen, mich auf das hinterste Bänkchen zu setzen.

Niemand von allen diesen war durch die Tür hereingekommen, wo man die Billetts abgab, mehr verlangte ich nicht zu wissen, ich ergriff einen anderen Ausweg und befand mich wohl dabei. Ich hatte gute Bekanntschaften unter den auswärtigen Gesandtschaftspersonen, und man erlaubte mir, im Gefolge der fremden Minister hineinzugehen. So bekam ich einen guten Platz und konnte das Schauspiel mit aller Bequemlichkeit genießen.

Der Ritter Gradenigo, venezianischer Gesandter, erzeigte mir immer viel Gefälligkeit. Durch seine Vermittlung hatte ich die Ehre, die Bekanntschaft Seiner Exzellenz des Herrn l'Estevenon de Berkenrod, des holländischen Gesandten, zu machen, der mich immer mit seiner Protektion beehrte. Unter diesen respektablen Personen brachte ich einen guten Teil meiner Zeit auf das angenehmste zu.

So lebten wir in Fröhlichkeit, in Vergnügungen und Zerstreuungen, als sich gegen die Mitte der Reise auf einmal alles änderte. Der Dauphin konnte das innerliche Feuer, das ihn verzehrte, nicht mehr gleichgültig ertragen; sein Mut wurde ihm unnütz; die Kräfte verließen ihn; er legte sich. Jedermann geriet in Bestürzung, die Krankheit machte fürchterliche Fortschritte, die Ärzte waren mit ihrer Kunst am Ende, man nahm seine Zuflucht zum Gebet. Monseigneur de Luynes, Erzbischof von Sens, jetzt Kardinal, ging täglich, von einer unzähligen Menge Leute begleitet, in Prozession nach der Kapelle der Heiligen Jungfrau, die am Ende der Stadt liegt. Man tat das Gelübde, eine Kirche zu bauen, wenn die Fürsprache der Mutter Gottes dem sterbenden Prinzen seine Gesundheit wiedergäbe. Doch in dem Buche der Vorsehung stand geschrieben, daß er seine Laufbahn nicht vollenden sollte. Er starb zu Fontainebleau gegen Ende Dezember.

Ich war in diesem schrecklichen Augenblick im Schloß. Der Verlust war groß und die Betrübnis allgemein. Einige Minuten nachher hörte ich längs der Zimmer hinabrufen: »Der Dauphin, meine Herren, der Dauphin!« – Ich stand wie versteinert, ich wußte nicht, was das bedeuten sollte; ich wußte nicht, wo ich war. Der Duc de Berry, der älteste Sohn des Verstorbenen, war es, der nunmehr vermutlicher Erbe der Krone geworden und mit tränenden Augen herbeikam, das klagende Volk zu trösten.

Diese Reise, die Mitte November ihr Ende haben sollte, war bis zum Ende des Jahrs verlängert worden. Jedermann hatte Lust fortzukommen; ich auch. Doch überließ ich gern denen, deren Dienste nötiger waren, den Vorrang und reiste zuletzt ab.

Die Witterung war dieses Jahr so schlecht wie möglich. Es hatte viel Schnee gegeben, die Wege waren voll Glatteis; die Pferde konnten sich nicht auf den Füßen halten. Ich brachte zwei Tage und eine Nacht auf einem Wege zu, den man sonst in sieben Stunden machen kann.

Gleich bei meiner Ankunft in Versailles erhielt ich einen Besuch von einem Bedienten des Schloßvogts, der mir, im Namen seines Herrn, den Schlüssel zu meinem Apartement abforderte. Da der Dauphin gestorben war, so sah man die Bedienung eines Accoucheurs der Dauphine zugleich für erledigt an. Die Prinzessin hatte also nicht mehr das Recht, darüber zu disponieren. Ich sollte es nicht länger genießen, und man hatte die Zimmer für einen andern bestimmt, der es mehr verdiente als ich.

Ich hielt es für das klügste, mich nicht lange mit dem Menschen herumzustreiten. Ich schickte ihn fort, indem ich ihm sagte, daß ich Ruhe nötig hätte. Die Nacht über stellte ich meine Betrachtungen an; ich sah wohl ein, daß es bei den jetzigen Umständen des Hofes ganz unanständig sein würde, wenn ich Klagen anbringen oder um Verwendung nachsuchen wollte. Ich mietete also in aller Stille ein Quartier in der Stadt und gab den Schlüssel meines Apartements zurück.

Vom Italienischen war bei den Prinzessinnen nicht mehr die Rede, und doch wagte ich's nicht, mich von Versailles zu entfernen. Mit meinen Finanzen stand es schlecht; ich hatte ein Geschenk von fünfhundert Louisdor aus dem königlichen Schatz bekommen; doch das war ein einziges Mal. Es fehlte mir an allem, und doch wagte ich's nicht, um irgend etwas anzuhalten.

Von Zeit zu Zeit bekam ich meine erhabenen Schülerinnen zu sehen. Sie sahen mit gütigen Blicken auf mich, aber ich arbeitete nicht mehr mit ihnen. Ich wußte nicht, wie ich es anfangen sollte, ihnen meine Lage anzuzeigen. Die Prinzessinnen waren zu betrübt, um an mich denken zu können. Meine Einkünfte aus Italien kamen immer sehr spät an; mein Freund Sciugliaga schoß mir hundert Zechinen vor, und ich wartete es geduldig ab, bis der Sturm dem heiteren Himmel Platz machen würde.

Allein die Traurigkeit hielt sehr lange an, und ein Unglück folgte dem andren. Die Dauphine erlag ihrem Schmerz und wurde mit ihrem Gemahl in eine Gruft versenkt. Einige Zeit darauf erfolgte auch der Tod des Königs von Polen, des Vaters der Königin von Frankreich, und der seiner erhabenen Tochter brachte die öffentliche Betrübnis auf den Gipfel.

Konnte ich mich auf diese Weise den Prinzessinnen nähern und von mir sprechen? Gewiß nicht. Und hätte ich auch gekonnt, ich hätte es nicht getan. Ich hatte zuviel Achtung vor ihrem Schmerz und zu viel Vertrauen in ihre Güte, als daß ich nicht stillschweigend hätte leiden sollen. Ich wußte meine Bedürfnisse und meine Kräfte gegeneinander abzumessen, und die hundert Zechinen, die ich von meinem Freund geliehen hatte, abgerechnet, war ich niemand in der Welt etwas schuldig.

Endlich fingen die dunkeln Wolken an, sich zu zerstreuen. Alle Trauerfeiern waren nun vorüber, und der Hof bekam nach und nach seine verlorene Lebhaftigkeit wieder. Die Prinzessinnen hatten die Güte, mich holen zu lassen; ich bekam ein Geschenk von hundert Louisdor in einer goldenen Dose, und es war die Rede davon, mir ein bestimmtes Gehalt auszusetzen.

Die Prinzessinnen verlangten für mich den Titel und die Einkünfte eines Lehrers der italienischen Sprache für die königliche Familie (Instituteur d'Italien des Enfants de France). Der Minister aber fand Schwierigkeiten dabei. »Das wäre«, sagte er, »ein neues Hofamt und eine neue Last für den Staat.« Ich hätte um tausend andere Sachen nachsuchen können, ich suchte um nichts nach; ich fuhr fort, zu dienen, zu warten und zu hoffen. Nach Verlauf von drei Jahren verschafften mir meine erhabenen Gönnerinnen ein jährliches Gehalt.

Sie ließen den Minister kommen. Sie sagten ihm, es wäre nicht die Rede, ein neues Amt für einen Mann zu machen, der erst in Dienste treten sollte, sondern es käme darauf an, einen Mann zu belohnen, der schon gedient habe. Sie verlangten sechstausend Livres jährlich für mich. Der Minister fand das zuviel. »Ich hoffe«, sagte er, »Herr Goldoni wird auch mit einem Gehalt von viertausend Franken zufrieden sein.« Die Prinzessinnen nahmen ihn beim Wort, und die Sache wurde auf der Stelle richtig gemacht.

Ich war zufrieden und stattete meinen Dank bei den Prinzessinnen ab. Sie waren noch zufriedener als ich. Sie hatten die Gnade, mir zu versichern, daß ich, es sei nun auf diese oder jene

Art, ihre Neffen und Nichten zu Schülern bekommen und die eben erhaltene Besoldung nur der Anfang der Wohltaten werden sollte, die sie mich genießen zu lassen hofften. Habe ich von dieser Gnade keinen Gewinn gehabt, so ist es meine Schuld. Ich verstand mich nicht aufs Fordern. Ich lebte am Hofe, war aber kein Hofmann.

Das erste Mal, daß mir mein Gehalt ausgezahlt wurde, gab man mir aus dem königlichen Schatz nur 3600 Livres und behielt 400 Livres für den Zwanzigsten zurück. Hätte ich den Mund aufgetan, so wäre mir vielleicht diese Auflage erlassen worden. Ich sagte aber kein Wort, und so ist es denn dabei geblieben.

Meine Einnahme war nicht die ansehnlichste, allein man muß sich selbst Gerechtigkeit widerfahren lassen. Was hatte ich getan, um mehr zu verdienen? Ich hatte Italien verlassen und war nach Frankreich gekommen. Bei der italienischen Komödie fand ich meine Rechnung nicht, ich hätte also immer wieder nach Hause gehen können. Jetzt bin ich der französischen Nation einverleibt. Drei Jahre in einem leichten, ehrenvollen und angenehmen Dienst verschafften mir das Glück, in Frankreich bleiben zu können. Muß ich mich nicht für glücklich halten? Habe ich nicht Ursache zufrieden zu sein?

Überdies hatten mir die Prinzessinnen gesagt: »Unsere Neffen sollen Ihre Schüler werden.« Es waren drei Prinzen und zwei Prinzessinnen da. Welche glücklichen Aussichten! Welche gegründete Hoffnung! War das nicht genug für meinen Ehrgeiz? Warum hätte ich nach Ämtern, Chargen und Bedienungen streben sollen, die von Rechts wegen einem Inländer mehr als einem Fremden zugekommen wären? Ich habe niemals, weder für mich noch für meinen Neffen, um eine Gnade angehalten als in solchen Fällen, wo der Italiener dem Franzosen wirklich vorzuziehen war.

Sobald mein Gehalt bestimmt war, hörten die Prinzessinnen auf, sich mit der italienischen Sprache zu beschäftigen, und wendeten die Stunden, die sie mir sonst gewidmet hatten, auf andere Studien. Ich hatte nun vollkommene Freiheit zu gehen, wohin ich wollte; ich hatte Lust, meinen Wohnsitz wieder in Paris aufzuschlagen; allein ich amüsierte mich auch in Versailles sehr wohl und blieb noch einige Zeit dort. In Paris hält man den Aufenthalt in Versailles gewöhnlich für ein sehr trauriges Leben, man glaubt, man habe dort Langeweile, und Privatpersonen wüßten nicht, was sie vornehmen sollten. Ich kann das

Gegenteil beweisen. Wer sich in seiner Lage nicht gefällt, der wird allenthalben Langeweile haben. Wer aber damit zufrieden ist, der befindet sich in Versailles so gut als irgendwo. Diejenigen, die nichts zu tun haben, können ihre Morgen, nützlich oder unnützlich, im Schloß, in den Kanzleien, im Park zubringen und finden allenthalben interessante Gegenstände und mannigfaltiges Vergnügen.

Den Nachmittag sucht man seinen Zeitvertreib in der Gesellschaft, und diese findet man verhältnismäßig so gut in Versailles als in Paris. Man findet hier Spielpartien, Konzerte, gelehrten Umgang, nur mit dem Unterschied, daß man in Paris, wegen der räumlichen Entfernung, die Gesellschaft oft verfehlt, die man sucht, daß man sie in Versailles hingegen unter den Händen hat und die armen Fußgänger sich nicht in der harten Notwendigkeit befinden, entweder zu Hause zu bleiben oder sich durch die Ausgabe für den Wagen zugrunde zu richten.

Man sagt, die Damen, die in Diensten des Hofes ständen, sprächen von nichts als von ihren Prinzessinnen, und die Personen, die bei den Kanzleien angestellt wären, von nichts als ihren Amtsgeschäften. Das ist wohl möglich. Tractant fabrilia fabri, de tauris tractat arator. Demungeachtet weiß ich, daß ich mich dort sehr wohl amüsiert habe, und ohne die Schauspiele, die nur in Paris glänzen, würde ich vielleicht meinen beständigen Aufenthalt in Versailles genommen haben.

Ich vermisse die Freunde, die ich dort gelassen habe, die ich immer noch liebe und mein ganzes Leben lang lieben werde. Ich hätte Lust sie zu nennen, um ihnen einen Beweis meines Andenkens, meiner Achtung und Erkenntlichkeit zu geben; allein die Zahl derselben ist zu groß, und ich würde Gefahr laufen, in den Verdacht zu geraten, als wollte ich, durch die Herrechnung so vieler achtungswürdiger Namen, nichts als meiner Eitelkeit ein Opfer bringen.

10. Kapitel

Ich ließ mich nunmehr von neuem in Paris nieder, ob ich gleich immer noch mit einem Fuß in Versailles blieb. Es lag mir viel daran, meinen erhabenen Gönnerinnen bisweilen die Aufwartung zu machen und zuzusehen, ob die italienische Sprache und Literatur unter den jungen Prinzen und Prinzessinnen nicht vielleicht einen neuen Liebhaber bekommen möchte.

Ich war ohne Amt und ohne Beschäftigung. So machte ich einen Versuch, einige Szenen meines Theaters zu übersetzen; Übersetzungen aber waren nie nach meinem Geschmack, und da die Einbildungskraft ganz untätig dabei blieb, so kam mir die Arbeit sogar ekelhaft vor.

Verschiedene Personen waren schon zu mir gekommen, meine Meinung über eine Übersetzung meiner Lustspiele zu vernehmen, die unter meinen Augen, nach meiner Anleitung verfertigt werden und wovon ich die Hälfte des Gewinns genießen sollte. Seit meiner Ankunft in Frankreich ist bis jetzt nicht ein einziges Jahr vergangen, ohne daß ein, zwei oder mehrere Übersetzer gekommen wären, mir denselben Vorschlag zu tun. Gleich bei meinem Eintritt in Paris fand ich einen, der das ausschließliche Privileg haben wollte, mich zu übersetzen, und der auch wirklich einige von seinen Übersetzungen bekanntmachte. Ich gab mir Mühe, sie alle durch die Bank von einer Unternehmung abzuhalten, deren Schwierigkeiten sie nicht genug einsahen.

Die guten Lehren, die ich andern gab, nützte ich auch für mich selbst. Man muß nicht übersetzen, man muß schaffen, erfinden, ausdenken. Ich war noch nicht imstande, ein französisches Stück zu wagen, allein ich konnte doch wenigstens ansetzen und einen Versuch machen.

11. Kapitel

Eines Mittags war ich bei einer sehr liebenswürdigen Dame eingeladen, deren Einrichtung aber etwas Geheimnisvolles hatte. Unsere Unterredung fiel auf das italienische Theater in Paris. Es tat ihr leid, daß ich mich davon losgesagt hatte. Sie erinnerte mich an einige meiner skizzierten Stücke, die ihr Vergnügen gemacht hatten.

Unter anderem sprach sie von drei Stücken mit mir, die wirklich sehr gut aufgenommen worden waren. Sie heißen: »Les Amours d'Arlequin et de Camille«, »La Jalousie d'Arlequin« und »Les Inquiétudes de Camille«, drei Stücke, von denen das zweite die Fortsetzung des ersten und das dritte die Fortsetzung des zweiten ausmachte, die zusammen einen kleinen komischen Roman in drei Teilen bildeten, deren jeder einen eigenen, vollendeten Stoff in sich faßte.

Diese Dame, die Verstand, Einsicht und Geschmack besaß,

bewies mir, wie sehr ich unrecht hätte, drei Stücke zu vernachlässigen, die mir hätten Ehre machen können, wenn sie dialogisiert gewesen wären. Ich gab ihr recht, ich dankte ihr für ihren guten Rat und benutzte ihn.

Man verlangte von Italien aus Lustspiele von mir. Ich führte also die erwähnten drei Skizzen aus. Da sich aber unter der Truppe, die sie geben sollte, kein Harlekin von dem Talent eines Sacchi oder Carlino befand, so veredelte ich das Sujet und setzte an die Stelle des Harlekins und der Soubrette zwei Personen aus dem Mittelstand, die durch unglückliche Umstände in die Notwendigkeit geraten sind, dienen zu müssen, und nannte diese drei Stücke: »Die Liebe der Zelinda und des Lindor« – »Die Eifersucht Lindors« – und »Der Kummer der Zelinda«.

Diese drei Lustspiele machten in Venedig eben kein sonderliches Glück, doch wurden sie von dem aufgeklärten Publikum, das mit den Stücken selbst weit besser zufrieden war als mit der Aufführung, sehr wohl aufgenommen. Ich kannte die Akteurs nicht, die sie spielen sollten; man hatte die Rollen so gut ausgeteilt, als sich's tun ließ. In Italien hat man nicht so wie in Paris für jedes Fach zwei bis drei Schauspieler und kann also auch die Rollen nicht immer nur solchen geben, die ihnen ganz Genüge zu leisten imstande sind.

Gleiches Schicksal erlebte ein anderes Stück, das ich in demselben Jahr an denselben Ort schickte. Es führte im Italienischen den Titel: »Gli amanti timidi, ovvero l'imbroglio di due ritratti« (»Die furchtsamen Verliebten, oder das Doppelspiel mit den zwei Porträts«). Dieses Lustspiel in zwei Akten, das unter dem Titel »Le portrait d'Arlequin« auf dem italienischen Theater in Paris viel Vergnügen gemacht hatte, wurde in Venedig weit kaltsinniger aufgenommen.

Das waren nunmehr vier Stücke, die in Frankreich gefallen und in Italien mißfallen hatten. Und doch kamen sie von einem Verfasser her, der das Glück gehabt hatte, lange Zeit in seinem Lande zu gefallen. Allein dieser Verfasser lebte jetzt in Frankreich, und seine Arbeiten fingen an, Spuren seines neuen Aufenthaltes zu zeigen. Der Geist war derselbe, allein der Stil und die Wendungen waren verändert.

Es schmerzte mich, meine Landsleute nicht befriedigen zu können, die mich immer noch liebten und nicht abließen, meine alten Stücke zu spielen und neue von mir zu begehren.

Ich wußte, daß seit meiner Abreise die venezianischen Trupps Veränderungen erlitten hatten, die ihren Eifer schwächten und die Methode, die man unter meinen Augen befolgt hatte, außer Tritt brachten. Der Beifall meines Stücks, das sich mit Schilderungen von Charakteren und Empfindungen beschäftigte, war also bei weitem nicht mehr so gesichert wie zu meiner Zeit; das brachte mich auf den Gedanken, ein Stück in einer Gattung, die nicht ganz die meinige war, zu geben; und es glückte mir, es konnte nicht besser glücken.

Während meines zweijährigen Engagements bei der italienischen Komödie hatte ich der Gesellschaft ein Spektakelstück überreicht, das den Titel führte »Le bon et le mauvais Genie« (»Der gute und der böse Genius«). Man fand nichts an dem Stück auszusetzen, das zugleich moralisch, satirisch und unterhaltend war; allein man machte eine Menge Einwendungen gegen die erforderlichen Dekorationen, die in Italien hundert, in Paris aber vielleicht tausend Taler gekostet haben würden. Die komische Oper hielt den Aufwand für die Italiener für unnütz, und diese, die mit jener den Gewinn teilten, ließen sich die Ersparnis wohl gefallen.

In dem Theateralmanach von Paris liest man unter dem Artikel »Le bon et le mauvais Genie: ein Spektakelstück in fünf Aufzügen, nicht aufgeführt«. Ich weiß nicht, durch welchen Zufall ein Stück, das nicht einmal angenommen wurde, in dieses Verzeichnis gekommen ist. Wahrscheinlich ist es eine Höflichkeit des Herausgebers dieses Almanachs, der, um mir eine Ehre zu erzeigen, die sämtlichen dreiundzwanzig Stücke anführen wollte, die ich binnen zwei Jahren für die Italiener verfertigt hatte.

Ich hielt nun den »Guten und bösen Genius« für ein Stück, das dem italienischen Geschmack noch weit angemessener sein müßte als dem französischen. Indes stand ich doch lange bei mir an, ehe ich mich entschließen konnte, es nach Venedig zu schicken. Ich machte mir ein Gewissen daraus, dem schlechten Geschmack eines Landes zu schmeicheln, in welchem ich für das Aufkommen des guten soviel gearbeitet hatte; allein der wenige Beifall meiner letztern Stücke hatte mir Verdruß gemacht, ich strebte danach, meinen Landsleuten noch einmal zu gefallen, ich gab der Versuchung nach und benutzte die Umstände. Und tatsächlich erhielt dieses Stück in Venedig den glänzendsten Beifall. Es besetzte das Theater des heiligen Johann Chrysostomus dreißig bis vierzig Tage hintereinander ganz allein. Man hatte den Karneval damit eröffnet und beschloß ihn damit.

12. Kapitel

Ich amüsierte mich in Paris damit, die Schönheiten der Stadt der Reihe nach aufzusuchen und täglich einige Stunden in meinem Kabinett zuzubringen. Eine ernstlichere Beschäftigung aber für mich war mein Neffe.

Ich hatte ihn mit mir nach Frankreich genommen, weil ich wußte, wie nützlich Reisen zur Erziehung sind, wenn man einem jungen Menschen Gelegenheit verschafft, brauchbare Kenntnisse zu sammeln, und seine Aufführung hütet.

Bei meiner Ankunft in Paris konnte ich nicht denken, daß ich mich für beständig hier niederlassen würde; da ich aber einmal entschlossen war, hier zu bleiben, so mußte ich auch dafür sorgen, dem Sohn meines Bruders, den ich wie mein eigenes Kind liebte, ein Unterkommen zu verschaffen. Er war ein braver, gelehriger Mensch, hatte seine Studien in Venedig vollendet und war zu einem guten Amte tauglich. Ich war nicht reich genug, ihm eine Stelle zu kaufen, und wollte mir doch, womöglich, die Unannehmlichkeiten ersparen, mit Landeskindern um ein Gnadenamt zu buhlen.

Bei der königlichen Kriegsschule ist ein Professor der italienischen Sprache angestellt. Herr Conti, der diese Stelle hatte, war mein Freund. Er wünschte, sie niederlegen zu können; allein man bekam die Pension als Ausgedienter erst nach zwanzigjähriger Dienstzeit, und Herr Conti war nicht in dem Fall, darum anhalten zu können. Die Stelle war gut und ein vortrefflicher Anfang für einen jungen Menschen. Ich wünschte sehr, mein Neffe möchte sie erhalten; allein da gab es viel Schwierigkeiten aus dem Wege zu räumen.

Ich hielt um die Fürsprache von Madame Adelaide an. Diese Prinzessin empfahl mich dem Duc de Choiseul; in vierzehn Tagen hatte Herr Conti die Pension und mein Neffe die Stelle.

Bei dieser Gelegenheit sah ich mit aller Bequemlichkeit und zu wiederholten Malen diese beiden der Pracht der französischen Monarchen würdigen Anstalten, die königliche Kriegsschule und das Invalidenhaus, die Wiege und das Grab der Verteidiger des Vaterlandes.

In dem ersten erzieht man den Adel, der sich dem Kriegsdienst widmet, und im zweiten pflegt man das Alter, den Dienst und die unglücklichen Folgen des Krieges. In dem einen bilden Künste, Wissenschaften und die bestmögliche Erziehung die Menschen, in dem andern werden sie durch Wartung, Ruhe und alle Bequemlichkeiten des Lebens versorgt. Dieses letztere Denkmal ist unter der Regierung Ludwigs XIV., jenes unter der Regierung Ludwigs XV. errichtet worden.

Das Invalidenhaus ist mit einem prächtigen Tempel geziert, der selbst in Rom einen ehrenvollen Rang behaupten würde. Die vier großen Speisesäle der Soldaten verdienen sowohl besehen zu werden als die Küchen, wo man die Speisen für diese guten Leute zubereitet.

Es machte mir ein wahres Vergnügen, einige Tage in diesen beiden königlichen Häusern zuzubringen, die nah aneinander liegen und worin ich die Gouverneure und die vornehmsten Bedienten kannte. Nach Verlauf von zweiundzwanzig Monaten aber, die mein Neffe angestellt war, traf man verschiedene Veränderungen in der königlichen Kriegsschule. Der Unterricht in den schönen Wissenschaften wurde in das Collegium de la Fleche verlegt, und der in der italienischen Sprache wurde ganz abgeschafft. Die Schuld lag nicht an dem Professor; im Gegenteil, er wurde belohnt und erhielt eine Pension von 600 Franken.

Jemand versicherte mir, der Duc de Choiseul hätte schon damals um diese veränderte Einrichtung gewußt, als er meinen Neffen anstellte, und er habe bloß in der Absicht, uns diese kleine Pfründe zu verschaffen, meinem Neffen eine Stelle gegeben, die von keinei Dauer sein sollte.

Dieser Minister, der die Gesinnungen der Mesdames gegen mich kannte, hatte viel Gnade für mich. Er erwies mir, als ich bei ihm war, mich zu bedanken, die Ehre, mir zu sagen: »Die Angelegenheiten Ihres Neffen stehen gut – wie aber steht's mit den Ihrigen?« Ich sagte ihm, ich hätte eine jährliche Pension von 3600 Livres. Er lachte und sagte: »Das heißt kein Auskommen haben; Sie müssen auf sonst etwas denken: man wird für Sie sorgen.« Demungeachtet habe ich nichts weiter erhalten. Vielleicht war es meine Schuld. Doch ich wiederhole mein altes Lied: ich war am Hof, aber kein Hofmann.

Mein Neffe, der nun wieder ohne Beschäftigung war, arbeitete mit mir und wartete, bis das Schicksal ihm ein neues Geschäft anweisen würde. Der Grundsatz, den ich angenommen und ihm eingeflößt hatte, nie ein Amt unter der Menge der Mitbewerber zu suchen, machte den glücklichen Erfolg freilich schwierig.

Ich stand in Versailles in Verbindung mit Herrn Genet, Chef und Direktor des Departements der Dolmetscher, dem er eine neue Gestalt und feste Einrichtung gegeben und bei dem er erster Kommis geworden war.

Dieser achtungswürdige Hausvater, der seine Zeit unter seine Geschäfte und die Erziehung seiner Kinder teilte, erinnerte sich eines kleinen Dienstes, den ich einmal so glücklich gewesen war ihm leisten zu können, und ergriff die erste Gelegenheit, mir ihn zu vergelten.

Seitdem Frankreich zum Besitz von Korsika gekommen war, hatte man in Versailles ein allgemeines Departement für alle Geschäfte, diese Insel betreffend, errichtet. Man brauchte einen Dolmetscher, der beide Sprachen verstand: der erste Kommis wendete sich deshalb an Herrn Genet. Mein würdiger Freund erinnerte sich meiner und brachte meinen Neffen in Vorschlag, der angenommen und ohne Schwierigkeit eingeführt wurde.

Dieser junge Mensch schien bestimmt zu sein, allenthalben Reformen zu begegnen. Das Departement von Korsika wurde einige Zeit darauf zerteilt, die Finanzgeschäfte bekam der General-Kontrolleur, und die Ziviladministration ging ins Kriegsdepartement über.

Hier ist der Dolmetscher nun auch geblieben. Man verband diese Inspektion mit dem Departement des Herrn Campi, ersten Kommis für strittige Sachen. Mein Neffe tat alles, sich nützlich zu machen, er hatte das Glück, seinen Vorgesetzten zu gefallen und Beweise ihres Wohlwollens zu erhalten. Wenn mir auch die Reise nach Frankreich nichts als die Versorgung dieses geliebten Kindes eingebracht hätte, so würde ich mich doch immer freuen, sie unternommen zu haben.

Meine Anhänglichkeit an Frankreich gründete sich auf Neigung und wurde noch stärker durch das Gefühl der Dankbarkeit. Sosehr es dem venezianischen Gesandten, Ritter Gradenigo, am Herzen zu liegen schien, mir die Vorschläge seiner Landsleute annehmlich zu machen, so fand er doch meinen Widerstand recht und billig und nahm es auf sich, mich bei seinen Freunden und meinen Gönnern zu rechtfertigen.

Dieser Minister war dem Ende seiner Bestimmung nahe. Der Zeitraum der Gesandtschaften der Republik ist auf vier Jahre festgesetzt. Herr Gradenigo war am französischen Hof und bei dem Ministerium sehr beliebt; man hätte gewünscht, er wäre länger geblieben. Der König war geneigt, sich ihn von neuem auszubitten, und der Minister wollte einen Kurier abfertigen. Sosehr der Gesandte von Respekt und Dankbarkeit durchdrungen war, so konnte er doch nicht einwilligen. Die Gesetze der Republik sind unveränderlich. Sein Nachfolger war unterwegs. Herr Gradenigo mußte abreisen, und die Vorbereitungen zu seiner Abschiedsaudienz waren schon weit vorgerückt.

Der Duc de Choiseul, Minister der auswärtigen Affären, sah ein, daß diese Zeremonie kostbar, ängstlich und ganz unnütz wäre, und der König dachte ebenso. Herr Gradenigo wurde von Seiner Majestät ohne den gewöhnlichen Pomp zum Ritter geschlagen und machte der königlichen Familie und den Prinzen von Geblüt seine Besuche insbesondere.

Von dieser Zeit an datiert die Abschaffung der öffentlichen Audienzen der Beständigen Gesandten.

Dieser Gesandte wurde von dem Ritter Sebastian Mocenigo abgelöst, der aus Spanien kam, wohin ihn die Republik zu seiner ersten Gesandtschaft geschickt hatte. Er war aus einer berühmten, sehr alten und sehr reichen Familie. Er hatte Verstand, Einsicht, war sehr liebenswürdig, ein guter Musikus und vortrefflicher Sänger. Und doch ... widerfuhren ihm sehr unangenehme Dinge, die er vielleicht nicht verdient hatte.

13.–14. Kapitel

Man verlangte nach mir in London, dem einzigen Ort in Europa, der Paris den Vorzug streitig machen kann. Ich hätte ihn gern gesehen, allein ich hörte von großen Vermählungen in Versailles. Ich hatte allen Leichenbegängnissen des Hofes beigewohnt und wollte nun auch die Zeit der Fröhlichkeit und des Vergnügens genießen.

Überdies war es nicht der König von England selbst, der nach mir verlangte, sondern die Directeurs der Oper, die mich zu ihrem Schauspiel engagieren wollten.

Indes suchte ich doch die gute Meinung, die sie von mir hegten, zu benutzen. Ich brachte gute Gründe zur Entschuldigung vor, warum ich ihren Antrag nicht annehmen könnte, und bot ihnen meine Dienste an, ohne mich verbindlich zu machen, Frankreich zu verlassen.

Meine Vorschläge wurden angenommen. Man verlangte eine neue komische Oper von mir und trug mir auf, alle alten Stücke, die sie das Jahr hindurch zur Aufführung bestimmt hatten, auszubessern.

Man bestimmte nicht, was mir dafür werden sollte, und ich

schwieg auch davon. Ich arbeitete; die Engländer waren mit mir zufrieden, und ich war es nicht weniger mit ihrer Billigkeit.

Die Korrespondenz dauerte einige Jahre hintereinander fort und hörte nicht eher auf, als bis die Directeurs ihre Unternehmung an andere abtraten, bei welcher Gelegenheit ich einen sehr sicheren Beweis ihrer Zufriedenheit erhielt; denn sie bezahlten mir eine Oper, von der sie keinen Gebrauch mehr machen konnten. Die Direktion war in den Händen von Frauenzimmern, und die Frauenzimmer sind allenthalben liebenswürdig.

Ich begreife nicht, wie es zugeht. Ich habe vierzig bis fünfzig komische Opern für Italien, England, Deutschland und Portugal gemacht, und ich wäre nicht imstande, eine für Paris zu machen. Bald sehe ich in diesem Schauspielhaus ernsthafte, weinerliche Dramen den Titel Lustspiel führen, die Schauspieler singend weinen und nach dem Takte schluchzen – bald Stücke, die unter dem Titel »Paraden« angekündigt werden und die ohne den Zauber der Musik und das reizende Spiel der Akteurs in der Tat nichts Besseres sein würden. Bald sehe ich Kleinigkeiten, die nichts versprachen, sich bis an die Wolken erheben, bald recht gute Stücke durchfallen, weil das Sujet nicht traurig genug zum Weinen und zum Lachen nicht lustig genug ist. Welches sind nun die Vorschriften, die Regeln der komischen Oper? Es gibt keine. Man folgt dem Schlendrian; man kann mir glauben, ich weiß es aus Erfahrung. »Experto crede Ruperto.«

Will man mir einwerfen, die italienischen komischen Opern wären Possenspiele und der Ehre ganz unwürdig, mit französischen Stücken, die diesen Titel führen, verglichen zu werden? Wer Italienisch versteht, mag sich die Mühe geben, die sechs Bände, welche die Sammlungen meiner Arbeiten in dieser Gattung enthalten, zu durchlaufen, und vielleicht wird er finden, daß Inhalt und Stil darin so ganz verächtlich nicht sind.

Freilich sind es keine regelmäßigen Schauspiele; sie können es aber auch nicht sein. Es ist mir nie eingefallen, aus Geschmack und eigner Wahl solche Stücke zu verfertigen; immer hab ich es nur aus Gefälligkeit und bisweilen aus ökonomischen Gründen getan. Wer ein Talent besitzt, der muß allen Vorteil daraus zu ziehen suchen. Ein Historienmaler wird sich nicht weigern, ein Fratzengesicht zu malen, wenn er dafür bezahlt wird.

Solche Überlegungen führten mich mehr als einmal in Versuchung, den Bitten mehrerer Tonkünstler nachzugeben, die oft, sehr oft, fast täglich, ein Stück für die komische Oper von mir verlangten. Nachdem ich alles reiflich untersucht und überlegt hatte, glaubte ich doch imstande zu sein, mich in den Ton versetzen zu können, der erforderlich ist, wenn man der französischen Nation gefallen will; und ich machte den Versuch, ein kleines Stück in zwei Aufzügen unter dem Titel »La Bouillotte« zu verfertigen.

Den Entwurf meines Stücks hatte ich fertig. Warum habe ich ihn nicht ausgeführt? Solange es nur auf den Dialog ankam, zog ich mich ganz leidlich aus der Sache, und ich glaubte mich mit meiner Prosa wohl auf ein Theater wagen zu dürfen, wo das Publikum viel Nachsicht gegen Ausländer bezeigte. Allein zu einer komischen Oper gehören auch Arien, und ich mußte gute Verse machen, wenn ich gute Musik haben wollte. Ich kannte die Mechanik der französischen Verse, ich hatte alle Schwierigkeiten überstiegen, die einem fremden Ohr aufstoßen müssen, und mir nur die besten Muster zur Nachahmung vorgesetzt. Ich machte einen Versuch, ich arbeitete, ich machte Couplets, Quatrins, ganze Arien, und nach aller Mühe, die ich mir gegeben hatte, fand ich, daß meine Muse in französischer Tracht weder das Feuer, noch die Grazie, noch die Leichtigkeit hatte, die ein Schriftsteller in seiner Jugend erwirbt und in männlichen Jahren zur Vollkommenheit bringt. Es fehlte mir nicht an Selbsterkenntnis; ich ließ meine Arbeit liegen und leistete für immer auf den Zauber der französischen Poesie Verzicht.

Ich hätte mein Stück vielleicht jemand anvertrauen können, der den poetischen Teil übernommen hätte, an wen aber hätte ich mich wenden sollen? Ein Schriftsteller vom ersten Rang würde meinen Plan verändert, und ein mittelmäßiger würde ihn mir verdorben haben.

Überdies war das Ganze eine Kleinigkeit, auf die ich keinen großen Wert legte und die ich ohne Mühe und Überwindung vergaß. Erst jetzt, als ich zum Behuf dieser Memoiren unter meinen alten Papieren suchte, fand ich es wieder, und da ich doch meine Leser von allen meinen Produkten unterhalten habe, so glaubte ich ihnen auch diese unreife Geburt nicht verheimlichen zu dürfen.

15. Kapitel

Ich erwähnte, daß bei Hofe große Heiraten zu erwarten waren. In diesen glücklichen Tagen kam auch die Erzherzogin von Österreich, Maria Antoinette von Lothringen, als Dauphine nach Frankreich und überhäufte dieses Königreich mit

Freude, mit Ruhm und den schönsten Hoffnungen. Durch die vortrefflichen Eigenschaften ihres Geistes und Herzens erwarb sie sich die Hochachtung des Königs, das Herz ihres Gemahls, die Freundschaft der königlichen Familie und verdiente sich durch ihre Wohltätigkeit die Bewunderung des ganzen Publikums.

Diese Tugend, die in unseren Tagen die herrschende Leidenschaft der Franzosen geworden ist, scheint nach dem Vorbild dieser erhabenen Fürstin in allen edlen Seelen Nacheiferung erregt zu haben. Die Vermählung wurde mit einer Pracht gefeiert, die des Enkels des französischen Monarchen und der Tochter der römischen Kaiserin würdig war. Ich sah die prächtig geschmückte Kirche, den hinreißenden Anblick des königlichen Festes, den Ball in der Galerie und die Spielpartien in den Zimmern.

Allenthalben sah man Illuminierungen. Es wurde ein unvergleichliches Feuerwerk abgebrannt. Torre, ein italienischer Feuerwerker, erhob bei dieser Gelegenheit die Pyrotechnik auf den höchsten Gipfel der Vollkommenheit. Zu gleicher Zeit wurde das neue Hoftheater eröffnet. Ein prächtiges Monument der Baukunst, das aber den Zuschauern mehr Größe und Majestät als Bequemlichkeit darbietet. Man muß es sehen, wenn Bälle in Gala oder maskierte Bälle darauf gegeben werden. Man schmückt bei solchen Gelegenheiten das Theater mit denselben Dekorationen wie den übrigen Raum aus und sieht dann einen unermeßlichen Saal, der mit Säulen, Spiegeln und Vergoldungen verziert ist, die einen Beweis von der Größe des Fürsten, der sie befohlen, und von dem Geschmack des Künstlers abgeben, der sie verfertigt hat.

Bei den Freudenfesten, die diese hohe Vermählung veranlaßte, ließen denn auch die französischen Dichter den Hof und die Stadt von ihren Gesängen erschallen. Meine Muse fühlte ein Verlangen, sich mit hören zu lassen; ich suchte es zu befriedigen, ich machte italienische Verse, wagte es aber nicht, sie unter die Presse zu geben.

Unter der unzähligen Menge von Gedichten, die täglich erschienen, befanden sich einige vortreffliche, aber auch viele, die niemand lesen mochte. Ich wollte die Zahl dieser letzteren nicht vermehren und überreichte meine Verse im Manuskript. Die Dauphine nahm sie gnädig auf und ließ mir in sehr gutem Italienisch versichern, ich wäre ihr nicht unbekannt.

Der glückliche Stern, der damals seine Einflüsse auf dieses

Königreich verbreitete, scheint auch mir Eifer, Ehrgeiz und Mut eingeflößt zu haben. Ich faßte den Entschluß, ein französisches Lustspiel zu verfertigen, und hatte die Verwegenheit, es dem französischen Theater zu bestimmen.

Das Wort Verwegenheit ist nicht zu stark. Es ist wirklich Verwegenheit, wenn ein Fremder, der in seinem dreiundfünfzigsten Jahr mit einer sehr verwirrten und seichten Kenntnis der Sprache nach Frankreich gekommen ist und nach einem neunjährigen Aufenthalt im Lande es wagt, ein dramatisches Gedicht für das erste Theater der Nation zu verfertigen.

Man wird leicht merken, daß ich von meinem »Bourru Bienfaisant« (»Der herzensgute Unwirsch«) reden will, von diesem Stück, das meine Arbeiten gekrönt und meinem Ruf das Siegel aufgedrückt hat.

Es wurde zum erstenmal den 4. November 1771 in Paris und den Tag darauf in Fontainebleau gegeben. Es erhielt am Hof und in der Stadt gleichen Beifall. Vom König erhielt ich ein Geschenk von hundertundfünfzig Louisdor, auf dem Theater brachte es mir ein Beträchtliches ein, und mit meinem Buchhändler hatte ich nicht weniger Ursache zufrieden zu sein. Ich sah mich mit Ehre, mit Vergnügen und Freude überhäuft; ich sage die Wahrheit, ich verberge nichts. Falsche Bescheidenheit kommt mir ebenso ekelhaft vor wie lächerliche Eitelkeit.

Ich finde nicht für nötig, einen Auszug aus einem Stück zu geben, das allenthalben gespielt wird und in jedermanns Händen ist. Doch halte ich es für meine Schuldigkeit, den Schauspielern, die unendlich viel zu dem Beifall, den meine Arbeit erhielt, beigetragen haben, hier einen Beweis meiner Erkenntlichkeit abzulegen.

Es ist nicht möglich, die Rolle des »herzensguten Unwirschs« mit mehr Wahrheit vorzutragen, als Herr Préville getan hat. Dieser unnachahmliche Schauspieler, der von Natur sehr aufgeweckt war und eine heitere Physiognomie hatte, wußte den Zwang, den die Natur ihm auferlegte, und sein gewöhnliches Spiel so sehr zu verleugnen, daß man in seinen Blicken und Bewegungen die ganze Herbigkeit des Charakters und die Güte des Herzens wiederfand, die ich der Hauptperson meines Stücks gegeben hatte.

Herr Bellecour, der ebenso phlegmatisch war wie die Person, die er spielte, fand bei dem Charakter des Dorval weniger Schwierigkeiten zu überwinden; doch wendete er alle Einsicht und Feinheit an, die erfordert wurden, ihn hervorstechend zu machen, und brachte so den herrlichsten Kontrast mit der Lebhaftigkeit des Geronte hervor.

Die Rolle des Dalencour war für das Fach und die großen Talente des Herrn Mole nicht beträchtlich genug; er spielte sie aus Gefälligkeit und gab sie ein paar Tage nachher ab. Nach Bellecours Tod aber übernahm er die Rolle des Dorval und spielte sie meisterhaft. Ich schätzte Herrn Mole immer sehr hoch, aber ich gestehe offen, daß er mich bei dieser Gelegenheit dennoch überraschte. Ich hatte gesehen, wie er alle andern in glänzenden Charakteren, starken Leidenschaften und interessanten Situationen übertraf, desto mehr erstaunte ich, als ich ihn mit so vielem Glück den Ton, die Gebärden und das kalte Blut einer Rolle annehmen sah, die seinem natürlichen Hang und seinem Geschmack so sehr entgegengesetzt war. Das ist ein Mann! Das ist der wahre Schauspieler!

Die Rolle der Madam Dalancour, von Madame Préville gespielt, war neu auf dem Theater und nicht leicht; doch eine Schauspielerin von ihrem Talent findet nirgend Schwierigkeiten. Sie spielte in verschiedenen Situationen die Kokette, die Unschuldige und die Frau von Verstande gleich gut.

Mamsell Doligny gab in diesem Stück neue Proben ihres Talents, ihres Eifers und ihrer Genauigkeit. Es ist nicht möglich, die junge, bescheidene und furchtsame Liebhaberin mit mehr Wahrheit und Grazie zu spielen.

Madame Bellecour gab durch ihre natürliche Munterkeit und die Feinheit ihres Spiels der Rolle der Gouvernante alle mögliche Annehmlichkeit, und Herr Feuilli wußte die kleine Bedientenrolle zur Geltung zu bringen, daß er nicht weniger als die anderen Schauspieler Teil an dem Beifall des Publikums erhielt.

Alle Schauspieler schienen von der ersten Vorlesung an eine große Liebe für dieses Stück zu empfinden. Die Aufnahme und Verwerfung der Stücke geschieht auf dem französischen Theater durch Billetts, vermittelst welcher diejenigen, die Stimmen zu geben haben, votieren. Alle diese Billetts waren an dem Tage Lobeserhebungen von mir und meiner Arbeit. Die Stimme des Publikums hat in der Folge bewiesen, daß die Schauspieler mit Einsicht geurteilt hatten und daß, wenn sie bisweilen schlechte Stücke annehmen, Umstände von außen dazukommen, die sie gegen ihre innere Überzeugung handeln lassen.

16. Kapitel

Mein »Herzensguter Unwirsch« konnte nicht mehr Beifall finden, als er fand. Ich hatte das Glück gehabt, in der Natur einen Charakter aufzufinden, der für das Theater noch neu war, einen Charakter, den man allenthalben antrifft und der dennoch der Aufmerksamkeit der älteren und neueren dramatischen Dichter entgangen war.

Vielleicht glaubten sie, ein hitziger Mann müßte auf dem Theater ebenso widrig sein, als er im Umgang lästig ist. Von dieser Seite betrachtet, taten sie recht wohl, ihn nicht in ihren Werken anzubringen, und ich würde mich selbst davor gehütet haben, wenn andere Aussichten mich nicht hätten hoffen lassen, ihn mit Wirkung benutzen zu können.

Die Wohltätigkeit macht den Hauptgegenstand meines Stücks aus, und die Lebhaftigkeit des Wohltätigen liefert das Komische, das von der wahren Komödie unzertrennlich ist.

Die Wohltätigkeit ist eine Tugend der Seele, und das auffahrende Wesen ein Fehler des Temperaments; beides verträgt sich recht gut in einer Person. Nach diesen Grundsätzen entwarf ich meinen Plan. Mein »Unwirsch« ist erträglich, weil er außerdem ein Mann von Gefühl ist.

Bei der ersten Vorstellung meines Stücks versteckte ich mich, wie ich es in Italien zu halten pflegte, hinter dem Vorhang, der die Kulissen schließt. Ich sah nichts, aber ich hörte meine Schauspieler und das Applaudieren des Publikums. Ich spazierte, solange die Vorstellung dauerte, auf und ab; bei lebhaften Situationen verdoppelte ich meine Schritte, in den Augenblicken der Spannung und der Leidenschaft mäßigte ich sie.

Sowie das Stück zu Ende war, hörte ich Händeklatschen und Ausrufungen, die kein Ende nahmen. Herr Dauberval kam; ebender, welcher mich nach Fontainebleau bringen sollte. Ich glaubte, er käme in dieser Absicht, mich abzuholen. Keineswegs. »Kommen Sie, mein Herr«, sagte er. »Sie müssen sich zeigen.« – »Mich zeigen? Und wem?« – »Dem Publikum, das Sie verlangt.« – »Nein, mein Freund: wir wollen uns hurtig auf den Weg machen: ich könnt es nicht aushalten...« Hier kamen die Herren Le Kain und Brizard, die mich an den Armen faßten und auf das Theater zogen.

Ich habe Dichter gesehen, die bei ähnlicher Gelegenheit viel

Mut zeigten; allein ich war nicht daran gewöhnt. In Italien ruft man die Dichter nicht aufs Theater, um sie zu bekomplimentieren, und ich konnte nicht begreifen, wie jemand hintreten und den Zuschauern stillschweigend sagen könnte: »Hier bin ich, meine Herren, beklatschen Sie mich!«

Nachdem ich einige Sekunden eine Lage ausgehalten hatte, die ich mir nicht sonderbarer und unbequemer hätte denken können, so trat ich ab und ging durch das Ankleidezimmer nach dem Wagen, der mich erwartete. Ich begegnete einer Menge Personen, die mich suchten; ich kannte aber niemand, stieg mit meinem Begleiter die Treppe hinab und setzte mich in den Wagen, wo ich meine Frau und meinen Neffen schon fand. Der Beifall meines Stücks machte, daß sie Freudentränen vergossen, und die Geschichte meiner Erscheinung auf dem Theater preßte ihnen ein lautes Gelächter aus.

Ich war ermüdet und hatte Ruhe und Schlaf nötig. Meine Seele war zufrieden, mein Geist ruhig. In meinem Bett würde ich eine glückliche Nacht zugebracht haben, im Wagen aber hatte ich kaum die Augen zugetan, als die Stöße desselben mich wieder aufweckten. Endlich kam ich unter Schlummer, Schwatzen und Gähnen in Fontainebleau an. Ich schlief, aß zu Mittag, ging spazieren, dann ins Schloß, mein Stück, und zwar wieder hinter dem Vorhang, aufführen zu sehen.

Schon im vorigen Kapitel habe ich des Beifalls erwähnt, den es bei Hof erhielt. Es war damals nicht erlaubt, in Gegenwart des Königs zu applaudieren; allein man bemerkte doch durch natürliche und erlaubte Bewegungen den Eindruck, den das Stück auf die Zuschauer machte.

Den Tag darauf erwies mir der Marschall de Duras die Ehre, mich dem König in seinem Kabinette vorzustellen. Seine Majestät und die ganze königliche Familie gaben mir Beweise von ihrer gewöhnlichen Güte.

Ich ging nach Paris, der zweiten Vorstellung meines Stücks beizuwohnen.

Es zeigten sich an dem Tage einige Bewegungen, die eine üble Laune des Parterres zu verraten schienen. Ich war an meinem gewöhnlichen Platz. Herr Fenilli kam und sagte mir: »Seien Sie ruhig, es ist nichts als Kabale.« – »Wie?« sagte ich. »Bei der ersten Vorstellung habe ich ja nichts bemerkt?« – »Ganz natürlich«, versetzte er; »die Eifersüchtigen fürchteten Sie nicht. Sie lachten über den Fremden, der es wagte, ein französisches Stück zu geben. Die Kabale war nicht vorbereitet.

Doch«, setzte er hinzu, »Sie haben nichts zu fürchten. Der erste Schlag ist geschehen und Ihr Beifall gesichert.«

In der Tat wurde das Stück bis zur zwölften Vorstellung immer besser aufgenommen, und wir, die Schauspieler und ich, nahmen es aus keiner andern Absicht zurück, als um es in einer günstigeren Jahreszeit wieder auf das Theater zu bringen.

Niemand sprach schlecht von meinem Stück, aber mancherlei wunderliche Reden wurden darüber geführt. Einige hielten es für ein Lustspiel aus meinem italienischen Theater, andere bildeten sich ein, ich hätte es hier italienisch geschrieben und dann ins Französische übersetzt. Die Sammlung meiner Werke hätte die ersten vom Gegenteil überzeugen können, und den letzteren, wenn es anders noch Leute gibt, die so denken, will ich jetzt ihren Irrtum zu benehmen suchen.

Ich hatte nicht allein mein Stück gleich französisch geschrieben, sondern dachte auch ganz wie ein Franzose, als ich es erfand: Gedanken, Bilder, Sitten, Schreibart, alles trägt das Gepräge seines Ursprungs.

Man hat in Italien zwei verschiedene Übersetzungen davon gemacht, die nicht übel geraten sind, aber bei weitem nicht an das Original reichen. Ich machte selbst zu meinem Vergnügen einen Versuch und fühlte alle Mühseligkeit dieser Arbeit und die Schwierigkeit, glücklich dabei zu sein. Es gibt Ausdrücke und Wörter in der Konversationssprache, die in der Übersetzung alles Salz verlieren.

Man nehme z. B. in der siebzehnten Szene des zweiten Aktes das Wort »jeune homme« aus dem Munde der Angelika. Die ganze italienische Sprache hat kein gleichbedeutendes Wort. »Il giovine« ist zu niedrig, zu weit unter dem Stand der Angelika: »il giovinetto« würde für ein braves, furchtsames Mädchen zu kokett sein. Wer es übersetzen wollte, müßte seine Zuflucht zu Umschreibungen nehmen; eine Umschreibung aber würde der abgebrochenen Rede zu viel Klarheit geben und die Szene verderben.

Die Charaktere des Herrn und der Madame Dalencour sind mit einer Feinheit erfunden und behandelt, die man nur in Frankreich kennt. Auf diese beiden Personen meines Stücks bilde ich mir am meisten ein. Eine Frau, die ihren Mann ruiniert, ohne sich's selbst träumen zu lassen, ein Mann, der seine Frau aus Zuneigung betrügt – sind Wesen, die existieren und in den Familien nicht selten vorkommen. Ich brauchte sie zu episodischen Personen, ob ich sie gleich zu Hauptpersonen hätte benutzen können, die vielleicht ebenso neu gewesen wären wie der »Herzensgute Unwirsch«.

Ich erfand also und schrieb dieses Stück in französischer Sprache, war aber nicht verwegen genug, es öffentlich bekanntzumachen, ohne es vorher Personen zu zeigen, die mich zurechtweisen und belehren konnten. Auch benutzte ich die Vorschläge, die sie mir taten.

Ungefähr um diese Zeit kam Rousseau von Genf nach Paris zurück. Jedermann gab sich Mühe, ihn zu sprechen, er war aber nicht für jedermann sichtbar. Ich kannte ihn nur dem Rufe nach, ich wünschte eine Unterredung mit ihm zu haben, und es wäre mir lieb gewesen, wenn ich mein Stück einem Manne hätte zeigen können, der mit der französischen Sprache und Literatur so vertraut war.

Wenn ich einer guten Aufnahme gewiß sein wollte, so durfte ich nicht aufs Geratewohl hingehen. Ich ergriff also den Ausweg, ihm zu schreiben; ich bezeigte ihm das Verlangen, das ich empfände, seine Bekanntschaft zu machen. Er antwortete mir sehr höflich, er ginge nicht aus, er käme nirgends hin, wenn ich mir aber die Mühe geben wollte, in der Straße Plâtrière, im Hotel Plâtrière vier Treppen hoch zu steigen, so würde ich ihm das größte Vergnügen machen. Ich nahm seine Einladung an und begab mich ein paar Tage darauf zu ihm.

Ich will hier meine Unterredung mit dem Genfer Bürger mitteilen. Das Resultat derselben war eben nicht sehr interessant, von meinem Stück war nur im Vorbeigehen die Rede; demungeachtet ergreife ich die Gelegenheit gern, von diesem außerordentlichen Mann zu sprechen, der ausgezeichnete Talente, aber auch unglaubliche Vorurteile und Schwachheiten besaß.

Ich stieg im erwähnten Hotel vier Treppen hinan, pochte an, und man machte auf. Ich sah ein Frauenzimmer, das weder jung noch artig noch einnehmend war.

Ich fragte, ob Herr Rousseau zu Hause wäre. »Er ist zu Hause und auch nicht zu Hause«, sagte mir diese Person, die ich höchstens für seine Haushälterin hielt, und erkundigte sich nach meinem Namen. Ich nannte ihn. »Man erwartet Sie, mein Herr«, sagte sie, »ich will Sie gleich meinem Manne melden.«

Einen Augenblick darauf wurde ich eingelassen. Ich fand den Verfasser des »Emile« mit Notenschreiben beschäftigt. Ich hatte schon davon gehört, und doch konnte ich mich nicht enthalten, heimlich vor Verdruß zu murren. Er empfing mich sehr offen und freundschaftlich; er stand auf und sagte mir, ein Heft in der Hand: »Sehen Sie, ob jemand so gut Noten abschreibt wie ich. Ich wette, es kommt kein Stück so schön und so genau aus der Presse wie von mir. – Kommen Sie«, fuhr er fort, »wir wollen uns wärmen.« Wir hatten nur einen Schritt bis zum Kamin.

Das Feuer war ausgegangen, er verlangte ein Holzscheit; Madame Rousseau brachte es selbst. Ich stand auf, trat beiseite und bot der Madame meinen Stuhl an. »Genieren Sie sich nicht«, sagte ihr Mann, »meine Frau hat ihre Geschäfte zu besorgen.«

Das Herz blutete mir. Einen Gelehrten den Abschreiber und seine Frau die Magd machen zu sehen, war ein zu niederschlagendes Schauspiel für meine Augen. Ich konnte mein Erstaunen, meinen Verdruß nicht verbergen, ob ich gleich nichts sagte. Rousseau indessen war zu scharfsichtig, als daß er nicht hätte merken sollen, es gehe etwas in meiner Seele vor. Er fragte mich, und ich sah mich gezwungen, ihm die Ursache meines Schweigens und meiner Betäubung zu gestehen.

»Wie«, sagte er, »Sie beklagen mich, weil ich mich mit Abschreiben beschäftige? Sie glauben, ich täte besser, Bücher für Leute zu schreiben, die nicht lesen können, und boshaften Journalisten Stoff zu einem Artikel zu geben? Sie sind im Irrtum. Ich liebe die Musik leidenschaftlich, ich kopiere vortreffliche Originale: davon lebe ich, das amüsiert mich, und daran habe ich genug. Und Sie«, fuhr er fort, »was treiben Sie denn selbst? Sie sind nach Paris gekommen, für die italienischen Schauspieler zu arbeiten; das sind faule Leute, sie mögen Ihre Stücke nicht. Machen Sie sich auf, gehen Sie wieder in Ihr Vaterland, ich weiß, daß man Sie dort wünscht, daß man Sie erwartet...«

»Sie haben recht, mein Herr«, unterbrach ich ihn, »nach dieser Behandlung von seiten der italienischen Komödie hätte ich Paris verlassen sollen; andere Aussichten haben mich indes da zurückgehalten. Ich habe eben ein Stück in französischer Sprache verfertigt...« – »Sie haben ein Stück in französischer Sprache verfertigt?« fiel er mir voll Erstaunen ein; »was in aller Welt wollen Sie damit machen?« – »Es aufs Theater geben.« – »Auf was für ein Theater?« – »Auf das Theater der französischen Komödie.« – »Sie werfen mir vor, ich verderbte meine Zeit, und Sie verderben sie selbst, ohne den geringsten Gewinn.« – »Mein Stück ist angenommen worden.« – »Ist es möglich? Doch ich wundere mich nicht. Die Komödianten haben nicht den gemeinen Menschenverstand. Sie nehmen an und weisen ab, daß keine Seele daraus klug werden kann. Gut, sie haben es vielleicht angenommen, aber spielen tun sie's nicht, und desto schlimmer für Sie, wenn sie es spielen.« – »Wie aber können Sie ein Stück beurteilen, das Sie nicht kennen?« – »Ich kenne den Geschmack der Italiener und den Geschmack der Franzosen; der Unterschied ist gar zu groß – und, mit Ihrer Erlaubnis, in Ihren Jahren fängt man nicht mehr an, in einer fremden Sprache zu schreiben.« – »Ihre Bemerkungen, mein Herr, sind ganz richtig, allein die Schwierigkeiten sind doch nicht unüberwindlich. Ich habe meine Arbeit Leuten von Verstand, Kennern mitgeteilt, und sie scheinen damit zufrieden.« – »Man schmeichelt Ihnen, man betrügt Sie, Sie werden es bereuen. Lassen Sie mich Ihr Stück sehen. Ich bin offenherzig, bin geradezu; ich sage Ihnen die Wahrheit.«

Hierher wollte ich ihn gerne haben, nicht um seinen Rat einzuholen, sondern um zu sehen, ob er nach der Vorlesung des Stücks nicht mehr Zutrauen in mich setzen würde. Das Manuskript war in den Händen des Abschreibers der französischen Komödie. Ich versprach dem Herrn Rousseau, er sollte es, sobald ich's wiedererhielte, zu sehen bekommen, und meine Absicht war wirklich, ihm Wort zu halten. Im folgenden Kapitel wird man die Gründe erfahren, die mich auf andere Gedanken brachten.

17. Kapitel

Vor drei Jahren erschien ein Buch unter dem Titel »Les Confessions de J. J. Rousseau, Citoyen de Genève«, das Anekdoten aus seinem Leben, von ihm selbst geschrieben, enthält. Er schont sich nicht in dieser Schrift, er erzählt sogar eine Menge auffallender Dinge von sich selbst, die ihm schaden könnten, wenn sein großer Name ihn nicht über alle Kritik hinwegsetzte.

Doch ich weiß noch eine Anekdote, die ihm in den letzten Jahren seines Lebens begegnete und die man nicht in seinen Bekenntnissen findet. Vielleicht hat sie der Verfasser vergessen, vielleicht aber hat er auch nicht Zeit gehabt, sie neben den übrigen aufzuzeichnen, denn das Buch kam erst nach seinem Tode heraus. Diese Anekdote betrifft mich nicht geradezu, ich führe sie aber hier an, weil sie der Grund war, der mich abhielt, ihm meinen »Herzensguten Unwirsch« zu zeigen.

Dieser gelehrte Fremde hatte Freunde und viel Bewunderer in Paris. Herr ... gehörte unter beide. Er liebte, schätzte ihn und beklagte ihn zu gleicher Zeit; denn er kannte seine elenden Umstände so genau wie seine Talente.

Herr ... bot dem Genfer Gelehrten ein ganz möbliertes, sehr artiges, bequemes Quartier in der Nähe des Gartens der Tuilerien an – und um die Empfindlichkeit seines Freundes nicht zu reizen, bot er es für denselben Preis an, den er in seinem Hotel garni bezahlte. Rousseau merkte die Absicht des großmütigen Mannes, schlug es rundweg ab und schrie überlaut: er möchte sich nicht betrügen lassen.

Herr ..., auch ein Philosoph, aber zugleich ein Franzose, der Politesse mit Philosophie vereinigte, nahm die abschlägige Antwort nicht übel auf. Er kannte den Mann, verzieh ihm seine Schwachheit, besuchte ihn nach wie vor und ließ sich für das Vergnügen, sich mit ihm zu unterhalten, die Mühe, vier Treppen steigen zu müssen, nicht verdrießen.

Er hatte von den »Bekenntnissen« sprechen hören; er wünschte sie ganz zu sehen, und da er selbst in seiner Brieftasche Sittengemälde des Jahrhunderts im Geschmack des Theophrast und Labruyère hatte, so schlug er seinem Freunde vor, sich gegenseitig ihr Arbeiten vorzulesen.

Rousseau nahm den Vorschlag – doch nur unter der Bedingung – an, daß Herr ... sich entschlösse, ein frugales Abendessen im Hotel Plâtrière einzunehmen. Dieser stellte ihm vor, sie würden bei ihm weit bequemer sein. »Das ist gleichviel«, sagte jener; »doch es muß bei mir geschehen, oder es wird nichts aus der Lektüre. Höchstens«, setzte er hinzu, »erlaube ich Ihnen, eine Bouteille von Ihrem Weine mitzubringen: denn in meinem Hause bekomm ich sehr schlechten.«

Der nachgiebige Franzose bequemt sich zu allem. Unglücklicherweise ist er zu artig, zu höflich und schickt einen Korb mit sechs Bouteillen vortrefflichen Weines und sechs Bouteillen Malaga. Diese Überraschung macht den Genfer übler Laune. Der Franzose kommt, bemerkt es und erkundigt sich nach der Ursache. »Wir beide«, sagte der empfindliche Mann, »werden, denk ich, nicht zwölf Bouteillen Wein allein trinken. Ich habe eine Bouteille aus dem Korbe genommen, das ist genug zu einem kleinen Abendessen. Das andere schicken Sie nur gleich wieder fort, oder Sie essen nicht bei mir.«

Die Drohung war nicht sehr fürchterlich, und dem Gast lag nur die Vorlesung am Herzen. Der Bediente war noch da, er befiehlt ihm, den Korb wieder mitzunehmen. Rousseau ist nun zufrieden und fängt zuerst an zu lesen.

Indes hatten sie mit dem vorigen Auftritt die Zeit verschwendet. Die Vorlesung wurde von Madame Rousseau unterbrochen, die den Tisch brauchte, um ihn zu decken. Man hätte ohne Tisch lesen können, allein in demselben Augenblick wurde auch das Essen aufgetragen. Ein Huhn und ein Salat: das war alles.

Nach Tisch war die Reihe des Vorlesens an Herrn ... Er liest ein Kapitel, das gut gefunden und sehr gelobt wird. Er liest ein zweites: auf einmal steht Rousseau auf und geht mit einer zornigen, aufgebrachten Miene das Zimmer auf und ab. Man erkundigt sich nach der Ursache seines Zorns. »Es ist nicht Sitte«, sagt er, »zu rechtschaffenen Leuten zu kommen und sie zu insultieren.« – »Wie?« fragt jener, »worüber haben Sie sich denn zu beschweren?« – »Sie haben mit keinem Dummkopf zu tun«, versetzt der Philosoph, »mein Porträt haben Sie da mit übertriebenem Kolorit, mit satirischen Zügen entworfen. Das ist abscheulich, das ist schändlich...!«

»Nicht so hitzig«, fällt ihm der Franzose ein. »Ich liebe Sie, ich schätze Sie; Sie kennen mich. Einen harten, ärgerlichen, gallsüchtigen Mann habe ich schildern wollen ... von der Art, wie er im gemeinen Leben oft vorkommt ...« – »Ja, ja«, fährt Rousseau fort, »ich weiß wohl, daß ich in den Köpfen der Ignoranten dafür gelte; ich beklage sie, ich verachte sie, aber das kann ich nicht zugeben, daß ein Mann wie Sie, ein Freund – ein wahrer oder ein falscher – zu mir kommt, um sich über mich aufzuhalten.«

Herr ... mochte sagen und tun, was er wollte, er konnte nichts über ihn gewinnen. Der Kopf stand ihm einmal auf dem falschen Flecke; sie entzweiten sich ernstlich, und es setzte nachher von beiden Seiten sehr beißende Briefe.

Ich stand in Verbindung mit dem französischen Gelehrten. Den Tag nach seiner Entzweiung mit Rousseau sah ich ihn in einer Gesellschaft, wo wir uns häufig trafen. Er erzählte uns, was ihm begegnet war. Einige lachten, andere stellten Betrachtungen darüber an. Auch ich fand Veranlassung dazu. Rousseau war ein »Unwirsch«, das hatte er selbst in dem Streit mit seinem Freunde gestanden. Es fehlte also nichts, als daß er sich im Verdacht der Wohltätigkeit gehabt hätte, und ich wäre vor dem Vorwurf nicht sicher gewesen, als wollte ich ihn selbst in der Person des »Herzensguten Unwirschs« auf das Theater bringen. Ich hütete mich also wohl, mich den Ausbrüchen seiner üblen Laune auszusetzen, und sah ihn seitdem nicht wieder.

Im Monat Mai des Jahres 1771 feierte man in Versailles die Vermählung des Grafen von Provence, des Enkels Ludwigs XV. und Bruders des Dauphins, mit Marie-Louise von Savoyen, der ältesten Tochter des Königs von Sardinien.

Diese Begebenheit verdoppelte die Freude der Franzosen. Dieser Prinz war der Nation wert und machte sich durch seine Tugenden und seine Talente noch interessanter. Die Prinzessin entzückte ihren Gemahl durch ihren Verstand und ihre Kenntnisse.

Der Graf von Provence heißt heutzutage nicht anders als Monsieur und seine Gemahlin Madame. Das sind die Titel, die man in Frankreich dem ältesten Bruder und der Schwägerin des Königs gibt. In Frankreich wissen das unter vier Personen immer wenigstens drei; ich sage es hier nur für die Fremden, denen es vielleicht unbekannt ist.

Die Freudenfeste, die bei dieser Vermählung angestellt wurden, waren mit ebensoviel Pracht verbunden wie die im vorigen Jahr. Bei der Vermählung des Dauphins hatte ich meine Zeit in den Zimmern zugebracht, bei der jetzigen genoß ich die Gärten.

Der Park von Versailles ist an und für sich reizend. Ich habe ihn noch nicht erwähnt; hier kommt eine schickliche Gelegenheit, davon zu sprechen. Seine Ausdehnung ist unermeßlich, die Anlagen sind mannigfaltig, man sieht auf allen Seiten eine Verschwendung von köstlichem Marmor, Originalstatuen neuerer berühmter Künstler und sehr genaue Kopien der schönsten Antiken. Allenthalben stößt man auf ausgezierte, regelmäßige Alleen, die ländliche, schattige Winkel verstecken. Man sieht prächtige Bassins, liebliche Blumenfelder, schöne Fontänen und Springbrunnen von ausnehmender Höhe. Die Orangerie ist ein Meisterstück der Künste. Die Hauptschönheit und die vornehmste Pracht dieses Gartens aber machen die Bosketts aus.

Diese Art von Sälen oder Kabinetten sind nicht für jedermann offen. Man sieht sie im Gefolge des Hofes an feierlichen Tagen oder bei der Ankunft vornehmer fremder Herrschaften. Den übrigen Teil der Zeit sind sie verschlossen. Einigen Personen vertraut man aus besonderer Gefälligkeit die Schlüssel dazu an. Ich war so glücklich, einen davon zu bekommen; ich konnte sie also mit Gemächlichkeit besehen und auch meine Freunde genießen lassen.

Die Zahl dieser Bosketts beläuft sich auf zwölf. Sie heißen: der Ballsaal; der Kronleuchter; die Kolonnade; die Kuppel; Enceladus; der Obelisk; der Stern; das Wassertheater; die Bäder des Apollo; die drei Fontänen; der Triumphbogen; das Labyrinth. Dieses letztere ließ man zu Anfang der jetzigen Regierung eingehen und legte an dessen Stelle einen englischen Garten an.

Man findet in diesen Bosketts Meisterstücke der Bildhauerkunst und Architektur. Die beiden merkwürdigsten Bosketts sind die Bäder des Apollo und die Kolonnade. Im ersten sieht man eine Gruppe von sieben Figuren aus weißem Marmor, die in Rücksicht auf Größe und Vollendung einzig in ihrer Art sind. In dem zweiten bewundert man ein Peristyl in zirkelförmiger Gestalt, das aus zweiunddreißig Säulen von auserlesenem Marmor besteht.

Alle diese Bosketts waren an den Vermählungstagen, von denen ich hier spreche, offen. Man tanzte in einigen, in den übrigen hatte man Belustigungen zum Vergnügen des Publikums angebracht und die kleinen Schauspiele aus Paris hierherkommen lassen.

Die Ausländer, die diese Hauptstadt nicht kennen, sind vielleicht neugierig zu wissen, was man hier unter den »kleinen Schauspielen«, deren ich eben erwähnte, versteht.

Kleine Schauspiele heißen in Paris diejenigen, die den verschiedenen Messen der Stadt nachziehen und den übrigen Teil des Jahres auf den Boulevards spielen.

Die Boulevards waren mein Lieblingsspaziergang. Ich betrachtete sie als einen angenehmen und gesunden Zufluchtsort in einer so bevölkerten Stadt, die enge Straßen hat und wo die Höhe der Gebäude den Genuß der freien Luft verbietet.

Die Boulevards bestehen aus sehr großen Bastionen, welche die Stadt umgeben. Vier Reihen hoher Bäume bilden einen großen Weg in der Mitte für die Wagen und zwei Seitenalleen für die Fußgänger. Man sieht hier das Feld, man genießt die angenehmen und mannigfaltigen Gegenden um Paris und amüsiert sich zugleich an den verschiedenen Belustigungen, die man hier beisammen findet.

Eine unendliche Menge Leute; eine ungeheure Anzahl Wagen; Träger, die mit allen Arten von Waren zwischen den Rädern und Pferden durchschlüpfen; Stühle auf den Fußwegen für die Personen, die sich gern umsehen, und für solche, die kommen, um sich sehen zu lassen; gut eingerichtete Kaffeehäuser mit

Musik und italienischen und französischen Sängern und Sängerinnen; Pastetenbäcker, Traiteurs, Restaurateurs, Marionetten, Voltigierer; Ausschreier, die Riesen, Zwerge, wilde Tiere, Meerungeheuer, Wachsfiguren, Automaten, Bauchredner ankündigen, das Kabinett des Comus, eines erfahrenen Naturkundigen und äußerst geschickten Mathematikers.

Aber auch die Tuilerien und die Boulevards abgerechnet, findet man in Paris allenthalben Spaziergänge, ohne sie außerhalb der Stadt suchen zu müssen. Der Garten von Luxembourg ist sehr weitläufig und wird stark besucht. Er ist der Sammelplatz gesetzter Leute, der Geistlichen, Philosophen und gut eingerichteter Haushaltungen. Im Arsenal genießt man die Aussicht ins Feld und auf den Fluß. Dieselbe Aussicht und dieselbe freie Luft findet man im Jardin de l'Infante und im Cour la Reine. Die Jardins du Temple und der Garten im Hôtel Soubise sind ihren Quartieren kein geringer Vorteil. Die wichtigsten Orte aber, an denen man sich zu gleicher Zeit belustigen und unterrichten kann, sind der Botanische Garten und das königliche Kabinett. In jenem findet man die seltensten und nützlichsten Kräuter und Heilpflanzen und in diesem eine unermeßliche Sammlung von Tieren aller Art und von Mineralien aller Erdstriche.

Doch habe ich noch ein paar Worte über die Promenaden dieser Hauptstadt und die Gegend umher zu sagen. So verdienen z. B. die Elysäischen Felder recht sehr, erwähnt zu werden. Das ist ein unermeßlicher, von Bäumen beschatteter Platz, die schachweise (en quinconce) gepflanzt sind. Die Menge Leute, die man hier findet, scheint die Stadt entvölkert zu haben. Und doch ist es nirgends leer. Man findet die Menge Menschen im Holz von Boulogne, im Park von St. Cloud, zu Belleville, auf der Wiese St. Gervais, und allenthalben entdeckt man die Spuren des Nationalgeschmacks und der Nationalfröhlichkeit.

Paris ist schön; die Gegenden umher sind reizend, die Einwohner liebenswürdig, und doch gibt es Leute, denen es hier nicht gefällt. Man sagt, wer genießen wolle, müsse großen Aufwand machen. Das ist falsch. Niemand kann weniger Geld haben als ich, und doch genieße ich und amüsiere mich und bin zufrieden. Es gibt Vergnügen für alle Stände. Mäßige deine Begierden, miß deine Kräfte, und du wirst dich hier wohl oder allenthalben übel befinden.

Seitdem mein »Herzensguter Unwirsch« so gut aufgenommen worden war, hatte ich nichts Neues gemacht. Ich sagte im Scherz, ich wollte auf meinen Lorbeern ausruhen. Im Grunde aber war es Furcht, zum zweiten Male nicht so glücklich zu sein wie beim erstenmal, die mich abhielt, dem Verlangen meiner Freunde und mir selbst genugzutun. Endlich gab ich doch den Vorstellungen anderer und den Wünschen meiner Eigenliebe nach.

Ich warf die Augen auf den »Prunkliebenden Geizigen«. Dieser Charakter kommt in der Natur so oft vor, daß ich nichts als die zu große Menge Originale zu fürchten hatte. Ich nahm meine Hauptperson aus der Klasse von Leuten, die sich aus dem Staub in die Höhe gearbeitet haben, um mich nicht der Gefahr auszusetzen, die Großen vor den Kopf zu stoßen.

Dieses wenig bekannte Stück, das indes viele Personen kennenzulernen wünschten, hat sonderbare Begebenheiten erlebt.

Die erste Person, die ich mein Stück sehen ließ, als ich glaubte, daß es sich sehen lassen könne, war Herr Préville. Ich hatte ihm die Rolle des Marquis bestimmt und war neugierig, sein Urteil über diesen Charakter und über das ganze Stück zu hören. Er schien mit beidem zufrieden. Ich teilte ihm meine Meinung über die Schwierigkeiten mit, die mit dieser Rolle verknüpft wären, wenn er sie recht natürlich spielen wollte. »Ich kenne«, sagte er mir, »diese schöne Natur schon.«

Nach der Aufmunterung von seiten dieses schätzbaren Schauspielers las ich mein Stück in der Versammlung der französischen Komödie vor. Es erhielt Stimmen für und gegen sich und wurde unter der Bedingung, daß es Verbesserungen erhielte, angenommen. Eine solche Art von Aufnahme war ich nicht gewohnt. »Doch«, sagte ich zu mir selbst, »kein Eigensinn, kein Stolz; ich nehme etwas davon, setze etwas hinzu; ich verbessere, poliere, verschönere meine Arbeit.« – Es kommt zu einer zweiten Vorlesung, das Stück wird angenommen und für die Reise nach Fontainebleau in das Repertorium eingetragen.

Mein Stück war eins von den ersten, das auf dem Hoftheater gespielt werden sollte. Herr Préville wurde bei seiner Ankunft krank und blieb vier Wochen im Bett. Gegen das Ende der Reise besserte es sich mit ihm, und der »Prunkliebende Geizige« wurde auf den Tag vor der Abreise des Königs bestimmt.

Alle Minister, alle Fremden, alle Departements waren schon

fort. Die Schauspieler waren ermüdet. Sie hatten keine große Lust zu studieren und noch weniger zu repetieren. Ich sah die kritische Lage meines Stücks und bat sehr bescheiden, die Vorstellung, womöglich, aufzuschieben. Allein es war kein anderes in das Repertorium eingetragen, und man überredete mich, es wäre nun nicht mehr zu ändern.

Ich ging in die erste Vorstellung meines Stücks und nahm meinen gewöhnlichen Standpunkt in der Tiefe des Theaters hinter dem Vorhang. Die Anzahl der Zuschauer war so gering, daß man weder auf eine gute noch eine schlechte Aufnahme des Stücks schließen konnte. Es wurde ohne das geringste Zeichen von Zufriedenheit oder Tadel zu Ende gespielt. Ich ging nach Hause; ich sah niemand; jedermann war beschäftigt einzupakken, ich packte auch ein; jedermann machte sich auf den Weg, ich machte mich auch auf den Weg.

Unterwegs hatte ich Zeit genug, Betrachtungen anzustellen. Die schreckliche Kälte, mit der man mein Stück angehört hatte, konnte von der Leere des Hauses und den Umständen des Augenblicks herkommen; allein ich bemerkte auch, daß verschiedene Schauspieler sich in der Art der Darstellung geirrt hatten. So schrieb ich gleich bei meiner Ankunft in Paris an die Schauspieler und nahm mein Stück auf der Stelle zurück.

Meine Freunde verlangten mit Ungeduld den »Prunkliebenden Geizigen« auf dem Pariser Theater zu sehen. Sie waren alle verdrießlich, als sie erfuhren, daß ich ihn zurückgenommen hätte. Man machte mir Vorwürfe, man quälte mich, man ließ mir keine Ruhe, es wieder auf das Theater zu geben. Man stellte mir, um mir Mut zu machen, vor, wie viele Stücke, die bei der ersten Vorstellung durchgefallen wären, bei den folgenden wieder angekommen wären. Sie hatten vielleicht recht, ich würde auch ihren Rat befolgt, ihr Verlangen befriedigt haben, hätten die Schauspieler nur die geringste Lust bezeigt, es von neuem zu spielen; wahrscheinlich aber waren sie ebensosehr davon degoutiert wie ich selbst. Mein Stück war unter einem bösen Gestirn geboren, dessen Einflüsse ich fürchten und es lieber zur Vergessenheit verdammen mußte. Meine Strenge ging so weit, daß ich es sogar den Personen, die es zum Lesen verlangten, abschlug.

23. Kapitel

Im Monat November des Jahres 1773 feierte man in Versailles die Vermählung des Grafen von Artois, des Bruders Ludwigs XVI., mit Maria Therese von Savoyen, Tochter des Königs von Sardinien und Schwester von Madame.

Die Festins bei dieser Gelegenheit wurden mit der gewöhnlichen Pracht und Größe angegeben und ausgeführt.

So sehr die Jahreszeit den ländlichen Schauspielen im Park im Wege stand, so glänzend waren die Gemächer durch die Menge Tanzpartien und Spieltische und durch die große Anzahl der Fremden, die von allen Orten herbeikamen, dieser Vermählung beizuwohnen und den Winter in Paris zuzubringen.

Ungefähr um diese Zeit kam der Ritter Giovanni Mocenigo, venezianischer Abgesandter, nach Paris, den Ritter Sebastiano Mocenigo, seinen jüngeren Bruder, der die vier Jahre seiner Gesandtschaft absolviert hatte, abzulösen.

Dieser neue Minister der Republik war einer von meinen alten Gönnern. Er hatte mir wesentliche Beweise seines Wohlwollens gegeben und mich lange Zeit mit meiner Familie bei sich logiert; er beschützte meine erste Florentiner Ausgabe und erleichterte, unerachtet des barbarischen Krieges, den die Buchhändler gegen mich angezettelt hatten, die Einführung derselben in die Stadt.

Jetzt erhielt ich eine neue Probe seiner Güte. Bei Gelegenheit seiner Verbindung mit der Nichte des Dogen Loredano schrieb er mir folgendes Billett: »Der Durchlauchtigste Doge hat mir erlaubt, einige meiner Freunde zu meiner Hochzeit einzuladen. Sie gehören darunter, ich bitte Sie, sich einzufinden; Sie werden Ihr Couvert finden.«

Ich blieb nicht aus. In dem sogenannten Gästesaal stand eine Tafel von hundert, und in einem andern Zimmer noch eine andere von vierundzwanzig Couverts, an welcher der Neffe des Dogen die Honneurs machte. Ich bekam meinen Platz an der letzteren. Beim zweiten Aufsatz aber stand jedermann auf, und wir gingen alle in den großen Saal, wo wir die Tour dieses unermeßlichen Zimmers machten und bald hinter diesem, bald hinter jenem verweilten. Ich für mein Teil genoß eine Menge Artigkeiten, mit denen man einen Schriftsteller überhäuft, der das Glück hatte zu gefallen.

24. Kapitel

Auf die Freude, welche die Vermählungen dreier Prinzen im Königreiche verbreitet hatten, folgte die tiefste Traurigkeit. Ludwig XV. wurde krank, die Blattern zeigten sich bald; sie waren von den bösartigsten, giftigsten, und dieser starke König unterlag mit der besten Leibesbeschaffenheit jener Geißel der Menschheit.

Welch eine Betrübnis für Frankreich, das ihm den Namen des »Vielgeliebten« gegeben hatte, welch ein Schmerz für seine Familie, die ihn anbetete, welch ein Verlust für seine alten treuen Diener, die ihm mehr aus Liebe als aus Pflicht zugetan waren!

Man konnte sich keinen gnädigeren König, keinen zärtlicheren Vater, keinen gelinderen Herrn denken; die Eigenschaften seines Herzens waren vortrefflich und die seines Geistes sehr glücklich.

Aber trocknet eure Tränen, ihr Franzosen! Die Vorsehung hat ihm einen Nachfolger gegeben, dessen Tugenden euch beglücken werden. Ihr habt schon mehrere eurer Könige durch Titel und Beinamen, die auf die Nachwelt übergegangen sind, charakterisiert. Welchen ehrenvollen Beinamen werdet ihr für Ludwig XVI. wählen?

Güte, Gerechtigkeit, Gnade, Wohltätigkeit sind allen denen Pflicht, die Gott zu Herrschern der Menschen bestimmt hat. Von seinen persönlichen Eigenschaften müßt ihr ihn hernehmen. Seine Sitten, sein Betragen, sein Eifer für das allgemeine Beste, für den Frieden, für die Ruhe von Europa, seine Religion, seine Mäßigung, die Rechtschaffenheit, die er fordert, das Beispiel, das er selbst davon gibt – das sind seltene Tugenden, wesentliche, dem Staate viel nützlichere Tugenden als der Geist der Eroberung. Das sind unerschöpfliche Quellen von Lobschriften und ewiger Denkmäler.

Das dreiunddreißigste Jahr ist nicht das Alter, in welchem die öffentliche Stimme über die Ehrennamen und Titel des Monarchen entscheidet, der nach dem Ruhm, sie zu verdienen, strebt; allein ich bin zu alt, um diesen Zeitpunkt abzuwarten. Ich nenne ihn unterdessen in meinem Herzen Ludwig den Weisen.

Ach! Welchen Glückswechseln ist die Menschheit nicht unterworfen! Ich sehe mich genötigt, hier an einen neuen Gegenstand der Furcht und des Schmerzes zu erinnern. An den drei

Töchtern Ludwigs XV., welche die ganze Krankheit ihres Vaters über von seinem Bett nicht gewichen waren, äußerten sich dieselben Symptome, und sie liefen gleiche Gefahr.

Jedermann nahm am Schicksal dieser Prinzessinnen lebhaft Anteil und war ihretwegen besorgt. Gott erhielt sie uns; Gott riß diese heldenmütigen Muster kindlicher Liebe aus den Armen des Todes.

Sie gingen nach Choisy, dort ihre Genesung abzuwarten. Ich hatte bei dieser furchtbaren Gelegenheit nicht weniger gelitten als die andern, und ich ging in ihrem Gefolge mit dahin, die heilsame Luft dieses reizenden Ortes zu atmen.

Eines Tages war ich bei einem Diner der Prinzessinnen und ihrer Gesellschaftsdamen. Der Prinz von Condé war die einzige Mannsperson an der Tafel. Madame Adelaide erzeigte mir die Ehre, mich diesem Prinzen zu nennen, der mich sehr freundlich anblickte; ich näherte mich ihm ehrfurchtsvoll. Er sprach mit mir von meinem »Herzensguten Unwirsch«. Ich wußte, daß er ihn in Chantilly mitgespielt und die Rolle des Geronte meisterhaft dargestellt hatte. Ich ergriff diese Gelegenheit, ihm mein Kompliment und meinen Dank deshalb abzustatten.

Bei meiner Wiederkunft nach Paris hörte ich von einer Verbindung, die zwischen Madame Clotilde, Schwester des Königs von Frankreich, und dem Prinzen von Piemont, vermutlichen Erben der Krone Sardiniens, geplant wäre.

Diese Neuigkeit war sehr interessant für mich. Ich begab mich nach Versailles, um dort genauere Nachricht einzuziehen. Das Projekt hatte seine Richtigkeit, man machte aber noch ein Geheimnis daraus. Erst sieben Monate vor Vollziehung der Vermählung erhielt ich Befehl, zur Prinzessin zu kommen und ihr einigen Unterricht in der italienischen Sprache zu geben.

Ich gehorchte; aber was konnte sie in sieben Monaten lernen? Ich nahm mich wohl in acht, sie den gemeinen Weg zu führen; sie hatte ihre französische Sprachlehre gut inne, ich ließ sie also aus der italienischen Grammatik nur die Hilfsverba lernen. Ich ließ sie viel lesen. Die Bemerkungen und kurzen Abschweifungen, die ich bei der Lektüre anbrachte, taten meiner Meinung nach weit bessere Dienste, als das lange und langweilige Kyrie von Regeln und scholastischen Spitzfindigkeiten hätte tun können.

Die Lektüre ging zugleich auf einen noch interessanteren Zweck los. Ich lehrte sie die klassischen Schriftsteller der Italiener dem Namen nach, durch einige Anekdoten aus ihrem

Leben und die Titel ihrer Werke kennen. Ich gab mir Mühe, sie in den Sitten und Gebräuchen der italienischen Nation zu unterrichten.

Diese sanfte, gefällige Prinzessin besaß eine bewundernswürdige Leichtigkeit im Lernen und das glücklichste Gedächtnis. Ich kam alle Tage zu ihr, und sie machte wunderbare Fortschritte, obgleich unsere Zusammenkünfte oft durch Juweliere, Galanteriehändler, Maler, Kaufleute gestört wurden. Ich ging oft in ihr Zimmer, Zeuge von der Wahl der Stoffe, von dem Preis der Kostbarkeiten und der Ähnlichkeit von Porträts zu sein.

Doch suchte ich selbst aus diesen Störungen Nutzen zu ziehen. Ich ließ sie auf italienisch die Namen der Sachen, die sie gesehen, die man für sie gehandelt, die man gekauft oder zurückgegeben hatte, wiederholen.

Wir bekamen noch andere Zerstreuungen. Eine Reise nach Reims zur Salbung und Krönung des Königs und die Geburt des Duc d'Angoulême. Dieser Prinz, ein Sohn des Grafen von Artois, war die erste Frucht der drei Ehen der königlichen Kinder und also dem Staate sehr wichtig. Die Lustbarkeiten waren der öffentlichen Freude angemessen.

Meine erhabene Schülerin benutzte unerachtet dieser Zwischenräume ihre Zeit vortrefflich. Sie sprach das Italienische sehr gut aus und las es noch besser. Sie war imstande, die Hochzeitsgedichte, welche die piemontesischen Dichter für sie in Bereitschaft haben mochten, zu lesen und zu verstehen.

Die Vermählung wurde gegen Ende des Monats August im Jahre 1775 in der Kapelle von Versailles durch Prokuration vollzogen. Es wurden prächtige Festins und Lustbarkeiten gegeben. Die Prinzessin reiste angebetet und bedauert hinweg. Alle diejenigen, die ihr gedient hatten, die in ihrer Nähe gewesen waren, erhielten Beweise ihrer Güte. Es ist nicht zu verwundern, daß unter der Menge eine Person vergessen wurde. Das Unglück wollte, daß diese Vergessenheit mich treffen sollte.

Wegen meiner Dienste und meines Aufwands hatte ich nichts verlangt und nichts bekommen, doch war ich überzeugt, daß ich nichts verloren hätte. Ich hielt mich ruhig und ließ kein Wort fallen.

Personen, die sich für mich interessierten, wurden über mein Stillschweigen ungeduldig und taten Schritte, um zu erfahren, an wen ich mich halten müsse. Sie waren gescheiter als ich, und ihre Vermittlung war mir sehr nützlich.

Man glaubte am Hofe, meine Pension von 3600 Livres machte mich zum Dienst an der ganzen königlichen Familie verbindlich; man wußte nicht, daß sie eine Belohnung für den Unterricht war, den ich den Mesdames im Italienischen gegeben hatte. Diejenigen, welche die Ausgaben der Erbprinzessin von Piemont zu besorgen gehabt hatten, waren überzeugt, ich müßte belohnt werden, allein die Affären, diese Prinzessin betreffend, waren nunmehr geendigt. Es blieb mir nichts übrig als zu warten. Man wollte mich auch bei Madame Elisabeth, einer anderen Schwester des Königs, verwenden, und auf diese Gelegenheit konnte ich also meine Forderungen versparen.

Ich wartete lange und behielt immer mein Quartier in Versailles. Endlich kam der Tag, ich erhielt Befehl, bei Madame Elisabeth zu erscheinen.

Diese junge, lebhafte, muntere, liebenswürdige Prinzessin war mehr noch in den Jahren, wo man sich vergnügen als wo man lernen muß. Ich hatte den Lehrstunden im Lateinischen, die man ihr gab, beigewohnt und bemerkt, daß sie viel Anlage zum Lernen, aber wenig Lust hatte, bei unnützen Kleinigkeiten zu verweilen.

Ich befolgte ungefähr dieselbe Methode, die ich bei der Prinzessin von Piemont angewandt hatte. Ich quälte sie weder mit Deklinationen noch mit Konjugationen, die sie um ihre Geduld gebracht hätten. Sie wollte einen Zeitvertreib aus ihrer Beschäftigung machen, und ich gab mir alle Mühe, meinen Unterricht im Gespräch unterhaltend und angenehm zu machen.

Meine Komödien wurden gelesen. In den Szenen zu zwei Personen lasen und übersetzten die Prinzessin und ihre Staatsdame jede eine Rolle; kamen drei Personen vor, so übernahm eine Gesellschaftsdame die dritte Rolle, und kamen noch mehr als drei vor, so las ich die übrigen.

Diese Übung war nützlich und angenehm, doch darf man sich wohl schmeicheln, daß die Jugend sich lange mit einer Sache belustige? Von der Prosa gingen wir zu Versen über; Metastasio beschäftigte meine erhabene Schülerin eine Weile. Mein einziges Bestreben war, es ihr recht zu machen, und sie verdiente es wohl. Mein Dienst war der leichteste und angenehmste von der Welt.

Doch ich wurde allmählich alt; die Luft in Versailles war mir nicht zuträglich. Die Winde, die hier herrschen und fast unaufhörlich wehen, griffen meine Nerven an, machten meine ehemalige Hypochondrie von neuem rege und verursachten mir

Herzklopfen. Ich sah mich genötigt, den Hof zu verlassen und nach Paris zurückzukehren, wo man eine sanftere und meinem Temperament angemessenere Luft atmet.

Mein Neffe konnte, ob er gleich beim Kriegsdepartement angestellt war, meine Stelle ersetzen; er hatte es bei den Mesdames getan, und ich konnte sicher auf die Güte von Madame Elisabeth rechnen. Jetzt war der Augenblick da, meine Sachen einzurichten, und ich vergaß mich in diesen Umständen nicht.

Ich überreichte dem König eine Bittschrift, die von den Prinzessinnen unterstützt wurde. Die Königin selbst hatte die Güte, sich für mich zu interessieren, und der König die Gnade, mir ein außerordentliches Geschenk von 6000 Livres und ein jährliches Gehalt von 1200 Livres, das nach meinem Tode auf meinen Neffen fallen sollte, auszahlen zu lassen.

Meine Freunde, die ihr mir meine Zurückhaltung, meine Geduld so oft vorwarft, seht, ob ich unrecht hatte, alles von der Gnade des Königs zu erwarten. Seht seine neuen Wohltaten. Ihr findet die Belohnung mäßig? Was habe ich getan, um mehr zu verdienen?

25. Kapitel

Nicht alles, was ich im vorigen Kapitel erzählt habe, trug sich in einem Jahre zu. Die Verbindung der Materien nötigt mich bisweilen, die Zeitfolge aus den Augen zu setzen, ich komme aber bald wieder darauf zurück, und jetzt stehe ich wieder beim Jahre 1776.

In diesem Jahre kam die Frau Gräfin von Artois mit einer Prinzessin nieder, welcher der König auf der Stelle den Titel Mademoiselle erteilte.

Um eben diese Zeit vollendete der Ritter Giovanni Mocenigo das vierte Jahr seiner Gesandtschaft und wurde von dem Ritter Zeno abgelöst.

Dieser venezianische Patrizier kam aus Spanien zurück, wo die Spiele erlaubt waren. Er fand sie in der Hauptstadt von Frankreich noch weit allgemeiner im Gang. Man spielte bei den großen Herren und bei einigen fremden Gesandten. Das Spiel war die Hauptleidenschaft des Herrn Zeno; er gab große Gesellschaften, man wurde auf einem hohen Fuß bewirtet und spielte ebenso.

Allein genau um diese Zeit fing die französische Regierung

an, von der gefährlichen Toleranz Abstand zu nehmen, welche die Jugend verführte und ganze Familien zugrunde richtete. Die Hasardspiele wurden verboten. Einige fremde Minister beriefen sich auf die Privilegien des Corps diplomatique, und dieser Widerstand tat eine üble Wirkung.

Fast zu gleicher Zeit erschien ein Buch über die Leidenschaft des Spiels. Es war eine vollständige Abhandlung der Moral, Polizei und Politik: ein wirklich klassisches Werk, das im Verzeichnis der Schriften, die der Gesellschaft nützlich sind, noch fehlte, und ich bin überzeugt, daß es viel zur Unterdrückung gefährlicher Spiele beigetragen haben mag.

26. Kapitel

Im Jahre 1777 verlangte man von Venedig aus eine neue komische Oper von mir. Ich hatte mir vorgenommen, keine mehr zu machen; da ich aber hoffen konnte, daß dieselbe Arbeit mir auch in Paris nützlich sein könnte, so gab ich den Bitten meiner Freunde nach und verfertigte ein Stück, das beiden Nationen gleich gut gefallen konnte. Der Titel desselben war »I Volponi« (»Die Füchse«). Ich schilderte Hofleute, die auf einen Fremden eifersüchtig sind. Man erzeigt ihm äußerlich viel Höflichkeit, um ihn zu amüsieren, und macht heimlich Kabalen, um ihn zu stürzen. Es war Spannung, Intrige und Laune in diesem Stück, und es enthielt zugleich eine gute moralische Lehre.

Es war eben damals die Rede davon, Schauspieler der italienischen komischen Oper, die wir »i Buffi« und die Franzosen »les Bouffons« nennen, nach Paris kommen zu lassen.

Dieses Projekt schmeichelte mir unendlich, und ich hatte die Verwegenheit, mich zur Ausführung desselben für unentbehrlich zu halten. Niemand kannte die italienische komische Oper besser als ich. Ich wußte, daß man seit einigen Jahren in Italien nichts als Possenspiele gab, an denen die Musik vortrefflich, die Poesie aber abscheulich war.

Ich sah alles im Geiste vor mir, was man tun müsse, dieses Schauspiel für Paris angenehm zu machen. Man mußte neue Worte und neue Dramen im französischen Geschmacke machen. Ich hatte diese Arbeit mehr als einmal für London unternommen und war meiner Sache gewiß. Niemand konnte sich bei dieser Gelegenheit nützlicher machen als ich. Ich wußte aus Erfahrung, wie schwer und mühsam eine Arbeit dieser Art war, demungeachtet würde ich mich ihr mit unendlichem Vergnügen zum Besten der Sache und zur Ehre meiner Nation unterzogen haben.

Ich hatte meine komische Oper schon ganz fertig in Bereitschaft und war überzeugt, daß man künftig noch mehrere von mir fordern würde; denn das schien mir mit der Würde des ersten Schauspiels der Nation ganz unverträglich, das Publikum lange mit einer Musik zu unterhalten, die man schon in allen Konzerten und Gesellschaften von Paris gesungen hatte. Ich erwartete also, daß man zu mir komme, um mit mir zu sprechen, mich um Rat zu fragen und mich zu engagieren; aber – ach! Niemand sagte mir ein Wort.

Ich muß noch erwähnen, wie sehr es mich verdroß, daß man mich im nötigen Augenblick vergessen hatte. Ich erinnere mich seit langer Zeit nicht, einen ähnlichen Verdruß empfunden zu haben.

27. Kapitel

Im Monat Januar 1778 wurden wegen der Geburt des Duc de Berry, Sohnes des Grafen von Artois, bei Hofe und in der Stadt Feierlichkeiten angestellt.

Wie groß aber war erst die Freude der Franzosen, als man in demselben Jahr die Schwangerschaft der Königin bekanntmachte. Im Monat Dezember kam sie mit einer Prinzessin nieder, die auf der Stelle den Namen Marie Thérèse Charlotte de France, mit dem Titel Madame, Tochter des Königs, erhielt. Diese erste Frucht der Ehe des Königs wurde als der Vorläufer eines Dauphins betrachtet, den man mit Ungeduld erwartete und der nach drei Jahren, die Wünsche der Nation zu erhören, kam.

Die Feierlichkeiten bei dieser Gelegenheit und der Genesung der Königin waren den Zeitumständen angemessen. Frankreich war in einen Krieg verwickelt, zu welchem es nicht das Signal gegeben hatte, den es aber doch der Ehre der Nation wegen fortsetzen mußte. Ich werde mich hier nicht auf die Details des Bruchs zwischen den Briten in England und ihren Kolonien in Nordamerika einlassen. Diese letzteren nahmen, als der schwächere Teil, ihre Zuflucht zu Ludwig XVI., und dieser Monarch, der sich für den Frieden interessierte, zog sich dadurch einen Krieg zu.

So reich dieses Königreich auch ist, so schien es doch damals nicht imstande zu sein, einen Krieg auszuhalten. Das Seewesen war vernachlässigt worden, und die Einkünfte in Unordnung. Zum Glück sind die Quellen derselben in Frankreich unerschöpflich. Während man durch Unterhandlungen die Amerikaner mit ihrem Mutterland zu versöhnen suchte, sah man aus den Häfen von Brest und Toulon Flotten auslaufen, die ansehnlich genug waren, der britischen Macht die Spitze zu bieten.

Dieser Krieg dauerte fünf Jahre lang, und der Friede wurde 1783 in Versailles unterzeichnet. Dies ist die Epoche einer neuen Macht im nördlichen Amerika. Die ehemaligen Untertanen Großbritanniens, die nunmehr frei und vor der ganzen Welt dafür anerkannt sind, können mit der Zeit fürchterlich werden. Werden sie aber auch ihre guten Freunde, die Franzosen, niemals vergessen?

Mitten unter dem Geräusch der Waffen unterließ man doch in Paris nicht, sich zu amüsieren. In diesem Jahre gab Herr Piccini sein erstes Werk auf das Operntheater. Die Königin, eine Beschützerin der schönen Künste und berühmter Künstler, hatte Herrn Piccini nach Paris kommen lassen, ihm eine Pension vom Hof und die Erlaubnis verschafft, für die Schauspiele von Paris zu arbeiten...

Ach! in diesem Augenblick überfällt mich ein heftiges Herzklopfen ... Dieses Übel ist bei mir nun zur Gewohnheit geworden ... ich kann nicht fortfahren ...

Ich fahre heut da wieder fort, wo ich gestern abbrechen mußte. Das Herzklopfen war dieses Mal stärker und hielt länger als gewöhnlich an. Es überfiel mich vier Uhr abends und hörte nicht eher auf als zwei Uhr morgens.

Dieses Herzklopfen ist nicht periodisch. Ich bekomme es mehrmals im Jahr, in allen Jahreszeiten, bei jeder Witterung, bald wenn ich noch nüchtern bin, bald bei Tisch, bald nach Tisch, selten bei Nacht. Doch ich muß auch etwas über die sonderbaren Symptome dieses Übels sagen.

Jedesmal, wenn es mich überfallen will, fühle ich eine Bewegung in den Eingeweiden; der Puls wird stärker und schlägt mit einer fürchterlichen Heftigkeit; die Muskeln sind in Konvulsionen, und das Herz ist beklemmt.

Wenn es aufhören will, fühle ich eine Art von Schlag im Kopf, und der Puls geht auf einmal wieder in seinen natürlichen Zustand über. Weder beim Anfall noch beim Ablassen finden Gradationen statt. Mit einem Wort, es ist ein unbegreifliches Phänomen, das sich nicht anders als durch Vergleichung mit starken Ohnmachten erklären läßt.

Mit der Zeit gewöhnte ich mich an diese mehr beunruhigende als schmerzhafte Unpäßlichkeit; ich lernte sie ohne Furcht aushalten und suchte nur Mittel auf, mich dabei zu zerstreuen. Ich setzte meine Mahlzeit fort, wenn sie mich bei Tisch überfiel, setzte mein Spiel fort, wenn sie mich in der Gesellschaft überraschte. Niemand bemerkte meinen Zustand, und da man sich in meinen Jahren gewöhnen muß, mit seinen Feinden zu leben, so verlangte ich nicht einmal davon befreit zu sein, aus Furcht, aus einem Schlund in den andern, aus der Charybdis in die Szylla zu geraten.

28. Kapitel

Ich habe von den Schauspielen in Paris gesprochen, aber noch nichts von dem großen Saal im Louvre gesagt, der in der Tat ein merkwürdiges Schauspiel für die Kenner und für solche Personen ist, die Geschmack für Meisterwerke haben.

Die Maler und Bildhauer der königlichen Akademie stellen hier alle zwei Jahre die Arbeiten, die sie in diesem Zeitraum verfertigt haben, aus. Die staunenswerte Anzahl Gemälde, die man hier sieht, zeugt von der Fruchtbarkeit der Künstler, und der Zufluß von Leuten, den man einen ganzen Monat lang antrifft, beweist den Geschmack oder wenigstens die Neugierde des Publikums.

Dieser Saal ist für den Fortgang der Künste von dem größten Nutzen. Der Mann, der für eine Privatperson arbeitet, sucht nur ihr zu gefallen; diejenigen hingegen, die ihre Arbeiten öffentlich ausstellen, müssen sich Mühe geben, jedermann zu gefallen.

Sobald das Verzeichnis der Gemälde und Statuen ausgegeben wird, so erscheinen die Kritiken auch fast zu gleicher Zeit. Es scheint, als hätten die Schriftsteller die Künstler in ihren Werkstätten verfolgt. Die periodischen Blätter sprechen mit Anstand darüber, die Neider würdigen sie herab, und die Boshaften zerfleischen sie.

Der aufgeklärte Teil des Publikums hält sich nicht an fremde Urteile. Jeder hat seine Art, die Sachen anzusehen. Diese finden gut, was jene schlecht gefunden hatten; und daraus entsteht mehr Gutes als Böses. Große Männer werden bekannt, und mittelmäßige erwerben sich Anhänger.

Der Reiche wünscht ein Gemälde von einem Maler, der sich vorteilhaft ausgezeichnet hat, zu besitzen. Der minder begüterte Liebhaber begnügt sich mit einem mittelmäßigen. Es gibt Leute, die Maler und Bildhauer arbeiten lassen, damit sie in dem Verzeichnis lesen können: dieses Gemälde ist für Herrn ..., diese Statue für Madame ... verfertigt worden. Andere lassen ihre Porträts malen, um das Vergnügen zu haben, ihre Gesichter im Saale zur Schau gestellt zu sehen.

Die Gemäldeausstellung im Jahre 1779, von dem ich jetzt spreche, war die zweite, die ich seit meiner Ankunft in Frankreich gesehen hatte. Ich bin kein großer Liebhaber und noch weniger Kenner von Gemälden. Ich rede hier nur bei Gelegenheit davon, ohne mir selbst ein Urteil zu erlauben; ich rede wie ein Mann davon, der sich vorgesetzt hat, von allem etwas zu sagen. Und so will ich auch auf ebendiese Art im Vorbeigehen ein paar Worte über die übrigen königlichen Akademien und einige andere Einrichtungen, die der Nation Ehre machen, hersetzen.

Die Académie Française ist nach der Zeit ihrer Stiftung die erste und hat beständig ihren Rang behauptet. Ihre Errichtung hat sehr viel dazu beigetragen, die Sprache der Nation zu fixieren, und ihr Wörterbuch ist der Kodex, den man zu Rate ziehen muß. Die vierzig Stühle dieser ansehnlichen Gesellschaft sind heutzutage Belohnungen des Verdienstes. Männer, die sich in den Wissenschaften und der Literatur hervorgetan, haben ein Recht zur Mitbewerbung, und ein und derselbe Stuhl wird ohne Unterschied dem Duc und Pair und der Privatperson, die keinen anderen Titel als ihre Talente und Sitten hat, eingeräumt.

Der Aufzunehmende hält seinen Eintritt in einer öffentlichen Sitzung mit einer Danksagungsrede. Der jedesmalige Präsident antwortet ihm im Namen der Gesellschaft. Beide machen ihre Talente geltend, und diese Reden sind Arbeiten, die gewöhnlich dem ganzen Corps und den Gliedern der Akademie Ehre machen.

Es gibt seltsame Leute, die behaupten, diese Gesellschaft wäre zu nichts nütze. Das, was ich eben gesagt habe, beweist gleich das Gegenteil. Sie reicht dem Verdienst den Lorbeer und muntert die Talente auf, ihn zu verdienen.

In der Akademie der Wissenschaften arbeitet man für den Nutzen; in der Akademie der schönen Wissenschaften beschäftigt man sich mit der Gelehrsamkeit.

Wird in der Hauptstadt oder in einer Provinz eine Entdeckung gemacht, so wird die Akademie der Wissenschaften zum Richter gewählt. Verwirft sie dieselbe, so ist nicht mehr die Rede davon; billigt sie dieselbe hingegen, so hat der Erfinder seinen Gewinn, und das Publikum ist sicher, nicht betrogen zu werden.

Die Memoiren, die diese Akademie herausgibt, sind ein köstliches Denkmal für die menschliche Gesellschaft überhaupt. Ihre Mitglieder stehen mit den Gelehrten von ganz Europa im Briefwechsel, und das Licht, das in einer Halbkugel der Erde angeht, verbreitet sich zu großem Nutzen auch in der anderen.

So nützlich diese Akademie für die Bedürfnisse und Bequemlichkeiten des Lebens ist, so sehr ist es die Akademie der schönen Wissenschaften für die Annehmlichkeiten und Belustigungen des Geistes. Hier werden die schönen Künste kultiviert, alte Denkmäler erläutert, Inschriften entziffert und kritische Punkte aufgeklärt.

Ich will dieses Kapitel mit einer Begebenheit beschließen, welche die Gelehrten interessieren muß und die Frankreich und ganz Europa in Trauer versetzt hat.

Gegen das Ende des Jahres 1778 kam Herr von Voltaire, sein Vaterland noch einmal zu sehen, nach Paris. Er wurde mit lautem Jubel empfangen; jedermann wollte ihn sehen. Glücklich waren diejenigen, die ihn sprechen konnten.

Ich gehörte zu dieser Anzahl. Ich hatte ihm gegenüber zu viel Verbindlichkeiten, als daß ich nicht hätte eilen sollen, ihm meine Achtung und meine Erkenntlichkeit zu bezeigen. Voltaire war der Liebling des Jahrhunderts, und so konnte es nicht fehlen, ich mußte unter solcher Protektion bald in Frankreich bekannt werden.

Ich werde diesem berühmten Mann hier keine Lobrede halten. Er ist zu bekannt und zu allgemein geschätzt. Sein ebenso fruchtbares wie unterrichtendes und glänzendes Genie umfaßte alle Zweige der Wissenschaften und Literatur. Seine Schreibart ist wahrhaft original; er verstand sich vollkommen darauf, sie nach der jedesmaligen Materie einzurichten; er gab der Laune Adel und dem Ernst Anmut.

Herr von Voltaire machte einige Monate lang die Freude von Paris; allein er hatte eine beständige Unpäßlichkeit an sich, welcher er in der Stille seines ruhigen Aufenthalts von Ferney vielleicht noch länger hätte widerstehen können, die in dem

Wirbel von Paris aber täglich zunahm und zum größten Leidwesen seiner Freunde, seiner Landsleute und Bewunderer den Faden seiner Tage abschnitt. Ach! die süße Liebe für das Vaterland hatte ihn verführt und die Philosophie der Natur nachgegeben.

29. Kapitel

Im Jahre 1780 ereignete sich eine traurige Katastrophe für meine Landsleute, die Schauspieler. Sie hatten die komische Oper in ihre Gesellschaft aufgenommen, und die neuen Kollegen vertrieben nunmehr die alten.

Doch muß man der Wahrheit die Ehre geben. Die Italiener vernachlässigten sich ein wenig; das singende Lustspiel tat alles, das redende Lustspiel tat nichts. Es sah sich genötigt, die Dienstage und Freitage zu spielen, die bei diesem Theater die schlechten Tage heißen, und wurde ihnen ja einmal vergönnt, an guten Tagen aufzutreten, so geschah es nur, die Leere zwischen zwei Stücken, die das Publikum interessierten, auszufüllen.

Einige von den Italienern, die das Wetter in der Ferne aufziehen sahen, traten zusammen und ersuchten mich, für sie zu arbeiten. Ich erfüllte ihre Bitte mit Vergnügen und Eifer und verfertigte sechs Stücke, drei große und drei kleine. Sie waren zufrieden damit und bezahlten sie. Wahrscheinlich aber hatten sie nicht Zeit, sie zu studieren und zu spielen. Nicht eins davon kam auf die Bühne.

Das italienische Schauspiel wurde unterdrückt. Die angenommenen Schauspieler wurden mit Pensionen, die mit ihrer Gage in Verhältnis standen, verabschiedet. Diejenigen, deren Zeit noch nicht um war, wurden entschädigt; man behielt von der italienischen Truppe niemand als den Herrn Carlino, zur Belohnung seiner vierzigjährigen Dienste – und weil die Person des Harlekins auch in französischen Stücken nützlich sein konnte.

Die Übergänge in diesen Memoiren mache ich – wie man sieht – hüpfend und springend. Ich gehe kühnlich zu einem sehr ernsthaften Gegenstand über.

Der Ritter Dolfino, venezianischer Gesandter, kam in ebendemselben Jahre (1780) nach Paris, seinen Vorgänger, den Ritter Zeno, abzulösen.

Dieser neue Minister, von sehr alter und reicher Familie, kündigte sich gleich auf eine Art an, die seinem Rang entsprach und seiner Nation Ehre machte; allein er mußte ein paar harte Stöße aushalten, die ihm den Genuß des Lebens verbitterten. So stark die Natur bei ihm war, so mußte sie doch der Betrübnis unterliegen.

Er hatte seine beiden Kinder mit sich gebracht. Einen Sohn, den er unter seinen Augen erzog, und eine Tochter, die er den Nonnen in Palthemont anvertraut hatte.

Beide gaben zu den besten Hoffnungen Anlaß: sie waren die Freude und der Stolz eines zärtlichen Vaters, der, um ihren Verstand und ihre Talente desto besser anzubauen, ihnen die Vorteile der französischen Erziehung verschaffte.

Die Tochter wurde krank und starb. Der Sohn, der allein zum Trost des Vaters übrigblieb, starb auch. Nun war er ganz trostlos: er ging nach Venedig, seine Tränen mit den Tränen der betrübten Mutter zu vermischen. Traurig, wie er gegangen war, kam er wieder zurück. Er war sich selbst nicht mehr gleich. Man sah ihn wenig. Ich sah ihn selten; auch ich war von Schmerz durchdrungen. Vater und Sohn hatten mir so viel Güte, so viel Freundschaft erzeigt, daß ich mich unmöglich der Tränen enthalten konnte.

30. Kapitel

Der Opernsaal, der im Jahre 1763 in Asche verwandelt worden war, erlitt den 16. Juni 1781, nach geendigter Vorstellung, das gleiche Schicksal. Die Flamme von den Seitenlichtern des Theaters hatte eine von den Dekorationen ergriffen. Einer von den beiden Handlangern, die an beiden Enden stehen sollen, hatte seinen Platz verlassen. Der andere hieb den Strick auf seiner Seite ab. Der aufgerollte Vorhang fiel senkrecht herab. Das Feuer lief mit Geschwindigkeit an demselben hinauf und erreichte das obere Gebälke. In drei Viertelstunden stand das ganze Innere des Saals in Flammen.

Dieses Mal fand die Oper kein so bequemes Unterkommen wie bei dem letzten Brande. Der Saal in den Tuilerien war beständig von der französischen Komödie besetzt, und die singenden Schauspieler sahen sich genötigt, so lange, bis wieder ein neues Haus gebaut werden konnte, auf dem kleineren Theater des Menus-Plaisirs des Königs zu spielen.

Man machte verschiedene Projekte für dieses neue Gebäude. Bald hieß es, man müsse es im Palais Royal errichten, bald beim Carrousel, bald sonstwo. Täglich kam ein neues Projekt zum Vorschein, das man für gewiß, für beschlossen ausgab, das schon unterzeichnet sein sollte und woran doch nicht zu denken war. Endlich mußte man sich entschließen. Dieses Gebäude war zur Zierde der Stadt, zur Belustigung des Publikums notwendig, und ein für Frankreich glücklicher Umstand machte den Wiederaufbau desselben noch dringender. Die Königin war schwanger; die Oper mußte notwendig bei den bevorstehenden Feierlichkeiten ihre Rolle mitspielen; man verschob also die Idee, ein prächtiges und dauerhaftes Gebäude errichten zu lassen, auf eine andere Zeit und baute einstweilen auf den Boulevards in sechsundsechzig Tagen einen sehr artigen und bequemen Saal, der noch steht und noch lange stehen wird. Herr Lenoir, ein sehr geschickter, einsichts- und geschmackvoller Baukünstler, verrichtete dieses Wunder. Er gab diesem Saal eine mehr als hinreichende Festigkeit und eine Gestalt und Größe, wie der Raum es nur erlauben wollte.

Bei der Geburt des Dauphins wurde dieses Schauspiel eröffnet. Der Eintritt in die Oper wurde dem Volk, als eine Ergötzlichkeit bei dieser frohen Begebenheit, freigegeben. Jedermann war fröhlich und guter Dinge. Die Freudenbezeigungen waren der Größe des Gegenstandes angemessen. Das Pariser Stadthaus wurde prächtig ausgeschmückt, den König und die Königin darin zu bewirten. Die königlichen Gardes du Corps taten sich bei dieser Gelegenheit am meisten hervor. Sie gaben in dem großen Theatersaal von Versailles einen Ball. Zum Tanzen wählte man drei von jeder der vier Kompanien, und einer von diesen Herren eröffnete den Ball mit der Königin. Der Saal war prächtig verziert, auf das herrlichste erleuchtet, die Erfrischungen im Überfluß vorhanden und die Ordnung, mit der alles vonstatten ging, bewundernswürdig.

Ich nahm wahren Anteil an der öffentlichen Freude. Ich war – sei es aus Neigung oder aus Gewohnheit oder aus Dankbarkeit – ich war, sage ich, Franzose wie jeder Eingeborene. Bald aber erinnerte mich ein Familienvorfall, daß ich unter einem anderen Himmelsstriche geboren war, und eine angenehme Begebenheit, die mich besonders anging, verdoppelte das Vergnügen, das ich in Paris genoß.

Bei meiner Abreise von Venedig hatte ich eine Nichte von mir im Kloster zurückgelassen; sie war nunmehr zwanzig

Jahre, also in einem Alter, wo sie sich entweder für die Welt oder für das Kloster entschließen mußte. Ich fragte sie von Zeit zu Zeit in meinen Briefen nach ihren Wünschen und der Wahl ihrer Bestimmung. Sie hatte keinen anderen Willen als den meinigen, und ich dachte auf nichts, als wie ich ihre Neigung befriedigen könne. Ich glaubte zu bemerken, daß sie ein Geheimnis unter dem Schleier der Bescheidenheit verberge, und ersuchte einen meiner Gönner, sie auf eine feine Art auszuforschen. Alles, was er aus ihr herausbringen konnte, war: »Solange ich noch diese Ketten trage, werde ich meine wahre Gesinnung nie entdecken.« Ich schloß daraus, daß sie das Klosterleben nicht lieben müsse. Desto besser. Ich hatte nichts als substituierte Güter, die man zwar zum Heiratsgut brauchen kann, die Klöster aber verlangen bares Geld.

Ich schrieb einen Brief an die Vorsteherin des Klosters, und der Senator, den ich gebeten hatte, die Sache zu übernehmen, ging mit seiner Gemahlin ins Kloster. Sie holten sie heraus und nahmen sie zu sich. Sie erklärte sich nicht ganz bestimmt, aber doch so deutlich, als die Sittsamkeit es erlaubte. Sie verlange, sagte sie, keinen Mann, aber sie möchte auch nicht wieder ins Kloster.

Meine Nichte war nicht dazu gemacht, lange in dem Haus eines Patriziers zu bleiben; man tat sie zu braven, rechtschaffenen Leuten in Pension. Herr Chiaruzzi, der Wirt der Mamsell Goldoni, übernahm zugleich die Besorgung meiner Geschäfte, und seine Frau nahm sich der jungen Person an. Nach Verlauf von zwei Jahren starb seine Frau, und ihr Mann verlangte meine Nichte von mir zur Gattin. Sie schien zufrieden damit zu sein, und ich war es, so sehr man's nur immer sein kann. Wir traten ihr, mein Neffe und ich, alle unsere Güter in Italien ab; die nötigen Dokumente fertigte Herr Lormeau, Notar in Paris, aus. Die Unterschrift eines Mannes von seiner bewährten Rechtschaffenheit konnte nicht anders als von guter Vorbedeutung für die Verlobten sein. Die Verbindung ging auch wirklich vor sich, und beide leben sehr glücklich und zufrieden.

Dieser Vorfall war zu meiner Ruhe sehr nötig. Ich hatte die beiden Kinder meines Bruders einmal adoptiert. Meinen Neffen sah ich in einer ganz leidlichen Situation bei mir, sehr lieb war mir's, nun auch meine Nichte versorgt zu wissen. Meine Zufriedenheit würde ohne Grenzen gewesen sein, wenn ich ihrer Hochzeit hätte beiwohnen können; allein ich war zu alt, eine Reise von hundertundfünfzig Meilen zu unternehmen.

Ich befinde mich, Gott sei Dank, ziemlich wohl, allein ich

muß auch alle Vorsicht anwenden, meine Gesundheit und Stärke aufrechtzuerhalten. Täglich lese ich und ziehe fleißig und aufmerksam zu Rate die »Abhandlung über das Alter« von Herrn Robert, Doctor Regens der Pariser Fakultät. Unsere gewöhnlichen Ärzte sorgen für uns und geben sich Mühe, uns wiederherzustellen, wenn wir krank sind, bekümmern sich aber nicht um unsere Lebensart, wenn wir uns wohl befinden. Dieses Buch unterrichtet mich, weist mich zurecht, lehrt mich die Grade der Munterkeit und Stärke, die mir noch übrig sein können, und die Notwendigkeit, sparsam damit hauszuhalten, kennen. Es ist in Briefform eingekleidet. Wenn ich es lese, so ist mir immer, als spräche der Verfasser mit mir. Auf jeder Seite treffe ich mich an und erkenne mich wieder. Die guten Lehren, die es enthält, sind heilsam, ohne beschwerlich zu sein.

31. Kapitel

Noch in demselben Jahr, von dem ich rede (1781), machte man dem Publikum die Veränderungen, die mit dem Palais Royal vorgenommen werden sollten, bekannt, und den 15. Oktober geschah der erste Hieb mit der Axt auf die Bäume der großen Allee. Was für Klagen hörte man nicht in ganz Paris darüber! Jedermann fand diese Promenade, so wie sie war, reizend und vortrefflich; sie war der Lieblingsort von jedermann. Man konnte nicht glauben, daß man ihn angenehmer und bequemer machen werde. Man fürchtete, eine leere Spekulation opfere das Vergnügen der Privatpersonen dem Interesse des Herrn auf.

Am meisten aber waren die Besitzer der Häuser, die den Garten umgeben, in Verlegenheit und Sorgen. Sie wurden von einem neuen Gebäude bedroht, das sie der Aussicht und des Eingangs in diesen reizenden Ort berauben sollte. Sie traten zusammen und machten Versuche, ihre vorgegebenen Rechte zu behaupten. Die Rechtsgelehrten rieten ihnen, sich keine vergebliche Mühe zu machen. Der Grund und Boden war dem Hause Orléans von dem König geschenkt worden; der Duc de Chartres, jetziger Duc d'Orléans und erster Prinz von Geblüte, hatte den Gebrauch davon. Die Einsicht und der Zutritt in diesen Garten war eine bloße Duldung des Besitzers, und die Einbuße der Kläger abgerechnet, wollte man ja einzig für die größte Zufriedenheit des Publikums arbeiten.

Allein dieses Publikum wollte der Sache keinen Glauben geben. Man bedauerte die prächtige Allee, die bei schöner Witterung eine unendliche Menge Menschen herbeilockte, wo die Schönheiten von Paris ihre Reize zur Schau trugen, wo junge Leute sich großen Gefahren aussetzten, oft ein unverhofftes Glück, und kluge Leute endlich sich bisweilen auf Unkosten der Gecken lustig machten.

Jeder Baum, der fiel, erregte eine schmerzhafte Empfindung in den Gemütern der Zuschauer. Durch einen Zufall war ich eben bei dem Sturz des Krakauerbaums, dieses schönen Kastanienbaums, gegenwärtig, um den die Politiker sich versammelten, der lange Zeit Zeuge ihrer Neugierde, ihrer Beteuerungen und Lügen gewesen war. Ich drängte mich durch die Menge hindurch und war so glücklich, einen Zweig zu erhaschen, der seine Blätter erhalten hatte, und trug ihn auf der Stelle in ein Haus von meiner Bekanntschaft. Einigen Damen traten die Tränen in die Augen, die Mannspersonen tobten vor Ärger. Jedermann schrie gegen den Zerstörer, nur ich lachte heimlich bei mir selbst. Ich setzte großes Zutrauen in seine Projekte, und der Erfolg hat bewiesen, daß ich mich nicht betrog.

Nunmehr ist das Palais Royal erneuert, wiederaufgebaut und vollendet. Man mag sagen, kritisieren, was und wie man will. Ich betrete es nie ohne neues Vergnügen, und der große Zufluß von Personen, die ihn besuchen, bestätigt die Richtigkeit meines Urteils.

»Der Umfang des Gartens hat verloren«, sagt man. Er ist noch weit genug zu Sommeralleen, zu Winteralleen; in der Mitte ist ein beträchtlicher Raum, der nie ganz angefüllt ist. – »Es ist nicht freie Luft genug da.« – Wer nichts als freie Luft sucht, muß freilich die Elysäischen Felder vorziehen; wer aber an einem Orte Gesellschaft, Vergnügen und Bequemlichkeit beisammen anzutreffen sucht, der dürfte sich schwerlich vom Palais Royal losreißen.

Bedeckte Gänge, die gegen Regen und Sonne schützen; sehr besuchte Kaufleute; Niederlagen von Stoffen, Juwelen und allem möglichen, was auf Putz, Kleidung und Liebhaberei Bezug hat; Kaffeehäuser, Bäder, Restaurateurs, Traiteurs, Wirtshäuser, gesellschaftliche Anlagen, Schauspiele, Gemälde, Bücher, Konzerte, Zimmer, von innen sehr bequem und von außen sehr und vielleicht nur zu sehr verziert; immer ein Schwarm von Leuten, Personen von Geschäften, Kaufleute, Politiker – jeder findet hier etwas, womit er sich nützlich beschäftigen und angenehm unterhalten kann. So verschieden der Geschmack und die Neigungen sind, so verschieden und mannigfaltig sind die Vergnügungen im Palais Royal.

Bisweilen kommt es freilich zu Zänkereien und Auflauf. Aber wo geschieht das nicht? Die Polizei hat, wie sonst überall, auch hier ein wachsames Auge, und überdies sind auch Schweizer bei der Hand, die bei der geringsten Bewegung herbeieilen.

Hypochondrische Personen finden das Palais Royal unanständig. Für anständige Personen ist nichts zu fürchten. Ich habe gesehen, daß man in den Tuilerien sehr sittsamen Frauenzimmern auf dem Fuß nachgefolgt ist und sie genötigt hat, sich zu entfernen, weil ihr Putz oder ihre Figur etwas ungewöhnlich waren. Etwas Ähnliches hat sich niemals im Palais Royal zugetragen. Der Leute sind hier zu viel, als daß einzelne Personen von einem Schwarm neugieriger Gecken ausgezeichnet und umringt werden sollten. Es ist ein öffentlicher Ort, ein Platz für Handel und Wandel – ein nützlicher, bequemer, angenehmer Platz. Es lebe das Palais Royal.

32. Kapitel

Die französische Komödie verließ im Jahre 1781 die Tuilerien, um das neue Theater, das man ihr in der Vorstadt St. Germain bestimmt hatte, in Besitz zu nehmen. Dieses Gebäude steht ganz isoliert. Die Vorderseite nimmt sich sehr gut aus. Der freie Platz umher ist sehr geräumig und sehr bequem für die Wagen. Sollte, unerachtet aller angewandten Vorsicht, Feuer auskommen, so ist doch für die benachbarten Gebäude nicht das geringste zu befürchten.

Der Saal ist weit, edel und bequem. Die Schauspieler haben eine neue Einrichtung im Parterre getroffen. Das Publikum sitzt nunmehr, muß aber doppelt soviel bezahlen. Dieses kann für die Einnahme gute und böse Folgen haben. Die jungen Leute, die gewohnt waren, einen halben Gulden zu zahlen, wenden nun ihren Gulden gewiß noch einmal mehr als sonst um.

Noch eine andere Betrachtung läßt sich über diese Änderung anstellen. Das Parterre entschied sonst über neue Stücke; dieses Parterre ist nicht mehr dasselbe. Die Dichter teilten Billetts aus, um ihren Werken eine günstige Aufnahme zu verschaffen, und ihre Gegner teilten gleichfalls welche aus, um sie zu Fall zu bringen. Die Verdoppelung des Preises muß die Stützen jener und die Kabale dieser vermindern. Ist das gut oder böse? Ich beziehe mich auf die Einnahme der Schauspieler. Doch diese ist durch die Logen, die auf ganze Jahre gemietet werden, so beträchtlich und gesichert, daß sie dieses Mehr oder Weniger in der Verteilung kaum bemerken können.

Auch die sogenannten italienischen Schauspieler änderten das folgende Jahr ihren Aufenthalt. Diese Veränderung war ihnen noch nötiger als jenen. Die Lage ihres alten Hôtel de Bourgogne war dem Publikum und noch mehr den Bewohnern des Quartiers sehr unangenehm. Ich gehörte darunter und lief allemal Lebensgefahr, durch das Wagengedränge nach Hause zu kommen.

Von einer Menge Projekte, welche die Baukünstler täglich in Vorschlag brachten, wählten die Schauspieler dasjenige, das sich auf das Hôtel und den Garten des Duc de Choiseul bezog, aus welchem man eben im Begriffe stand ein neues Quartier mit Straßen, Häusern und andern Etablissements aller Art zu machen.

Die Unternehmer dieser Gebäude lieferten den Schauspielern den Saal gebaut, verziert, vollendet, bis auf die Dekorationen, und ganz fertig, zum Gebrauch der Käufer, für den bestimmten Preis von hunderttausend Talern. Die Schauspieler unterzeichneten den Kontrakt, bezahlten die Summe, und der Saal ist nunmehr der ihre.

Im folgenden Jahre ließen sie zur Bequemlichkeit des Publikums noch einige Änderungen anbringen. Diese Änderungen gaben ihm ein beträchtlich besseres Ansehen. Nunmehr ist er einer von den schönsten Sälen in Paris, sehr anmutig, sehr bequem und wird stark besucht.

Auf diese Weise wurden die drei großen Schauspielhäuser fast zu einer Zeit erneuert. Die Franzosen sahen so etwas gern alle Tage. Das Publikum findet nur an Neuigkeiten Vergnügen. Über der einen vergißt man die andere, und in einem großen Lande folgen sie schnell aufeinander.

33.–35. Kapitel

Ich nähere mich dem Ende meiner Memoiren und trage mutig die Beschwerden einer Arbeit, die anfängt, mich zu ermüden. Eine traurige Begebenheit indes, von der ich eben im Begriff bin zu reden, läßt mich die Unannehmlichkeiten des Geschäftes, dessen ich mich unterzogen, doppelt fühlen.

Im Jahre 1783 geschah es, daß Madame Sophie de France ihre edle Laufbahn vollendete. Welch ein Verlust für den Hof! Welch ein Schmerz für ihre zärtlichen Schwestern! Ihre Tugenden machten sie ehrwürdig, ihre Sanftmut flößte Liebe und Zutrauen ein, ihre wohltätige Seele ersparte der Armut das Bitten, und ihr Verstand strebte vergebens, sich hinter dem Schleier der Frömmigkeit und Bescheidenheit zu verbergen. Diese Prinzessin wurde von allen, die so glücklich gewesen waren, in ihre Nähe zu kommen, betrauert und beweint. Ich fühlte den Verlust so tief als nur irgend jemand. Einigen Trost fand ich bei Madame Tacher und ihrer Tochter, der Frau Marquise de Chabert. Unsere Betrübnis entsprang aus einer Quelle. Die Unterredung mit diesen Damen erinnerte mich an meinen Verlust, und ihre Güte erleichterte und versüßte meinen Schmerz.

Und doch ist es gerade nicht der Tod meiner Gönner, Freunde und Verwandten, der mich, meiner natürlichen Empfindung nach, auf das heftigste rührt. Die Natur hat mir ein äußerst reizbares Gefühl gegeben. Das geringste Übel, die geringste Unannehmlichkeit, die ihnen widerfährt, greift mich an und verwundet mich tief. Mit kaltem Blut aber betrachte ich den Tod als einen Tribut, den man der Natur bezahlen und worüber die Vernunft uns trösten muß.

Woher rührt es also, daß der Verlust meiner erhabenen Schülerin mich heute noch ebensosehr wie am ersten Tag betrübt? Kann man mich der Eigenliebe und Eitelkeit beschuldigen, wenn ich nichts weiter tue, als daß ich dem Verdienst Gerechtigkeit widerfahren lasse? O meine Freunde, laßt auch mir Gerechtigkeit widerfahren und glaubt, daß nicht Eigenliebe, sondern Dankbarkeit aus mir spricht! –

Ich durchlaufe meine Schreibtafel und finde den Plan, den ich ehedem zu einem Journal entworfen hatte.

Ein junger Mann, von Geburt ein Franzose, der aber in Amerika wohnte, war von seinen Eltern nach Paris geschickt worden, hier seine Studien zu vollenden. Er hatte ansehnliche Fortschritte gemacht und mehr die Mittel, sich zu unterrichten, als die Gelegenheiten, sich zu amüsieren, benutzt. Allein er hatte auf der Überfahrt so viel ausgestanden und scheute die See so sehr, daß er sich ihr nicht noch einmal aussetzen wollte.

Während er die Einwilligung seiner Eltern, in Frankreich bleiben zu dürfen, erwartete, sah er sich nach einer Beschäftigung um. Er kam zu mir. Er hatte sich eine ziemliche Fertigkeit in der italienischen Sprache erworben und wollte meine

Werke ins Französische übersetzen. Ich zeigte ihm die Schwierigkeiten dieser Unternehmung, und er besaß Einsicht genug, sie aufzugeben. Allein er liebte die Literatur und wollte das Italienische, das er gelernt hatte, benutzen. Um ihn zu befriedigen, entwarf ich den Plan zu einer periodischen Schrift. Hier ist der Titel und Entwurf.

»Journal der italienischen und französischen Korrespondenz.

Ein Italiener, der sich seit einiger Zeit in Paris niedergelassen hat, steht mit verschiedenen Personen in seinem Vaterland in Korrespondenz. Der Inhalt dieser Briefe erstreckt sich auf alle Materien, die nur zu Bemerkungen, Untersuchungen und Kritik Gelegenheit geben können. Geschichte, Wissenschaften, Künste, Entdeckungen, Projekte, Typographie, Schauspiele, Musik, Gesetze, Polizei, Sitten, Gebräuche, charakteristische Nationalzüge, öffentliche Feierlichkeiten, Zeremonien, Neuigkeiten, Anekdoten – auf alles das wird in diesen Briefen Jagd gemacht. Es versteht sich, daß der Inhalt dieser Briefe, vermöge der gegenseitigen Beziehung immer sowohl für das Land, wo sie herkommen als für dasjenige, wohin sie gerichtet sind, interessant sein muß.

Kommt ein Buch, ein dramatisches Werk, ein Gedicht oder sonst eine Schrift bei einer von beiden Nationen heraus, so wird sie der anderen bekanntgemacht. Man schickt sich Auszüge, Zergliederungen, Vergleichungen. Materien, die einer weiteren Untersuchung und Berichtigung bedürfen, werden nicht unbeantwortet bleiben, und man wird nicht ermangeln, Abhandlungen, Reden, Untersuchungen und alles, was zum Vergnügen und Unterricht der Leser dienen kann, einzuschalten.

Sollte es ein verwegenes Unternehmen sein, in Paris ein neues Journal in Vorschlag zu bringen?

Die Verfasser, die dieses Angekündigte unternehmen wollen, schmeicheln sich, daß man diese Frage mit Nein beantworten werde, und sie sehen, daß jedes Journal seine Liebhaber hat und also auch das ihrige einige finden kann. Die französische Literatur wird seit langer Zeit in Italien vor anderen geschätzt; es scheint, die Italiener sind dankbar gegen die Franzosen, daß sie das große Werk der Wiederherstellung der Wissenschaften, an welchem sie zuerst arbeiteten, fortgesetzt und erweitert haben.

Von der anderen Seite scheint es auch, als stiegen die Franzosen von Zeit zu Zeit zu der Quelle zurück und fänden ein

Vergnügen darin, sich mit den großen Meistern des Goldenen Zeitalters der italienischen Literatur zu unterhalten.

Diese Sprache ist jetzt mehr als jemals in Frankreich beliebt. Der Geschmack an der neuen Musik hat viel dazu beigetragen; die Pariser Bibliotheken sind reichlich mit italienischen Büchern versehen, man liest sie, sie gefallen, man übersetzt sie. Auch reisen die Franzosen jetzt häufiger nach Italien.

So viele und mancherlei Gegenstände scheinen rechtfertigend und anlockend genug zu sein. Sollten die Verfasser des Journals sich irren, so ist es gewiß nicht Fehler des Plans, sondern der Ausführung. Indes wird es wenigstens den Personen, die sich damit beschäftigen wollen, nie an interessanten Materien, an sicheren Nachrichten, an zuverlässigen und brauchbaren Korrespondenten, nie an Eifer für das Publikum und Aufmerksamkeit für ihr eigenes Interesse fehlen. Denn man hat gut sagen: ich opfere mich für die Ehre, für das Beste der Gesellschaft auf! Der Reiche arbeitet nie gern, noch weniger viel, und wer es nicht ist, der vergißt sich nicht. Usw.«

Mein junger Mann war entzückt über diese Ankündigung und hatte schon vier Teilnehmer gefunden, die ihm an die Hand gehen wollten. Ich hatte ihnen Bekanntschaften in Rom, Neapel, Florenz, Bologna, Mailand, Venedig verschafft; man wartete nur, bis soviel Manuskript vorrätig wäre, als zu sechs Monaten hinreichend wäre, um die Ankündigung auszugeben.

In dieser Zwischenzeit kam eine Neapolitanerin nach Paris, eine Schauspielerin von der italienischen komischen Oper. Sie kam von London, wo der Directeur, der sie angenommen, Bankrott gemacht, und suchte nun in Frankreich ihr Unterkommen. Sie war weder jung noch hübsch, aber schlau und listig und verband mit den gewöhnlichen Kunstgriffen ihres Standes noch die schrecklichste Heuchelei.

Sie erzeigte mir die Ehre, mich zuerst zu besuchen. Mein Amerikaner fand sie sehr liebenswürdig. Er war ein wenig bigott, und die Neapolitanerin hatte immer ihren Rosenkranz in der Hand. Alle Sonnabende zündete sie eine Lampe vor dem Bild unserer lieben Frauen zu Loreto an, und indes der gute Mensch auf italienisch beten lernte, vergaß er seine Arbeit und seine Gehilfen.

Umsonst machte ich ihm Vorstellungen und selbst Vorwürfe. Er war und blieb verliebt. Sein einziger Kummer war, daß seine Schöne verheiratet sei, und er sie nicht heiraten könne.

Mit dem Journal ging es schlecht. Die jungen Leute, die sich dafür verbindlich gemacht hatten, fingen an, ihren Anführer zu verachten. Ich tat mein möglichstes, ihnen neuen Mut zu geben, ich schmeichelte mir, ihren Anführer zur Vernunft zu bringen – allein der war verloren.

Eines Tages geht er zu der Hexe und findet sie auf den Knien. »Ach, kommen Sie, Freund«, schrie sie, sobald sie ihn erblickte, »werfen Sie sich vor dem Bild der heiligen Jungfrau nieder, danken Sie Gott mit mir, rufen Sie Mirakel, Mirakel! – mein Mann ist tot.«

Sie zeigte ihm den Brief, den sie eben bekommen. Der Totenschein war eingeschlossen. Kurz, sie heirateten sich. Die Frau war eifersüchtig und wollte nicht in Paris bleiben; der Mann schämte sich und ließ sich nicht mehr sehen. Ein paar Tage darauf reisten sie hinweg. So hatte das Journal sein Ende, ehe es noch seinen Anfang genommen hatte.

Man klagt über die Weiber, welche die Männer durch ihre Reize bezaubern, durch ihre Annehmlichkeiten fesseln und bisweilen durch ihre Launen zugrunde richten; allein ihre Reize sind ja bekannt, und immer ist es der Mann selbst, der ihnen die Waffen in die Hände gibt, ihn zu besiegen.

Nur die Heuchelei kann hintergehen, und diese Arglist ist in Frankreich zum Glück so selten wie die Schwachköpfigkeit der Leute, die sich dadurch anführen lassen.

Die klugen Frauenzimmer sind in Frankreich liebenswürdiger als sonstwo, und die verschlagenen sind hier weniger verächtlich.

36. Kapitel

Im Jahre 1783 gab man zu Paris die erste Vorstellung der Oper »Dido«, deren Text von Herrn Marmontel, die Musik von Herrn Piccini stammt. Diese Oper ist in meinen Augen das Meisterstück des Dichters und der Triumph des Künstlers. Es gibt kein musikalisches Drama, das sich der wahren Tragödie mehr nähert als dieses hier. Herr Marmontel hat niemand nachgeahmt. Er hat sich die Fabel ganz zu eigen gemacht und ihr alle Wahrscheinlichkeit und Regelmäßigkeit, deren eine Oper fähig ist, gegeben.

Einige sagen, Herr Marmontel habe sein Stück nach dem Metastasio gearbeitet, allein sie irrten sich sehr. »Dido« ist das erste Werk des italienischen Dichters, man erkennt darin Spuren eines vorzüglichen Genies, zugleich aber auch von den Ausschweifungen der Jugend, und der französische Verfasser würde wenig Beifall gefunden haben, wenn er ihn hätte nachahmen wollen.

Herr Piccini hatte vorher lange nur undankbare Gedichte bearbeitet, ehe er dieses fand, wo er seine Talente zeigen konnte, und er hat diese Gelegenheit zu benutzen verstanden. Madame Saint-Huberti, eine ebenso gute Schauspielerin wie Sängerin, spielte die Rolle der Dido vortrefflich, und dieses Stück wird mit Recht als ein schätzbares Denkmal der französischen Oper betrachtet.

Seit einigen Jahren hatte dieses Schauspiel viel von seinem ehemaligen Ansehen verloren; von der Zeit aber an, wo man sich entschloß, mehr Neuigkeiten zu geben und mit den Stücken mehr abzuwechseln, hat es von neuem großen und anhaltenden Beifall gefunden. Sonst gab man eine Oper, sie mochte gut oder schlecht sein, ganze drei bis vier Monate hindurch, und die Zuschauer wurden täglich weniger; jetzt ist das Haus immer voll, und man hat Mühe, Logen für das künftige Jahr zu bekommen.

Was sehr viel dazu beitrug, diesem Schauspiel Liebhaber zu verschaffen, war eine neue dramatische Gattung, die man auf demselben einführte und der man den Namen »Opéra comique decoré« geben könnte. »Colinette à la Cour«, »L'Embarras des richesses«, »La Caravanne«, »Panurge dans l'isle des Lanternes« und eine Menge anderer sind nichts als Skelette von Lustspielen, ohne Verwickelung, ohne Interesse; der Dialog ist nicht genug ausgeführt, um die Gegenstände in ihrem wahren Licht zu fassen. Allein die reizende Musik, Ballette von der größten Schönheit, prächtige Dekorationen geben dem Ganzen einen gewissen Wert und dem Publikum Vergnügen. Hier kann man wohl sagen: die Brühe ist mehr wert als der Braten.

Hiermit bin ich indes keineswegs gesonnen, dem Verdienst der Schriftsteller, die an diesen Kleinigkeiten gearbeitet haben, zu nahezutreten. Sie mußten sich nach den seltsamen Regeln der Gattung, die man von ihnen verlangte, bequemen; desto besser fiel ihre Arbeit für die anderen Teile des Schauspiels, die den Hauptzweck desselben ausmachten, aus, und, was die Hauptsache ist, das Publikum schien zufrieden damit zu sein.

Dieses Publikum, das man für so streng, für so schwer zu befriedigen ausgibt, ist bisweilen sehr lenksam, sehr nachsichtig. Man darf ihm nur die Sachen für das geben, was sie sind, ohne

Prahlerei und Ansprüche, und es bezeigt seinen Beifall gewiß bei den Stellen, die es amüsieren, ohne den Fond des Sujets zu untersuchen.

Die »Mariage de Figaro« erhielt den größten Beifall auf dem französischen Theater, weil der Verfasser diesem Titel noch einen andern »La folle Journée« vorgesetzt hatte.

Niemand kennt die Fehler dieses Stücks besser als Herr von Beaumarchais selbst. Er hat Beweise von seinem Talent in dieser Gattung gegeben, und wenn er aus seinem »Figaro« ein Lustspiel nach den Regeln der Kunst hätte machen wollen, so hätte er es gewiß so gut als ein anderer gekonnt. Allein seine Absicht war bloß, dem Publikum ein Vergnügen zu machen, und diese Absicht hat er vollkommen erreicht.

Der Beifall, den dieses Stück erhielt, hat in jeder Rücksicht nicht seinesgleichen. Auf dem komischen Theater in Paris gibt man gewöhnlich zwei bis drei Stücke täglich. »Figaro« nahm das ganze Schauspiel allein ein. Es machte, daß das Publikum zwei bis drei Stunden vor Anfang des Spiels ins Theater eilte, daß es drei Viertelstunden länger als gewöhnlich blieb, ohne Langeweile zu haben. Heute erlebt es seine sechsundachtzigste Vorstellung und ist noch immer neu, wird noch immer mit Vergnügen gesehen. Das sonderbarste ist, daß dieselben Personen, die es bei Endigung der Vorstellung kritisieren, doch nicht aufhören wiederzukommen, um sich an dem, was sie kritisieren, zu ergötzen.

Herr von Beaumarchais hatte einige Zeit vorher ein Lustspiel unter dem Titel »Der Barbier von Sevilla« gegeben, und eben dieser Spanier, namens Figaro, gab auch den Stoff zu der »Folle Journée«.

Das erste dieser beiden Stücke erhielt Beifall und wurde sehr gut aufgenommen. Der Verfasser bekam einen Prozeß. Er verteidigte seine Sache selbst; seine Plädoyers waren munter, lustig und gut geschrieben. Man las sie allenthalben und sprach in allen Gesellschaften darüber. Der Verfasser war schlau genug, verdeckte Anekdoten, die an seinen Prozeß erinnerten und seine Gegner lächerlich machten, in dem »Barbier von Sevilla« anzubringen. Alles das trug unendlich viel zum Beifall des Stücks bei.

In der »Hochzeit des Figaro« kommen keine Sarkasmen auf einzelne Personen, aber wohl auf die ganze Welt vor. Niemand kann sich indes beklagen. Der Tadel fällt auf Laster, auf Torheiten, die man bei jedem Schritt antrifft. Desto schlimmer für diejenigen, die sich in diesem Spiegel erkennen.

37. Kapitel

Gegen das Ende des Jahres 1784, wo ich an dem zweiten Teile meiner Memoiren arbeitete und Auszüge aus meinen Theaterstücken machte, kam einer meiner Freunde zu mir und sprach von einer Sache mit mir, die mit der Arbeit, die mich eben beschäftigte, in der genauesten Verbindung stand.

Ein Gelehrter, den ich nicht die Ehre habe zu kennen, hatte eins von meinen Lustspielen, das er ins Französische übersetzt hatte, an Herrn Courcelle, Schauspieler der italienischen Komödie, geschickt. Er bat den Akteur, es mir zu zeigen, und wenn ich mit der Übersetzung zufrieden wäre, es ihn auch spielen zu lassen; wohlverstanden, setzte er sehr artig hinzu, Ehre und Gewinn müßten dem Verfasser allein zufallen.

Das Stück, von dem die Rede war, heißt im Italienischen »Un curioso Accidente« (»Ein lustiger Vorfall«).

Die Übersetzung kam mir genau und richtig vor, der Dialog war nicht nach meiner Art zugeschnitten, allein jeder hat seine eigene. Den Titel hatte der Übersetzer in »La Dupe de soi-même« verändert, auch damit war ich zufrieden. Ich gab meine Einwilligung zur Aufführung. Die Schauspieler nahmen das Stück bei der Vorlesung mit allgemeinen Beifall an. Im folgenden Jahre wurde es gegeben und fiel durch.

Eine Stelle darin, die in Italien sehr gefallen hatte, empörte das Pariser Publikum. Ich kannte die französische Delikatesse und hätte es voraussehen sollen. Allein da ein Franzose die Übersetzung verfertigt und die Schauspieler sie für unübertrefflich gehalten hatten, so ließ ich mich hinreißen.

Vielleicht würde ich die Gefahr geahnt haben, wenn ich den Proben hätte beiwohnen können; zum Unglück aber war ich krank, und die Schauspieler wollten keine Zeit verlieren, das Stück auf die Bühne zu bringen.

Bei der ersten Vorstellung teilte ich einige Billetts für das Amphitheater und Parterre aus. Niemand ließ sich sehen, mir Nachricht vom Erfolg zu bringen. Das war ein schlimmes Zeichen, ich legte mich indes nieder, ohne weitere Erkundigungen einzuziehen. Mein Friseur war der erste, der mir am folgenden Morgen, mit Tränen in den Augen, eine ausführliche Beschreibung von dem Fall des Stücks machte. Ich nahm es auf der Stelle zurück, und da ich mich an diesem Tag schon wieder weit besser befand, so speiste ich mit großem Appetit zu Mittag.

Seit langer Zeit an Schicksale aller Art, gute und böse, gewöhnt, hab ich es endlich dahin gebracht, dem Publikum Gerechtigkeit widerfahren zu lassen, ohne meine Ruhe dabei zuzusetzen. Was mich am meisten verdroß, war, daß sich niemand sehen, niemand sich nach meinem Befinden erkundigen ließ. Ich schrieb an meine Freunde und fragte, ob mein Stück sie auf irgendeine Art beleidigt habe. Nichts weniger als das; aus zu großer Freundschaft, aus zu großer Empfindsamkeit wagten sie es nicht, ihren Verdruß in meiner Gegenwart zu äußern. Endlich sahen wir uns wieder, und ich verrichtete das Amt des Trösters.

Öffentliche Freudenbezeigungen machten, daß ich mein Zimmer verließ, und entschädigten mich für die Krankheit und die Unannehmlichkeiten, die ich hatte ertragen müssen.

Die Königin schenkte dem Staat einen neuen Prinzen. Den 27. März 1785 kam sie mit dem Duc de Normandie nieder. In Paris wurden, wie gewöhnlich, Illuminationen veranstaltet; einige reiche Privatpersonen zeichneten sich bei dieser Gelegenheit auf eine ganz neue und edle Art aus. Die Vorderseiten ihrer Häuser waren von oben bis unten mit neuen Zeichnungen und Gemälden, die auf das vortrefflichste und künstlichste erleuchtet waren, geschmückt. Man kann sich keine auffallendere und glänzendere Dekoration denken.

Wahrscheinlich wird dieser neue Geschmack in Paris nicht ohne Nachahmer bleiben, und jeder wird, nach Verhältnis seiner Kräfte, künftig eine modische Illumination haben wollen.

Mode ist immer die große Triebfeder der Franzosen gewesen. Sie geben in ganz Europa in Rücksicht auf Schauspiele, Verzierungen, Kleider, Putz und alle ähnlichen Dinge den Ton an; allenthalben sucht man nur die Franzosen nachzuahmen.

Zu Anfang jeder Jahreszeit sieht man zu Venedig in der Kaufmannsstraße eine gekleidete Figur, die man die »französische Puppe« nennt. Dies ist das Vorbild, nach dem alle Frauenzimmer sich richten, und jede Ausschweifung, die von diesem Original kopiert ist, gilt für schön. Die Frauenzimmer in Venedig lieben die Veränderung nicht weniger als die Pariser Frauenzimmer. Die Schneider, die Stickerinnen, die Modehändler haben ihren guten Profit dabei, und wenn Frankreich nicht genug Moden liefert, so sind die Putzhändlerinnen von Venedig schlau genug, selbst Veränderungen mit der Puppe vorzunehmen und ihre Erfindungen für Pariser Moden auszugeben.

Als ich in Venedig mein Lustspiel »Die Sucht auf dem Lande zu leben« gab, so erwähnte ich darin öfters eine Frauenzimmertracht, die man »Le Mariage« nannte. Sie bestand aus einer Robe von einfarbigem Stoff, mit einer Besetzung von zwei Bändern von verschiedener Farbe. Das Muster dazu war gleichfalls die Puppe gewesen. Bei meiner Ankunft in Frankreich erkundigte ich mich, ob die Mode noch existiere. Niemand wollte etwas davon wissen, sie hatte niemals existiert, man fand sie sogar lächerlich und machte sich über mich lustig.

Nicht besser ging mir's, als ich von den Polonoisen sprach, welche die Damen in Italien bei meiner Abreise eben angelegt hatten. Allein zwölf Jahre nachher sah ich diese Polonoisen in Paris als eine neue Mode, die allgemeinen Beifall erhielt.

Die Mode in der Kleidertracht hat, die Wahrheit zu gestehen, ein langes Interregnum in Frankreich gehabt, jetzt aber scheint sie ihre alte Herrschaft wiederzugewinnen.

Wie viel Veränderungen und Abwechslungen in wenig Tagen! Polonoisen, Levites, Foureaux, englische Roben, Chemisen, Pierrots, türkische Roben, Hüte von hunderterlei Formen, Hauben, die man nicht zählen könnte, und Coiffüren! – Coiffüren! ...

Dieser Teil der weiblichen Tracht, der so wesentlich ist, ihre Reize, ihre Schönheit zu erheben, hatte seit einiger Zeit den höchsten Grad von Vollkommenheit erreicht; jetzt aber, die Damen mögen mir's vergeben, jetzt ist er meinen Augen unerträglich. Diese zerzausten Haare, diese Toupets, die bis auf die Augenbrauen hereinfallen, rauben ihnen manchen Reiz, den sie sich nicht nehmen lassen sollten.

Die Frauenzimmer haben sehr unrecht, wenn sie, was den Kopfputz betrifft, einer allgemeinen Mode folgen. Jede sollte ihren Spiegel zu Rate ziehen, ihre Züge untersuchen, den Putz ihrer Haare nach dem Zuschnitt ihres Gesichts einrichten und die Hand ihres Friseurs leiten.

Doch ehe diese Memoiren die Presse verlassen, ist vielleicht von dieser Art des Kopfputzes so wie von mancher andern Mode keine Spur mehr zu entdecken. Man wird die Größe der Locken verringern, die Hüte kleiner machen, der weiblichen Kleidung mehr Adel und Anstand und den Unterkleidern der Mannspersonen mehr Umfang geben.

38. Kapitel

Viele meiner Bekannten bringen die schöne Jahreszeit auf dem Lande zu; ich bleibe aber in Paris. Gern würde ich ein paar Tage bei diesem und jenem von meinen Freunden zubringen, allein die schwächliche Gesundheit meiner Frau hindert mich daran. Eben in diesem Jahre (1785) hatte sie eine heftige Krankheit auszustehen. Herr de Longlois, ihr Arzt, entriß sie der Gefahr. Auch außer seiner großen Kenntnis besitzt dieser Mann eine Genauigkeit und Sanftheit, welche die Kranken tröstet und beruhigt. Doch Seitenstechen läßt immer gefährliche Folgen zurück, und ich wage es nicht, sie zu verlassen. Meine Frau hat so viel Aufmerksamkeit für mich gehabt! Billig ist es also, daß ich auch welche für sie habe.

Zur Veränderung der Luft bringe ich einige Tage in der Gegend um Paris zu; bald in Belleville bei Madame Bouchad und Madame Legendre, ihrer Tochter, einem herrlichen Haus, wo man alle Talente und gesellschaftlichen Annehmlichkeiten beisammen findet; bald in Passy bei Madame Alphand oder bei Mamsell Desglands, zwei liebenswürdigen Nachbarinnen! Die Lebhaftigkeit der einen steht mit dem sanften Wesen der anderen beständig in der vollkommensten Harmonie. Denn sie haben beide gleich viel Verstand und ein gleiches vortreffliches Herz.

Bisweilen gehe ich auch nach Clignancour, den prächtigen Garten des Herrn Angironi zu genießen. Dieser Mann ist ein rechtschaffener Venezianer, der von dem König ein Privilegium hat, ein gewisses Gesundheitswasser, das er verfertigt, zu verkaufen. Dieses Mittel muß wohl gut sein, denn er verkauft es nunmehr schon seit zwanzig Jahren in Paris, und es hat ihm ein ansehnliches Vermögen erworben.

Den übrigen Teil der Zeit lebe ich gewöhnlich in der Stadt. Um neun Uhr des Morgens stehe ich auf, mein Frühstück besteht aus ein paar Tassen Gesundheitsschokolade. Madame Toutain in der Straße des Arcis liefert mir sie von vorzüglicher Güte. Dann arbeite ich bis Mittag und gehe dann bis gegen zwei Uhr spazieren. Ich liebe die Gesellschaft, ich suche sie auf und speise oft in der Stadt oder zu Hause mit den Bekannten meiner Frau.

Madame und Mamsell Farinelli gehören zu ihnen. Die Mutter war eine von den ersten Schauspielerinnen der Oper in Italien. Ihre Tochter gibt Unterricht im Klavierspielen und in französischer und italienischer Musik in Paris. Sie hat viel Schülerinnen, und ihre Talente und Sitten machen ihr gleich viel Ehre.

Madame Rinaldi ist auch eine von unseren Landsmänninnen, die uns bisweilen besucht, und Herr Rinaldi hat aus Freundschaft für mich die Mühe auf sich genommen, meine Arbeiten abzuschreiben. Er ist ein sehr beliebter italienischer Sprachmeister. Es gibt ihrer mehrere in Paris, ich glaube auch, daß sie alle vortrefflich sind; dieser aber ist mein Freund; ich schätze ihn sehr, und alle diejenigen, denen ich ihn empfohlen habe, wußten mir Dank.

Was für Abschweifungen! Was für Geschwätz! – Verzeihen Sie, meine Herren, es ist kein Geschwätz. Ich lebe in Paris. Ich mache den Parisern brauchbare Personen bekannt, und es würde mich sehr freuen, wenn ich zum Vorteil dieser und zur Zufriedenheit jener etwas beitragen könnte.

Ich komme auf meine Lebensart zurück ... Sie glauben, daß ich mir auch diese Mühe ersparen könnte? Sie haben recht; allein all das steckt mir nun einmal im Kopf, es muß nach und nach heraus, und ich bin fest entschlossen, Ihnen keine Silbe zu schenken.

Nach dem Mittagessen liebe ich weder die Arbeit noch die Promenade. Bisweilen gehe ich ins Schauspiel, am häufigsten aber mache ich meine Partie bis neun Uhr abends. Vor zehn Uhr gehe ich immer nach Hause und nehme zwei oder drei Diablotins* mit einem Glase Wein oder Wasser zu mir. Das ist mein ganzes Abendessen. Ich plaudere bis gegen Mitternacht mit meiner Frau, hierauf legen wir uns im Winter in ein, und im Sommer in zwei Betten, die in einer Kammer stehen. Ich schlafe geschwind ein und bringe die Nächte ruhig zu.

Bisweilen geht mir's auch wohl wie jedermann, daß mir etwas im Kopfe steckt und den Schlaf verscheucht. In diesem Fall habe ich ein sicheres Mittel, mir Schlaf zu verschaffen.

Schon seit langer Zeit hatte ich mir vorgenommen, ein Wörterbuch des venezianischen Dialekts zu verfertigen. Ich hatte es auch angekündigt, und das Publikum erwartet es noch. Sooft ich mich mit dieser langweiligen, ekelhaften Arbeit beschäftigte, bemerkte ich auch, daß mir der Schlaf in die Augen kam; ich legte es also beiseite, benutzte aber dieses schlafmachende Mittel.

Geschieht es nun einmal, daß mein Geist in einiger Wallung und Bewegung ist, so nehme ich aufs Geratewohl ein Wort aus meiner Muttersprache und übersetze es ins Toskanische und

* Diablotins, kleine, mit einer Zuckerrinde überzogene Tafeln von Schokolade

Französische. Auf eben diese Art gehe ich noch einige Wörter durch, wie sie in alphabetischer Ordnung aufeinanderfolgen. Ich kann sicher rechnen, bei der zweiten oder dritten Übersetzung einzuschlummern. Dieses Opiat verfehlt niemals seine Wirkung.

Es ist nicht schwer, die Ursache und Wirkung dieses Phänomens zu erklären. Eine lästige Idee braucht nur durch eine entgegengesetzte oder gleichgültige verdrängt zu werden. Ist die Unruhe des Geistes einmal gestillt, so kommen auch die Sinne zur Ruhe, und der Schlaf spannt sie bald gänzlich ab.

So vortrefflich dies Mittel auch ist, so würde es doch nicht jedermann helfen. Ein allzu lebhafter, reizbarer Mann würde nicht weit damit kommen. Man muß das Temperament haben, mit welchem die Natur mich begünstigt hat. Das Moralische stimmt bei mir mit dem Physischen überein. Ich scheue weder die Wärme noch die Kälte, und ich lasse mich weder vom Zorn außer Fassung bringen noch von der Freude berauschen.

39. Kapitel

Da ich mich dem Ende meiner Memoiren nähere, so treffe ich immer mehr auf angenehme Gegenstände, die ich zu behandeln habe.

Herr Ritter Cappello, venezianischer Gesandter am hiesigen Hof, kam im Monat Dezember 1785 hier an. Er ist der siebente Minister, den ich von meiner Nation in Frankreich sehe. Ich habe alle vorigen gesehen und ihnen meine Aufwartung gemacht; sie haben sich alle sehr gütig gegen mich bewiesen, dieser aber empfing mich gleich das erste Mal mit so viel Freundschaft, Zärtlichkeit und Interesse, daß ich meiner Freude, meiner Achtung, meinem Dankgefühl keine Grenzen zu setzen wußte.

In Venedig hatte ich nicht die Ehre gehabt, ihn zu kennen. Die Familie Cappello, die zu den ältesten und angesehensten der Republik gehört, kannte ich wohl, der Herr Ritter aber war damals, als ich mein Vaterland verließ, noch jung. Desto größer war meine Überraschung, als ich in diesem vornehmen Manne einen meiner eifrigsten Beschützer fand.

Ich will hier keine Lobrede auf ihn halten. Ich kenne seine Bescheidenheit, er würde es nicht zugeben. Überdies ist er weise, ist er gerecht, so erfüllt er nur die Pflichten der Menschheit – ist er edel, großmütig, so befriedigt er die Forderungen, die man an seinen Stand macht. Allein die Eigenschaften seines Herzens machen eine seltene Vereinigung aus. Es gibt wenig Personen, die sich so sehr wie er für den dürftigen Teil der Menschheit interessieren. Seine Tür ist den Unglücklichen niemals verschlossen, er ist für jedermann, auch für den Schlechtgekleideten, zu sprechen; man braucht nur aus seinem Lande zu sein, um ein Recht auf seine Gunst zu haben. Er mag mir's verzeihen, allein ich konnte mich nicht enthalten, eine kleine Probe von seinen Tugenden zu geben; ich werde nichts mehr davon sagen.

40. und letztes Kapitel

Endlich bin ich nun zum Jahre 1787 und dem achtzigsten meines Lebens, über welches hinaus sich auch meine Memoiren nicht erstrecken sollen, vorgerückt.

Meine achtzig Jahre sind voll, mein Werk ist fertig. Der Prospectus ist ausgeteilt, die Anzahl der Subskribenten übersteigt meine Erwartungen, und die Zeichnung meines Porträts ist vollendet.

Alles ist fertig, alles ist bereit. Ich bin eben im Begriff, meine drei Bände unter die Presse und mein Porträt zum Kupferstecher zu schicken.

Dieses letzte Kapitel kann sich also nicht mit den Vorfällen des jetzt laufenden Jahres beschäftigen. Ich will es dazu verwenden, einige Schulden, die ich noch auf mir habe, abzutragen.

Ich mache den Anfang damit, daß ich den Personen, die Zutrauen genug in mich gesetzt haben, mich mit ihrer Subskription zu beehren, meinen Dank abstatte.

Ich sage nichts von der Gnade und den Wohltaten des Königs und des Hofes. Hier ist nicht der Ort, davon zu reden. Ich habe in diesem Werk einige von meinen Freunden, selbst einige von meinen Gönnern genannt. Ich bitte sie um Verzeihung, daß ich dies ohne ihre ausdrückliche Erlaubnis getan. Es ist nicht aus Eitelkeit geschehen. Ganz natürliche Veranlassungen haben mich dazu gebracht. Ihre Namen sind mir in die Feder gekommen, das Herz hat den Augenblick ergriffen, und die Hand hat sich nicht dagegen gesträubt.

Man wird mich nicht der Eigenliebe und Anmaßung beschuldigen, wenn ich einige Funken Nachsicht für diese

Memoiren zu erhalten hoffe. Hätte ich geglaubt, ganz und jedermann zu mißfallen, so würde ich mir nicht so viel Mühe gegeben haben, und sollte etwa in dem Guten und Bösen, das ich von mir selbst sage, die Waagschale sich auf die gute Seite neigen, so gestehe ich, daß ich der Natur mehr als dem Studium zu danken habe.

Alle Mühe, die ich mir bei Verfertigung meiner Stücke gegeben, bestand darin, die Natur nicht zu verderben, und mein ganzes Bestreben bei diesen Memoiren ging dahin, nichts als die Wahrheit zu sagen.

Kritiken über meine Stücke könnten die Verbesserung und Vollkommenheit der Komödie zum Endzweck haben, Kritiken über meine Memoiren aber können der Literatur keinen Vorteil gewähren.

Sollte sich indes doch irgendein Schriftsteller, bloß in der Absicht, mir Verdruß zu machen, mit diesem Werke beschäftigen, so würde er seine Zeit umsonst verderben. Ich bin von Natur zum Frieden geneigt; ich habe immer mein kaltes Blut erhalten. In meinem Alter lese ich wenig und lese nichts als unterhaltende Schriften.

NACHWORT

Wer ist Carlo Goldoni?

von Heinz Dietrich Kenter

I

Carlo Goldoni, William Hogarth und das Europa von 1748

Es sind erstaunliche Jahre, diese vier Jahrzehnte von 1748 bis 1789. Sie beginnen in der Politik mit dem Ereignis des Friedens zu Aachen, der den Österreichischen Erbfolgekrieg, in den ganz Europa sich verwickelt sieht, endlich beendet. Sie steigern sich, 1776, sensationell: die Vereinigten Staaten von Amerika erklären ihre Unabhängigkeit. Und sie enden auch sensationell: die Französische Revolution bricht aus.

Eine Revolution interpunktiert, 1789, die vier Jahrzehnte mit folgerichtiger Konsequenz.

Das Ausmaß der Veränderung auch im philosophischen Denken und im künstlerischen Gestalten wird deutlich vor allem in England und Frankreich, auch im venezianischen Teile Italiens, weniger in Deutschland. Da Männer wie Lessing, Klopstock, Kant ihre wesentlichen Werke erst im Ausgang der Epoche vorlegen, treten hier zunächst weder in der Literatur noch in der Malerei so bedeutende Männer in Erscheinung wie z. B. in England, und zwar gleich zu Beginn der Epoche: der Maler und Kupferstecher William Hogarth, der Roman- und Stückeschreiber Henry Fielding, der Philosoph David Hume, oder in Frankreich: der Maler Jean Baptiste Chardin, der Dichter und Publizist Voltaire, der Enzyklopädist Denis Diderot, oder in Italien: neben Malern wie Antonio Canal, genannt Canaletto, und Pietro Longhi nicht etwa ein Philosoph, aber doch ein Komödienschreiber von Rang: Carlo Goldoni aus Venedig.

Diese Epoche vollzieht eine überraschende Hinwendung zur Realität. Und sie vollzieht sie ganz spontan, denn ebenso wie der Maler Hogarth in England, so hat auch der Dichter Goldoni in Italien keinerlei Vorgänger: beide sind mit ihrer Kunst ganz plötzlich da.

»Die menschliche Erkenntnis besteht aus Eindrücken (impressions) und Vorstellungen (ideas). Die Eindrücke sind das Primäre und unmittelbar-wirksame Tatsachenmaterial. Deren Verwandlung in Vorstellungen geschieht durch Gedächtnis und Einbildungskraft – alle wahren Ideen müssen sich auf Eindrücke zurückführen lassen«: so etwa könnte man die Fundamentalsätze David Humes in Kürze formulieren.

Ob nun die Künstler in London, Paris und Venedig sich mit diesen philosophischen Gedanken auseinandergesetzt haben oder nicht: zweifellos sind ihre künstlerischen Werke von der durch David Hume formulierten Hinwendung der menschlichen Erkenntnis zur Realität als einer Tatsächlichkeit inspiriert.

Da malt der Venezianer Canaletto in Venedig und in London unermüdlich Straßen, Plätze, Wasserwege und füllt sie an mit der vitalen Alltäglichkeit der Tagesvorgänge. Da ist Chardin, der, zurückgezogen, im Handwerkerviertel von Paris, seine minuziösen Stilleben zusammenstellt und malt. Da ist, ganz im Gegensatz zu ihm, Voltaire, in aller Öffentlichkeit, dabei, für den unschuldig hingerichteten Kaufmann Calas Gerechtigkeit zu erzwingen. Da spazieren Hogarth durch London und Goldoni durch Venedig – und beide setzen ihre Eindrücke in Bilder und Komödien um, die, amüsant und belehrend, auf jene Kreise zurückwirken, die sich mit Kunst beschäftigen, aber auch auf jene vielen einwirken werden, die bisher kaum eine Ahnung davon gehabt haben dürften, was Kunst eigentlich sei.

Überall bricht eine neue, bisher ungekannte positive Haltung zum Leben durch. »Lassen Sie mich die Philosophie des Menschen lernen, brauchbare Moral, Experimentierphysik« ruft der junge Goldoni seinem Vater zu. Und es ist kein Zufall, daß er, der darunter leidet, daß in der italienischen Literatur »Metaphern, Hyperbeln, Antithesen« die Stelle des »gesunden Menschenverstandes« vertreten, gerade in dem Jahr das Theater zu reformieren beginnt, als der Friede zu Aachen, 1748, Europa politisch und auch geistig wie von einem Druck befreit, die Herrschaft erstarrter Formen vollends bricht und das Leben neu in Fluß bringt.

Es ist, als ob die Kunst, wach, witzig, satirisch, diese positive Haltung der Menschen zum Leben noch steigert. Man will nicht mystisch entrückt, noch melancholisch introvertiert sein. Man will mit offenen Augen die realen Möglichkeiten des

Lebens entdecken und erkennen, man will Fehlern, Erstarrungen im Familiären, Sozialen und Künstlerischen mit zielsicherer Unmittelbarkeit zu Leibe rücken. Goldonis Gedanken einer Reform des Theaters ist nichts anderes als die vorausahnende Gewißheit von der Notwendigkeit einer grundsätzlichen Veränderung auch der gesellschaftlichen Situation.

Bei alledem aber wird die vom regierenden Adel festgesetzte Ordnung nicht etwa mit revolutionärem Elan über den Haufen geworfen (das wird erst die Französische Revolution tun). Vielmehr: eine harte, eine satirische Kritik, die ihren Ausgang überraschenderweise von der Kunst nimmt – und es ist Jonathan Swift, der den Anfang macht – trifft die regierenden Instanzen.

So eröffnet sich für jedermann eine bis dahin ungekannte Perspektive auf das Leben, das nicht mehr einer bestimmten Kaste, sondern allen gehört, das plötzlich auf eine neue Weise als lebenswert und auch wert der Reformen erkannt wird. Und wenn auch in London ein allmächtiger Minister, in Paris ein absoluter Monarch regieren und der Staat Venedig eine Adelsrepublik par exellence ist – weder der Minister Walpole noch König Ludwig XV. noch der Doge sind imstande zu verhindern, daß, durch die aufklärende Publizistik eines Voltaire oder durch die satirische Kunst eines Hogarth oder durch die glasklare Komödienbrillanz eines Goldoni, das Bürgertum sich seiner eigenen Möglichkeiten bewußter wird. Der Adel aber sieht sich einem Bürgertum gegenüber, das ihm zwar an Besitz und Beziehung nachsteht, aber ihm über ist und sogar voraus an Klarheit hinsichtlich der Lebensrealität, an Folgerichtigkeit des Denkens und auch an moralischer Haltung. Und somit: dieses neu sich formierende bürgerliche Leben kennt keine lasziven Valeurs, keine Verderbtheit im Sinne einer verfeinerten Kultur der Langeweile, keinerlei dandyhafte Romantizismen. Der Bürger sieht, im Gegensatz zum Aristokraten, sehr genau die Arbeit, für die er lebt, die Straßen, in denen er lebt, das Zuhause, mit dem er lebt. Und wenn er beim Adel die Auflösung echter Familienwerte wahrnimmt und einen nicht geringen Hang zur Korruption, so nimmt er für sich selbst um so mehr die Verfestigung der Familienwerte und einen nicht minder geringen Hang zu gesunden Gewinnen wahr.

Das alles ist nicht so sehr das Ergebnis Einzelner und deren individueller Besonderheit. Dazu treten diese Bürger, im Gegensatz zum Adligen, der sich individuell und besonders gibt, viel zu sehr als Gruppe auf, als eine tätige Vielzahl, deren geschäftige Weltaufgeschlossenheit jetzt wichtiger wird als jede noch so betonte aristokratische Besonderheit.

Maler wie Thomas Gainsborough und Joshua Reynolds lenken zwar mit ihren kultivierten Porträts den Blick der Öffentlichkeit auf die gesellschaftliche Sonderstellung ihrer aristokratischen Auftraggeber. Hogarth jedoch und auch Goldoni entlarven, jeder auf seine Art: der Maler satirisch, der Theaterdichter komödiantisch, das Unzeitgemäße solcher Besonderheiten. Ihre Kunst zielt auf etwas, das noch gar nicht gesellschaftliche Wirklichkeit ist, aber eines Tages Wirklichkeit werden soll – und auch Wirklichkeit wird: auf Gemeinsamkeit. »Wir haben einer den anderen nötig, wir müssen einander lieben und einander schätzen ...« so wird es später Goldoni in seinen Memoiren formulieren, wenn er das Verhältnis des Dichters zu seinen Schauspielern und damit zugleich auch das Wesen jeder echten Demokratie umreißt, die aus Gruppen und nicht aus Einzelnen zu ihrer Form kommt.

Und also präsentiert Hogarth das gesellschaftliche Leben Englands in sozial scharf akzentuierten Gruppen-Bildern, während Goldoni komödiantisch dirigierte Gruppen-Szenen, die nicht ohne soziale Reizung sind, auf dem Theater Venedigs zur Wirkung bringt.

Obschon keiner vom anderen je etwas gesehen oder gehört haben dürfte, haben doch beide gemeinsam: die pointierte Gestaltung der Bild-Inhalte, die malerische Bewegung der Gruppen-Szenen, die mimische Ausdruckskraft der Figuren. Und wenn Hogarth seine bekannte Schrift *Über das Studium der Kunst* mit dem Satz eröffnet: »Ich erkannte, daß die Schriftsteller und auch die Maler im historischen Stil die Zwischenstufe vom Erhabenen zum Grotesken übersahen«, so erhellt er mit diesem Satz nicht nur seinen eigenen Weg als Maler, sondern auch den Weg Goldonis als Komödienschreiber. Goldonis Theater steht genau zwischen dem klassischen Theater Frankreichs und dem modern-satirischen Bild-Theater Hogarths. Und nur, weil Goldoni seine Komödien aus konkreten Inhalten und aus genau erkannten gesellschaftlichen Situationen entwickelt, gelingt es ihm, sie auf dieser »Zwischenstufe vom Erhabenen zum Grotesken« im Sinne Hogarths zu plazieren.

II

Goldonis Theaterreform

Nichts ist abwegiger, als das Theater Goldonis mit dem Theater Molières in einem Atem zu nennen. Molière ist aus einer großen Theatertradition herausgewachsen. Er ist die folgerichtige und satirische Ergänzung zu Frankreichs großen Tragikern.

Goldoni taucht wie aus dem Nichts auf. Er fußt nirgends auf irgendeiner Art von Tradition, die noch in seinem Lande wirksam wäre. Zweihundert Jahre vor ihm hat es des Niccolò Machiavelli brillant-laszive Komödie *Mandragora* gegeben, die auch den siebzehnjährigen Goldoni verblüfft, irritiert und entzückt. Es hat die Volksstücke des Angelo Beolco, gen. Ruzante, gegeben, überraschend in ihrer sozialkritischen Rebellion. Aber wer im 18. Jahrhundert weiß noch etwas von Ruzante, der eben angefangen hat, Stücke zu schreiben und Schauspieler zu werden, als, 1527, Machiavelli stirbt?

Es ist ganz allein die Vernunft Goldonis, die ihn, gepaart mit einer verblüffenden Sicherheit des Instinktes, das zeitgenössische Leben beobachten, erkennen und dann sein neues Theater erschaffen läßt. Die Themen fliegen ihm, wie er in seinen Memoiren erzählt, sozusagen auf der Straße zu, und er verwandelt sie mit komödiantischer Schlagfertigkeit, mit dialektischer Präsenz und forensischer List – nicht umsonst ist er, ähnlich wie Henry Fielding, Jurist gewesen – in Theaterstücke. Und damit sie auch gespielt werden können, wie er es sich denkt, verändert er die Spielweise der italienischen Schauspieler: er löst sie aus dem Spiel mit der Maske vorsichtig heraus und lehrt sie, mit dem »offenen Gesicht« zu spielen. Er führt sie weg von improvisierten Witzkaskaden und heran an seine eigenen, schriftlich fixierten, sinn- und situationsgebundenen Texte. Er bringt ihnen bei, auf die überlebten artifiziellen Darstellungsformen der Commedia dell' arte zu verzichten und das Spiel mit Menschen und unter Menschen zu erlernen, wie seine Komödien es erfordern. Er selbst formuliert das sehr klar in seinen Memoiren: »Die Maske«, so schreibt er, »muß der Aktion des Schauspielers immer im Wege sein. Er mag freudig oder kummervoll, verliebt, aufgebracht oder lustig sein, so sieht man doch immer nur dieselben Mienen auf dem gemalten Leder. Er mag gestikulieren und den Ton ändern, wie er will, so kann er doch nicht durch die Gesichtszüge, die wahren Dolmetscher des Herzens! die verschiedenen Leidenschaften, die seine Seele bestürmen, ausdrücken.« Und er fährt fort: »Die Masken bei den Griechen und Römern waren eine Art von Sprachröhren, die bei dem großen Umfange ihrer Amphitheater zur Verstärkung der Stimme von den Schauspielern gebraucht wurden. Die Leidenschaften und Empfindungen waren damals noch nicht zu dem Grad von Feinheit getrieben, den man heutigentags verlangt. Jetzt will man, daß der Schauspieler Seele zeigen soll, und Seele unter der Maske ist ein Feuer unter der Asche. Dies sind die Gründe, die mich bewegen, auf die Abschaffung der Masken des italienischen Theaters zu denken und an die Stelle von Possenspielen wahre Lustspiele zu setzen.«

Diese so grundsätzliche Reform der schauspielerischen Darstellung, die von Goldoni in Venedig 1748–1762 durchgeführt wird, steht in ursächlichem Zusammenhang nicht nur mit der Sicht Goldonis auf ein neues und zeitgenössisches Theater, sondern auch mit Goldonis persönlicher Einstellung zu einer ganz neuen Haltung dem Leben gegenüber, wie sie zu seiner Zeit wirksam zu werden beginnt. Er ist einer der ersten, der das sieht.

Man mag, um einen theatergeschichtlichen Vergleich zu haben, an Konstantin Stanislawskij denken und an seine Theaterreform um die Wende des 20. Jahrhunderts, die das »Moskauer Künstlertheater« zeitigt – mehr noch an Bert Brecht und an seine Theaterreform nach dem Zweiten Weltkriege, die das »Berliner Ensemble« zeitigt: denn ganz so wie Stanislawskij seine Schauspieler lehrt, das Technische und das Seelische in einen gestalterischen Einklang zu bringen, ganz so wie Brecht seine Schauspieler lehrt, das expressionistisch übertreibende und das naturalistisch untertreibende Theater zu ersetzen durch ein Theater der epischen Distanz und des sozialen Bewußtseins, ebenso erarbeitet Goldoni, sich abwendend von einem artifiziellen Theater der Feerien und Maschinen, mit seinen Schauspielern ein klares, kühles, witziges Menschentheater, das, reich an komödiantischen Einfällen, obendrein auch noch auf das zeitgemäße Leben eine kritische Sicht eröffnet, wie sie in solcher Form völlig neu ist.

Zwar scheint diese so grundsätzliche Theaterreform verloren, als Goldoni 1762 als Direktor an die Comédie Italienne nach Paris berufen wird, denn seine Abreise bringt die Commedia dell'arte nach Venedig zurück und gibt den Weg frei für die phantastischen Maschinenkomödien des Grafen Carlo Gozzi, der Goldonis erbittertster Gegner und im Grunde schuld ist an Goldonis Weggang von Venedig. Denn er, der absurde Phantasiespiele mit Talent zu dichten versteht, lehnt Goldonis realistisches Menschentheater strikt ab. Es ist damals wie heute: der grundsätzliche Gegensatz zwischen Ionesco und Brecht, zwischen den Dichtern des Absurden Theaters und Dichtern des Volkes wie z.B. Sean O'Casey.

Aber Goldonis Theaterreform ist nicht verloren. Im Gegenteil: heute wird ihre Bedeutung erst wirklich klar, und zwar auf Grund der erfolgreichen Bemühungen des modernen italienischen Theaters, Goldonis Komödien wieder für die Bühne zu gewinnen. Assistiert von den bedeutendsten Theaterwissenschaftlern aus aller Welt, wie es das Goldoni-Jahr 1957 gezeigt hat, und erfolgreich inszeniert von den bedeutendsten italienischen Regisseuren, erweist sich die Wiederentdeckung der Komödien Goldonis nicht als ein schon bald wieder überholter literarischer Einfall, sondern als ein echter Beitrag zur Situation des modernen Theaters.

III

Goldoni und Molière

Es ist falsch, Goldoni in die Nachfolge Molières zu stellen. Goldoni ist der erste Stückeschreiber Italiens, der die Lebensart seiner Landsleute, wie sie sich im damaligen Venezien äußert, auf die Bühne bringt. Es ist ganz so, wie Gerhart Hauptmann in seinen frühen Stücken die Schlesier, Ostrowski die Moskauer, Nestroy die Wiener oder Zuckmayer die Rheinhessen auf die Bühne bringt. Auch Goldoni schreibt in Dialekten: in dem venezianischen, dem bergamaskischen, in der Mundart von Chioggia. Er zeigt in seinen Stücken die Verhaltensweisen venezianischer Aristokraten ebenso wie die des venezianischen Volkes: der Kaufleute, Fischer, Gondolieri, Kammermädchen, Wirtinnen, Diener usw. Er ist weit unproblematischer als Molière – wenn man will, weitaus nüchterner: ohne Molières geradezu dämonische seelische Konsequenz, ohne dessen beklemmende Einsicht in die Struktur von Welt und Mensch.

Die Augen Goldonis haben den Kamerablick des 20. Jahrhunderts. Von dieser ganz erstaunlichen Greifkraft seiner

Augen (und Ohren) lebt alles, was er schreibt. Ganz wie Molière geht er umher, beobachtet und gestaltet das Beobachtete. Nur: Molière dichtet, Goldoni schreibt auf. Molière leidet an der Welt, Goldoni berichtet über die Welt. Molière zerbricht an der Welt, Goldoni hält die Welt aus. Goldoni zeigt das Ungute dieser Welt, ihr Widerspruchsvolles als eine Sache, die er mit Heiterkeit pariert. Molière aber zeigt die zwielichtige Tiefe der Welt als latenten Zustand menschlicher Not und Verlassenheit, gegen die kein Parieren hilft. Die komischen Figuren Molières leben in der Überdimension der Satire. Die komischen Figuren Goldonis leben durchaus real, hineingestellt in eine zwar messerscharfe, aber doch vergnügliche dialektische Spannung.

Goldoni hat eine doppelte Begabung: diese Welt und ihre zwei Seiten ganz unmittelbar real und sachlich erkennen und sie so auch auf dem Theater gestalten zu können. Wer vor ihm hat diese Begabung gehabt? Hier wirkt das realpolitische Erbe Venedigs, auch das lateinische Erbe: Terenz, mit dem sich Goldoni in einer Komödie gleichen Namens auseinandersetzt, es wirkt auch Cicero, der, wie Goldoni, Jurist gewesen ist.

Aber soll man überhaupt in die lateinische Vergangenheit gehen, um für Goldonis Begabung und für sein Engagement als Anwalt der Humanität Vergleiche zu finden? Soll man nicht eher Vergleiche bei uns heute suchen, bei Dichtern des Volkes, wie es Alexander N. Ostrowski (der bei Goldoni in die Schule geht), wie es Maxim Gorki, der junge Gerhart Hauptmann und Sean O'Casey sind, denen es, ganz wie Goldoni, gelungen ist, ihre gedichteten Menschen aus der Sprache des Volkes heraus zu gestalten? Was Goldoni für unser heutiges Theater aktuell macht, das ist die Knappheit, mit der er die Charaktere und Situationen seiner Figuren in all ihrem Für und Wider als unser eigenes Anliegen auf die Bühne bringt. Die seiltänzerische Gespanntheit, mit der er an die 200 Werke für das Schauspiel- und für das Operntheater liefert, abliefert, wird zusammengehalten und gestützt durch die vorbildliche Sauberkeit seiner dramatischen Mittel, durch die Fülle seiner szenischen Einfälle und nicht zuletzt durch die Eigenwilligkeit seines eigenen Charakters, dessen Integrität in seinen Memoiren beispielhaft in Erscheinung tritt.

Während Molières Komödien immer auch Bestandteile einer permanenten Rebellion gegen einen inkommensurablen Weltzustand sind, rebelliert Goldoni überhaupt nicht. Es ist bezeichnend für die Ausgewogenheit seiner Natur, daß er in seinen Memoiren einen Dichter wie z. B. Shakespeare nicht nennt. Und es spricht für seine Überlegenheit, daß er auch die Namen seiner literarischen Gegner: den Abbate Chiari, der ein literarischer Scharlatan, und den Grafen Carlo Gozzi, der ein Dichter ist, nicht nennt. »Ich werde niemals die Personen nennen, welche die Absicht gehegt, mir Übles zuzufügen«, schreibt er. Und also: Goldoni polemisiert nicht, dramatisiert nicht, rebelliert nicht. Er beobachtet und schreibt auf. Er hat einen untrüglichen Instinkt für die Verwandlungen, die in seiner Zeit vor sich gehen, und für die neuen Möglichkeiten, die sich hieraus auch für die Situation des italienischen Theaters ergeben. Die Venezianer aber haben Witz, Verstand und weltstädtische Haltung genug, um da, wo Goldoni sie auf eine neue Weise lachen macht, auch mitzulachen. Sie lachen von Herzen mit. Und der Beifall für ihren Goldoni ist groß.

IV

Die Spielweise Goldonis

Goldonis Theaterwelt ist in ihrer dramaturgischen Durchgestaltung so hell und klar wie die architektonische Durchgestaltung des Markusplatzes. Daher ist nichts abwegiger, als seine Komödien im Sinne einer Talmi-Romantik, mit Gondeln, Lampions und Musik, auf die Bühne zu bringen. Goldoni hat zwar für das Musiktheater seiner Zeit zahllose Intermezzi, Libretti für Singspiele und Buffo-Opern, auch musikalische Farcen geschrieben, aber die Musik ist trotz so reicher Mitarbeit niemals Bestandteil seiner künstlerischen Natur geworden.

Es wäre also auch falsch, seine Komödien als eine poetisch-musikalische Welt zu interpretieren, wie sie der Maler Jean Antoine Watteau gestaltet hat, eine Welt, zu der auch Molière gehört, eine Welt geistiger Transparenz und zärtlicher Geheimnisse. Diese aber hat mit der Welt Goldonis nichts zu tun. Als Goldoni wirksam wird, ist sie vorüber. Watteau selbst hat sie, in Vorausahnung ihres Niederganges, auf eine Insel zu retten versucht: er malt 1717, als Goldoni gerade zehn Jahre alt ist, ein Bild »Die Einschiffung nach Kythera«. Und dieses Bild – es ist der Abschied von der Epoche Racines und Molières angesichts einer neuen Welt, die kühl und klar auf Bestandsaufnahme und Veränderung drängt.

Auch Goldonis Name und Werk sind mit einer Insel verknüpft. Aber es ist eine Insel-Stadt, Venedig, die zugleich auch die Geburtsstadt Goldonis ist. Und dort lebt und schreibt er unter Kaufleuten und Händlern ohne Illusionen, wachen, tätigen Menschen, mitten unter einem witzigen Volk, das geistesgegenwärtig und schlagfertig ist.

So wird Goldoni ganz selbstverständlich zum Dichter des schlagfertigen, geistesgegenwärtigen, realen Theaterstückes, von dessen brillanter Technik nicht nur Zeitgenossen wie Lessing und Beaumarchais, sondern auch, viel später noch, die beiden Dumas, Feydeau und sogar die deutschen Lustspielfirmen Schönthal und Kadelburg, Arnold und Bach mehr gelernt haben, als bis heute erkannt ist. Goldonis Komödien sind in Aufbau und Textierung genauso glücklich eingestimmt, wie es des Dichters Körper und Geist zeitlebens, und wie es, zur Zeit seines venezianischen Theaterlebens, auch der Staat Venedig gewesen ist.

Es ist daher unbegreiflich, daß Goldonis Komödien auf unseren Bühnen noch immer in einer aufgesetzt romantischen Spielmanier dargestellt werden. Ohne Zutrauen und vielleicht auch ohne Verständnis für die so ungewöhnlich knappe Textierung Goldonis, die man für dürftig hält (die aber nicht dürftig ist, sondern ökonomisch), sucht man seine Originaltexte durch einen von Schauspielern, Regisseuren, Übersetzern hinzuerfundenen Text zu ergänzen. Sie alle spüren bei diesem falschen Verfahren etwas Richtiges: die knappe Sprache Goldonis braucht allerdings eine erfindende Ergänzung – aber nicht vom Text, sondern vom Spiel her. Die einzig legitime Ergänzung zur Sprache Goldonis ist nicht ihr Weiterführen in die Platitüde, sondern ihr Weiterdichten in die Pantomime. Die Komödien Goldonis brauchen den federnden Einklang von Dichtersprache und Körperspiel. Aber man gibt bewegte Stimmung statt stimmender Bewegtheit. Man läßt Lampions leuchten, nicht Goldonis Witz. Man spielt albern und grob, statt trocken und heiter. Und dies immer noch, obwohl Max Reinhardt mit seiner Inszenierung des *Dieners zweier Herren* bereits in den zwanziger Jahren gezeigt hat, wie Goldoni zu spielen sei, und obwohl in unserer Gegenwart, vor allem durch das italienische Theater, noch weitere entscheidende Beiträge zu einer stilsicheren Bühnengestaltung Goldonis geleistet worden sind. Hier ist vor allem das Piccolo Teatro in Mailand zu nennen und dessen Direktor, der Regisseur Giorgio Strehler, der mit seiner in der ganzen Welt bekannt gewordenen Inszenierung des *Dieners zweier Herren* zuerst den Goldoni präsentiert hat, der noch mit den Stilmitteln der Commedia dell' arte arbeitet, und dann den reifen Goldoni, der es fertigbringt, so differenzierte Gesellschaftskomödien wie *Die Verliebten* und *Die Trilogie der Sommerfrische* zu schreiben und gleichzeitig auch eine so ausgeprägte Volkskomödie wie *Viel Händel in Chioggia.*

V

Der Spaziergänger Goldoni

Da, wo in Venedig die Merceria Due Aprile in den Campo San Bartolomeo einmündet, nahe der Rialtobrücke, steht ein Denkmal für Goldoni, wie er, einen Stock in der Hand, dahergeht und mit spöttisch-wachen Augen auf das geschäftige Treiben der Menschen herabblickt.

Die Statue, 1883 geschaffen, gilt als eine der besten italienischen Plastiken des ausgehenden 19. Jahrhunderts. Das mag auch so sein. Aber ist dieser rustikal daherschreitende Dichter wirklich der ganze Goldoni? Auch die Statue von ihm in Florenz, am Arnoufer, zeigt ihn so: als einen Spaziergänger durch Italien, wie es vor ihm Holberg in Dänemark, nach ihm Ostrowski in Rußland, Nestroy in Österreich und niemand in Deutschland jemals gewesen ist. Man spürt aus der Haltung beider Statuen: das Leben, das Goldoni jetzt mit der Greifkraft seiner Augen in sich aufnimmt, wird er später in Theater verwandeln, um sein Publikum zu amüsieren. Man denkt an die Verse Bert Brechts:

»Ihr Künstler, die ihr Theater macht
In großen Häusern unter künstlichen Lichtsonnen
Vor der schweigenden Menge, sucht zuweilen
Jenes Theater auf, das auf der Straße sich abspielt.
Das alltägliche, tausendfache und ruhmlose,
Aber sehr lebendige, irdische, aus dem Zusammenleben
Der Menschen gespeiste Theater, das auf der Straße sich abspielt.«

Diesen rustikalen Spaziergänger nennen die Italiener ihren »Papa« Goldoni, weil sie in seinen Komödien ihr eigenes Zuhause wiederfinden. Aber jeder Nicht-Italiener, unvertraut mit Goldoni, wird in dieser familiären Benennung zugleich auch eine gültige literarische Wertung sehen und Goldoni aus der gleichen Sicht beurteilen, die die Denkmäler in Florenz und Venedig so wirkungsvoll einseitig suggerieren. Wer aber könnte es sich leisten, die 137 Komödien Goldonis auch nur einigermaßen so kennenzulernen, daß er aus selbstgewonnener Sicht die schöne Suggestion dieser Denkmäler einschränkt und die Legende vom »Papa« Goldoni gegen die Überlieferung richtigstellt? Wer kennt heute, über den *Diener zweier Herren* hinaus auch nur *Das Kaffeehaus* oder *Mirandolina*? Wer kennt wenigstens noch *Die Verliebten*, *Die Trilogie der Sommerfrische*, *Herren im Haus*? – Theaterstücke, die allesamt ein »Papa« nicht verfertigt haben kann, wohl aber ein blitzschnell und witzig gestaltender Stückeschreiber, wie ihn als einen solchen, mit Zügen genießerischer Schlauheit, ein Jugendbildnis, aber auch das Bild in der Berliner Staatsbibliothek zeigt, das unsere ganze Aufmerksamkeit obendrein in Anspruch nimmt durch die Entdeckung unerwarteter Züge scheu versteckter Melancholie.

Sind da Widersprüche? Nein. Denn Wiederspruch, der Reiz im Widerspruch ist das Grundelement der Kunst Goldonis, der schon früh, schon als Advokat, erkannt haben mag, daß das Leben aus Widersprüchen und allerdings auch aus der Bewältigung von Widersprüchen besteht. Auf dieser Erkenntnis basiert grundsätzlich Komik und Ernst des gesamten goldonianischen Theaters.

Der russische Literaturkritiker Wissarion Belinskij (1811 bis 1848) notiert einmal: »Die Komödie muß die Nichtübereinstimmung des Lebens mit einem Ziele farbig schildern, sie muß die Frucht eines bitteren Mißfallens, die Frucht einer durch Herabsetzung aufgeschreckten menschlichen Würde sein ...« Belinskij mag bei dieser Formulierung an Gribojedow und Gogol gedacht haben. Wir denken an Goldoni, und wie es uns die Formulierung Belinskijs leichter macht, den »Papa« Goldoni, wie ihn die Denkmäler zeigen, und den melancholisch verschatteten Goldoni, wie ihn das Berliner Porträt zeigt, doch als eine organische Einheit zu sehen.

VI

Der Goldoni unserer Gegenwart

Goldoni ist, ganz im Sinne des Widerspruches, wie er ihn liebt, ein ehrlicher Abenteurer. Es gibt eine Komödie von ihm, die tatsächlich so heißt. In ihr werden Züge seines Charakters sichtbar. Dieser *Ehrliche Abenteurer* entsteht im Spieljahr 1750–51. Es ist dies dasselbe Jahr, das Goldoni das »schreckliche Jahr« nennt, das dritte Jahr seiner Theaterreform in Venedig. Nicht ohne Grund besorgt, dieses Spieljahr könne geschäftlich unglücklich verlaufen, läßt er eines Abends durch die erste Schauspielerin in Versen versprechen, daß er statt der acht neuen Stücke, die er auch für die kommende Spielzeit abzuliefern verpflichtet sei, deren sechzehn schreiben und zur Aufführung bringen werde. »Als ich dieses Versprechen tat«, so erklärt Goldoni hernach, »hatte ich noch nicht zu einem einzigen Stück den Stoff vorrätig.«

In dieser geradezu irrsinnigen Situation eröffnet er die neue Spielzeit mit dem dreiaktigen Lustspiel *Il Teatro Comico.* Im Grunde ist dieses Lustspiel nichts anderes als eine Poetik, in Handlung gebracht. Es handelt davon, wie die Schauspieler sich auf der Bühne versammeln, um ein kleines Stück zu probieren, wie Madame Medebac bereits die Titel der von Goldoni versprochenen 16 Stücke ankündigen kann und wie der Direktor, der die Probe leitet, Veranlassung findet, »ohne Anmaßung und Pendanterie« Winke zu geben, aus denen sich zugleich auch die Gesetze der Kunst und die Grundsätze der neuen Poetik erkennen lassen. Die Probe wird unterbrochen: ein Autor bietet der Truppe Stücke an, die noch in dem alten Stil der italienischen Komödie geschrieben sind – »diese Situation«, so erklärt Goldoni, »brachte ich an, um dem Direktor Gelegenheit zu verschaffen, die Fehler jener Stücke zu zeigen und von dem neuen System zu reden«. Die Probe wird erneut unterbrochen: eine Sängerin bietet dem Direktor ihr Talent an, und der überredet sie, da er Opern nicht aufführt, bei ihm als Schauspielerin nach den neuen Darstellungsmethoden zu arbeiten. Und wieder ist Gelegenheit gegeben, über das Neue zu diskutieren.

Wer denkt hierbei nicht an Bert Brechts *Der Messingkauf* in der Darstellung des »Berliner Ensembles«, und wie auch da das Reformprogramm Brechts in der Verkleidung szenischer Vorgänge dem Publikum vorgeführt und dargelegt wird? Wer denkt nicht an Pirandello, an seinen Kunstgriff der unerwarteten Szenen-Unterbrechung und an die bekannte Theaterprobe, die auch unterbrochen wird, und diesmal, weil sechs Personen einen Autor suchen. Goldonis experimenteller Einführungsabend aus dem Jahre 1750 ist ein exakter Vorgriff auf das experimentelle Theater des 20. Jahrhunderts. Und mit

Recht hat Goldoni der Gesamtausgabe seiner Komödien den Titel »Il Teatro Comico« gegeben.

In diesem »Teatro Comico« Goldonis ist noch eine andere, bisher völlig unbekannt gebliebene Welt versteckt: eine grazile, sinnenhafte. Sie hängt eng zusammen mit der Kunst Goldonis, Frauen zu gestalten. Eine eigenartig elektrisierende Atmosphäre umgibt seine Frauen: Rosaura, die schlaue Witwe, Vittoria, die verzweifelte Gattin, Bettina, die ehrsame Tochter eines Gondoliere, und Pamela, die ehrsame Grafentochter aus Schottland, nicht zuletzt Mirandolina, die »Lacondiera«, die seit der Duse keine ebenbürtige Gestalterin mehr gefunden hat. Auch Goldonis Liebespaare sind in eine ähnlich elektrisierende Atmosphäre verstrickt: Eugenio und Fulgenzia in *Die Verliebten*, die sich ewig streiten, dann das merkwürdige Doppelpaar Giacinta und Guglielmo, Vittoria und Ferdinando in *Die Trilogie der Sommerfrische*, deren Spannungen zueinander bereits so erstaunlich differenziert gestaltet sind, daß sich ein Vergleich mit den sensiblen Menschen des russischen Dichters Anton Tschechow geradezu aufdrängt.

Giorgio Strehler ist der erste Regisseur, der diese andere Wesensart Goldonis erkannt und auf dem Theater sichtbar gemacht hat. In seinen Inszenierungen gerade der eben genannten späten Stücke zeigt er einen ganz neuen Goldoni: den Goldoni, der Abschied nimmt – von Venedig, von Chioggia, ja, auch von seiner Zeit, den Goldoni, der es selbst noch gar nicht gewußt haben mag, daß er Abschied zu nehmen im Begriff ist, den Goldoni des Berliner Porträts, dessen Züge von Melancholie und einer unbekannten Trauer verschattet sind. Und plötzlich ist der so reizende »Papa« Goldoni, als welcher er in Venedig und Florenz noch immer spazierengeht, in Frage gestellt. Strehlers neue Interpretation drängt uns zu einer auch neuen Befragung der Person und des dichterischen Werkes Goldonis, einschließlich seiner Memoiren.

VII

Goldonis Memoiren: die menschliche Sicht und Casanova

Leser, Zuschauer und Schauspieler müssen bei jedem Dichter von Rang mit Schwierigkeiten fertig werden: das ist bei Shakespeare die Dynamik der Sprache, bei Goldoni die Dialektik der Sprache. In seinen Memoiren lockert Goldoni den knappen, dichten Sprachstil um einiges auf, ohne zugleich auch die Distanz aufzugeben, die er stets seinen Stoffen gegenüber behält. Er verfährt in ihnen ganz anders als sein Zeitgenosse Casanova, dessen bekannte Schilderung seiner Flucht aus den Bleikammern von Venedig ein klassischer Vorgriff ist auf die Sensationsreportage des 20. Jahrhunderts. Bei dieser Schilderung reizt allein die Sensation des Vorganges, der von Casanova nur hingeschrieben zu werden braucht – und die beabsichtigte Wirkung ist da. Bei Goldoni jedoch reizt die Kunst der Sprache, und wie er es fertigbringt, allein durch diese Kunst seiner Sprache unsensationelle, ja, ganz alltägliche Vorgänge so zu gestalten, daß seine Leser gefesselt bleiben.

Es gehört zum männlichen Charme Goldonis, daß er sein Verhältnis zur Frau, überhaupt zu den Frauen, lieber von seinen Lesern erraten haben möchte, als daß er es so offen darlegt, wie dies Casanova, mit noch immer weltweit ansteigendem Erfolg, tut.

Goldonis Memoiren sind, was Charakter, Lebenskunst und Lebenshaltung angeht, das exemplarische Gegen-Bild zu den Memoiren Casanovas.

Deshalb haben die Abenteuer, die Goldoni schildert, ganz gleich, welcher Art sie sind, auch immer eine bezaubernde männliche und menschliche Atmosphäre. Und wenn Goldoni in seinen Memoiren bekennt, daß ihn nichts so sehr fessele als die Analyse des menschlichen Herzens, so dürfte gerade dieses es sein, was den heutigen Leser an Goldoni fesselt.

Theodor Fontane stellt einmal die Frage: »Was ist großer Stil?« Und er antwortet sich selbst, indem er sagt: »Großer Stil heißt vorbeigehen an allem, was die Menschen eigentlich interessiert.«

Goldonis Memoiren sind nahezu ein Beleg für dieses Fontane-Wort, denn Goldoni, der Krisen aller Art erlebt hat, vermeidet es, darüber viele Worte zu machen. Er deutet Krisen in seinen Memoiren ebenso nur an, wie er auch sein Verhältnis zu Frauen nur andeutet. Selbst über sein Lebenswerk, die Theaterreform, sagt er nur das, was zu deren Verständnis unbedingt nötig ist. Mehr nicht. Er exemplifiziert eine Kargheit des Ausdrucks, die den Leser auf das liebenswürdigste zu zwingen scheint, eines vor allem bei der Lektüre in Bewegung zu setzen: die Phantasie. Casanovas Memoiren legen die Phantasie des Lesers einseitig fest, Goldonis Memoiren geben ihr Freiheit.

Freiheit des Menschlichen in einer widersprüchlichen Welt: das ist es, was den Memoiren Goldonis einen eigenen Platz sichert unter Werken ähnlicher Art. Sie sind das Dokument eines Mannes, der, viele Berufe ausübend, sein Leben als ein Arbeitender und auch als ein Genießender gelebt hat. Aber: die künstlerische Arbeit, der Anspruch auf persönliche Freiheit sind und bleiben das Rückgrat seiner Person und seines Schaffens. Nie mischt er Emotion, persönlich gefärbte Zu- oder Abneigung, subjektiv verfärbte Stellungnahme in die Memoiren ein. Was ihm nicht gefällt, das setzt er außer Kurs: er entlarvt es als komischen Widerspruch zur Realität.

Ob er in den Memoiren politische Ereignisse der Zeit, den Krieg oder was immer streift, ob er das Leben des einfachen Volkes, der Aristokratie oder ob er Diskussionen in den geistigen Zirkeln der bürgerlichen Welt beschreibt, ob er einzelne Personen schildert, den Bruder, die Gattin, die Eltern, Schauspieler und Direktoren: sein Kamerablick greift aus der Fülle der Begegnungen heraus, was er für amüsant hält. Auf diese listige Weise zwingt er seine Leser, sich gleich ihm in amüsierte Zuschauer zu verwandeln, auch dann, wenn er ihnen statt Theaterstücken Memoiren anbietet.

Casanova kennt in seinen Memoiren nichts anderes als seine eigene Sicht. Goldoni weiß auch um die menschliche Sicht. Casanova schildert das Nichtstun in den Boudoirs der europäischen Aristokratie. Goldoni schildert die Turbulenz der italienischen Theater und Gerichte, die Turbulenz der Märkte auf den Wasserstraßen Venedigs und auf den Plätzen von Mailand, Verona, Florenz, Pisa, Genua, Rom usw. – und alles wird von ihm spazierend erkannt, und aufgeschrieben mit federnder Heiterkeit, und dargeboten als ein Panorama, in dem er seine Existenz offen präsentiert als ein gewagtes Spiel zwischen Notwendigkeit und Freiheit, Niederlage und Ruhm.

VIII

Goldonis Frau und die Frauen

Bezaubernd: die Schilderung seiner Reisen auf den alten venezianischen Booten, im Kreise der Schauspieler und Schauspielerinnen. Bezaubernd: sein Eingeständnis, daß es die Darstellerinnen seiner eigenen Frauenfiguren, daß die Soubretten es sind, denen sein Herz stets von neuem verfällt.

Zwei Frauen jedoch sind im Hintergrund seines Lebens gleichbleibend sichtbar: seine Mutter, zart, bestimmt, gescheit, und seine nicht minder gescheite Frau, Nicoletta Connio, die Tochter eines genuesischen Notars, die er sozusagen vom Fleck weg heiratet, als er eines Tages, 1737, zufällig in Genua ist. Fünfundzwanzig Jahre später wird er mit der Gescheitheit seiner Nicoletta eine seiner Frauenfiguren beschenken: die gereifte, weiblich reizvolle Felice, die die skurrilen »Herren im Haus« so gescheit zu lenken und zu beschwichtigen versteht. Und er selbst wird sich, drastisch verfremdet, daneben abbilden als deren Ehemann Canciano.

In seinen Memoiren spricht Goldoni über Nicoletta zwar an mehreren Stellen, aber immer nur ganz kurz, wie das so seine Art ist. Wer jedoch die Stellen zusammenfaßt, wird ein deutliches Bild von ihr bekommen und zudem erkennen, daß alles bei Goldoni, was mit Gefühl zusammenhängt, von ihm stets nur versteckt und sozusagen zwischen den Zeilen geäußert wird.

In Wahrheit ist diese Nicoletta, die hinter der Person und der Arbeit ihres Mannes eher zu verschwinden scheint, immer anwesend neben seiner Person und neben seiner Arbeit – sechsundfünfzig Ehejahre lang. In einem entzückenden Brief an seinen Schwiegervater läßt Goldoni einmal dem Gefühl für seine Frau freien Lauf. Der Anlaß ist aber auch ein privater: er übersendet diesen Brief dem Schwiegervater samt seiner neuesten Komödie *Die einzige Frau*, die er ihm widmet. Und in diesem Brief verrät er, daß Nicoletta, der er »seine Komödien vorzulesen pflege, immer mit Begründung gelacht und mit Verständnis geweint« und daß »ihrem Weinen und ihrem Lachen stets die Gemütsbewegung des Publikums entsprochen habe«. Hiermit ist über diese Ehe alles gesagt. Goldoni und seine Frau sind von einer so selbstverständlich einander sich kontrollierenden Eingestimmtheit, daß Goldoni es gar nicht für nötig hält, in seinen Memoiren darüber viele Worte zu machen.

Einmal hat ihn eine starke Neigung zu der Schauspielerin Baccherini gefaßt, die als Soubrette zu jenem Typ von Frauen gehört, dem Goldoni ungern entgeht. Als er, Jahrzehnte später in Paris, an sie zurückdenkt, widmet er ihr, die hübsch gewesen ist und Talent gehabt hat, in seinen Memoiren folgende bezeichnenden Worte: »Madame Baccherini war verheiratet, ich war es auch. Wir errichteten eine enge Freundschaft, denn wir bedurften einander. Ich arbeitete für ihren

Ruhm, und sie zerstreute meinen Kummer.« Als er sich dann auch erinnert, daß diese junge Schauspielerin ganz unerwartet gestorben ist, was er heftig beklagt hat, fährt er in seinen Memoiren fort: »Nicht der Liebhaber war es, der seine Geliebte beweinte, sondern der Dichter, der seine Schauspielerin bedauerte. Ich konnte meiner Frau meinen Schmerz nicht verheimlichen: allein sie war vernünftig genug, sich ganz auf mich zu verlassen und der Quelle meines Kummers nicht weiter nachzuspüren.« Das ist es, was Goldonis Ehe kennzeichnet: die gegenseitig sich achtende Überlegenheit.

Und eines Tages, im Februar des Jahres 1793 – man weiß nicht einmal, ob es der 6. oder 7. Februar gewesen ist – da sitzt, in Paris, diese Nicoletta, selbst beinahe 80 Jahre alt, am Sterbebett ihres Mannes. Er ist blind und 86 Jahre. Beide sind arm. Die Wogen der Französischen Revolution sind über ihnen zusammengeschlagen. Und es ist über dreißig Jahre her, daß sie zum letzten Male den Himmel und das Licht Venedigs gesehen haben. Auch das ist es, was ihre Ehe kennzeichnet: Gemeinsamkeit.

Wenn es richtig ist, daß die künstlerische Arbeit und der Anspruch auf persönliche Freiheit die Wesensmerkmale Goldonis sind, so müssen wir nun auch die Ehe mit Nicoletta hinzufügen: mit ihr ist der Mensch Goldoni von dem Tage an verbunden, da er sie aus Genua wegholt, auch seit jenem anderen Tage, da er sie, auf einer Reise durch Kriegsgebiet, auf seinen Armen durch einen Fluß hindurchträgt, um sie vor plündernden Soldaten zu retten. Goldoni erzählt davon im ersten Buche seiner Memoiren. Von diesem ersten Buch geht ein ähnlicher Zauber aus wie von den Briefen Wolfgang Amadeus Mozarts: jünglinghafte Energie, Heiterkeit, eine wache Erkenntnis der Realitäten, wie das Leben sie anbietet, und ein leidenschaftlich genießerischer Zug, den Goldoni im Laufe seines Lebens verfeinert und kostbarer macht dadurch, daß er Lebensgenuß und Arbeitsdisziplin in einem ausgewogenen Gleichgewicht zu halten versteht.

IX

Goldonis Memoiren: Aufbau und Kern

Mit der ihm eigenen Sicherheit für die strukturelle Gestaltung seiner Stoffe gliedert Goldoni die Memoiren, die er während der Jahre 1774–1787 in französischer Sprache niederschreibt, in drei Bücher auf. Er gibt ihnen den Titel: *Mémoires de M. Goldoni pour servir à l'histoire de sa vie et à celle de son Théatre.*

Im 1. Buche schildert er seine Jugend in Venedig und in Chioggia, seinen unsicheren Aufbruch in die Studien, in die Ungewißheit der vielen Berufe und in die einzige Gewißheit: die der theatralischen Berufung. Goldoni weiß denn auch genau, daß ihm die Entscheidung über sein weiteres Leben in dem Augenblick in die Hand gegeben ist, als der Pantalone-Darsteller Darbes seine Anwaltskanzlei in Pisa betritt und ihn bittet, für ihn ein Stück und eine Rolle zu schreiben, und als, kurz danach in Livorno, der Theaterdirektor Medebac ihm vorschlägt, überhaupt zu seiner Truppe als Komödienschreiber zu kommen. Goldoni entscheidet sich, gegen seinen seit drei Jahren in Pisa mit bestem Erfolg ausgeübten Beruf als Anwalt, für die theatralische Berufung. Sein Ziel wird nun endgültig Venedig. Damals ist Goldoni einundvierzig Jahre.

Im 2. Buch schildert er seinen Aufbruch in die Reform des Theaters, durchgeführt zunächst unter Medebac, 1748–1753, am Teatro San Angelo, dann, 1753–1762, unter Antonio, später unter Francesco Vendramin am Teatro San Luca. Er schildert das »schreckliche Jahr« mit der Last und dem Triumph der 16 Stücke. Er schildert die Erfolge seiner Komödien, gespielt von Schauspielern, die er auf seinen Darstellungsstil eingeübt hat, die Mühsal der Einübung und seine Mißerfolge mit Schauspielern, die, wie z. B. in Rom, nicht imstande sind, seinen Stil zu verwirklichen. Er schildert die Ärgernisse wegen der Drucklegung seiner Stücke, die Angriffe seiner Widersacher, schwankende Gesundheit, wachsende Schwermut. Er schildert die unerwartete Berufung an die Comédie Italienne in Paris, wie er jedoch dieser Berufung entgehen möchte, um in Venedig bleiben zu können, wie er deshalb den Antrag auf Gewährung einer Staatspension stellt und wie erst die Ablehnung des Pensionsantrages seinen Entschluß bestimmt, von Venedig Abschied zu nehmen. Bestimmend ist auch die scharfe Gegnerschaft Carlo Gozzis, über die Goldoni in seinen Memoiren aber nicht spricht. Im Gegenteil, dort schreibt er: »Die Kritiken und feindseligen Angriffe auf mich hatten nachgelassen, und ich genoß die angenehmste Ruhe.« Aber diesem euphemistischen Hinweis läßt er doch einen merkwürdigen Satz unmittelbar folgen: »Man rief mich, wie es hieß, nur auf zwei Jahre nach Frankreich: allein ich sah voraus, daß es mich Mühe kosten würde, in mein Vaterland zurückzukehren, wenn ich es einmal verlassen hätte.« So wird sein neues Lebensziel Paris. Jetzt ist Goldoni dreiundfünfzig Jahre.

Im 3. Buche schildert er sein Leben in Paris: und es werden einunddreißig Jahre sein. Die Diktion dieses Buches ist eine andere als die der beiden Bücher vorher: eher wortreich plaudernd als knapp und dicht gestaltend. Man spürt, wie sich Goldoni in Begebenheiten, die ihn so lebhaft gar nicht interessieren, wie er tut, als da sind Feste, Hochzeiten, Gratulationscouren, literarische Zirkel usw., hineinredet, um sie vor seinen Lesern, aber noch viel mehr vor sich selbst zu Erlebnissen zu machen. Man spürt, wie er, enttäuscht von seinen italienischen Kollegen an der Comédie Italienne, Harlekinaden, obwohl er sie verabscheut, und Texte zu Opern, obwohl sie ihn innerlich nichts angehen, schreibt, nur, um sich selbst eine Art von künstlerischer Existenz zu beweisen, mehr noch, um seine materielle Existenz zu behaupten. In diesem 3. Buch wird ein harter Kampf deutlich um Unterhalt und Haltung, um ein Tätig-sein-Wollen und ein Untätig-sein-Müssen. Goldoni ergibt sich dem gesellschaftlichen Leben der französischen Aristokratie in Paris und Versailles und läßt doch nie vergessen, daß er sich dem Volk von Venedig zugehörig fühlt. Nach dreijährigem Aufenthalt in Paris schreibt er eine Komödie *Der Fächer*: ein Gruppen-Spiel um dieses elegante Requisit, aber auch und vor allem ein Lebens-Spiel unter Adligen, Händlern und Bauern. Es ist, als ob Goldoni mit diesem Stück auch seinem venezianischen Freunde, dem Maler Pietro Longhi, aus der Ferne eine Huldigung erweisen möchte, denn die Figuren der *Fächer*-Komödie scheinen auf das engste verknüpft mit den Volksfiguren, die den großen Reiz der späten Bilder Longhis ausmachen, auf denen er Jagden zu Wasser und das Leben auf dem Lande darstellt.

Goldoni schickt diese Komödie zur Aufführung nach Venedig. Die Comédie Italienne bemüht sich nicht, sie zu spielen: die Schauspieler und das Publikum dort wollen die alten Stegreifkomödien. Sie wollen weder etwas von Goldonis Theaterreform noch etwas von seinen neumodischen Charakterkomödien wissen. Und so bleibt für Goldoni nichts anderes zu tun, als, ähnlich wie vordem in Venedig, jetzt über die Boulevards in Paris zu spazieren und das Leben zu beobachten. Aber das, was er jetzt beobachtet, das wird er nie mehr, wie früher in Venedig, in Szenen und Figuren umsetzen und als Komödien gestalten – er wird das Beobachtete nur als lebhafte Schilderung mitteilen, wie er es in diesem 3. Buche auch tut.

Zwar gelingt es Goldoni, 1771, sich im Hause Molières, in der Comédie Française, mit einer eigenen Komödie präsentieren zu dürfen. In einem ausgezeichneten Französisch verfaßt, im dramaturgischen Aufbau exakt den klassischen Regeln folgend und in der Gestaltung der Figuren von einer echt gallischen Heiterkeit, führt sie den skurrilen Titel *Le Bourru Bienfaisant*, den Heinz Riedt so vortrefflich mit *Der herzensgute Unwirsch* übersetzt hat. Goldonis Erfolg ist groß. Und doch: die französischen Schauspieler haben wenig Lust, das Stück zu spielen. Es verschwindet bald wieder vom Spielplan. Paris kann Goldoni entbehren – und Venedig beginnt, ihn zu vergessen.

Aber Goldoni ist unermüdlich. Er versucht, Voltaire zu sprechen, der ihn als erster lobend den »Molière Italiens« genannt hat. Nach jahrelanger erzwungener Abwesenheit ist Voltaire soeben – es ist das Jahr 1778 – durch einen beispiellos triumphalen Empfang von den Parisern geehrt worden. Aber der Tag, da Goldoni ihn besucht, muß ungünstig gewesen sein: er verwischt in seinen Memoiren diese Begegnung – vielleicht hat er Voltaire in einer jener allzu turbulenten Stunden besucht, wie sie die achtzigjährige Marquise du Deffand in einem Briefe, nicht ohne Bissigkeit, beschreibt: »Voltaire empfing gestern dreihundert Personen ... Der ganze Parnaß war dort, vom Sumpf bis zum Gipfel. Er wird die Anstrengung nicht aushalten können ... es ist möglich, daß er stirbt ...« So ist es denn auch gekommen. Voltaire stirbt tatsächlich. Und Goldoni verliert einen Freund, bevor dieser für ihn wirksam werden kann.

Die Begegnung mit Diderot ist hart, unfreundlich, sie unterliegt Mißverständnissen. Und doch gibt es keine verständnisvollere Einübung für das goldonianische Theater als eine Schrift von diesem Diderot: *Das Paradox über den Schauspieler*, die übrigens Bert Brecht mit seinen Thesen von der Verfremdung vorwegnimmt.

Noch unfreundlicher verläuft ein Besuch bei Jean Jacques Rousseau, der, nachdem er zuvor Goldoni erklärt hat, daß er sich durch das Kopieren von Originalmusiken ernähre, seinen Gast ins Gesicht hinein fragt: »Und Sie, was treiben Sie denn selbst? Sie sind nach Paris gekommen, für die italienischen

Schauspieler zu arbeiten: das sind faule Leute, sie mögen Ihre Stücke nicht. Machen Sie sich auf, gehen Sie wieder in Ihr Vaterland, ich weiß, daß man sie dort wünscht ...« Goldoni ergreift die Gelegenheit und orientiert den erstaunten Rousseau über die bevorstehende Uraufführung seiner in französischer Sprache verfaßten Komödie *Der herzensgute Unwirsch.*

Aber die tieferen, gültigeren Gründe, die Hintergründe für seinen Verzicht auf eine Rückkehr nach Venedig kann er nicht sagen: seine wachsende Unsicherheit, auch seine Existenzangst, die sich dem aufmerksamen Leser gerade dann am deutlichsten zeigt, wenn Goldonis Plaudereien über das Pariser Leben am wortreichsten werden. Noch immer wirkt »das schreckliche Jahr« mit seiner übermütigen, aber auch lebensgefährlichen Überproduktion von 16 Stücken, noch immer die versperrte Aussicht auf eine Pension oder eine gesicherte Einnahme irgendwelcher Art in Venedig heftig nach. Goldoni ist sich ganz klar, daß er die zermürbende schöpferische Arbeit, wie er sie in rund dreißig Jahren, von der Uraufführung seiner Tragödie *Belisar* im Jahre 1734 bis zur Fertigstellung seiner Komödie *Der Fächer* im Jahre 1765, mit stets wachsender Beanspruchung geleistet hat – es mögen insgesamt an die 170 Werke bis dahin sein –, nicht mehr wird leisten können. Und er, dessen materielle Existenz nur dann gesichert ist, wenn er Stücke schreibt: wovon soll er existieren, wenn er weniger oder gar keine Stücke mehr schreibt? Hätte es zu jener Zeit Tantiemen gegeben, Goldoni wäre schon in Venedig Millionär geworden. So aber muß er unbedingt mit dem Gedanken an eine Pension spekulieren. Und als Venedig sie ihm versagt, reist er nach Paris, in der Hoffnung auf die Gunst des französischen Königs. Und wie so oft – sein Instinkt gibt ihm auch diesmal recht: nach sechsjährigem Aufenthalt in Paris gewährt ihm Ludwig XV. eine Pension von 3.600 Livres jährlich. Aber sie gilt weniger dem Dichter Goldoni als dem Lehrer für italienische Sprache, der Goldoni nun, 1765, zuerst für die Tochter des Königs, Prinzessin Adelaide, und später für die Schwester Ludwigs XVI., Prinzessin Elisabeth, sein wird.

Goldonis Lehramt beginnt tragisch: als er sich der Prinzessin Adelaide vorstellen und ihr seine erste italienische Lektion geben will, benützt er für die Fahrt von Paris nach Versailles die Postkutsche. Plötzlich, während der Fahrt, in einem Buche von Rousseau lesend, überfällt ihn völlige Blindheit. Und wenn ihm auch, da er in Versailles aussteigt, die Sehkraft auf dem einen Auge wiedergegeben ist, so betritt er die Gemächer der Prinzessin doch nicht als der berühmte Dichter und als ein Belehrung Bringender, sondern als ein verwirrt um Hilfe Heischender.

Als Goldoni die Niederschrift seiner Memoiren beendet hat und noch im gleichen Jahr deren Herausgabe verwirklicht, weiß er, daß seine dichterische Laufbahn beendet ist. Nun ist er achtzig Jahre alt.

X

Goldoni im Schatten der Revolution

Aber die Bahn seines Lebens ist noch nicht beendet. Seit fünfundzwanzig Jahren, seit seiner Ankunft in Paris, lebt Goldoni in dieser ihm fremden Welt, ohne das Meer, ohne die Lagunen, ohne die Fischer, Händler, Gondolieri – in literarischen Salons, in der Welt des Adels, die er, wie er weiß, ernst nehmen muß, eine reiche, schöne, aber eben doch fremde Welt, deren Sprache er lernt, deren Gebräuche und Sitten er annimmt, deren Ehrungen ohne Verpflichtung er über sich ergehen läßt – bis eines Tages, am 14. Juli 1789, das französische Volk die Bastille erstürmt und diese Welt plötzlich zu Ende ist. Nur zwei Jahre zuvor hat Goldoni seine Memoiren herausgebracht, in denen er Paris im Schatten der Revolution beschreibt. Man mag seine Beschreibung lesen als eine anmutige sittengeschichtliche Plauderei. Man kann sie aber auch lesen als ein eigentümliches Schattenspiel, das zwischen prunkvollen Kulissen Goldoni für uns arrangiert hat. Wie diese Kulissen dann plötzlich abgeräumt sind und nichts mehr zu sehen ist als die leere Bühne und die Guillotine, das hat er nicht mehr beschrieben, obwohl er es doch selbst noch erlebt hat. Aber hätte er es beschreiben können?

Die Wogen der Französischen Revolution schlagen über ihm zusammen: die Tuilerien werden erstürmt; die königliche Zivilliste, aus der er seine Pension bezieht, wird aufgehoben. Er und Nicoletta sind völlig mittellos. Er erblindet. Am 21. Januar 1793 wird Ludwig XVI. hingerichtet. Am 6. oder 7. Februar geht auch Goldonis Lebensbahn zu Ende. Er sollte sechsundachzig Jahre alt werden.

Fast am gleichen Tage, am 6. Februar, fordert der Dichter Marie-Joseph Chénier, ein Bruder des Komponisten, vor dem

Nationalkonvent »für den klugen und moralischen Autor, den Voltaire den ›Molière Italiens‹ genannt hat«, die weitere Gewährung der verlorenen Pension. Goldoni ist, ruft er aus, »durch eines eurer Dekrete zum Elend verdammt. Ihr Bürger werdet eure Hand dem Heiligsten auf dieser Welt nicht versagen: der Tugend, dem Genie und dem Unglück.« Der Nationalkonvent stimmt für die Weiterzahlung der Pension. Aber Goldoni ist nicht mehr unter den Lebenden.

XI

Carlo Goldoni, Pietro Longhi und das Ende der Republik

Die vier Jahrzehnte, 1748–1789, sind vorüber. Die deutschen Klassiker: Lessing, Klopstock, Schiller, Goethe, der Philosoph Kant, üben ihre Wirkung aus. Hogarth, Voltaire, Diderot, Chardin sind gestorben. Und Goldonis Komödie *Der Fächer*, die letzte, die er in italienischer Sprache schreibt, ist auch sein letzter Gruß an das alte Venedig, wie es von ihm und seinem Freunde Pietro Longhi, dem Maler, noch gesehen und gestaltet worden ist.

Longhi ist bei uns noch unbekannter, als es bisher Goldoni gewesen ist. Aber er ist für das Venedig der Goldoni-Zeit ebenso charakteristisch wie Canaletto und Guardi. Canaletto malt die herrliche Ungebrochenheit des Sonnenlichtes über den Lagunen und Plätzen Venedigs. Seine Malweise ist zugleich Ausdruck auch für die Ungebrochenheit der venezianischen und der europäischen Gesellschaft. Guardi malt die Gebrochenheit des Lichtes über Venedig, die magische Verflüssigung der Atmosphäre. Er malt damit zugleich auch die Auflösung dieser Gesellschaft, die sich nun Venedig zum Ziel nimmt, um in permanenter Festlichkeit Abschied zu nehmen von einem Jahrhundert, dessen Sinnlichkeit und Trauer Mozarts Musik in seelische Substanz und geistige Qualität verwandeln wird. Pietro Longhi aber malt, ganz einfach, den kostbaren Bestand Venedigs, wie er sich zeigt in den Gewändern, Räumen und Leuten, ganz gleich, ob sie in der Stadt oder auf dem Lande leben, ob sie Edelleute sind oder Volk.

Pietro Longhi ist ein Meister der Zeige-Technik: er zeigt den venezianischen Menschen in seiner gesellschaftlichen Haltung und während seiner Arbeit. Er zeigt ihn in einer Art von naiv erstarrter Präsenz – eine auffallende Malweise, durch die sich Longhi deutlich von der Malweise seiner Zeitgenossen absetzt: von dem naturalistisch Idyllischen bei Chodowiecki, von dem sozialkritisch Engagierten bei Hogarth. Eher nimmt Longhi eine Malweise vorweg, die erst über hundert Jahre nach ihm bei einem französischen Maler wieder wirksam werden soll, bei Henri Rousseau, dem Zöllner.

Longhi, der Maler, und Goldoni, der Komödienschreiber: sie beide zeigen das Da-Sein der Menschen in Venedig, damals als Goldoni das Theater zur Freude aller so erfolgreich reformiert hat.

»Longhi tu che la mia musa sorella
chiami del tuo pennel che cerca il vero ...«

so beginnt Goldoni ein Sonett, das er schreibt, um seinen Freund zu einem Gemälde zu inspirieren:

»Longhi, der Du meine Muse
als Schwester Deines Pinsels betrachtest« –

Beide erleben nicht mehr das Ende der Republik. Aber der Feind der Aufklärung, der Aristokrat und Dichter irrealer Märchen, Carlo Gozzi, der die reale Komödienwelt Goldonis als plebejisch rigoros verurteilt hat und schuldig ist am Weggang Goldonis aus Venedig, sieht sich verurteilt, das Ende Venedigs mitzuerleben: wie der Doge Lodovico Manin, 1797, das erniedrigende Ultimatum des Generals Napoleon annimmt und wie Napoleon dann vom Mittelportal des Markusdomes die vier Bronzepferde, einst die stolze Kriegsbeute der mächtigen Republik, abseilen und in die Hauptstadt der französischen Revolution abtransportieren läßt.

Die Adelsrepublik Venedig ist ausgelöscht. Der Aristokrat Carlo Gozzi wird vergessen. Das Volk Venedigs aber lebt unvergessen in den Komödien seines Dichters Goldoni.

Eugène Delacroix notiert, um die Mitte des 19. Jahrhunderts, in einem seiner Tagebücher:

»Das Genie ist nichts anderes als ein hervorragend vernünftiges Wesen.«

Er denkt bei seiner Notierung an Racine und Mozart. Wir denken auch an Carlo Goldoni, den Komödienschreiber aus Venedig.

ZEITTAFEL

1694 Voltaire geboren
1697 Hogarth und Antonio Canal geboren
1702 Longhi geboren
1707 Goldoni und Fielding geboren
1713 Diderot geboren
1715 Ludwig XIV. stirbt, Thronbesteigung Ludwigs XV.
1717 Watteau malt *Die Einschiffung nach Kythera*
1720 Carlo Gozzi geboren
1727 Beginn der Regierung Walpole unter Georg II.
1731 Goldoni erlangt die Doktorwürde
1732 Goldoni wird venezianischer Advokat
1733 Goldoni wird in Mailand Kammerherr beim Gesandten der Republik Venedig
1736 Goldoni heiratet und wird in Venedig ehrenamtlich genuesischer Konsul
1737 Die Neuberin verbannt in Leipzig den Hanswurst von der Bühne
1739 David Hume schreibt sein erstes Werk: *A Treatise of Human nature*
1745 Goldoni wird Anwalt in Pisa. Hogarth malt seine Gemäldefolge *Die Modeheirat*
1746 Antonio Canal malt in London
1748 Friede zu Aachen. Goldoni beginnt seine Theaterreform in Venedig. Hume veröffentlicht die *Philosophical Essays Concerning the Human Understanding*
1749 *Tom Jones* von Fielding erscheint
1750 Goldoni führt *Il Teatro Comico* auf
1751 Hogarth malt *Die Schnapsgasse*
1753 Goldoni textiert *Ein Diener zweier Herren.* Er führt *La Lacondiera* auf
1754 Fielding stirbt
1758 *Candide* von Voltaire erscheint
1762 Goldoni führt *Die Trilogie der Sommerfrische* und *Viel Lärm in Chioggia* auf. Prozeß und Hinrichtung des Kaufmanns Calas in Toulouse. Voltaire als »Anwalt des Rechts«. Goldoni geht nach Paris
1764 Hogarth malt *Finis oder Das Ende der Welt* und stirbt

1765 Goldoni schreibt *Der Fächer* und wird in Versailles Lehrer für die italienische Sprache
1768 Goldoni erhält eine Pension durch Ludwig XV.
1771 Goethe schreibt *Götz von Berlichingen*
1774 Ludwig XV. stirbt, Thronbesteigung Ludwigs XVI. Goldoni beginnt mit der Niederschrift seiner Memoiren
1778 Voltaire stirbt
1781 Schiller schreibt *Die Räuber*
1785 Longhi stirbt
1786 Goethe sieht Goldonis *Viel Lärm in Chioggia* im Teatro San Luca in Venedig. Er schreibt den *Tasso*
1787 Goldonis Memoiren erscheinen
1789 Erstürmung der Bastille. Goldoni verliert seine Pension
1791 Mozart stirbt
1793 Goldoni stirbt, Hinrichtung Ludwigs XVI.
1797 Ende der Republik Venedig
1806 Carlo Gozzi stirbt

BIBLIOGRAPHIE

(es sind nur die wichtigsten Werke angegeben)

Carlo Goldoni: Lustspiele. In deutscher Übersetzung von Lola Lorme. Bergland Verlag Wien. Band I und II: 1957. Band III und Band IV: 1959

Carlo Goldoni: Komödien. Aus dem Italienischen, Venezianischen und Französischen übertragen und mit einem Nachwort versehen von Heinz Riedt. Winkler Verlag München

Heinz Riedt: Carlo Goldoni. Friedrich Verlag, Velber bei Hannover. 1967

Angelo Beolco, gen. Ruzante: *Die Paduanerin*, Komödie; *Des Ruzante Rede, so er vom Schlachtfeld kommen*, Tragische Farce
Beide Stücke deutsch von Heinz Riedt, beide erschienen im Drei Masken Verlag GmbH, München. 1961 und 1963

Georg Brandes: Voltaire. 2 Bände. Erich Reiss Verlag, Berlin. 1923

Vittorio Moschini: Pietro Longhi. Aldo Martello Editore, Milano

Frederick Antal: Hogarth und seine Stellung in der europäischen Kunst. VEB Verlag der Kunst, Dresden

ZUM TEXT DER AUSGABE

Der vorliegenden Ausgabe der Memoiren Goldonis liegt die Übersetzung von G. Schaz zugrunde: *Goldoni über sich selbst und die Geschichte seines Theaters* (Leipzig 1788), die kurz nach dem Erscheinen der französischen Ausgabe: *Mémoires pour servir à l'histoire de sa vie et celle de son théâtre* (Paris 1787) herauskam. Da diese zeitgenössische Übersetzung in reizvoller Weise das Zeitkolorit des Originals bewahrt, wurde der Text nur ganz geringfügig modernisiert. Worte, die zu sehr dem Bedeutungswandel unterworfen waren, wurden durch ihre jetzige Entsprechung ersetzt, und die Orthographie wurde modernisiert, desgleichen – soweit notwendig – die Schreibung von Namen und Werktiteln. Passagen, die für den Gesamtzusammenhang der Memoiren unwichtig und für den heutigen Leser nicht mehr von Interesse sind, wurden gekürzt; das gilt vor allem für Stellen, in denen Goldoni lediglich über den Inhalt seiner Stücke referiert. Die Fußnoten stammen vom Übersetzer.

INHALT

Erstes Buch

ZWEITES BUCH

Drittes Buch